U0868911

GAIGE KAIFANG 30 NIAN
YU ZHONGGUO MINZU
JINGJI FAZHAN

改革开放30年与中国民族经济发展

——全国民族地区高等院校经济学联席会第四届年会论文集

主编 刘永佶 张丽君

中央民族大学出版社
China Minzu University Press

图书在版编目（CIP）数据

改革开放30年与中国民族经济发展/刘永佶，张丽君主编．—北京：中央民族大学出版社，2009.3

ISBN 978-7-81108-675-1

Ⅰ．改… Ⅱ．①刘 ②张… Ⅲ．少数民族—民族经济—经济发展—中国 Ⅳ．F127.8

中国版本图书馆CIP数据核字（2009）第061527号

改革开放30年与中国民族经济发展

——全国民族地区高等院校经济学联席会第四届年会论文集

主　　编　刘永佶　张丽君
责任编辑　李苏幸
封面设计　汤建军
出 版 者　中央民族大学出版社
　　　　　北京市海淀区中关村南大街27号　邮编：100081
　　　　　电话：68472815（发行部）　传真：68932751（发行部）
　　　　　　　　68932218（总编室）　　　　68932447（办公室）
发 行 者　全国各地新华书店
印 刷 者　北京宏伟双华印刷有限公司
开　　本　787×1092（毫米）　1/16　印张：31.375
字　　数　526千字
版　　次　2009年3月第1版　2009年3月第1次印刷
书　　号　ISBN 978-7-81108-675-1
定　　价　78.00元

版权所有　翻印必究

中央民族大学"985工程"中国民族地区经济社会发展与
公共管理哲学社会科学创新基地学术出版物编委会

顾　问　鄂义太　荣仕星　陈　理　艾比布拉
　　　　施正一　林　岗　张成福　白暴力
　　　　李文华　钱迎倩　蒋志刚　黄璐琦

主　任　刘永佶

编　委　(按姓氏笔画为序)
　　　　冯金朝　刘永佶　李克强　李俊清
　　　　杨思远　党秀云　崔　箭　薛达元

目　录

民族经济

区域经济

生态经济

农牧业可持续发展

调研报告

民族经济

中国少数民族经济学：适应时代需要而形成发展

刘永信

中国少数民族经济学是中国经济学的必要环节，对它的研究，要以中国经济学为基础和前提，深入、系统地揭示少数民族经济的特殊矛盾，只有这样，才能促进少数民族经济和中国经济的发展。

记者（以下简称记）： 您于2006年提出了“中国少数民族经济学”的概念，现正主编由全国近10所民族院校联合编写的《中国少数民族经济学》一书。从“中国少数民族经济”到“中国少数民族经济学”，虽然只是一字之差，却有质的不同。这一学科成形的时代背景是什么？

刘永信（以下简称刘）： 中国经济学的创建，需要借鉴、吸收外国经济学的一般性成分，更要针对中国经济矛盾的现实和历史进行系统抽象，从经济矛盾的规律中形成概念和理论。这是一个相当艰难和复杂的进程。已有的研究往往忽略少数民族经济这一环节，这无疑是一大缺陷。对于中国特有的民族院校的经济学工作者来说，我们有义务弥补这一缺陷。

少数民族经济矛盾的特殊性，是中国少数民族经济学的现实和历史根据，中国共产党和中国政府针对中国少数民族制定的政策和法律，使少数民族经济的界定和研究有了可靠保证。在这样的基础上，半个多世纪以来，从事少数民族经济的教学、研究者和实际工作者，进行了不懈的努力，特别是上世纪80年代以来，利用在民族院校开设“中国少数民族经济”博士、硕士研究生点这个平台，在培养从事中国少数民族经济教学研究和实际工作高层次人才的同时，对少数民族经济进行了系统、深入的研究，发表了若干部有独立见解和理论系统性的专著以及大量的论文。过去，虽然尚无“中国少数民族经济学”的提法，但“中国少数民族经济”专业研究的成果，已为其成为一门学科，构建一个系统的理论体系创造了必要条件。

最近，教育部批准中央民族大学经济学院中国少数民族经济专业为国家重点（培育）学科，这是对中国少数民族经济学发展的肯定。此外，半个多世纪以来中国的民族学和中国经济学的研究成果，也是创建中国少数民族经济学不可缺少的一般性前提。

记：有一种观点认为，世界上所有国家和民族的经济都是相同的，只要有一门经济学进行研究就足够了。而这门经济学就是由英美发达国家的经济学家据其本国、本民族的特点而提出的，其他各国、各民族只要学习和应用这门像物理学、数学一样的“经济科学”就足够了，不必、也不应该研究本国、本民族的经济学。您怎样回应这种观点？

刘：我们并不否认英美发达国家在工业生产方式上的先进，也不否认其经济学说中有可供我们借鉴的一般性成分，但必须明确，不论英国、美国的经济学，还是前苏联的经济学，都是以其本国、本民族特殊经济矛盾为对象的，我们学习、借鉴这些国家的经济学，只能借鉴其中一般性成分，不可能照搬其特殊性。中国少数民族经济学是中国经济学的必要环节，对它的研究，要以中国经济学为基础和前提，深入、系统地揭示少数民族经济的特殊矛盾，只有这样，才能促进少数民族经济和中国经济的发展。

中国少数民族经济学是民族经济学子系统的核心和重点。就像今天所有成形的学科体系都曾经在被反对、质疑中形成一样，民族经济学作为新的学科，只要具备形成的必要性和条件，就会在不断的努力探讨中逐步形成其体系，并日臻系统化。

记：民族经济学是上世纪70年代末诞生的理论学科，中国少数民族经济学与民族经济学是什么关系？

刘：因中国少数民族经济发展的特殊性而出现的经济学研究，是经济学的一个子系统，民族经济学是处于经济学系统第一层次的研究，它以世界所有民族经济发展与经济关系一般性矛盾为对象，以揭示其一般性规律和发展趋势为目的。中国少数民族经济学是民族经济学子系统的核心和重点，主要探讨少数民族经济矛盾的特殊性和各民族的经济关系，论证少数民族经济发展的规律和趋势。

民族经济学由中央民族大学教授施正一首倡，经过30年来全国一批学者的研究、探索，其理论体系已经逐步完善和系统。中央民族大学经济学院同为中国少数民族经济研究所，现已形成由民族经济学、中华民族经济、中国少数民族经济学3个环节构成的理论研究体系。民族经济学是我们研究的第一层次。中华民族经济是我们研究的第二层次，成果最多，是对中国少数民族经济各具体领域、行业、区域的理论和对策研究。现在，我们正加大对民族地区经济调研的力度，特别是“少数民族特需商品生产工艺和技术保护工程”的展开，使我们扩展了第三个层次，即中国少数民族经济学的研究。以上三个层次是内在统一的。

记：20多年来，关于民族经济学学科本身的争议似乎没有停止过，比如民族经济学作为一门学科独立存在的必要性就备受争议。您如何看待这些争议？

刘：一门新的社会科学学科的形成，标志着特定对象的矛盾存在与作用日益突出，人们对它的认识已经达到一定的系统程度，而且需要进一步深化研究，以全面说明该对象的矛盾运动规律，解决矛盾运动中的问题。几百年来，各门社会科学的形成都是如此。就像今天所有成形的学科体系都曾经在被反对、质疑中形成一样，民族经济学作为新的学科，只要具备形成的必要性和条件，就会在不断的努力探讨中逐步形成其体系，并日臻系统化。

民族经济学的必要性是明确的，关键是条件。一是外部条件，包括社会需要和研究环境；二是内部条件，即研究者的理论思维和对研究对象的把握、对材料的占有和分析、对概念的规定和体系的完善等。

经济学作为一门科学，已有两三百年的历史，形成了诸多观点，也衍生出了诸多学科，这是人类思想发展的表现。但“分”不是无限的，能否成为一门经济学科，也有相应的要求，即明确主体、对象、主义、内容、主题、范畴、体系，并以相应的方法进行系统研究。

我们现在已经在理论上做出这样的规定：民族经济学的主体是各民族有意识的劳动者，对象是在明确经济的民族性前提下民族的经济发展与关系的矛盾，主义是在社会主义本质和原则指导下的各民族劳动者经济意识的概括，内容是揭示和论证民族经济发展及民族经济关系中的矛盾，方法是实证与抽象的辩证统一，主题是探讨各民族劳动者自主发展经济的目的、方向、根据、条件和方式，范畴是关于民族经济矛盾的层次与主干概念规定。我们所主张并研究的民族经济学，是社会主义的民族经济学，是社会主义经济学大系统的必要环节和组成部分。

对民族经济学的质疑，主要原因不在于质疑者，更不是出于故意，而是对上述问题认识不清。当我们作了这样的规定，并据此写出了《民族经济学》（中国经济出版社，2007年）一书，我想，许多疑点就能回答了，起码是为质疑者提供了思考和进一步质疑的材料。我们欢迎更多的质疑——这是民族经济学发展的必要条件。

中国少数民族经济的研究“回归”经济学系统，不仅是必要的，也是必然的。中国少数民族经济学在经济学系统中的形成与发展，不仅不排斥民族学的研究，而且为民族学研究的充实和成熟提供必要条件。

记：在我国官方所认可的学科目录上，“中国少数民族经济”是属于民族学范畴的。经济的民族性和经济在民族形成发展中的地位作用，都是民族学研究的必要内容。而在经济学系统中，“中国少数民族经济”作为对中国少数民族经济问题的专题性研究还没有获得认可。介于民族学与经济学之间的“中国少数民族经济学”，身份似乎有些尴尬。它与民族学、经济学等学科的交叉性、相关性在哪里？又有什么质的区别？

刘：中国少数民族经济学是社会主义经济学系统的中国经济学的一个分支学科，是以社会主义为主义研究中国经济矛盾的必要环节，是对中国少数民族经济的专门、系统研究。

通常说来，新学科是从既有学科衍生的，其研究对象在既有学科中也有所涉及，但并未专门研究。因此，新学科在创始之初，常常表现为几门既有学科的“边缘”，其研究是由几门既有学科的研究者“交叉”进行的，即以各自从事的既有学科的知识体系对处于“边缘”的矛盾对象进行探讨。这是人类思维进程的必要环节。然而，新学科不能因这种“交叉”而在几门既有学科的“边缘”上建立，它必须有明确的研究对象，并在对该对象的专门、系统研究中形成自己的范畴、概念体系。

对于中国少数民族经济的研究，曾被人称为“边缘”、“交叉”性研究，并被作为民族学的一个分支纳入学科目录。但是已有的从事中国少数民族经济研究的学者，几乎全部是经济学的理论工作者，中国少数民族经济专业的博士点和硕士点，也都设在各大学的经济学院。更重要的是，对中国少数民族经济的研究，也都是从经济学的一般原理和方法出发，针对少数民族经济的各种问题进行研究的。在这种情况下，中国少数民族经济的研究“回归”经济学系统，不仅是必要的，也是必然的。中国少数民族经济学在经济学系统中的形成与发展，不仅不排斥民族学的研究，而且为民族学研究的充实和成熟提供必要条件。与之相应，民族学的研究成果，又是中国少数民族经济学研究的必要条件。

中国经济学的提出和系统研究，既是中国少数民族经济学外延和内涵界定的前提，又是其一般性理论前导。作为中国经济学重要组成部分的中国少数民族经济学，就是在中国经济学关于中国经济的总体一般性理论规定前提下，展开对少数民族经济矛盾特殊性研究的，同时也是充实中国经济学总体性理论的必要内容。我们联合全国近10所民族院校编写的《中国少数民族经济学》，是上述观念和思路的展示，希望能得到关注和批评。

由于各民族彼此杂居，由此形成了少数民族人的经济与少数民族地区的经济的明显区别，对此，应该从理论上予以界定。正确认识中国少数民族经济与中国经济和汉族经济的关系，是理解和研究中国少数民族经济的必要前提。

记：在您的叙述中，“民族”是一个被反复强调的字眼。在某种意义上，每个民族都是一个自成体系的文化单元，各民族之间的差异可以被理解为文化上的，而经济是文化的基础，民族经济与民族文化是密不可分的。但是从另一种意义上讲，民族又是生活在一定地域上的，自然环境对民族经济的形态有着直接影响。因此，有学者指出，民族经济也可以被理解为区域经济。您怎样界定中国少数民族经济学与区域经济学？

刘：中国少数民族经济的存在形式，是不能离开具体的空间状态的，也就是说，少数民族经济总是要在具体民族的具体活动区域实现的。在长期的历史发展过程中，中国各民族逐渐形成彼此杂居、在部分地区又相对聚居的分布格局。由于各民族彼此杂居，由此形成了少数民族人的经济与少数民族地区的经济的明显区别，对此，应该从理论上予以界定。

少数民族人的经济，是指由少数民族成员所从事的经济活动，这是狭义的少数民族经济。少数民族地区的经济，则是指以少数民族人口为主的地区的经济，它包括少数民族人的经济，也包括居住在少数民族地区的汉族人的经济，这是广义的少数民族经济。少数民族人的经济和少数民族地区的经济二者的统一，就构成了中国少数民族经济。中国少数民族经济，是中国经济的重要内容。中国经济的发展，不能脱离中国少数民族经济孤立地发展。经过多年来各民族的携手合作，我国少数民族经济已经取得了卓越的发展成就，但同时，少数民族经济发展不平衡的问题依然存在，它制约着我国民族经济的发展，并成为我国少数民族经济学研究的现实起点。

记：是否可以这样理解，少数民族经济在具有区域性的同时，还具有民族性、文化性？

刘：民族文化是对民族经济的反映和导引，是民族经济的内在因素。不同民族文化是不同民族劳动者对本民族经济活动的动机、民族利益、民族内部经济关系以及民族间经济关系的认识。民族文化从个体方面引导民族个体的经济行为，从总体方面规范着民族经济发展。不存在失去民族经济基础的民族文化。现代民族文化必须能够适应现代工业生产方式和文明，而且要具备引导制度和体制变革的精神，由此引导民族经济的发展。社会主义文化变革，为中华民族和中国少数民族经济发展指引了新道路。

记：您曾提到民族经济学是经济学的一个子系统，中国少数民族经济学是民族经济学的核心和重点。在这个系统中，会衍生出各个民族的经济学吗？

刘：可以衍生出对各民族经济的专门研究。

中国少数民族经济是指在中国处于少数人口的55个民族的社会生产和经济生活，是对除了汉族以外的中国各民族的生产、交换、分配、消费等经济活动和在这些过程中结成的生产关系的高度概括。

中国少数民族经济与汉族经济有密切的关系。一方面，由于中国少数民族与汉族都是中华民族的支民族，共同生活在中国这个疆域之内，拥有共同的社会制度、传统文化、政治体制、总体经济发展背景，因此其经济在劳动者素质技能、社会地位以及更为具体的生产力、生产关系等方面具有很多相似性；另一方面，由于各民族在发展过程中逐渐形成各具特色的文化传统、生活习惯，并具有不同的经济发展起点、地理分布区域，又使得中国少数民族经济具有很多与汉族经济不同的特征，甚至在各个少数民族内部，也由于上述因素的存在而使其经济互有差别。同一性与差别性的共存，使中国少数民族经济与汉族经济处于对立统一的辩证关系之中。

同时，中国少数民族经济与中国经济或者说中华民族经济的关系，则可以概括为部分与总体、特殊和一般的关系，其中，中国少数民族经济与汉族经济，都属于特殊的层面；中国经济或者说中华民族经济，则作为少数民族经济与汉族经济的总体性存在，处于一般的层面，其内容是基于少数民族经济与汉族经济之上的对二者的概括和抽象。正确认识中国少数民族经济与中国经济和汉族经济的关系，是理解和研究中国少数民族经济的必要前提。

在促进少数民族经济变革的过程中，中国少数民族经济学必须密切结合少数民族经济政策与发展实践。一方面要注意对既有政策及其实施结果的分析，另一方面又要充分考虑理论在政策化过程中的程序和条件。

记：“学以致用”“经世致用”，不仅是一门学科发展的终极目的，也是该学科得以存在的现实依据。中国少数民族经济学的现实价值是什么？

刘：中国少数民族经济学的研究目的，是揭示和论证中国少数民族经济矛盾及其发展规律，在丰富中国经济学理论体系的过程中，为中国少数民族经济的发展，为各级政府制定政策提供理论支持，为少数民族地区企业、经济单位和个人的经济活动提供理论依据和必要指导。

记：*在实践中，您认为应当如何实现中国少数民族经济学的价值？*

刘：我国地域广阔，各少数民族的分布和演进程度差别很大，少数民族经济矛盾的历史成因和演进也是错综复杂的。相对来说，少数民族经济在中国经济总体中，是比较落后的，这种落后集中体现在少数民族劳动者的社会地位和素质技能上。在中国共产党的领导下，新中国建立了空前和谐的民族关系，这是民族地区经济发展的必要条件。半个多世纪以来，在经济组织和经济活动中，各族民众平等、互助，共同经历了从土地改革、合作化、人民公社、联产承包以及工业化的体制、结构演变的全过程。民族地区经济矛盾更明显地体现着中国经济矛盾的一般性，以经济变革解决经济矛盾，是民族地区经济发展的必要路径。

记：*怎样才能实现少数民族经济的发展和变革？*

刘：经济变革与发展，变革是主动的，是主导经济发展的。中国少数民族经济的变革，要以确立和保证少数民族劳动者的社会主体地位为核心，围绕这个核心展开从制度到体制、从结构和运行机制到经营管理到对外交往的系统变革，使少数民族劳动者在经济活动的各个层面都切实成为主体。这样，就可以通过民主法制，为少数民族劳动者素质技能的提高和发挥创造相应条件，特别是加强教育和职业培训，加强并完善就业和社会保障机制。在提高和发挥少数民族劳动者素质技能的进程中，发展少数民族经济。

在促进少数民族经济变革的过程中，中国少数民族经济学必须密切结合少数民族经济政策与发展实践。一方面要注意对既有政策及其实施结果的分析，另一方面又要充分考虑理论在政策化过程中的程序和条件。理论研究不仅要揭示少数民族经济发展中的矛盾，更要分析既有政策及其中所体现的理论因素，由此验证理论正确与否，并探讨改进理论和政策的方法，由此促进少数民族经济的发展。

2002 年以来，中央民族大学经济学院通过“985 项目”工程，在民族地区进行了广泛深入的调查研究。在新农村建设项目实施过程中，为民族地区进行培训和编制新农村建设规划。国家民委的“少数民族特需商品生产工艺和技术保护工程”的实施，也使中国少数民族经济学的研究有了新的立足点。

论少数民族经济与少数民族地区经济①

黄健英

少数民族经济与少数民族地区经济一直是中国少数民族经济研究密不可分的两个方面，少数民族经济研究的侧重点是多民族国家中人口处于少数的民族的经济问题，具体包括某个或某些民族经济发展的历史、现状、特点、发展模式以及与其他民族的经济关系等。少数民族地区经济是研究少数民族居住地区的经济，既把一定地域范围作为研究的重点，这个地域居住的可能是单一民族，也可能是几个或多个民族，是区域因素与民族因素的结合。

一、中国少数民族经济研究密不可分的两个内容

在中国现有的民族分布格局下，少数民族经济和少数民族地区经济虽然存在着一致性和交叉性，但又是相区别的。

少数民族经济是以某一少数民族为主体，具有共同历史、共同特征、共同利益关系的群体的经济，或者把一定地域范围内具有一些共同特征的几个少数民族的经济作为一个整体进行研究，也可以把55个少数民族作为一个整体，虽然内部存在着差异，但在经济发展的很多方面具有共性的特点，面临着共同的发展问题。少数民族经济强调的是作为人们共同体的特定群体的经济，其研究的重点是，在一定历史条件下民族经济类型的形成和变化，民族内部及与其他民族的经济交往关系，民族经济发展的特征及与其他民族的差异，民族经济发展及其面临的问题，多民族聚居和杂居地区民族间的经济利益关系。中国民族间经济社会发展不平衡，具体表现在经济发展、居民收入和生活水平、科学文化素质、健康状况等经济和社会发展的诸多领域，其中，大部分少数民族的经济社会发展落后于主体民族，少数民族间发展也不平衡，存在着较大的差距。

中国少数民族经济的形成和存在与中华民族形成的历史和分布格局密切相关。中华民族多元一体的形成和分布格局决定了少数民族经济的现实存

① 本成果系中央民族大学“985 工程”建设项目研究成果．项目编号：985—2—103。

在，而且已存续了几个世纪。由于历史上不同民族居住的自然环境、社会经济发展结构和特征等方面的差异，使民族间在发展水平、经济结构、生计方式等方面存在着多种形态。从经济类型看，汉族以农耕经济为主，少数民族从事的经济类型复杂多样，既有农耕经济类型，也有游牧和渔猎等其他类型，即使是从事农耕，也由于地理环境、社会发展阶段的不同而不同。从而使少数民族经济表现出与汉族不同的特点，并由此决定了相互间的经济交往和贸易关系，构成自古以来民族关系的重要内容，长城和“茶马古道”是中国多民族经济关系的历史写照。

少数民族经济具有内部共同性和外部差异性的特点，这是少数民族经济作为独立研究对象存在的基础，特殊性是少数民族经济研究的出发点。这种特殊性既是前面提到的由自然环境决定的生计方式或产业类型的特殊性，也可能是由发展阶段决定的发展水平的特殊性。随着经济发展和社会进步，民族间在经济发展方面的特殊性会逐渐消失，共同性增多，少数民族经济研究的内容也会发生变化。但民族间的经济差异或特殊性不是短期内就能消失的，即使在实现工业化和现代化的民族间，也存在着共同性基础上的差异性，这种差异性不像最初那样表现在生计方式和产业产品结构等实体经济层面，而表现在经济管理模式、企业组织形式等企业文化层面。

在人类社会发展的初期，经济结构单一，活动空间有限，民族分布集中，同一民族从事的经济活动具有许多共性的地方，民族经济的特征十分突出，这些共同性特征是其区分于其他民族经济的主要标志。即各民族的经济生活或从事的经济活动往往是不同的，或是有差异的。即使是同一种经济类型，也因其发展历史、自然条件而有所不同。历史上汉族基本从事农耕经济，在小农经济条件下的基本形态是“男耕女织”以及家庭养殖业。少数民族从事的农耕经济有些与汉族是基本一致的，如清中后期以来的部分蒙古族由游牧转向农耕，发展到今天与汉族的旱作农业没有太大的区别。一些少数民族虽然也从事农耕经济，但所处的自然环境使其具有明显的地域和民族特征，如南方一些少数民族的山地农业、新疆维吾尔族的“绿洲农业”。

民族作为人们共同体，“共同经济生活”是其存在的重要条件。在多民族国家，共同经济生活既表现为生产和生活方式的一致性或相似性，也表现为各民族不同的经济发展和利益诉求以及对本民族共同经济利益的认同，在特定时期或条件下和其他民族之间的利益矛盾。这时少数民族经济又有了相应的利益要求和政治内涵，并有可能引发不同民族间的利益冲突和民族间题。在中国历史上，时有民族间为了争夺草场、森林、土地、水资源等而发生的利益冲突和矛盾。最典型的是北方游牧民族和中原农耕民族间的关系，形成了大致以长城为界，南耕北牧的生产格局。双方在经济类型、产品结构等方面具有很强的互补性和需求，这种需求既可以通过互市形式实现，“茶马互市”是其代表形式；也可以通过军事入侵和武力掠夺，武力冲突自汉朝至清朝未曾中断。还有居住在同一地区的不同民族，为了争夺土地、森林和水源而发生各种冲突和矛盾，在中华人民共和国成立之前屡见不鲜。中华人民共和国成立后，通过建立平等团结互助的社会主义新型民族关系，协调民族间的利益，这种冲突和矛盾大幅度减少，但仍存在着利益差异和矛盾。只要民族共同体存在，这种利益关系就存在。

在多民族国家，在主体民族占多数的情况下，少数民族经济往往是非主流经济，其发展与国家或地区层面的经济发展可能是相背离或不一致的。例如中国广东和福建两省，属于中国经济发展最快的地区，工业化、城市化水平、经济发展处于国内领先地位，但生活在闽东的畲族、粤西的瑶族大体仍处于传统农业社会，居民主要从事农业生产，收入低，有些人处于贫困状态。

共同地域是民族的主要特征之一，在民族形成和发展的初期，地域是空间基础。民族经济存在于一定的地理空间，并由其生存繁衍的自然地理环境决定了经济类型和生计方式类型，因此民族经济不能脱离其空间形式而独立存在。但少数民族经济与区域经济是有区别的。如果某一区域生活的是单一民族，民族经济与区域经济具有高度一致性，如果同一区域生活着多个民族，民族经济与区域经济存在着区别。区域经济代表一定空间的发展条件、发展概况、发展趋势等。在中国现有的行政管理格局下，区域经济除大的三个地带或几种不同的经济区划外，大多以行政区划为主，以行政区划为单位的区域经济研究很普遍，区域经济利益也主要以行政区域利益表现出来。中国少数民族经济研究在民族视角研究的基础上，大部分是基于区域层面的研究，即一定地域或行政区划范围内的少数民族经济研究。这首先是由于少数民族经济的研究离不开其生产生活的地域空间，少数民族的分布又具有相对聚居的特点；其次是由于基于单纯民族视角的研究受到民族间杂居分布的影响，地域与民族在大部分情况下不是高度一致的。同时，中国现有的经济统计都是以行政区划为单位，逐级统计的，而以民族为对象的统计除人口统计外，很少有专门的经济统计。因此，在实证或发展战略研究方面，基本都是少数民族地区经济研究，而少数民族族群的研究相对薄弱。

少数民族地区经济研究既可以把民族自治地方作为一个整体进行研究，也可以研究某个少数民族省区、地州、县乃至社区的经济。这些地区经济在每个层面上都具有一些共性特征，这些共性特征使少数民族地区经济有别于其他地区经济。而在具有共性特征的同时，不同地区、不同层面的少数民族地区经济又具有不同的特征。如广西、内蒙古、新疆、西藏和宁夏五个自治区，其经济发展的共性特征是自然地理条件差，灾害频发，经济发展落后于全国水平，资源型产业比重高，农牧业产值及就业人口比重高，贫困人口多等。同时地区间又存在着明显的差异。从历史上的经济类型看，广西以农耕经济为主，其主体民族壮族主要从事农耕经济，以稻作农业和山地农业为代表；新疆的维吾尔族主要从事农牧业生产，其农耕经济以“绿洲农业”为代表；而内蒙古的蒙古族在以游牧业为基础的同时，大部分人口近百年来转向旱作农业，从事农耕经济；宁夏回族除从事商贸业外，主体从事农业生产；分布在藏南河谷地带的藏族主要从事农业生产，而藏北高原的藏族主要从事游牧业。虽然五大自治区都有农业生产，但受到自然环境的影响，区域间存在着很大的差别。西部大开发战略实施以来，同为西部地区的五大自治区，经济发展也呈现出不同的特色，从发展速度和结构调整的角度看，各区都积极发挥政策和区位优势。如广西发挥临海和在东盟经济合作中的有利地位，正在从山地经济走向海洋经济；内蒙古依托畜牧业特色和能源资源优势，大力发展特色经济，发挥品牌效应，经济增长率位居全国前列；新疆则发挥在能源、特色瓜果、棉纺等产业的优势，综合发展能力得到快速提高。同为民族地区的青海、贵州和云南，经济发展中也存在着与五省区共性的特点、矛盾和问题，但又存在着差别。

中国民族形成的历史格局决定了民族地区大多是以某一民族为主体，多民族杂居。在长期的历史发展过程中，形成了“汉族主要居住在农业地区，除了西北和西南外，可以说凡是宜耕的平原几乎全是汉族的聚居区。同时在少数民族地区的交通要道和商业据点一般都有汉人长期定居。[①]“少数民族聚居地区占全国面积一半以上，主要是高原、山地和草场，所以少数民族中有很大一部分人从事牧业，和汉族主要从事农业形成不同的经济类型。中国

① 费孝通主编：《中华民族多元一体格局（修订本）》，中央民族大学出版社 1999 年版，第 32 页。

的五大牧区均在少数民族地区，从事游牧业的人都是少数民族。在这些地区，有些是汉族的大小聚居区和少数民族的聚居区马赛克式地穿插分布；有些是汉人占谷地，少数民族占山地；有些是汉人占集镇，少数民族占村寨，在少数民族村寨里也常有杂居在内的汉族人。”① 现实的少数民族地区民族分布的空间格局，无论是大的地理单元，还是小的地理单元，基本都反映出这种特点。从城乡分布情况看，在民族地区大多是汉族主要集中在少数大中城市，少数民族主要分布在农牧区。把少数民族地区民族分布的结构状态与城乡经济的结构状态及产业结构状态相联系，可以发现，少数民族更多地滞留在乡村从事传统的农牧业，而汉族则较多地集中在城镇从事工商业。少数民族地区的经济发展在城乡之间、工农业之间存在较大差距。少数民族地区空间概念的整体形式往往掩盖了城乡之间、工农业之间的发展差距，掩盖了各民族群体的发展差距。汉族相对集中的城镇经济的较快发展，掩盖了少数民族分布相对广泛的乡村经济的欠发展。②

当我们从微观视角研究某个特定的少数民族聚居区时，例如某个少数民族聚居的乡村，少数民族经济与少数民族地区经济大体上是统一的，即这时的少数民族聚居区经济基本上也是该少数民族的经济。而当我们从宏观视角研究泛指的少数民族聚居区经济或一定行政区划内涵的民族地区经济时，如新疆经济、广西经济、内蒙古经济等民族地区经济，或中国少数民族地区经济，由于少数民族人口只占这些民族地区人口的一部分，就有可能出现少数民族经济与民族地区经济分离的情况，即少数民族地区经济的发展并不等于少数民族经济的发展。

随着现代化的进程，在区域乃至国家经济发展中，工业化和城市化的贡献越来越大，城市是区域经济的“增长极”。居住在城市里的人们在为城市发展作出贡献的同时，也享受着城市化的利益。在中国50多年的发展中，乡村仍然延续着传统的生产生活方式，城乡差距非但没有缩小且有拉大之势。少数民族地区的工业化在最初的30年到40年主要是“外嵌入”式的发展，大多不是区域经济自身演进的结果。同时受到上述民族分布格局及工业化历程的影响，城市少数民族人口比重低，在工业部门就业的少数民族人

① 费孝通主编：《中华民族多元一体格局（修订本）》，中央民族大学出版社1999年版，第32页。

② 龙远蔚主编：《中国少数民族经济研究导论》，民族出版社2004年版，第60—61页。

口比重低。20世纪80年代之前，城市少数民族主要在政府部门供职，这是实施民族区域自治制度的结果。20世纪80年代之后，城市少数民族人口增长较快，但仍低于区域城市化水平，也低于他们在本区域的人口比重。尤其是在新兴资源型工业城市，少数民族人口比例更低。在这种“二元结构”下，拉动地区经济增长的现代工业与少数民族经济的关联性很低，一些少数民族甚至是游离在地区经济发展的进程之外。费孝通先生曾经批评过这种忽视少数民族发展的做法：“不少在少数民族地区兴建的大型国有企业根本没有考虑到和当地少数民族的联系，甚至眼中只有这地方的资源，而忘了还有生活在这地方的人。”这种状况所造成的结果是，民族地区经济发展了，实行民族区域自治的少数民族并没有获得相应的发展。①

既然中国少数民族经济研究具有地域性和民族性双重特征，同时区域经济发展与民族经济发展具有一致性的同时，存在着脱节和不一致的方面。因此，在加快民族地区经济发展的同时，必须关注居住在这些地区的少数民族经济的发展，处理好区域发展与民族发展的关系。中国的行政体制和官员考核机制，都是以地区为基础的，是行政属地化管理。在这样的行政机制下，各级政府和官员都把地区经济发展摆在首位，GDP和财政收入的增长是主要目标，体现在工作思路之中，就是把能够快速实现上述目标的工作作为政府工作的重点。把GDP和财政收入的增长作为政府和官员工作的首要目标本无可厚非，关键是看如何处理这两大目标和其他目标之间的关系。GDP和财政收入的增长是一个地区发展的基础，是实现其他目标的保障，但必须协调它们与社会发展、环境保护的关系，同时关照到区域内不同利益群体间的关系。在少数民族地区，由于绝大部分少数民族人口分布在农牧区，对上述目标的贡献低，他们在现代部门就业率低，在区域经济发展中处于边缘地位。地区经济的发展没有带动少数民族聚居地区的发展，或者说没有带动当地少数民族的发展，他们也很难获得直接的经济利益，主要是一些溢出和再分配的利益。尤其是在少数民族地区兴建的一些大型工程和资源开发项目，由于没有直接参与其中，在很少获得经济利益的同时，还可能失去基本的发展条件，使其生产生活条件恶化。近50年来，国家在少数民族地区兴建了大量水利水电工程，形成了大批库区搬迁移民，其中很多地区的移民失去土地，生产生活条件恶化，成为贫困人口，或贫困程度加深。

① 龙远蔚主编：《中国少数民族经济研究导论》，民族出版社2004年版，第21—22页。

二、中国少数民族经济与少数民族地区经济的存在形态

民族分布于一定的地域，但民族的地域分布是不均质的，也不是相互隔离的。在人类社会发展的初期，在氏族、部落乃至其后的一定阶段，民族的分布与地域具有高度的一致性，即在一定的地域范围内居住和生活着单一民族。后来随着民族的发展和活动范围扩大，尤其是商品交换的发展和社会分工的细化，民族交叉分布越来越普遍。在中国，民族的交叉分布虽然历史上就很普遍，但目前这种民族分布格局主要是在19世纪以后逐步形成的，尤其是近100年来，人口迁移的规模、范围不断扩大，单一民族分布在一定区域的范围越来越小，“大杂居、小聚居”的特点越来越突出。尤其是在县级及以上行政单元中，很少有单一民族居住，大部分地区都是多民族共同居住和生活，即使在民族自治地方，基本是以某一民族为主体，但其人口不一定是最多的。地域越大，行政级别越高，民族成分越多，民族经济越复杂。2000年人口普查数据表明，各民族平均分布在30个省区，有29个民族分布在全国所有的省区中。全国拥有56个民族的省区有11个，占全国31个省区的35.5%。今后民族交错分布的情况会更普遍，尤其是城市化的发展，在同一个城市居住着多个不同的民族从事相同或不同的社会经济活动，这时很难通过产业、职业来区分民族，居住也更加分散杂居，共同地域和共同经济生活等都在发生变化。

少数民族人口主要集中在西南、西北和东北各省、自治区。内蒙古、新疆、西藏、广西、宁夏5个自治区和30个自治州、120个自治县（旗）、1200多个民族乡是少数民族聚居的地方。但在这些地区又都杂居着汉族，如在内蒙古、广西、宁夏三个自治区中，汉族人口都超过了少数民族人口，在新疆，汉族人口占40%强。同样，在各汉族地区也杂居着许多少数民族。近20年来，少数民族杂、散居人口增长快，民族杂散居的县市越来越多。

中国少数民族经济与区域经济的存在形态多种多样，但从民族与区域的关系看，由“大杂居、小聚居”的特点决定了存在不同范围和层面的特定地区内单一民族经济和特定地区内多民族经济。在经济发展的初始阶段，民族的单一性与经济活动的单一性是统一的，随着经济交往的加强，分工的深化，民族的分布越来越分散、杂居，而经济结构也越多样。尤其是随着城市化和工业化的推进，民族人口与民族经济的分布发展越来越复杂，单一民族

经济形态越来越少。因此，在一些传统经济和乡村经济为主的少数民族地区，单一民族经济的存在较突出，也较普遍。而且单一民族经济主要存在于各少数民族的传统经济之中，这时民族与经济具有较高的一致性，即经济是以某个民族的特有的形式表现出来的。

从地理区域看少数民族主要分布在西南山区和西北农牧区，从行政区域看主要在乡镇及村级有较单一的民族经济，在县域层面上也存在着一些较单一的民族经济。并且单一民族经济的存在一般在一些偏远的山区或边疆地区。在一些民族地区，虽然很少有单一民族居住，从表面看没有单一民族经济存在，但从现实的民族分布情况看，很多地区除主体民族外，其他民族大多都是后来迁入这些地区的，后迁入的民族主要居住在自然条件较好的地区，还有一些是20世纪50年代后通过支边或国有企业的整体迁入等途径进入的，这些人口主要分布在城镇和工业基地。而在偏远地区，是较单一的少数民族经济。单一民族经济的存在主要在较小的地理和行政单元，大部分情况下很难通过行政单元来划分民族经济，而在自然单元中单一民族经济的存在和表现更突出。

目前从事草原畜牧业的基本都是少数民族，如内蒙古牧区、青藏高原牧区以及新疆哈萨克族聚居地区。在青藏高原腹地的农牧区，民族人口相对单一，经济类型是高寒草甸畜牧业，其特征是经济结构单一，依然保持着传统的生产和生活方式。在五大自治区中，西藏少数民族人口比重最高，第五次人口普查时藏族占全区总人口的96.39%，其他民族除汉族人口达到72122外，人口都不足10000人。而且除门巴、珞巴和夏尔巴人外，生活在西藏的汉族和回族等其他民族基本分布在城市，分布在农村牧区的很少。青海省虽然有多个少数民族，汉族人口比重也较高，但在黄南、果洛、玉树三个藏族自治州，少数民族人口比例分别高达92.65%、92.60%和95.74%。又如内蒙古锡林郭勒盟东乌珠穆沁旗和西乌珠穆沁旗，民族人口以蒙古族为主，草原畜牧业是其基本产业，西乌珠穆沁旗人口72376人，蒙古族占68%，其中牧业人口39914人，占55.1%，城镇人口32462人，占44.9%，总面积22960平方公里，全旗有天然可利用草场20290平方公里，占总面积的88%。东乌珠穆沁旗户籍人口5.65万人，其中蒙古族人口4.08万人，占总人口的72%，牧民人口2.78万人，占总人口的49%，总土地面积4.73万平方公里，其中天然草场面积达6917万亩。在这两个旗，从事草原畜牧业的基本是蒙古族，即草原畜牧业是较单一的民族经济。①

在全国120个少数民族自治县，少数民族人口比重超过50%的有82个，占总数的68.3%。这些县虽然少数民族人口比重高，但绝大部分是多民族聚居的地区，单一民族聚居的并不多。由于县域是少数民族人口的主要分布区域，在这些县域内，存在着大量的少数民族聚居的乡村，而且通常与全国民族人口的布局一样，在这些少数民族自治县，自然条件和地理位置相对较好的乡镇村是多民族聚居，或者主体民族人口比例低于其在全县所占的比重。

20世纪80年代以来，随着人口流动，族际通婚范围和规模的扩大，使得中国各地区都有多个民族成分，单一民族地区越来越少。在大部分少数民族自治州或自治县，都有十几个或几十个民族成分，但不同民族的人口不均衡。在一些地区，某一民族人口只有几个或几十人，而且主要居住在城镇，因此，其经济没有明显的民族特征，这里的民族经济主要是具有一定规模人口、经济发展具有本民族特色或共同利益诉求的主体民族的经济。

特定地区内多民族经济是中国目前民族经济的主要存在形态，在大部分地区，特定地区内由于各民族杂居分布，经济发展表现为多民族经济，但其存在形态在不同的条件下又有所不同。主要有以下几种情况：

一是在一定地区内，各民族交错分布，从事的经济活动是一样的，经济的民族特点不明显，甚至与一般的经济没有区别，这时主要看民族分布情况及民族人口比重情况，即使在同一经济类型和经济活动条件下，如果不同民族间人口或劳动者比例较大，就会有民族经济利益存在，有时在其他地区或条件下是阶层或社会问题，在民族集团间利益差异存在的情况下又可能表现为民族间利益差异，进而表现为民族问题，这在一些多民族交错分布区域较突出。

二是在一定的地区范围内，存在着多形态的民族经济，大的范围可从国家角度，也可以从省市区的角度，依次在地区、县乃至乡镇都存在着不同的民族经济形态，同时发展也不平衡。如把中国作为一个整体，从南到北，从东到西，经济发展差异性很大，表现为多形态。从一个省（区）的角度看，多形态的表现和存在不尽相同，有些省区这一特点十分突出，如云南、新疆。在云南，自然环境、民族成分复杂多样，经济类型也多种多样，而且具

① 锡林郭勒盟东乌珠穆沁旗和西乌珠穆沁旗政府网。

有明显的差异，如彝族、傣族、藏族、白族所从事的经济活动，生产方式都存在着明显的差异，同样从事农耕的彝族、傣族、白族，彝族主要从事山地农业，种植马铃薯、玉米等杂粮，少数分布在坝区的彝族以水稻种植为主；傣族主要种植水稻和热带经济作物；白族主要分布在自然条件较好的地区，农业生产较先进，工商业发达；藏族主要从事畜牧业和种植业，主要种植玉米、青稞、马铃薯等。在云南还分布着一些少数民族，这些民族历史上社会发育程度低，居住在偏远山区，一些在1949年前处于原始社会末期的民族，从事着刀耕火种的原始农业和采集业，发展到现在他们的经济仍很落后，主要从事山地农业。新疆的民族经济同样具有多元性的特点，而且在民族间也存在着明显的差异，如主体民族维吾尔族，主要从事绿洲农业和畜牧业，畜牧业又分为饲养畜牧业和少量草地畜牧业；哈萨克族、蒙古族、柯尔克孜族、塔吉克族主要从事畜牧业，但也有农业经济存在，乌孜别克族根据居住区域的不同分别从事商业、农业和畜牧业。

从地州角度，其地域范围明显缩小，但根据居住民族的多少和分布情况及相互间的差异程度不同，也会表现出多民族经济特点。如内蒙古呼伦贝尔市，由于民族间历史上在生计方式方面的显著差异，既有农业经济、牧业经济，也有工商业经济，同时还有鄂伦春族的狩猎经济、鄂温克族的驯鹿经济，各种经济类型之间差异很大，同时不同的经济类型又与特定的民族相联系，具有显著的民族特征。在云南怒江傈僳族自治州、新疆克孜勒苏柯尔克孜自治州，少数民族人口虽高达92.19%和93.27%，但不是单一少数民族聚居区，除傈僳族和柯尔克孜族以外，还分布着其他少数民族。怒江傈僳族自治州境内居住着傈僳、独龙、怒、普米、白、藏、汉等22个民族，少数民族人口占总人口的92%，其中傈僳族占总人口的50.9%，独龙族和怒族是怒江傈僳族自治州独有的少数民族。在下辖的四个行政区域中，还有贡山独龙族怒族自治县和兰坪白族普米族自治县。克孜勒苏柯尔克孜自治州境内有柯尔克孜、维吾尔、汉、塔吉克、回、乌孜别克、哈萨克、满族、蒙古、锡伯、塔塔尔等民族。全州共有常住人口441804人，其中柯尔克孜族130027人，维吾尔族280817人，汉族25462人，塔吉克、回、乌孜别克、哈萨克、满族、蒙古、锡伯、塔塔尔等其他民族5498人。显然，虽然是以柯尔克孜族为主体民族的自治州，但其总人口只占全州人口的29.4%，维吾尔族人口比例高于主体民族。①

从县域角度看也存在着较普遍的多民族经济，如重庆市的四个民族自治县中有三个是土家族苗族自治县，同时又有一定比例的汉族人口。贵州省的11个民族自治县中有5个是两个以上的少数民族共同自治的，同时还有一定比例的汉族人口，一个是三个少数民族共同自治的自治县，即威宁彝族回族苗族自治县，同时该县少数民族人口占总人口的25.45%，其余是汉族。云南是一个民族成分多、民族分布复杂的省份，全省有29个民族自治县，其中有10个是两个少数民族共同自治的，4个是三个少数民族共同自治的；还有一个双江拉祜族佤族布朗族傣族四个少数民族共同自治的自治县，境内居住着24个民族，少数民族人口占总人口的44.38%。甘肃的积石山保安族东乡族撒拉族自治县，也是三个少数民族共同自治的，境内有保安、东乡、撒拉、回、汉、土、藏、维吾尔、羌等9个民族。2004年少数民族人口占总人口的55.03%，其中保安族13082人，东乡族17334人，撒拉族7407人，是全国唯一的保安族聚居地，三个自治民族人口占总人口的比重不到20%。

三、协调少数民族经济发展与民族地区经济发展的关系

从迄今为止民族形成发展的历史进程看，由于民族间的融合、杂居和交错分布，经济文化的交流越来越密切。民族间交往和融合的深化与生产力进步、经济发展具有密切的关系。随着今后世界范围经济合作和交往的更加深入和广泛，会加快国家民族间的经济交往，在这一过程中一直伴随着各种各样的经济合作、交流及利益关系，这些利益关系既有互利的共同利益，也有经济交往过程中的各种矛盾。在中华民族共同利益的基础上，不同的民族在不同的发展阶段具有不同的发展问题、不同的民族经济利益。民族间经济交往是实现民族经济利益的最好途径，通过经济交往满足多方面的需求，同时获取更大的经济利益。但由于不同民族集团具有自身相对独立的经济利益，在经济交往过程中要处理好各种民族经济利益关系。

民族关系的实质是经济关系，经济关系的关键就是民族经济利益。经济发展或进步的过程同时也是利益实现和分配的过程，而经济发展参与主体的

① 怒江傈僳族自治州、新疆克孜勒苏柯尔克孜自治州政府网。

多元性，也决定了利益主体的多元性，而且存在着不同层次的利益关系，要实现社会经济的协调发展，就必须研究和调整各种利益关系。在多民族国家中，民族利益关系是这些利益关系中的重要方面。这种民族利益关系有时表现为少数民族与主体民族之间的利益关系，有时表现为少数民族与少数民族之间的利益关系。从区域角度看，民族利益关系往往又与区域经济利益关系联系在一起，这又具体表现为不同民族居住的区域之间的利益关系，以及同一区域内不同民族之间的利益关系。民族及区域之间的利益关系不是一成不变的，在不同的社会历史条件下，民族利益关系也在不断地变化和调整。中国少数民族经济研究民族经济利益关系，不是站在某一个民族的立场上强调绝对经济利益，而是以社会公平和协调发展为主旨，主要研究区域经济发展利益的分配、参与机会均等以及增强自我发展能力等问题，尤其是保障经济社会发育程度较低、自我发展能力不足的少数民族的利益，主要包括以下几个方面的措施：

1. 直接的经济援助

《宪法》规定："国家尽一切努力，促进全国各民族的共同繁荣。"《民族区域自治法》进一步把上级国家机关支持、帮助民族自治地方加快发展，明确规定为一项法律义务。为贯彻落实《宪法》和《民族区域自治法》的规定，自20世纪50年代以来，中国政府制定和实施了一系列针对少数民族的经济扶持政策，加快少数民族及少数民族地区经济社会发展。具体如基础设施建设、财政金融、文化教育、扶贫等方面。由于受到自然、历史等方面因素的影响，少数民族地区的贫困问题仍很突出，对这些地区和人口，在进行开发式扶贫的基础上，仍需给予相应的直接的经济援助和救济。2005年少数民族聚居地区的农村绝对贫困人口为1170.4万人，占全国的49.5%；初步解决温饱的农村低收入人口为2048万人，占全国的50.4%；贫困发生率为6.9%，比全国高4.4个百分点，其中大约有20个民族的390万人贫困发生率高达23.9%。直接扶持主要包括：建立社会保障体系，使其具有基本医疗、养老、生活保障，建立有别于其他地区的政府保障机制；针对一些不具备基本生产和生活条件的地区，实行有计划的搬迁安置；对地方病传染病多发地区和民族，建立专门的医疗救助和防疫体系，提供免费防治和治疗服务，提高这些地区人口的身体素质。

2. 提高自我发展能力

自我发展能力不足是大部分少数民族及民族地区存在的普遍现象，这种自我发展能力的不足进一步强化了自然地理条件的约束，形成一种相互制约的关系。由于受到历史及经济发展水平的限制，大部分少数民族还不能很好地利用现有的资源和条件发展经济，尤其不能适应市场经济的生存模式，存在着“小生产”、“小市场”与“大生产”、“大市场”的矛盾。在生产和市场机会的把握、要素动员等方面处于被动地位，从而出现了“捧着金碗要饭吃”的尴尬局面。少数民族不能共享经济发展的利益，主要受制于自我发展能力的不足。

提高少数民族自我发展能力的主要途径是发展各级各类教育，提高通过教育和培训提高科学文化素质，提高劳动技能，适应现代社会分工和发展的需要。因此，在大力普及和发展基础教育的同时，对劳动力进行有计划的职业技术培训，通过职业教育使其掌握一定的职业技能。在未来中国社会向工业化和城镇化快速转型的过程中，少数民族劳动者的技能和职业转换面临着巨大的挑战，在提高其文化素质的同时，还要适应城市的生活环境和现代工业的管理要求，成为合格的产业工人。

3. 在资源开发中保障当地少数民族的利益

历史上自然资源拥有量的多少和禀赋的差异，决定了经济发展的水平和分工格局。近年来，随着科学技术的发展和世界经济一体化的进程，自然资源在经济发展中的作用有所下降，但资源状况仍是衡量经济发展潜力和竞争力的重要指标。长期以来，民族地区丰富的自然资源是其经济发展的重要基础和优势，大部分民族地区都以资源禀赋为依托，发展资源型产业。但始于20世纪50年代的资源开发和资源型产业的发展，是在计划经济体制下，通过国家意志广泛动员全国的资源，包括人力资源与物质资源，在较短的时间内，在民族地区建立起了以原材料工业和国防工业为主的工业体系，从而打破了民族地区的封闭状态以及以农牧业经济为主的经济结构，开始了民族地区的工业化进程。由于实施的是政府主导型的开发模式，因而从开发方式、产业选择、经济运行机制到人力资源动员、利益分配方式都贯彻了国家的意志和需要。在协调地方利益关系方面，倡导地方利益服从国家利益，即局部服从整体。在“外嵌入”式的开发模式下，资源所在地的微观主体乃至地方政府往往被排斥在开发过程之外，尤其是缺少参与开发过程的渠道和机制。由于不能积极参与到经济开发和发展过程之中，当地居民和地方政府只能获取经济开发的“溢出效益”，即享受有限的公共工程投资等给区域发展带来的利益。

少数民族作为重要的行为主体、经济主体和利益主体，在过去的资源开发活动中，没有更多的机会参与到区域经济开发中来，处于被动和旁观的地位。绝大部分少数民族及其成员从事着与现代工业部门基本隔绝的传统农牧业生产，他们与城市、现代工业之间没有太多的物质和能量转换。城市与乡村、工业与农业是两个相对封闭的循环系统。这种经济开发格局的结果是区域经济发展没有相应的带动当地各民族经济的发展。甚至在一些开发项目中，由于过分强调国家利益和整体利益，忽视了当地各民族的利益和需要，使其生产生活条件恶化。

资源存在于一定的地理空间，其开发过程必然影响和涉及利益分配问题，如果资源开发的结果没有带来当地社会经济的发展，给当地人带来实实在在的利益，就会出现各种各样的问题与矛盾。国家在资源开发过程中，要积极动员民族地区各种生产要素的广泛参与，把资源开发与发展地方经济结合起来。以优势资源为依托，对资源进行深加工，增加附加值，把资源优势转化为经济优势和市场优势，使民族地区尽快走上富裕之路。

突破二元板块式结构的民族经济学

——读刘永佶教授主编的《民族经济学》

杨思远

2007年9月，中国经济出版社出版的刘永佶教授主编的《民族经济学》，在民族经济学的性质、对象、主题、范畴、体系各方面都提出了新的见解并作了充分论证，从而使这门新学科的发展跨进了一大步。

长久以来，民族经济学在学科性质上是作为民族学和经济学的交叉学科来对待的，因而缺乏独立的研究对象。民族经济学如果是一门有独立研究对象的学科，就不可能是交叉学科；如果作为一门交叉学科，就只能停留于二元板块式结构状态。刘永佶教授选择的是前一条道路，将民族经济学作为经济学的一个分支来对待，"我们主张并研究的民族经济学……是社会主义经济学大系统中的一个必要环节和组成部分。"（见第5页）抛弃交叉学科的学科定位，这就使民族经济学研究对象的明确有了可能。

将民族与经济的结合作为研究对象，是民族经济学以往一贯的做法，其结果必然是丧失对民族经济独特矛盾的把握。刘永佶教授在探讨民族经济学研究对象时，在方法论上将研究对象即研究客体，同研究主体结合起来。主体是对象的主体，他认为："民族经济学的主体，从总体上说，是世界上存在的各民族的人。"（第1页）对象是主体的对象，主体是"民族的人"，"民族经济学的对象，就是在明确经济的民族性前提下，研究民族的经济发展与经济关系的矛盾。"这里，经济与民族不是平等的二元并立的板块式结合，而是主体的人具有民族性，导致人的经济活动和经济矛盾也具有民族性，民族经济学就是研究具有民族性的经济矛盾即民族经济矛盾。经济学是个大系统，政治经济学及其各个分支，"都不涉及经济的民族性和民族的经济发展与经济关系的矛盾"（第6页），这样规定的民族经济学研究对象不仅是明确的，而且是独特的。

明确了民族经济学的对象，研究主题和内容也就易于确定。主题是主体对对象研究的集中体现。作为社会主义民族经济学，主体是有自主意识的各民族劳动者。据此，刘永佶教授将主题规定为"探讨各民族劳动者自主发展经济的目的、方向、根据、条件和方式。"（第19页）追求劳动者自主发展，而不是单纯追求财富的增长，彰显了社会主义民族经济学同西方发展经济学、经济人类学的本质区别。

有无独特的范畴，是一门学科成熟与否的重要标志。刘永佶教授认为："这里所涉及的范畴，是作为民族经济学内容的民族经济矛盾与民族经济关系矛盾的规定"，"要坚持民族经济学的主体性和相对独立性，以民族经济学范畴为主干"。（第32、33页）对于政治经济学、民族学和其他学科的范畴，必须进行改造才能吸收到民族经济学中来。

在《民族经济学》一书中，刘永佶教授从民族经济矛盾出发，规定和改造了一系列民族经济学范畴。这些范畴包括民族、经济的民族性、民族经济关系、民族内部经济关系、民族经济制度、民族经济体制、民族经济结构与运行机制，民族经济经营管理、民族间经济关系、民族经济发展、中华民族经济发展、中国少数民族经济发展等主干性范畴。刘永佶教授将这些范畴按照从抽象到具体的概念运动的叙述原则，建构了民族经济学新的理论体系。需要指出，这些范畴反映的经济矛盾都是带有民族性的，是民族经济矛盾。

例如，作者将民族经济制度规定为"在民族劳动者一定素质技能基础上，反映民族劳动者社会地位的关于劳动力所有权和生产资料所有权的权利体系。"（第103页）这种规定，强调了劳动者经济权利的民族性，因此，在民族尚未形成时，不存在民族经济制度，原始社会、奴隶制社会和封建农奴制社会都没有形成民族，都属于"前民族经济制度"，中国秦汉建立集权官僚制时期开始形成民族，产生集权官僚制社会民族经济制度，此外还有资本主义民族经济制度和社会主义民族经济制度（第114—117页）。

《民族经济学》通过明确学科性质、确立独特的研究对象和主题、规定和改造一系列民族经济学范畴以及以概念运动为核心的理论体系构建，终于突破了民族经济学二元板块式结构，成为有内在联系而逻辑严整的理论体系。

落实科学发展观，促进民族地区特色农业发展①

张建平

改革开放30年来，由于民族区域自治法的颁布实施，民族地区的经济社会发展取得了前所未有的巨大成就。在纪念改革开放30周年之际，回顾过去的历程，认真总结和不断优化发展策略，切实落实和深入实践科学发展观，不断推进民族地区经济社会健康、协调、稳步、快速增长是摆在我们面前的重大而具有全局性战略意义的课题。众所周知，民族地区幅员辽阔，孕育着丰富的多元文化，是中华民族灿烂文明与文化创造、传承、发展的重要源泉。不仅如此，民族地区还是我国最重要的能源和矿产资源的富集地区，是我国主要河流的发源地，其生态功能具有绝对重要的战略地位。但是，由于民族地区的社会经济发展受到多种因素的制约，包括农业在内的产业发展与其他地区有较大差距，成为我国工业化、城市化发展相对滞后的区域，是我国贫困人口分布的主要区域，也是低收入群体比重最高的地区。以科学发展观为指导，实施符合实际和具有可持续发展前景的工业化与城市化战略至关重要。目前，最紧迫的课题是缓解、消除贫困，改善最大群体农牧业人口的生产和生活条件。因此，农业发展就成为不可忽视的重大问题。如何客观认知民族地区经济社会发展的特质，采取什么样的政策与发展策略，不仅影响民族地区与其他地区的协调发展，影响党的民族政策切实有效的落实和科学实践，而且对我国未来经济社会与生态环境协调发展具有重大影响。本文从多元化视角，考察落实科学发展观促进民族地区农业发展的原则与对策。

一、民族地区农业发展的政策环境与目标

农村经济体制改革是从土地利用制度改革开始的，家庭经营制度的形成是农业改革最大的也是标志性成果，中共十七届三中全会再一次明确土地承包经营制度将长期稳定和不断完善。与此同时，党和政府全面推进了市场化与分权化为基本特点的全面经济改革，由国有经济和集体经济构成的计划管

① 原载2008年10月24日中国民族报，题目及结构略有改动。

理的国民经济，转变为国有、民有（营）、外资及其相互结合多元经济共生的社会主义市场经济。经济发展进入了前所未有的时期，取得了令世人瞩目的成就。另一方面，农业发展虽然为30年改革与经济社会发展创造和提供了较为稳定的基础条件，也得到了前所未有的发展，但城乡差距，农业与非农产业间的差距，除改革初期缩小较为明显外，其余时段基本没有缩小，而是呈扩大态势。由于就经济发展的区域性差距的存在，以及农业条件的限制，居住分散，农业生产的自给性特征明显，民族地区农业发展与其他产业的差距更显突出。事实上，我国农业政策实践，在相当长时间内，主要以满足工业及国民经济发展需要为目标，农业自身发展与农民生产、生活条件改善的保障与支持性措施缺失。进入新世纪以来，中央连续发布了五个“中央一号文件”为农民增收、农业综合生产力提高以及社会主义新农村建设明确政策方向。农业政策实践的目标取向发生了重大变化，以工业反哺农业、城市支援农村和城乡一体化为基本特征的支持农业发展的惠农措施开始出台，农业发展的社会条件在政策导向影响下出现了前所未有的变化。农业政策实践也进入了一个划时代的转型时期，以粮食生产直接补贴，农业税全面取消及新农村建设相关措施落实为标志，农业发展的社会条件得到了前所未有的改善。刚刚结束的中共中央十七届三中全会通过了《中共中央关于推进农村改革发展若干重大问题的决定》，进一步明确和强调把建设社会主义新农村作为党和政府工作的重点和战略任务，把中国特色农业现代化道路作为农业发展的基本道路，同时提出了以加快形成城乡经济社会发展一体化新格局为目标和根本要求。对民族地区而言，退耕还林、退耕还草等环境友好型农业调整政策的落实促进了民族地区农业发展、环境改善，对其他区域环境质量的提高产生了积极的影响。然而，从长远看，由于上述政策均属于特定调整时期内的临时性专门或专项措施，对该区域农业发展的影响具有局部性、阶段性的特征，因而也是有限的。不仅如此，由于民族地区地方财力不足，农村公共品供给能力与农业发展的扶持能力均不及其他地区，农业发展面临许多靠自身努力无法解决的困难。如何把握新的发展机遇，实现符合资源节约与环境友好型要求的农业与农村发展目标，必须充分认识民族地区农业发展的现实基础和条件，也就是民族地区农业的特质，只有这样才能有效和合理利用农业资源，促进农村地区特色农业发展，走出一条符合科学发展观要求的农业现代化道路。

落实科学发展观，对于民族地区农业发展而言，就是要在认知民族地区农业问题的实际和特殊性以及其可持续发展课题的前提下，谋求以城乡一体化为总体目标、工农协调、人与自然和谐共生的可持续发展。不仅如此，还需要将民族地区农业发展与全国农业发展的总体战略相结合，在特色农业与绿色、健康农业发展方面有实质性突破，努力探索和形成符合科学发展实际和具有可持续机能的现代农业发展的现实途径或模式。

二、民族地区农业发展的特质

民族地区农业具有明显的多元性特征，客观把握和认知这种特性，从根本上认知其特质对于落实可持续发展观，制定符合民族地区实际和城乡一体、区域协调的发展政策具有十分重要的意义。民族地区农业的多元性特征主要表现为：

第一，地域多样性。由于农业生产受自然条件制约，立地条件成为影响农业生产的决定性条件。民族地区幅员辽阔，农业立地条件自然呈多元性。

第二，农业产业多功能性。一般情况下，农业通过其产品贡献、积累贡献、市场贡献、劳动力贡献等实现其产业功能。对于我国民族地区而言，地域多样决定了其农业立地条件多元的特点，由此形成的农业生产结构也具有明显的特征，比如产品类别丰富，尤其是特色产品种类繁多。由于民族地区处于重要河流发源地和上游径流地区，加上特殊的立地因素决定了民族地区农业除一般意义上的产品功能以外，还具有十分重要的生态与环境功能。在努力建设环境友好型社会的新的历史时期，民族地区农业的生态与环境保全功能的实现不可忽视。

第三，生物多样性与物种资源丰富。幅员辽阔的民族地区，生物资源丰富，是我国最重要的物种富集区域。近年来，由于缺乏系统有效的物种资源开发利用与保护机制，我国物种资源流失引起广泛关注，有恶化与蔓延的趋势。从这个意义上讲，民族地区的农业符合科学发展观要求的稳步、可持续发展与物种资源利用和保护关系密切，事关农业知识产权开发利用和保护，与我国农业发展的战略长远利益相关。

第四，农业生产方式与技术的多元与多样性。总体看，民族地区农业生产方式与技术基础相对落后，但其承载的传统与文化却有重要价值，且具有多元特点。对于综合利用农村自然、文化资源，尤其只注重食品安全和发展绿色健康、高附加值农业方面具有不可替代的优势。粮食与食品供给的基本前提是安全与安心或放心，安全是量或规模的保证，安心或放心则是无害化或者品质的保障。我国食品生产面临最大的危机就是无法保证消费者能安心或放心使用。

总之，民族地区的农业，除具备一般地区农业的基本特点外，主要表现为不同于一般地区农业的上述以多元为特点的特质。客观认知这些具有本质意义的农业发展条件及其规定性因素，对于探索和落实民族地区符合科学发展观要求和区域协调、城乡一体化发展实际的农业政策至关重要，因此，必须予以高度重视。

三、对策

根据民族地区农业发展的上述特点，未来农业政策实践应该结合实际，在中共中央十七届三中全会通过的《中共中央关于推进农村改革发展若干重大问题的决定》精神指导下，以建立和形成城乡一体化格局为根本要求，探索民族地区特色农业发展模式，实现具有资源节约与环境友好特色优势的农业可持续发展。为此，应采取符合民族地区农业特质的发展策略与措施，具体包括以下几个方面：

第一，在注重粮食安全的前提下，对民族地区的农业发展进行符合立地条件确定和划分功能区，实施分类指导，确定扶持发展的措施。尤其要重视民族地区绿色农业资源的保护与利用，从食品安全和农业产业化发展的需要出发，扶持特色产品的生产，实现特色农业高附加值化，从根本上改变民族地区农业发展附加值低、产业化程度低以及优质、绿色农业资源利用效率低的状况。

第二，明确重点生态功能区以及环境保护核心区域农业发展的目标与功能定位，逐步将区域农业发展的主体功能调整到生态与环境保护上来，通过绿色 GDP 测算等方式，把握和测定民族地区农业的生态与环境功能的经济价值。从国家环境保护战略的高度，制定具有可持续性特征的相关政策，确保区域内农业、农民、农村问题的妥善解决与国家环境政策目标的实现。就目前而言，应该尽快对具有时限性的退耕还林、退耕还草等专项政策进行梳理，从可持续发展的实际出发，进一步补充与完善相关政策，确保政策效果的长期性与稳定性，确保环境保护长远目标的实现。

第三，从城乡一体化发展的根本要求出发，探索合理利用民族地区农业承载的多元文化与传统技术资源的有效途径，并将其纳入区域经济社会发展规划，与非物质文化保护、旅游业发展规划等统筹协调，努力探索符合民族地区特色与实际的城乡统筹与一体化发展的有效途径。尤其要关注和重视人口较少少数民族聚居区域农业发展的统筹规划，将农业传承的文化资源转化为可资利用的优势，为城乡统筹与一体化发展寻求多元途径。

第四，重视生物资源尤其是农业物种资源的保护、开发和科学利用。增加农业科技投入的同时，应强化对民族地区富集的植物品种资源普查、保护与合理开发的科技投入与支持。作为紧迫课题，生物资源与物种的保护关系到我国农业发展的长期战略利益，因此，需要从农业发展和食品安全的战略高度，规划和组织落实，全面提升民族地区农业科学研究与技术推广与普及的水平，切实保护生物资源与物种资源，维护和确保我国农业发展的战略利益不受侵害。

总之，只有在充分认知和切实有效利用民族地区农业特色资源，确定符合科学发展观要求和民族地区实际的发展策略，民族地区农业发展才能走出一条以特色农业发展为有效途径，以城乡一体化为根本要求，区域协调、工农协调，利国、利于边疆发展与稳定的可持续、健康发展之路。只有在全国统一农业发展战略的框架内，尊重民族地区广大农民群众的意愿，落实和不断完善工业反哺农业、城市支援农业的相关政策，持续推进，长期运行，民族地区农业发展的战略目标才能实现。

转型与发展

——敖鲁古雅鄂温克族经济调查

黄健英　李惟一　靖　敏

鄂温克族主要分布在内蒙古自治区呼伦贝尔市，与其他民族交错杂居。鄂温克族在历史上曾被称为“索伦”、“通古斯”和“雅库特”三部分，1958年根据民族意愿，统称为“鄂温克族”。其中，被称为“雅库特”的鄂温克人就是现今居住在内蒙古自治区根河市敖鲁古雅鄂温克民族乡的猎民，他们是历史上有名的“使鹿部落”，也是中国乃至亚洲唯一放养驯鹿的民族。

1965年生活在大兴安岭的鄂温克猎民由游猎转为定居，但传统的生产生活方式没有发生根本变化，狩猎业和驯鹿放养仍是其基本生计方式，政府在生产生活方面给予大量的扶持。2003年8月，随着生态移民工程的实施，敖鲁古雅62户鄂温克族猎民牵着世代为伴的驯鹿，告别居住了38年的旧居，从大山深处搬迁到根河市市郊。新村由政府统一规划建造，各户房屋和基本生活设施完全相同。这次搬迁使鄂温克猎民彻底告别了传统的狩猎生产生活方式，走上了发展畜牧业、旅游业等新型产业之路。

2008年7月，我们一行9人在内蒙古根河市的敖鲁古雅鄂温克乡进行了为期10天的调研，直接入户填写问卷30份，并对相关官员、企业经营者及猎民进行了访谈。调查内容除家庭基本情况外，主要包括收入、生产生活支出、耐用消费品拥有情况、社会保障及居民满意度等，比较全面地掌握了搬迁后猎民的生产生活现状以及家庭经济情况。

一、调查对象的基本情况

1. 年龄。在所调查的30户中，户主年龄20—30岁的有5人，约占总数的17%。31—40岁的有12人，占总数的40%。41—50岁的6人，占总数的20%。51—60岁的3人，占总数的10%。60岁以上的为4人，约占总数的13%。

2. 文化程度。在调查的30户户主中，文盲2人，约占7%。小学文化程度3人，占10%。初中文化程度者15人，占50%。高中文化程度5人，占17%。大专及以上文化程度者5人，约占16%。

3. 民族成分。所调查的30户户主中，鄂温克族22人，蒙古族2人，汉族5人，俄罗斯族1人。很多家庭是不同民族通婚的家庭，主要是鄂温克族与俄罗斯、蒙古、汉族之间的通婚。

4. 宗教信仰。30户户主中，信仰萨满教的17人，全部为鄂温克族，占22户鄂温克族户主的77%。无宗教信仰的鄂温克户主5人，年龄分别为22岁、23岁、30岁，33岁和37岁，为中青年人。信仰基督教的1人，为俄罗斯族。调查的汉族和蒙古族户主均表示没有明确的宗教信仰。

表1　　30户户主的宗教信仰情况

户主所属的民族	总人数	信仰宗教的人数		信仰的宗教
		人数	比例%	
鄂温克族	22	17	77	萨满教
蒙古族	2	0	0	无
汉族	5	0	0	无
俄罗斯族	1	1	100	基督教

5. 职业。在被调查的30户中，除9户有家庭成员在乡里工作外，大部分居民没有稳定的工作，除承包驯鹿和少数外出务工人员外，由于定居点没有可承包的土地（这一点与鄂伦春旗猎民不同），大部分居民没有找到新的生计方式，主要依靠政府发放的低保金和其他救济金生活，当地政府正在引导猎民发展畜牧业和旅游业等新型产业。

6. 家庭规模。30户户均人口规模为3.5人，鄂温克族家庭子女并不多，大部分家庭是1—2个孩子。在30户中，家庭人口为3人的有14户，4人的7户。

二、调查内容及分析

1. 家庭收入及来源

2003年搬迁到猎民新村后，鄂温克猎民的生计方式发生了根本性变化，正处于经济社会转型之中，收入来源较为单一。

表2　　2007 年 30 户家庭收入情况

居民收入（元）	户数
4000 以下	2
4000（含 4000）——5000	3
5000（含 5000）——6000	4
6000（含 6000）——7000	3
7000（含 7000）——8000	1
8000（含 8000）——9000	2
9000（含 9000）——10000	2
10000（含 10000）——20000	6
20000（含 20000）以上	7

在 30 户中，年收入为 4000—6000 元的 7 户，6000—8000 元的 4 户，8000—10000 元的 4 户，10000—20000 元的 5 户，20000 以上的 7 户。居民收入来源比较单一，大部分家庭以两种收入来源为主。

表3　　2007 年 30 户家庭收入来源构成（%）

项目 / 所占比例 / 家庭	政府补贴和低保金	就业工资	驯鹿养殖业收入	经营性收入	外出打工的收入	其他收入
家庭 1	50	0	0	50	0	0
家庭 2	71	0	29	0	0	0
家庭 3	41	0	59	0	0	0
家庭 4	72	0	0	0	28	0
家庭 5	28	0	72	0	0	0
家庭 6	100	0	0	0	0	0
家庭 7	99	0	0	0	1	0
家庭 8	0	100	0	0	0	0
家庭 9	63	0	37	0	0	0
家庭 10	4	86	10	0	0	0
家庭 11	29	0	71	0	0	0
家庭 12	0	100	0	0	0	0
家庭 13	0	100	0	0	0	0
家庭 14	60	0	0	40	0	0
家庭 15	78	0	0	0	22	0

所占比例＼项目 家庭	政府补贴和低保金	就业工资	驯鹿养殖业收入	经营性收入	外出打工的收入	其他收入
家庭 16	27	0	0	73	0	0
家庭 17	100	0	0	0	0	0
家庭 18	20	80	0	0	0	0
家庭 19	69	0	31	73	0	0
家庭 20	0	100	0	0	0	0
家庭 21	57	43	0	0	0	0
家庭 22	12	0	88	0	0	0
家庭 23	8	0	92	0	0	0
家庭 24	0	100	0	0	0	0
家庭 25	41	0	43	0	0	12
家庭 26	68	0	32	0	0	0
家庭 27	0	96	0	4	0	0
家庭 28	60	0	40	0	0	0
家庭 29	63	0	0	0	0	37
家庭 30	14	0	20	0	0	66

从上表可以看出：首先，30 户家庭中政府补贴和低保金收入占总收入 50% 以上的家庭有 14 户，占本次问卷户数的 47%，也就是说大部分家庭的主要收入来源是政府救济金和低保金。其次，30 户家庭中，构成收入来源的项目种类不超过三种，以两种项目构成收入来源的情况最为普遍，收入来源主要为两个的家庭共有 25 户。大部分家庭最主要的收入来源是政府补贴和低保金、饲养驯鹿的收入，这样的家庭在 30 户家庭中所占的比例为 48%。还有一些家庭在政府补贴和低保金外，有部分经商的收入或外出打工的收入。收入来源为一个的家庭有 7 户，分两种情况：一种是家庭收入全部来源于政府补助和低保金，另一种是全部来源于工资性收入，这类家庭一般有 1 人在乡里任公职。猎民的经营性收入基本来自驯鹿养殖，其他经营性收入很少，说明定居后猎民的生计方式没有发生大的改变，仍以传统产业为主。

根据我们调研所了解的情况，还有一部分收入一些家庭没有计算在内或混入了其他收入中。从 2006 年开始敖乡利用国家扶贫资金购进北极狐和呼伦贝尔肉羊，分配给贫困户，但采取的是集中放养年底分红的方式，2006、2007年户均分红1000元以上。

2. 猎民收入来源单一和增长缓慢的原因

在与猎民的交谈中，大部分家庭认为收入低，来源少，经济拮据，对家庭收入现状不满意。虽然各级政府采取措施增加收入，但经营性收入增长缓慢，问卷显示主要有以下六个方面的原因制约猎民收入的增长：一是自然灾害的影响；二是市场因素的作用，包括销路和价格因素；三是政策的不完善；四是缺少劳动力；五是缺少资金、技术和信息；六是缺少项目。

表4　　2007年制约农副业收入增长的原因

原因	自然灾害	市场因素	政策原因	缺少劳动力	缺少资金技术信息	缺少项目
户数（户）	6	10	3	5	10	8
所占比例	20%	33%	10%	17%	33%	27%

所调查的30户居民中有20%的居民认为自然灾害是影响驯鹿产业发展和收入的主要原因之一。由于驯鹿处于半野生状态，熊害、狼害、套害和疾病，加之驯鹿的近亲繁殖，导致驯鹿种群质量下降，数量减少，不利于驯鹿饲养业的发展和壮大。有33%的居民认为市场（销路、价格）因素是影响收入的主要原因之一，其中不仅有以饲养驯鹿为主要收入来源的家庭，也有以民族特色产品为主要收入来源的家庭，这些家庭普遍认为市场因素（主要是销路和价格因素）对其收入影响较大。近年来市场上鹿茸、鹿皮等的价格持续走低，销路也不顺通，猎民们辛辛苦苦饲养了一年的驯鹿，到年终时由于市场的不稳定，鹿产品价格低，只能勉强收回成本。而对经营特色产品（如鹿制品、桦树皮手工艺品）的居民来说，市场因素同样是制约其收入增长的主要原因之一，由于居住地以及经营地比较偏僻，旅游业刚刚起步，销路十分有限。因此有10%的居民希望政府以后能在饲养驯鹿方面多给予一些有效的政策扶持，如拓宽市场销路、稳定价格等。认为缺少资金技术信息为主要原因之一的居民占了33%，他们认为缺少资金使驯鹿的养殖难以继续下去，不能扩大驯鹿产业的规模和进行产品深加工，而技术信息的缺乏使驯鹿饲养业难以得到质的提高。有27%的居民认为缺少可行的创收项目，这部分猎民有发展其他产业，改变家庭经济现状的愿望，但一时找不到赚钱的项目和创收的路子。

3. 家庭支出情况

搬迁到新址后，猎民生活自给部分减少，衣食行等都要通过市场交换，尤其是用于食物的消费成为日常支出的主要部分。

表5　　30户家庭2007年支出情况

项目	支出金额（元）	占总支出比例（%）	家庭（户）	户均消费额（元）
生产性	67250	13.6%	15	4483
服装	23190	6.5%	23	1008
食品	125750	25.5%	30	4192
医疗	56800	11.5%	16	3550
教育	65500	13.2%	17	3853
娱乐	21400	4.3%	7	3057
红白喜事	27900	5.6%	24	1162
交通	33200	6.7%	23	1443
通讯	22780	4.6%	25	911
合计	495290	——	——	——

在调查居民家庭支出情况时，我们发现以下几个特点：首先，大部分居民的总支出与总收入基本相等，而有一部分家庭总支出大于总收入，靠借外债生活。其次，大部分家庭支出集中在食品、医疗、教育、生产和交通等几个方面。其中食品支出所占的比重最大，为25.5%；用于生产性的投入为13.6%；医疗费用所占的比例为11.5%；教育支出为13.2%；交通费用支出也达到6.7%。

对于不断提高的食物支出，许多猎民抱怨说，以前在山上居住时可以狩猎，蔬菜水果等食品可以在森林里采摘，大部分消费可以自给，不用花钱购买。自2003年生态移民后，政府禁止狩猎，同时远离了森林，所有的食品都要购买。近几年随着物价的不断上涨，水果、蔬菜、鱼、肉的价格大幅度提高，用于食品的消费支出越来越高。

医疗费用是大部分居民家庭重要的支出之一，由于常年在山上生活，许多猎民患有风湿、骨质增生等疾病，一些家庭的老人身患多种疾病。虽然有医疗保险作为保障，但对于有限的收入而言，自己承担的那部分支出仍是很大的负担。

在与猎民的交谈中，我们感受到他们对子女教育的重视程度在不断提高，许多家长明确表示愿意供孩子继续读书。目前多数鄂温克族家庭的子女能够顺利完成9年义务教育，还有一部分在初中毕业后进入职业技术学校或大中专院校继续学习。因此，家庭教育负担主要是非义务教育阶段的支出，对于收入不高的鄂温克猎民家庭来说，是一个不小的负担，部分家庭还因此欠了外债，但几乎所有家长都支持子女继续深造。一些家长为了使孩子健康成长尽力改善其饮食和学习环境，为了使孩子上学方便，有好几户家庭把孩子送到了根河市的亲戚家；有的家长给正在面临升学考试的子女买了许多营养品。在我们入户访谈时，有不少家长向我们询问中央民族大学的高考分数线，希望把孩子送到少数民族的最高学府就读。可见，大部分家长已经深刻地感受到在现代社会知识和文化的重要性，他们愿意尽自己所能去改善子女的学习条件。

生产性支出主要是驯鹿养殖业的支出，主要是过冬的饲料费，割鹿茸时的各项支出等，只有承包驯鹿的家庭有这项支出，其他家庭没有。生产性支出还包括一些家庭发展民族手工艺品生产和销售点的费用，也是只有少数家庭有。养殖业因目前主要采取寄养和年底分红的方式，所以很多家庭没有生产性支出。

交通费用主要是到根河市购物或接送孩子上学的费用。最初开通了敖乡到根河市区的公交车，但由于乘坐的人少且比较分散，经常空车往返，于2006年停运。另外，由于驯鹿放养点仍在山上，交通费支出中有很大一部分是到猎民点的租车费用，承包驯鹿的家庭要在新村和猎民点之间往返，最近的玛茹莎猎民点距离新村40多公里，最远的玛丽娅·索猎民点离市区150多公里。

当地居民的支出主要集中在基本生活和教育等几个方面，受收入水平及环境条件的限制，猎民们用于娱乐方面的支出很少，几乎为零。他们主要的娱乐方式是聊天、闲逛和看电视，而一部分老年人不喜欢看电视，他们把带孩子、制作鹿皮或桦树皮手工艺品作为娱乐休闲的方式。

4. 家庭耐用消费品情况

家庭耐用消费品拥有情况反映了居民的收入水平和生活质量。鄂温克猎民搬迁到新址后，政府在提供统一住房、集中供热供水的同时，还配备了部分生活基本设施，根河市发动市直各部门对62户猎民实施一对一帮扶政策，为猎民解决了电视机、电视柜、床、沙发等生活用品。

表6　30户居民家庭耐用消费品拥有情况（户）

项目	户数	项目	户数
电视	30	农用车（拖拉机）	0
电冰箱（冰柜）	22	卡车	0
洗衣机	22	小轿车	1
照相机	5	电话	9
影碟机	16	组合音响	1
电动车	0	手机	28
摩托车	14	自行车	24

目前敖乡所有的居民家中都有电视机，大部分居民拥有电冰箱（冰柜）、洗衣机、自行车等，相当一部分家庭还拥有影碟机、摩托车和手机等中高档生活用品，特别是手机，几乎每家都有一部。敖乡猎民家庭耐用消费品和城市家庭基本一致，主要是生活用品，而生产性机械等耐用消费品拥有情况为零，反映出搬迁后猎民的生活发生了很大变化，但产业发展滞后，是一个消费型的小社会。

5. 社会保障情况

搬迁到新址后，政府为鄂温克猎民建立了较为完善的社会保障制度。2007年，根河市参照行政、事业单位职工医疗保险有关规定，将持有敖乡户籍的约190名鄂温克族无业人员全部纳入医疗保险范围。按照呼伦贝尔市平均每月670元工资标准，参保人须交8%缴纳基金。根河市根据猎民实际情况，由政府承担其中的6%，另外2%由乡政府及个人承担。其中市财政支付18万元、乡财政承担3万元，合计21万元，解决了猎民就医难、看病难的问题，鄂温克族猎民每人每月只需交纳8元就可以享受医疗保险待遇，极大减轻了猎民看病就医的经济负担。在对无业鄂温克猎民发放低保金的同时，政府正在着手建立社会保险制度，解决鄂温克猎民的后顾之忧。

6. 居民满意度的调查分析

对目前生活的满意程度是衡量鄂温克居民幸福指数的一个重要指标，也是考察他们对生态移民适应度和满意度的主要指标。我们把满意度调查分为两个部分：一是对村庄整体自然和人文环境的满意程度；二是对当前生活状况的满意程度。

表 7　　30 户居民对村庄整体自然和人文环境的满意程度（户）

项目	很好	一般	较差	很差
村庄整体自然和人文环境	13	14	0	3

从上表可以看出，对村庄整体自然和人文环境，认为很好和一般的占 90%，认为较差和很差的占 10%。因此，从总体来看，敖鲁古雅乡的居民对村庄整体自然和人文环境还是比较满意的，这也是他们对村庄建设的肯定。我们在访谈中了解到，村民普遍认为新村的生活设施以及就医、交通、上学等条件比旧址好得多。

表 8　　30 户居民对目前生活状态的满意程度（户）

项目	很满意	比较满意	一般	不满意
生活状况	6	7	4	13

虽然大多数居民对村庄整体自然和人文环境表示比较满意，但相当一部分家庭对自己目前的生活状态不是很满意。其中，表示很满意和比较满意的合计为 43% 左右，表示一般的占 13% 左右，而表示不满意的大约占了 44%。

根据我们在调查和访谈中所了解的情况，其原因主要有以下几个方面：首先，有相当一部分居民对自己的家庭经济状况不满意，由于收入来源单一，有限的收入勉强维持温饱，有的家庭甚至入不敷出，靠借外债生活。受到观念和技能的限制，一时找不到合适的工作，依赖政府的救济生活。在森林里大部分生活用品都来源于狩猎采集，无需交换。而面对定居后不断上涨的物价和有限的收入，居民表达了深深的无奈。他们说，过去想吃水果和蔬菜就可以去森林里采集，想吃鱼就可以到河套里去捞，想吃肉就可以拿猎枪去打，想穿衣服就可以用兽皮来做，想盖房子就自己动手搭建撮罗子。其次，有一小部分居民对目前的生活方式并不满意。虽然生活条件大为改善，但还不适应搬迁后的生活方式，他们怀念过去在山上的狩猎生活，表示更喜欢原来的生活方式，更钟情于在森林间无拘无束自由自在的日子，那种生活是物质生活所无法替代的，也是一个民族在内心里最无法割舍的。

三、结论及思考

通过调研，我们对敖鲁古雅鄂温克族民族经济发展的历史与现状有了较全面的了解和认识，以下是本次调研的几点体会和思考：

1. 生态移民的利与弊

2003 年实施的生态移民是政府从根本上解决鄂温克猎民生产生活困难的积极举措，极大地改善了其生产生活条件，有利于民族经济的可持续发展。但敖鲁古雅鄂温克人长期生活在大兴安岭密林深处，过着吃兽肉、衣兽皮的渔猎生活，驯鹿是他们的主要交通工具，“蓝天作被地当床，北风为邻兽为伴”是他们过去生活的真实写照。特定的自然环境成就了它们独特的生产生活方式。中华人民共和国成立后，他们虽然告别了原始的游猎生活，于 1965 年实现定居，但仍延续着传统的生计方式。2003 年生态移民搬迁到根河市近郊后，才从根本上改变了生产生活方式。由于长期从事游猎业，同时得到国家各项政策照顾，鄂温克猎民离开森林后，几乎没有其他生存技能，尤其是 40 岁以上的人很难适应新的生产生活环境，对未来感到茫然和困惑。一些家庭完全依靠政府的救济和低保金维持基本生活，当地政府虽然通过多种渠道提供新的就业机会，但受到观念和技能的限制，他们没有能力或不愿意从事新的工作，相当一部分劳动力处于自愿失业状态。

生态移民工程是为鄂温克民族长远发展而设计和实施的，在外界看来是合理的，也是可行的，甚至可谓十分完美，有利于改善猎民的生产生活环境。但对于一个民族或人群乃至其中的个体而言，这一转变是一个艰难的过程，这既是生计方式的转变，也是一个民族经济文化类型的大转型，他们要适应新的生产对象、生产工具和生产方法。尤其是对历史上长期从事游猎生产的鄂温克人而言，可以说是一次“革命”。对此不能操之过急，要考虑到经济合理性和文化适应性，特别是作为“受惠”主体的适应性。

除了生产生活方式的转变外，敖鲁古雅鄂温克猎民被称为“最后的使鹿部落”，驯鹿不仅是其经济生活的重要组成部分和收入的主要来源，也是民族经济的特色所在，并由此创造了驯鹿文化。离开驯鹿将使得敖鲁古雅鄂温克民族及其经济失去特色。而驯鹿属于半野生动物，长期以来生活在原始森林中，以野生苔藓和菌类为食，适宜野生放养。定居或人工喂养不是完全不可行，但一方面违背驯鹿的生长繁衍习性，另一方面增加了饲养成本。驯鹿离不开森林，也离不开鄂温克族猎民；同样，鄂温克族猎民离不开驯鹿，也离不开森林。这种人、驯鹿、自然界共生相依的特殊关系，在人类社会已延续了数千年。从我们调查的情况看，除少数猎民出于发展旅游业的考虑将驯鹿饲养在山下外，大部分驯鹿仍在5个猎民点自然放养，说明在目前条件下，定居饲养的条件和时机还不成熟。

2. 探寻民族经济可持续发展之路

实现定居后，在建立和完善各项社会保障制度的同时，各级政府正在积极探索鄂温克猎民新的生计方式。近年根河市和敖乡政府利用国家扶贫资金和“人口较少民族”扶持资金引导猎民发展养殖业。并借敖鲁古雅鄂温克族独特的民族传统经济文化打造旅游业，在新村南侧建起了“敖鲁古雅使鹿部落”旅游点，并已初具规模，年旅游收入超过6万元。2007年聘请全球15强咨询公司贝利集团策划了“内蒙古敖鲁古雅使鹿部落旅游景区总体规划设计”，该设计重点开发敖鲁古雅民族和驯鹿文化度假村项目，以敖鲁古雅新移民点为基础进行改扩建，打造一个以宣传和推广敖鲁古雅文化特色为主题的全国知名户外休闲旅游度假村，目前正在建设中。这也许是敖乡乃至使鹿鄂温克人民族经济发展的希望之所在。

若从简单的脱贫或短期增加收入的角度，解决62户230多人的贫困问题并不难。问题的关键是如何实现民族经济的可持续发展，最终目标是提高鄂温克猎民的自我发展能力。实现民族经济的可持续发展，除了鼓励适合当地条件的新型产业发展外，还需要加快猎民传统观念的转变和技能培训。在调查和访谈过程中，我们发现大部分猎民更怀念传统的扶贫方式，存在着较严重的“等、靠、要”思想。对于乡政府正在实施的一些发展经济的措施不是很认同，或漠不关心。产业结构和生计方式的转变需要相应的技能，而世代以打猎和放养驯鹿为生的鄂温克人，没有从事其他产业的经验和技能，在产业转型的同时或之前，相关技能的培训是他们适应新的生产生活方式的关键。同时，对观念和技能转型不能操之过急，在外界积极推进的同时，需要主体的观念调适和利益认同，这个过程可能需要一代人甚至更长的时间。

提高驯鹿的放养规模和经济效益是鄂温克民族经济发展的重要组成部分，也是目前增加猎民收入的有效途径。驯鹿作为鄂温克猎民主要的生产生活资料，自20世纪50年代以来，数量增长缓慢，50多年只增长了1倍多。主要有两个方面的原因：一是食物供给的有限性，随着其活动区域越来越小，可供食用的苔藓等食物有限，很难有大的发展。二是受到各种自然及人为因素的影响，每年都有一些非正常损耗，鄂温克人一般不会宰杀驯鹿，除非其死亡或受伤。但每年都有一些驯鹿被熊、狼及猞猁等野生动物咬死或咬伤，损耗占种群的20%左右。随着《中华人民共和国野生动物保护法》和《中华人民共和国枪支管理法》的颁布和实施，猎民只有仔细看护鹿群，即使看到驯鹿被熊等伤害，也爱莫能助。近年来对驯鹿的人为伤害也越来越多，称为“套害”，即一些偷猎者布下的各种套子，这些套子有些是为套获其他野生动物，有些是专门对驯鹿的。以上因素使驯鹿种群数量发展缓慢，当地政府和猎民普遍认为建立驯鹿自然保护区，并根据具体情况恢复猎民点持有必要的枪支是解决上述问题的有效途径。另外，由于种群数量少，存在着“近亲繁殖”的问题，也影响到驯鹿的发展，地方政府正在积极争取从俄罗斯购进一部分驯鹿，以提高种群的品质。

3. 关于民族经济发展与文化保护的关系

敖鲁古雅鄂温克族作为“人口较少民族”的一支，其传统经济和民族文化独具特色，并且一直延续到今天，是中华民族多元一体大家庭的重要一员。

随着生态移民的实施，猎民告别了世代生活的森林，告别了传统的生产生活方式，开始融入现代化进程之中，这是民族发展的必然选择。但敖鲁古雅鄂温克民族经济文化的形成与其生活的自然环境和传统生计方式密切相关，生境和生计方式的变化，对民族传统文化的传承和保护带来挑战。敖鲁古雅鄂温克民族特色经济和文化之所以能够较好地保持至今，与其原来的生产生活环境相对封闭有一定的关系。定居和生计方式的转变打破了原来相对封闭的社会关系，历史上的五大氏族构成敖乡现有人口和家庭的基础，民族或不同家庭之间存在着亲缘关系。全乡除少数干部和事业单位人员外，其他人基本从事单一的狩猎业和驯鹿养殖业，延续着传统的生产生活方式。定居后不仅生计方式发生变化，经济关系和社会关系也更加复杂。随着人们从事的经济活动的多元化，会成为相应行业的劳动者，同时不同民族的人共同工作生活，交往的范围和工作生活环境发生了根本性变化，尤其是年轻人，他们更容易接受新鲜事物，随着他们更多地接受普同文化的教育和影响，必然会自主或不自主地放弃本民族的文化传统。

敖鲁古雅的传统文化产生于狩猎和驯鹿饲养过程之中，即长期形成的狩猎经济文化类型，而产业转型后，随着劳动资料和劳动对象的变化，原有的生计方式类型不复存在，而从事新的产业类型，必然会产生与其从事的经济类型相适应的文化类型，原有文化的影响会逐渐淡化。目前敖乡政府把发展旅游业作为发展经济和保护民族文化的重要举措，从一些民族地区发展旅游业的情况看，独特的民族文化是发展旅游业的重要人文资源，但往往随着旅游业的发展、游客的大量涌入，商业化色彩越来越浓厚，民族文化被过度开发或被误读、曲解，或有意迎合游客的好奇心、猎奇感，使民族文化失去原有的内涵和意义。与其他民族或民族地区不同，敖鲁古雅鄂温克人只有200多人，他们是民族文化传承的主要载体，在现有的格局下，不仅远离了森林，而且驯鹿饲养方式也在发生着变化，年青一代更喜欢城市生活，在强大的普同文化面前，民族传统文化面临着前所未有的挑战。

区域经济

创新型宁夏建设中的科技资源整合与集成问题研究

张学东　张海峰　强　毅　王　春
（北方民族大学商学院　宁夏银川市　750021）

科技资源是第一资源，稀缺性是它的第一特征，优化配置科技资源是各国科技管理和科技政策关注的核心问题。2006 年宁夏确定了走创新型宁夏的发展道路，这一道路从根本上说就是要借助科技创新的力量，实现跨越式的发展。

近年来，宁夏科技发展步伐明显加快，取得了多项重大突破，但也存在着科技投入不均衡，配置结构不合理，科技创新能力不足，趋同跟进现象明显，科技资源分散，优化配置意识淡薄等问题。宁夏科技创新资源的配置效率和配置潜力与全国其他省市相比都处于较低的水平，难以形成跨学科、跨专业、跨部门综合配置的强大力量，难以满足解决重大科研任务的需要，不足以支持跨越式发展目标的实现。

科技资源的整合配置是建设创新型宁夏的基础，这一基础的形成效率关系到创新型宁夏建设何时才能够真正起步的问题，这一基础的形成质量影响着创新型宁夏建设的步伐，决定着跨越式发展目标是否能够真正实现。在 2008 年宁夏政府再次提出要加快创新型宁夏建设的要求下，进一步提高科技资源优化配置效率已经成为建设创新型宁夏的迫切需要。

一、科技资源理论及国内外科技资源整合实践的启示

科技资源（science and technology resources）是科学技术活动的各种资源投入要素的总称。包括科技人力资源、科技财力资源、科技物力资源、科技信息资源和科技组织资源等几个要素。科技资源是科技活动的物质基础，是创造科技成果、推动整个经济和社会发展的要素集合。科技创新是创造性

的生产活动，科技人力资源是各种资源中最具能动性、智慧性的资源，对其他资源起支配作用，是科技第一资源。

科技资源配置①是指在一定的经济体制、科技体制及其运行机制下使科技资源产生正向效果、效率的调配方式。区域科技资源配置效率是反映一个区域运用和整合科技资源的能力，代表着区域科技系统的整体功能和效率，在一定程度上决定着区域科技能力的强弱。

“整合”和“集成”的英文术语同为“integration”，它来自于integer这一词根，integer来自于拉丁语的词根“in”（内部）和tangere（联系），所以，整合和集成都具有内部相互联系、融合为一个整体或一体化的含义。科技资源整合②促进公共科技领域中科技资源的共享与合作，实现科技资源高效配置，促进国家创新系统中知识和信息的高效生产与流动，最终实现科技资源的优化配置。科技资源整合的基本思路是将科技资源视为一个整体，通过对资源各要素的加工与重组，形成合理结构，实现整体优化，发挥最大功能，体现最大效率。其要义是资源的优化与结构的重组。科技资源集成③通常指的是将两个以上的单元（各科技要素或子系统）按一定的规则组合为一个有机整体，共同促进重大技术变革或产业创新的行为和过程。

科技资源的基本配置方式一般分三种：计划配置、市场配置、混合配置。目前，国际上国家科技资源配置的模式选择通常有三种类型：“自由市场经济”的美国模式、“社会市场经济”的德国模式、“社团市场经济”的日本模式。这三种资源配置模式，其实都是对科技资源配置混合方式的发展利用，其共同点是都认为科技资源的配置方式应该以市场经济为主、政府的计划作用为辅。区别在于政府在资源配置中的职能和所起的作用有所区别。

根据国际上科技资源配置的经验，由于宁夏加速转型期实际实行的是以市场经济为主体的混合经济运行模式，这决定了宁夏现阶段必须实行以科技资源的混合配置为基础的资源配置模式，又由于加速转型的涉及面广、层次深、强度大，新的整合机制一时难以形成并安全运作，致使社会分化与社会整合交接过程中存在的空白环节以及社会的分化导致政府职能存在着让渡等

① 周寄中：《科技资源论》，人民出版社1999年版，第43—115页。

② 刘丹鹤、杨舰：《区域科技投入指南与科技资源整合机制——以北京市为例》，《科学学与科学技术管理》2007年第12期，第20—24页。

③ 李立：《论科技资源集成的类别、诱因和路径》，《理论学刊》2005年第12期，第51—53页。

客观现实情况，在资源配置的过程中就应该强调政府作用，以确保加速转型期的安全过渡。所以在加速转型期，宁夏应该实行政府主导型的混合科技资源配置模式。

政府主导型的混合科技资源配置模式一方面可以通过科技政策、产权规范等制度的供给发挥政府的职能，在宏观上对全社会科技资源进行引导，使科技资源的布局更为合理，促进科技、经济和社会的协调发展，使科技资源更好地在不同科技活动主体和层次、不同的科技活动过程、不同的学科领域、不同的地区和不同部门之间分配，有效防止市场失灵现象的发生；另一方面以大多数微观科技活动主体为中心，依靠市场的自发调节，遵守一定的市场规范，实现资源配置的最佳效益，推动经济增长。政府主导型的混合科技资源配置的最终目的是促使科技活动主体生产出更多符合经济发展需要的科技成果，实现科技经济一体化①。

二、宁夏科技资源整合中的主要问题

（一）科技资源整合的目标体系、规划方案有待建立和完善

在创新型宁夏建设中科技资源是重要的支撑资源，其整合和配置应该以全方位的满足建设创新型宁夏的需要为目标，形成与建设创新型宁夏相配套的整合目标体系和实施方案体系。

但是目前来看，目标体系尚未明确，任务体系尚不完善。比如，从《宁夏“十一五”科技发展规划》、《关于加强自主创新建设创新型宁夏的决定（2006年）》等等的规划和安排上看，宁夏科技资源的整合主要集中在技术发展领域，重在支持科学技术的创新发展，对于社会科学的创新发展关注不够，对社会科学与自然科学整合关注不够，资源整合政策法规和措施相对较少；在科技资源的配置手段中对市场的配置作用重视得不够等。

（二）科技资源整合缺乏执行保障

2005年《宁夏“十一五”科技发展规划》就反映出了对科技资源整合

① 李蓉、陈志刚：《加速转型期的科技资源配置研究》，《科技创业》2006年第5期，第14页。

的强烈要求，2006年的宁夏科技大会再次提出了一些具体要求，但是截至目前科技资源整合的政策环境仍然没有有效的建立起来。

问题的原因首先是对科技资源整合与科技创新的关系认识不够，没有充分意识到政策环境是科技资源整合目标实现的重要条件。比如把科技资源整合作为目标，而不是以保障科技创新为目标，成了为了整合而整合；再比如，单纯强调科技资源的利用，而没有重视科技资源对科技创新的保障。其次在认识不足的情况下，没有把科技资源整合作为一项专门的工作任务提出，既没有工作实施的总体规划，也没有明确的实施责任者和组织保障，更没有实施的监督控制系统，造成政策环境建设缓慢、成果有限。

（三）科技资源整合政策缺乏引导力

《宁夏“十一五”科技发展规划》、《关于加强自主创新建设创新型宁夏的决定》中有关科技资源整合的政策大多表述为“鼓励、支持、引导、推进、吸引”等指导性意见，缺乏具体可执行的细则，2006年以来的两年多时间里也鲜见对这些政策细则的出台。另外这些指导性的政策也是在多个文件中分散提出，甚至同一个文件中的主旨相似的指导意见也分散在不同主题之下，由此无法形成完整的政策体系。由于现有政策缺乏引导力，尚未发挥促进科技资源向重要创新领域和关键科研环节流动聚集产生系统性的明显引导作用。

（四）科技资源市场配置作用发挥不够

由于有利于科技资源流动、合作、共享的政策环境不成熟，人才流动的障碍依然，设备所有权、管理权、知识信息的所有权、专利权等问题尚未有效解决，市场配置的资源要素主要集中在科技成果的市场化上，其他科技资源如科技人才、科技设备等还没有形成科技创新需求下的市场自由配置，造成本来就总量不足的科技资源因缺乏足够的流动性，进一步制约了科技资源市场的有效供给，这不但造成部分科技资源无法充分利用，失去创新活力和创造价值的机会，而且影响了科技组织、团队的自由组成和内部资源的优化配置，进而使得潜在竞标群体总量不足，在科技创新需求与科技创新组织之间难以形成普遍的、全面的招投标制。

（五）技术孵化器的关键作用发挥不够

技术孵化器是支持科技成果市场化转化的重要中介平台，2006年以来宁夏的技术孵化基地建设已经取得一定成果，作用已经开始初步发挥。但是从加快创新型宁夏建设的发展需要上看，技术孵化器无论是数量规模还是服务水平都有待提高。

技术孵化器不仅是支持科技成果市场化转化的重要中介机构，从更深的层面上讲它还是科技资源整合的重要平台和重要主体，忽视了对技术孵化器这一重要作用的认识，必然会降低对大力发展技术孵化器的要求，使科技资源整合这一重要主体的作用不能充分发挥，进而制约科技资源整合的效率。

三、创新型宁夏建设中科技资源整合的目标和任务

科技资源整合为建设创新型宁夏营造有利于科技资源流动聚集的环境，引导形成科技资源基础，满足科技创新组织配置科技资源的需要，是科技资源基础的准备环节，发挥保障科技资源供给的基础作用，是保障科技创新的基础活动。

宁夏科技资源整合与集成的目标：（1）在宏观层面上，要提高科技进步对宁夏经济增长的贡献率。也就是要以提高宁夏总体创新能力和促进科技成果向现实生产力转化、提高全民的科技文化素养、推动经济社会的可持续发展作为前提，促进知识的不断创新、扩散和有效运用，从而提高科技进步对宁夏经济增长的贡献率。（2）在中观层面上，要促使科技资源集中到构建宁夏优势特色的产业或产业集群的研究方向上。即要立足于宁夏经济、社会与科技的实际情况，着力于特色优势和先进行业，使科技资源向宁夏科研工作的主攻方向、战略重点和主要任务上集中，以足够多、高质量的科技资源充分保障科技创新的需要。（3）在微观层面上，培育一批富有活力的科技创新主体，形成持续的科技创新能力。即要为科技创新组织的科技资源配置提供充分的选择机会，保障科技创新组织要素的最优配置，使其具有充分的活力和能力，使科技资源的投入带给科技创新主体的产出具有正向增长趋势。

宁夏科技资源整合的任务就是要通过政策、法律等手段的综合运用，形成有利于科技资源流动、聚集，有利于参与配置、共享的物质基础环境，包

括公共基础条件、专项基础条件等；创造有利于科技资源向预定创新领域流动的政策法律环境，包括保障性政策环境和激励性政策环境等，为建设创新型宁夏所确定的重大领域、重点工程、特色产业的科技创新活动，提供科技资源保障，充分支持科技创新，有力推动创新型宁夏的建设。

四、加快宁夏科技资源整合与集成的对策

（一）尽快完善科技资源整合与集成的目标和实施规划

科技资源整合的根本目标不仅是要实现科技资源的充分利用，更是要支持科技创新，支持创新型宁夏的建设，支持宁夏经济社会实现跨越式的发展。科技资源的整合与集成，要根据创新型宁夏建设的要求确定具体目标，具体目标应该是一个完整的目标体系。科技资源整合目标体系应该反映对科技资源配置的动态要求，要根据一段时期内宁夏社会经济发展的动态需要，制定科技资源相应达到的水平。在科技资源整合目标的指导下，要构建科技资源体系，通过科技资源体系使社会经济发展的重要领域都有可靠的科技资源支持。科技资源体系可以按照要实现的目标任务来设计，包括专项科技资源系统，如支持重大攻坚项目实施、产业集群构建、地区特色产业构建的专项科技资源系统，也包括没有特定目标任务的公共科技资源平台建设。

（二）加快科技资源整合执行和评价系统建设

首先，要认识到科技资源整合是建设创新型宁夏的基础，要在强调通过科技资源整合实现科技资源的充分利用的同时，高度重视科技资源保障科技创新这一根本目的，只有进一步加强科技资源整合工作的具体落实，加快科技资源整合政策环境建设，有力促进科技资源向重点领域聚集，尽快形成对科技创新的有力保障，才能加快创新型宁夏的建设步伐。

其次，由于科技资源整合在建设创新型宁夏中处于重要的基础地位，对科技创新能力有着重要的直接影响，同时科技资源整合又是一项需要跨部分、跨领域、宏观规划、统一协调的系统工作，因此需要自治区领导的高度重视，建立自治区领导直接领导下的科技资源整合组织，负责统筹协调各部门、各领域的资源，协调各方面的政策，解决相互交叉、矛盾的问题，促进政策的协调统一和政策连续性。

第三，科技资源整合的实施必须要有相应的实施控制系统来保障实施质量和实施效率。实施控制应该由独立于政策法律环境建设者、建设部门的第三方独立专家团队或者专业评估机构来承担；要构建科技资源整合的政策法律环境评价标准体系，使之成为建设政策环境、保障政策效果的依据，也成为控制环节的评价依据；要建立评价制度，保证评价的经常性和长期性，通过长期动态跟踪评价，不断适应各种外界因素的影响变化，适时调整优化政策，确保政策的长期有效性。

（三）加快科技资源整合政策实施细则建设

从科技资源配置的任务在于支持科技创新对科技资源的需要出发，结合宁夏科技资源基础薄弱的现实，可以系统地从以下五个方面探索落实科技资源整合任务的具体对策：

1. 增加科技资金投入力度。建立宁夏产业研发基金，对重点产业领域内的通用技术和重大关键技术的研究开发提供资助。组织专家委员会，作为资助企业研发工作的执行机构，负责研发项目评估和管理产业研发基金的使用。重点领域的公共研发项目由政府担保，结合商业投保方式募集民间风险资金；设立宁夏科技发展基金，吸纳社会民间资金参与科技创新投入，以政府为基本担保，由专家团队按照市场化的运作方式共同管理基金的支持项目，监督管理资金使用。

通过立法规定企业的科技资金投入，如大中型企业的R&D经费要占到销售收入的2%，高新技术企业要达到5%，超过比例的部分按照30%减免税收；允许大中型企业在政府管理监督下，通过发行企业债权的方式筹集一定数量的研发资金；以减税政策鼓励企业与科研院所和高校的科研合作，比如按照项目投资额的30%减免所得税；在企业会计中增设研发基金计提项，按照税后利润的2%计提，以专用于科技创新、管理创新，其创新项目必须由政府或其他专门机构认定，三年内没有研发项目的必须将其中50%转赠为高校科研基金。

2. 优化科技资金投入方法。建立政府资助资金回收制，政府投入可以以股权方式参与创新型企业收益分配，随着项目成功或者项目前景明朗、企业资金实力增强，企业可以赎回股权，或者政府继续持有股权参与利益分配，或者转卖给其他投资者。这种方法可以使有限的政府科技投入在支持企业创新的同时，产生长期积累效应，逐渐滚动积累形成更大的投资能力。加强政府的引导作用，在一定程度上克服风险投资和金融融资的不足。

3. 扩大外部资源整合范围。宁夏的跨越式发展必须放眼全国、甚至放眼全球，要用战略性的眼光、战略性的政策集天下之力为我所用。加快创新型宁夏建设，需要扩大科技资源整合范围，通过区内外、国内外的科研合作，整合区外甚至国外的科技资源，在几个重大科研攻关项目上力求尽快到达世界先进水平，占领优势产业的高科技阵地，确定竞争优势，形成品牌强势，以点带面形成鲜明的示范带动作用。

建立西部科技发展基金（或跨行业的科技发展基金），对西部地区具有共性的科研问题，比如西部地区的“三农”问题等，对全国乃至世界范围内的行业共同问题如煤炭的清洁利用、深加工、太阳能的产业化应用等研究问题，通过共同基金的支持，借助外部的高科技人才和高技术设备，整合西部地区的科技力量，以共同研发带动共同分享实现共同发展，带动宁夏科技的快速进步、跨越式进步。

4. 加强内部资源整合力度。加强产学研的合作既是国外成功的经验，也是宁夏近年来一直强调的任务，由于具体可执行政策的不足，其作用尚未充分发挥出来，可以考虑的具体政策包括：企业的科研立项必须要有科研院所和高校科研人员参与；企业每年 R&D 经费中的至少 5% 必须投入到与高校的交流合作项目中；根据企业研发需要，由企业和科研院所、高校共同出资建立的实验室、研究室，其投入的 30% 可以抵扣税金。高校要保障科研人员平均每年可以有 1 个月的参与企业科研合作的时间；对与地方企业的科研合作根据项目来源、级别和对应产业领域、方向给予科研经费支持之外的奖金激励。

5. 提高基础科技资源质量。科技资源质量特别是科技人才资源的质量在很大程度上影响甚至决定一个国家、地区的科研水平、创新能力。

科技人才资源的质量包括其知识储备、创新能力，但首先还是其创新意愿。激励创新动力一要对广大科技人员开展普遍的有效激励，将科技人力资源整体激活，如进一步普遍提高科研支持经费的水平，在科研经费支出项目中明确体现科研创新劳务价值，由此承认并切实提高科研创新行为的基本价值，不仅使科研创新成果、而且使科研创新活动本身就成为一种受鼓励的对象。二要采取股权分配等制度激励科研院所和高校科研力量在应用性研究环节的研发创新及其成果的市场化，比如在政策上要允许政府和国家财政资助的课题成果在市场化成功时，主要研发者的个人所有权、收益权至少达到

50%。

要促进产学研之间的人才交流，增加知识储备和信息获取，为进一步的科研合作奠定知识和信息基础。比如政府认定的创新型企业、享受各种政策优惠的高新技术企业必须每年接受一名大学教师到企业中交流，到企业交流一定时间的大学科研人员可以获得政府的一定的奖金奖励，在向高校的财政拨款中划出一定的专项资金，专门用于学校鼓励、支持教师到企业交流。

（四）加强科技资源配置环境建设

科技资源整合是政府行为，其目的在于为科技创新组织营造良好的外部资源环境，科技资源配置是市场行为，在利益驱动下从科技资源环境中为科技创新组织配置科技资源、优化其资源要素构成。两者的根本目的都在于保障科技创新组织的活力和能力，是实现这一目的的先后两个必要环节，共同影响科技创新组织的质量。

在加快创新型宁夏建设的需要下，科技市场配置科技资源的作用必须进一步加强，要通过有效的科技资源配置促进科技创新组织的资源优化，提高其科技创新能力。一要通过政策打破资源流动的束缚，鼓励资源流动、合作、共享，促进科技资源和科技创新组织的充分供给，为形成有利的科技资源配置环境提供基础，二要制定激发创新需求的政策，充分挖掘科技创新需求，建立创新需求信息发布渠道和常设立项、结项机构，在便利的创新环境中大力促进创新活动迸发涌现。三要全面推动科技资源的信息化，建设信息化网络发布、共享平台、交易配置平台，提供有力的政策、法律环境促进虚拟化科技组织这一更高效的组织形式的生存和发展。

（五）充分发挥技术孵化器的作用

加快创新型宁夏的建设必须加快发挥技术孵化器对科技资源整合的重要作用，要创新宁夏技术孵化器的工作方式，发挥孵化器组织资源、支持研发创新的作用，增强其能量，把孵化器发展为科技资源整合的重要平台，形成能够满足宁夏科技创新发展要求的、有宁夏特色的技术孵化器体制。

加强技术孵化器整合科技资源的作用就要将其作为科技资源配置的重要主体，要赋予其参与制定科技资源整合政策、法规制定的参与权；技术孵化器作为公共科技平台的重要用户，要能够以参股等方式参与公共服务平台的建设和管理。为保证技术孵化器对入孵思想、项目的吸引力，政府要加大对技术孵化器的财政支持，既要坚持以对项目创业者的大比例股权分配政策激励项目产生，又要坚持对入孵项目在资金上的无偿支持，正确对待、接受入孵化器项目失败带来的损失，还要通过股权回收制等方式支持孵化成功企业的进一步发展。

总之，科技资源整合与集成是一项系统化的、长期化的工作，既需要全面规划、系统推进，还需要长期跟踪调查和分析评价执行效果，这是一个不断改进和优化的制度创新过程。根据宁夏的具体情况，借鉴国外的成果做法，宁夏的科技资源整合一要政府积极推进科技资源整合与集成的政策、法律和制度建设；二要在服从经济、社会发展目标的前提下，兼顾公平和效率，尽快制定科技资源整合与集成的任务规划；三要通过政策引导和体制改革促进研究实验、大型仪器设备共享、自然科技资源共享、科技信息资源共享、科技成果转化公共服务和科技网络环境等6大科技资源合作交流平台和服务平台尽快充分、有效的发挥作用；四要由先实行政府主导型的混合科技资源配置模式逐步过渡到建立“任务共担、利益共用、合作共赢”的现代科研合作机制的资源整合机制；五要高比例资助企业开展研发活动，建立资金回收制度，先入股后回收，不断增强科技创新能力；六要推动技术孵化器发展，在股权分配上向创业者大幅倾斜，推动中小企业科技创新，充分调动各个主体的积极性和主观能动性。

中国区域经济发展新格局下西部民族地区的发展研究[①]

郑长德

（西南民族大学经济学院　四川成都　610041）

我国“十一五”规划纲要第一次将国土空间划分为“优化开发、重点开发、限制开发和禁止开发”四类主体功能区。青藏高原属于生态环境脆弱地区，其大部分区域被列为限制开发和禁止开发区，主体功能是提供全国或区域性的生态功能区。同时，该区域还是我国目前贫困人口的聚居地区，面临着保护生态环境与发展经济脱贫解困的多重任务。

一、中国区域经济发展的新格局

《中华人民共和国第十一个五年规划纲要》关于我国区域经济的发展可概括为“14484”[②]：

1，即一个目标：促进区域协调发展；

4，即四个广域政策覆盖区。纲要指出：“坚持实施推进西部大开发，振兴东北地区等老工业基地，促进中部地区崛起，鼓励东部地区率先发展的区域发展总体战略，健全区域协调互动机制，形成合理的区域发展格局”；

4，即四类主体功能区。纲要提出，要“根据资源环境承载能力、现有开发密度和发展潜力，统筹考虑未来我国人口分布、经济布局、国土利用和城镇化格局，将国土空间划分为优化开发、重点开发、限制开发和禁止开发四类主体功能区，按照主体功能定位调整完善区域政策和绩效评价，规范空间开发秩序，形成合理的空间开发结构”。其中，属于生态脆弱区的禁止开发区和限制开发区，其主体功能是提供全国或区域性的生态功能区，并要实

---

① 国家民委民族问题研究中心2008年重大课题“中国民族经济政策立留改废研究”阶段性成果。课题主持人：王永教授。

作者简介：郑长德（1962—），男，四川省广元市人，经济学博士，西南民族大学经济学院教授、博士生导师，主要研究方向：区域经济理论。

② 国家发展和改革委员会发展规划司编：《国家及各地区国民经济和社会发展“十一五”规划纲要》，中国市场出版社2006年版。

行不同于其他主体功能区的区域政策和绩效评价体系（见表1）。

表1　限制开发区和禁止开发区：四大主体功能区中的生态功能区

类型 内容	限制开发区	禁止开发区
资源环境承载能力	较弱，关系全国或较大区域范围生态安全	
现有开发密度和发展潜力	大规模集聚经济和人口条件不够好	
发展方向	保护优先、适度开发、点状发展，发展特色产业，加强生态修复和环境保护，引导超载人口逐步有序转移	强制性保护，控制人为因素对自然生态的干扰，严禁不符合主体功能定位的开发活动
区域开发格局中的功能定位	全国或区域性的重要生态功能区	全国主要的生态功能区
空间位置分布	共22个，其中东北地区3个、东部和中部地区各1个，西部地区17个	依法设立的各类自然保护区
财政政策	增加用于公共服务和生态环境补偿的财政转移支付	增加用于公共服务和生态环境补偿的财政转移支付
投资政策	重点支持公共服务设施建设和生态环境保护	重点支持公共服务设施建设和生态环境保护
产业政策	发展特色产业，限制不符合主体功能定位的产业扩张	
土地政策	实行严格的土地用途管制，严禁生态用地改变用途	实行严格的土地用途管制，严禁生态用地改变用途
人口政策	引导人口逐步自愿平稳有序转移	引导人口逐步自愿平稳有序转移
绩效评价和政绩考核	突出生态环境保护等的评价，弱化经济增长、工业化和城镇化水平的评价	主要评价生态环境保护

资料来源：作者根据“中华人民共和国国民经济和社会发展第十一个五年规划纲要”整理而成。

8，八类问题区。包括限制开发区、禁止开发区、民族地区、革命老区、边疆地区、集中贫困地区、三峡库区、资源枯竭型矿区。

4，即四个机制。纲要提出要健全区域协调互动机制，即“健全市场机制，打破行政区划的局限，促进生产要素在区域间自由流动，引导产业转移。健全合作机制，鼓励和支持各地区开展多种形式的区域经济协作和技术、人才合作，形成以东带西、东中西共同发展的格局。健全互助机制，发达地区要采取对口支援、社会捐助等方式帮扶欠发达地区。健全扶持机制，按照公共服务均等化原则，加大国家对欠发达地区的支持力度。国家继续在经济政策、资金投入和产业发展等方面，加大对中西部地区的支持”。

二、西部民族地区在区域经济新格局中的地位

西部民族地区，原则上指的是西部地区的民族自治地方。据统计，西部地区分布有5个自治区，27个自治州和83个自治县。考虑到统计资料的可得性和完整性，通常又把西部民族地区定义为：包括内蒙古、广西、西藏、宁夏、新疆5个自治区和重庆、四川、云南、贵州、甘肃、青海等6个多民族省份。这几个地区陆地面积666.8万平方公里，占全国陆地面积69.46%；人口33263.3万人，占全国25.59%。在全国区域经济发展新格局中，西部民族地区具有十分重要的战略地位。西部民族地区是广域政策覆盖区的西部，在四类主体功能区中，西部民族地区主要是限制开发和禁止开发区，在八类问题区中，西部民族地区集民族地区、革命老区、边疆地区、集中贫困地区于一体，另外，西部民族地区部分地区属三峡库区，有的属于资源枯竭型矿区。

1. 西部民族地区是西部地区

在四个广域政策覆盖区中，西部民族地区理所当然属于西部，这里所讨论的西部民族地区占西部大开发所涉及的西部地区的，实际上，西部大开发，就其实质而论，是西部民族地区的大开发。根据《中华人民共和国第十一个五年规划纲要》，在“十一五”及今后相当长一段时期，要推进西部大开发，即：“西部地区要加快改革开放步伐，通过国家支持、自身努力和区域合作，增强自我发展能力。坚持以线串点，以点带面，依托中心城市和交通干线，实行重点开发。加强基础设施建设，建设出境、跨区铁路和西煤东运新通道，建成“五纵七横”西部路段和八条省际公路，建设电源基地和西电东送工程。巩固和发展退耕还林成果，继续推进退牧还草、天然林保护等生态工程，加强植被保护，加大荒漠化和石漠化治理力度，加强重点区域水污染防治。加强青藏高原生态安全屏障保护和建设。支持资源优势转化为产业优势，大力发展特色产业，加强清洁能源、优势矿产资源开发及加工，支持发展先进制造业、高技术产业及其他有优势的产业。加强和改善公共服务，优先发展义务教育和职业教育，改善农村医疗卫生条件，推进人才

开发和科技创新。建设和完善边境口岸设施，加强与毗邻国家的经济技术合作，发展边境贸易。落实和深化西部大开发政策，加大政策扶持和财政转移支付力度，推动建立长期稳定的西部开发资金渠道”①。

2. 西部民族地区的限制开发区与禁止开发区

在生态区位上，从宏观上看，西部民族地区位于我国大江大河的上游，是我国生态平衡的关键源头；从微观上看，西部民族地区大多地处“生态环境脆弱带”，如少数民族集中分布的云贵高原、青藏高原、内蒙古高原等，它们或者是地势台阶的交汇区、或者是干湿交替带或者地处沙漠边缘，总之这里是两种或两种以上的物质体系、能量体系、结构体系、功能体系之间所形成的“界面”，以及围绕该界面向外延伸的“过渡带”，具有生态上的脆弱性，稳定性差，抗干扰的能力弱，可以恢复原状的机会小。按照国家“十一五”规划专栏列出的部分限制开发区域共 22 个，其中西部 12 省区（市）就有 17 个，占了 77%，绝大多数属于西部民族地区（见表 2）。这些限制开发区要坚持保护优先、适度开发、点状发展，因地制宜发展资源环境可承载的特色产业，加强生态修复和环境保护，引导超载人口逐步有序转移，逐步成为全国或区域性的重要生态功能区。

表 2　　西部地区的限制开发区

空间分布	限制开发区
东北地区	1. 大小兴安岭森林生态功能区　2. 长白山森林生态功能区　3. 东北三江平原湿地生态功能区
东部地区	1. 苏北沿海湿地生态功能区
中部地区	1. 大别山土壤侵蚀防治区
西部地区	1. 川滇森林生态及生物多样性功能区 2. 秦巴生物多样性功能区 3. 藏东南高原边缘森林生态功能区 4. 新疆塔里木河荒漠生态功能区 5. 新疆阿尔泰山地森林生态功能区 6. 青海三江源草原草甸湿地生态功能区 7. 新疆阿尔金草原荒漠生态功能区 8. 藏西北羌塘高原荒漠生态功能区 9. 四川若尔盖高原湿地生态功能区 10. 甘南黄河重要水源补给生态功能区 11. 川滇干热河谷生态功能区 12. 内蒙古呼伦贝尔草原沙漠化防治区 13. 内蒙古科尔沁沙漠化防治区 14. 内蒙古浑善达克沙漠化防治区 15. 毛乌素沙漠化防治区 16. 黄土高原丘陵沟壑水土流失防治区 17. 桂黔滇等喀斯特石漠化防治区

资料来源：“中华人民共和国国民经济和社会发展第十一个五年规划纲要”。

① 国家发展和改革委员会发展规划司编：《国家及各地区国民经济和社会发展“十一五”规划纲要》，中国市场出版社 2006 年版。

卧表表3

表3　西部地区自然保护区统计表(截止2004年底)

地　区	数量/个					面积/hm^2					占国土面积%
	国家级	省级	市级	县级	合计	国家级	省级	市级	县级	合计	
内蒙古	18	56	26	87	187	3603575	7464702	288822	4467523	15824622	13.4
广西	11	40	3	15	69	208831	875383	118947	223340	1426501	5.9
重庆	3	17		28	48	185467	327383		364423	877273	10.7
四川	18	65	23	25	131	1458130	4067793	1234055	981765	7741743	15.9
贵州	7	3	22	95	127	214279	53590	240285	453231	961385	5.5
云南	13	50	66	64	193	1375278	1837110	512572	362638	4087598	10.4
西藏	7	8	1	22	38	37031230	3937979	70	1504	40970783	34.1
陕西	5	31	6	4	46	177895	628044	134534	64142	1004615	4.9
甘肃	8	38		4	50	5009079	3579106		114900	8703085	19.1
青海	5	3			8	20252490	355820			20608310	28.6
宁夏	5	8			13	362165	151575			513740	9.9
新疆	7	18		1	26	12943646	8579621		6000	21529267	13.5
西部合计	107	337	147	345	936	82822065	31858106	2529285	7039466	124248922	18.3
全国合计	226	733	396	839	2194	88713002	42902238	4882559	11728024	148225823	14.8
西部地区占全国%	47.35	45.98	37.12	41.12	42.66	93.36	74.26	51.8	60.02	83.82	

注:①全国合计中不含香港、澳门特别行政区和台湾地区。

②自然保护区总面积占国土面积的比例为陆地自然保护区面积占陆地国土面积的比例。

③四川、云南、甘肃各省区的自然保护区均指全省区数据,其中包含藏区。

资料来源:http://www.sepa.gov.cn/natu/zyb/zrbhq/200511/t20051130_72109.htm,国家环境保护总局,2005年11月30日。

依据“十一五”规划，西部民族地区除了表2列出的部分限制开发区外，还有大量的各级各类自然保护区，属于禁止开发区域（见表3）。其自然保护区面积占全国自然保护区面积的83.82%，国家级自然保护区面积占全国国家级自然保护区面积的93.36%。这些禁止开发区必须实行强制性保护，控制人为因素对自然生态的干扰，严禁不符合主体功能定位的开发活动。

可见，包括限制开发区域和禁止开发区域在内，西部民族地区保护脆弱生态环境，使之成为全国或区域重要生态功能区的任务十分艰巨。

3. 西部民族地区是民族地区

我国是多民族的国家，民族问题是关系国家命运的大问题。民族平等、民族团结、民族区域自治和民族发展繁荣，是党和国家基本的民族政策，也是我国民族问题的基本内容。我国西部地区实际上就是我国的民族地区，因此实施西部大开发战略的一个关键，就是加快西部民族地区的发展，让少数民族和民族地区不仅参与西部大开发，而且要实实在在地从大开发中得到利益和实惠。这对于加强我国平等、团结、互助的社会主义民族关系，促进我国民族区域自治制度更加发展和完善，对我国民族问题的解决具有极其重大而深远的意义。中国的现代化离不开西部民族地区的现代化，如果说东部地区是我国现代化的起点，那么西部民族地区的现代化就是我国现代化的终点。在我国西部大开发中，切实加快西部民族地区的经济开发，使之从根本上摆脱欠发达的落后状态，对于缩小我国的地区差距，推进现代化建设的进程，加强民族团结，实现共同富裕的目标，具有决定性意义。

4. 西部民族地区是边疆地区

西部民族地区地处陆地边疆的国防要冲地区，地缘战略位置非常重要。我国陆地国界线从东北的鸭绿江起，北至黑龙江、内蒙古，西经甘、新，西南至西藏、云南，南抵广西，全长22000多公里，与15个国家为邻。其中民族地区陆地国界线占90%以上，有邻国14个。在55个少数民族中，有30多个民族聚居于陆地边疆地区，其中近30个民族跨界而居，形成跨界民族，他们大多在西部民族地区。如蒙古族、哈萨克族、苗族、哈尼族、布依族等都跨国界而居。仅云南省就有13个跨界民族。因此，加快少数民族地区的开发，对于边疆安全和国防巩固，对于加强边疆少数民族的内向凝聚力具有十分重要的战略意义。

西部民族地区虽然远离以北京为中心的京津地区和以上海为中心的长江

三角洲经济核心区，交通联系差，成为发展的障碍，但是，正是由于民族地区地处沿边地带，邻国众多，国界线两侧位置接近，彼此经济结构、技术结构和资源结构存在着明显的互补性，同时又有因民族关系、宗教信仰心理而形成的历史联系渠道。所以，实施沿边开放，即可变区位劣势为区位优势，变发展障碍为发展契机与动力。

5. 西部民族地区是革命老区

西部民族地区也是革命老区分布较多的地区。例如，内蒙古全区有25个老区旗县区，广西老区涉及84个县市区，贵州有19个老区县，四川和重庆共有59个老区县市，老区土地面积为16.34万平方公里，占两地总面积的28.6%。云南省有5个县属革命老区，都是少数民族聚居的边远贫困山区。宁夏有6个老区县，甘肃有7个老区县，新疆的革命老区系指新疆三区，包括伊犁、塔城和阿勒泰3个地区。位于西部民族地区的革命老区有这样一些特点：①老区大都处于几省区的结合部。例如，川滇黔边区革命根据地地处云贵川三省八县结合部，系云贵高原向四川盆地过渡边沿。又如，滇桂黔边区革命根据地位于三省区交界地，南与越南交界，东与广西壮族自治区接壤，北连贵州省。②革命老区大都是少数民族聚居区。如川滇桂黔边区革命根据地内居住着彝、苗、回、白、壮、傈僳等10个少数民族。滇黔桂边区革命根据地境内居住着壮、瑶、苗、彝、回、蒙古、仡佬等民族。③老区都是贫困地区。西部民族地区的老区，长期以来一直处于交通闭塞、文化落后、生产力水平低下、人民生活水平极为贫困的状况。中华人民共和国成立后，各族人民在中国共产党的领导下，经过50多年的艰苦努力，特别是在国家的扶助下，老区的情况逐步有所好转，但由于先天不足，至今还没有完全脱离贫困的状况。综上所述，西部民族地区的革命老区是集老、少、边、穷于一体的地区。

革命老区为中华民族独立和解放事业做出了巨大贡献。但由于多方面原因，革命老区经济发展滞后。老区建设对全国经济建设、社会事业、国防建设都具有重要的意义。

6. 西部民族地区是集中贫困地区

西部民族地区是我国最主要的贫困地区。列入1994年制定的《国家八七扶贫攻坚计划》的592个国家重点扶持的贫困县中，共有257少数民族地区县和非民族地区少数民族自治县，占国家重点扶持的贫困县的43.4%；西部民族地区共有316个，占53.38%。进入21世纪，《国家八七扶贫攻坚计划》实施结束后，2002年，根据颁布的《中国农村扶贫开发纲要》，把中西部21个省（区、市）的少数民族地区、革命老区、边疆地区和特困地区的592个县，确定为新阶段国家扶贫开发工作重点县，其中，除西藏外，分布于民族自治地方贫困县有267个，占45.1%，分布于西部民族地区的有325个，占54.90%（表4）。此外，西藏原列有5个国定贫困县，《国家八七扶贫攻坚计划》实施结束后，国务院将西藏的74个县整体纳入扶贫计划进行区域整体扶持，不再列入国家扶贫重点县名单。

表4　西部民族地区的贫困县

地区	《国家八七扶贫攻坚计划》的国家重点扶持的贫困县（1994—2000）	新时期国家扶贫开发工作重点县			省定扶贫开发工作重点县及贫困村数量	
		总数（个）	民族贫困县（个）	民族贫困县占贫困县%	省定扶贫开发工作重点县	贫困村
内蒙古	31	31	31	100	29	1236
广西	28	28	28	100	21	903
重庆	12	14	5	28.6	4	419
四川	31	36	20	55.6		
贵州	48	50	36	72		
云南	73	73	51	69.9	5	546
西藏①	5				34	
甘肃	41	43	14	32.6	8	204
青海	14	15	12	80	10	486
宁夏	8	8	8	100	3	115
新疆	25	27	27	100	3	73
合计	316	325	232	71.38	117	3982

资料来源：国务院扶贫开发办，http：//www.cpad.gov.cn。

2006年全国农村贫困标准为人均693元。按此标准，2006年国家扶贫重点县绝对贫困人口为1266万人，贫困发生率为6.3%。在分布上，国家扶贫重点县农村绝对贫困人口数量在100万以上的省区主要分布在西部民族地区，包括云南、贵州、甘肃。从贫困人口的分布看，贫困人口继续向山

① 国家统计局农村社会经济调查司：《2006中国农村贫困监测报告》，中国统计出版社2006年版。

区、边区、少数民族聚居区集中（图1）。2006年少数民族县的贫困人口占全部贫困人口的59.7%，比2005年的54.3%提高了5.4个百分点，陆地边境县的贫困人口占全部贫困人口的11.7%，比2005年提高了2.4个百分点。从贫困发生率看，西部民族地区贫困发生率相对较高，例如，2006年青海贫困发生率为10.9%，内蒙古、贵州、云南、甘肃等在5%以上，而2006年全国的贫困发生率为2.3%①。

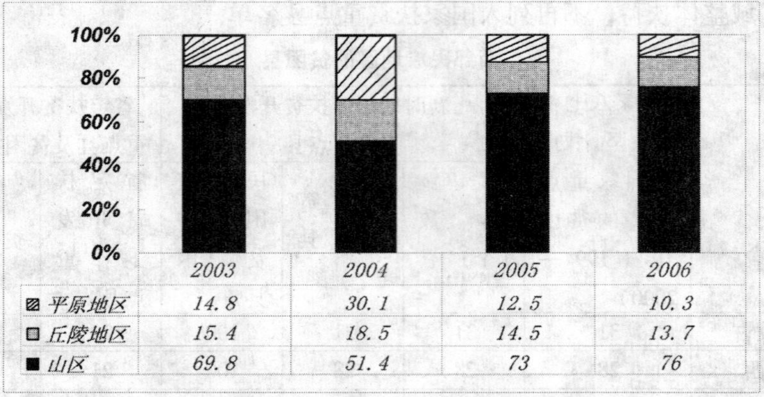

图1　全国扶贫开发工作重点县贫困人口分布（%）

表5　　国家扶贫重点县贫困发生率②

	扶贫重点县	平原	丘陵	山区	少数民族聚居地区
2002	8.9	7.0	8.4	11.6	12.3
2003	8.8	8.2	7.4	10.8	12.4
2004	8.0	7.1	6.3	10.4	12.2
2005	7.1	5.6	5.5	10.7	10.4
2006	6.3	4.0	4.6	7.7	8.5

资料来源：根据《中国农村贫困监测报告》整理。

① 国家统计局农村社会经济调查司：《2006中国农村贫困监测报告》，中国统计出版社2006年版。

② 国家统计局农调总队：《2007中国农村贫困监测报告》，中国统计出版社2007年版。

三、区域经济新格局下西部民族地区的经济发展

1. 区域经济新格局下西部民族地区面临的机遇和挑战

在全国区域经济新格局下，西部民族地区机遇与挑战并存。在机遇方面，西部民族地区具有重要战略意义的地缘政治、地缘经济和地缘生态区位，无疑本身就是重要的发展机遇；在“十一五”及以后相当长时期里，作为国家宏观区域发展战略的西部大开发战略和加快少数民族地区经济社会发展的战略，是西部民族地区发展的长期机遇；从全球的视角看，西部民族地区具有重要的全球区位优势，这种全球区位优势主要体现在边境的功能上。陆地边境自古有两重功能，一重是政治、军事功能；另一重是经济和文化交流功能。当前，我国陆地边境的经济和文化交流功能处在主导地位。此外就是边境的梯度势能和稳定性。陆地边境两侧存在社会、经济和文化上的差异，有差异就有势能。差异越大，势能越大。有势能就要流动。我国与周边国家的社会、经济和文化差异明显，加上自然环境复杂，边境口岸普遍有较大的势能。这无疑也是西部民族地区重要的发展机遇。

在挑战方面，一方面，西部民族地区蕴藏着丰富的资源，当地政府也正是出于“资源优势”这样的考虑而制订着各种发展规划。然而，基于资源优势提出的各种经济发展设想并未如预期的那样达到目标，有的地区甚至陷入了“荷兰病”状态。所谓“荷兰病”，从国际层面上看，来自于自然资源出口收入的迅速增加导致本国货币升值，由此引起的贸易条件恶化将使非资源型部门（如农业和制造业）变得不具竞争力，并且更加依赖于进口保护和政府补贴以维持其存续，而出口减少和贸易保护则间接妨碍了经济增长。另外，由于资源部门具有更高的边际生产率，物质资本和人力资本将会转移至初级产品部门，制造业部门便因此而萎缩。在制造业存在递增规模报酬的条件下，专业化于资源采掘业就会损害经济效率，短期的资源收入却削弱了长期增长的动力①。在一个国家内部的区域层面上，也存在“荷兰病效应”。如果一个地区发现了大型资源，这些资源的开发会带来人口的大量暂时汇集，造成资源所在地物价的上涨，当地人民的实际收入下降；另一方面，此

① 速水佑次郎著（李周译）：《发展经济学——从贫困到富裕》，社会科学文献出版社 2003 年版，第 113 页。

种大型资源的开发，会对当地其他具有战略分布性的产业产生挤出效应，给这些产业的发展以打击。国内目前许多资源富集地的开发所产生的环境问题、农业下降问题等，都是“荷兰病”的表现。

另一方面，西部民族地区，尤其其中的限制开发区和禁止开发区所提供的生态产品，具有很大的外部性，在现代环境产权和资源产权没有建立之前，西部民族地区的发展会受到较大的抑制。

再者，西部民族地区面临的与发达地区的日益扩大的外部差距和城乡间、区域间的内部差距，对西部民族地区的发展是不利的。

2. 转变发展方式，努力实现西部民族地区又好又快发展

在区域经济新格局下，要加快西部民族地区的经济社会发展，关键要坚持以科学发展观统领经济社会发展全局。中央政府和各级地方政府应充分认识到西部民族地区在地缘政治、地缘经济和地缘生态方面具有的重要战略意义，充分认识到加快西部民族地区经济社会发展的重要性，坚持以人为本，全面协调可持续的科学发展观，促进西部民族地区又好又快发展。

在宏观层面，中央政府及各部门要构建西部民族地区发展的制度支持体系（尤其是资源产权制度、环境产权制度的建立和发展业绩考核体系的重构）、政策支持体系（尤其是差别财政政策和金融政策）、智力支持体系（尤其是劳动者受教育年限的提高、女性受教育程度的提高和中等教育的发展）和发展成果共享机制，建立高效率的中央政府各部门促进西部民族地区发展的协调机制，建立起中央政府即各部门和地方政府的联系机制。这些制度的建立是加快西部民族地区经济社会发展的重要制度支撑，对于西部民族地区各级政府和各个微观主体转变发展理念具有十分重要的地位。

在区域合作层面，改革开放以来，中央希望通过加强东西部合作，发挥东部地区对中西部落后地区的支援和带动作用，以逐步缩小地区差距，实现共同繁荣。但实际上，目前开展的东西部区域经济合作，在促进西部地区经济发展、缩小地区差距等方面的作用有限，东部发达地区对西部欠发达地区的“发展溢出效应”（GDP 溢出）较弱。因此，在政府主导下的东西部区域经济合作，要促进西部地区的发展，缩小其与发达地区的发展差距，有必要构建发展成果的共享机制。首先，要优化自然资源产权结构，使自然资源的相关利益主体责、权、利尽可能匹配，必须赋予资源所在地居民对自然资源的部分产权，这样当地居民可以这部分产权作为投入，参与资源的开发，参与资源红利的分享。其次，对于生态资源，要考虑其具有的双重产权属性，

作为公共资源，有公共产品的性质；同时作为当地居民赖以维生的资源，有私人产品的属性。这样，在生态建设时，当地居民可以以其对生态资源的私人产权作为投资，参与成果的分享。即使是补偿，也应建立在资源的未来现金流基础上，实现生态资源的资本化。第三，改革资源税收体制。目前的资源税收体制，对于参与资源开发的企业的注册地是很有利的，而对于资源所在地是极不利的，因此，应对目前的资源税法进行修改，充分考虑资源所在地的利益。第四，进一步加强西部地区基础设施建设，特别是制度性基础设施建设，以提升西部地区社会资本水平，改善区域合作的环境。第五，进一步加强西部地区教育发展，尤其是中小学和职业技术教育，提升西部地区劳动力的职业技能和边际生产力，这样才能提升其竞争力。

在西部民族地区，各级地方政府必须树立“加快发展”、“友好发展”、“集约型发展”、“经济效益、生态效益和社会效益有机统一的效率型发展”、“内源发展”和“和谐发展”等发展理念，走新型工业化道路、新型城镇化道路、新型资源和国土开发道路、新型对外开放道路和新型社会管理道路；正确处理好发展效益和速度的关系，即“好”与“快”的关系；正确处理好经济发展与环境优化的关系；正确处理好资源开发、保护与利用的关系；正确处理好经济发展与社会发展的关系；正确处理好短期利益和长期利益的关系，即要实现可持续发展；正确处理好外源推动和内源发展的关系。

东北经济区区域经济协作的运行机制研究①

马　林　杨玉文

（大连民族学院　辽宁大连　116600）

改革开放至今，从珠三角、长三角、环渤海等区域的次第崛起到西部开发与东北振兴战略的实施，中国经济发展的区域化经历了一个从南到北、从东到西的梯次推进过程。东北地区作为国家战略规划中区域经济增长的第四极，已经成为我国经济社会发展动能空间扩散与承接的关键环节与前沿。但是，与珠三角等地发展起步时所处的局部区域化阶段有所不同，东北地区的复兴进程是在中国整体区域发展格局基本清晰的背景下启动的。其振兴目标的实现不仅要求区域内的资源整合，而且有赖于区域间的全面协作，尤其是与东北老工业基地发展层面接近、演进路径兼容、区际整合溢出效应明显的经济区域之间的协作。因此，有必要加强东北三省与内蒙古区域经济协作和协调发展，构建大东北经济区。这不仅是我国振兴东北战略实施中的现实问题，而且由于内蒙古横跨东中西三大经济带的特殊位置，也必然成为国家整合区际功能，进一步延伸、优化区域发展布局的重大课题。

一、区域经济协作运行机制的经验

建立行之有效的区域协作机制，是加强区域统筹管理，自觉进行互补协调，推动区域经济一体化的必要条件。

（一）泛珠三角区域合作的运行机制

泛珠区域经济合作已经建立起“泛珠三角区域合作与发展论坛”和“泛珠三角区域经贸合作洽谈会”两大区域合作平台。“9＋2”模式主体共同签署了区域合作纲领性文件——《泛珠三角区域合作框架协议》，制定了

① 作者简介：马林（1957年—），男，内蒙古呼和浩特人，教授，全国“五一”劳动奖章获得者，国家民委突出贡献专家，大连民族学院民族地区可持续发展研究中心主任、经济管理学院院长，主要从事区域经济和民族地区可持续发展等方面的研究。

（国家社会科学基金项目：“东北老工业基地振兴与内蒙古经济发展的区域协作研究”（05BJL070）。

《泛珠三角区域合作行政首长联席会议制度》、《泛珠三角区域合作政府秘书长协调制度》、《泛珠三角区域合作部门衔接落实制度》，还建立起内地省长、自治区主席和港澳行政首长联席会议制度、政府秘书长协调制度等。

1. 行政首长联席会议制度。行政首长联席会议制度即内地省长、自治区主席和港澳行政首长联席会议制度。每年举行一次会议，研究决定区域合作重大事宜，协调推进区域合作。

2. 泛珠三角区域合作行政首长联席会议秘书处工作制度。泛珠三角区域合作行政首长联席会议秘书处在行政首长联席会议下设立，设 1 名秘书长、2 名常务副秘书长和若干名副秘书长。秘书处执行行政首长联席会议的决定，负责协调秘书长协调制度、各成员方日常工作办公室、部门衔接的落实和制度运作，起草、报送、印发区域合作有关文件等。秘书处设在广东省。

3. 政府秘书长协调制度。政府秘书长协调制度即港澳相应人员参加的政府秘书长协调制度。协调推进合作事项的进展，组织有关单位联合编制推进合作发展的专题计划，并向年度行政首长联席会议提交区域合作进展情况报告和建议。

4. 日常工作办公室工作制度。各成员方设立日常工作办公室，负责区域合作日常工作。九省（区）区域合作的日常工作办公室设在发展改革委(厅)，香港、澳门特别行政区由特区政府确定相应部门负责。

5. 部门衔接落实制度。各方责成有关主管部门加强相互间的协商与衔接落实，对具体合作项目及相关事宜提出工作措施，制订详细的合作协议、计划，落实本协议提出的合作事项。

泛珠三角区域合作机制能在现行国情框架下有效突破省级体制上的种种障碍，有利于不同地域的重组与整合，有利于地区局部利益与区域整体利益的协调，进而有利于迅速增强整个区域的综合实力和国际竞争力。

（二）长三角区域合作的运行机制

长三角区域合作机制主要由以下层面的“制度”构成：

1. 最高层次的三省市主要领导定期磋商机制。从 2004 年开始，三省市主要领导每年定期召开会议，着重磋商事关区域发展的重大战略问题，研究确定区域合作的总体要求和重点事项。三省市主要领导定期磋商机制，是长三角地区区域合作体系中最高层次的协调机制。通过磋商达成的一致意见，是长三角地区开展区域合作的直接依据，能够起到明确方向、推动工作的作用。

2. 沪苏浙经济合作与发展座谈会。2001年，三省市共同发起举办了由常务副省（市）长参加的“沪苏浙经济合作与发展座谈会”。该座谈会每年召开一次，按浙江、江苏、上海的顺序轮流承办，迄今已举办了六届。座谈会下设联络组和专题组，各有分工，主要任务是按照三省市主要领导明确的区域合作重点，具体负责推进落实工作。

3. 长江三角洲16城市经济协调会。该协调会的前身是1992年建立的长江三角洲15城市协作部门主任联席会议制度，1997年升格为长江三角洲城市经济协调会，由各市市长参加。该协调会前4届为两年一次，从2004年起改为每年举行一次会议，主要任务是贯彻落实“沪苏浙经济合作与发展座谈会”精神，推进城市间合作，协调城市间的实际问题。目前，该协调会设有规划、交通、能源、信息、旅游、生态环境、人力资源、自主创新等10多个专题合作组。

4. 三省市有关职能部门之间的沟通协商机制。长三角各城市许多政府部门之间围绕共同关心的跨区域重大事项，相应建立了联席会议制度或联络制度，开展多种形式的沟通、协商和协调。如三方人事部门建立了“长三角人才开发一体化联席会议制度”，环保部门建立了“污染联防、信息沟通和通报机制”，交通部门建立了“长三角地区道路货运一体化工作联席会议制度”等等。

长江三角洲的合作会议制度，虽然在合作的初级阶段有其因相对宽松、自由而便于开展工作的好处，但是在长三角区域合作的中高级阶段乃至所谓的“后长三角时代”，这种运作机制已不再适应与时俱进的发展要求——既不能有效突破以省级行政建制为地方利益主体的行政架构，也难以将区域合作进一步纳入更深、更广的层面，当然也很难真正形成合作主体间的利益均衡机制。

二、东北三省与内蒙古区域经济协作运行机制的构建

东北地区具有开展区域合作的良好基础。为构建城市布局合理、市场高度开放、制度建设完善、产业结构互补、信息资源共享、交通体系完备的区域经济共同体，充分发挥区域整体优势，东北地区需要建立不同层次、不同

性质的协调机制，形成比较完整的既有制度约束又有利益驱动作用的区域合作机制体系。

在区域经济活动中，合作是有风险的，风险来自两个不对称，一是信息不对称；二是利益不对称，区域经济合作是一种互动行为，互动是有条件的，条件由两个内容组成，一是要有合作动力，二是要有对非合作行为的约束。以上四个方面构成了经济合作机制顺利运行要解决的四个问题，区域经济合作机制的设计就应按照四个相关联的思路展开。我们把区域合作机制的内在构建概括为信息交互机制、利益补偿机制、评价激励机制、行为约束机制。

（一）区域经济合作的信息交互机制

区域经济合作关系的形成和巩固，首先需要各不同区域之间在经济信息上的互动关系，其中最主要的是政策或决策信息。包括各个行政区域在协商的基础上形成一系列相互支持的政策；各个地区的经济政策避开对合作方不利的内容；各个地区经济政策内容及其变化的透明度的提高。信息经济学认为，达到帕累托效率最优状态的条件是完全信息。区域经济主体的行为决策是否有利于双方合作的展开，同样依赖于区域之间信息的对称性。为了使区域间的资源配置达到最优状态，首先要克服区域间信息不对称的缺陷。所以，建立各个经济区域之间经济政策及其变化的政策信息交互机制是区域经济合作的必然。

建议各地政府之间建立信息交互机制，尽可能公开各自的经济政策和相关措施，实现信息共享，增加各合作方经济合作中的可预测性，最大限度地减少由于相互信息封锁而导致的合作风险。因此，区域合作机制的建立，首先是要建立各个经济区域之间经济政策及其变化的政策信息交互机制。通过网络、传媒和各种信息渠道定期地、规范地、无保留地、详尽地将本区域的经济政策信息发布出来，接受公众监督、查询、了解、分析、评价。这样，既可以监督具有地方保护主义色彩的劣质“土政策”，又可以鼓励促进区域合作的优质政策的创新。信息互动，特别是地方性局部区域政策信息的公开是建立区域经济合作机制的基础性措施。

1. 建立高层协商机制。和谐的区域经济合作离不开高层领导的支持。建立定期的高层协商机制和多层次联系的协调机构，加强相关部门高层之间的互访与对话，求同存异，有助于增进信任，使双方合作有稳固的基础。相互信任机制的建立是进一步合作的基础，必须加强政府间的协调。

2. 建立信息沟通机制。和谐的经济合作是一项长期的重复博弈，在这一过程中，博弈方通过各种渠道和途径获悉其他博弈方的决策信息，能更准确地依据对方的决策做出自身最优的判断，增强博弈方为了长期利益而放弃谋取短期利益动机的可能性，这是最终实现共赢博弈的首要条件。信息沟通机制的建立与完善对促进共同理念的形成也有重要的作用。信息经济学认为，达到帕累托效率最优状态的条件是完全信息。区域经济合作关系的形成、巩固与和谐发展以及合作主体的行为和决策是否有利于双方合作的展开，需要不同地区之间在经济信息上形成互动关系，其中最主要的是政策或决策信息的透明性，最大限度地减少由于相互之间实行信息封锁而导致的合作风险。

（二）区域经济合作的利益平衡机制

共同利益和互惠互利与共同发展是区域经济合作的前提，也是建立有效的区域合作机制的基础。区域经济发展水平梯度性、区域内资源禀赋条件和产业的互补性、区域之间日益密切的经贸联系以及区域内各成员谋求共同发展的愿景，构成了东北区域经济合作的有利条件和共同利益的基础。

区域利益协调机制是从区域整体利益出发对区域内各地区分工合作的经济利益进行协调的机制。按照博弈论的观点，作为制度交易博弈的行为主体，各方关注的都是自己一方的现实和未来利益。因此，由于我国传统计划经济体制是一个囊括全社会的巨大的层级组织，制度变革或改革的要求往往是自上而下的，区域合作的要求首先来自中央，各区域又首先是行政区域的利益优先，然后才考虑经济区域的特点，这样就形成了三边博弈关系，中央或上级主管部门、区域合作甲方、区域合作乙方。区域合作各方首先要实际上和中央或上级组织进行利益博弈，区域合作双方之间还要进行一轮利益博弈，这就使得区域合作关系变得十分复杂，变数很多。仅靠合作中的诚信是不能维持长期合作局面的，因此，需要有一种促进合作的利益平衡机制。制度性的安排最终要靠各方自觉、自愿、自律地遵守，维护规则性合作博弈的长期稳定。

1. 应该作出一种制度安排，把区域合作建立在中央对地方、一区域与另一区域的利益互补的基础上。凡中央或上级组织要求建立的区域合作关系，中央或上级组织就应有相关利益补偿的政策供给；凡一区域与另一区域建立的合作关系，就应让合作双方本着互惠互利的原则商议利益补偿问题。我国东西部之间、落后地区与发达地区之间的合作，由于优势不对称，这种合作关系中的动力必须来自中央或上级组织利益补偿的政策供给。

2. 区域经济合作的利益平衡机制必须兼顾合作各方的利益。一方面，为了防止相关地区可能出于自身利益的考虑而违背这种合作，以获取额外的收益，必须通过报复或惩罚的手段，确保各方共同遵守规则，其中包括行为责戒条款、应遵守的规则、对违反规则应做的经济赔偿规定等；另一方面，由于各地区经济发展不平衡，必须协调由于相关地区博弈能力上的差异而造成的获益大小的矛盾，防止弱者长期被动接受这种明显利益分配不均的博弈均衡，从而丧失继续博弈的兴趣和信心，最终退出博弈。

3. 加强区域项目、产业合作。区域经济合作的最终目的是实现本地区的经济发展，而经济发展主要通过项目建设和产业发展来实现。所以，区域内项目、产业合作是区域合作的最基本表现形式之一。在区域项目和产业合作上，建议区域内地方政府要根据区域政策及各个地区不同的比较优势，遵循政府推动、部门参与、企业为主、平等互利、优势互补、共同发展的指导思想，在项目建设、产业发展上积极沟通协调，按照专业化分工和合作的原则，将一些涉及基础设施建设、生态保护和建设、重大的科研开发项目、重大的工程项目和一些新兴产业的国家投资项目等重大项目由几个地区协作承担，实现区域内资源的有机结合、效能发挥。通过项目的组织和建设，培育区域合作产业和区域合作企业，在产业整合上实现优势互补，分工合作，做大做强产业链条，扶持主导产业，培育支柱产业，建立本区域市场经济的内在利益联系，防止区域内地区之间的无序竞争、重复建设。

4. 进一步完善财政转移支付制度。针对我国长期采用纵向转移支付模式的现状，我国今后应选择以纵向转移为主，横向转移为辅的转移支付模式。

（三）区域经济合作的评价激励机制

中央政府要强化对区域合作关系的支持力度。区域经济问题是宏观经济问题，没有中央宏观区域政策的规范，区域合作是不可能持续、有效地推进的。区域经济的主体发展区域经济的积极性无可非议，也不可挫伤，问题在于，区域合作的积极性除了区域利益相关领域之外，应该主要来自宏观经济调控者及中央政府。在市场经济条件下的区域经济问题的解决既要靠市场机制，又要靠宏观干预。

中央政府是区域合作关系的倡导者、区域合作政策的制定者、区域经济利益的协调者。为了从根本上打破地区封锁的格局，中央政府首先要用政策手段对区域合作给予鼓励和支持，比如，对区域合作项目的投资给予工具性政策的倾斜，对跨区域的产业给予目标性政策的扶持，对跨区域的企业给予工具性政策的优惠，对跨区域的合作开发给予制度性政策的肯定。这一切将成为区域合作的原动力。同时，对于积极推进区域合作的部门和领导的政绩评价也应通过量化指标予以认可，以鼓励区域合作，保护区域合作，推动区域合作。

（四）区域经济合作的行为约束机制

为了防止区域经济合作中的机会主义行为，保障区域经济合作关系的健康发展，需要建立一种区域合作的行为约束机制，规范合作的权利与义务，约束参加合作各方的行为，确保各方共同遵守规则。

1. 制订区域经济合作章程。对区域合作章程的设计就是对区域合作制度的设计。建议各地区政府间按照区域经济合作政策的要求，共同协商制订本区域的经济合作章程，将权利与义务相结合，规范区域经济合作关系和规定区域经济合作目标、手段、方法、途径、内容，使它对区域经济各合作方具有约束力和保障力。在区域合作章程中明确行为责戒条款，包括区域合作各方在合作关系中应遵守的规则、在违反区域合作条款后应承担的责任、对违反区域合作规则所造成的经济和其他方面损失应做的经济赔偿规定。

2. 确定合作区域，健全区域经济合作组织。建立一种区域合作冲突的协调组织，负责区域合作中的矛盾和冲突的裁定。同时，引导区域内的各种行业协会、经济主体建立跨地区、跨部门、跨行业的实体型或松散型的组织机构，制定目标和任务，使之有一定的对区域经济活动的协调权，加强对区域内各经济要素的协调组织能力。

中央政府通过相关的政策和法规对区域合作关系进行规范，从制定促进地方政府之间的经济合作的法律入手，对地方政府之间的经济合作中所涉及的问题作出详细的规定和明确的法律解释，规范地方政府之间的经济合作，使之有法可依，保护参与合作各方的正当权益，保护地方政府参与区域经济合作的积极性，充分发挥地方政府在区域资源配置中的组织作用，促进区域之间经济的协调发展。

三、加强合作机制创新，打造东北经济共同体

（一）区域合作机制创新中要实现三个转变

1. 合力推进区域一体化发展模式从过去地区之间的对话、交流、协商等非制度性安排，向以后地区之间的组织、协议、地方立法等制度性安排转变，形成东北区域合作的有效制度约束机制，任何有损于合作整体利益的行为都将受到应有的制裁或惩罚，使区域合作机制由“软约束”向“硬约束”转变。

2. 以国家编制东北振兴规划为契机，合力推进区域一体化发展由过去以各方之间的座谈会、协调会、论坛等务虚形式为主，向以后以各方之间（在座谈会、协调会、论坛基础上）的合作项目、合作特区、合作指标等务实形式为主转变——由区域合作项目累积集成到区域合作特区的创立，并确立绿色 GDP 及构建和谐社会的政绩评价指标体系，引导和不断优化各级政府的行为决策取向，使区域合作由“务虚”真正向“务实”转变。

3. 合力推进区域一体化政策合作由区域经济、社会、生态等各个领域在功能上的政策交流，向区域各领域在时空及功能上的政策整合转变。为此，一要加快东北经济、社会、生态等各个领域在功能层面上的政策整合，在彻底清除市场壁垒、打破行政分割方面着力营造一种区域发展的无差异政策环境。二要创造性地引入政策分区空间管制的理念，按照东北经济、社会、生态环境与产业、交通等发展的要求，根据对区域内不同类型城镇地区的扶持、提升要求，将东北区域内生态环境、城镇、产业与重大基础设施地区划分为几类政策区，不同分区实行不同的空间管制，实施不同的引导和控制要求，使区域规划的空间政策整合更具有可操作性。三要实施“绿箱政策”与“黄箱政策”的有机整合。所谓绿箱政策，是指随着区域合作时间的推移要不断强化的政策。例如，在各方利益都提高的条件下，有利于缩小区域合作利益差距的政策（亦即区域利益的收敛帕累托改进取向）将会得到不断强化。所谓黄箱政策，是指随着区域合作时间的推移要不断弱化乃至最终取消的政策。例如，在前述条件下，有利于扩大区域合作利益差距的政策（亦即区域利益的发散帕累托改进取向）将趋于弱化；而在至少有一方利益受损条件下，有利于缩小区域差距（是指经济差距而非经济利益差距）

的政策（亦即区域利益的非帕累托改进取向）则不但将日趋弱化，而且还将最终取消。绿箱政策和黄箱政策的有效整合，将使东北区域合作的利益整合得到较好的协调。

（二）区域合作机制创新中的五大构建

1. 区域经济的联合发展需要有强有力的组织保障体系。国际上最成功的经济一体化区域——欧洲经济共同体为国家之间的经济合作提供了一个典范。有效的制度和组织形式是欧共体发展的重要保证。从政府、行业、企业和民间四个层面构建“东北经济圈”的一体化组织实体——政府联盟、行业联盟、企业联盟和民间组织联盟以及中央与地方的联盟。为东北地区各省、自治区政府要员、企业领袖、专家学者提供一个高层次、有组织的磋商机制和开展交流与合作的平台。探索建立新型的区域经济合作组织。新型的区域经济合作组织应该具有这样几个特征：一是权威性，即这类组织应该由中央政府认可，其体制和编制都应该有明文规定，这样才能有职有权，也才能有所作为；二是规范性，即这类组织必须有明确的管理制度和组织章程；三是跨地区、跨行业性，即这类组织可以打破地域或行政区划的制约，成为一种特殊的在协调方面有职有权的经济协调机构；四是依托性，即新兴的区域经济合作组织应主要协调和管理跨区域的重大工程项目，致力于为跨行政区域的经济体提供协调服务，培植跨地区的经济组织；五是非实体性，即这种组织一般是通过定期例会和重大项目协调以及重大事件协商的形式进行活动。新型的区域经济合作组织可以依托于几个跨区域的大型企业，由各合作方的政府官员和企业代表以及专家和专业人员组成。合作组织可不设常设机构，一般通过“区域经济合作委员会”的架构形成。也可设立区域流动的常设机构，由区域合作委员会成员所在的挂靠区域或单位轮流负责处理日常事务。平常可通过“区域合作通讯”等刊物载体形式建立联系，活动经费共摊。成立行业协会等中介组织。行业协会可帮助企业收集信息、协调关系、规范行为。政府退出微观经济领域后，可把一些诸如行业发展规划、质量标准制定、业务统计、政策建议等任务交给行业协会来完成。行业协会同时广泛搜集和整理行业信息、市场动态和经济参数以及来自各方面的愿望和意见，及时反馈给政府部门，加强信息的聚集和反馈，为政府制定产业政策、行业发展规划提供可靠依据。

2. 在信息交互机制创新方面，在加强党政领导峰会、规划与协调发展委员会、政府职能部门协调会这三个层面信息交流的基础上，还要成立以“3+1”为主体的“大东北信息交流与合作发展委员会”，创设由合作各方参与的东北区域一体化发展的专业统一网站；并在构筑信息交互平台的同时，制定区域合作各方的信息公开及披露制度。由此即可消除区域合作中的信息不对称，加速东北经济共同体成长的步伐。

3. 在利益补偿机制创新方面，区域合作中获益较多的地区应给予获益较少的地区以一定量的利益补偿。这样一方面可以使合作各方尽可能地“合力以赴”（因为大家最终获得的利益基本趋于一致或大致相等），从而达到区域整体利益与地区自身利益的协调。建立省区共同发展基金。该基金由中央和省区政府按比例共同筹措。基金主要用于国家级经济开发区域，跨省区、跨流域重点生态环境整治区域的农田基本建设、公共设施建设、教育和就业岗位培训以及企业投资补贴。基本的来源主要包括四个方面：（1）按省区的人均收入征收特别税。（2）中央财政拨款。可考虑把现有的支援不发达省区的发展资金、农业建设专项资金等捆绑起来使用。（3）受益的各地方政府按比例提供一定的资金。（4）广泛吸收海内外捐款。

4. 在评价激励机制创新方面，彻底改变现有的政府政绩评价指标体系，确立包括地区及整个区域在内的绿色GDP和构建和谐社会的政绩评价指标体系，以引导并不断优化地方政府和区域一体化合作组织的政策或行为取向；对确有区域合作发展红利（区域一体化协作前后经济、社会、生态等综合效益的正差额）的地区或区域合作组织，应给予一定的激励。

5. 在行为约束机制的创新上，推进各地方政府间达成东北区域整合的《框架协议》，同时建立相应的监管和仲裁机制，以保障《框架协议》的顺利实施。另外，为使宏观区域政策做到有法可依，可在国务院的统一协调下，联合各方尽快制定《区域开发与管理法规》、《区域经济合作条例》、《区域金融一体化管理条例》、《区域交通、运输、物流一体化管理条例》、《区域知识产权保护及管理条例》、《地区关系法》、《反限制竞争法》等有区域法律法规效力的制度及条例，对中央区域政策的目标与原则，国家政策区域范围的界定，区域共同发展基金的筹措与使用，国家投资补贴制度的建立，以及区域协调发展组织的地位与职能等作出明确的法律规定，用以调节省区间的利益矛盾和中央与省区间的利益关系；同时注意强化立法主体、市场主体和执法主体三者的互动与协调，形成“立法启动→审议→听证→实施→修正”的一体化运作机制。以此来有效规范和约束区域合作主体的行为，营造东北经济圈有序的法治环境。

总之，区域经济一体化的实现不是一蹴而就的，需要在构建完整的区域经济合作创新体系的基础上，建立政府引导、企业主导的，既充分发挥竞争作用又兼顾公平的一体化区域合作体系，推动区域经济合作机制的进一步完善。

参考文献

［1］胡乃武、张可云：《统筹中国区域发展问题研究》，《经济理论与经济管理》2004 年第 1 期。

［2］庞丽萍、赵明龙：《试论东西部地区资源开发的利益共享》，《沿海企业与科技》2006 年第 11 期。

［3］高新才：《论区域经济合作与区域政策创新》，《学习论坛》2004 年第 7 期。

［4］周继红、张立、马旭东：《试论青藏高原地区与东部发达地区区域经济合作法律制度构建》，《青海民族学院学报》（社会科学版）2007 年第 1 期。

［5］朱舜：《行政区域经济特征、种类与演化》，《经济学动态》2004 年第 5 期。

［6］王维平：《改进和完善我国区域经济合作机制的思考》，《区域经济研究》2004 年第 1 期。

［7］马斌：《长三角一体化与区域政府合作机制的构建》，《浙江经济》2004 年第 17 期。

［8］李清均：《后发优势——中国欠发达地区发展转型研究》，经济管理出版社 2000 年版。

［9］蒲文成：《青藏高原经济可持续发展研究》，青海人民出版社 2004 年版。

［10］张晓晶：《中国市场化进程报告——现状分析与未来预测》，《管理世界》2004 年第 3 期。

［11］杨公齐：《区域合作——泛珠三角发展的路径选择》，《泛珠三角区域合作》，广东经济出版社 2004 年版。

光辉的历程　巨大的成就

——西藏改革开放30年的巨大变化与宝贵经验

狄方耀　曹佛宝

西藏是我国的一个边疆少数民族地区，自然条件十分艰苦，社会经济的发育程度低，经济建设和社会发展的成本很高，再加之十四世达赖长期流亡国外并与国际反华势力长期勾结，千方百计破坏西藏的社会秩序，这样就使西藏的改革与开放的任务更加艰巨。然而，改革开放30年来，西藏各族人民在党中央的英明领导和自治区党委的坚强领导下，在各种条件较之内地都十分艰苦、艰难的情况下，在世界屋脊上进行了一场具有划时代意义的伟大改革历程，取得了巨大的成就，积累了丰富的经验，为今后进一步全面推进改革，扩大开放，实现小康西藏、平安西藏、和谐西藏的目标提供了借鉴。

一、西藏经济30年的阶段划分

（一）1978年底—1984年春：改革开放的酝酿和全面开展阶段

党的十一届三中全会召开后，西藏和全国其他省区一样开始了思想上的拨乱反正工作。但是，由于历史和社会条件的特殊性，西藏改革开放的步伐和节奏要相对慢一些，即改革开放需要较长时间的启动和充分酝酿。

1980年4月中央召开了第一次西藏工作座谈会，为了具体落实座谈会精神，1980年5月22—31日，中共中央总书记胡耀邦率国务院副总理万里等中央工作组到西藏进行实地考察，宣布给予西藏一系列优惠政策。主要有：实行休养生息政策，宣布西藏在3到5年内实行免征、免购的农业税政策；同时还宣布，中央对西藏的财政补助以1980年为基数，以后逐年递增10%等一些灵活政策。

根据中央的指示精神，西藏全面开展了经济领域的改革。开始全面推行包产到户、包干到户的责任制。在城市经济体制改革方面，西藏按照“调整、改革、整顿、提高”的方针和企业整顿的五项要求，分期分批对全区企业进行整顿，在此基础上，进行扩大企业自主权的试点；在价格改革方面，较大幅度提高了18种农副产品的收购价格；商业外贸领域只对关系人民生活的主要产品实行指令性计划，对社会商品销售总额、进出口总额只下达指导性计划；在农牧区国营商业只搞批发，实行让利于民的政策。此外，1980年后，西藏金融业开始起步，先后成立国家外汇管理局西藏分局、中国银行拉萨分行、中国人民银行西藏分行。1979年12月底，西藏自治区组建了西藏旅行游览事业管理局（筹建处）和中国国际旅行社拉萨分社，标志着西藏旅游事业的起步。

（二）1984年夏—1989年春：加快改革步伐阶段

1984年春，中央在北京召开了第二次西藏工作座谈会。会议决定对西藏的特殊性进行再认识，要求进一步解放思想，把西藏的各项工作推向前进，指出"中心是把经济搞上去，使人民尽快富裕起来"。会议认为"一定要按照西藏的特殊条件，千方百计地把经济搞上去"。为了落实会议精神，同年8月，中央再次派工作组进藏实地调研。工作组与自治区党委在分析问题、统一认识的基础上，提出了坚持两个"长期不变"（土地归户使用，自主经营长期不变；牲畜归户，私有私养，自主经营长期不变）和"两个为主"（按照西藏生产力发展水平和群众意愿，在坚持土地、森林、草场公有制的前提下，实行以家庭经营为主和以市场调节为主）方针，这为西藏日后的加快改革开放步伐起到了积极的推动作用。这些举措，在当时的全国处于领先状态。

（三）1989年夏—1994年春：调整中提高阶段

在外国势力的怂恿和支持下，叛逃国外的达赖集团于1987年至1989年的这一段时间内，在拉萨策划、煽动、组织了多起骚乱事件，给西藏人民的生命财产安全造成巨大损失，阻挠了西藏改革开放事业的顺利进行。1988年底，为了迅速稳定局势，中央决定由胡锦涛同志担任中共西藏自治区党委书记。从此，西藏局势逐步走向稳定，各项建设进程也逐步加快，一批由国家投资的重大项目相继开工建设。主要包括："一江两河"中部流域的综合开发建设工程；羊卓雍湖抽水蓄能电站工程；青藏、川藏、黑昌、中尼、墨脱公路的整治和改造；扩建拉萨贡嘎机场和改建邦达机场等。

1990年7月下旬，中共中央总书记江泽民同志在西藏进行了为期一周的考察。7月24日，江泽民同志在会见自治区县以上党政干部大会上发表重要讲话时说："坚持以经济建设为中心，紧紧抓住稳定局势和发展经济两件大事，确保全区社会的长治久安，确保经济的持续、稳定、协调发展，确保人民群众生活水平的明显提高"。由此确定了中央新时期的西藏工作指导方针，即"一个中心、两件大事、三个确保"。为以后西藏的改革开放起到了积极的推动作用。

特别在1992年召开中共"十四大"后，自治区党委按照中央的统一部署，按照建设社会主义市场经济体制的总体要求，在世界屋脊开始了社会主义市场经济体制构建的伟大进程。市场经济体制的建立和逐步健全使西藏的社会经济发展充满了新的活力。1993年实现GDP374200万元，比1988年增长了84.79%，年均增长13.07%。

（四）1994年夏—2000年底：全面提高和超常规发展阶段

1994年7月，在江泽民同志的主持下，中央第三次西藏工作座谈会在北京召开。会议着手解决促进西藏发展的一系列问题：（1）确定了加快经济发展的基本思路：必须以经济建设为中心，一手抓发展，一手抓稳定，两手都要硬。第二，加快改革开放步伐，逐步建立新体制，为经济发展提供强大动力。第三，发挥全国支援西藏和西藏自力更生两个积极性，下决心把基础设施建设搞上去，带动经济增长，增强发展后劲。（2）制定了西藏经济社会的发展目标：西藏在优化经济结构，提高经济效益的前提下，国民生产总值年均增长10%左右，到2000年，力争国民生产总值比1993年接近翻一番，基本完成脱贫任务，多数群众达到小康水平；国民经济和社会事业的整体水平有较大幅度提高，为下世纪初的更快发展奠定基础，创造条件。（3）决定在财政税收、金融、投资融资、价格补贴、外贸、社会保障、企业改革、农牧业等8个方面给予西藏优惠政策。（4）会议确定了新时期西藏工作的"一个中心、两件大事、三个确保"指导方针：在邓小平理论和党的基本路线指引下，依靠西藏各族人民，抓住机遇，迎接挑战，深化改革，扩大开放，以经济建设为中心，紧紧抓住发展经济和稳定局势两件大事，确保西藏经济的加快发展，确保社会的全面进步和长治久安，确保人民生活水平的不断提高。（5）进一步加大援藏工作力度，确定了由中央国家机关各部委和全国15个援藏省市"分片负责，对口支援，定期轮换"的方针。为了改变基础设施严重落后对西藏经济发展的瓶颈制约作用，中央有关部委和全国其他所有省、区、市分工承担了62项援藏建设工程。2000年，西藏实现

GDP1178000万元，比1993年增长了2.15倍，年均增长17.8%。中央第三次西藏工作座谈会提出的西藏经济社会发展目标——超常规发展目标已经基本实现。

（五）2001—2008年秋：跨越式发展阶段

2001年6月25—27日，中共中央、国务院在北京召开了第四次西藏工作座谈会。这次会议是中共中央、国务院在新世纪开端之年和西藏和平解放50周年之际召开的一次十分重要的会议。会议进一步完善和明确了“一个中心、两件大事、三个确保”的方针，同时会议还确定了国家直接投资的建设项目117个，总投资约312亿元。各省市对口支援建设项目70个，总投资约10.6亿元。另外还及时启动了总额达300多亿元的青藏铁路格尔木至拉萨之间的铁路建设工程。在这一阶段，国家又根据西藏经济社会发展的新情况，决定在“十一五”期间，由国家投资778.8亿元，在西藏建设180个项目。

第四次中央工作会议以来的7年时间，西藏的GDP都在12%以上的速度增长，高于同期的全国平均水平。但是，2008年3月发生的拉萨严重暴力犯罪事件，致使西藏经济发展速度特别是旅游业发展速度明显放缓。

二、伟大的实践铸就辉煌业绩

（一）经济规模迅速扩大，经济基础进一步夯实

1. 改革开放30年来，西藏经济建设取得了巨大成就。经济总量增长迅猛，如表1所示：1978年西藏GDP为66500万元，2007年为3420000万元，前者是后者的51.43倍，年均名义增长率约为14.55%。从各时间段来看：

“六五”期间年均名义增长14.31%；

“七五”期间年均名义增长13.10%；

“八五”期间年均名义增长16.43%；

“九五”期间年均名义增长16.04%；

“十五”期间年均名义增长15.91%；

2006、2007年，西藏GDP名义增长率分别为15.84%和17.52%。

2008年前三季度，全区实现生产总值277.32亿元，按可比价格计算，

比上年同期增长9.1%。导致这一结果的主要原因是受拉萨“3·14”严重暴力犯罪事件的影响。

表1　　改革开放30年来西藏历年GDP　　单位：万元

1978	66500	1988	202500	1998	915000
1979	73000	1989	218600	1999	1059800
1980	86700	1990	277000	2000	1178000
1981	104000	1991	305300	2001	1391600
1982	102100	1992	332900	2002	1620400
1983	102900	1993	374200	2003	1850900
1984	136800	1994	459900	2004	2203400
1985	177600	1995	561100	2005	2512100
1986	169300	1996	649800	2006	2910100
1987	177100	1997	772400	2007	3420000

资料来源：《西藏自治区统计年鉴（2008）》。

2. 改革开放以来，西藏三大产业结构进一步改善。如图1所示，改革开放之初，西藏三大产业结构呈现出“一、二、三”的结构次序，农牧经济所占比重过大，长时间内第一产业所占比重在50%上下波动，1981年甚至达到60.6%。第三产业在1983年开始稳步上升，1997年第三产业产值比重首次超过第一产业，第二产业于2003年首次超过第一产业，到2007年西藏第二产业产值占GDP的28.8%，使产业结构呈现“三、二、一”倒挂结构，现代产业结构的特征开始显现。

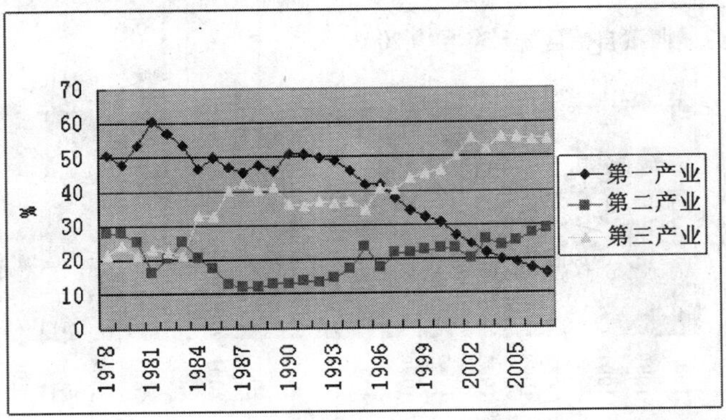

图1　西藏三大产业的比重

资料来源：《西藏自治区统计年鉴（2008）》。

3. 改革开放30年间，西藏非公有经济发展取得了巨大的成就。1980年底，全西藏个体工商户有489个，从业人员525人，注册资金51.3万元；2007年，非公有制经济实现税收14.11亿元，占全西藏税收总额的68%，比2001年末上升了24个百分点。

（二）经济效益明显提高

1. 改革开放30年来，西藏不仅经济总量取得了巨大发展，经济效益也明显提高，地方财政收入迅猛增长，在GDP中的比重大幅度增加。如表2所示：1989年西藏地方财政收入仅有0.14亿元，到2007年达到23.14亿元，增长了164.29倍，年均增长32.81%。就地方财政收入占GDP的比重来说，如图2所示：1989—2007年19年间，西藏地方财政收入在GDP中的比重总体逐年增加，由1989年的0.6%提高到2007年的6.8%。以上情况说明了西藏经济效益明显提高。

表2　　西藏1989—2007历年地方财政收入　　单位：亿元

1989	0.14	1996	2.44	2002	8.73
1990	0.18	1997	3.83	2003	10.03
1991	0.23	1998	4.43	2004	11.99
1992	1.09	1999	5.46	2005	14.33
1993	1.56	2000	6.33	2006	17.2682
1994	1.42	2001	7.38	2007	23.14
1995	2.15				

资料来源：《西藏自治区统计年鉴（2008）》。

图2　地方财政收入占GDP的比重

资料来源：《西藏统计年鉴（2008）》。

2. 乡镇企业和国有企业盈利能力进一步增强。2007 年全西藏乡镇企业965 家，从业人员 51961 人（其中固定职工 28578 人）；实现产值 23.5 亿元，其中增加值 5.17 亿元，营业收入 19.98 亿元，利润 2.3 亿元。

3. 2007 年，西藏自治区国资委所属企业实现主营业务收入 20.02 亿元，同比增长 12.7%，利润总额 1.33 亿元，同比增长 36%，完成工业总产值 10 亿元，上缴税金 1.68 亿元，同比增长 9%，国有资产保值增值率比 2006 年同期提高 0.23 个百分点。

（三）城乡居民收入有了巨大的提高

改革开放 30 年来，西藏各族人民生活发生了翻天覆地的变化。如表 3 所示：城镇居民人均可支配收入由 1978 年的 565 元提高到 2007 年的 11131 元，增长了 18.7 倍，年均增长 10.83%。农牧民人均纯收入由 1978 年的 175 元提高到 2007 年的 2788 元，增长了 14.93 倍，年均增长 10.02%。尤其是进入 21 世纪以来，西藏农牧民人均纯收入在基数逐步增大的情况下，年均以 12.11% 速度在增长。

表 3　1978—2007 年西藏农牧民人均纯收入和城镇居民人均可支配收入　单位：元

年份	农牧民人均纯收入	城镇居民人均可支配收入	年份	农牧民人均纯收入	城镇居民人均可支配收入	年份	农牧民人均纯收入	城镇居民人均可支配收入
1978	175	565	1988	573	1376	1998	1158	5439
1979	233	625	1989	555	1477	1999	1258	5998
1980	274	683	1990	582	1613	2000	1331	6448
1981	296	715	1991	617	1995	2001	1404	7119
1982	324	768	1992	653	2083	2002	1521	7762
1983	318	840	1993	706	2348	2003	1691	8058
1984	446	915	1994	817	3330	2004	1861	8200
1985	535	984	1995	878	4000	2005	2078	8411
1986	492	1026	1996	975	5030	2006	2435	8941
1987	519	1229	1997	1085	5135	2007	2788	11131

资料来源：《西藏自治区统计年鉴（2008）》。

（四）基础设施建设得到了巨大的改变

1. 改革开放以来，西藏基础设施建设取得了重大进展。交通基础设施建设全方位推进，形成了公路、铁路、航空全方位的立体交通格局。在公路方面，截至2007年底，全区公路通车里程达到4.86万公里，已有92%的乡镇和71%的行政村通了公路；油路（沥青路面）里程达到4714公里，已有43个县通了油路。在铁路方面，投资300多亿元的青藏铁路于2006年7月正式通车，打破了西藏无铁路的历史。在航空方面，先后新建、改建和扩建了林芝机场、邦达机场和贡嘎机场，目前正在抓紧建设阿里机场。航班密度逐步增大。

2. 一直困扰西藏发展的电力基础设施建设取得了巨大成就。1978—1990年，建成地市属电厂（站）6座，装机23台，容量24950千瓦。到2007年底，全区装机容量达60.09万千瓦，其中地市电网装机43.59万千瓦，110千伏变电站18座，变电容量50.09万千伏安，110千伏线路1797千米。

（五）对外贸易发展态势良好

30年来，西藏对外贸易总体呈大幅增长态势，尤其是边境贸易快速发展。由表4可知：西藏进出口总额由1978年的2869万元，提高到2007年的287422万元，增长了99.18倍，年均以17.22%的速度增长，其中边境贸易发展尤为迅猛，由1978年的601万元提高到2007年的137420万元，增长了301.54倍，年均以21.77%的高速增长。

在出口方面，30年来出口增长了875.5倍，年均增长速度为26.32%，其中边境贸易出口增长了659.24倍，年均增长25.09%。

表4　　1978—2007年西藏对外贸易完成情况　　单位：万元

年份	进出口总额	边贸总额	出口	边贸出口	年份	进出口总额	边贸总额	出口	边贸出口
1978	2869	601	272	272	1993	89305	7760	13076	6072
1979	2395	675	315	315	1994	266887	10500	41857	3557
1980	2463	761	381	381	1995	53726	4806	24942	4059
1981	3179	840	441	406	1996	84765	9715	36768	7448
1982	2049	994	757	446	1997	97954	2989	41473	2724
1983	3202	1328	941	631	1998	93576	6664	60911	4892
1984	3257	1136	860	562	1999	146140	69356	75655	62014
1985	5422	1647	1494	819	2000	113352	94430	98597	88644

年份	进出口总额	边贸总额	出口	边贸出口	年份	进出口总额	边贸总额	出口	边贸出口
1986	4119	2876	2914	1920	2001	78416	67078	68178	62951
1987	9160	2679	4501	2087	2002	107775	50786	67070	46792
1988	8219	821	5949	605	2003	133271	64150	100613	59883
1989	14481	5205	7342	3168	2004	184876	74860	107584	70816
1990	14267	4026	6581	2475	2005	166366	98982	133909	93806
1991	18460	3625	8581	2995	2006	256152	137420	173332	133832
1992	34891	5829	10466	5352	2007	287422	181827	238408	179584

资料来源：《西藏自治区统计年鉴（2008）》。

三、30年的宝贵经验

（一）特殊的经济条件，需要特别的政策支持

由于种种特殊情况，西藏经济要实现持续的跨越式发展，就必须有特殊的政策支持，特别是外部政策支持。改革开放以来的发展史也表明，每次中央西藏工作会议召开，都会带动西藏经济的快速发展。

1980年春中央第一次西藏工作会议召开，随后实行了免征、免购的农业税政策，促使西藏经济发展出现一个阶段性的跳跃，1980、1981年西藏的GDP名义增长率分别达到18.77和19.95个百分点。

1984年春中央召开第二次西藏工作座谈会，结果是1984、1985年西藏的GDP分别增长了32.94和29.82个百分点。

第三次西藏工作会议后，使得1994、1995年西藏的GDP分别增长了22.9和22个百分点。

中央第四次西藏工作会议的召开，推动了西藏经济在2002、2003年的GDP增长了18.13和16.44个百分点。

（二）特殊的社会环境，需要妥善处理宗教与社会主义相适应的问题

几十年来，西藏社会主义的建设进程始终就是我们党带领西藏各族人民同达赖分裂集团的干扰破坏作斗争的历史。1987—1989年间，达赖集团在

拉萨发动了持续三年的骚乱，对西藏的经济发展和社会进步带来了巨大的影响，甚至破坏了大量的基础设施，致使经济社会发展进程受阻。2008 年 3 月 14 日，达赖集团一手策划的严重暴力犯罪事件对拉萨、乃至于全西藏的经济社会发展带来了很大的负面影响。据西藏自治区统计局统计显示，2008 年 1—9 月份全区规模以上工业完成工业总产值 32.97 亿元，实现工业增加值 18.7 亿元，同比增长 9.7%，增幅比上年同期回落 6.8 个百分点，全区完成货运总量 291.8 万吨，同比下降 2.6%；完成客运总量 378.7 万人次，同比下降 32.2%。据拉萨海关统计数据显示，对外贸易二季度骤然下降了 18.87%，主要原因是受拉萨“3·14”事件影响。

（三）外部力量的强力推动，是西藏经济发展不可或缺的重要因素

西藏和平解放以来，国家从人力、物力和财力等方面给西藏以大力支持，特别是改革开放以来，中央加大了援藏力度。

第二次西藏工作座谈会，确定了由中央有关部委和有关省市为西藏援助建设 43 项工程，总投资约为 4.8 亿元，建立了一批重点工程，使得拉萨市等城镇开始呈现出现代城市的雏形；

第三次西藏工作座谈会，又确定了中央有关部委和有关省市为西藏无偿援助 62 项工程，总投资超过 40 亿元；

第四次西藏工作座谈会，确定了 312 亿元的 117 项直接投资项目，各兄弟省市支援投资 10.62 亿元的 70 个项目，“十一五”期间，国家又将计划投资 778.8 亿元，在西藏建设 180 个项目。如图 3 所示，2007 年西藏获得国家财政补助收入为 2804127 万元，是当年地方财政收入（231437 万元）的 12.12 倍。同时，也表明了西藏的经济发展（GDP）与中央的财政补助有高度的正相关性。

就现阶段西藏的自然条件、经济发展的基础水平和自身的财政能力等，都无力凭借自身的力量保持持续跨越式发展和小康西藏的战略目标的实现。因此，全国支援西藏仍然是西藏经济今后发展的主要动力之一。

（四）以藏族为主体的西藏各族人民主人翁责任感和实干精神的培养与塑造，是推动西藏经济社会发展的基本动力

藏族是西藏自治区的主体民族，它占目前西藏总人口的 95% 以上。西

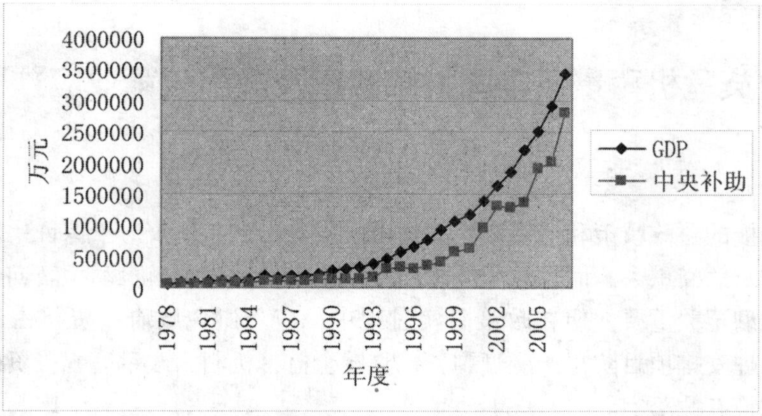

图 3　西藏历年国家财政补助收入与 GDP　　单位：万元

资料来源：《西藏自治区统计年鉴（2008）》，其中国家财政补助 1981—1984 年数据以 1980 年为基数，每年递增 10% 计算得出。

藏经济的发展状况，必然是这个主体民族积极性、开拓精神的结果。然而，残留的陈旧观念和长期自然经济时代形成的保守思想等小农意识，仍然阻碍着西藏人民建设小康西藏、和谐西藏和平安西藏的进程。因此，培养以藏族为主体的西藏人民建设家乡的主人翁责任感和实干精神就显得尤为重要。

次贷危机背景下中国财政政策及货币政策效应预期

张丽君　张国华

积极的财政政策和适度宽松的货币政策的出台，不仅对于保证中国国民经济增长意义重大，而且对于经济增长模式由投资和出口拉动型转向国内需求拉动型至关重要。但在政策落实过程中，应当避免政府投资挤占民间资本，合理安排项目防止产能过剩，建立健全监督机制，改革完善投资体制以确保政策有效落实。

一、改革开放以来财政政策与货币政策的演变背景及调整路径

2008 年 11 月 5 日召开的国务院常务会议明确当前要实行积极的财政政策和适度宽松的货币政策。财政政策从“稳健”转为“积极”表明，历时 10 年后中国再次全面启动积极的财政政策；同时，货币政策在经历了 7 月 27 日至今约 4 个多月“灵活审慎”的过渡期后被“适度宽松”取而代之，标志着从紧的货币政策开始全面转向。此次政策组合的出台不仅基于政府对于国内国际经济形势的深刻洞察和准确把握，也是中国改革开放以来经济协调政策的延续。纵观中国改革开放以来的财政政策和货币政策的发展演变，尽管每一阶段的政策目标不尽相同，但每次政策组合的出台都有其特定的历史背景，均是政府从宏观上对国际、国内经济形势把握的具体体现。

早在改革开放初期，中国计划经济体制仍然占据主导地位，国际经济对国民经济发展影响较小，这一阶段的宏观经济政策主要基于国内经济形势变化做出相应调整。针对 1984 年以前社会总需求严重不足、生产能力和生产资源未得到充分利用的状况，中国人民银行于 1984 年实行了扩张的货币政策和财政政策。由于这种“双松”的政策配合有利于推动闲置社会资源运转，刺激国民经济增长，扩大就业，因此 1979 年到 1984 年期间政府基本上采用了“双松”的政策组合。

在“双松”政策的推动下，国内经济形势也发生了一些变化——社会闲置资源减少的同时，大量多余货币阻塞流通渠道引发了通货膨胀。为在保证经济快速增长的同时克服通货膨胀，中国人民银行从 1985 年被迫转向

"紧缩银根"的紧缩性货币政策，同时逐步收紧财政政策。但由于政府在政策协调配合方面能力较差、严重缺乏灵活性，1985 年到 1993 年间，出现了在应对经济形势变化过程中货币政策和财政政策的配合不是"双紧"就是"双松"的局面，由此也导致国内经济形势反复变化，往往是"政策松经济就热"、"经济热政策又紧"、"政策一紧经济又停"、"经济停政策再松"，直到 1991 年经济得以复苏之后才慢慢走出这一怪圈。

1992 年邓小平南行讲话之后，中国经济体制改革进一步深入，对外开放程度也逐渐加大，决策部门也在实践过程中加深了对市场经济规律的进一步认识。在宏观调控过程中，政府在分别运用财政政策和货币政策调节经济的同时，开始注重二者之间的灵活配合，有力地保证了国民经济的持续发展。总体看来，1994 到 1996 年期间属"双紧"的政策搭配期。

1997 年，亚洲金融危机爆发，拉动中国经济增长的外需随之疲软，而国内经济也陷入了物质产品相对过剩、内需明显不足、通货紧缩加剧的窘境。适度从紧的货币政策无法保证经济发展，国内国际经济形势的变化致使政策目标由过去以治理通胀转为治理通缩，因此中国人民银行于 1998 年下半年实行了"稳健的货币政策"；同时实施"积极的财政政策"加以配合，这一政策组合有效克服了东南亚金融危机对中国的不利影响。

2004 至 2007 年间，中国经济连续保持两位数增长率，2007 年更是达到了 11.9% 的 13 年以来新高。与此同时，经济运行面临的内外形势也发生了很大变化。首先是全球化和世界经济一体化程度已经很高，各个经济体之间呈现你中有我、我中有你的局面。2001 年加入世界贸易组织是中国在全球化进程中迈出的至关重要的一步，虽然"入世"为国民经济发展带来了无限机遇但也带来无数新挑战，使中国不仅要解决好国内经济发展过程中的种种问题，更要面对开放型经济带来的不确定性风险，这些不确定性风险加大了中国财政政策与货币政策达到同时实现内、外部均衡的难度。其次，在经济高速发展的背后，中国经济的一些深层次矛盾逐渐凸现，如投资增长过快而消费需求仍然不足、进出口贸易数额巨大的同时贸易纠纷不断等。因此，政府在此期间进行了汇率制度的改革，并且采取了"双稳健"的财政政策和货币政策来应对国际经济形势变化，调和国内经济运行中的矛盾。

纵观改革开放以来中国财政政策与货币政策的演变路径，可以发现随着经济体制改革的不断深入、经济的市场化程度不断提高、世界各国经济之间依存度不断提高，政府在运用财政政策、货币政策对宏观经济进行调控的过程中灵活性不断加强，政策效果也愈加显著。

二、次贷危机背景下中国财政政策与货币政策的新变化

2007年以来，世界经济形势和国内经济形势又有了新变化。2007年年中开始，美国国内空房率不断攀升，随后即爆发了席卷全球的次贷危机。为应对危机美联储从2007年9月18日开始连续降息，从5.25%降至2008年10月31日的1%，降至50年来最低点；美国财政部也紧急出台了一揽子经济刺激方案，但目前看来收效甚微。次贷危机的负面影响持续蔓延，逐渐波及美国实体经济，致使美国经济下行，开始衰退。受美国次贷危机的影响，欧盟和日本拉动经济增长的内需动力不足；被国际社会普遍认为发展潜力很大的俄罗斯、巴西、印度和中国经济增速也开始回落；全球经济形势正处于由上升期转入下行期的关键调整阶段，国际经济形势整体不容乐观。

尽管目前中国经济增长由偏快转向过热的风险已经消除，CPI（居民消费价格指数）也由2008年2月份的8.7%开始逐渐回落到9月份的4.6%。但是，国内的经济形势依然严峻。首先，国际经济形势给国内经济带来不利影响。美元持续贬值造成国际石油、粮食等初级产品价格的持续上涨，世界贸易环境开始恶化致使中国出口需求下降；出口受损进一步导致国内投资放缓、行业萎缩；部分行业和企业的生产经营困难重重，企业开始较大幅度裁员，就业市场愈加狭窄；国际投机资本流动性加剧，中国股市从2007年10月以来持续波动走低，证券市场过度调整，投资者信心极度缺失，给中国金融体系带来极大安全隐患。其次，国内经济周期的影响。中国经济从2003年开始到2007年，已经连续五年保持两位数增长，在2007年第二季度达到了本轮经济扩张周期的峰值12.7%，此后的五个季度经济增速持续回落。根据世界其他国家经济发展的历程以及2008年中国前三季度经济10.6%、10.1%、9.9%的经济增速看来，2007年无疑是中国经济此周期的峰值，2008年开始中国经济增速放缓、经济开始下行；第三，一些突发性事件的影响，如自然灾害。2008年年初南方出现大面积的雪灾，5月份汶川又遭遇地震，两场突发性自然灾害造成的直接经济损失分别达到1111亿和8541亿元人民币；间接经济损失难以估量。

以上各种不利因素是催生中国此次政策组合出台的直接原因，这一政策组合的出台也标志着中国“双稳健”政策搭配的落幕。可以说本次政策组

合是在国际国内新的经济形势下中国前期财政政策和货币政策的动态延续，但相较之前所实施的政策组合，本次的政策战略眼光更长远，迈出了中国依靠出口和投资拉动型经济增长模式向内需推动型增长模式转变的关键一步。从目前的情况分析，本次财政政策与货币政策的调整达到保增长的目标并不难，然而，是否可以从根本上拉动内需、转变经济增长模式，尚难定论。鉴于此，如何保证财政政策与货币政策的有效实施至关重要。不妨将此次危机与1998年东南亚金融危机以及中国应对两次危机所采用的财政政策及货币政策的不同之处进行简单的比较分析，以便于我们更加客观理智地对待此次政策调整，尽量规避政策落实过程中可能会出现的问题，加大政策的执行力度。

三、次贷危机背景下中国财政政策与货币政策效应预期及相关建议——与应对东南亚金融危机措施的对比分析

一些研究报告和新闻分析已开始从不同角度对美国次贷危机与1997年东南亚金融危机进行比较。这里主要通过对两次危机本身异同的比较，初步预期近日出台的财政政策和货币政策的效果，并针对可能出现的问题提供几点建议。

（一）两次金融危机主体的对比分析

1. 危机主体不同造成波及范围不同

1997年的东南亚金融危机源于泰国，横扫亚洲，进而影响到全球经济，1998年底才逐步平息。在危机中遭受重创的泰国、韩国等当事国直到5、6年后才真正走出金融危机的阴霾，其他发达国家受到影响相对较小。而本次次贷危机爆发于美国，作为全球经济最重要的主体之一，美国对世界经济的影响远远大于泰国，已经波及世界主要经济体欧盟、日本等国，俄罗斯、巴西、印度和中国也都不同程度地受到了美国次贷危机的影响，经济增速明显回落，本次经济危机比1997年的危机影响范围更广。更重要的是，今天中美之间的经济关系远远比当年的中泰经济合作要密切得多，中国经济受到的波及面更广。

2. 危机原因不同致使影响深度不同

东南亚金融危机根本原因在于泰国经济存在极大泡沫、贷款质量差、楼市泡沫尤其严重。以索罗斯基金为首的国际对冲基金利用了泰国经济这一弱

点，通过先建好了沽空泰铢的仓位，随后在国际金融市场上狂抛泰铢，导致泰国外汇储备弹尽粮绝；同时泰国的房地产泡沫的破灭涌现出大量不良贷款，爆发挤兑风潮，同时股市暴跌，金融机构陷入困境。泰国被迫进行汇率制度改革开始实行浮动汇率制，至此，泰铢几近崩溃，金融危机在泰国全面爆发并开始蔓延。此后，对冲基金趁乱继续对菲律宾比索、印度尼西亚盾、马来西亚林吉特、港币、韩元等发起进攻，整个东南亚陷入金融风暴。

美国次贷危机的直接原因在于美国利率的连续上升和住房市场持续降温。次级抵押贷款是指贷款机构向信用程度较差和收入不高的借款人提供的贷款，购房者在购房后头几年以固定利率偿还贷款，其后以浮动利率偿还贷款。美国住房市场在2001年到2005年期间持续繁荣，美联储长时间执行低利率政策，相对宽松的环境为金融创新提供了肥沃的土壤，金融衍生品层出不穷。此后，随着近年来美国住房市场的降温尤其是短期利率的连续提高，购房者还贷负担大大加重。这种局面直接导致大批次级抵押贷款的借款人无法按期偿还贷款，进而引发“次贷危机”。

可见，1997年东南亚金融危机影响的地域范围以亚洲为主，而东南亚各国在世界经济体构成中所占份额相对较小，因此给世界经济整体带来的影响也较小。而本次美国金融危机目前已经波及实体经济，作为世界最大的经济体，也是全球最大资本市场的美国，其经济开始衰退造成美元贬值，而美元的特殊地位很可能给世界其他主要经济体带来巨大影响。据估算，目前停留在美国的约9万亿美元的国际资本中，发展中国家外汇储备约占3万亿美元；日本有2万亿美元；欧洲各国约持有4万亿美元。因此若美国危机继续恶化，必然会通过其与世界各经济体的金融联系渠道扩散至世界其他国家，引发全球经济衰退的可能性极大。若危机进一步深化，中国想要独善其身难度很大。

（二）两次金融危机时中国经济运行特点的异同

首先，两次经济危机都在中国经济处于自身周期的一个下行区间时爆发；其次，在两次危机前，中国经济都出现了不同程度的过热、从紧的宏观政策后续影响的释放与外需疲软的叠加效应，经济波动幅度较大。两次金融危机时中国经济运行最大的不同则在于出口占GDP的比重，1997年仅占19.2%，2007年已达37.5%，外向型经济特征突出，而外部经济变化对于这种外向型经济体的影响最大。从这个层面看，中国面临的压力远大于10

年之前。

（三）次贷危机下财政政策与货币政策特点及效果预期

1. 次贷危机下中国财政政策新特点及效果预期

1997年到2003年的政策组合中，财政政策主要包括利息、进出口贸易、证券交易等税收调节，收入分配政策，以及发行国债直接进行财政支出等。通过对比具体政策措施可以发现，此次的积极财政政策着力点与10年前基本一致，尽管有些政策属于“新瓶装老酒”，但是力度要大很多，而且出现了几点明显的不同：首先突出强调民生工程和基础设施建设；其次对农民和城乡低收入群体的关注程度更高；明确强调了促进社会事业发展的重点领域在于“三农”、教育、医疗卫生、社会保障、保障性安居工程建设等；最后强调节能减排，促进环保和资源合理利用。

以上几点不同之处体现出政府对导致内需长期不足的深层次矛盾把握更加准确，通过采取提高广大低收入群体收入水平的政策，同时辅之以民生工程和基础设施建设的开展、各项社会事业的完善以及环境的改善。如若各项措施能够得到有力执行，可预期除实现与1998年财政政策效果类似的成效之外，还将产生以下积极效果：①保障性安居工程将有力解决民生问题，尤其是中西部欠发达民族地区的居民在住房方面的压力将得到大大减轻；②通过对中西部农村初中校舍改造、推进中西部地区特殊教育学校和乡镇综合文化站建设等系列措施将对提高中西部地区民众受教育水平，从整体上提升国民素质；③大病保险、养老保险等几项涉及民生的基本保险以及医疗、教育方面的投入等将不断完善各项社会事业，极大地降低目前广大低收入群体对于养老、教育、医疗方面花费的高预期值，消除普通国民的后顾之忧，尤其对于释放中西部地区低收入群体的消费能力、扩大内需产生积极影响；④通过提高城乡居民收入的具体措施，不仅提升贫困群体的收入水平，在外向型经济调整的背景下启动内需，从根本上引导国民经济逐渐步入内需推动的内源型良性循环轨道，还可以帮助消除城乡差距、东西部差距实现社会公平，推进社会主义和谐社会建设进程。

2. 次贷危机下中国货币政策新特点及效果预期

为应对东南亚金融危机，中国人民银行于1998年下半年开始实行“稳健的货币政策”，政策内容主要包括利率、存款准备金率的调节、信贷与贷款额度等政策。较之1998年的货币政策，本次货币政策的具体措施有两处明显不同：首先，将确保金融体系流动性作为最大落脚点；其次，强调坚持区别对待、有保有压，重点提出加大对重点工程建设、中小企业、“三农”、灾后重建、助学、就业等的信贷支持。

货币政策在本轮政策组合中居于财政政策的从属地位，故整体上更灵活、措施更多样，对于浮动汇率制下的开放经济体有效应对外部经济风险带来的不确定性（如次贷危机对中国经济带来的不利影响）、实现外部均衡意义重大。若各项措施得到有效落实，将从以下几方面对宏观经济运行带来积极影响：①对中小企业提供信贷支持将有助于中小企业走出资金困境，改变中小企业经营者惜贷心理，减缓因资金不足引发的倒闭风潮，进而缓解因失业人口激增给社会带来的就业压力；②对受灾地区提供资金支持，将提高投资增长率，加快灾后重建，有助于受灾地区经济的恢复；③对技术改造、兼并重组、过剩产能转移、节能减排、发展循环经济的信贷支持力度的扩大，将促进环境改善、循环经济的发展，并为实现经济增长模式的转变提供强大的资金后盾；④基准利率、存款准备金率等货币政策工具的灵活调整将有利于实现财政政策与货币政策的协调一致，极大地改善国内宏观经济运行环境，促进经济增长和增加就业，协同财政政策共同拉动内需。

从长远看，本次政策组合的调整正合时宜，但如何保证财政政策与货币政策的协调使用，有效规避政策落实过程中可能出现的问题，值得我们深入探讨。

（四）落实此次政策组合需注意的问题

1. 挤出效应

有学者认为，在经济上行期间，政府大规模投资会引发“挤出效应”，但在经济下行区间基本上不会挤占民间投资。但从1998年的施政效果看来，尽管政府投资主要集中于大型铁路、公路建设等项目，但仍挤占了民间投资的空间。加上民间资本受到的管制较多，其跟进意愿不强，始终低迷。因此，尽管此次积极财政政策明确实施增值税改革，将减轻企业负担1200亿元，但长远看来，需要配合进一步降息，恢复企业利润，带动企业投资，避免挤出效应。

2. 产能过剩

上一轮的投资热在保证经济增长方面带来了立竿见影的效果，但是毫无疑问也遗留了至今尚未解决的产能过剩难题。在1998年金融危机时采取的积极财政政策的刺激下，一大批由政府投资的公路、铁路、机场建设等方面的固定资产项目先后开工；而今，中国的产能过剩已在重化工、钢铁、汽车等多个行业凸现。本次的积极财政政策应当警惕这一现象，从根源上做好项目审批，从宏观和长远角度出发，杜绝“头疼医头、脚痛医脚”，以避免出现由于今日的信贷放松造成银行未来几年出现巨额的呆坏账以及可能由此引发其他问题。

3. 投资体制

投资体制改革虽然已经有了一定成效，很多审批项目改为审核和备案制，但是大的格局仍未明显改变。各地方政府“跑部钱进”的思维模式没有转变，发改委门庭若市的场景依旧。这种投资体制若不彻底转变，势必会影响财政资金的统一安排和建设项目的统筹规划，很容易造成资源分布不均、项目重复建设、资金大量浪费。要做到尽可能减少本次以及未来政策落实过程中的寻租和浪费现象，投资体制仍需完善。

4. 监督机制

1997 年到 2007 年间，中国的 GDP 增长了 234%，财政收入增长了 490%，财政收入的大幅增长为政府以举国之力办大事（如此次约达 4 万亿的刺激计划的出台）提供了雄厚的财力支持，同时也造成了一定程度的政府开支浪费。为确保此次积极财政政策的有效落实，逐步推进民主化进程，应借此次大手笔刺激计划的出台与落实这一契机建立健全监督机制，对投资决策部门进行监督，避免浪费和滥用财政资源。

5. 地方政府

涉及地方政府的主要有两点需要格外重视：一方面，出于对 GDP 的追捧、对政绩的热衷，地方政府长久以来都对基础设施和能源等重化工项目格外青睐；而对于民生方面的投资则十分有限。这种政绩观往往催生了扶摇直上的数字 GDP，而普通民众的生活改善程度却十分有限，长此以往中国经济可能永远无法摆脱对投资和资源的过分依赖，不久的将来必然会穷途末路；另一方面，一些地方政府财力有限，尤其是中西部地区尤甚。以 2007 年财政部安排的 35 亿用于中西部地区廉租房的补贴为例，这笔补贴无法按时落实就是由地方政府的相关配套工作和资金无法到位造成的。因此，尽管本次积极财政政策在实施过程中突出强调了民生工程、生态环境建设和灾后重建，但在实施过程中如何扭转地方政府的政绩观、消除地方政府财力不足因素带来的制约，进而确保政策的落实效果，需要相关政府部门给予高度重视。

中国青藏铁路促进西藏产业发展的研究[①]

刘晓鹰　李兴勇

（西南民族大学　四川成都　610041）

青藏铁路历经5年的建设，于2006年7月1日正式运营。通车两年多的青藏铁路，正在促进以往经济社会发展相对“封闭”的西藏，逐步成为我国对外开放的前沿。随着铁路运输相关配套设施的进一步建设和发展，西藏将逐步成为对内辐射我国西部、中部地区，对外通往印度洋、南亚的物流集散地。

据拉萨海关的统计显示，从2006年7月1日青藏铁路开通至2007年4月30日的10个月时间里，西藏对外贸易总值达到了3.22亿美元，比往年同期增长75.5%。这10个月中，全区进口总值达1亿美元，出口达2.22亿美元，同比分别增长170.3%和51.4%。其中，青藏铁路较强的运输保障物资集散功能，起到了非常明显的推动作用，特别是较大幅度地增加了边境贸易的货物品种和货物量，使得以往的边境小额贸易额增速明显。

由于铁路运输成本相对低廉的显著优势，降低了相关产业运输成本和生产产品的总成本，同时，原材料和产品出入西藏更加快捷。西藏自治区内自主产品的出口也呈现出旺盛的增长幅度，比重进一步增加。青藏支线铁路拉萨—日喀则段即将开工建设，通往亚东口岸的运输成本将会进一步降低，物资的进出口更加顺畅，从而促使亚东口岸成为中国内地联系南亚市场的“桥头堡”。

但是，西藏的自然环境和区位以及市场等条件[②]，决定了现阶段还难以发展上规模、门类较为齐全的制造业，但完全可以依托青藏铁路，大力发展仓储、物流、旅游等产业和相关的现代服务业。随着青藏铁路辐射能力的不断扩大，西藏也将成为辐射我国整个西部地区、中东部部分地区，通往印度洋、南亚的物流集散地。

---

①　本文为西南民族大学管理学院院长、中央民族大学外聘专家刘晓鹰教授完成的中央民族大学“985工程”建设项目研究成果，项目编号5－：982－103。

②　向杨、王殿元：《西藏国土资源》，西藏人民出版社1988年版。

一、西藏经济发展特点

（一）经济发展水平较低，产业结构初级化

由于极其特殊的自然环境条件和历史的现实的诸多原因使得西藏经济发展水平低下和缓慢。虽然长期以来中央给予西藏巨大财政补贴和全国其他各省区的援助与支持，西藏自治区至今仍未能形成比较完整的产业结构和产业布局。经济规模总量较小，国内生产总值 GDP 总量与全国各省区比较，排名末位。从全国来看，西藏自治区与西部各省、市、区同属经济发展相对落后的欠发达地区。本文把西藏列入西部 12 省、市、区，与东部的北京、上海市以及西部的重庆市，云、贵、川三省做横向比较研究。

表 1　　我国部分地区国内生产总值比较

地区	地区生产总值（亿元）					
	2000	2002	2003	2004	2005	2006
北京	2478.76	3212.71	3663.10	3663.10	6886.31	7870.28
上海	4551.15	5408.76	6250.81	7450.27	9164.10	10366.37
重庆	1589.34	1971.30	2250.56	2665.39	3066.92	3491.57
四川	4010.25	4875.12	5456.32	6556.01	7385.11	8637.81
贵州	993.53	1185.04	1356.11	1591.90	1979.06	2280.00
云南	1995.09	2232.32	2465.29	2959.48	3472.89	4006.72
西藏	117.46	161.42	184.50	211.54	250.21	291.01

从表 1 我们可以看出，西藏的国内生产总值 GDP 总量很小。2006 年仅为上海市的 2.80%，四川省的 3.37%①。

（二）经济发展重要增长极城市发展落后

衡量现代经济发展水平的重要标志是现代城市及其城市经济的发展水平，从幅员来看，西藏的城市人口密度在中国西部居第四位。城市人口密度仅高于内蒙古，由于近两年其他省区城市化进程发展较快，而西藏的城市化进程发展相对缓慢，因此，西藏的城市交通条件较好，人均拥有道路面积

① 西藏自治区统计局：《西藏统计年鉴》，中国统计出版社 2007 年版。

16.44 平方米，此外还有人均公共绿地面积 9.21 平方米，位于第二位，人均住宅面积 20.10 平方米，居第六位，但其他设施较落后。城市用水普及率 48.63%，城市燃气普及率 48.63%，均居倒数第一（见表 2）。

表 2　西部 12 省市区城建与城市设施水平比较（据 2007 中国统计年鉴）

地区	城市人口密度（人/平方公里）	人均住宅建筑面积（平方米）	城市用水普及率（%）	城市燃气普及率（%）	万人拥有公交车辆（标台）	人均拥有道路面积（平方米）	人均公共绿地面积（平方米）	万人拥有公共厕所（座）
内蒙古	597.8	20.19	80.67	71.03	6.08	10.34	9.39	6.35
广西	1617.9	17.37	79.85	72.95	7.41	10.77	7.58	1.79
重庆	1473.6	20.01	81.38	75.84	9.29	8.14	6.45	2.64
四川	2653.3	21.26	80.83	71.82	8.24	9.46	7.74	2.41
贵州	3044.6	13.53	84.24	60.41	5.81	5.35	5.49	2.22
云南	3080.7	16.99	74.46	57.37	9.69	7.47	6.47	1.90
西藏	1146.3	20.10	48.63	48.63	15.47	16.44	9.21	6.44
陕西	6307.4	16.86	85.66	71.24	9.10	9.07	5.89	1.92
甘肃	3890.6	20.28	88.66	57.06	6.08	11.34	6.95	1.89
青海	2112.9	17.88	91.28	81.13	18.32	9.33	7.81	4.38
宁夏	6144.6	21.22	84.03	66.46	7.72	15.49	8.66	4.00
新疆	5403.2	21.18	90.50	83.40	13.41	12.13	6.96	4.62

（三）消费结构特征表明城乡差别巨大

西藏经济发展现状的另一个显著特征是二元经济结构特征明显，城乡差距巨大，从西部 12 省市区城镇和农村居民消费指标比较，反映出西藏独特的经济现象。首先，尽管居民消费绝对数 3166 元在 12 个省市中仍然属于中等水平，位列第七，但是城镇居民 10227 元的消费高居第一，而农村居民 1422 元的消费则仅高于贵州、甘肃，说明城乡消费差别巨大。农村和城镇各自所占消费比重也说明了同样的问题（见表 3）。文盲、半文盲占 15 岁及以上人口比重为 45.65%，主要集中在西藏人烟稀少的农牧区。比其相邻的青海省高出 1 倍，甚至是新疆维吾尔自治区的 7 倍。

其次，在最终消费构成中，其他各省市区的居民消费无不高于政府消费，唯独西藏，政府消费以 54∶46 超过居民消费。可能的原因是高强度的中央对西藏的转移支付力度，一方面形成了特高比例的政府消费，另一方面维持了高水平的城镇居民消费额。由于农业、畜牧业效益低下，小城镇稀少，难以提高农村居民的消费水平（见表3）。

表3　西部12省市区城镇和农村居民消费指标比较（据2007中国统计年鉴）

地区	最终消费=100		居民消费=100		居民消费绝对数（元）			城乡消费水平对比（农村居民=1）
	居民消费	政府消费	农村居民	城镇居民	全体居民	农村居民	城镇居民	
内蒙古	66.1	33.9	25.3	74.7	5800	2816	9043	3.2
广西	72.4	27.6	37.8	62.2	4330	2483	7894	2.8
重庆	74.2	25.8	23.3	76.7	5417	2341	9032	3.9
四川	76.4	23.6	37.9	62.1	4501	2572	8305	3.2
贵州	75.6	24.4	33.9	66.1	3499	1630	8507	5.2
云南	69.6	30.4	36.8	63.2	4075	2145	8579	4.0
西藏	54.2	45.8	50.2	49.8	2915	1827	7312	4.0
陕西	79.1	20.9	41.1	58.9	3972	2201	9033	4.1
甘肃	71.4	28.6	34.3	65.7	3810	1883	8190	4.3
青海	54.5	45.5	30.6	69.4	4229	2128	7481	3.5
宁夏	67.5	32.5	27.3	72.7	5112	2437	8711	3.6
新疆	53.9	46.1	29.7	70.3	4206	2000	7875	3.9

（四）过分依靠国有经济和国家投资拉动经济发展，薄弱的工业形成奇特的产业结构特征

国有经济投资占全社会固定资产总投资的比例高达67.85%，比其他省市高出20—40个百分点。

地区生产总值GDP的产业构成中第三产业占55%，不仅在西部地区首屈一指，甚至高于上海（50.6%），在全国各省市中仅次于北京（70.9%），呈现出后工业化社会的产业结构比例关系。但西藏实际上处于工业化初级阶段，工业结构较为单一：西藏是一个长期以农牧业发展为主的区域①，工业发展缓慢，产业基础薄弱，工业产业门类和产品单一。工业产品主要集中在矿产采选业、木材采运及水力发电等资源开发型部门，工业生产规模小，绩

① 胡颂杰等：《西藏农业概论》，四川科学出版社1995年版。

效低，农牧业生产总体水平和效益也较为低下。这种状况在西藏高寒、人烟稀少而广袤的藏北地区更加突出。

第三产业占55%反映的应该是农牧业效益低下以及工业发展的严重滞后。因为地区生产总值GDP的总量弱小，工业及其关联密切的原材料、现代服务业如贸易、现代物流业等的弱势，已经明显表明西藏的产业发展还处于经济起飞前的缓慢发展阶段，工业化和城镇化进程均处于初级阶段。西藏整个社会经济的发展，有一个奇特而重要的原因是中央财政高强度转移支付，这是任何一个省区不可比拟的（见表4）。

表4　　西部12省市区一些发展指标比较（据2007中国统计年鉴）

地区	国有经济投资占全社会固定资产投资比例	构成（地区生产总值=100）			文盲、半文盲占15岁及以上人口比重
		第一产业	第二产业	第三产业	
内蒙古	37.55%	13.6	48.6	37.8	9.36
广西	30.71%	21.4	38.9	39.7	6.01
重庆	29.91%	12.2	43.0	44.8	9.70
四川	35.65%	18.5	43.7	37.8	12.56
贵州	45.00%	17.2	43.0	39.8	18.79
云南	48.54%	18.7	42.8	38.5	16.50
西藏	67.85%	17.5	27.5	55.0	45.65
陕西	47.82%	10.8	53.9	35.3	9.35
甘肃	54.63%	14.7	45.8	39.5	22.27
青海	48.15%	10.9	51.6	37.5	19.30
宁夏	37.26%	11.2	49.2	39.6	15.44
新疆	43.04%	17.3	48.0	34.7	6.66

二、青藏铁路为西藏产业结构调整提供了重要的基础条件

西藏地属青藏高原，深居内陆，地域广袤，平均海拔4000米以上，自然环境条件复杂，生态环境相当脆弱。自然资源富集，但是长期以来交通建设的瓶颈制约，使西藏的比较优势得不到发挥。加之人口稀少，人口以藏族等少数民族为主，受教育程度低，各类人才短缺，区域自组织发展能力低，经济发展的内生动力不足，主要依靠中央财政转移支付支撑其经济发展。与东、中部地区相比较，经济基础及经济效益的差异更加导致了西藏经济社会

发展的缓慢。

青藏铁路最为重要的作用，在于把西藏导入全国四通八达的铁路运输网络中，通过铁路运输很大程度上解决了西藏经济活动中的远离资源和消费市场、依靠公路运输运量小、运输周期长的经济发展瓶颈问题。青藏铁路作为国家“西部大开发”战略的标志性工程，不仅强化了西藏与内地之间特别是经济贸易方面的联系，而且进一步密切了西部各省区与中、东部省区的联系。与西藏和相关边境贸易口岸有关的各种物资可以通过成都、西安、郑州、北京、上海等铁路枢纽在全国各省区之间自由往来。单货物运输一项，青藏铁路每年就可以为西藏节约物流运输成本约2亿元。

青藏铁路不仅在较大程度上解决了西藏经济活动中的远距离、运输成本高的问题，而且还更加有利于中国商品进入南亚市场，同时也促进了南亚商品更加便捷、顺畅地进入中国市场。青藏铁路不仅成为西藏和南亚地区扩大边境贸易的“助推器”，还将促进和加快“南亚大通道”的形成。拉萨海关负责人介绍，青藏铁路的开通，直接促进了西藏和南亚国家和地区间一般贸易的快速发展。据统计，2006年7月1日至2007年4月30日，西藏一般贸易进出口总值达1.41亿美元，其中进口0.94亿美元，出口0.47亿美元。同比分别增长106.7%、194.9%和28.8%。

作为青藏铁路最重要的拉萨火车站及其站场的总体规划和设计，除充分考虑确保青藏铁路的运营外，还从长计议，为将来修建若干支线铁路做了充分的预留。而且，修建拉萨—日喀则、拉萨—林芝的铁路计划已提上议事日程，可见，青藏铁路的建设与运营，其意义还远不止是中国铁路网的一次重要扩容。青藏铁路的建设和运营，正在或者应该说已经成为中国与南亚区域合作的新起点，必将进一步推进我国边境贸易的发展。不仅为西藏扩大对尼泊尔和印度的边境贸易提供了保障作用，还将促进西藏由封闭的内陆省区逐步成为南亚经济合作与交流的前沿和重要通道，促进南亚经贸大通道的形成和不断扩容。随着对外贸易的升级必将进一步改善中国与南亚邻国的关系。目前印度为我国的第十大贸易伙伴，而我国却是印度的第二大贸易伙伴，无论是从印度对中国外贸物资和产品的依存度来看，还是改善和协调贸易差额的作用来衡量，今后，青藏铁路的作用都将居功至伟。此前，中印贸易物资的进出口大部分是通过海运通道完成的，而西藏的外贸产品绝大部分必须经由天津港出口，两地相距数千公里。青藏铁路的通车运行，边境贸易走乃堆拉山口，拉萨经亚东至加尔各答等印度港口的距离就可缩短约1200公里，这将更加有利于促进从中国西藏和内地通往南亚陆路大通道的形成，大幅提升进出藏的货物量和客运量，促进旅游等产业的发展，为产业结构调整创造良好的基础条件。

三、青藏铁路促进西藏产业结构调整的重要原则

（一）打造“青藏高原经济带”的大构架

青藏铁路是青藏高原发展的“黄金线”，它将把西宁、格尔木、拉萨等高原上的城市有机地串联起来，将西藏、青海和全国统一的大市场紧紧连接在一起，将陕甘宁经济圈串在一起，这将有可能从根本上提升青藏高原的自我发展能力，从而孕育青藏高原经济带的形成，为西部大开发乃至全国经济发展作出贡献。

青藏铁路的建设必将有力地促进青、藏两省区800万人民以及整个青藏高原地区的各级政府，合力打造“青藏高原经济带”大构架。青藏铁路全线开通以来，西宁成为国内外旅游者乘火车观赏高原风光的起始地，成为全国援藏物资的重要中转站，成为西藏采购建设物资、生活用品的“指定供应点”最集中的城市之一①，青海与西藏的经济社会联系将比过去任何时候都紧密。如果以西宁市和格尔木、拉萨、日喀则等高原城市为点线，以青藏铁路为载体，形成辐射整个“世界屋脊”的青藏高原经济带，重点开发西宁湟水河中下游地区、格尔木周围地区、西藏那曲地区、“一江两河”地区、藏东“三江峡谷”地区潜在价值巨大的矿产资源和其他特色资源，逐步使西藏、青海形成“青藏高原经济带”大构架的主体，真正成为名符其实的、我国对外贸易商品开拓南亚市场的桥头堡。

（二）重点发展青藏铁路沿线城市，加快铁路连线的继续建设

青藏铁路通车特别有利于带动沿线相邻城市和地区的产业发展，比如青海省的格尔木成为全国进出西藏物资的重要中转集散地，作为一个新兴的交通枢纽城市的建设，将大大加快城市的发展和相关产业的加速发展。同时也更加有利于青、藏两省区的经济协作和产业发展的互动。西藏有丰富的矿产

① 青海经济信息网：《抓住青藏铁路建设机遇推动青海发展研究》，2001年。

资源，而格尔木在电力、能源、交通、区位等方面优势明显。目前，格尔木市政府正在和西藏自治区有关方面接洽，计划把格尔木建设成资源加工转换的中心。

据预测，青藏铁路开通后，由西宁中转的客流量每年将达到60万人次以上，这座城市也将成为一个新兴的人流、物流中心。

那曲，是青藏铁路沿途唯一一个地级行政区领导机关所在地。2001年青藏铁路开工之前，那曲城区只有3平方公里。而到2007年底，已经扩大到10平方公里，成了千里羌塘草原上一座漂亮的新兴城市。

西藏目前应该加快南亚陆路大通道的建设，同时依靠铁路向北发展推进，建立陕、甘、宁、青、藏经济带，进一步密切与成渝经济带长期以来的经济协作关系，加快川藏铁路建设的前期工作，尽快形成一个连接西部各省区的公路骨架。

（三）依托青藏铁路的产业发展思路要有所为有所不为

青藏铁路提供的是一些产业发展所必不可少的、或者是对大运量交通依存度较高的产业，如矿产开发、旅游业开发等的强力支撑。主要是针对进藏的人流物流而言。当然铁路运输基础条件带来的变化，引起的产业结构调整应该是分散的、渐进的，因为产业发展和产业结构的调整本身是一个复杂和渐进的过程，青藏铁路究竟能够在多大程度、多大范围、多少期限内对那些产业的发展起作用，的确是难以精确规划的。

青藏铁路能够引起的产业结构调整和能够促进的相关产业的发展，应该主要是指那些与青藏铁路运输密切相关的、进出藏人流和物流量较大的产业。也就是能够由西藏自治区对区外市场更多提供的产品和服务的相关产业。

与青海省有强竞争关系的产业暂不考虑。这是因为，如果青海省的优势产品在西宁以东的内地市场已经相对饱和了的话，那么西藏的同类产品再加上至少1300公里（从唐古拉山口到西宁）运价之后，不会更有竞争力。

改革开放30年我国民族地区扶贫开发的成就、措施及经验

朱玉福①

（西藏民族学院政法学院　陕西咸阳　712082）

2008年是我国改革开放30周年。改革开放30年来，民族地区的扶贫开发工作成就卓著，举世无双。消除贫困，最终实现共同富裕，是千百年来广大劳动人民梦寐以求的美好理想，是社会主义的本质要求，也是中国共产党和中国政府全心全意为人民服务根本宗旨的具体体现。中华人民共和国成立后，我国政府一直致力于发展生产、消除贫困的工作。但真正严格意义上的扶贫，是在改革开放以后提出并大规模实施的。民族地区的扶贫开发是我国扶贫工程的重要组成部分，我国的贫困地区大部分在西部边疆地区，而西部边疆地区是我国少数民族聚居区，因此，从一定意义上来讲，扶贫开发也是民族地区开发，30年来的大规模扶贫开发史也是民族地区扶贫开发史。

一、改革开放30年来我国民族地区扶贫开发取得了举世瞩目的成就

我国的贫困地区主要在西部少数民族地区。据统计，到1994年，少数民族贫困地区主要分布在西部，涉及5个自治区、20个自治州、49个自治县。全国348个少数民族自治县中有257个被列为国家重点扶持贫困县，占全国592个国家重点扶持贫困县的43.4%②。改革开放30年，我国民族地区扶贫开发工作取得的成就举世无双。

1. 大量贫困人口解决温饱问题，贫困状况大范围缓解

改革开放30年来，民族地区大量贫困人口解决温饱问题，贫困状况大范围缓解。截至2006年底，中国农村没有解决温饱的贫困人口已从1978年的2.5亿下降到2148万，贫困发生率从30.7%下降到2.3%；低收入人口

① 朱玉福（1972－），男（哈尼族），云南绿春人，西藏民族学院副教授，科研处副处长，法学博士，研究生导师，主要从事民族地区经济与法制建设研究。

② 国务院新闻办公室：《中国的农村扶贫开发白皮书》，《人民日报》2001年10月16日第5版。

从2000年的6213万减少到2006年的3550万，低收入人口占农村人口的比例从6.7%下降到3.7%；2006年国家扶贫开发重点县农民人均纯收入达到1928元[①]。据统计，全国五个自治区和三个少数民族人口较多的省（云南、贵州、青海），贫困人口由1995年的2086万人下降到1999年的1185万人，四年减少了901万人，贫困发生率由1995年的15.6%下降到1999年的8.7%，到“十五”末下降到6.2%；2006年，民族地区贫困人口由2002年的1322万人减少到1211万人[②]。其中宁夏西海固绝对贫困人口数量已由1993年的139.8万人减少到2007年的5万人以下；贫困发生率也从1994年的15.6%下降到2007年的3%以下；2007年西海固地区农民人均纯收入2215元，增长12.2%[③]。以西藏为例，上个世纪90年代，西藏与全国一道实施了“八七”扶贫攻坚。开发式扶贫成为帮助农村弱势群体发展的主要手段。在国家的大力支持下，西藏实施了为期10年的“一江两河”综合开发。1997年农牧民人均纯收入达到1000元。到2000年，西藏“八七”扶贫攻坚之初确定的48万重点帮扶对象已减至7万人，基本解决了温饱问题，基本实现了粮油自给[④]。

2. 少数民族贫困地区贫困群众生产生活条件明显改善

少数民族贫困地区的基础设施明显改善，社会事业不断发展。据不完全统计，从1994年到1999年，西藏、广西、云南、新疆、内蒙古等民族八省区共解决了2163.5万人、2934.7万头大牲畜的饮水困难；新增基本农田2626.5万亩，围栏草场672万亩；修建县、乡、村公路6.75万公里[⑤]。五个自治区和三个少数民族人口较多的省（云南、贵州、青海）的232个国家重点扶持贫困县，农民人均纯收入从1995年的630元增加到1998年的1189元，增长88.7%，高于592个国家重点扶持贫困县平均增长水平28.7个百分点。广西49个贫困县农民人均纯收入由1994年的606元上升到1999

① 郝亚琳、王立彬：《国务院发布中国扶贫开发报告》，新华网，2007年10月17日。

② 魏武、李菲：《各民族共同发展的辉煌篇章——我国民族区域自治工作综述》，《人民日报》2008年4月30日第4版。

③ 王存理、周志忠：《50年深情关爱50年辉煌巨变——党中央关心宁夏经济社会发展纪实》，《人民日报》2008年9月17日第1版。

④ 《谎言代替不了事实——驳达赖散布的“没有真正改善大多数藏人生活”的谬论》，《西藏日报》2008年8月27日第7版。

⑤ 国务院新闻办公室：《中国的农村扶贫开发白皮书》，《人民日报》2001年10月16日第5版。

年的1836元，人均粮食产量由310公斤上升到380公斤，在全国民族地区率先实现“八七”扶贫攻坚目标；到2000年底，国家在西藏重点扶持的18个贫困县农牧民人均纯收入达1316元，已接近全国平均水平；新疆牧区牧民定居半定居比例由1994年的49.5%上升到1999年的80%①。西藏1978年农牧民人均纯收入为175元，而2007年达到2788元，比1978年增加了2613元，30年的年均增长率达10%②。宁夏全区农牧民人均纯收入由改革开放初的116元增加到2007年的3181元，增长了27倍，全区绝对贫困人口从2000年的52.7万人下降到2007年的5万人③。其中，2005年宁夏启动实施的南部山区特困群众危窑危房改造工程，3年来，共筹集资金1.59亿元，资助改造危房危窑32203户，新建住房96609间，受益人口16.1万人，解决了南部山区生活最困难、住房最危险的特困户的基本住房问题。在此基础上，宁夏危窑危房改造二期工程于2008年6月启动，将再利用5年时间，整合筹措建房补助资金9亿元，实施危窑危房改造10万户。预计到2012年年底，宁夏18.5万多户农村困难群众的住房将得以改造，近90万农村困难群众将喜迁新居④。

3. 少数民族贫困地区整体社会经济发展实力大幅度增强

改革开放后，特别是“十五”以来，民族贫困地区紧紧抓住国家实施西部大开发这一重要战略机遇期，加快推进工业化、城市化和农业产业化步伐，经济社会呈现出持续快速健康发展的强劲势头，民族地区整体社会经济发展实力大幅度增强。2006年，5个自治区和云南、贵州、青海3省生产总值达到20519亿元，与2002年的10518亿元相比，按可比价计算增长了63.5%，年均增长13.2%；人均生产总值达到10832元，比2002年的5417元增加了5415元；三次产业的分布为17:45:38，和2002年相比，第一产业占GDP的比重从22%下降到17%，第二产业的比重从40%上升到45%⑤。

---

① 国务院新闻办公室：《中国的农村扶贫开发白皮书》，《人民日报》2001年10月16日第5版。

② 《谎言代替不了事实——驳达赖散布的“没有真正改善大多数藏人生活”的谬论》，《西藏日报》2008年8月27日第7版。

③ 陈建国、王正伟：《在党的民族政策光辉照耀下阔步前进——纪念宁夏回族自治区成立50周年》，《人民日报》2008年9月23日第12版。

④ 杜峻晓、周志忠：《宁夏民生工程暖民心》，《人民日报》2008年9月24日第2版。

⑤ 魏武、李菲：《各民族共同发展的辉煌篇章——我国民族区域自治工作综述》，《人民日报》2008年4月30日第4版。

其中，西藏生产总值2005年达到251.2亿元，2007年突破300亿元大关，达到342亿元；继2005年人均GDP突破1000美元后，2007年超过12000元人民币，按可比口径计算，比2002年翻了近一番，比1978年增加了11625元人民币①。宁夏生产总值由1957年的2.58亿元，增长到2007年的889.2亿元，扣除价格因素，增长了84.5倍；地方财政收入由0.37亿元增加到80亿元，是1957年的84.5倍②。

4. 贫困地区各族干部群众思想观念和精神面貌发生了深刻变化

扶贫开发不仅推动了经济发展，还改变了贫困地区少数民族干部群众的思想观念和精神面貌。邓小平同志“贫穷不是社会主义”、“坚持社会主义，首先要摆脱贫穷落后状态”、“如果不搞社会主义，贫困落后的状态就不能改变”等思想，有力地指导、推动扶贫开发工作不断开创新的局面。同时，贫困地区的广大少数民族干部群众从扶贫开发中得到了实惠，尝到了甜头，看到了希望。过去等、靠、要的思想逐步消除，取而代之的是自力更生、艰苦奋斗的拼搏精神。贫困地区的广大民族干部群众思想观念和精神面貌的深刻变化，为打胜扶贫开发这一艰苦战役提供了源源不绝的内在动力。

二、改革开放30年来我国少数民族地区扶贫开发的主要措施

改革开放以来，党和国家以及其他发达地区乃至全社会为民族地区扶贫开发采取了一系列行之有效的措施和政策，为少数民族地区扶贫开发工作提供了重要保障。这些措施主要如下：

（一）加强领导，认真落实中央扶贫开发工作精神

改革开放特别是从“八七”计划实施以来，民族地区各级党委政府认真贯彻落实中央各项扶贫方针、政策，1986年起，从中央到地方分别成立专门的扶贫工作机构，各地从当地扶贫开发工作的实际出发，制定了本省、自治区扶贫开发计划。譬如，宁夏制定了“双百扶贫攻坚计划”、青海制定了“七年扶贫攻坚计划”、云南制定了“七七扶贫攻坚计划”、内蒙古制定

① 周占华、裴珍珍：《西藏人民生活的改善不容否定——访中国社会科学院研究员夏春涛、民族问题专家扎洛》，《人民日报》2008年3月30日第4版。

② 张慧中：《宁夏民族区域自治50年成果丰硕》，《人民日报》2008年8月22日第16版。

了“三七扶贫攻坚计划”，等等。各级党委政府把扶贫开发工作提上重要议事日程，出台了一系列优惠政策措施。

（二）制定实施了多项扶贫开发专门规划

在我国社会经济发展的不同时期，国家制定实施了多项扶贫开发专门规划。1982 年，中央财政设立“三西”地区农业建设资金，在 10 年内每年安排 2 亿元，重点治理甘肃定西、河西和宁夏西海固干旱地区。1986 年到 1993 年，我国绝对贫困人口从 1.25 亿减少到 7500 万，贫困发生率从 14.8% 下降到 8.2%。1994—2000 年实施《国家八七扶贫攻坚计划》，“八七”扶贫攻坚计划完成以后，我国的绝对贫困人口减少到 3209 万，贫困发生率下降到 3.5%。2001 年 6 月，国务院实施《中国农村扶贫开发纲要（2001—2010）》，将扶贫开发工作任务从解决温饱调整为解决温饱与巩固温饱并重，工作对象从绝对贫困人口调整为绝对贫困加低收入人口。到 2006 年，我国绝对贫困人口减少到 2148 万，绝对贫困发生率下降到 2.3%，低收入人口从 6213 万减少到 3550 万，低收入贫困发生率从 6.7% 下降到 3.7%①。

（三）采取了循序渐进的扶贫开发方式

1. 通过体制改革推动扶贫开发

1978 年，按我国政府确定的贫困标准统计，我国的贫困人口为 2.5 亿人，占农村总人口的 30.7%。改革开放建立家庭承包经营为主的农村基本经营制度，放开农产品市场和价格，大力发展乡镇企业，极大地调动了广大农民群众的积极性，促进了农村乃至全社会生产力的解放和发展，成为“文革”以后我国扶贫事业迅速发展的第一推动力。

2. 大规模开发式扶贫

为进一步加大扶贫力度，我国政府自 1986 年起采取了一系列重大措施。其中，从中央到县成立专门扶贫工作机构，安排专项资金，制定专门的优惠政策，并对传统的救济式扶贫进行彻底改革，确定了开发式扶贫方针。自此，我国政府在全国范围内拉开了有计划、有组织和大规模开发式扶贫的帷

① 范小建：《中国特色社会主义扶贫开发的基本经验》，《人民日报》2007 年 12 月 6 日第 8 版。

幕，扶贫工作进入了一个新的历史时期。经过八年的不懈努力，国家重点扶持贫困县农民人均纯收入从1986年的206元增加到1993年的483.7元；农村贫困人口由1.25亿人减少到8000万人，平均每年减少640万人，年均递减6.2%；贫困人口占农村总人口的比重由14.8%下降到8.7%。[①]

3. 扶贫攻坚

以1994年3月《国家八七扶贫攻坚计划》的公布实施为标志，我国的扶贫开发进入了攻坚阶段。《国家八七扶贫攻坚计划》明确提出，集中人力、物力、财力，动员社会各界力量，力争用七年左右的时间，到2000年底基本解决农村贫困人口的温饱问题。这是新中国历史上第一个有明确目标、明确对象、明确措施和明确期限的扶贫开发行动纲领。1997—1999年，我国每年有800万贫困人口解决了温饱问题，是进入20世纪90年代以来解决农村贫困人口年度数量最高的时期。到2000年底，国家“八七”扶贫攻坚目标基本实现。

（四）以基础设施建设、解决温饱为中心，努力增加农牧民收入

在扶贫开发中特别是扶贫攻坚中，民族地区把改善贫困人口生产生活的基础设施建设和增加农牧民收入作为一项重点工作来抓。通过“坡改梯”、“村村通工程”等基础设施建设，民族贫困地区的农田水利、人畜饮水、草原建设、农村电力、乡村道路、广播电视等有了明显改善，为解决温饱和巩固温饱打下了牢固基础。以广西为例，广西从1997年开始以大会战的形式，组织几百万干部群众，实施人畜饮水、村级道路建设、茅草房改造三大会战和村村通广播电视等工程。到1999年，全区实现了乡乡通公路，49个贫困县95%的村通了汽车；全区95%的村通了电并基本实现通电视，85%的村通了电话；帮助6.3万户、30多万贫困群众从茅草房搬进了瓦房。[②]

（五）加大扶贫开发资金投入，设立扶贫开发专项基金

根据中华人民共和国国务院新闻办公室2001年10月发布的《中国农村

① 国务院新闻办公室：《中国的农村扶贫开发白皮书》，《人民日报》2001年10月16日第5版。

② 中国少数民族贫困问题研究课题组：《中国少数民族贫困问题研究》，2001年4月第8页。

扶贫开发》白皮书显示，从1994年到2000年，国家共向西藏、广西、云南、新疆、内蒙古等民族八省区投入资金432.53亿元，占全国总投资的38.4%。其中，财政资金194.15亿元（含以工代赈资金127.22亿元），占全国的40%；信贷资金238.38亿元，占全国的37.8%。1982年到2002年，中央财政每年安排2亿元专款重点治理甘肃定西、河西和宁夏西海固干旱地区；1990年，中央财政设立"少数民族贫困地区温饱基金"，重点扶持全国143个少数民族贫困县；1992年，国务院决定在原"支援经济不发达地区发展资金"的基础上，每年新增加6000万元，有偿使用于民族地区的农、水、路等基础设施及企业技术改造①。2005年12月，国家民委和国家开发银行签订了400亿元的政策性优惠贷款协议，用于支持发展少数民族事业。

（六）开展东西扶贫协作，广泛动员社会各界积极参与

1. 开展东西扶贫协作

国家组织经济发达地区对口支援少数民族地区，是促进少数民族地区扶贫开发的重要途径。这项工作始于改革开放初期，以后范围和领域不断扩大。1979年7月，中共中央批准的全国边防工作会议的报告首次提出，组织内地发达省、市实行对口支援边境地区和少数民族地区，确定北京支援内蒙古，河北支援贵州，江苏支援广西、新疆，山东支援青海，上海支援云南、宁夏，全国支援西藏。1983年1月，国务院批转了国家计委和国家民委《经济发达省、市同少数民族地区对口支援和经济技术协作工作座谈会纪要》，明确了对口支援工作的原则、重点、任务等问题。1987年4月，中共中央、国务院批转的《关于民族工作几个重要问题的报告》强调，发达地区应当继续做好对少数民族地区的对口支援。1989年9月召开的全国少数民族地区扶贫工作会议强调，"国家和发达地区以及社会各界要一如既往，进一步支持少数民族地区的扶贫工作"。1996年7月，国务院办公厅转发国务院扶贫开发领导小组《关于组织经济较发达地区与经济欠发达地区开展扶贫协作的报告》，确定由北京与内蒙古，天津与甘肃，上海与云南，广东与广西，浙江与四川，山东与新疆，辽宁与青海，福建与宁夏，大连、青岛、深圳、宁波与贵州，开展扶贫协作。仅头三年，各对口单位共捐款捐

① 国务院新闻办公室：《中国的农村扶贫开发白皮书》，《人民日报》2001年10月16日第5版。

物10.4亿元，实施合作项目2074个，投资近40亿元①。以西藏为例，为促进西藏的发展与稳定，中央分别在1980年、1984年、1994年、2001年先后四次召开全国西藏工作座谈会，逐步加大中央和地方对口支援西藏的力度。在第四次西藏工作座谈会上，中央明确提出西藏要实现跨越式发展的目标，并确定国家直接投资的建设项目117个，总投资约312亿元；确定各省（区、市）对口支援建设项目70个，总投资约10.6亿元②。

2. 社会各界积极参与

社会各界积极参与少数民族贫困地区的扶贫开发。在邓小平同志先富带后富、最终实现共同富裕的重要思想指导下，在国民经济快速发展的基础上，改革开放以来，充分发挥制度优势，动员和组织包括东部沿海省市、各级党政机关和各方面社会力量参与少数民族贫困地区扶贫开发建设，取得了积极而显著的成果。截止2007年底，有15个沿海发达省市和计划单列市对口帮扶11个西部贫困省区市；有272个中央国家机关、民主党派、社会团体、国有大型企业等单位定点帮扶481个国家扶贫开发工作重点县，还有不少非公有制经济和民间力量也尽其所能，开展形式多样的扶贫事业，营造了一种全社会普遍参与的扶贫济困工作氛围③。

此外，积极开展同国际组织在少数民族贫困地区扶贫开发的合作。仅从1995年至1998年，世界银行在我国实施了三期扶贫项目，贷款规模总计6.1亿美元，覆盖了广西等省区的43个少数民族贫困县。其中中国西南世界银行贷款项目于1995年7月开始在云南、贵州、广西三省（区）最贫困的35个国定贫困县实施。项目总投资42.3亿元，其中利用世行贷款2.475亿美元，项目建设主要包括农业、基础设施建设、产业开发、劳务输出、教育卫生和贫困监测等方面④。

（七）走就地开发与异地开发相结合的路子

就地开发与异地开发相结合的扶贫开发路子是我国民族地区扶贫开发的

① 国务院新闻办公室：《中国的少数民族政策及其实践白皮书》，1999年9月，第33页。

② 《中共中央国务院召开第四次西藏工作座谈会》，《人民日报》，2001年6月30日第1版。

③ 范小建：《中国特色社会主义扶贫开发的基本经验》，《人民日报》2007年12月6日第8版。

④ 国务院新闻办公室：《中国的农村扶贫开发白皮书》，《人民日报》2001年10月16日第5版。

重大措施，也是一大特色，成效显著。以我国最大的生态移民扶贫开发区宁夏吴忠市红寺堡为例，该异地扶贫开发区主要搬迁同心、海原、原州、彭阳、西吉、隆德、泾源7县（区）生活在贫困带上的贫困户。经过近10年的开发建设，红寺堡开发区良田成片、沟渠成网、公路畅通、林木繁茂，目前已是拥有20万生态移民的绿洲之城，开发水浇地40万亩，形成2000平方公里，2镇2乡40个建制村的规模。移民新村实现了由山区旱作农业到灌区农业再到现代（设施、节水）农业的跨越；移民新村全部实现“水、电、路、电话、有线电视”五通，2007年移民人均粮食为713公斤，人均纯收入2290元，分别比迁出地增长了5倍和3倍①。

三、改革开放30年来我国少数民族地区扶贫开发的主要经验

改革开放以来，在我国少数民族地区扶贫开发的实践中，积累了许多宝贵经验，已初步形成了符合少数民族贫困地区扶贫开发实际的基本经验。这些经验主要概括如下：

1. 党和国家高度重视

改革开放一开始，邓小平同志就提出了“贫穷不是社会主义”，“一部分地区发展快一点，带动大部分地区，这就是加速发展、达到共同富裕的捷径”等一系列具有时代意义的论断。1981年6月，中共中央《关于建国以来党的若干历史问题的决议》强调“要切实帮助少数民族地区发展经济文化”。1983年12月，国务院召开的全国少数民族地区生产生活会议强调，力争在较短时期内基本解决部分群众的温饱问题、住房问题和饮水问题。1987年《中共中央、国务院批转<关于民族工作几个重要问题的报告>的通知》指出，对于仍然处于贫困状态，特别是没有解决温饱问题的少数民族群众，应当加强扶持，具体制订脱贫计划，力争在“七五”期间基本解决温饱问题。江泽民同志指出“扶贫开发是贯穿整个社会主义初级阶段的一项重要任务”。1989年9月，江泽民同志在全国少数民族地区扶贫工作会议上强调，“国家和发达地区以及社会各界要一如既往，进一步支持少数民族地区的扶贫工作”。2001年5月25日，江泽民同志在中央扶贫开发工作

① 周志忠、杜峻晓：《大开发带来新机遇——宁夏实现经济快速发展纪实》（宁夏辉煌50年），《人民日报》2008年9月15日第1版。

会议上指出，“我国扶贫开发取得的巨大成就，具有重大的经济意义和政治意义。通过扶贫开发，我们积累了使贫困地区群众摆脱贫困、走向富裕的重要经验。并提出了今后10年我国扶贫开发的奋斗目标”①。

以胡锦涛总书记为核心的新一代领导集体，非常重视、关心少数民族贫困地区的扶贫开发工作。胡锦涛同志就多次强调扶贫开发是建设中国特色社会主义事业的一项历史任务，也是构建社会主义和谐社会的一项重要内容。2004年4月13日，温家宝总理明确批示，赞成把特困少数民族地区作为扶贫重点，在政策和资金上加大支持力度。2005年5月27日，胡锦涛同志在中央民族工作会议暨国务院第四次全国民族团结进步表彰大会上指出，“要突出抓好民族地区扶贫开发工作，坚持开发式扶贫，加大国家扶贫资金对民族地区贫困县的支持力度，切实解决好民族地区困难群众的生产生活问题”②。2005年5月，中共中央、国务院《关于进一步加强民族工作加快少数民族和民族地区经济社会发展的决定》明确提出“支持少数民族和民族地区加快发展，是中央的一项基本方针”。作为中华人民共和国成立以来关于民族工作全局的第一个决定，该决定从扶贫开发、兴边富民、扶持人口较少民族等方面，明确了支持少数民族和民族地区加快发展的政策措施、主要任务和具体要求。2007年4月，胡锦涛总书记在宁夏西海固地区考察时反复强调，要继续实施开发式扶贫，把更多资金用在支持农村经济社会发展上，用在改善民生上，尽最大努力加快贫困地区发展，让农村贫困群众早日过上小康生活。2007年10月召开的中国共产党第十七次全国代表大会明确提出了到2020年“绝对贫困现象基本消除”的奋斗目标，并对进一步做好扶贫开发工作提出了提高水平、提高标准的新要求。

2. 政府主导

中央政府和地方各级政府主导是我国扶贫开发的最大特色。这既是由中国共产党的宗旨所决定，也是社会主义制度的一大优势。在邓小平同志提出国民经济和社会发展“三步走”的宏伟目标中，解决温饱就是第一步。改革开放发出消除贫困的动员令，此后每一届政府，都在不懈为之奋斗。1982年国务院成立“三西地区”农业建设领导机构，形成了扶贫开发政府主导的工作格局。1984年9月，中共中央、国务院发出《关于帮助贫困地区尽

① 江泽民：《在中央扶贫开发工作会议上的讲话》，《人民日报》2001年9月18日第1版。

② 胡锦涛：《在中央民族工作会议上的讲话》，《人民日报》2005年5月28日第1版。

快改变面貌的通知》，决定采取措施帮助分布在少数民族聚居地区等尚未解决温饱问题的几千万贫困人口尽快摆脱贫困。1986年成立国务院贫困地区经济开发领导小组。1989年8月，国务院批转了国家民委、国务院贫困地区经济开发领导小组《关于少数民族地区扶贫工作有关政策问题的请示》，决定将少数民族贫困地区作为扶贫主战场，采取特殊政策措施给予重点扶持。1990年，中央财政设立"少数民族贫困地区温饱基金"。1994年，国务院实施《国家八七扶贫攻坚计划》，对少数民族贫困地区继续给予倾斜，放宽享受优惠政策的少数民族贫困县标准。2001年6月，国务院实施《中国农村扶贫开发纲要（2001—2010）》，进入新世纪，政府主导的扶贫开发工作不断加强。2005年5月8日，国务院通过的《扶持人口较少民族发展规划（2005—2010年）》明确提出，通过五年左右的努力，22个人口较少民族聚居的行政村达到当地中等以上发展水平，再经过一段时间的努力，达到全面建设小康社会的要求。2007年2月27日，国务院实施的《少数民族事业"十一五"规划》将着力解决少数民族群众特困问题作为"十一五"的一项重要任务。该规划指出，"重点扶持少数民族聚居的贫困地区，实施特困少数民族群众解困工程，加大安居温饱、易地搬迁和劳务输出力度，推动各项扶贫开发措施进乡、入村、到户。优先将少数民族聚居的贫困村全部纳入国家扶贫整村推进规划实施范围，强化对少数民族贫困人口的直接帮扶。对缺乏基本生存条件、自然灾害多发区、自然保护区、重要生态功能保护区、地方病高发区的特困少数民族群众，稳步推进生态移民和易地扶贫。建立健全社会救助体系，保障少数民族贫困人口基本生活。""在《中国农村扶贫开发纲要》框架内，为解决特困少数民族群众温饱问题，优先将尚未纳入国家扶贫开发整村推进规划的特困村，全部纳入整村推进规划实施范围，基本实现具备条件的特困村通路、通电、通电话、通广播电视，有学校、有卫生室、有安全的人畜饮用水、有安居房、有稳定解决温饱的基本农田或草场的目标"。① 2007年6月9日，国务院施行的《兴边富民行动"十一五"规划》"以邓小平理论和'三个代表'重要思想为指导，以科学发展观为统领，以解决边境地区和广大边民的特殊困难和问题为切入点，因地制宜，分类指导，加大扶持力度，采取有效措施，大力改善边民生产生活条件，全面提高边境地区经济和社会事业发展水平，促进边境地区与内地的协调发展，

① 《少数民族事业"十一五"规划》，《人民日报》2007年3月29日第12版。

加快边境地区社会主义新农村建设步伐和全面建设小康社会进程，努力实现富民、兴边、强国、睦邻”①。实施兴边富民行动，对于边疆民族地区富民、兴边、强国、睦邻，巩固祖国的万里边疆，具有非常重要的意义②。

各级党委政府和职能部门把少数民族扶贫开发作为事关经济发展和社会稳定的大事，摆到各级党委政府工作的重要位置，实行党政一把手扶贫工作责任制，精心组织，扎实推进，为扶贫开发工作奠定了坚强有力的组织保证。

3. 开发式扶贫

开发式扶贫是改革开放以来我国少数民族贫困地区扶贫开发的一条宝贵经验。中华人民共和国成立后很长时间，政府扶贫济困主要是通过民政部门和集体经济组织，对农村贫困群体给予救助。开发式扶贫与救助式扶贫的根本区别在于前者强调要通过扶持，使有劳动能力的穷人获得发展能力，走向自尊、自重、自立、自强。1986 年以后，我国政府提出开发式扶贫的方针。上世纪 90 年代以来，我国积极推行参与式、开发式扶贫的理念和方式，通过民主管理和民主参与，发挥贫困群众主体作用，增强他们参与相关工作的积极性，焕发其自强自立、自我发展的热情和能力。2001 年 5 月 25 日，江泽民同志在中央扶贫开发工作会议上指出，“解决贫困地区的问题，最根本的要靠发展。坚持开发式扶贫的方针，目的是为了解放和发展生产力。要努力改善贫困地区的生产条件、生活条件和生态条件，提高群众的科技文化素质，充分利用当地自然资源和劳动力资源，发挥比较优势，促进生产的发展，促进群众生活的改善，并逐步增强自我积累和自我发展的能力。坚持贯彻发展是硬道理的思想，最重要的就是要不断增强贫困地区自我发展的能力。这是开发式扶贫的真谛所在”。2007 年 4 月，胡锦涛总书记在宁夏西海固地区考察时反复强调要继续实施开发式扶贫。集中人力、财力、物力，动员社会各界力量，以基本解决温饱为目标，针对有劳动能力的贫困群体，通过扶持和自身努力摆脱贫困，有组织、有计划、大规模地开展开发式扶贫，对缓解和消除少数民族和民族地区贫困起到了重要的推动作用，开创了扶贫工作的新局面。目前，“参与式”整村推进正成为推进我国少数民族贫困地区扶贫开发特别是扶贫攻坚工作的主导方式。

4. 对口支援与自力更生有效结合

① 《兴边富民行动“十一五”规划》，《中国民族报》2007 年 6 月 19 日第 1 版。

② 朱玉福：《“兴边富民行动”的意义》，《广西民族研究》2007 年第 4 期。

第一，对口支援。经济相对发达的兄弟省市对口支援少数民族贫困地区是我国扶贫开发的一大重要宝贵经验。中华人民共和国成立特别是改革开放以来，动员和组织包括东部沿海省市、各级党政机关和各方面社会力量参与少数民族贫困地区扶贫开发建设，取得了积极而显著的成果，形成了具有中国特色的扶贫方式。相互帮衬是中华民族的美好传统。这一优良传统在少数民族地区扶贫开发中得到了充分体现。动员和组织社会各界力量支持贫困地区开发建设，不仅加快了少数民族扶贫开发的步伐，而且弘扬了中华民族扶贫济困、互助友爱的优良传统，充分体现了党和政府“共同艰苦奋斗、共同繁荣发展”的治国理念，同时也充分发挥了社会主义制度的优越性。

第二，自力更生。广大干部群众自力更生、艰苦奋斗的精神是少数民族贫困地区扶贫开发的强大内在动力。要解决温饱，彻底摆脱贫困，不仅需要国家的扶持和社会各界的帮助，关键还是要靠贫困地区自身的努力，广大干部群众要充分发挥积极性，坚持和发扬自力更生、艰苦奋斗的精神。在少数民族扶贫开发特别是开发式扶贫中，各地把重点放在充分调动少数民族贫困地区广大干部群众的积极性、创造性上，创造出了宁肯苦干、不愿苦熬的“黔江精神”，苦干实干、坚忍不拔的“宁夏精神”等自强不息、艰苦创业、摆脱贫困的典型，同时涌现出大批扶贫开发模范人物、扶贫状元。

5. 因地制宜，采取多种形式的扶贫开发模式

根据国家社会经济发展的实际和各地少数民族和民族地区的不同情况、不同条件，少数民族贫困地区的扶贫开发因地制宜地采取了多种形式的扶贫开发模式，采取了不同的扶持措施和政策。譬如，以宏观的开发模式为例，不仅采取了循序渐进的扶贫开发模式，而且采取了扶贫开发、西部大开发、兴边富民行动、扶持人口较少民族的专项扶持行动等开发模式，形成了层次多样、规模不一、前后有序、彼此渗透的较为完备的扶贫开发体系。又譬如，四川省针对凉山彝族自治州奴隶制社会遗留下来的少数民族群众的“原始贫困”，创造性地开展了以改变居住条件和卫生条件状况、改变传统旧观念和不良风俗习惯、建设社会主义新农村为主要内容的“形象扶贫”。再譬如，广西以大会战的形式，组织几百万干部群众，实施人畜饮水、村级道路建设、茅草房改造三大会战和村村通广播电视等扶贫开发模式。云南、广西、宁夏、内蒙古、西藏等省区从各地实际出发，纷纷开展生态移民、异地扶贫开发，均取得了巨大成就。

6. 把扶贫开发工作纳入法制轨道

把扶贫开发工作纳入法制、制度化轨道，是少数民族贫困地区扶贫开发取得成功的经验之一。譬如，1984 年颁布的民族区域自治法明确规定，上级国家机关对民族自治地方经济文化等各方面的发展要给予支持和帮助。其中，第 69 条规定："国家和上级人民政府应当从财政、金融、物资、技术、人才等方面加大对民族自治地方的贫困地区的扶持力度，帮助贫困人口尽快摆脱贫困状况，实现小康。①" 又譬如，2005 年《国务院实施 < 中华人民共和国民族区域自治法 > 若干规定》第 16 条规定，"国家加强民族自治地方的扶贫开发，重点支持民族自治地方贫困乡村以通水、通电、通路、通广播电视和茅草房危房改造、生态移民等为重点的基础设施建设和农田基本建设，动员和组织社会力量参与民族自治地方的扶贫开发"。② 此外，国家和地方通过法规、政策等形式把少数民族贫困地区扶贫开发工作纳入法制、政策所构建的一系列制度之中。

在充分肯定 30 年来我国少数民族和民族地区扶贫开发成就的同时，我们要清醒看到少数民族和民族地区扶贫开发面临的问题和发展差距。从历史发展的纵向角度看，民族地区扶贫开发取得了举世瞩目的伟大成就，但从横向比较而言，差距显而易见，仍然面临许多困难和挑战。譬如，解决温饱和巩固温饱成果任务重、压力大；脱贫巩固率低和返贫率、贫困发生率高；贫困程度深，生存条件差，发展后劲不足，扶贫难度大；基础设施薄弱；绝对贫困和相对贫困同时存在等等。国家民委对民族自治地方农村贫困监测结果表明，截至 2007 年末，民族自治地方农村绝对贫困人口 773.6 万人，占全国农村绝对贫困人口 1478.8 万人的 52.3%；民族自治地方的贫困发生率为 6.4%，比全国的 1.6% 高 4.8 个百分点；民族自治地方的低收入人口为 1481.2 万人，占全国低收入人口 2840.7 万人的 52.1%；民族自治地方的绝对贫困与低收入人口合计数量占全国总数 4319.5 万人的 52.2%③。这些数据显示，随着扶贫开发的进一步深入，我国剩余贫困人口越来越集中分布在少数民族贫困地区，这些贫困群体是我国最后扶贫攻坚的硬骨头，消除贫困仍然是民族地区一项长期而艰巨的历史任务。

---

① 《中华人民共和国民族区域自治法》，《人民日报》2001 年 3 月 2 日第 7 版。

② 《国务院实施〈中华人民共和国民族区域自治法〉若干规定》，《人民日报》2005 年 5 月 27 日第 8 版。

③ 郭荆发：《我国剩余贫困人口越来越集中分布在少数民族贫困地区》，《中国民族报》2008 年 10 月 10 日第 1 版。

民族地区事业单位改革研究

——以内蒙古为例

李文武①

（内蒙古财经学院工商管理学院　内蒙古呼和浩特　010051）

一、我国事业单位改革概述

“事业单位”一词首次出现在1955年第一届全国人大第二次会议《关于1954年国家决算和1955年国家预算的报告》中。1999年全国人大常委会通过的《中华人民共和国公益事业捐赠法》中定义为：“依法成立的，从事公益事业的不以营利为目的的教育机构、科学研究机构、医疗卫生机构、社会公共文化机构、社会公共体育机构和社会福利机构等。”根据事业单位的基本属性，事业单位的概念可表述为：“事业单位是依法设立的从事教育、科技、文化、卫生等公益服务，不以营利为目的的社会组织”。

我国事业单位改革是从上世纪70年代开始的，共分四个阶段：从十一届三中全会到1984年党的十二届三中全会是事业单位改革的初步探索阶段；从党的十二届三中全会到1993年党的十四届三中全会是事业单位改革的深入发展阶段；从党的十四届三中全会到2006年十六届六中全会是事业单位改革进入适应社会主义市场经济发展的新阶段；从党的十六届六中全会后，事业单位改革被提升到构建社会主义和谐社会的高度。

二、内蒙古事业单位改革的主要内容

内蒙古事业单位改革是在我国事业单位改革影响下自觉进行的。2000

① 本文是国家社科课题《政事分开与事业单位管理体制分类改革研究——以内蒙古自治区事业单位改革实践为例》（课题编号：06B22032）的阶段性成果。

作者简介：李文武（1970—），男，山东临沂人，内蒙古财经学院副教授，研究方向为人力资源管理。

年以来，内蒙古事业单位改革不断深入，特别是2005年以来，自治区相关部门制定了一系列推进改革的文件，如《内蒙古党委办公厅、政府办公厅关于自治区直属事业单位改革试点工作的意见》（内党办发［2005］13号）和《关于高等院校（高等职院）、医院、演出团体全部进行改革试点的通知》（内事改字［2006］02号）。内蒙古区直事业单位改革试点从2005年3月份开始启动，到2007年底基本结束。试点工作分两个批次从三个方面展开。一是对20所自治区直属高等院校（高等职院）、8所医院、2个演出团体进行了财政补助方式改革、机构编制核准备案、人事制度改革和社会保障制度改革；二是对自治区农牧业厅所属的53个事业单位进行调整整合；三是完成了三个地勘单位和自治区公路工程局的转企改制工作。改革试点工作涉及自治区7个厅局所属的128个事业单位，占区直事业单位的17%。

内蒙古事业单位改革的主要内容：

一是改革财政补助、编制和进人管理方式，提高事业单位自主改革发展和自我约束能力。以后的财政供给与人员编制脱钩，不再按编制、实有人员、新增人员、工资水平核拨经费；凡列入政府财政补助方式改革的单位，扩大用人自主权，内设机构、人员编制实行核准备案管理；自收自支（除政策性收费）事业单位具有用人自主权。

二是推进经营性和从事有偿服务的事业单位加快转企改制。进一步推进开发类科研机构整体转制为科技型企业或进入企业集团；深化内蒙古地质矿产勘查开发局、有色地质勘察局和煤田地质局的改革；推进内蒙古公路工程局企业化改造；整合自治区直属事业性质的出版单位及部分社会办的出版发行单位，组建企业性质的出版集团和发行集团。

三是调整整合事业单位，促进事业单位分类改革。自治区直属大中专院校、医疗卫生单位、文化艺术单位和非开发类科研单位，要按照资源合理整合配置的原则，进行调整合并，自治区政府各部门管理的中专院校下放到其所在地盟市，大专院校和职业高等院校划归教育行政部门管理。

四是推进事业单位人事制度和社会养老保险制度改革。全面推行聘用制，实行单位领导、专业技术人员、管理人员、工勤人员岗位管理，按需设岗、按岗聘任、期满考核、合理流动。事业单位（不包括自收自支事业单位）编制内实行聘用制的新进人员参加事业单位社会养老保险，单位与个人分担缴费。原有在职人员，待国家事业单位养老保险办法出台后改按新办法实行。

三、内蒙古事业单位改革分析

（一）内蒙古地勘事业单位改革实例分析

1. 内蒙古地勘事业单位改革内容

一是将三支地勘队伍所属学校的人员、资产、经费，下划到所在地管理。经费划转以2004年上级拨款为基数，现有与所在地同类人员标准的差额，每年由自治区财政各按50%的比例拨付地方，时间为3年，以后学校所需经费由各地财政负责。学校划转移交工作计划在年底前完成。二是离退休人员与在职人员经费分开管理。将地勘单位2004年底在册的离退休人员经费，从各地勘单位财政应拨款基数中划出，单列管理。以2004年的离退休费加医疗保险费用为基数，由原单位管理发放，以后国家政策性调资和自治区出台的相应政策性补贴等增资费用，由自治区财政全额拨款解决。三是在职人员经费包干，自负盈亏。在职人员的经费，以2005年地勘事业费预算为基数，扣除离退休人员经费和划出学校经费后的剩余部分作为经费基数，实行定额管理，包干使用，自负盈亏。创收部分留归各单位。四是扩大用人自主权。此次改革后，自治区不再核定事业编制，地勘单位的原有事业编制以在编在册的实有人数为基数实行注册管理，新进人员由单位自主聘用。五是地勘单位内部要实行企业化管理，调整优化产业结构，突出地质勘查、矿业开发、工程勘察施工等主业，抓大放小，大力推进改革，实行企业化运作，组建企业集团。整合优良资产，发展优势产业。六是国土资源厅要加强对地勘单位的领导和管理。积极稳妥地推进深化地勘单位的改革，研究解决新情况新问题。建立以资产经营责任制为核心的生产、经营考核体系，进行业绩考核和综合指导，对地勘单位国有资产保值增值和经营状况进行监督管理及考核奖惩。

2. 地勘事业单位改革的成效

改制后的三家地勘集团，抓住机遇，深化内部改革，取得了显著成效，成为转企改制的成功典范。2006年三个集团公司再创佳绩，全年累计完成总收入36.62亿元，同比增长76.66%；经营性收入32.72亿元，同比增长92.4%；实现利润4.1亿元，同比增长156%；上缴税费2.8亿元，同比增长133%；新增经营性资产6.1亿元，增长79.4%；职工人均年收入1.95

万元，增长42%。

（二）内蒙古赤峰市事业单位改革分析

1. 事业单位分类改革

按照精简、统一、效能的原则，调整整合事业单位，精简机构，压缩编制，实现社会资源优化配置，促进事业单位分类改革。按照事业单位在社会政治经济生活中的不同功能、地位、承担的公益性任务以及收益情况，将市直属事业单位分为行政执行类、社会公益类、生产经营类、中介服务类四个类型，结合赤峰市的实际，对不同类型的事业单位提出不同的改革意见。

2. 事业单位用人制度的改革措施

制定出台了《赤峰市直属事业单位领导班子实行任期制行政领导人员实行聘任制暂行办法》。所谓任期制，是指从制度上对各级领导干部规定一定的任期，任期届满，按规定程序自然解除领导职务，由任免机关根据其任期目标完成情况或任职期间表现重新予以任用或不再任用的制度。所谓聘任制，是指事业单位领导人员的领导职务实行契约管理的任用制度。变身份管理为岗位管理，聘任制不改变事业单位领导人员与所在单位的人事关系。聘任关系可通过聘书或文件等形式确定。任期制适用于市直相当于正副处级事业单位党政领导班子及其成员。聘任制适用市直相当于正副处级事业单位行政领导成员，党组织领导人员选任按现行办法执行。该办法对市直事业单位领导人员选拔聘任原则、选拔聘任条件、任期和选拔聘任方式、组织管理等作出规定，指出市直事业单位行政领导班子成员的选拔聘任可以通过面向事业单位内部公开推选或面向社会公开选拔的方式产生初步人选，并履行任职程序。如民族歌舞团和民族艺术剧院重组后，领导干部实行聘任制，院长面向社会公开招聘，然后由院长选聘副院长。积极推进事业单位人事制度改革，引入竞争机制，调动各类人才的积极性。全面推行聘用制，确定单位与个人的人事关系，新进入人员一律实行聘用制，签订聘用合同，由国家用人改为单位合同用人，以公开招聘为主要渠道；改革单位领导和干部任用制度，实行单位领导、专业技术人员、管理人员、工勤人员岗位管理，按需设岗、按岗聘任、明确任期、期满考核、合理流动。

四、内蒙古事业单位管理体制改革的经验分析

（一）事业单位科学分类是改革的前提

按照现代公共经济学的原则，可将事业单位分为纯公益性、准公益性、半公益性三大类。纯公益性事业是指提供的事业服务是为了国家的公共目标，服务对象个人的受益与公共利益完全一致，消费无排他性。准公益性事业是指提供的事业服务属于准公共产品中偏重公共目标的部分，提供的产品或服务具有排他性。半公益性事业是指提供的事业服务属于准公共产品中偏重私人目标的部分，主要为其服务对象的特殊需求服务，提供的产品或服务具有排他性，服务对象有较大受益。

按照改革后事业单位的性质定位，清理甄别现有事业单位，总的调整思路是：其一，能够撤销的，在做好相关善后工作的基础上坚决撤销。其二，目前已承担着政府职能且不宜撤销的，应明确转变为政府部门。公益性事务较少，可以改制为企业的，或者目前已从事大量市场经营活动，企业色彩比较浓厚的事业单位，应明确转变为企业。其三，把国家全额拨款的事业单位减少到最必要的限度，依此原则，对现有全额拨款的事业单位，通过合并、重组形式进行整合。对承担着一定公益事业职能和任务的差额拨款事业单位，视具体情况，可以全部或部分整合到保留的全额拨款事业单位中，也可以通过剥离相关公益服务，或者通过政府有偿委托进行相关公益性服务的途径，取消对其财政差额拨款，从而推动其规范转制。其四，不宜再由政府出资兴办，且有市场前途的事业单位，可通过招标拍卖的方式，让渡给其他投资者。

（二）完善事业单位内部管理机制

1. 建立新型的法人治理结构。原则上，对财政全额拨款的事业单位，实行理事会领导下的执行人日常负责的制度。考虑到财政全额拨款事业单位资产关系的特殊性，其理事会应由通过竞争方式选出的，包括出资者、业内专家等在内的若干有代表性人士组成。日常运营由执行人负责。执行人由理事会向社会公开招聘选出，并向理事会负责。形成事业单位监管机构、理事会和执行人相互间的有效制衡机制。由多元投资形成的事业单位，可以参照企业建立董事会领导下的总经理负责制度。

2. 建立有效的激励和约束制度。实行区别于政府部门的薪酬制度和奖励制度。在坚持国家宏观政策指导下，事业单位可根据本单位的实际情况，建立符合各自特点的内部分配制度，职工原来的工资级别可作为档案工资保留。在实施分配时，要坚持按劳取酬、绩效挂钩和工资总额增长低于单位效益增长、人均工资增长低于人均效益增长的原则，克服平均主义，把职工工资、津贴、奖金等收入与部门、个人创造的效益和做出的贡献结合起来，真正做到奖优罚劣、奖勤罚懒，充分调动广大干部职工的积极性。

3. 推进配套制度改革。一是在事业单位（不包括自收自支事业单位）编制内实行聘用制的新进人员参加事业单位社会养老保险，单位与个人分担缴费，先低门槛起步，逐步提高，逐步与国家出台的事业单位养老保险办法并轨；二是有关部门要尽快明确事业单位转企业后参加企业养老保险“视同缴费”的政策和过渡政策；三是事业单位在编制以外自主聘用人员和自收自支事业单位新进人员，实行劳动合同制，并实行企业养老保险办法；四是严格执行退休年龄政策。五是完善其他相关配套制度改革。

总之，只有深入地分析和研究并有针对性地解决事业单位改革进程中存在的挑战与问题，对事业单位改革进行整体战略思考与规划，明确改革的方向与目的，才可能有利于下一步改革的整体推进和深入，有利于实现改革的目标，确保改革的成功，确保边疆的稳定与社会和谐，避免出现大的波动与动荡，最终通过改革实现民族地区经济繁荣、政治稳定、民族团结和各项社会事业大发展。

参考文献

[1] 成思危：《中国事业单位改革——模式选择与分类引导》，民主与建设出版社，2000 年。

[2] 黄恒学：《我国事业单位管理体制改革研究》，黑龙江人民出版社，2000 年。

[3] 范恒山：《平稳有序推进事业单位改革》，《财经》2004（4）。

[4] 朱光明：《关于政事分开的几点思考》，《中国行政管理》2005（3）。

[5] 李曙光：《关于事业单位改革的思考》，《中国改革》2004（6）。

[6] 贾西津：《国外非赢利组织管理体制及其对中国的启示》，《社会科学》2004（4）。

[7] 冯云廷、陈静：《中国公共事业管理体制改革研究》，东北大学出版社，2003 年。

农户金融需求与农村信用社农户贷款实证分析

——对云南省峨山县小街镇信用社农户贷款的调查

黄　侃

2007 级区域经济专业硕士研究生

一、前言、资料来源及说明

20 世纪 70 年代初期爱德华·肖（Edwar Shaw）的《经济发展中的金融深化》和罗纳德·I·麦金农（Ronald I. Mckinnon）的《经济发展中的货币与资本》两部著作中各自提出了“金融深化（Financial Deepening）”与“金融压制（Financial Repressing）”理论，即通称为“金融深化理论”（或“金融压制理论”）①。该理论认为金融部门对发展中国家的经济发展非常重要，金融深化程度越高，经济发展越快。但是大多数发展中国家都忽视了农村金融部门的作用，对农村采取了金融抑制的政策，即通过把名义利率保持在低于通货膨胀率的水平，从农村攫取租金，使民间部门的金融资产的实际收益为负，结果造成金融发展水平低，机构组织薄弱，农村经济发展落后。从我国对农村金融的管理体制和实际运行效果看，执行的也是金融抑制政策。长期以来，农村的金融机构（主要是农业银行和信用社）主要担负着从农村吸收资金为国家工业化服务的职能，为农村和农业提供的贷款服务微乎其微。改革开放以来，这种状况依然没有多大转变。农民和农业从正式金融机构中得到的贷款服务依然很少。

我国农村金融市场上的正规金融机构是农村信用合作社、农业银行、农业发展银行和邮政储蓄。目前的情况是，中国农业银行在 1994 年以来实行收缩乡镇、巩固县城、拓展城区的策略，放弃了大部分农村乡镇以下市场。因此，在广大的农村地区，农村信用合作社就成了主导力量和唯一一家正统的受人民银行领导并得到国家政策鼓励，同时也背有政策包袱的机构。然而农业信用社虽然是唯一正统的金融机构，它在农村地区却无法形成一枝独秀

① ［美］爱德华·肖：《经济发展中的金融深化》，三联书店 1988 年版。
［美］罗纳德·I·麦金农：《经济发展中的货币与资本》，三联书店 1997 年版。

的垄断局面，一些非正规金融机构近年来在市场上占有不少的份额，农村自发形成的信贷组织也有相当的影响，其他如企业内部融资甚至市场融资以及民间借贷的获得在近年来也有很大发展。

通过对棚租村的调查，该村村民联系最紧密的金融机构是小街镇的农村信用社以及20世纪90年代出现的农村合作基金会，同时更多的还有民间借贷。而中国农业银行、中国工商银行网点已经撤出，转向城市。见表1：

表1　　棚租村金融市场的分割

金融机构与融资活动	主要资金来源	主要资金投放	其他特点
小街农村信用社	居民储蓄存款	小型乡镇企业、农业大户、个体工商户，中短期为主	利率一般，贷款利率可浮动，有长期历史信誉，贷款需要抵押担保和审批（有时可变通）
合作基金会	居民储蓄存款、集体资金，定期为主，	个体工商户、村集体企业、农业大户，短期为主	利率较高，与基层干部有关系，贷款需抵押担保，也可灵活变通
民间借贷	农户及其他个人	农户及其他个人	不付息或利息较低，以亲情友情作担保，无需抵押，灵活方便快捷

农村信贷市场的实际状况如何，农村信用社在多大程度上满足了农户的信贷需求？这次在棚租村的调查，以农户为对象，户主年龄以40—59岁年龄段为主，文化程度以小学、初中、高中为主；家庭年收入在5000—20000元之间者居多。本文利用调查资料分析农户金融需求与农村信用社农户贷款发放中存在的问题。

二、金融需求——棚租村农户的金融行为

在金融市场上，金融组织是供给方，农户则是需求方。从根本上说，决定二者关系的是农村金融市场上的资金供求关系，即金融组织提供存款服务、贷款服务及其他金融服务，而农户购买这种需求。通过对村民经济状况及金融行为的具体分析，来反映棚租村农户的金融需求状况。

这次调研共调查了50份问卷，走访了15户农户，我们可以分为几个等

级来考察棚租村村民的基本经济状况。一是纯农户。从调查的50户农户的情况来看，纯农户的情况并不乐观。纯农户在农村占绝大多数，他们单纯依靠土地为生，种植作物品种单一，多以稻谷、玉米为主。农户的贷款多是联保贷款，很少有信用贷款。贷款额度在1000—2000元之间，仅能解决购买化肥、种子、农药等简单再生产的资金需求。每年年初农户从信用社贷款，购买农资，经过一年的辛劳收获粮食，归还贷款偿付利息，再扣除日常开支，所剩仅仅大约在1000元左右。土地多的农户收入要比一般的农户多，靠家庭成员的勤劳和节俭，可以过上温饱有余的生活。但是一旦发生天灾人祸，马上会陷入经济困难。教育支出和医疗支出对这些家庭来说是一笔沉重的负担。二是贫困户。与纯农户相比，贫困户的生活境况更差。由于他们没有偿还能力，信用社很少给他们贷款，致使他们的生活陷入更加困窘的境地。虽然获得政府的扶贫帮助，但也是微乎其微，不能从根本上解决问题。有的贫困户家里劳动力少，又没钱雇工，粮食收成不好，造成他们的收入更少，收入还不够生活日常开支的费用。有的贫困户因为近些年生病，花费很多，再加上欠亲戚朋友的借款，每年的净收入全部拿出来还债，生活贫困不堪。由于还款能力有限，几乎不可能从信用社得到贷款，这样也就无法有足够的资金发展生产，往往造成一种恶性循环。三是干部户。干部户的生活比纯农户好些。每年他们有5000—7000元的工资收入，足够家庭生活开销。除此之外，还有种植作物的收入。他们的文化程度较高，更懂得科学种田，而且充分利用土地资源，种植一些经济作物。这样，他们的收入要比普通农户高得多。在县银行等金融机构也有存款，收入在本村属于中上等，支出方面也和县城的平均水平相当，已经远不是传统意义上的农民。由于家庭的经济情况较好，人脉广泛，向信用社贷款比较容易，信用社也愿意把款贷给这些家庭。四是外出打工户。外出打工户，一般家里劳动力较多，约2—3人。家里多出来的劳动力去外地打工，外出打工的多是一些年轻人。这样的农户有种地收入，还有额外的打工收入，家里的生活比一般的农户稍好。外出打工人员带钱回来，农户还款有了一定的保障，一般信用社也愿意贷款给这些农户。五是个体工商户。个体工商户一般把自己的土地租出去，这样就获得一笔租金收入，同时他们还做一些小生意。这样一年下来，收入也有10000—30000元，他们的生活水平在本村属于上等，要比其他农户生活宽裕。而且这类农户基本上不向信用社申请耕地贷款，但他们经商、扩大经营规模所用的资金仍然需要信用社来提供。六是专业户。专业户是农村比较先进的农户。他们除了耕种土地外，还发展养殖业，成为当地的大户。他们手头的资金足够购买农业生产资料，基本上不需要农村信用社提供贷款；但要扩大养殖业的规模，自有资金无法满足，需要信用社提供专门的发展养殖业的贷款。

通过对棚租村的调查，可以看出该村农户的金融需求主要分为两类：一类是生产性借贷，为了满足农业简单再生产而产生的借贷需求，如兴建农用设施，购买化肥、种子、农药等农业生产资料等；一类是消费性借贷，主要是因盖房、看病、婚丧嫁娶、购买生活用品以及子女教育而产生的需求，且占农户借贷需求的很大一部分。在棚租村这样经济欠发达的农村，生产性金融需求与家庭收入呈正相关关系，相关性较高。生活性金融需求与家庭收入呈明显负相关，生活性金融需求高于生产性金融需求，随着农户家庭收入的增加，生产性金融需求也越来越高。

三、金融供给——农村信用社的信贷业务

小街镇的农村信用合作社是小街镇唯一一家金融机构，属于县级农村信用合作社在小街镇办的分社，全称为峨山彝族自治县农村信用合作联社小街信用社，是一个比较小的机构，业务范围覆盖 14 个村（居）民委员会，80 个自然村，24675 人。我们对农村信用社农户借贷的基本情况进行了调查，结果表明，农户借贷非常普遍，但从信用社等正规渠道获得的资金来源很少。信用社对农户贷款的发放有以下几方面的问题：

1. 农村信用社未能成为农户生产和生活所需资金的主渠道

调查显示，非正规借贷成为农户借款的最主要的途径，从信用社贷款的农户占所有贷款农户的不足 1/5。在借过钱的农户中，其借款来源统计见表 2。

表 2　　农户借款来源

借款来源	只从信用社借款	只从亲戚朋友借款	从两种以上方式借款
比重	17.3%	65.1%	15.3%

调查发现农户在如何选择筹资对象时是理性的，虽然农村信用社是直接覆盖农村的正规金融机构，但为农户提供的贷款非常有限。这一方面是因为农户贷款一般比较分散，而且数量小，交易成本高，风险大，信用社倾向于把款项投放于乡镇企业和民营企业以获取更高的利息收入；另一方面的原因

是信用社的工作作风、服务方式和手段、资金实力等不适应农户的需要。相对于非正规借贷，信用社贷款在贷款条件、贷款程序、借款人的资信和还款能力方面有一定的要求，这在一定程度上限制了农户的借款意愿。而信息的不对称和对信用社的不了解，也使许多农户不敢向信用社贷款。

2. 农村信用社不能满足农户贷款的愿望

为了了解农户真实的贷款愿望及其满足程度，我们对此作了调查。在对贷款金额的调查中，统计显示，借款金额在300元以下的占4.9%，300—500元占8.9%，500—1000元占20.9%，1000—5000元占41.1%，5000元以上的占24.3%。由此可以看出，70%以上的农户资金需求在5000元以下，1000—5000元的小额贷款尤其受到农户的欢迎。我们在调查中询问农户，如果不要求抵押和担保，在当前利率水平下，农户是否愿意向信用社贷款。大部分农户表示，如果自己有资金需求，愿意到农村信用社这样的正规金融机构贷款。可见，该村农户对信用社存在借款需求。

但是，在询问您认为去信用社能贷到钱吗这个问题时，回收的调查表显示，39.4%的农户认为可以贷到，30.3%的农户认为无法贷到，另有30.3%的农户回答不知道。可以看出，农户对信用社信心不足。现实情况也确实表明，当前农户的“贷款难”问题普遍存在，农村信用社不能满足农户贷款的愿望，信用社的支农主力军作用有待进一步发挥。

3. 农村信用社服务有待进一步改善

农户对信用社贷款除了担心“门槛太高”外，不少农户根本不知道如何向信用社申请贷款。在询问农户不到信用社贷款的原因时，得出以下结果，见表3。

表3　农户不到信用社贷款的原因

原因	没有存折抵押	没有担保	没有关系	程序太复杂	利息太高	信用社不愿贷（数额太小或太大）	可以向亲戚朋友借
占比	6.1	15.1	18.6	12.7	7.25	11.1	29

可见，农户存在自己的非正规借款渠道成为农户不向信用社借款的最主要的原因。其次，认为自己没有关系、信用社贷款需要担保或抵押、程序复杂、需支付利息等也成为农户不到信用社贷款的原因。另外抵押与担保以及信用社对贷款金额的限制也在一定程度上限制了农户的贷款意愿。另外，在询问您认为信用社对您的帮助有多大这个问题时，结果显示，62.4%的农户认为帮助不大

或基本没有帮助，只有37.6%的农户认为有一定的帮助。这从一个方面显示了农村信用社对广大农户的宣传不到位，在金融服务方面有待进一步改善。

4. 农村信用体系不健全，农户担保难、贷款难问题突出

对农村信用社贷款条件的调查，我们主要是询问以下问题：到信用社贷款是否需要抵押？使用什么作为抵押？如果没有抵押，是否需要担保？如果没有抵押和担保，贷款到期是否会归还？结果显示，63.2%的农户认为到信用社贷款需要抵押，农户更倾向于采用的抵押方式如下（见表4）。倾向于用房屋作抵押的农户占到了最多，约1/3。然而现实的情况是，信用社一般常接受的抵押方式是存单，这种贷款方式限制了农民的贷款需求。

表4　对农户抵押方式的调查

抵押的方式	存折	土地	牲畜	房屋	其他家庭财产	其他
占比	18.3	11.5	5.76	33.1	20.1	11.2

如果没有抵押，86.8%的农户认为需要担保；如果没有抵押和担保，贷款到期时，89.2%的农户会选择归还，可见，农户贷款的风险并不像人们一般认为的那样高。

5. 农户对信用社的了解与信任程度不高

农户对信用社的政策了解程度有多大？得到的结果是，33.6%的农户回答比较了解，26%的农户回答一般了解，而约40.4%的农户回答不了解。在调查哪些人容易在信用社贷到款的问题中，43.3%的农户认为是信用社内部人或熟人，27.6%的农户认为是乡镇企业，14.5%的农户认为是个体经商者，9.3%的农户认为是村集体，普通农户只占约5.3%。由此可见，普通农户对到信用社贷款的信心最低，现实情况也确实如此，信用社一般更倾向于向乡镇企业、集体经济和条件好的农户发放贷款，而普通农户，由于其贷款金额、抵押、还款能力等方面的限制，很难从信用社取得贷款，如果是信用社内部人或熟人，则另当别论。可见农户贷款中重要的一点就是是否在信用社有可靠的关系，这更加阻碍了农户借贷需求的实现。

四、农村信用社加强农户贷款的对策建议

从上面的调查分析看，在农户贷款问题中实际上同时存在着农户贷款难与信用社放贷难两个问题。在小街镇信用社，贷款额不及存款额的24%，

担保贷款占全部贷款不到10%，绝大部分资金被转存和拆借出去。在小街镇，资金处于净流出状态。这说明，农村金融系统不仅没能支持农村经济的发展，反而不利于农村经济的发展。这里，我们根据对棚租村的具体分析，提出一些政策建议。

1. 改进服务方式

调查中我们看到，村民贷款难一个很重要的原因在于村民对信用社的政策不够了解，更有部分村民不知道何为小额信贷；另一方面，信用社也没有满足村民的借贷需求，也就是说小街镇信用社与棚租村村民贷款存在着信息不对称的问题。信用社应该从解决村民困难的实际出发，积极开展准备工作，依靠村组干部人熟地熟的优势，深入农村搞贷前调查，重点对急需资金而又从未与信用社发生过信贷关系的农民进行调查。通过调查掌握第一手材料，积极筹措资金，保证农户随到随借，及时解决农户的借款需求。其次，应该加强信用社的宣传工作，让农户真正了解农村的信贷支农政策，信用社还可以设立贷款信访处，负责群众来信来访，了解农民群众所需，倾听他们反映强烈的问题，解决他们提出的合理要求。通过与农民群众的沟通，及时掌握各种信息，为改进服务方式提供依据。

2. 开发多样性信贷方式

从棚租村的经济主体结构来看，有独立从事纯粹农业活动的普通农户，有以雇佣工身份参与经济活动的农户，还有从事各种生产经营的个体经济组织。经济结构的这种多层次性决定了农村地区金融需求的多元性特征。信用社应根据不同情况，开发多样性信贷方式，满足不同类型农户的信贷需求。在棚租村，一般的普通农户最为基本的金融需求是储蓄存款，大多数农户因其生产规模小，一般生产性贷款需求较少。有些生产规模较大的农户可能存在小额、短期的生产性贷款需求。雇工型农户，没有生产性贷款需求，其需求主要是储蓄存款需求。只有少部分收入较高、金融意识较强的农户存在一些金融投资需求，如人寿保险、证券投资等。个体经济组织最主要的金融需求是短期生产经营性贷款需求，贷款金额一般不太大。此外，大多数农户都有潜在的消费贷款需求，用于子女上学、婚嫁、修建住房等①，这些消费活动一般资金需求量大，往往超过农民的年收入，信用社应注意进行贷款品种

① 肖海霞：《农户金融需求与农村金融体制改革》，《农村经济》2004年第5期，第73—75页。

和方式的创新，积极开办农户需要的建房、教育、大额消费品等消费型贷款，以满足农民调剂资金余缺的需求。

3. 扩大担保贷款和信用贷款范围

调查发现，小街镇信用社一般常接受的抵押方式是存单，农户从信用社最易得到的贷款就是存单抵押贷款，但是这种贷款方式限制了农民的贷款需求，因为农户拥有存单的人对贷款的需求很少，而没有存单的人对贷款的需求更多，所以这部分农户向信用社贷款时往往借别人的存单作抵押。因此，可以向这部分农户发放担保贷款和信用贷款，按照灵活、方便、安全的原则，改革完善对农户贷款的制度办法：对农户小额贷款，可采用信用贷款的方式；对较大额度的贷款，可采用联户担保的方式①。虽然有风险，但风险也往往与收益并存。另外，从风险的程度看，在农村发放担保贷款和信用贷款的风险并不大，从棚租村的问卷调查看，农户拖欠借款的情况极少。因为除了信用社可以采取一定的制约手段外，农户之间存在的道德准则，也使农户发生拖欠不还的几率变得很小。

4. 做好信用等级评定工作

小街农村信用社是以农户小额信用贷款为主，评定信用等级是发放小额信用贷款的基础工作，也是解决农户贷款难和信用社难贷款的有力措施。在信用等级评定中，评定的条件是关键，目前的条件一般由联社统一规定，而且大多是与信用社有关的条件，如农户入股多少、还款结息记录如何、在信用社存款和为信用社揽储多少等等。

调研中了解到，棚租村的一部分农户未曾与信用社打过交道，按条件很难纳入评定范围，很难给出信用等级。实际上信用等级评定是评估农户能不能还贷款，是不是讲信用，主要应当突出未来还款“可能性”（包括能力和信誉）的评定。除了经济条件外，更多的还要考虑农民个人的因素。在农村，往往村有村风、家有家风，好风气就意味着好的信用等级。只要真正深入农村，评出各组、各家、各户一个适当的信用等级，并不十分困难。要注意防止方式上的一刀切、一般化，真正做到使每户有借款意愿的农民，都有可贷依据的信用等级。

① 李静：《为农村提供更多的贷款服务——山西省原平市屯瓦村调查》，《中国农村观察》2000 年第 3 期，第 2—11 页。

生 态 经 济

桂台农业旅游竞争与合作模式研究

韦复生

农业旅游是把农业与旅游业结合在一起，利用农业景观和农村空间吸引游客前来观赏、游览、品尝、休闲、体验、购物的一种新型农业经营形态，即以农、林、牧、副、渔等广泛的农业资源为基础开发旅游产品，并为游客提供特色服务的旅游业的统称，也称观光农业、旅游农业、乡村旅游等。农业旅游主要是为那些不了解农业、不熟悉农村，或者回农村寻根，渴望在节假日到郊外观光、旅游、度假的城市居民服务的，其目标市场主要在城市居民。农业旅游的发展，不仅可以丰富城乡人民的精神生活，优化投资环境等，而且达到了农业生态、经济和社会效益的有机统一。随着台湾政治格局的变化，两岸关系逐步趋向缓和，桂台间的各项合作也呈逐渐发展趋势。目前桂台农业合作发展迅速，截至 2007 年 5 月底，广西累计引进台资农业企业 1400 多家，合同利用台资 17 亿美元，实际到资 10.5 亿美元；引进农业优良品种 2000 多个，设备 4000 多台套。桂台区域农业旅游合作开始步入良性发展的态势。

一、桂台农业旅游合作的现状分析

1. 以纵向合作为主，横向合作不足

广西从 1981 年开始接待台湾游客，1987 年台湾放宽台湾同胞来大陆观光的限制以后，前来广西旅游的台湾游客逐年增多。1988 年至 2007 年 20 年间，台胞到广西旅游观光的人数累计已达 405.56 万人次；台湾游客已成为广西最重要的客源市场，台胞来访的目的也由早期的单一探亲旅游，向观光、休闲、度假、商务、求学、探亲和交流等多方向、多领域发展，并逐步形成多层次、多元化的旅游客源市场。但我们也不难看出桂台间的这些合作都是同行业的纵向合作，而缺少一种跨行业的横向合作，特别是农业旅游所占的比例很小。在现今高速发展的社会中，单纯的模式已经不能适应发展的需要。跨行业的横向合作正是桂台间要探索的新方式。横向合作也称交叉合作，是两者以上的综合，主要是不同部门、不同行业围绕某个主题进行的合作。这种合作可以是企业之间、产业之间、政企之间进行的全方位合作或全面合作。随着竞争的激烈，企业多角化战略的不断应用，这种交叉合作已越来越为各行业所采用，这种形式也将成为今后旅游合作的主要形式。

2. 合作的层面单一

首先，区域合作不平衡。在已经实现的桂台各项合作中我们不难发现，目前桂台合作的区域多局限于旅游城市，如桂林、南宁等，纵深地带的百色、河池、崇左等地与台湾的合作则较少。而从农业和旅游的发展来看，内陆欠发达地区正是广西与台湾方面合作的优势所在。首先，欠发达地区保持着较完整的传统生活方式；其次，在那些地区有丰富的自然资源可开发利用；再有，那里环境优越、土地肥沃，适合多种农作物的生长。这些优势都为开发农业旅游提供了良好的条件。所以桂台间的合作，特别是农业旅游方面的合作不应该只局限于沿海，应该不断推向内陆。其次，旅游与农业的合作层面不够。在国家不断对农村实行优惠政策的同时，我国 2006 年旅游主题也相应为“中国乡村游”，提出了“新农村、新旅游、新体验、新风尚”的口号。这种环境就要求农业与旅游要有较好的融合，实现农业与旅游业合为一家。但现在桂台农业和旅游方面的合作还停留在单层面，没有实现双方的多层面合作。许多专家提出了关于桂台间合作的构想，可总体来看，他们的设想也都是单方面的旅游或农业的合作，而缺少农业和旅游业合作的构想。纵观当今世界各行业的发展模式，要适应市场的需求，仅靠本行业自己的实力是很难发展壮大的，要不断与外界沟通。寻求同行业间合作的同时，还要将目光放远，寻求其他行业的合作。农业和旅游的合作正顺应了这种发展的需要。所以桂台间要进一步实现农业与旅游的结合，将合作推向一个更高的层次。

3. 合作的不可持续性

一是政府间合作态度的不稳定性。由于政治原因，台湾长期保持着与大陆对立的状态，虽然在马英九当政后有所缓和，但总体的形势不明朗，在这样的形势下，桂台间的合作将随着双方态度的改变而不断发生变化。如上世纪 90 年代初台商投资就受到两岸紧张关系的影响，对大陆的投资重点由南部沿海转向了浙江、江苏等省市，从而给广西的经济带来了冲击。两岸政局的变化是桂台旅游合作不可持续的重要因素。二是环境的不可持续性。在目前农村经济状况不佳的情况下，农民无法从农业中得到相应的收入，部分农民就可能采取偷盗形式砍伐树木，捕捉各种国家保护动物，从中获取相应利益，从而破坏了原始的自然环境。这在一定程度上造成合作的不可持续性。同时在合作中，外界物种的引进也会破坏原来的生态系统。此外还有社会、文化、经济学等方面也包含合作的不可持续因素。

4. 协作与竞争之间的协调机制仍不完善

竞争与合作是当今旅游业发展的两大热门话题，是旅游业区域协调发展的理论基础。同样桂台的合作既存在激烈的竞争，又有紧密的协作，竞争与协作在桂台合作过程中并不是对立的，两者表现为混合交错的关系。如今的桂台合作过程中却没有处理好这两者的关系，如在农业方面引进了台湾的优良品种和先进技术，当品种在广西培育成熟以后必然会给台湾的农产品带来巨大压力，形成竞争的局势。

二、影响桂台区域农业旅游合作的因素

1. 缺乏健全的体制。要规划一个区域的发展，有健全的体制是前提。虽然桂台间很早就开始进行合作，并且随着社会的不断发展，合作的趋势也逐渐增强。但由于区域间政治的敏感性，在长期的合作过程中还没有建立起一种健全的体制，导致桂台间在资金、技术、人才、信息流动等方面产生诸多不利因素，使合作还无法走上正常的轨道。

2. 信息的限制。信息畅通是区域合作不可缺少的部分，桂台之间虽只有一水相隔，但由于受到历史关系的影响，相互的信息交流与合作受到各种限制，信息的沟通很不方便。

3. 缺少柔性、虚拟的组织协调。为了增进桂台间的合作，两地间进行了各种交流。民间的活动不断，近几年就举行了三届“两岸产业共同市场论坛”，三届“桂台经贸合作交流会”。其中旅游合作、农业合作都是重要的议题。这些活动对桂台的合作有一定的协调作用，但要实现两地间的进一步、更深层次的合作，需要建立更多的、更系统的相关柔性、虚拟民间协调组织。在政治问题一时无法解决的情况下，两岸的民间行业和组织应发挥独特的创造力，在今后的两岸关系中扮演更加重要的角色。桂林、南宁等市有

许多民间行业组织和团体从事对台工作，如果能进一步发挥这些组织和团体的主观能动性及创造力，同时不断结合新的组织，加强与台湾地区民间行业组织的互动合作，一定会为桂台两地的交流合作开创出一片新天地。

4. 农村劳动力的大量流失。要实现桂台区域农业旅游的合作，农村劳动力的利用是必不可少的。随着中国经济不断发展壮大，农村人口城市化进程也开始加快。许多农村人都向往城市的生活，逐渐由农村走向城市。特别是现在的年轻人，觉得农村的生活缺少趣味和挑战，都开始走出农村，走上进入城市的打工之路。农村缺少了这些年轻人，就无法给农业旅游合作注入新鲜血液。除以上的因素外，还有法律、人文、观念等方面的因素都将给桂台区域农业旅游合作带来影响。

三、实现桂台区域农业旅游合作的保障体系

1. 建立长效合作机制

区域性合作的发展需要制度的保障和支撑。

（1）农业旅游开发研究机制。要实现农业与旅游业的长期合作，需要建立起一个共同开发机制。此机制包括农业和旅游业中的相关权威人士定期举行农业旅游结合的讨论，共同研究农业旅游合作的方向，开发出新的农业旅游项目，从而给农业旅游不断注入新的活力，实现桂台区域农业旅游合作的长足发展。

（2）区域利益协调机制。合作一方面要创造平等的竞争环境，遵循机会平等、公平竞争的原则，使桂台区域内各地区享有平等的发展机会和分享区域经济发展成果的权利；另一方面要根据利益兼顾、适当补偿的原则，建立区域经济利益补偿机制，对因参与区域分工而暂时蒙受损失的一方或因自我发展能力相对较弱而处于相对落后的地区在资金、技术、人才和政策上给予适当的支持和相应的补偿。

（3）物流运输机制。两岸相互往来，物资运输是必然的。广西目前的物流系统总体上还落后台湾很多，两地缺乏交流，应该建立一个交流平台，力求在交流中把各自需求讲出来，然后寻找实现双赢的办法。广西物流机构应该把眼光放得长远一些，努力营造一个“大物流”环境，用台湾先进的经验和成熟的能力加上广西过硬的基础设施建设来带动两岸物流的共同发展。

2. 建立资本积累体系

实现桂台区域农业旅游的合作首先要解决资金问题，如何更好地积累资金？不难发现最直接的资金来自台资。桂台农业资本劳动比率存在显著差别。台湾农业资金生产率显著低于广西，这表明在桂台两地农业资源配置组合中台湾农业资本要素偏多，如果能让台湾农业资本要素与广西其他资源要素整合，既能提高台湾资本要素配置效率，又能提高广西农业资源的配置效率。过去受政府关系的影响，台商的投资方向从广西转向其他省市，近年来台商对广西的投资有所回升。据统计，2007 年 8 月份广西合同台资（含第二地转投）1.56 亿美元，如今的当务之急就是要建立起一种资本积累体系，让外资特别是台资投入广西的农业旅游业中。

3. 政府和媒体的支持与合作

发展旅游业的过程中，政府主要履行协调、立法、规划与投资等四方面职能，这是世界各国发展旅游业的经验总结。旅游业自身的一些特性要求政府在旅游基础设施建设、有效协调和出台区域合作倾斜政策、旅游法规和实施细则上，发挥积极的推动作用。同时媒体要发挥好自己作为政府部门与普通群众之间沟通的媒介作用，要对农民生产、生活情况进行报道，农民也需要从媒体报道中去认知旅游资源。媒体报道反映农民群众的需要，同时也反映游客体验后的反应以及旅游开发对农民带来的影响。

4. 社区的积极参与

政府合作与支持的同时，旅游地居民的积极参与也是一个重要环节。桂台两地间的旅游合作具有广阔的开放性和包容性，需要社区的关心、支持和积极参与。在合作战略的制定与实施过程中，要为旅游地居民提供一个发表看法、提出意见的舞台和从中获取财富的市场机会，从而掀起全社会支持旅游发展、投资旅游发展的热潮。

5. 合理规划，建立最佳结构的生态旅游农业模式

规划是农业旅游发展的先导。要尽快制定全区农业旅游发展总体规划，明确全区农业旅游发展的总体目标与方向。各区县也应制订相应的发展规划。既要有高起点的总体规划，也要有近中期重要景区景点的控制性建设规划及详细规划。要贯彻突出重点、量力而行、分步实施原则。根据市场发展的需要和可能，成熟一个，建设一个，办好一个。要充分利用区域内的现有基础条件，因地制宜，科学布局，争取创造最佳的生态效益、经济效益与社会效益。

四、桂台区域农业旅游竞争合作模式

（一）桂台区域农业旅游竞争合作模型构想

在桂台的农业旅游合作中，不可避免地会出现竞争。这种空间合作与空间竞争是旅游地空间相互作用不可分割的两个方面。笔者认为，桂台间发展农业旅游合作时应该倡导“竞争性合作”或“在合作中竞争”的模式，而核心—边缘理论是比较适合的指导理论。美国学者弗里德曼提出的核心—边缘理论是解释经济空间结构演变的常用模式。他认为，在若干区域之间会因多种原因个别区域率先发展起来而成为“核心”，其他区域则因发展缓慢而成为“边缘”。总体上，核心居于统治地位，而边缘则在发展上依赖于核心。任何不同尺度的旅游空间结构基本上都可以简化为核心—边缘结构。核心区与边缘区并不是固定不变的，通过区域间的相互联动，核心区与边缘区的位置可能变化，并有可能形成新的核心—边缘结构。核心—边缘理论为区域旅游合作的实施提供了理论的可能性。区域内各旅游地的合作开发都可以被视为一个独立的核心—边缘结构，核心区和边缘区彼此相互平衡。通过合

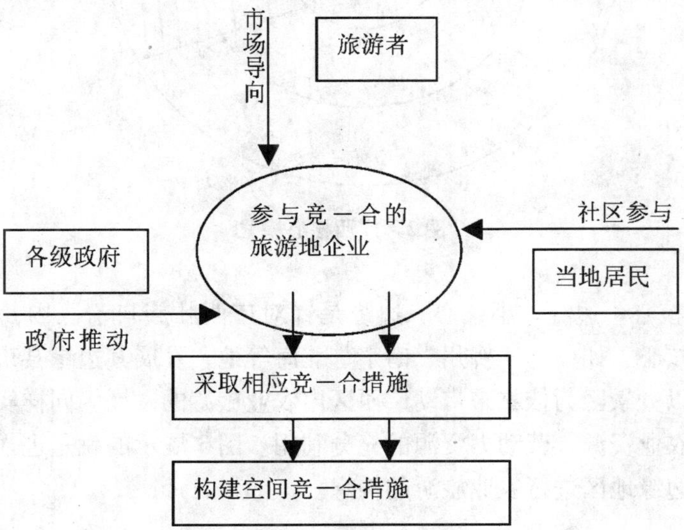

图1　农业旅游空间竞争合作模型

资料来源：根据尹贻梅《旅游空间竞争合作分析模型的构建》。

作，各旅游地以往的平衡被打破，传统的行政区划被突破，重新组建一个新的区域旅游空间核心—边缘结构，并形成新的核心区和边缘区。我们可以就核心—边缘理论将桂台的农业旅游合作分为“大核心—边缘”和“小核心—边缘”。桂台区域农业旅游空间竞争合作模型的结构如图1所示。

1. 大核心—边缘。“大核心”是指广西地区，而“边缘”则是附近的省市，主要指台湾（图2）。广西在核心中发挥其地理与资源的优势，一方面不断吸引外部资金、技术的投入，特别是对台湾资金、技术的引进，发展农业旅游；另一方面可带动广东、福建等省农业技术的进步。台湾作为边缘则加强与广西农业旅游的合作，在投入资金的同时，不断开发岛内赴广西旅游市场。

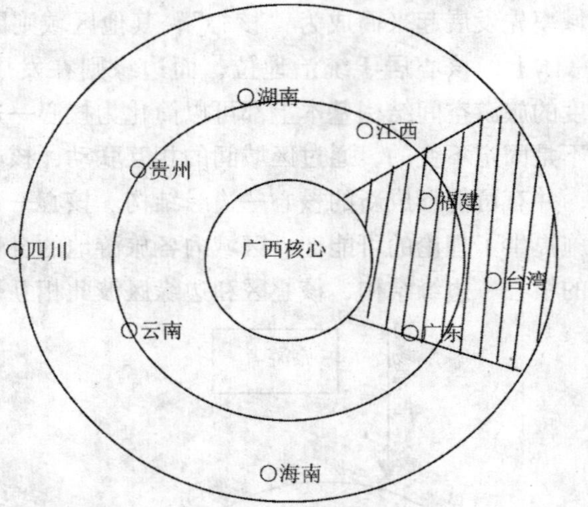

图2　广西核心模式

2. 小核心—边缘。小核心—边缘是针对广西壮族自治区内，以各大旅游景区为核心，如桂林、柳州、南宁、北海等地，发展其边缘县市的农业旅游。这样以大景区为依靠来带动广西区内农业旅游的发展，同样实现边缘欠发达地区农业资源、劳动力资源的充分利用。图3展示的就是进入南宁的旅游者在其边缘地区进行农业旅游的构想。

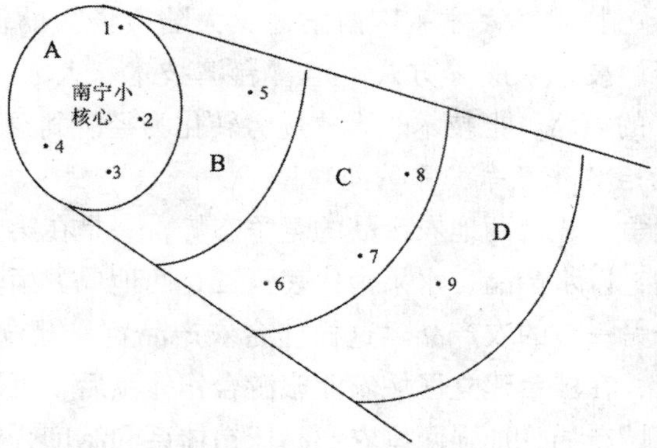

图3　南宁核心—边缘农业旅游图

1. 南宁乡村大世界　2. 南宁市八桂田园　3. 南宁花花大世界
4. 南宁香满园生态园　5. 南宁大王滩水利公园　6. 北海现代生态农业观光园
7. 北海北生绿色产业科技园　8. 防城白龙珍珠港　9. 防城港京族渔村

（二）竞争合作模式

1. 规划发展具有特色的农业旅游合作形式。在竞争合作模式中，要实现“竞争性合作”或“在合作中竞争”，就要建立起别具特色的合作形式来适应其发展。

第一，基础设施开发合作。采用“台湾资金＋台湾技术＋广西基础设施”的模式进行合作开发，加快发展广西欠发达地区的农业旅游基础设施，使广西地区经济结构得到改善，从而为桂台区域农业旅游合作的开发打下良好的铺垫。

第二，自然资源开发合作。采用“台湾资金、技术＋广西资源＋大陆市场”模式，在具体的操作上，可以由台湾企业单独投资开发，也可以把资金、技术注入广西相关企业实行联合开发。针对广西地区自然资源的优势，可以采用“台湾公司＋广西农业基地＋大陆市场”的模式，把资源优势转化为产品优势，进一步转化为市场优势。如台湾一些水果、花卉、蔬菜、谷类企业可以在广西地区建立原料基地，既有利于拓展自身的生存空间，也有利于广西地区发挥土地资源和劳动力优势。同时也为桂台区域农业旅游的合作提供保障。

第三，经济技术开发合作。在高新技术产业化、企业品牌创造、技术改造等方面，桂台地区之间可以开展灵活多样、互惠互利的经济技术合作。可采用“台湾资金、技术、人才+广西土地+大陆市场”的创业道路，也可以采用技术投资、技术入股等方式，走“台湾技术、人才+广西资金、土地+大陆市场”的道路，把技术、人才优势转化为经济利益。

2. 农业旅游合作中竞争关系的处理

农产品的竞争。桂台两地农产品的竞争态势，一是在第三方市场构成竞争关系的农产品，以水产品、水果为代表；二是两地单方面具有竞争力的农产品，可能冲击另一方的农产品。这样桂台农产品贸易互竞可能大于互补，所以从长远来看，在桂台建立区域农业旅游合作体系后，可以对两地的农业合作进行宏观区域布局，加强两岸农产品运销体系和制度合作，同时可以调整广西农产品贸易政策，进一步促进合作，减少不必要的竞争。

旅游的竞争。主要面对的是外部环境的竞争。在广西方面，2007 年接待境外游客人数已被江苏、浙江两省超过，从长期保持的全国第四位落到第六位，总体原因是广西旅游业的区域竞争力不强，发展后劲不足。台湾方面，根据台湾观光局公布的统计资料，台湾入境旅游人数 2007 年达到 337.8 万人次，与亚洲主要旅游目的地如中国香港、泰国、新加坡、韩国、印尼等相比，到访台湾地区的国际旅客数明显偏少。与香港比较，台湾的面积与人口远多于香港，旅游资源的种类和数量也毫不逊色，但赴台湾的游客仅相当于香港的 20%。究其原因，与台湾只满足于民众岛内休闲的功能，长期忽视开发赴台的旅游市场有很大关系。在这样激烈的外部竞争环境之下，桂台区域农业旅游合作区的构建，可以形成一个强大的旅游区与外界抗衡，提高自身的竞争力。

（三）市场合理定位开发

桂台区域农业旅游合作中，市场的开发是个重要环节。只有开发出广阔的市场空间，才能达到合作的目的。

内部市场。目前，台湾游客已成为广西最重要的客源市场，在入境旅游发展中占有非常重要的地位。广西丰富的旅游资源也成为台商投资的重点。截至目前，到广西投资旅游业的台资企业已有数十家，投资总额达 40 多亿元人民币，投资领域涉及景区景点、文化娱乐、休闲度假、商品购物、宾馆饭店等多方面；特别是桂林乐满地休闲世界、愚自乐园、冠岩、世外桃源、玉林云天文化城等一批重大台资旅游项目的开发建设，给广西旅游注入了新的活力，为广西旅游经济的发展做出了积极贡献。在桂投资旅游项目，台商们也取得了优厚的回报，企业规模不断发展壮大，知名度不断提高。如桂林乐满地休闲世界于2007年被评定为全国首批5A级旅游景区，愚自乐园、世外桃源、冠岩被评为国家4A级旅游景区，桂林乐满地度假酒店还被评定为五星级酒店等。

广西居民到台湾旅游还受到很多限制，但正趋于解决。

外部市场。一是境外旅游者互送开发。据统计，台湾近几年每年平均接待境外旅游者240.04万人次，广西接待境外旅游者（不包括台湾同胞）的人数也逐年增加，已接近年接待200万人次。如果能够加强客源的协作，互送游客，对桂台两地来说这一部分是具有相当潜力的客源市场。二是协作开拓国际客源市场。两地在整合各自旅游资源优势的基础上，可共同组合、包装整体旅游产品，形成“桂台旅游”品牌，联合开展对国际市场的促销，提高市场占有率。其次，两地可利用各种媒介进行相互间的对等宣传促销，在协作区域内增强影响力，培育市场增长点，在此基础上联手开展针对区域外客源市场的宣传促销，树立旅游合作区的整体形象。

五、桂台农业旅游空间竞争合作措施

1. 构建互补的农业旅游产品群。桂台农业旅游资源具有互补性或相似性，且各自都具有自身核心竞争力。一是资源的互补性。桂台两岸自然气候相似，农作制度相通，作物品种相近。广西幅员广阔，农业资源丰富，劳动力充沛，但资金困难，技术较差，人才缺乏，开发能力较弱；而台湾地狭人稠，农业资源短缺，环境污染严重，劳动力少，农业成本高，但资金、技术、人才优势明显。二者合作建设农业旅游景区，可以相得益彰。二是产业的互补性。桂台两岸处于不同的经济发展阶段，虽然双方都面临着产业转型升级的问题，但层次不同，台湾受资源与环境的制约，致力于发展以高新技术为中心的新兴产业和精致农业，需要转移传统的种养业和加工业。广西农业正处于传统农业向现代农业过渡阶段，农业结构较单一，专业化、规模化、机械化水平低，管理滞后，并且地区发展不平衡，接纳台湾农业产业转移既有其必要性，也有较大的空间。三是市场的互补性。台湾农业是双重性的外向型农业，既依赖出口，如猪、鸡、鱼、花卉等产品，又依赖进口，如饲料、牛肉、牛奶等。广西既可为台湾出口产品提供广阔市场，又可成为台湾紧俏农产品的供应地。因此，两岸农业和农业科技合作可以实现彼此生产要素的合作配置，优化组合，充分利用，而且这种合作具有长期性和不可取代性，也是增强两地在全球竞争力的共同需要。

当然在桂台农业旅游合作时，要强调区域的整体特色，协调好整体旅游发展的相关问题，在开发过程中须对农业旅游路线进行整体设计，对农业旅游产品组合搭配，从而形成互补性的旅游产品群，以联合和合作的优势来构筑两地旅游的总体优势和竞争力。

2. 联合塑造区域农业旅游形象。旅游产品的不可移动性，决定了旅游产品要靠形象的传播，使其为潜在旅游者所认知，从而产生旅游动机，并最终实现出游计划。旅游业发达国家开发农业旅游的成功经验是塑造整体旅游形象，旅游开发追求一种将整体而非若干景点作为旅游吸引力因素来推动市场，依靠形象吸引旅游者前来旅游。广西玉林海峡两岸农业合作实验区是两地农业对外交流与合作的窗口，是农业旅游的重要基地和辐射源，对推动两岸农业合作具有重要的现实意义，必须加强规范化管理。桂台农业旅游不能停留在“春天看花，秋天收果”的传统低层次产品上。要提高农业旅游产品的层次，首先要提高农业旅游的可参与性，参与性强是农业旅游的一大特点，让游客下地干农活，上树摘蔬果，下海捕鱼虾，上马牧牛羊；其次是提高农业旅游的科技含量，在保持“农味”特色的基础上，加大科技在农业旅游项目上的应用；再次是丰富农业旅游产品的内容，尽可能多地综合粮、果、蔬、畜、渔、草、花等农业资源要素，以丰富的产品组合吸引客流，延长其停留时间，提高其消费水平。

3. 共同建设基础设施。基础设施建设的投资主体受行政区划影响很大，是需要政府积极发挥作用的领域。

首先要强调交通设施建设。加强交通设施建设，一是保证进入区域的通道便捷，构筑高效率的内部交通网络系统。旅游地如果交通闭塞，游客难以进入，即使拥有世界级的旅游资源，旅游业也难以发展。区域联合，共同建设进入通道，共同负担费用，可获得成本优势。桂台农业旅游合作，首先是便利台湾游客到广西旅游，双方应共同采取务实灵活措施，积极促成桂林、南宁与台北直航，将桂林、南宁列为最适宜两岸观光的试点城市；其次，授权桂林、南宁航空口岸对台湾居民办理口岸签注工作，使台胞无障碍地往来于桂林和台湾两地；第三，建立两地旅游行业协会的联系机制和旅游企业的协作机制，每年举办桂台旅游合作论坛、桂台观光旅游活动月、桂台旅游形象推介会等活动，促进两地旅游业发展。第四，打造“两地精品环状旅游线路”，具体为：桂林—贺州—梧州—广州—深圳—台北（台湾故宫）—台东花莲县—台中阿里山—南投日月潭—高雄—珠海—佛山—云浮—玉林—贵港—南宁—桂林。

其次，旅游者在旅途中还要进行娱乐、购买活动。因此，旅游基础设施建设还要加强农业旅游景区的接待、服务设施建设。要求接待设施与整个旅游区环境相协调，且消费水平具有层次性，适合不同消费者的需要。

4. 联合开拓农业旅游市场。市场需求是发展旅游业的根本动力。参与合作的各旅游地之间的根本关系是竞争，即都为了自身获得最大限度的经济、社会效益，事实上，合作也是为了达到这相同的目的。在开发桂台旅游市场时各合作单元应顾全整体，而不是各自为政，抢夺市场。

5. 保护整体环境。桂台农业旅游在竞争的前提下进行合作可以打破地方本位主义观念和条块侵害现象，兼顾整体利益和长远利益，使开发、利用与保护相结合，保证旅游的可持续发展。参与竞合的各个主体，对于保护环境应采取两个方面的措施，一是在规划期以整体、系统的思想来开发旅游资源和建设旅游基础设施，保持整个区域的协调性和旅游产品的完整性，并对旅游地总体环境承载力进行评估，确定合理的环境容量；二是在开展旅游活动的过程中，通过设计旅游线路和宣传促销，引导旅客流向，尤其是在旅游旺季，一些旅游热点已出现拥挤甚至“井喷”现象，合作区内的温、冷旅游点可起到分流的作用，降低旅游对环境的破坏程度。同时还要随时对旅游环境影响进行评估，采取切实的措施保护旅游环境，对既成事实的破坏，进行合作研究、治理。

参考文献

[1] 黄小品：《区域产业政策与中国农村区域协调发展》，中国经济出版社，2006 年。

[2] 邹统钎：《北京市郊区旅游发展战略研究——经验、误区与对策》，旅游教育出版社，2004 年。

[3] 吴必虎：《大城市环城游憩带（REBAM）研究》，《地理科学》2001 年 21（4）。

[4] 周晓芳：《广州都市农业旅游发展探讨》，《农业现代化研究》2002 年 23（2）。

[5] 郭焕成：《海峡两岸观光休闲农业与乡村旅游发展》，中国矿业大

学出版社，2004 年。

[6] 翁瑾、杨开忠：《旅游空间结构的理论与应用》，新华出版社，2005 年。

[7] 保继刚等：《城市旅游原理、案例》，南开大学出版社，2005 年。

[8] 吴必虎、伍佳：《杭州市本地居民休闲游憩行为与偏好研究》，《现代休闲方式与旅游发展国际学术研讨会论文集》，北京联合大学，2006 年。

西南民族地区旅游发展比较研究

——川滇泸沽湖地区旅游发展差距及其对策

刘晓鹰　王亚清①

（西南民族大学中国西部民族地区经济发展研究中心）

作为川、滇的著名风景旅游区——泸沽湖旅游景区拥有高品位的自然旅游资源和人文旅游资源，具有极好的开发前景。同样的资源，在川、滇境内形成了两种不同风格的旅游产品。云南泸沽湖繁华喧嚣，商业气息重，这与摩梭人纯真、古朴的民风不相符合。而四川泸沽湖，其整个旅游地都保持着摩梭人的本色，原汁原味。这是四川泸沽湖的一大优势所在。

四川省泸沽湖旅游景区的发展受到各级政府、各界人士的关注。在进行开发建设中，泸沽湖旅游景区暴露出一些问题。而云南省方面，由于其合理的开发，对于泸沽湖景区，川滇两省的旅游开发与发展存在较大差异。

一、川滇地区泸沽湖旅游资源开发现状

四川省省级风景名胜区泸沽湖，位于川滇交界处的四川省盐源县泸沽湖镇，距西昌市258公里。泸沽湖，当地人称“谢纳咪”，意为大海、母湖，是四川的第一大天然淡水湖，湖水面积50.8平方公里，另有万亩草海。水面海拔268米，被誉为“高原明珠”。这里还保留着母系社会走婚的习俗。泸沽湖得到了云南有关部门的重视，旅游开发迅速展开，很快泸沽湖便成为云南旅游的重要景区。泸沽湖的旅游开发不但给云南带来声誉，而且给祖祖辈辈原始、落后的摩梭人带来现代文明和财富。但是，四川省由于其对泸沽湖景区的旅游开发缺乏足够的重视，使得景区建设起步较晚。

然而，四川泸沽湖更具魅力。因为这泓迷人的湖水有2/3在四川，环湖18个摩梭村寨有17个都在四川泸沽湖这边，并且还有云南泸沽湖境内没有

① 刘晓鹰，西南民族大学经济学院副院长，经济发展研究所所长，教授。王亚清，西南民族大学区域经济学研究生。该论文为中央民族大学“985工程”建设项目研究成果之一，项目编号：985－2－103。

的一万亩草海等丰富的旅游资源①。

四川省内的旅游资源相当丰富，有九寨沟、黄龙、乐山大佛、峨眉山和卧龙4处被联合国教科文组织纳入《世界自然文化遗产名录》和“人与生物圈”保护网络②，有都江堰——青城山、剑门蜀道、贡嘎山、蜀南竹海、四姑娘山等9处国家重点风景名胜区，是我国拥有世界自然文化遗产和国家重点风景名胜区最多的省区。还有国家森林公园11处、自然保护区40处、省级风景名胜区44处，吸引了无数中外游客，而多数游客游览主要集中于以下风景旅游区（见表1）：

表1　　四川省部分旅游景点2005年游客月平均数量统计表

景点名称	九寨沟	峨眉山	四姑娘山	黄龙	乐山大佛	青城山	都江堰	西岭雪山	泸沽湖
浏览数（人）	153668	59734	57864	55750	47530	47392	44843	39277	37868

资料来源：http：//www. sichuan－trip. com/zonghexinxi/cxcankao/。

表1充分反映了四川省内泸沽湖旅游资源边际利用效率不高的现象。在对泸沽湖川滇地区差异的调查中笔者发现，这种情况在一定程度上是由于政府对于泸沽湖地区的旅游资源开发重视程度较低，大量资金投放到九寨沟、黄龙、峨眉、乐山等地。泸沽湖在四川地区的旅游开发实施得相对较晚，而云南省对于泸沽湖在省内部分的开发利用则较为合理和重视。

二、川滇地区泸沽湖旅游资源及其客源对比分析

1. 川滇地区泸沽湖面积对比

川滇地区各占泸沽湖总面积的2/3和1/3。可见，泸沽湖的大部分地区均在四川省内。

2. 川滇地区泸沽湖交通对比

从云南有一个方向可以进入（丽江地区），从四川也只有一个方向可以进入（西昌）。

从丽江到泸沽湖有220公里左右（以前有300公里，从永胜县进入，现

① 邹统钎：《旅游开发与规划》，广东人民出版社1999年版。

② 张广瑞：《生态旅游：理论辨析与案例研究》，社会科学文献出版社2004年版。

走新路从丽江直接可到宁蒗)①，需时约7小时，路况良好（从宁蒗到泸沽湖要翻越三座大山，以最后一座最为艰险，特别是冬天，路面结冰，很难行驶)。

从西昌到泸沽湖全程约270公里，需时约7小时，但雨季就很难说了。路况很差，还常常塌方或滑坡，这种差距源于政府未及时发现泸沽湖地区的经济价值，基础设施未提前跟进。但四川这边的公路冬季不会结冰，这是一个优势。

3. 川滇地区泸沽湖风景对比

从外观看，四川这边的湖岸线比云南的湖岸线要长得多，旅游开发前景应该较好。而且四川段湖边的村庄覆盖面也要比云南段大。同时，四川这边还有丰富的草海资源②。

4. 川滇地区泸沽湖区位对比

离乡镇最近的在泸沽湖的四川段，距乡镇仅5公里，该镇名叫泸沽湖镇(原名左所镇)，这可以提供较好的后勤保障。同时四川段的湖外围有足够的平地，完全可以修建小型飞机场，但目前似乎无人投资，而云南方面已经在开始修建直升机机场了。

5. 川滇地区泸沽湖民俗风情对比

两边差不多，但四川这边有一个最大的优势，那就是摩梭族的末代王妃现在住在四川省这边。

6. 川滇地区泸沽湖旅游现状对比

可以用西边日出东边雨来形容。云南方面旅游红红火火，四川方面冷冷清清。虽然目前四川省这边对于泸沽湖旅游资源的开发有了一定的重视，但由于起步较晚，旅游资源分布较广的现实情况，使得川滇地区在开发泸沽湖旅游经济方面的差距有越拉越大的趋势。

7. 川滇地区泸沽湖地区资源差异及游客量对比

笔者在川滇交界的民族文化风景旅游区泸沽湖得到消息，泸沽湖云南方每天游客达1000人次以上，而泸沽湖四川方面仅接待三批10人以上的旅游团及一些零星散客。整个2月份的游客人数不及云南方每天游客数的一半。

① Ceballos L. H："The Future of Ecotourism". Mexico Journal. 1987.

② John Laird. Laos Pins："Tourism Hopes on Unspoiled Nature and Culture". WORLD ENVIRONMENT. 1996 (4).

由母系氏族家庭和走婚制形成摩梭人原始婚姻家庭的奇妙景观，令泸沽湖地区成为“母系氏族的活化石”而名扬天下。而在风光瑰丽的泸沽湖畔，四川方得天独厚的旅游资源远胜于云南方：阡陌纵横的走婚小道和一座座古老原始的母系氏族村落，众多别具风格的摩梭庭院，素有“高原野生动植物宝库”之称的万亩草海以及全国最长的草海木桥，还有被人誉为“东方夏威夷”的泸沽湖鸟觉湾以及末代“王妃”肖婆婆的传奇故事……究竟是什么原因使泸沽湖两岸形成了一方车水马龙，一方门可罗雀的局面呢？为了使读者了解川滇两省在泸沽湖旅游方面的差距，通过盐源县旅游局精心设计的一张表格来表示，两省差别从中一目了然！

表2　**泸沽湖川滇地区差异**

项目	四川方	云南方
湖面面积	33平方公里	26平方公里
行政区及人口	8个行政村、25个自然村、共12000多人	1个行政村、1个自然村、共2000多人
1999年旅游总人数	1万人次	20万人次
1999年旅游收入	无统计数据	5000万元以上
交通状况	西昌至盐源150公里，盐源至泸沽湖120公里均为低级别公路，路况差。	丽江至宁蒗158公里、宁蒗至落水75公里均为高等级柏油路。
通讯状况	摇把式电话，已中断。	程控电话、无线寻呼、移动通讯、IC卡电话已全面开通。
电力状况	一座200千瓦装机容量的电站	20多年电力史，已完成35千伏电力设施扩建
2000年春节期间游客数	三批10人以上旅游团及一些散客；游客数不及500人。	每天平均1000人，二月份游客已达3万人次。
1997年至1999年人均旅游收入	16家旅游专业户每年人均600元。	旅游纯收入每年全村人均达6000元以上。
对比2000年开发项目	没有	一座三星级宾馆，泸沽湖飞机场，通向女神山的高空索道。

泸沽湖“一湖两岸两重天”的现象绝非偶然。据调查，四川不仅在开发时间上大大滞后，旅游投入方面也短缺。

表3　　泸沽湖在川滇地区的游客量差异

年份	泸沽湖（云南省）		泸沽湖（四川省）	
	总游客量/万人次	其中：国际游客/万人次	总游客量/万人次	其中：国际游客/万人次
1995	15.53	3.00	1.07	——
1996	15.30	3.80	0.88	——
1997	16.60	4.60	0.90	——
1998	18.67	3.69	1.40	——
1999	20.82	3.82	1.10	——
2000	40.24	5.41	不详	——
2001	47.98	7.48	1.20	——
2002	43.82	8.32	1.00	——

资料来源：http：//www.chinayearbook.com/s_ query.asp。

我们可以从两地的对比差距中得到这样的结论：川内泸沽湖地区的旅游发展潜力令人羡慕。

无论从整体规模或中心密集区规模，泸沽湖在两个省境内旅游资源差异，四川优于云南；从可进入性看，四川稍差；从景观价值来看，四川地区还略胜一筹。

川滇泸沽湖开发“一湖两岸两重天”的现象，暴露了四川在旅游开发方面落后于云南的事实。

三、川滇泸沽湖旅游开发差距的原因分析

以上比较，我们不难发现，四川与云南在泸沽湖的旅游资源开发与利用方面存在着较大的差距，原因如下：

1. 从四川进入泸沽湖的交通不太方便。从西昌到盐源以及从盐源到四川泸沽湖的这段公路，由于常年砍伐森林的原因，大多山体很难保持水土，所以一到雨季，就容易产生塌方或滑坡甚至泥石流，将原先较好的公路破坏，无法维持一条畅通的公路①。

2. 四川泸沽湖的偏远山区地理位置，长期极差的交通条件，使现代文明和商品经济迟迟难以进入这片神秘的土地。客观上虽然保留了一片珍贵的

① 王衍用：《区域旅游开发战略研究的理论与实践》，《经济地理》1998年。

原生态环境和一大批原汁原味的多民族文化遗产，但经济发展的相对滞后，也在这块风景地上形成贫困人口数量多、比重高、贫困程度深的地区现状。

3. 很明显，这种差距是由于双方的重视程度不同导致的。上至省政府、地方政府，下至州旅游局、各级旅游企业等等，在观念上、行动上，都无法与云南省的政府行为及政策相比①。以至于四川省泸沽湖地区的某些地方政府是抱着金饭碗讨饭吃。

四、四川泸沽湖旅游资源开发的对策建议

1. 立足当地旅游基础，实施科学的开发模式

四川省内泸沽湖地区的落后导致该地区尚未形成活跃的旅游市场，这种原始状态的进一步开发十分重要。建议遵从以下开发模式：

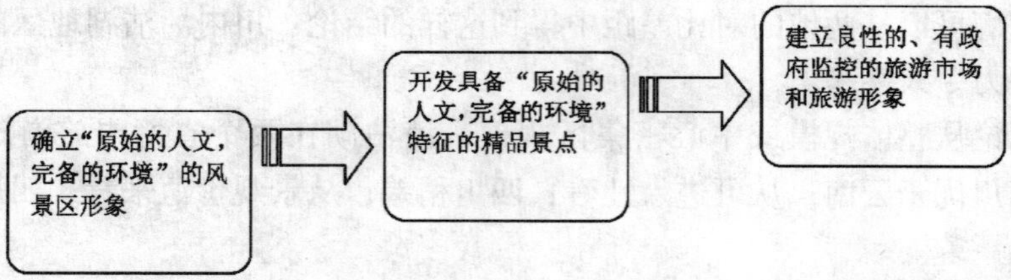

图3　川内泸沽湖旅游经济开发模式图

政府在其中的主要职能是监控商家的开发行为是否违背"绿色开发模式"。

2. 保护自然环境，建立"绿色开发方式"

所谓"绿色开发方式"就是开发资源，增加地方财政收入，而与此同时兼顾地区文化的独特性和原始性、环境的完备性和低污染性②。在泸沽湖这样一个尚未形成经济市场的地区，当地政府在当地经济发展的决策和实施过程中要占据主导地位，因此在泸沽湖风景区的形象定位上，泸沽湖地区政府应该积极应对，既要考虑到泸沽湖风景区的旅游资源开发，又要兼顾泸沽湖地区的文化保护和环境保护。基于以上几个方面，要走出一条可持续发展

① 田军、庞云平：《泸沽湖生态旅游建设研究》，《云南环境科学》，2001年6月。

② 王向东、孟悦：《四川泸沽湖旅游开发分析及思考》，《西昌学院学报》（人文社会科学版）2005年第3期。

的道路，笔者建议采用“绿色开发方式”。

3. 改善交通现状，构建交通网平台

游客居住地——旅游目的地——空间上的变化，是实现旅行和游客在旅游地逗留的最重要条件之一。交通业作为一个经济行业——在它的范围内的客运——是把游客从他们的定居地送到旅游地点并送回，完成与旅游有关的其他地点空间上的变动。政府和商家应该重视旅游业中交通所起的作用①。交通在旅游地区的兴盛发展，不但可以树立当地旅游形象，而且最主要的是可以为旅游地带来更多的游客资源。四川省内泸沽湖地区良好交通设施和交通运输工具的构建对泸沽湖地区的开发起着十分重要的作用。应该翻修从西昌到盐源以及从盐源到四川泸沽湖的这段公路，以便加强泸沽湖在川内地区与外界的经济交流与合作，让外界有与之进行商业接触的平台。

4. 兴建旅游业其他基础设施，改善旅游休闲环境

旅游地的其他基础设施包括餐饮、起居房、休闲娱乐场所、通信网络等等。这部分的开发尤其要注重环境保护，不可违背“绿色开发”的前提。可以参考云南省内的泸沽湖地区的开发过程。

5. 引进先进技术人才，开发旅游软环境

以开发泸沽湖为目的，引进相关人才，搞好软环境的开发，创造良好的旅游资源投资、开发环境。利用科学的开发方法和先进的开发技术，做到有计划、有目的，避开盲目的以资源耗费为代价的开发模式。根据泸沽湖旅游人才的现状，要以自己的旅游人才带活本地旅游业，把纯情的摩梭姑娘、率直的摩梭小伙与高校毕业的专业人才有机融合，发挥出“本土化、专业化”的优势。要逐步建立和完善终身进修制度，每年对相关从业人员进行定期或不定期的岗上培训或集中轮训。

6. 借用四川“大旅游宣传”，塑造泸沽湖旅游形象

四川泸沽湖在经营方针上，塑造泸沽湖旅游形象非常重要，宣传是一个重要工具。在宣传基础上，联合当地其他投资商进一步共同开发泸沽湖。把加强泸沽湖的旅游宣传与扩大对外开放相结合，拓展海外旅游市场，增加入境旅游份额，树立对外开放良好形象。

7. 注重川滇合作，谋求和谐发展

① 黄兴美：《四川、云南两省旅游现状比较及其发展对策》，《成都理工大学学报》（社会科学版）2003 年第 4 期。

避开狭隘的区域理念，寻求两地合作，以两地共同发展为目的，做到优势互补，经验共享。加大两地联系，促进双方协调发展，共同开发泸沽湖这一个大湖，“云南泸沽湖”和“四川泸沽湖”的观念应该彻底清除①。在开发中双方如果不加强协调，只以地方利益为最终目的，受到损伤的将会是整个泸沽湖地区，将会是泸沽湖沿岸的各民族和各民族的文化遗产保护和自然环境保护，所以两地应牢固树立泸沽湖一盘棋的观念。

① 李铁松：《四川省旅游可持续发展研究》，《国土资源科技管理》，2003年。

民族地区发展循环经济的思路与模式①

刘晓鹰　马　江

（西南民族大学　四川成都　610041）

循环经济建设在民族地区处于理念引进时期，发展处于初级阶段。为使循环经济建设在民族地区快速推进，我国民族地区经济社会的发展必须以科学发展观为指导方针，改变以牺牲生态环境为代价的经济增长模式，尽快将推进民族地区循环经济建设提到战略的高度。实施发展循环经济为导向的跨越式产业发展战略，将比较优势与竞争优势结合起来，通过技术创新、制度创新、结构创新、管理创新推动本地区产业竞争力的迅速提高。这是一种以比较优势为基础，竞争优势为导向的优化生产力布局和资源配置的发展战略。从民族地区目前严峻的资源与生态环境形势看，要实现全面建设小康社会的目标和满足新型工业化道路的标准要求，发展循环经济是民族地区实现全方位可持续发展的最佳模式选择。民族地区实现经济与生态协调、经济与社会和谐发展，需要创新发展循环经济的思路与模式。

一、科学发展观——民族地区发展循环经济的指导方针

循环经济理论是近年来国际上深化、推进可持续发展的一种理论范式，该理论强调有效地利用资源、能源和保护环境，倡导经济系统内部在生产和消费过程中“输入原材料、能源及排放污染量最小化、产品重复使用化、废弃物资源化和无害化”，以最小机会成本获得最大的经济效益、社会效益和生态效益。同时，循环经济是运用生态学规律来指导人类社会的经济活动，在物质不断循环利用、能源梯级利用、信息高效利用的基础上建立的新型经济发展模式。

改革开放以来，我国民族地区进入了历史上前所未有的黄金发展阶段，

① 本文为四川省科技厅2005年度重点招标课题部分研究成果。马江，西南民族大学经济学院博士、副教授。

经济发展取得了令人注目的辉煌成绩。但是应该看到我国民族地区的经济发展还呈现如下特征：一是发展很不平衡，总体来说仍然大大落后于全国的平均发展水平；二是民族地区贫困面仍很大；三是随着经济全球化的不断推进，民族地区的经济发展面临的挑战和困难将更加严峻。长期以来，民族地区的开发战略，实行的是经济增长优先的发展战略，其特点是重视资源开发，忽视生态建设和环境保护。

如果继续沿袭以往的开发模式，民族地区不仅难以从中受益，而且还会加剧其边缘化程度，不仅不能缩小与发达地区之间的发展差距，而且还会拉大民族地区内部城乡之间、地区之间、社会人群之间的贫富差距。同时，在生态环境比较脆弱的民族地区，如果不按照经济规律办事，不考虑各地经济社会的差异，只会给自然环境带来更加严重的破坏，并导致农林牧业生产的全面衰退和经济社会的停滞，如果不注意保护生态环境，只注重经济效益，只能造成水资源短缺、水土流失、灾害频率增大、污染增加，从而导致民族地区生态环境进一步恶化。

从目前严峻的资源与生态环境形势看，我国广大民族地区发展经济必须坚持以科学发展观为指导思想，避免走“先发展、后治理”的老路。必须着眼于民族地区自然条件千差万别，发展现状各异的特点，认真落实五个“统筹”的发展要义，实现人口、资源和环境协调发展，追求物质文明、精神文明、生态文明相统一，最终实现人民群众生活质量不断提高，社会进步和人民安居乐业。在长时期内，民族地区推行可持续发展要根据“十六大”提出的科学发展观为指导方针，根据各自特殊的要素禀赋结构制定合理的发展战略，对产业进行合理布局和优化升级。尤其应大力引入并推广循环经济的先进理念，深化发展适应民族地区要素禀赋结构的循环经济理论模型与实践模式，真正实现全面地、协调地、可持续地发展。

二、我国民族地区发展循环经济的思路与对策

（一）影响民族地区发展循环经济的因素分析

民族地区，特别是我国西部民族地区是我国长江、黄河等大江大河的源头，是中华民族的生态屏障。加强生态环境保护和建设是民族地区发展的基础。要避免走以环境破坏为代价的“先发展、后治理”的老路。在民族地

区用什么样的具体发展模式及相应的机制来实现全面建设小康社会的目标，满足新型工业化道路的标准，将经济发展、社会进步和环境保护三大要求纳入统一的框架中取得三维整合和“共赢”，是需要深入探索的一个重大实践问题。从民族地区目前严峻的资源与生态环境形势看，要实现民族地区的可持续发展，大力发展循环经济是最佳的模式选择。民族地区由于缺乏足够的认识、技术水平低、资金缺乏等原因，使人口、资源与环境等问题日趋严重。因此，发展循环经济对民族地区有深远且重大的意义。在此笔者将分析影响民族地区发展循环经济的因素，为建立以可持续发展为基础的循环经济发展模式奠定理论基础。

民族地区经济发展的起点一般较低，在中华人民共和国成立初期不仅经济发展十分落后，社会发展也极端落后，与沿海地区发展水平相差甚远。发展起点低下，在很大程度上制约了民族地区经济发展和社会发展的进程。理论研究表明，仍处于前工业社会的国家或地区，很难像工业国家或地区一样，实现总产值的高增长率和人口平均产值的高增长率。其主要原因是初期的人均产值水平太低及增长率过低而引起的起步过程的持续滞钝。同时，根据新制度经济学的路径依赖理论，一旦选择了某种路径，就意味着将长时期地锁定在这一路径上，即使在路径以外存在其他更有效的路径，因为存在转换成本，要想改变路径也绝非是容易的事。民族地区以社会经济体制落后，人口素质低，市场经济体制建设进程缓慢，信息不畅，观念落后等为特征形成了特有的低水平发展路径，要成功实施可持续发展战略，必须找到并推行一种经济效益好，交易成本（转换成本）低的经济发展模式。

上个世纪50年代以来，国家在民族地区进行的重工业建设，没有充分注意带动当地经济的发展，造成了民族地区国有大中型企业与地方经济互不相连的“二元经济”，民族地区长期以来为东中部发达地区提供原材料和初级产品，而原材料与民族地区所需工业产品的比价又不合理，使民族地区在输出原材料和输入工业产品时，利润双重流失。甚至在争夺资源、资金等方面引起了负面效应。

总之，民族地区目前的生态环境状况处于十分脆弱的境地。如果民族地区的生态破坏得不到有效控制，生态观念得不到根本转变，社会历史因素得不到正确认识，经济发展模式得不到彻底改变，随着资源开发强度的加大，生态退化趋势将进一步加快，经济社会可持续发展能力将持续削弱，国家整体生态安全也可能受到更为严重的威胁。面对如此严峻的生态形势，迫切需要民族地区在推进可持续发展过程中，彻底摒弃不顾生态，采取“先破坏、后治理”、“先污染、后治理”的传统观念来发展经济，努力去寻求经济社会发展与人口、资源、环境相协调的可持续发展模式。

（二）大力推进民族地区循环经济发展的思路

实施发展循环经济为导向的跨越式产业发展战略，将比较优势与新技术优势结合起来，在充分发挥本地区现有比较优势的基础上，通过培育技术创新、制度创新、结构创新等途径推动民族地区产业竞争力的迅速提高是民族地区实现经济效益、社会效益、环境效益的三维整合和“共赢”的基本思路。这是一种以比较优势为基础、竞争优势为特点的优化生产力布局和资源配置的发展战略。该发展战略的含义可归纳为：推进循环经济发展是发展方向，调整经济结构、优化资源配置要在充分发挥比较优势的基础上，努力提升要素禀赋结构，积极培育、创造适应发展循环经济的环境。笔者认为，尤其要着眼于民族地区自然条件千差万别、发展现状各异的特点。在长时期内，民族地区推行可持续发展要根据“十六大”提出的科学发展观为指导方针，根据各自特殊的要素禀赋结构制定合理的发展战略，对产业进行合理布局和优化升级。

1. 确立科学发展观的思路

首先，在观念层面上，应通过多种途径，大力加强干部群众的民族地区全面发展观教育，要促使人们了解民族地区全面发展的意义，明确民族地区全面发展的正确地位，进而在发展意识上将各地区的利益结合起来，将局部利益同地区、全国利益结合起来，将经济效益，社会效益和生态效益结合起来。要实现以生态效益为中心到经济效益，生态效益和社会效益全面并重的转变。

2. 确立协调发展观的思路

民族地区可持续发展战略是一项宏伟的区域战略，是跨世纪的系统工程，需要长期不懈的努力。要吸取改革开放30年来特别是90年代经济高速发展中出现的“开发区热”、“房地产热”等的经验教训，既要充分认识民族地区可持续发展战略的重大意义，树立紧迫感，也要尊重客观规律，实事求是，创立协调发展观的思路。

3. 确立可持续发展观的思路

从现象看，引致民族地区生态环境恶化的原因是由人的破坏性活动造成的，是随着科学技术的快速发展和生产能力的巨大提高而产生的。但从实质上讲，问题的根源不在科学技术等因素，而在运用科学技术等因素的指导思想。传统发展观既造成了代际之间的不公平，也造成了同代人之间的不平衡。改变传统的发展观，创立新的可持续发展观是民族地区发展循环经济的必然选择。

4. 确立依靠群众发展的思路

群众创造历史，这是一条亘古不变的真理。发达地区与欠发达地区发展差距以及欠发达地区内部区域发展差距固然表现在物质经济基础和地理区位、硬件设施等发展条件上，但更突出地表现在发展观、智力成果、科技及经营管理水平等人的因素上。因此，民族地区发展循环经济，必须从以物质经济基础等为中心转向以依靠群众为中心。发展循环经济的主体依靠力量决定了我们必须全面发动群众、依靠群众，充分发挥群众在实施民族地区发展循环经济进程中的主力军作用。

5. 确立经济激励机制的思路

创立适宜的经济激励机制是民族地区推进循环经济发展的关键。经济激励机制通过影响逃避控制污染的成本使得污染者能够自行选择污染量。

根据国内外研究者的研究发现，使用经济激励手段，能够推动循环经济的健康发展。经济激励机制在推进循环经济进程中必须解决的难点问题是获得应用这种机制所必需的信息。要建立激励机制改变生产者控制污染的策略，需要对控制污染的边际成本和边际收益有充分的了解。可根据民族地区的实际情况，研究并建立适应推进民族地区发展循环经济的经济激励机制。用价格配给、责任制及数量配给等形式的经济激励机制来推动民族地区循环经济的发展。在民族地区发展循环经济进程中，除了政府主导外，还应给予推进循环经济的企业减免税收或补助研发资金等方式的支持，鼓励国有企业和民营企业开发促进循环经济发展的绿色技术，以提高支撑循环经济发展的绿色技术水平。

依据上述五大思路，民族地区在具体实施可持续发展战略时，应在大力引入和推广发展循环经济的先进理念的基础上，创新实践发展循环经济的模式。

（三）大力推进民族地区循环经济发展的对策措施

严格遵循发展循环经济的 3R 原则（Reducing、Reusing、Recycling），

探索适应民族地区发展循环经济的实践模式是民族地区推进循环经济发展的重大实践课题。具体可以分为以下三个层面：

1. 单个企业层面

要求民族地区的企业在生产过程中不仅要注重新产品的开发和提高产品的质量，而且要尽可能地减少原材料、能源的消耗和选用能够回收再利用的材料和设备。另外，生产企业应尽量遵循设计标准和加工标准，使设备或装置中的元器件、零部件可以容易和方便地升级换代。通过产品清洁生产，最大限度地减少对不可再生资源的耗竭性开采与利用，并应用替代性的可再生资源，以期尽可能地减少进入生产、消费过程的物质流和能源流，对废弃物的产生和排放实行技术性控制。消费者应该购买具有最大比例的二次资源制成的产品，使得经济的整个过程尽量实现闭合。

2. 生态产业园区层面

按照产业生态理论建立生态园，是推行循环经济的一种先进方式，世界上有许多成功的典型。这种方式模仿自然生态系统，使资源和能源在这个产业系统中循环使用，上家的废料成为下家的原料和动力，尽可能把各种资源都充分利用起来，做到资源共享，各得其利，共同发展。

在人类社会进入可持续发展的时代里，必须对传统经济发展模式进行革新，以创新的思路、科学的态度，遵循循环经济的原理，加快实现传统经济发展模式的转换，建立资源、环境、社会经济协调发展的经济发展模式，同时在产业结构演进升级过程中，加快对原有工业体系的技术改造。要切实解决好企业的发展与当地资源开发不协调的问题，选择一些基础好、以优势资源为依托的产业，通过技术改造，发展深加工的加工业，将资源优势转化为经济优势，形成资源、加工制造、产品销售一条龙的区域优势产业，大力培育和发展生态产业园区，带动本地区产业的可持续发展。依靠科技进步，建立以无污染、节能为主的工业生产与加工生态系统。民族地区应根据不同地区的生态环境质量和工业体系的特点，选择一批具有代表性的（高物耗、高能耗、高污染）已建成的工业园区作为推进循环经济的试点工业园，运用产业生态学原理，对其进行完善改造，重构园区内的物质流、能量流、信息流，使之逐渐符合发展循环经济的要求；另外，在新建工业园区时，更应该从规划阶段起就引入循环经济的理念和基本原则，在建设中彻底贯彻适应循环经济的设计思想，培育真正能发挥循环经济强大功能的生态产业园。

3. 区域及社会层面

民族地区在区域及社会层面上推行循环经济，建立协调型循环社会，不仅需要循环经济的宣传教育活动，更需要建立长效的推进机制。

首先，要大力推广绿色消费意识，引导政府、企业及公众积极参与绿色消费运动，各级政府要发挥表率作用，优先采购经过生态设计或通过环境标志认证的产品，以及经过清洁生产审计或通过 ISO14000 环境管理体系认证的企业的产品，鼓励节约使用和重复利用办公用品。通过政府的绿色采购、消费行为影响企业和公众。在社会意识形态领域构建促进发展循环经济的良好氛围。用新制度经济学的话来说，就是营造适应循环经济发展的非正式制度顺利产生的环境。

其次，要建立促进循环经济发展的法规制度。借鉴发达国家在区域及社会层面发展循环经济的经验，加快制定适宜民族地区发展循环经济的法规，通过法规对发展循环经济以必要规制，做到有章可循、有法可依。用新制度经济学的话来说，就是构建正式制度。当然，必须要结合非正式制度的发展状况来制定这些法规，否则，不但正式制度得不到有效实施，浪费在制定法规上的成本也将得不到补偿，导致资源配置的帕累托无效率。

再次，加强政府引导和市场推进作用。在区域经济发展中，继续探索新的循环经济实践模式，积极创建循环经济市、循环经济县、循环经济乡、绿色村镇和绿色社区。政府有关部门特别是环保部门要认真转变职能，为发展循环经济做好指导和服务工作；充分发挥市场机制在推进循环经济中的作用，以经济利益为纽带，使循环经济具体实践模式中的各个主体形成互补互动、共生共利的关系。

另外，结合民族地区有优势发展生态农牧业的新形势，积极探索和实践以解决农村能源、保护生态环境、增加农民收入为目的的生态家园建设模式。

（四）总结

民族地区在推进循环经济进程中，需要大力开发建立循环经济的绿色制度保障体系和绿色技术支撑体系。以绿色制度变迁促进绿色技术创新，以发展高新技术为基础，开发和建立包括环境工程技术、废物资源化技术、清洁生产技术等在内的“绿色技术”体系。

可以断言，民族地区发展循环经济有利于提高经济增长质量，有利于保护环境，节约资源，是民族地区走新型工业化道路的具体体现，是转变经济发展模式的现实需要，是一项符合民族地区具体情况、利国利民、前景广阔的事业。只要民族地区全社会积极行动起来，大力推进循环经济，就一定会为民族地区全面建设小康社会作出更大的贡献。

三、我国民族地区发展循环经济的实践模式探讨——四川省阿坝藏族羌族自治州循环经济发展的探索

（一）阿坝州推进循环经济发展思路

在自然资源丰富的阿坝州推进循环经济发展，首先需要看到在现代经济中，资源和生态环境不仅是经济发展的约束条件，而且还是经济发展的基础条件，开发资源、发展经济和生态环境建设是永恒的主题和长期的战略任务，必须给予同等重视。第二要认识到生态环境建设是阿坝州推进循环经济建设最为重要的基础保障之一。最后要明确生态环境建设必须和循环经济建设相结合形成互动机制，要在发展中建设，建设中发展，它们之间是相互依存、相互促进的关系。只有生态效益没有经济效益的生态环境建设和只有长期利益，没有短期利益的建设模式都很难推广运用。因此，阿坝州推进循环经济建设与生态环境建设的立足点和出发点必须着眼于通过稳步推进循环经济建设和生态环境建设互动式发展战略产生的整合效应，以经济发展带动生态环境建设，以生态环境建设促进全州的经济发展，使阿坝州的社会生产力得到长足发展，实现全方位的可持续发展。

（二）阿坝州推进循环经济建设和生态环境建设绩效分析

阿坝州地处长江、黄河源头区域，长江上游的主要支流岷江、大渡河纵贯全境，是黄河流经四川的唯一地区。是四川西部森林资源分布最集中的重要林区，丰富的森林资源是长江上游、黄河源头的绿色屏障，具有非常高的生态价值。全州幅员 8.47 万平方公里，其中有林地 188.9 万公顷，灌木林地 176.5 万公顷；全州已建立自然保护区 21 个，森林公园 4 个，风景区 2 个，其中已列为国家级自然保护区 4 个（九寨沟、黄龙、四姑娘山、若尔盖辖曼），是天然的绿色水库和重要的生物宝库。省级自然保护区 8 个，自然保护区总面积达 230.3 万公顷，占全州国土面积的 28%。中华人民共和国成立以来，至 2001 年底全州已累计更新造林 797 万亩，其中已郁闭成林

370 万亩，人工林蓄积达 1025 万立方米，森林覆盖率由实施天然林保护工程前的 21.3% 提高到 22.59%。

1. 天然林资源保护工程实施情况与绩效

1998 年 9 月，全州全面实施天然林资源保护工程，按照“停、造、转、保”四字方针，全州令行禁止，坚决停止了天然林的商品性采伐和运输，大力开展了生态公益林建设，一举将砍树人变成种树人、护林人，将采伐区变成了保护区、生态区、旅游区，将“木头财政”变成了“生态水电、旅游财政”，天保工程取得了可喜成绩。2003 年全州对 365.4 万公顷天然林实施了有效管护，营造生态公益林 164.4 万亩，飞播造林 66.1 万亩，封山育林 533.4 万亩，抚育森林 272.2 万亩，建设绿色通道 1962 公里，新增森林蓄积 230 多万立方米，森林覆盖率增加到 22.59%。

2003 年全州完成退耕还林 60 万亩，其中：生态林 53.13 万亩，经济林 2.17 万亩，还草 4.70 万亩，配套荒山造林 12.14 万亩，较好地完成了国家下达的各项任务，经济、生态、社会效益十分明显。退耕还林的实施，一是保证了广大农牧民的基本生活，促进了农村社会的安定。阿坝州退耕还林覆盖 13 个县、190 个乡、1200 个村、104050 户，按国家要求，及时向广大农牧民兑现钱粮补助，至 2002 年底，全州有 48.7 万人共领到生活补助 1980 万元，领取粮食 14864.9 万公斤，保证了工程区内农牧民的基本生活，促进了农村社会稳定。二是水土流失明显减少，生态环境日益好转。退耕还林还草形成林草植被，蓄水保土，全州水土流失锐减，人居环境、旅游环境日益改善。三是促进了全州农村产业结构的调整，增加了农民的收入。实施退耕还林还草有利于发展生态农业和带动旅游业的发展，旅游沿线农牧民在旅游区发展集贸基地建设，从旅游业中得到收益，形成旅游环境资源与经济发展的良性循环；退耕还林的实施有利于大力推动全州具有地方特色的经济林建设，典型的例子有金川雪梨、茂县花椒、九寨柿子、理县、小金县沙棘等都有较高的知名度。另外全州退耕还林后续产业基地建设也得到长足发展。

2. 汶川县实施“一乡一品”、“一村一品”策略

在威绵地区，主要以甜樱桃、核桃等名优水果、干果为主，已建成 376.8 公顷的甜樱桃基地；在水磨镇建成了 3000 亩的茶叶基地，注册了“九寨茗”商标，开发的茶叶品种有“九寨高山雪芽”、“九寨高山玉叶”、“九寨高山毛峰”、“九寨羌绿”四个系列。黑水县林草间种红豆草，黑麦草，披碱草等多年生优质牧草 12000 余亩；种植本地和外地优质品种核桃

6000 亩。加快了生态资源、生态旅游、生态农业的培育，增加了农民收入，实现了“国家要生态，农民要增收，地方要发展”的三赢目标。

3. 自然保护区建设工程实施情况与绩效

阿坝州已建立包括森林类型、湿地类型、野生动植物类型自然保护区 21 处，国家级 4 处（九寨沟、黄龙、四姑娘山、若尔盖辖曼），面积 47.2 万公顷，省级 10 处，面积 48.2 万公顷，州级 6 处，县级 1 处，总面积 230.4 万公顷，占全州国土面积的 28%。列为国家重点保护的野生动物 77 种。全州的自然保护区在维护生态平衡，改善生态环境，保护野生动植物和维护生物多样性等方面发挥了重要的作用。

4. 草原沙化治理工程实施情况与绩效

草原是构建生态屏障的重要组成部分和发展畜牧业的重要生产资料。由于各种原因，阿坝州草原“两化一害”日趋严重，尤其是草原沙化问题十分突出。草原生态环境急剧恶化，严重制约了畜牧业可持续发展和国家生态环境建设。阿坝州现有沙化草原 121 万亩，占全州可利用草原面积的 2.1%。且沙化草原还在以每年 9 万亩以上的速度加速蔓延。阿坝州在上级的大力支持下，各级畜牧部门密切配合，积极开展了草原沙化治理试验和示范工作。1992 年首次在若尔盖县辖曼乡开展治沙试点，通过先置沙障，再栽植固沙草本、木本植物和采取围栏封育禁牧的方法，现草原植被已基本恢复，植被盖度已达 75% 以上，取得初步成效。在试点的基础上，若尔盖县的辖曼、唐克、阿西乡和红原县瓦切乡积极开展治沙示范，通过 2—3 年的治理，沙地植被覆盖率已恢复到 35% 至 50%，为阿坝州大面积治理沙化草原积累了经验，起到了较好的示范带动作用。截止 2002 年，全州累计治理沙化草原面积达 3 万多亩。草原具有保持水土，涵养水源，防风固沙，调节气候，净化空气，美化环境等作用。加强阿坝州草原两化一害的治理是长江黄河上游生态屏障建设的重要内容，关系到三峡库区和长江、黄河中下游生态安全。阿坝州响应中央提出的遵循自然、经济发展规律，依法治草，处理好生态环境建设与经济发展的关系，认真贯彻实施西部大开发战略的号召，提出了综合治理草原要依靠科技进步，坚持以治本为主，标本兼治，采取法律、行政、经济、技术相结合，实施综合治理，以保护为主，保护与建设并重，努力实现经济、生态、社会效益的统一和协调的指导思想、目标和任务。

（三）阿坝州推进循环经济发展的对策措施

1. 遵循的原则

循环经济建设是一个大系统工程，同该地区的人口问题、资源问题、工业问题、“三农问题”、资源资本化等诸多问题从各个角度都有直接或间接联系，应该认识到不可能仅靠单一项目、单一工程、单一方面、单一区域的建设和发展就能取得进展。而要有全面的、综合的、系统的设计治理与建设方案，才能取得较好成效。生态环境建设的顺利进行，需要得到政府、社会、企业、个人等诸多方面的支持和协助。除了要在认识上统一思想、步骤上配合、行动上协调、措施上配套外，还要运用行政的、法律的、经济的各种手段和措施，通过稳步推进循环经济建设产生的整合效应，以生态经济带动生态环境建设，以生态环境建设促进经济发展，使阿坝州的生产力得到长足发展，努力实现全州各方面的可持续发展。

2. 对策措施

阿坝州生态环境建设虽然面临诸多问题，但也有很多有利条件：中央把大力推进生态环境建设和环境保护作为西部大开发的切入点和根本点，为推进循环经济建设与生态环境建设互动式发展提供了难得的机遇；各级党委、政府的高度重视，为生态环境建设创造了条件，为阿坝州提出的“绿色立州、科教兴州、旅游富州、水电强州、依法治州、稳定安州”的总体工作思路提供了坚实的理论依据和开展具体工作的方略；公众生态环境保护意识的提高，为生态环境建设工作奠定了良好的基础。

3. 行政措施

其一，加强政府的宏观调控与监督。全州各地党政部门应加强对生态环境建设的领导和宏观调控，实行首长负责制和目标负责制；将生态环境建设工作列入领导干部工作目标考核内容，定期检查，定期向社会公布，接受群众和舆论的监督。

其二，积极推进体制创新。组织有关部门研究制定建设项目发展规划，做好建设项目区的合理布局和分类指导；研究体制创新，把生态环境建设工作引入市场竞争机制，引导企业参与，用创办产业的办法抓好生态环境建设，依据规划，重点支持生态建设和环境保护的重大项目。各地应采取更加优惠的投资导向政策，扩大引进国内外资金、技术的领域和力度，加强生态建设和环境保护。另外，各级政府应在一些地区试行资源环境核算制度，积极提倡和推广生态环境标志产品和绿色食品，推行绿色生态旅游。

其三，寻求新的建设方略。各地政府应在财政资金中列出专项，常年投入重点生态环境建设；通过争取银行贷款，引进利用外资等多种渠道筹集资金支持生态环境建设重点项目。各地应严格按照国家和省有关管理办法和规定，加强项目管理，严格执行国家基本建设程序，按规划立项，按设计组织施工，按工程进度拨付建设资金。另外，拓宽投资渠道，确保生态环境建设稳定投入，在生态环境建设中，要坚持“谁破坏、谁治理、谁受益、谁负担、谁开发、谁保护”的原则，通过价格和税收转移或“四荒拍卖”、“以工代赈”、“以粮代赈”、“个体承包”等形式广泛吸引和动员民间资金投向生态环境建设。

4. 经济措施

推进循环经济发展是一个全局问题，是一个战略问题。只有生态效益没有经济效益的循环经济发展和只有长期利益，没有短期利益的建设模式都很难推广运用。因此，循环经济建设的立足点和出发点必须着眼于以生态经济带动循环经济建设，必须用好利益杠杆，找准各种利益的平衡点，与全州全方位的可持续发展结合起来。就阿坝州目前的现状而言，必须立足生态环境建设本身找效益，立足相关产业的开发找效益。一个地区的经济如果不发展，生态环境建设也难以持久。因此，要围绕生态畜牧、草、林、农、旅游业产业化经营和农牧民脱贫致富奔小康的战略目标，结合阿坝州的总体工作思路，努力推动发展具有阿坝特色的绿色品牌产品，创出高效益的绿色生态经济产业，服务农牧民，促进全州经济、社会和生态效益的提高。

阿坝州的特定生态环境和客观发展需求要求我们必须建立一种合理、高效的农、林、牧、旅游生态结构。把国家支持、农牧民一家一户种树种草和产业开发、企业参与结合起来，运用新的机制和市场经济手段，吸引工商企业参与开发具有市场竞争力的生态畜牧业、生态草业、生态林业、生态农业、生态旅游业等产业及相关基础设施建设，使企业、农牧户形成一个利益链条，只有这样才能持续稳定快速地发展经济并推动生态环境建设。

（1）生态畜牧业产业化

生态畜牧业产业化是一项系统性工程，是市场经济中的畜牧产业与生态环境建设共同发展到较高阶段的产物。它要求产业化诸环节以市场为导向，以生态资源为优势，以经济效益为中心，以利益为纽带，各相关环节融为一个有机系统，实现生产资料基地建设、生产、加工、营销一体化。随着全球经济一体化进程和我国加入WTO、国家实施西部大开发战略的迅速推进，如何结合当地实际，发现特色经济增长点，抓住机遇，促进畜牧业产业化向广度及深度发展，已成为发展畜牧业的一个重要课题。

阿坝州的畜牧业产业化从总体上看，尚处于探索阶段，产业化程度不高，科技含量低，产业资源的优化配置、产业各相关环节的协调配合都还欠缺，特别是畜牧业的小生产与大市场的矛盾还相当突出。为突破以上所述的不利条件，阿坝州大力推进生态畜牧业产业化的主体思路应该是：努力壮大生产基地，加快培育龙头企业，迅速构建市场网络，同时推进草原生态环境建设，完善保障体系，建立适宜的分配机制。

以红原县为中心建设中的“阿坝青藏高原牦牛经济园区”，就是以牦牛为品牌，把优势资源转变为优势资本和优势产业，成功推进生态畜牧业产业化和草原生态环境建设的典范事例。该园区以发展生态畜牧业，实现畜牧业可持续发展和农牧民增产增收为主体目标，以保护草原生态环境为基础，通过发展牦牛经济，壮大牦牛产业，弘扬牦牛文化，把园区建设成绿色无公害畜产品的示范，特色资源开发的试点，科技成果转化的范例，生态畜牧业产业化的典范。

通过发展生态畜牧业能够把当前和长远利益结合起来，能够使生态效益、经济效益和社会效益同步得到实现。

（2）生态草业产业化

草的适应性强，从干旱带到阴湿地区，从低山丘陵到高寒山区，都有适宜当地生长的当家草种。在技术上，种草比造林容易，相对投入更低，在群众中容易普及，因而，在高原山区推广草业是切实可行的。草业是发展畜牧业的物质基础，又是改良土壤增加肥源的重要手段，同时也是恢复植被防止水土流失的重要步骤。草能够涵养水源，防上水土流失，草业具有多种特殊性能：一是易普及；二是效益好；三是功能全。

草是发展牧、农、林、经、果、草产品加工业的基础。开展种草养畜、林草结合、果草结合，发展高原山区经济，达到生态良性循环和物质能量循环的最佳途径。生态草业产业化必须相信群众，依靠群众，充分发挥群众在草业中的基础作用，大力推进非公有制草业产业化，充分发挥民间资金向民间资本转变产生的辐射效应，鼓励社会各界在创造良好生态环境的同时，实现自身的经济效益。对积极投入阿坝州生态建设的投资者，特别是购买“四荒地”进行开发治理者，在没有发挥效益之前，不提留，免征少征农林牧业税。可以考虑配套优惠政策，如可考虑给予凡能实行现代化管理和多元化经营的生态草业、生态林业、生态畜牧业开发企业3年至5年的免税期等。

(3) 生态林业产业化

生态林业产业化是生态林业适应市场经济需求的必然选择，也是提高生态林业经济效益和总体实力的有效途径。结合阿坝州的实际，当前和今后一段时间，要紧紧围绕生态林业发展的总体目标，以市场为导向，以科技为依托，以效益为中心，着力加强经果林建设，调整树种结构，丰富森林资源等第一产业；建立龙头企业，大力发展沙棘、茶树及林产品加工利用等第二产业；积极开拓林业多种经营等第三产业。根据阿坝州的自然条件和优势，应下大力气抓好经济林基地、森林旅游两大产业。

——经济果林基地建设。经济果林基地要调整结构，突出重点，要利用好现有资源和无工业污染、紫外线强、昼夜温差大的自然条件优势，通过微量元素的使用，多施有机肥，采用果实套袋等技术，发展绿色食品和微量元素食品，创出特色名牌。

——森林旅游开发。在培育和发展林果等主导产业的同时，大力开发森林旅游，通过改善已有景点的基础设施，增添新的旅游景点、人文景观，加强管理，提高服务质量，以满足人们崇尚自然、回归自然、休闲度假的需要。

(4) 生态农业产业化

实施生态农业系统工程是使资源可持续利用和生态环境不断优化的有效途径。必须走总体控制，优化结构，合理地利用农业自然资源，发挥优势，以林护农，以牧促农，农林牧综合开发，人与自然协调共生，经济与生产和生态环境建设同步发展的路子。

由于高原山区生产力水平低下，组建后的绿色食品农业基地的产品数量远不能满足社会日益增加的需求，这种供不应求的态势将长期持续下去。依照市场经济的价值规律，高原山区产品具有强大的价格竞争优势。因此，加速高原山区绿色食品农业基地建设，并以此为突破口，实施多层次加工，产供销一条龙，将是阿坝州的农业产品跻身国内、外市场，确立效益型生态农业的一条新路子。

(5) 生态旅游业产业化

阿坝州的旅游产业是一项高层次的绿色环保经济产业，必须依托绿色环保方可获得持久的社会效益和经济效益，所以必须提升旅游业的环境保护工作，达到旅游生态资源的永续利用。形成生态旅游网络体系，不断培育新的资源，不断寻找新的特色。

阿坝州实施生态旅游业产业化的亮点在于，通过打造大九寨国际旅游精品，构筑旅游产业高地，将大九寨建设成为国际旅游的窗口和通道；并以此为突破口，利用旅游业对其他相关产业的带动作用，形成“三次产业互动、城乡经济相融、区域梯度开发、多种成分共进”的格局，全面推进循环经济建设与生态环境建设。

（四）总结

阿坝州在大力推进循环经济发展进程中，需要始终贯彻科学发展观的指导方针，全面把握科学发展观的思想内涵，实现阿坝州发展观念的跨越，基础设施的跨越，经济质量的跨越，人才容量的跨越，最终实现全面建设小康社会和和谐社会的跨越。

依据阿坝州的资源禀赋特征，明确阿坝州的区域核心竞争力和实施推进循环经济建设与生态环境建设互动式发展的重点在于，谋求具有阿坝州特色的农牧业、旅游、水电资源的深度资本化，通过资源拉动、移民拉动、园区拉动、政策拉动、环境拉动，实现“农牧业立州，旅游业富州，水电强州”和建立“绿色经济高地”、“旅游经济高地”、“水电经济高地”的战略目标。阿坝州实施推进循环经济建设与生态环境建设互动式发展的难点在于，解决阿坝州跨越式发展进程中客观存在的以下矛盾：可用土地资源稀缺与土地价格低的矛盾；企业资本积累总量低、资本集聚速度慢与资本外溢之间的矛盾；人力资源整体素质低、结构低度化与经济跨越式发展对人才的迫切需求之间的矛盾。

阿坝州实施“推进循环经济发展战略”需要建立一批“绿色生态城市、国际旅游城市、生态产业园区、生态社区”，形成具有以藏羌文化为灵魂、以现代文明为手段、以绿色生态为底蕴的区域群落；以特色产业的发展提升区域生产力，以旅游产业的发展促进区域流通力，以生产力支持流通力，以流通力促进生产力，全面提升区域核心竞争力。

内蒙古生态环境建设与绿色产业发展探讨

马　林[①]　张巨勇　刘大志
（大连民族学院民族地区可持续发展研究中心　辽宁大连　116600）

绿色产业作为绿色浪潮的主体，在区域社会、经济、环境可持续发展中占有举足轻重的地位，是区域经济社会可持续发展的根本出路。内蒙古是我国北方一道重要的生态屏障，由于自然气候条件恶劣，生态环境十分脆弱，加之人为因素，生态环境建设存在诸多问题[②]。同时，内蒙古地区由于具有丰富的绿色资源，近年来绿色产业获得了较大的发展，大大促进了当地生态环境质量的提高。因此，内蒙古的生态环境建设应充分发挥自身的各种资源和生态环境优势，通过发展绿色产业来促进生态环境的建设。

一、内蒙古生态环境与绿色产业发展的相互关系[③]

（一）生态环境在绿色产业发展中的作用

1. 生态环境是绿色产业发展的前提条件

绿色产业的建立需要一定的空间场地，需要有适合产业布局的区位条件，需要有适应绿色生产的空气条件、水质条件、土壤条件、植物条件等自然条件，这一切均有赖于产业所处的环境支持，一定的生态环境条件才能满足绿色产业建立的基本条件需求。内蒙古自治区位于祖国北部边陲，横跨“三北”，素有我国北疆的“绿色长城”之称，东西长2400多公里，南北宽1700多公里，总面积118.3万平方公里，境内有大片的森林、辽阔的草原、浩瀚的沙漠，具有结构复杂、层次分明、功能齐全的生态系统，为绿色产业发展提供了良好的前提条件。

① 马林（1957－），男，内蒙古呼和浩特人，教授，大连民族学院民族地区可持续发展研究中心主任、经济管理学院院长。主要从事区域经济和民族地区经济可持续发展等方面的研究。

② 张明铁：《内蒙古生态环境建设问题之探讨》，《内蒙古农业大学学报》2002年第4期，第29—34页。

③ 马林：《内蒙古绿色产业论》，内蒙古大学出版社2004年版。

2. 生态环境是绿色产业的物质与能量基础

内蒙古生态环境为绿色产业提供的物质与能源主要有：生物资源。这是绿色食品产业及相关产业的直接原料来源，内蒙古辽阔的草原牧场、多样的动植物资源可为绿色食品产业提供丰富的物质。水资源。水资源的优劣直接影响饮品产业的形成，内蒙古复杂的自然环境条件，不仅有丰富的地上生物资源，优质的地下水资源也广布内蒙古各地，为保健矿料等的绿色饮品的加工生产提供了良好的生态环境条件和水资源基础，同时也为其他绿色产业的形成提供了物质保障。清洁能源。内蒙古高原丰富的太阳能、风能资源以及地热资源，均是绿色资源，这些能源的利用不仅降低能耗与产品成本，更主要的是它们是其他能源无法替代的清洁能源。开发利用这些清洁能源，使其逐步成为绿色产业体系的一个重要组成部分，是内蒙古近几十年来新技术应用与发展的一个重要方面。

3. 生态环境决定了绿色产业体系的总体布局与发展方向

绿色产业体系的布局及其发展方向受生态环境制约：生态环境的资源潜力决定绿色产业体系的规模；生态环境提供的资源类型决定着绿色产业体系的主体产业类型；生态环境质量的优越程度决定着绿色产品的质量等级。因此从区域范围来看，绿色产业分布空间格局与生态环境有着严格的对应关系。

内蒙古东西部生态环境差异较大，绿色产业的地域性十分显著。西部地区的阿拉善高原、鄂尔多斯高原等区域绿色产业的发展与当地的荒漠草原环境相适应，主要以治理沙漠、发展沙产业、开发绿色沙产品为主，已经涌现出亿利集团、兰太实业、鄂尔多斯集团等绿色企业；东部地区的大兴安岭林区、西辽河平原、科尔沁草原等地则以开发多样林区绿色山珍及饮品、畜牧养殖产品等绿色产业为主，涌现出大兴安岭森工集团、草原兴发、海啤集团等名牌绿色产业集团；广大的内蒙古高原草原区和河套农区则以发展乳品等绿色食品为主体，如伊利集团、蒙牛集团等，使得内蒙古绿色产业走在全国同行业前列。另外，绿色旅游业的发展与布局更显示出强烈的区域与地区民族特色，如鄂尔多斯婚礼、阿拉善沙海生态旅游、塞上草原风情、东部的林海景观等，均成为内蒙古旅游业独特而丰富的资源优势。因此，绿色产业布局需与地区生态环境条件及其提供的资源相一致才能达到产业发展与生态环境改善同步进行的目的。

（二）绿色产业促进生态环境质量的提高

绿色产业体系的形成依赖于良好的生态环境基础，而生态环境建设也需要绿色产业绿色管理的支持。内蒙古自治区绿色产业经过十几年的发展，已初具规模，绿色食品生产总数和原料产地环境监测面积居全国首位，不仅涌现出一批名牌企业，同时全区绿色食品管理体系已逐步建立起来。目前全区已有7个盟市19个旗（县、市）成立了绿色食品管理机构，形成了标准管理、环境监测、人员培训、技术开发等方面相配套的管理服务体系，为全区绿色食品产业规模化、规范化、系列多样化奠定了基础，充分发挥了内蒙古自身的各种资源和生态环境优势，提高了内蒙古生态环境的质量。如，内蒙古东部地区的草原兴发绿色产业集团不仅在经济效益上取得辉煌成绩，而且在绿色原料基地建设、生态环境建设中形成了良好的循环体系；西部的亿利集团，在开发化工原料、甘草药业等绿色资源，创造产业资本的同时，还成功地局部治理了库布齐沙漠，在沙海中创造了一方绿色水土，为产业化治理生态环境走出了一条值得借鉴的成功之路。

二、内蒙古生态环境问题及成因分析

目前内蒙古的生态环境问题主要表现为土地荒漠化、水土流失、植被退化、环境污染等，具体生态环境问题及成因如下：

（一）土地荒漠化问题

内蒙古是全国荒漠化土地分布最广的地区之一，其荒漠化土地总面积达65.9万平方公里，占全国的24.6%，全区88个旗县中，有67个旗县存在着不同程度的土地荒漠化问题，特别是沿大兴安岭—阴山山地一线的北方农牧交错带，土地荒漠化问题极为突出。造成内蒙古土地荒漠化的主要因素有：（1）由于水资源缺乏引起的土地荒漠化。虽然内蒙古有过境的黄河、西辽河及其支流水源，但对于广大的内蒙古高原内流区区域来说，多数为季节性洪流的作用，雨季利用率极低导致大部分地区地表缺水，叠加干旱的气候条件和地下水利用率低等，直接造成内蒙古大部分地区、特别是沙地边缘土地因缺水而荒漠化。（2）由于土地资源利用不合理引起土地荒漠化。草原牧区严重的超载过牧，加重土地负荷造成大面积地表裸露、土地风蚀、沙化；农牧交错区的不断滥垦使得农牧交错带界线不断上移，“开垦—撂荒—沙化”的恶性循环屡禁不止；农区的种植结构不合理，坡地的超高超坡度开垦等均造成了土地质量的下降，土壤贫瘠化日趋严重。（3）土地荒漠化是沙尘暴产生的重要原因之一，沙尘暴的频发又加速了土地的沙化。土地沙化使得内蒙古西部的绿洲农业和牧业受到了严重的危害，也使得中、东部地区的草原牧区、农牧交错带的低山丘陵旱作农业受到了不同程度的威胁。据有关统计，阿拉善自1993年5月特大沙暴以来，由每年的2~3次增加到1998年的40天内发生6次，2000年达19次的沙暴纪录，不仅对其周边地区的土地退化造成严重影响，而且影响到我国东部地区。

（二）水土流失问题

内蒙古目前全区严重水土流失面积达436万公顷，其中黄河中游流域内蒙古段的水土面积占到全流域总面积的70%，年侵蚀模数平均达0.5~1.0万吨/平方公里，每年向黄河输入泥沙1.8~2.0亿吨，区域内黄土裸露，植被覆盖度极低。1982年以来，国家将黄河流域的准格尔旗、乌审旗和林格尔县、清水河县、兴和县、丰镇及西辽河流域的库伦旗、奈曼旗等水土流失严重旗县列入了全国水土流失、重点治理的43个旗县地区之中。造成内蒙古地区水土严重流失的原因主要是由于该地区降水少，植被覆盖率低，土地抗蚀能力较差，加上过度放牧、盲目开垦等因素的影响，导致全区1/4以上的土地存在着严重的水土流失①，特别是内蒙古南部及东南部的黄河流域、西辽河流域、永定河流域等黄土丘陵和低山石质丘陵广布的地区，稀疏的地表植被、疏松的土质与季节性的降水使得这些地区成为内蒙古水土流失最严重的区域，被国家列为重点水土流失治理区。

（三）草原退化问题

草原是内蒙古社会、经济、环境的主体，然而内蒙古生态环境的另一大问题就是草原退化。目前，全区不同程度的退化草场已达973万公顷，占可利用草场的39.37%，其中中度退化草场占退化草场总数的35.3%，重度退化草场占退化草场总数的17.4%，轻度退化草场占退化草场总数的47.4%。30年间平均每年退化速度为5万公顷，超过当年草原建设的速度。造成草

① 赵羽：《内蒙古土壤侵蚀研究》，科学出版社1989年版。

原退化的原因主要是近十年来超载放牧使草原负荷日益加重的同时，每年春季人员滥采滥挖使得草场退化速度不断加快，草原资源受到严重破坏，草原的生产能力降低，严重地制约了地区牧业生产的发展，即使内蒙古水草丰美的中东部草原，如呼伦贝尔草原、锡林郭勒草原也出现不同程度的草场退化现象，而且有加重之势。

（四）森林生态问题

内蒙古地区森林资源由于近百年的过度采伐，林木资源锐减。素有林海之称的大兴安岭，年消耗木材 800 万立方米，而年总生长量仅为 45 万立方米，消耗量是生长量的 177%[①]，1996 年全区森林覆盖率为 14.2%，位居全国省市的第 18 位[②]。长期以来，森林资源利用缺乏生态与经济统一的指导思想，“重采轻育”、“集中过伐”等传统行为使得林业生产忽视了森林生态系统平衡与稳定，忽视了森林利用的生态效益，由此造成一系列主态环境问题的出现，如迹地更新中幼林抚育速度较慢、森林火灾、森林病虫害得不到有效控制等，从而造成原始森林锐减，林区群落结构遭到破坏，森林生态系统趋于不稳定，进而引发了其他生态问题的出现，如森缘地带水土流失、风蚀沙化现象增多。

（五）农业生态问题

内蒙古人均耕地面积远高于全国平均水平，且以旱作农业为主，但自然地理环境条件的制约和越来越严重的“三化”影响，使得贫瘠耕地比例逐年增高。2000 年末统计，全区有 840 万公顷耕地，其中 2/3 为中低产田，并且大多数是坡耕地和黄土丘陵。主要分布在大兴安岭南端的科尔沁、赤峰地区、大兴安岭东侧的嫩江流域、内蒙古中部的阴山南北麓丘陵地带、黄河中游沿程的河套平原、土默特平原等地。长期以来“多种不养”、“只种不养”、“广种薄收”的传统旱作农业经营方式使得旱耕地区的土壤质量下降，有机质含量不断降低，土壤的粗骨性不断增加，农田肥力普遍降低，加之旱灾、风灾、洪涝灾害频发，全区 40.3% 的农田沙化，31% 的农田水土流失，7.9% 的农田有盐渍化现象。另外，在一些大、中城市的近郊、大型企业周

① 马林：《内蒙古可持续发展论》，内蒙古大学出版社 1999 年版。
② 孙金铸、陈山：《内蒙古生态环境预警与整治对策》，内蒙古人民出版社 1994 年版。

围，农田还受到不同程度的工业“三废”污染，其中以水体污染最为严重。同时工业残渣的倾倒，农药、化肥的使用，劣质农作物品种的误用等人为因素的影响更加重了农田生态系统的负荷。

（六）水资源短缺，水体质量恶化问题

内蒙古大部分地区属于干旱半干旱地区，年降水在200～450毫米/年之间，而区域内几乎没有高山冰雪累积，内流区面积广大，故地表、地下水资源均较为缺乏，随着地表生态环境的恶化，表现在水资源利用方面的问题也日益突出。

首先是水资源短缺、供需矛盾日益加剧。目前全区每平方千米平均水量仅为43万立方米①。据统计，呼和浩特市以地下水为主要城市用水，属北方严重缺水城市，每日供水量达22.7万立方米，已超过设计能力的20%，可每天仍缺水5～8万立方米。地下水位一再下降，影响到城市的建设，也使得草原、森林的生长受到制约，更加重了地表生存环境的恶化。

其次，水体恶化也成为内蒙古水资源利用的一个重要的生态问题。水污染主要集中在大中城市、工矿城镇的工业废水排放、生活污水排放以及农药、化肥使用中的污染，不同程度地造成了地表水及地下水资源含盐量增加，富营养化增强，水生态平衡被破坏。

（七）环境污染问题

内蒙古虽然大部分地区工业不发达，人口稀少，但环境污染、工业污染、城市污染也在内蒙古各地有一定的显现，特别是呼和浩特、包头市以及各盟市首府城市和各大型工矿企业区。内蒙古存在的城市与工业污染问题主要表现在以下几个方面：（1）城市固体废弃物污染。由于各中小城市固体废弃物处理技术落后，排污系统少或无，城市绿化覆盖率低，自净能力差，垃圾日处理量小于日出产量，使得大部分中小城市生活垃圾污染十分普遍；（2）空气污染。内蒙古每年有6～8个月的冬季采暖期，几乎所有地区均以直燃原煤取暖为主，因此，煤烟型大气污染是内蒙古各城市以及大部分农村牧区主要的环境污染方式；（3）土壤污染。土壤污染在内蒙古主要集中表现在城市近郊和大型工矿企业对周围农田、草场、水域的污染。如乌梁素海

---

① 孙金铸、陈山：《内蒙古生态环境预警与整治对策》，内蒙古人民出版社1994年版。

受城市污水影响产生的富营养化污染水体灌溉农田；呼和浩特市南郊炼油厂与周边乡民产生的农田土壤污染纠纷等，均显示出如果不进行有效防治，土壤污染也正在成为内蒙古生态环境的又一大问题。

三、内蒙古生态环境建设与绿色产业发展的基本思路

（一）内蒙古生态环境建设的基本思路①

针对内蒙古长期以来由于不合理的资源利用导致的水土流失、沙化、土地退化、草原退化、土地盐碱化、生物多样性减少等生态环境问题，内蒙古生态环境建设首先要切实结合全区的生态环境保护与建设“十一五”规划，积极参与到生态环境治理中去，参与到各生态环境治理区的各项重点工程项目中，只有在基本生态环境问题得到逐步解决的同时才能进行全面的生态环境建设。

其次，内蒙古生态环境建设要与绿色产业发展密切结合，以产业发展带动生态环境建设，以良好生态环境、绿色资源促进绿色产业发展。在具体实施过程中，政府应将生态环境建设要求、目标分配给各绿色产业，实行政府投资与产业投资、社会投资相结合，政府宏观调控、产业操作的基本模式与生产实践、经济效益密切结合。在产业活动中实现生态环境建设，达到区域生态环境建设的目标。

第三，内蒙古自治区生态环境建设应结合东、西、中各区域的绿色资源优势，合理布局绿色产业体系，在充分考虑生态环境现状和绿色资源的区域配置基础上，进行全区生态环境建设的宏观规划，使生态环境建设朝着既符合自然生态系统发展规律，又有利于绿色产业体系建设的方向发展，并且各地区各行业分工合作、协调共进，做到全区一盘棋。同时，结合绿色产业的行业特点进行区域生态环境建设的微观设计，从而形成以绿色产品原料地生态环境建设为核心，辐射周边生态环境建设，以点带面的环境建设格局，最终使内蒙古在生态环境保护、建设过程中形成具有经济、生态、社会综合效应的生态环境体系和绿色经济氛围。

① 马林：《内蒙古绿色产业论》，内蒙古大学出版社2004年版。

（二）内蒙古绿色产业发展的基本思路①

内蒙古绿色产业的发展要依托绿色生态环境建设，把加快实施内蒙古生态屏障工程，营造绿色生态环境作为绿色产业体系构建和发展的基础和根本；通过内蒙古绿色产业体系的双翼——绿色食品和绿色旅游的带动，全面启动和发展内蒙古绿色产业；培育内蒙古绿色产业的"航空母舰"——绿色企业，带动内蒙古绿色产业向集团化、规模化的大目标迈进；加大内蒙古绿色产业发展的龙头——绿色营销的力度，树立良好的绿色形象和品牌，使内蒙古的绿色产品走向全国、走向世界。

"十一五"期间，要依托生态和资源优势，以市场为导向，营销为龙头，以科技为动力，以效益为中心，集中搞好绿色产品的开发，重点抓好基地和龙头企业建设，把内蒙古90%以上的名、优、特、新农畜产品开发成绿色产品，使国家和自治区级生态旗县成为绿色产品生产基地，培育出几个在全国乃至世界有影响力、竞争力的绿色产品的生产企业。在此基础上，充分发挥绿色产品的延伸、辐射和推动作用，进一步挖掘内蒙古独特的民族、历史、文化等人文资源，开拓创新，将绿色技术、绿色投资、绿色消费、绿色文化、绿色营销同绿色产品开发有机融合起来，逐步优化、绿化内蒙古的产品结构和体系，从总体上构建内蒙古独特的绿色产业体系。

生态环境是绿色产业生存和发展的基本条件和保障，绿色产业体系的建立与发展又是生态环境建设的直接动力，生态环境质量的提高需要与产业经济效益密切结合在一起，以产业利润、经济效益的再投入来进行生态环境建设，通过"绿色资本运营"使二者协调发展互相促进。以生态环境建设促进绿色产业发展，二者相辅相成，才能从根本上解决内蒙古生态环境建设问题。

① 马林：《内蒙古绿色产业体系构建的基本思路》，《中国人口资源与环境》2004年14（6）：33－37。

启动碳交易市场　推动西藏生态环境建设

王天津
（中央民族大学经济学院　北京　100081）

中国青藏高原无垠的草原和连绵的森林等构成了中国境内最著名的"江河源"与"生态源"，这个独特的生态系统是支撑中国内地和东亚环境系统的重要基地。中国政府在"十一五"规划纲要中提出了削减10%二氧化碳排放量的规定，并且随之实施了建立生态功能区、实行"节能减排"战略等系列化措施。西藏自治区位于这个高原的核心地带，因此，保护西藏生态环境，建立区域碳汇功能区，不仅能改善中国环境质量，而且能为遏止全球变暖作出新贡献。

一、保护西藏生态环境和建立区域碳汇功能区的基础条件已经具备

森林、草原和湖泊是地球陆地最大的碳汇存在物质形式，绿色植被在光合作用中产生的吸收二氧化碳、释放氧气的效能是减缓温室效应的强大推动力量，依据这个标准，西藏自治区具有建立碳汇功能区的基础条件。同时，西藏30年改革开放取得了举世瞩目的经济建设成绩，也为建设碳汇功能区提供了现实的运作手段。

1. 特殊地理造就独特生态势能

西藏自治区位于北半球中纬度地带，由于这是大气环流循环活跃的地带，因此，下垫面绿色植被覆盖率的高低意义十分重大。因为藏民族千百年来艰辛探索所形成的特殊和亲自然的生产生活方式等因素的作用，西藏高原大片原始风貌的森林、草原和湿地能够保留至今。特别是近些年来，西藏开展了大规模的各类植树种草等保护环境的活动，诸如实施天然林保护工程、草原围栏放牧、建立自然保护区等，一些原先荒芜的地方草木葱郁，绿色植被面积增加，农牧业生产基础由此得到加强。同时，这种状况也使全区境内大片地表绿色植被所具有的总体固碳能力和氧气生产能力得到极大增强，其碳氧动态变化的总量效能极其庞大。这类自然物质能量交换活动不仅对区域生态良性循环有着多方面的影响，而且从全球水平的植被和大气界面间的二

氧化碳（CO_2）交换比例来看，它们的效益也是十分显著的。

2. 自然保护区与林业建设业绩明显

依据国家“十一五”规划纲要，西藏自治区重新制定了以生态环境为标准的经济区域开发战略。西藏自治区环境保护局公布的数据显示，截至2008年1月，西藏已将总面积达40.83万平方公里的自然保护区列为“禁止开发区”，其占全区国土面积的34.03%，比例具全国之首。其中包含的分类区域是，40个各类自然保护区、21个生态功能保护区、7个森林公园、3个地质公园和1个风景名胜区。此外，藏东南高原边缘森林生态功能区、藏西北羌塘高原荒漠生态功能区，这些则被列入“限制开发”的区域。[①] 这些区域的划分为保持和增强碳汇功能奠定了基础。同时，依据西藏自治区林业局公布的数据，自2003年开始全面实施退耕还林工程到如今的5年期间，全区退耕还林共约1.7万公顷，宜林荒山植树3.7万公顷。这些工程主要安排在西藏水土流失、土地沙化较严重的地区，共涉及7地（市）49个县的44787户、24万农牧民群众。仅在2007年，西藏就完成了退耕还林3300公顷，宜林荒山造林6700公顷。[②] 西藏自治区拥有茂密的原始森林、广袤的草原和大片湿地，它们通过光合作用形成了具有减少CO_2的强大生态功能。

3. 草原保护与建设成果突出

西藏自治区草原面积广阔，固碳总体功能强大。例如，西藏北部那曲地区总面积达40多万平方公里，是闻名天下的羌塘草原所在之地，也是全国著名的牧场。那里地势相对平坦，湖泊星罗棋布，年日照时数为2852.6—2881.7小时。每年5至9月期间气候温和，风平日丽，降雨量占全年的80%，是牧草生长的黄金季节。当地的绿色植物生长期全年约为100天左右，全部集中在这个季节。在此期间，阳光照耀下的草原一片青绿，光合作用强盛，人欢畜旺。

国家和西藏多年来不断投资于包括草原在内的全区生态环境保护和建设，“十五”期间，投资达到24亿元，实施了那曲地区中部草地国家级生态示范区、拉萨市拉鲁湿地等建设工程。西藏全面推行了“禁牧休牧、草畜平衡”制度，2007年，在41个县、259个乡和2031个村落实了草场承包经营责任制，覆盖农户达12.67万户和68.11万人，使历年累计承包到户草

① 钟诚：《西藏逾三分之一的面积为“禁止开发区”》，中国新闻网，2008年1月15日。
② 李文：《西藏5年退耕还林25万亩》，新华社，2008年1月3日。

场面积在当年达3620万公顷，分别占西藏草场面积、可利用草场总面积的44%和66%。① 西藏草原不仅使畜牧业持续保持增长态势，也使碳汇功能增强加大。

4. 高原湿地如同天然氧吧

“青藏高原湿地”是世界平均海拔最高的湿地，对全球生态有着重要而独特的生态价值，为此世界《湿地公约》将其单列为内陆湿地的一种，并唯一以地域名称冠名。例如，总面积为6.2平方公里的拉鲁湿地位于拉萨市西北部，区域平均海拔3645米，是典型的青藏高原湿地。依据公布的专家计算数据，通过光合作用，拉鲁湿地每年吸收7.88万吨二氧化碳，产生5.37万吨氧气。拉萨人形象地称之为拉萨的“天然氧吧”。多年来，拉萨市空气质量优良率达97%，拉鲁湿地功不可没。② 藏族民众正在像爱护自己的肾一样保护着西藏高原的湿地。

同时，必须清醒地认识到，西藏自治区在环境保护方面依然存在着不足。主要表现在以下几个方面：第一，自然保护区是西藏碳汇功能生成集聚的主体区域，可是，由于管理工作疏漏，这类地区一些潜在能量没有得到发挥。第二，西藏退耕还林还草工程进展并非一帆风顺，缺陷依然明显。在拉萨通往山南的公路两边，不少地段的路边树木死亡率很高。在日喀则地区附近，人们同样能看见成片的死亡树木。藏北草原的人工种草工作困难重重，效果很不理想。第三，近些年来，西藏沙化土地和荒漠化土地正在逐步扩大，并加快了沙尘暴和沙尘天气的发生。目前，西藏自治区沙漠化土地已达21.68万平方公里，占全区土地面积的18.1%，荒漠化土地占全区土地面积的36.1%，土地沙漠化和荒漠化面积仅次于新疆和内蒙古，居中国各省、自治区和直辖市第3位。③ 西藏拉萨市以天空碧蓝、空气清新而享誉天下。但是，2008年初，拉萨市经历了多次严重的沙尘侵袭。这些风沙天气不是偶然事件，而是自然界对人们以牺牲环境来谋求利润做法的一种报复行动。

这些不良事件的出现，虽然带有清晰的客观环境制约的痕迹，但是也在深层次上反映出经济体制方面的某些弊端。因此，需要深化经济体制改革，逐步解决这些问题。

① 西藏自治区环境保护局：《2007年西藏自治区环境状况公报》，2008年6月7日。

② 觉果：《拉萨“天然氧吧”》，新华社，2008年2月3日。

③ 颜园园：《春节藏历新年期间拉萨出现浮尘天气》，新华网，2008年2月18日，hppt：//www. xinhua. org。

二、分步骤设立西藏区域碳汇功能区的建议

中国共产党“十七”大报告明确指出：“加强应对气候变化能力建设，为保护全球气候作出新贡献。”西藏自治区境内连绵的森林草原拥有巨大能量的碳汇，能为缓解地球升温产生重要作用。因此，以科学发展观为指导，利用西藏拥有的资源环境，建立区域碳汇功能区，乃是贯彻落实科学发展观的有效途径。

1. 统筹规划建设西藏碳汇功能区

建立西藏区域碳汇功能区，要以国家“十一五”规划纲要为指导，以《中国应对气候变化国家方案》为行动标准，借助国务院“节能减排”工作的强力推动，全面部署，稳步推进。（1）统筹规划和试点示范。突出碳汇目标的功能区建设，实施难度较之以往要大。因此，需要制定出切合实际的总体规划，按照“政府引导、多方参与”的原则实施，先易后难，讲究成效。（2）突出自然保护区的特色。要在已经批准建立的众多自然保护区的框架之下，根据自然环境和地理气候，特别是依据绿色植被覆盖率高这项标准，选择具有强大碳氧转换功能的一些区域，试点示范，建成目标指向明确的碳汇功能区。（3）生态保护与经济发展相结合。建立碳汇功能区的最终目的是为人类创造长久安定与持续发展的基础条件，因此，及时发展生态经济，建立环境资源产业，使增收致富和环境保护协调一致，就是始终把握的方向。

2. 制定符合西藏区情的碳交易指导战略规划

碳交易的主角是“二氧化碳”，这种气体无色无味，看不见摸不着，而且在大自然状态中是均匀传播。这种特性造成的结局是，在一个地区，如果通过人工投入诸如植树种草，提高环境质量，形成清新空气，那么，无论是参加劳动者还是不参与者，他们均可以自由享受劳动果实，国际流行市场经济学则称这种劳动成果为“公共产品”。市场经济理论的代表人物英国经济学家亚当·斯密曾经说过，市场经济的运作是“看不见的手”在操控，因而是最公平的保障等价交换的经济机制。但是，这种起始于200多年前英国工业革命的市场经济制度则难以使公共产品的价值得到公平交换，因而，今日的工业化国家便在昨日无所顾忌地排放二氧化碳，导致全球目前温室效应严重，世界环境日益恶化。后来，工业化国家的市场经济学者不得不承认这

个悲哀的事实，称之为“市场失灵”（Market Failure）。[①] 欲要完成中国面临的节能减排重任，首先要解决市场经济存在的弊端，解放思想，大胆探索，走中国特色的社会主义建设之路。

制定碳交易指导战略规划，兴利除弊，创新发展，乃是贯彻中国应对气候变化国家方案的实际步骤。在西藏自治区进行碳交易，必须强化政府的行政领导功能，建立强有力的组织机构，负责碳交易的战略和规划工作。明确方向，规定任务，调查研究，依据当地区情，制定正确的和可操作的战略规划。同时，在实施规划中担任组织、管理和监督重任，确保节能减排工作的顺利完成。这样，既可以使有着“地球第三极”美誉的青藏高原在碳汇方面的功能得到发挥，又使碳交易行为切实可行，给当地农牧民带来实惠，避免流于形式。

3. 建立核算碳汇和碳源基准账户

市场买卖的一个最基本的原则是等价交换，而等价交换的起码条件是明码标价、物品度衡精准。换句话说，要有一个公认的计量标准，各方依据这个标准公平交易。碳汇交易兴起于1992年《联合国气候变化框架公约》等文件通过之后，存在仅仅十余年时间，最基本的计量方式尚在探讨之中。例如，按照《京都议定书》提出的清洁发展机制（CDM），对碳汇量的计算使用“基准线”方式。即如要进行一个CDM交易，首先要提出一个关于碳的计算方式，而且它要上报联合国专门机构认定，在国际互联网上公示，只有在没有争议之后，才可以用来计算这次交易涉及的碳汇量。不一样的CDM交易，基准线的计算也不同。因此，组织力量，采用多种方式测量，建立基准账户，这是一个基础性的工作。国务院已经发出一些文件，提供了一些计算节能减排的方法，完全可以借用它们来计算碳汇数量。同时，也要依据实际需要和变化，进行一些新探索，以求碳汇计算合理精确。同理，碳源计算也需要建立基准账户，以便进行交易。

碳交易是全球新兴的交易品种，可以用较少的治理成本达到较大的减排效果。通过将经过核查的减排量在交易所竞拍，这也使得污染减排不再是“只有投入，没有收入”的行为。美国的芝加哥气候交易所是世界上第一个

① McConnell，Campbell R. & Brul，Stanley L.，2002，Chapter Thirty，Government and Market Failure：Public Goods，Externalities，and Information Problems，Economics：Principles，Problem，and Policies（Fifteenth Edition），Irwin McGraw－Hill，Inc.，WI，New York，U. S. A. 英文“market failure”的直译为“市场失败”，也可以依据它在经济学理论中表述的意思译为“市场失灵”。

温室气体自愿但具法律约束的减排交易系统，在美国、欧洲等地建有5个排放权交易平台，经营情况很好。这些经验完全可以借鉴、创新，以便使中国的碳汇经济在更大的范围之内与世界接轨。

4. 以农牧民增收推动碳汇功能区建设

森林草原是陆地上最大的生态环境系统，是构建西藏区域碳汇功能区的物质主体。西藏农牧区是人工植树造林种草工程的实施场所，农牧民是从事工程建设的主力军，实践证明，人们从事社会经济活动的基本动力来自有效的物质激励。《中共中央关于推进农村改革发展若干重大问题的决定》指出："坚持以人为本，尊重农民意愿，着力解决农民最关心最直接最现实的利益问题"，而且强调通过农业产业化、城乡经济一体化等方式来完成这个目标。因此，实现好与发展好农牧民的根本利益，乃是完成西藏高原区域碳汇功能区建设的首要条件。为此，需要采取几项重要措施：

第一，特色产业走向规模化。特色就是优势，特色就是劳动生产与自然环境相协调，就能获得理想的经济效益。通过推进乡村经济结构调整，发展特色产业带，实施产业化经营，创造利润以让群众生活富裕。第二，城乡合作发展生态农业。依靠乡村良好生态环境，引进城市先进管理技术，是批量生产绿色产品的好路子。这样能够创造出更大的生产能力，为促进农牧民收入快速稳定增长发挥重要作用。第三，支持农产品拓展国际市场。出口高原特色浓郁的劳动密集型产品，这是增加农民收入的新渠道。例如，西藏松茸系纯天然野生菌类，因此备受国内外人士喜爱。同时，松茸保鲜要求高，自采摘、收购、加工、检验检疫、运输等涉及环节众多，出口难度大，风险高。西藏商业、农业和检验检疫部门通力合作，于2008年8月将第一批鲜松茸从林芝机场启运，途径成都、上海顺利通关抵达日本。①

5. 以提高绿化覆盖率来增强碳汇功能

森林草地越多，碳氧转换能力越强，进行碳交易的产品就越丰富。西藏植树种草虽然取得成就，但是绿色植被覆盖率依然不能达到需要的标准，而且一些植树造林工程存在着效益不高的问题。因此，一段时间，西藏民众是这样评价造林绿化："春天忙植树，夏天不见绿。"必须采取有力措施，扭转这种虚耗资金、浪费时间的无效益状态。第一，用创新思想指导造林绿化。为了切实提高造林成活率，必须扎实做好植树种草工作，消除华而不实

① 韩勉、次仁旺堆：《西藏今年第一批鲜松茸出口日本》，《西藏日报》，2008年8月23日。

的"政绩工程"。为此，需要严格贯彻落实西藏自治区林业局关于植树造林的指示精神。"严禁超面积超范围造林，严禁将重点区域造林绿化项目资金用于其他造林任务，严禁随意变动作业设计。"不追求春季造林面积，只保证夏季绿荫一片。① 第二，加大乡土树种培育力度。造林首先要严把树苗质量，新育苗地严禁再培育北京杨，须转而大量培育乡土树种，逐步调整原先导致高死亡率的不合理的树种结构。第三，保证民众自造林中受益得利。合理使用还林还草补助款项，及时发放造林补助款项，让当地老百姓按劳取酬。栽活一片绿树，等于建立一座碳库。

削减温室气体排放，应对全球气候变化的重大挑战，这是世界各国当前共同承担的重任。中国选择在青藏高原建立碳汇功能区，首先能夯实西藏农牧业生产持续发展的基础，加快少数民族地区经济发展，而社会经济繁荣能够促进民族团结，粉碎境外敌对势力妄图分裂祖国的罪恶企图，巩固祖国西南边疆。同时，建立青藏高原碳汇功能区，将抓住这个全人类应对气候变化而产生的新需求及其所提供的新空间，这是目前西藏赢得国际社会新关注和社会经济持续发展的大好良机。总之，通过深化经济体制改革，从多个方面做出艰苦努力，围绕增强碳汇功能设计新发展策略，建成西藏区域碳汇功能区，就能获得经济发展与环境保护双赢的美好前景。

① 西藏自治区林业局文件：《关于做好 2008 年造林绿化工作的紧急通知》，2008 年 2 月 27 日。

发展生态产业实现三江源区经济的可持续发展

盛国滨

（青海民族学院经济与管理学院　青海西宁　810007）

生态产业①（Ecologic Industry）也称绿色产业（Green Industry），是20世纪80年代初由欧、美、日等发达国家和地区基于日益凸现全球环境与发展问题而提出的，是国民经济产业体系中，以绿色产品生产、经营及提供绿色服务为内容，以满足消费者对绿色产品需求，实现经济社会可持续发展为目标的环境友好型产业。面对三江源地区滞后的经济，生态系统的脆弱、敏感以及生态环境的恶化，选择走积极保护草原生态环境与加快牧区经济发展有机结合的草原牧区可持续发展的道路，具有十分重要的现实意义。

一、三江源区选择发展生态产业的战略意义

1. 三江源地区生态环境的战略地位

“三江源”地区地处青藏高原腹地，是青藏高原的重要组成部分，地域辽阔，是我国最大的产水区，有大小河流约180多条，河流面积0.16万km^2，也是世界上影响力最大的生态调节区，三大江河年产水量600亿km^3，其中，黄河水量的49%来自该地区，成为“中华水塔”甚至“亚洲水塔”。三江源是世界海拔最高（平均海拔4400m）、面积最大的高原湿地生态系统，有河流、湖泊、沼泽、雪山、冰川等多种湿地类型，面积达7.33万km^2，冰川总面积1812km^2以上，年消融量10余亿m^3，湿地生态系统具有水源涵养、减缓径流、蓄洪防旱、防灾抗灾、降解污染、维持生态多样性、为人类生产、生活提供多种资源、调节气候等多方面其他生态系统不可替代的作用，具有巨大的生态功能，被誉为“地球之肾”、“生命的摇篮”。这里特殊的气候条件，孕育了独特的生物物种，区内有植物种类2238种，国家

① 邓艾：《可持续发展的草原生态经济模式》，《西北民族大学学报》2002年第6期。

重点保护动物69种[1]，是全球高海拔地区生物多样性最集中的地区，被誉为“高寒生物自然种质资源库”，是我国江河中、下游和周边地区生态环境安全和区域可持续发展的生态屏障，源区的生态环境变化直接关系到长江、黄河和澜沧江中下游乃至全国的生态安全，对全国乃至全球大气、水量循环都具有重要的影响。然而，“三江源”地区自然环境严酷，生态系统非常脆弱、敏感，一旦破坏，很难恢复，其特殊的生态战略地位对中华民族的生存和发展起着重要的作用。

2. *发展生态产业是实现三江源地区经济与生态和谐共生的现实选择*

三江源地区经济发展水平十分滞后，主体经济以天然畜牧业为主，牧业生产方式以自然放牧为主。2003年全区GDP 26.01亿元，人均4270元，仅相当于青海省的58.44%，相当于全国的47.08%；人均地方财政收入1180元，分别相当于青海省的44.97%和全国的70.52%，农民人均纯收入1685元（图1），分别仅相当于青海省的92.73%和全国的64.26%[2]，三江源地区16个县中有7个国家扶贫开发工作重点县，7个省扶贫开发工作重点县，贫困县数量占全省贫困县的56%，贫困人口达4.9万户、25.4万人，占当地农牧民总人口的63%，农牧民人均收入比全省平均水平低300元，是全省贫困现象最集中、贫困程度最深重、脱贫任务最艰巨的地区。三江源地区

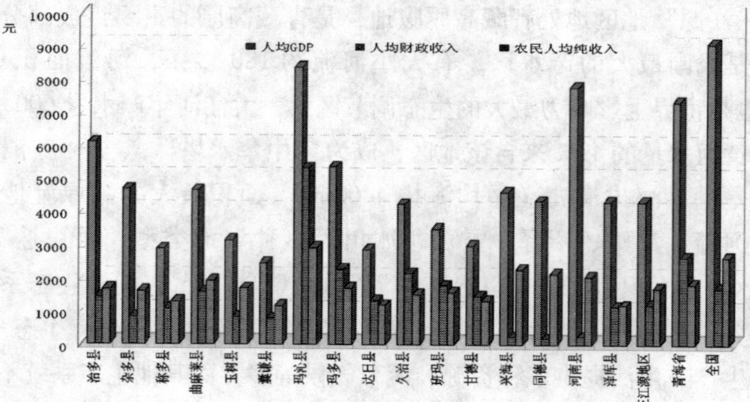

图1　三江源地区经济发展水平与青海省及全国比较

---

① 三江源自然保护区生态环境编辑委员会：《三江源自然保护区生态环境》，青海人民出版社2002年版。

② 中国统计出版社：《2004年青海统计年鉴》。

占全省国土面积的50.3%，没有三江源地区农牧民的总体小康，就没有全省的小康，就无法真正实现三江源地区生态与经济和谐共生可持续发展。因此，发展生态产业是从根本上治理三江源区草原生态环境退化、保证农牧民收入的持续增长，最终实现牧区经济与生态的协调发展，加快农牧民脱贫致富奔小康步伐的有效途径。

3. 发展生态产业是三江源区实现可持续发展的关键

首先牧区传统农牧业为主的初级单一型产业结构转向以生态牧业、生态工业、生态旅游业为主的多层次立体产业结构，不仅有利于实现牧区就业渠道、收入来源的多元化和居民收入持续增长，而且可以分流和化解由于牧区人口增长、农牧民脱贫致富而产生的对生态环境的压力，可以消除产生草原超载过牧和滥垦、滥挖、滥采、滥捕、滥伐等环境破坏行为的经济动因和经济运作方式，可以从根本上打破牧区生态—经济恶性循环关系链。其次，草原生态牧业、草原生态工业和草原生态旅游业本身就是生态保护型、环境友好型的产业，发展草原生态产业，建立和完善与此相适应的环境保护制度、产权关系、产业体系、资源利用方式、清洁生产方法、绿色产品生产标准，可以在草原牧区逐步培植起一套有利于保护和改善草原生态环境及资源可持续利用的内在经济机制、制度安排和技术支持体系。第三，传统农牧业与草原生态产业之间的差异远小于传统农牧业与其他现代产业间的差异，牧区产业结构转型的经济成本和社会成本相对较低，生态牧业、生态工业、生态旅游业大多属于劳动密集型产业，发展这些产业不但投资少、见效快，而且创造的就业机会多，可以把广大农牧民吸纳到牧区现代化进程中来，可以大大减轻牧区人口增长对草原生态环境的压力，为加快实施生态移民工程，全面实现小康社会创造了条件。

二、三江源区经济发展与产业结构的特性分析

1. 生态系统的脆弱性和独特的高寒降效特性

三江源区气候特征属青藏高原气候系统，为典型的高原大陆性气候，表现为冷热两季交替、干湿两季分明，年温差小、日温差大、日照时间长、辐射强烈，无四季区分的气候特征。冷季长达7月，热量低、降水少、风沙大、海拔高，绝大部分地区空气稀薄，植物生长期短，无绝对无霜期。年平均气温为 -5.6—3.8℃，年平均降水量 262.2—772.8mm，年蒸发量在

730—1700mm。沙暴日数一般19天左右，最多达40天（曲麻莱县）[①]。源区的生态系统结构简单、生产力水平低、稳定性差和自我恢复能力弱，容易因外界因子的干扰和破坏而发生变化，恢复难度极大且恢复过程缓慢，高原生态系统十分脆弱。严酷而独特的高寒气候导致各种产业的生产力水平低，经济效益差，经济发展滞后。从表1中可以明晰地看出2003年三江源区的各项经济效益指标占全国和青海省比重比较小，2003年底总人口60.95万人，占青海省的11.42%，GDP为26.01亿元，占青海省的6.67%，第一产业增加值14.4亿元，占31.2%，第二产业增加值4.01亿元，占2.18%，第三产业增加值7.6亿元，占4.76%，地方财政收入7.19亿元，占5.13%。三江源地区是青海省经济发展落后、经济地位比较低下、贫困人口比重较大、全国经济发展水平最滞后的地区。

表1　全部国有及规模以上非国有工业企业经济效益指标比较表（%）

经济效益指标	工业增加值率	总资产贡献率	资本保值增值率	资产负债率	成本费用利润率	全员劳动生产率（元/人）	产品销售率
三江源	31.49	3.46	112.45	51.67	51.67	28780	
青海省	38.41	4.97	115.9	67.1	4.72	40072	97.2
全　国	29.01	11.1	113.5	59.1	6.2	66943	98.1

资料来源：《2004年青海统计年鉴》，2004年6月。

2. 产业结构不合理：过度单一的农牧经济特性

三江源区经济以草地畜牧业为主，2003年底，三江源地区总人口已达60.9万，藏族人口占区内人口的近90%，2003年全区GDP 26.01亿元，农牧业产值为15.68亿元，占总产值的60.3%。过度单一的农牧经济特性，产业的低度发展在结构上表现为产业结构的不合理。第一产业、第二产业、第三产业所占比重三江源区为60.3%∶16%∶23.7%，见图2，青海省为14%∶50%∶36%。全国为17%∶56%∶27%。[②] 三江源区第一产业所占比重偏高，第二产业所占比重偏低，第三产业的比重占青海省的50%，而接近于全国水平主要是由于地理位置偏远，工业与服务业基础脆弱，需要外调大量的日用工业品来满足和保障三江源区60.9万人口的需求所引发的。

3. 长期的人畜超载特性

① 中国统计出版社：《2004年青海统计年鉴》。

② 景晖、王昱、崔永红：《青海经济社会形势分析与预测（2004—2005）》，青海人民出版社2004年12月版。

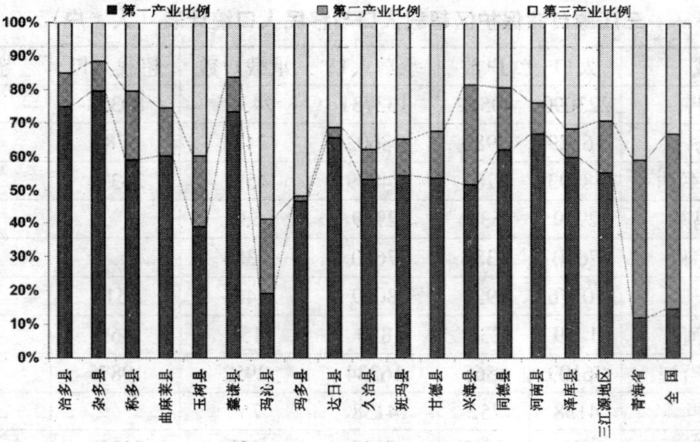

图2　三江源地区单一的产业结构比较分析

三江源地区经济社会发展中，最突出的矛盾是严酷的自然条件、不断恶化的生态环境、十分有限的土地、草场、水资源同较快增长的人口和人的需求之间的矛盾，就是人与自然的矛盾，见表2。三江源地区总面积为36.29万km^2，占全省总面积的50.3%，总人口已达60.95万人，自然保护区现有人口223090人①，人口环境容量为133731人，超载89358人，超载40.05%。藏族人口占区内人口的近90%，而藏族牧民的生产、生活都是围绕畜牧业展开的，畜牧业的发展，草场的超载过牧现象越来越严重，草场生态面临巨大压力，现有牲畜2224.03万羊单位，合理载畜量为978万羊单位，超载1245万羊单位，超载60%。据统计②，保护区载畜量为978万只羊单位，相当于1hm^2可利用草地能养1只羊。但大多数县乡实际放牧和饲养牲畜数量远远超过此数量，这就进一步加剧了草场的沙化，加之人们为了生存，必然要就近利用和索取当地的资源，并采取过度放牧等粗放型的生产方式。因而，人口超载和利益驱动，加剧了三江源地区脆弱生态环境的恶化。

① 青海省发展计划委员会、青海省林业局和青海省农牧厅：《三江源自然保护区生态保护和建设总体规划》2004年2月。

② 三江源自然保护区生态环境编辑委员会：《三江源自然保护区生态环境》，青海人民出版社2002年版。

表2　　三江源自然保护区超载人口与移民人口统计表（人，户）

区域	人口	户数	承载人口	承载户数	超载人口	超载户数
合计	223090	40562	133731	24315	89358	16129
麦秀	16389	2980	13602	2473	2787	507
中铁—军功	48293	8781	24899	4527	23394	4253
阿尼玛卿	2939	534	2939	534		
星星海	7610	1384	7610	1384		
年保玉则	10576	1923	8059	1465	2517	458
多可河	1299	236	830	151	469	85
通天河沿岸	36109	6565	16234	2952	19875	3614
东仲	4138	752	4138	752		
江西	36221	6467	5092	926	31129	5541
白扎	5438	989	5438	989		
昂赛	3694	672	1872	340	1822	331
当曲	3335	606	3335	606		
索加—曲麻河	13867	2521	13867	2521		
各拉丹东	2113	503	2113	384		
约古宗列	9234	1679	6263	1139	2971	540
扎陵—鄂陵湖	1902	346	1902	346		
果宗木查	12297	2236	12297	2236		
玛可河	7636	1388	3242	589	4394	799

资料来源：青海省发展计划委员会、青海省林业局和青海省农牧厅：《三江源自然保护区生态保护和建设总体规划》，2004年2月。

三、三江源区发展生态产业的总体思路和重点

三江源区生态保护产业发展必须要立足于生态保护，从保护与可持续发展的双重角度出发，针对三江源自然保护区的特殊性和生态—生产—生活承载力，尊重自然规律和科学发展观，分阶段、分层次（核心层、缓冲层、实验层、外围层），不但要提出三江源自然保护区产业发展的总体定位、发展目标、保护重点与发展方向，而且提出与资源优化配置及生态环境建设相适应的生态型产业体系和产业结构调整与优化布局方案。把三江源自然保护区建设成为生态、生产、生活共同繁荣的自然保护区、国家级可持续发展实验区和国家循环经济示范区。

1. 基本发展思路

引导产业结构由单一畜牧业向林牧业—加工业—旅游业的多元化生态产业结构转变，建立生态型产业体系；引导产业结构由投入漏出型向投入产出型转变，推行集约型经济增长方式；引导产业结构由生产—生活型向生态—生产—生活型转变，推进国民经济生态化，建立资源节约型、环境友好型和生态型产业结构体系；立足生态资源优势，培育和延伸生态型产业链，选择与优化支柱产业，立足草场资源的现代草畜业、立足中藏药资源的现代医药工业、立足三江源高寒神奇等资源的生态旅游业产业链，并且加快建设各种生态产业示范区。

2. 生态畜牧业的发展思路与方向

生态畜牧业，是在不破坏草原生态系统自然生产力及其生态功能完整性的前提下，通过牧业生产部门（草原畜牧业）和前牧业部门（产前服务业）、后牧业部门（畜产品流通加工业）构成的生态产业链，高效利用草原资源，向市场提供符合绿色食品和绿色产品标准的畜产品的现代化大牧业。其基本模式可概括为："以草定畜 + 分区轮牧 + 集中育肥 + 批量加工 + 统一销售。"要从传统的畜牧业向现代畜牧业发展方向转化，实现畜牧业生产的集约化、专业化、规模化、市场化。内蒙古草原兴发、蒙牛、伊利等一批农畜产品加工企业在市场能够做大的一个重要原因就是在规范加工的基础上，将原料来源向成千上万的农牧民家庭延伸。在三江源生态治理过程中，借鉴内蒙古等地的经验，在明确环境准入标准的基础上鼓励引导畜产品加工龙头企业同农牧民形成利益共享、风险共担、相互依存、共同发展的利益共同体，形成市场牵龙头、龙头带基地、基地带农牧户的产业化结构。

3. 生态工业的发展思路与重点

生态工业，是合理利用牧区清洁的自然环境资源和可再生草原生态资源，采用清洁生产方法和清洁能源，对畜产品和其他初级产品进行大批量、标准化的精加工和深加工，生产无公害、无污染、安全、健康、优质的绿色食品和绿色产品的工业部门。依托三江源地区洁净无污染的自然环境资源和丰富的可再生草原生态资源，发展对牛羊肉、牛奶等畜产品进行大规模精加工和深加工，生产成品食品，发展肉奶食品加工工业的草原绿色食品工业；利用牧区丰富的畜产品原料和民族传统工艺技术，发展特色毛纺织品、皮革制品、民族服装、民族工艺品、旅游纪念品加工制造业的绿色产品工业；利用极为丰富的药材资源大力发展藏医药工业，并加强藏医药产品的市场营销。利用三江源区日照时间长、风力大，水能、太阳能、风能资源具有较大的产业化开发潜力的优势，发展大中型水力发电厂和在农牧区推广利用太阳能及风力发电等洁净能源等绿色能源工业。

4. 生态旅游业的发展思路与方向

生态旅游的核心是坚持生态和经济效益最优原则，坚持可持续发展的指导思想来开发生态旅游产品，实施绿色营销模式；通过对自然旅游资源的合理利用、合理规划和管理，保持旅游地生物多样性和文化的完整性；在为旅游者提供高质量旅游环境的同时，改善当地居民生活水平，增强社会和经济的可持续发展能力。重点对旅游产品设计与建设的可行性进行分析，提出旅游景观保护与修复计划，对生态旅游开发系统包括生态导游系统、解说词系统、游客中心系统、标识系统等进行设计。大力发展三江源头探险旅游、草原自然生态游、体育登山、科考旅游、休闲牧业旅游、汽车旅游、徒步旅游、文化古迹民俗游、漂流旅游等。

四、生态型产业发展的主要保障措施

1. 政策保障措施

建立三江源地区发展生态产业政策支持系统。牧区生态产业的培育和发展壮大离不开良好的政策环境，中央和各级地方政府应在税收、信贷、投资、人才保障、政策等方面给予倾斜和支持，在信息方面给予大力支持，使三江源区构建良好的信息平台，并在原料供应和市场建设方面给予大力扶持，不断完善农产品市场保障体系。

2. 项目保障措施

围绕三江源地区保护与发展重点，分别建立保护项目库和发展项目库，其中保护项目库包括生态恢复工程、退耕还林还草工程、草场改良工程、人工增雨工程、退牧还草工程、水土保持工程、森林草原防火工程、土地退化治理工程、鼠害防治工程等，发展项目库包括牧区畜产品产业化工程、绿色生态工业工程、小城镇建设工程、生态移民工程、旅游资源开发工程、教育工程、科技与人力资源培训工程、交通、电力、通讯、人畜饮水、集中供热、燃气等生产生活基础设施建设工程等等。按照轻重缓急提出保护项目库和发展项目库分年度投融资和立项建设项目的时序安排及实施计划。

3. 经费投资保障措施

三江源地区生态恢复与重建工作需要大量的资金投入，完全依靠国家75亿元的投入还远远不够。为此必须建立和完善投资主体多元化和投资方式多样化的投资机制。首先，各级政府和有关部门要对生态建设的投入做出长期安排，把生态建设资金列入各级政府财政预算。银行要增加用于生态建设的贷款，并适当延长贷款偿还期限；国外长期低息贷款和赠款要优先考虑安排生态建设项目；其次，研究制订政策措施，鼓励民间投资进入三江源地区生态建设，在坚持所有权不变前提下，有偿出让部分使用权，鼓励和扶持企业和个人在三江源地区发展经济林木，创办绿色产业。地方政府对投向生态环境建设的资金可考虑给予一定财政补贴。

4. *动态滚动评估与滚动监测预警措施*

采用动态跟踪模型，对三江源自然保护区各项建设方案和各项建设工程（畜牧产业化工程、生态移民工程、自然保护工程、基础设施建设工程）等做出适时的动态跟踪和滚动评估，对年度建设项目投入产出效益做经济学评估和生态风险评估，对生态恢复与重建的生态环境效益做出生境学评估，利用问卷调查法和条件估值法对自然保护区社会效益做社会学评估。分年度对三江源自然保护区综合规划中具体方案的实施过程，选择基准参照系统和目标参照系统，建立预警指标体系，进行超前监测预警，对监测结果获得的警性、警兆发布偏离期望状态的警告和警示，进而做出景气预警和警兆预警，构造预警模型，确定预警界限、警灯与警度，对保护与建设项目的建设情况、运行情况以及运行效果做出即时性的预报，提出相应的纠错意见和改进措施，确保保护区各项建设项目实施效果的最佳化和实施效益的最大化。

克什克腾旗生态旅游发展分析

梁杰　2007级人口、资源与环境经济学硕士研究生

克什克腾旗位于内蒙古赤峰市西北部，西、北与锡林郭勒盟西乌珠穆沁旗、锡林浩特市、正蓝旗、多伦县接壤，东、南与林西县、翁牛特旗、松山区和河北省围场为邻，是内蒙古高原与大兴安岭南端山地、好燕山余脉、七老图山、浑善达克沙地的交汇地带。同时，克旗地貌类型复杂多样，融西部草原、南部熔岩台地和北部丘陵山区于一体，旅游资源十分丰富。旗内广阔的的草原区，是浑善达克沙地和科尔沁沙地的交汇处，生态环境又很脆弱。为实现旅游业的可持续发展，在充分开发利用环境资源的基础上，发展生态旅游成为主要的出路。

一、生态旅游

生态旅游（Eco－tourism）一词最早出现在1965年，学者贺兹特建议对文化、教育以及旅游进行再反思，提出所谓的生态性旅游（Dale Grenier，1993；Fennell，1997）。1983年世界自然保护联盟生态旅游特别顾问墨西哥专家谢贝洛斯·拉斯喀瑞（H. Ceballos Lascurain）首先在文献中使用生态旅游一词，并在1986年墨西哥召开的国际性环境保护会议上得到正式确认①。

生态旅游是一种主题旅游，谢贝洛斯·拉斯喀瑞是第一个给生态旅游下定义的人，他指出："生态旅游是游客在相对原始的自然区域学习、欣赏和享受风光、野生动植物及当地古今文化的旅游。"世界自然基金会（WWF）的研究人员（Elizabeth Boo，1990）给生态旅游所下的定义是：生态旅游必须以"自然为基础"，即必须涉及"为学习、研究、欣赏、享受风景和野生动植物等特定目的，而到受干扰比较少或没有受到污染的自然区域所进行的旅游活动"。生态旅游协会（TES，1993）将生态旅游定义②为"为了解当地环境、文化与自然历史知识，有目的地到自然区域的旅游，这种旅游活动的开展在尽量不改变生态系统完整性的同时，创造经济发展机会，自然资源

①② 李俊清、石金莲、刘金福：《生态旅游学》，中国林业出版社2004年版。

的保护能够使当地居民受益。”

生态旅游一词进入我国仅仅几年，便如雨后春笋般得到广泛传播，尤其是在具有自然景观优势的地区，更是把生态旅游作为实现旅游业可持续发展的有效途径。同时，随着人民生活水平的提高，回归自然、享受美景、陶冶情操的旅游业成为大众休闲的重要选择，也为发展生态旅游提供了前所未有的机遇。

二、克什克腾旗生态旅游资源概述

生态旅游资源是生态旅游的重要内容，如何理解生态旅游资源，就成为发展生态旅游的首要环节。根据对生态旅游的概括，可以将其集中于环境教育功能、具有保护性、带动周边居民共同发展三个方面，具有这三方面功能的任何地域的旅游都可以称之为生态旅游，其发生地亦可以称为生态旅游目的地，其游览对象就称为生态旅游资源。生态旅游资源以自然旅游资源为基础，是自然资源的派生和发展。

克什克腾旗由于所处的地理位置特殊，旗内自然生态旅游资源十分丰富。中国旅游文化资源开发促进会副会长魏小安教授曾对克什克腾旗的资源作这样的评价①：“火山熔岩，冰川遗迹，奇峰突兀，怪石嶙峋，草原广阔，森林馥郁，湿地多样，沙地疏林，湖波清澈，野禽天堂”。克什克腾旗在仅2万余平方公里的土地上，有国家级自然保护区2处（达里诺尔和白音敖包沙地云杉），国家级森林公园2处（黄岗梁和桦木沟），世界级地质公园1处（八大园区：阿斯哈图石林、青山岩臼、黄岗梁四纪冰川遗迹、西拉沐沦大峡谷、热水温泉、达里诺尔火山群、浑善达克沙地），国家风景名胜区2处（乌兰布统和阿斯哈图石林），国际狩猎场1处（黄岗梁）。著名的贡格尔草原、达里诺尔湖、沙地云杉、黄岗梁林海、热水温泉、阿斯哈图石林、大青山冰臼群、百岔岩画、乌兰布统古战场等名胜古迹和淳朴的民族风情，构成了独具特色的草原生态、地质旅游景观。

克什克腾旗境内既有原生态的自然生态旅游资源，又有在自然资源基础上形成的现实民族文化和丰富的历史文化旅游资源。克什克腾旗在夏与前商时期就是商族先民的聚居地，先后有东胡、乌桓、鲜卑、契丹、蒙古、汉等

① 魏小安：《神奇克旗　大气生活》，2008年6月22日在克什克腾旗的讲话。

民族在这块土地上繁衍生息，共同创造了北方发达的古代文明。考古发掘的出土文物多属“红山文化”与“夏家店文化”。魏教授评价克什克腾旗的历史特征[①]：“历史悠久，故事神秘，人物集中，风情浓郁。”现有国家重点保护文物单位2处（应昌路和金边堡）。

独特的自然资源集草原、森林、湖泊、温泉、石林、岩臼、沙地、湿地为一体，类型多样、组合性强、品味独特，使得克什克腾旗素有“塞上金三角”、“内蒙古缩影”、“内蒙古百宝箱”之美誉。克什克腾旗的旅游资源种类齐全，品位之高，不仅在内蒙古，在全国也属罕见。

三、克什克腾旗发展生态旅游的必然性

克什克腾旗矿产资源丰富，一直以来以矿产能源工业为旗财政收入的主要来源，产业结构单一，发展后劲不足。为实现克什克腾旗的可持续发展，必须要实现产业结构升级，大力发展第三产业。自1997年旗政府提出“旅游活旗”的发展战略以来，旅游资源得到迅速开发，并拉动第三产业蓬勃发展。发展旅游产业带来的收入在克什克腾旗总财政收入中所占的比重，逐年递增并呈现快速增长的趋势。随着对旅游认识的不断加深，发展生态旅游成为实现可持续发展的必然选择。

1. 克什克腾旗资源丰富，但生态环境十分脆弱，为保护环境必须发展生态旅游。近年来，由于持续干旱、无序开发与草畜矛盾突出等原因，2006年，据草原勘测设计院的监测结果显示[②]：克什克腾旗退化草地517.44万亩，占草地总面积的19.5%，沙化草地654.95万亩，占草地总面积的24.7%，盐渍化草地9.14万亩，占草地总面积的0.3%；湿地面积由2004年的120万亩减少到93.2万亩；境内的各级河流量逐年减少，有些河流已成为洪水河道和季节性河道，其中贡格尔河近5年来年年断流，致使达里湖水位急降、湖面逐年萎缩、湖水的PH值连年走高，对湖内的生物构成严重威胁。

2. 为促进第三产业的发展，优化产业结构，增加农牧民就业，需发展生态旅游。克什克腾旗矿产资源丰富，多年来一直以第一产业作为拉动经济

① 魏小安：《神奇克旗　大气生活》，2008年6月22日在克什克腾旗的讲话。

② 数据来源：克什克腾旗政府统计数据。

发展的主要动力，产业结构单一。随着旗政府在“生态立旗”的基础上提出“旅游活旗”战略之后，旅游业及住宿餐饮、商贸物流、交通运输、通讯等第三产业得到迅速发展，每年旅游旺季，克什克腾旗日接待能力达14000人次/日[①]；旅游景区和旗政府所在地出现了许多经营民族特色旅游纪念品的商店；为满足游客的骑马需求，并保证游客的安全，各景区都配备了专职的牵马人员；为使游客真正地体会到蒙古族风情，形成了专门从事农家乐、牧家乐、林家乐等经营的农牧民……生态旅游在实现环境保护的同时，给农牧民提供了大量的就业机会，有效地吸纳了农牧区剩余劳动力，增加了广大农牧民的收入。

3. 为实现可持续发展，增加旗政府财政收入，需要发展生态旅游。生态旅游以实现资源的永续利用为目的，在带来经济效益的同时，既实现经济与环境的协调发展，又符合现代经济可持续发展的要求。2007年克什克腾旗旅游税收入库资金1200万元，按现有发展水平测算到2015—2020年旅游综合收入达到30亿元，旅游业税收达8850万元，旅游收入占财政收入的比例可以达到1.71%[②]。由旅游业拉动的其他行业的收入在财政收入中所占的比重逐步上升。

4. 为扩大克什克腾旗与外界文化的交流，使本地文化“走出去”，把外面先进的文化理念和习惯“请进来”，需要发展生态旅游。现代社会无论是政治、经济还是文化，都是全球化的，都需要实现文化交流与融合。大量外来游客在旅游过程中不断与当地居民接触，逐渐以其文化理念影响着当地人；居民在接待游客的过程中，也会把草原的历史古迹、歌舞风情等展现给游客，达到弘扬本民族文化最终实现文化交流的目的。

四、克什克腾旗发展生态旅游所面临的问题

克什克腾旗从2000年开始发展生态旅游，迄今为止，发展了将近10年。在发展过程中，存在着一些问题，制约着生态旅游的发展，亟待解决。

1. 基础设施建设等级低，尤其是在道路建设方面。2000年以来，克旗用于旅游公路基础设施建设的投入达5亿元以上，近几年来每年的投入规模

① 资料来源：克什克腾旗政府统计数字。
② 资料来源：克什克腾旗旅游局。

也都在亿元以上，目的是修建成克什克腾旗旅游环线。虽然克什克腾旗的旅游资源十分丰富，但是分布较散，游客从一个景点到另一个景点花费的时间较长。到现在为止，基本上修建了从经棚到各旅游景点的公路，但各景点之间相通的公路还有待于进一步修建，且现在所修建的公路多以三级路面为主，公路的承载能力较低。

2. 旅游的管理体制不顺畅。由于旅游资源丰富，涉及的类型较多，资源管理职能就会出现交叉，如涉及土地、农牧业、草原监督、苏木乡镇等多个部门。行政管理也出现多头管理的情况：地质公园管委会、旅游局和质量、卫生、工商等多个执法部门都涉及在内。涉及的部门越多，所要经过的手续也就越多，难免出现管理过程中互相推诿的现象。

3. 旅游的相关产业发展不够充分，服务人员的素质较低。大部分景点的旅游开发仍然停留于旅游观光发展阶段，旅游相关的行业，如娱乐、农家乐、住宿等发展还有待完善。虽然政府也在鼓励旅游相关产业的发展，并提供了一定的优惠条件，但是人们受传统思想观念的影响，现代娱乐业等发展仍不充分，没有形成规模。很多景点可以提供农家乐、牧家乐、林家乐，但是旅游项目存在着很多问题，如环境卫生较差，无法满足游客的卫生需求；娱乐服务活动提供的种类较少，不能满足游客的需求等。从事服务行业的人员素质较低的主要原因也不能完全归根于政府。政府每年都会对从业人员进行培训，但是由于克什克腾旗的旅游季节较短，服务人员不能全职从事服务业。每到旅游淡季，大部分人员需要找其他的工作来养家糊口，等到第二年也不一定继续原来的服务业，所以造成年年培训新人的情况。

4. 各个景点的发展缺少一定的规划。虽然克什克腾旗在发展旅游时，有总体性的旅游规划，但是在具体到各个景点各自的发展时，缺少明确的指导性规划。政府将景区承包出去之后，景点的发展就由承包者具体负责，造成各景点只会从自身的发展角度考虑，缺乏根据整体情况制定各个景区的具体发展规划，没有实现总体与个体的统一。

5. 环境面临严重的生态考验。由于近年来的持续干旱、管护难、无序开发与草畜平衡矛盾突出等原因，旅游资源尤其是草原生态资源遭到了破坏（如乌兰布统草原等草场遭受到了不同程度的损害），达里诺尔湖的湖岸线出现了严重程度的收缩，石林、青山等景区同样面临严峻的生态问题。

五、解决问题的建议

克什克腾旗的旅游开发仍然处于初级阶段，针对开发过程中存在的问题，结合其他地区生态旅游发展的成功经验和做法，提出几点建议：

首先，要提高生态认识，树立环境保护观念。在发展旅游的过程中，要突出“全国生态旅游标准示范区”的品牌作用，突出环境保护在旅游开发过程中的基础作用。要树立旅游大生态的理念，实现生态环境、生态旅游业、生态工业和生态农牧业相结合的和谐发展。发展生态工业和农牧业，既是建设“生态经济”的重要内容，又是发展生态旅游业的必然要求。还要把旅游资源的开发与保护作为建设生态旅游业的关键环节，不能无节制、不合理的开发。

其次，在开发过程中，要实现有序开发和有力保护。针对旅游资源实行生态风险评估，按照旅游资源开发后形成的产品性质以及对环境的承载力，将旅游资源划分为“禁止开发、限制开发、规模开发”三个等级。开发程度要严格按照等级来对自然资源进行开发，不允许开发的一定要严格禁止。草场是旅游资源的重要成分，针对草原要实行严格的保护，如采取封育禁牧、休牧轮牧、闭耕等措施实施整体保护。

第三，完善产业结构。围绕着以旅游开发为中心，建立健全“吃、住、行、娱、购、游”六要素，合理分布产业布局。无论是哪个要素产业的建设都要以突出民族特色为主要内容，体现蒙古民族风格，让游客真正的体会蒙古族的风俗风情。还要在原有的基础上实现产业链条和产业结构的升级。发展温泉疗养、温泉养生、峡谷探险、地质遗迹科考、达里诺冬捕、商务会议、节庆为主要内容的休闲度假游和特色旅游，使得淡季不淡，达到延长产业链条的目的。

第四，进行体制管理改革，加强监督。政府要将资源开发权掌控在自己手里，以有利于实现生态保护的目标。在管理过程中，要明确分工，权责明确，管理职能划分清楚。各级政府机构之间要相互协调，相互配合，共同开展工作。精简现设立的重复机构，减少行政传达体制。旅游主管部门和各景点的行政负责部门，要积极配合，协调好各部门之间和地方行政管理部门之间的既得利益关系，对景区和旅游企业实施有效监督。

第五，加大资金投入力度，拓展资金来源。在资金的投入过程中，不仅仅依靠政府投入，还要吸引民间个人投资。不只是吸引当地的民间投资，也要吸引全国各地的资金来发展本地的旅游业。其他的渠道，也可以通过银行贷款的方式筹集资金；通过国家和国际保护区的形式，吸引外国的资金促进当地旅游业的发展。

第六，加强宣传力度，扩大克什克腾旗旅游品牌的知名度。目前克什克腾旗的旅游宣传范围，还主要集中于北方，游客的组成仍以北方人为主。要加大在南方和国外的宣传力度，通过电视、旅行社、报纸、网络等传媒工具，宣传克什克腾旗的旅游资源，达到扩大知名度、树立旅游品牌的目的。

第七，开发冬季旅游项目，延长克什克腾旗旅游期。当前克什克腾旗旅游产品以初级观光产品为主，观光旅游为粗放型的产业模式，链条短、消费层次低、结构不完善，形成了现阶段的“百日游”。其实，克什克腾旗冬季也有很多可开发的旅游项目，如热水镇可以开发冬季温泉娱乐，达里湖可以开发冬季捕捞观光和捕捞参与项目，黄岗梁滑雪、蒸汽机摄影等是可以开发的项目。

第八，继续加强旅游基础设施建设，更好地为旅游业服务。要尽快加强基础设施建设，早日建成旗内旅游环线线路，大力发展相关配套服务，使得服务和设施能够满足不同地区、不同层次游客的需求，从而有助于生态旅游业的发展。

虽然克什克腾旗的其他资源也很丰富，但是如果从可持续发展的角度来说的话，旅游资源是其中最重要的一种。并且，近年来，旅游带来的经济效益所占的比重，在克什克腾旗的整体经济发展中呈现逐年上涨的趋势。随着国际上生态旅游的不断发展，人们对生态旅游的认识也逐步加深，很多人都愿意积极参与到生态旅游的过程中去。克什克腾旗应充分利用这个机遇，大力发展生态旅游，以实现环境保护和经济效益的协调发展。

农牧业可持续发展

青海农村改革开放30年回顾与展望

祁永寿　李双元

（青海大学财经学院　青海西宁　810016）

改革开放30年来，青海经济发展与日俱进，社会进步成就空前，青海的社会生产力、综合省力和人民生活水平都发生了历史性飞越，广大农村旧貌换新颜。1978年到2007年，全省生产总值增长9倍；人均生产总值增长5.8倍；财政一般预算收入增长37倍；城镇居民人均可支配收入增长23.5倍；农牧民人均纯收入增长13倍。特别是进入新世纪以来，全省经济连续7年保持12%以上的增长速度，人民生活实现了由温饱到总体小康的历史性跨越。但是，也必须清醒地认识到，青海省欠发达的省情没有根本改变，与全国发展差距拉大的趋势没有根本扭转，发展中的结构性和体制性矛盾仍然比较突出。这就需要我们认真总结30年改革开放的基本经验，坚持通过改革解决发展中的深层次矛盾和问题。

一、农村牧区改革历程

从1978年到2008年的30年农村改革历程可以划分为四个阶段。第一阶段，从1978年到20世纪80年代中期，其特点是放宽农村政策，搞活农村经济，保障农民生产自主权。第二阶段，从20世纪80年代中期到本世纪初，其特点是改革农产品流通体制，培育市场机制，保障农民经营自主权。第三阶段，从2002年到2006年，其特点是以农村税费改革为核心，以新农村建设为载体，统筹城乡发展。第四阶段，从2006年至今，农村综合改革启动。其特点是以促进农村上层建筑变革为核心，着力解决农村上层建筑与经济基础不相适应的一些深层次问题。

（一）家庭承包：农地制度率先改革

青海省根据中央有关精神，1979至1980年，针对"大锅饭"的弊端，改变生产无定额，分配平均主义现象。在农业区实行分组作业，小段包工，按定额计酬，超产奖励的方法。在牧业区实行合理组群"两定一奖到户"，"全奖全赔"，畜群包产到户等生产责任制。遵照中共中央倡导的因地制宜、允许有先有后的方针，1981至1982年，各种形式的生产责任制发展很快。1982年6月，实行各种形式的生产责任制的生产队已占生产队总数的95.7%，其中统一经营、联产到劳到组以及小段包工占31.2%，包产到户占3.2%，大包干到户占65.6%。1983年以后，青海农村普遍转向以大包干为主的家庭联产承包责任制，进而扩展到种植业以外的林业、果园和乡镇企业。针对青海畜牧业流动分散的特点，从1984年开始在牧区推行了"牲畜作价归户，户有户养、自主经营、长期不变"的经营形式，少数贫困地区实行了"牲畜无偿归户"。到1985年年底，全省3600个牧业社中，实行牲畜作价归户的占77.1%，无偿分畜到户的占12.6%，实行大包干的占10.3%。

（二）政社分设：公社体制宣告结束

人民公社的制度安排超越了农村生产力发展水平。规模过大，超越了农民的生产组织能力。"归大堆"，否定了农民的个人产权和利益。平均主义分配，干好干坏一个样，严重挫伤了农民的生产积极性。鉴于此，青海省根据中央1983年、1984年两个1号文件精神，进行了人民公社体制改革。到1985年底，青海省428个公社全部改为乡，这种政权组织与经济组织的分离，使农村牧区集体所有制经济组织脱离了原来变相的国家所有制性质。

（三）粮食流通体制改革：以市场化为导向

青海省1985年开始，粮食取消统购，实行合同定购。改革开放30年以来，青海省的粮食工作按照党中央国务院的统一部署，深入推进粮食流通体制改革，实现了由计划经济向市场经济的转轨，经历了统购统销到"四分开、一完善"（政企分开、储备和经营分开、中央与地方责任分开、新老粮食财务账目分开、完善粮食价格机制）、粮食购销市场化的改革历程，随着改革的不断深入和推进，有效地保护了农民利益，促进了农业和粮食生产结构的调整，初步建立了以市场配置粮食资源的粮食流通体制新框架。

（四）组织创新：农业产业化破壳而出

家庭联产承包制作为一项制度创新，固然曾经有力地促进我国农业生产的发展，但却不可能一劳永逸地解决我国农业发展中的全部问题。发端于20世纪70年代末的我国农村微观经济体制改革，把农户塑造成为自主经营、自负盈亏的独立商品生产者，随之而来的必然要求是把深化农村经济改革的重点，放在如何为农民进入市场铺平道路。要解决客观存在着的深层次矛盾，即农业比较利益偏低与价值规律调节方向不相一致的矛盾，还必须因势利导地发展农业适度规模经营，进而把农业规模经营的内部经济与外部经济有机地结合起来，形成有机的统一整体，从而实现农业产业化。自20世纪90年代以来，青海省先后编制了《青海省主要农畜产品加工业“十五”发展规划》、《青海省主要农畜产品加工业发展行动计划》、《青海省农牧业产业化“十一五”发展规划》、《青海省人民政府关于推进农牧业产业化发展的若干意见》等指导性文件。青海省农牧厅《关于农牧业产业化龙头企业参与新农村建设的意见》确立了发展牛羊肉、毛绒、马铃薯、油菜、牛奶、蚕豆、蔬菜、中藏药、花卉苗木和饲草饲料等10大主导产业，对搞好“区域化种植、专业化生产、一体化经营”提出明确的发展方向和要求。各地按照整体布局，结合本地区的资源，也分别确立了各地的主导产业，制定了主导产业的发展规划。到2007年年底，青海省农牧业产业化龙头企业实现销售收入24.9亿元，出口创汇4960万美元，龙头企业从业人员3.86万人，签订农产品订单面积达57万亩，辐射带动农牧户50万户。

（五）农村税费改革：减轻、规范、稳定

青海省2000年在乐都县引胜乡、河南县托叶玛乡、贵南县拉乙亥乡和塔秀乡进行了税费改革试点；2001年又在乐都、贵南和天峻县进行了改革试点；2002年在青海省推开农村牧区税费改革试点工作。2003年根据国务院《关于全面推进农村税费改革试点的意见》文件要求，围绕“减轻、规范、稳定”的目标和“三个确保”的要求，扎实推进农村牧区税费改革。继治理“三乱”、调整和降低农牧业税率、免征“三江源”地区16个县农牧业税后，2005年又在全省范围内免征农牧业税，大大减轻了农牧民负担。全面取消农业税，标志着青海省农村改革进入了一个新的阶段，就是以乡镇

机构、农村义务教育和县乡财政管理体制改革为主要内容的农村综合改革阶段。

（六）农村牧区综合改革稳步推进

为巩固发展农村牧区税费改革成果，扎实推进社会主义新农村建设，青海省在海西蒙古族藏族自治州先行试点的基础上，从2006年12月份开始，青海省在西宁市、海东行署、海南藏族自治州、海北藏族自治州所属县的乡镇扩大试点，并适时在青南三州全面推进。各试点地区认真贯彻全省农村牧区综合改革扩大试点工作会议精神，在前一段改革取得阶段性成果的基础上，围绕乡镇机构改革这个“重中之重”，集中开展了全面强化乡镇干部培训、公开招考大学毕业生充实空缺岗位、实行乡镇人员编制实名制管理、建立科学的综合考评机制和上下互动机制、推进乡镇卫生院和人口计生站实质性整合等工作，同时协调推进义务教育、县乡财政管理体制等配套改革，进一步巩固和扩大了阶段性成果。

二、农村改革成就

（一）农民收入稳步增长

改革开放30年来，青海农牧民收入有了大幅度提高。1980年至2007年，农牧民人均纯收入由204.31元增加到2683.78元，平均每年增加91.83元，年均递增11.54%。农村居民家庭恩格尔系数由1984年的62.71%下降到2007年的44.4%。农村居民收入中家庭经营收入是主体，但所占比重呈下降趋势。家庭经营收入中种植业收入贡献率下降。劳动报酬收入比重加大。

（二）农村产业结构进一步优化

改革开放以来，农村产业结构进一步优化，农牧民从非农产业中得到的收入有了很大的增长。农民家庭经营收入中，来自第一产业的比重由1985年的83.7%下降到2007年的48.4%；来自第二产业的比重由1985年的1.3%下降到2007年的0.6%；来自第三产业的收入由1985年的15%上升到2007年的51%。

（三）农业富余劳动力有序转移

农村牧区剩余劳动力转移呈明显增长势头。近年来，青海农村牧区剩余劳动力大规模涌向城市，其中绝大部分完全脱离农牧业生产，成了名副其实的“务工族”。调查资料显示，2006年，在600户1830个劳动力中转移并从事非农产业的有289人，占15.8%，比2000年增加了4.7个百分点。农村牧区剩余劳动力转移增长势头强劲。

（四）农民组织化程度进一步提高

青海省把发展农牧民专业合作经济组织作为工作的着力点，制定政策措施，加大扶持力度，加强指导和监管工作，不断壮大专业合作经济组织和经纪人队伍，提高农牧民进入市场的组织化程度。目前，青海省各类农牧民专业合作经济组织已发展到350个，比2000年增加了2.9倍；拥有成员10万人，同比增加19.8倍。绝大部分的农牧民专业合作经济都是以一种农畜产品为核心和纽带的合作和联合，主要以产品市场化、专业化程度较高的蔬菜、马铃薯、油菜及禽畜养殖等的专业合作社或专业协会为主，经营服务内容有很强的专业性，如养牛、养羊协会，蔬菜、花卉、食用菌协会等。特别是在推进农牧业产业化经营过程中，农牧民专业合作经济组织与主导产业密切结合，多数地区有什么主导产业，就有什么专业合作经济组织，如：乐都蔬菜协会，循化辣椒协会，民和、互助的马铃薯协会，尖扎的牛羊育肥协会，湟中的蚕豆协会，门源的油菜协会等。

（五）农业产业化龙头企业辐射带动作用日益增强

截至目前，青海省国家级农业产业化企业已经达到11家，省级龙头企业34家，州地级龙头企业100家。这些农业产业化龙头企业对加快青海省农牧业结构调整，增加农牧民收入，提高农畜产品市场竞争力起到了积极的推动作用。有统计显示，2007年青海省农牧业产业化龙头企业实现销售收入24.9亿元，比2006年增长了19.6%；出口创汇4960万美元，比2006年增长了41.7%；龙头企业从业人员3.86万人，比2006年增加6600人；发放工资1.96亿元，年人均收入5078元；落实订单面积达57万亩，比2006年增加7万亩，辐射带动农牧户50万户以上，比2006年增加15万户，农牧民从产业化订单农牧业和工资性收入中获得收入达3.91亿元，比2006年增加4200万元，人均增收11.77元。

以农畜产品加工龙头企业为载体，一大批农牧产业化原料基地在青海省逐步形成。如：农业区浅山地区马铃薯基地；农业区川地和柴达木盆地杂交油菜，海拔较高的环湖地区和高寒阴湿地区小油菜种植基地；湟中、湟源等四县传统产区蚕豆出口基地；以西宁市城西区、城北区为主的花卉基地；以循化县为主的辣椒基地等。畜产品加工业主要围绕生态畜牧业和农区养殖业发展为重点，以提高效益为目标，以草原保护与建设为基础，以科技服务为支撑，以产业化经营为手段，以优化区域布局为关键，以转变经营方式为突破口，重点发展了肉牛、肉羊、乳业等，不断提高畜牧业综合生产能力和龙头企业标准化生产的原料保障。同时，通过积极发展农牧业产业化经营和"一村一品"建设，实施品牌战略，大力培育了地方名优特色产品。如"大通"牌蔬菜，"老爷山"牌鸡腿红葱，"乐都"牌长辣椒，"青乐"牌紫皮大蒜，"湟中"牌蔬菜，"圣域"牌蚕豆，"循化红"线辣椒，"海拉里"牌牛羊肉，"三江源"牌中藏药等知名度越来越高，展示了高原农产品广阔的发展前景。

（六）乡镇企业"异军突起"

农村改革极大地解放和发展了生产力，农村剩余劳动力越来越多。人均数量极少的耕地，已经不能满足农民致富的愿望，农民开始从土地的束缚下解脱出来，"无农不稳、无工不富、无商不活"的观念开始深入人心，家庭联产承包责任制带来的连年农副产品丰收，提供了创办企业加工增值的资源条件，农民的眼光从土地转向更为广阔的城乡市场。于是，以集体经济为主体的乡镇企业重新在青海大地上复苏并发展起来。发展初期，青海省部分有条件的城镇（非农）待业人员和部分农牧区剩余劳动力，开始涉足被禁锢了10年之久的个体工商业，在国家限定的行业范围和经营领域内从事"拾遗补缺"。党的"十四大"以后，青海乡镇企业走上了持续、快速、稳步发展的轨道。乡镇企业的发展，延伸了民族经济的产业链条，促进了农村工业化、城镇化、农牧业产业化进程和民族经济的发展，加快了民族地区脱贫致富的步伐，不仅有力地促进了农牧区经济发展，增加了农牧民收入，而且成为青海经济持续快速增长的重要推动力量。可以说，没有乡镇企业的崛起，就没有部分农村地区的率先富裕，就没有青海今天的发展成就。

三、青海农村改革开放30年的基本经验

（一）坚持解放思想是青海农村改革开放的重要法宝

改革开放30年的历史，就是一部思想解放的历史；改革开放30年的经验，最可宝贵的就是解放思想。回顾青海改革开放30年的历程，我们在实践中的每一个发展，理论上的每一个突破，工作中的每一个进步，都离不开解放思想。青海农村改革开放30年的成就表明：我们的成就是在中央大政方针的指导下，不断深化对省情的认识，立足现实，实事求是，准确定位自身的出发点和落脚点并通过不懈的努力取得的。今天，我们提出“生态立省”战略，就是结合青海实际，进一步解放思想的结果。

（二）坚持循序渐进和量力而行是青海农村改革开放的基本路径

青海的改革是在国家大政方针指导下进行的，青海由于自身发展的特点，青海的改革方式是循序渐进的，并且是在深思熟虑之后逐步推进的。这种方式，对青海稳步发展起到了非常重要的作用。回顾这30年的改革，从农村的联产承包责任制开始，然后到政府和市场之间关系逐渐的变化，开始是有计划的商品经济，然后逐步过渡到社会主义市场经济，青海省农村改革开放呈现了稳定中求发展的特点，这对欠发达的西部地区非常重要。

经过30年的改革开放，青海经济社会发展取得了很大发展，但青海省还处于工业化初期、信息化起步、城镇化转型、市场化雏形、国际化孕育阶段。青海省的改革是根据自己的实际情况，根据群众可以承受的程度和我们经济的发展量力而行，一步一步地去进行。正因为这样，所以在改革的同时维持了经济的快速发展和社会的稳定，这一点很不容易，特别值得珍惜。

（三）坚持以人为本是青海农村改革开放的本质要求

“十七大”报告指出，全心全意为人民服务是党的根本宗旨，党的一切奋斗和工作都是为了造福人民。要始终把实现好、维护好、发展好最广大人民的根本利益作为党和国家一切工作的出发点和落脚点，尊重人民主体地位，发挥人民首创精神，保障人民各项权益，走共同富裕道路，促进人的全

面发展，做到发展为了人民、发展依靠人民、发展成果由人民共享。农村改革开放30年来，青海城镇居民生活水平大幅提高，农牧民收入持续增长，免费义务教育、抗震安居、改水防病、通电修路、合作医疗、广播电视村村通、环境保护、扶贫开发等各项利民措施扎实推进，各族人民生活质量明显提高，切实享受到改革开放带来的实惠，从而增强了对改革开放的信心、对社会主义的信念、对党和政府的信任。这一切都是青海立足现实，一如既往地坚持以人为本，不断以“三个有利于”为标准，鼓励试、允许看、不争论，及时总结经验，加强指导，对的就坚持，不对的就改正，把改革不断引向深入的结果。

（四）正确处理改革发展稳定的关系是青海农村改革开放取得成效的基本条件

改革、发展、稳定是我国现代化建设的三个重要支点，缺一不可，始终正确把握改革发展稳定的关系是改革开放30年青海能够取得巨大成就的一条根本经验。改革使青海经济社会和各族群众生活发生了翻天覆地的变化。事实证明，只有深化改革，才能为科学发展提供强大动力和坚实基础；发展是改革的目的，离开发展，改革就失去了意义；要改革和发展，就必须保持社会稳定。农村改革开放30年来，我们坚持立足省情，解放思想，开动脑筋，把改革的力度、发展的速度和社会可承受的程度坚定不移的统一起来，切实从整体上把握改革发展稳定之间的内在关系，做到了相互协调，相互促进，实现了在政治和社会稳定中推进改革和发展，在改革和发展中实现政治和社会的长期稳定的目标。

（五）坚持体制改革和制度创新是青海农村经济发展取得巨大成就的关键

青海30年的高速发展得益于体制改革和制度创新。青海省立足现实，通过对于传统的农村经济体制的重大改革和调整，城乡经济迅速发展，资源配置效率逐步提高。经过30年的农村经济体制改革和制度创新，青海的生产力得到了极大解放，社会主义市场经济不断得以完善，社会经济系统的活力和效率不断提升。

四、当前“三农”发展面临的问题与挑战

30年的农村改革与发展，为青海的改革与发展做出了巨大的贡献。青海的改革源于农村的改革，青海的发展源于“三农”的发展，农村的改革发展成为推动青海发展最强大的动力。但与此同时，“三农”为青海的高速增长也付出了巨大的代价。从纵向看，改革开放以来，尽管青海“三农”发生了翻天覆地的变化，农民生活实现了从温饱到基本小康的转变，取得了巨大的成就；但是从横向看，青海“三农”问题依然很严峻。农村依旧落后于城市；城乡居民收入差距不仅没有缩小，而且在不断的扩大；农民还未能享受到平等的公民待遇、劳动权益、土地权益和财产权益；农业是弱质产业、农村是落后社区、农民是弱势群体的问题还没有得到根本的解决。“三农”问题并没有因青海经济的高速增长而缓解，在许多方面反而是更加尖锐了。比如，青海农村居民人均纯收入低于全国平均水平，家庭恩格尔系数高于全国平均水平，2007年全国农村居民人均纯收入为4140元，是青海2684元的1.54倍；青海农产品国际竞争力整体不强，并呈现下降趋势，2006年日本“肯定列表制度”的实施使青海农产品出口受到数量和质量的双重限制；全国同青海城乡收入差距日趋扩大，全国城乡收入差距由1999年的2.65:1扩大到2007年的3.33:1；青海城乡收入差距由1999年的3.17:1扩大到2007年的3.83:1，青海的城乡收入差距大于全国平均水平。总而言之，当前经济社会上发生的重大问题或潜在的问题，都与“三农”问题没有根本解决好有关，“三农”问题仍然是工作的重中之重、难中之难、急中之急。

五、深化农村改革的目标任务和基本思路

青海农村改革开放30年虽然取得了举世瞩目的成就，但由于历史欠账较多，经济社会发展相对发达地区依然滞后。经济社会发展不平衡，区域发展差距大，农牧业企业竞争力不强，农牧民收入水平低等是不争的事实。这说明，青海农村改革开放过程中，一些体制机制性的问题还没有得到完全解决，需要通过改革解决发展中的深层次矛盾和问题。

（一）深化农村改革的目标和任务

按照统筹城乡发展、推进社会主义新农（牧）村建设的总体要求，协调推进农村牧区经济建设、政治建设、社会建设，农村经济体制更加健全，现代生态农业建设取得显著进展，农业综合生产能力明显提高，农村基层组织建设进一步加强，村民自治制度更加完善，农民民主权利得到切实保障；城乡基本公共服务均等化明显推进，农村文化进一步繁荣，农民基本文化权益得到更好落实，农村人人享有接受良好教育的机会，农村基本生活保障、基本医疗卫生制度更加健全，农村社会管理体系进一步完善；资源节约型、环境友好型农业生产体系基本形成，农村人居和生态环境明显改善，可持续发展能力不断增强，逐步实现农牧业现代化，逐步实现城乡经济社会发展一体化。

（二）深化农村改革的总体思路

通过加强农业基础建设，提高农业生产力水平；通过完善农村基本经营制度，调整农村生产关系；通过改革农村行政管理体制，调整农村上层建筑；通过体制和机制创新，促进农村经济社会协调发展；通过调整工农和城乡关系，促进城乡经济社会一体化发展。

具体来说，深化农村改革应着眼于以下重点领域和关键环节：以稳定和完善农村土地承包关系、探索统一经营有效实现形式为重点，稳妥推进土地和草场流转，支持农牧民以土地、草场使用权依法入股、转让等方式参与收益，发展适度规模经营，完善土地征用补偿机制，有效保护基本农田；改革城乡分割的管理体制，建立城乡统一的劳动力市场，探索户籍制度、福利制度改革；全面推进农牧区综合改革，基本完成乡镇机构、农牧区义务教育和县乡财政管理体制等综合配套改革，建立巩固和深化农村税费改革成果的长效机制；以完善农产品市场制度、创新农村金融服务方式为重点，完善农村市场体系；以健全财政支农投入机制、改革农业投资管理制度为重点，完善农业支持保护体系。

参考文献

［1］青海省地方志编纂委员会：《青海省志·计划志》，青海人民出版社2000年8月版，第316页。

[2] 农业部农村经济研究中心课题组：《中国农村改革回顾与展望》，《红旗文稿》，2008 年（16）：2 –5。

[3] 章猛进、顾益康、黄祖辉：《30 年农村改革回顾与改革的深化——基于浙江省的分析》，《浙江社会科学》2008 年（8）：9 –14。

改革开放后民族地区劳动者素质实证分析

张新平① 曹 骞②

改革开放30年来民族地区经济社会各个领域都发生了翻天覆地的变化，经济实力大幅度跃升，文明不断进步，社会事业欣欣向荣。尤其是民族地区的医疗卫生、教育事业得以迅速发展，促进了民族地区劳动者素质的不断提高，但是我们也应该清醒地认识到民族地区劳动者素质与东部地区存在很大的差距。

一、民族地区劳动者素质状况

一定时期的劳动者素质既是民族地区可持续发展和劳动者素质发展的结果，又是它的基础和开端。它对民族地区的经济增长、社会发展起到越来越重要的作用。

（一）民族地区人口增长特点

我国的民族地区人口是指除人数占国民总人数绝大部分的汉族以外的其他居民。他们是中华民族的重要组成部分，为中华民族的繁荣发展提供了丰富的劳动力资源。民族地区人口的增长有其自身的特点，在改革开放以前，由于中国受到特殊的政治、经济与文化的制约，导致我国少数民族的人口与全国的水平一样，都处于高出生率、高死亡率、低增长率的传统人口再生产类型。只是少数民族的程度更加严重。改革开放以后，在党和国家制定的正确的民族政策的指引下，民族地区的经济取得了突飞猛进的发展，人口增长类型逐步由传统人口再生产类型向现代类型转变。根据1953—2005年每相邻的两个人口普查期间的数据比较，可以看出改革开放以后，少数民族地区的人口在不断的发展壮大，并且在整体趋势上呈现出由慢到快的增长。然而

① 张新平（1968—），男，土家族，湖北恩施人，经济学博士、教授，现任湖北民族学院财经政法学院院长，主要研究方向是循环经济、民族经济。

② 曹骞（1983—），男，汉族，湖北荆门人，民族经济硕士，主要研究方向是民族区域经济。

随着民族地区经济的发展，人们思想的解放以及国家在民族地区推行计划生育政策，使得民族地区的人口增长速度在后期又逐渐放缓。详见表1：

表1　　1953—2005年少数民族人口的增长

年　度	净增长人口	少数民族人口年平均增长及增长率		全国的年平均增长率
	万人	万人	(%)	(%)
1953—1964	461	41.91	1.12	1.57
1964—1982	2731	151.50	3.80	2.10
1982—1990	2391	298.87	4.44	1.48
1990—2000	1523	152.30	1.67	1.07
2000—2005	1690	338.00	3.18	0.63

资料来源：根据中华人民共和国国家统计局官方网站资料整理。

从上表可以看出，从1964年以来，少数民族的人口迅速膨胀，其增长速度远远高于全国的平均水平，到20世纪90年代，增长速度突然放缓，但是在进入21世纪后，少数民族的人口增长又开始慢慢升温。

（二）民族地区劳动者的身体素质状况

一定时期一国或地区劳动者的身体素质状况，可以通过该地区人口的粗死亡率和婴儿死亡率来粗略反映。从人口死亡率变动情况来看，1978年底，民族地区人口死亡率为11.39‰，全国为6.20‰。而到2007年，民族地区人口死亡率下降为8.27‰，比1978年下降了3.12个千分点，与全国（全国为6.93‰）平均水平的差距也在逐渐缩小。从婴儿死亡率变动情况来看，2007年民族地区婴儿死亡率为19.82‰，比1978年（为39.69‰）下降了19.87个千分点，但是与全国的平均水平（全国为15.3‰）还有一定的差距。婴儿死亡率的大幅度下降，充分体现了民族地区医疗保健水平的迅速提高。

从人口平均预期寿命来看，改革开放30年来民族地区人口平均预期寿命有了很大提高，1978年民族地区人口平均预期寿命为61.64岁（其中男性为60.52岁、女性为62.76岁），到2007年已提高到71.31岁（其中男性为69.68岁、女性为72.93岁）。但仍然低于全国人口平均预期寿命1.69岁(2007年全国人口平均预期寿命为73岁)。目前民族地区人口平均预期寿命已经慢慢接近我国东部发达地区人口平均预期寿命水平。

人口死亡率和平均预期寿命变动的趋势表明：在全国社会经济发展、居民生活水平提高及城乡医疗卫生条件普遍改善的情况下，民族地区劳动者的身体素质状况有了很大提高。这样，在社会经济活动中技术知识含量不断提高的情况下，劳动者身体素质对民族地区社会经济可持续发展原有的决定性作用在逐渐为劳动者文化智力素质所取代。因此，劳动者文化智力素质在民族地区社会经济可持续发展中的作用变得越来越明显了。

（三）民族地区劳动者的文化智力素质状况

劳动者的文化智力素质，是指劳动者在社会实践中所具有的文化知识、科学技术水平、生产经验和劳动技能。在现代信息革命影响下的社会经济活动中，智力支出日趋成为人类劳动的主导。科学技术引起的产业结构日趋向知识密集、技术密集、信息化的方面发展，日益要求劳动者文化智力素质不断提高，并成为社会经济可持续发展的核心。而民族地区劳动者素质的不断提高取决于民族地区教育的发展。改革开放以来，由于国家制定并实施了正确的民族政策，加大了对民族地区教育的关注和扶持力度，从而使得民族地区劳动者的文化素质较以往有了很大的提高。但由于我国少数民族人口分布较为广泛，各地区的社会经济发展水平的差异以及各民族对教育重视程度的不同，所以各个民族地区在受教育程度上发展也很不平衡（详见表2）。

表2　　　　2005 年各民族地区受教育程度分布图

地区 ＼ %	大专及以上	高中	初中	小学
广西	3.63	9.04	34.93	36.43
甘肃	3.94	10.39	27.01	34.60
内蒙古	5.31	15.69	36.82	28.78
宁夏	6.05	10.76	28.74	30.42
青海	6.41	9.88	22.97	31.48
新疆	7.95	12.63	31.60	32.13

资料来源：根据中华人民共和国国家统计局——2005 年地方人口普查公报资料整理。

同时，民族地区教育状况与全国以及汉族相比，也有较大的差距（详见表3）。具体表现为少数民族小学和小学以下文化程度的比例较高，而初中和初中以上文化程度的比例较低。此外，少数民族人口分性别的文化构成差异也较明显。许多少数民族不同文化程度的男性人口比率大大高于女性，虽然男性人口文化构成比例随文化程度提高而下降，但女性的下降幅度更快，比例更低。从表3还可以看出，在普及九年义务制教育的过程中，消除歧视女性人口受教育的现象，在低层次（尤其在小学文化程度）文化人口中初见成效，而在层次较高的文化人口中，女性受教育人口比例仍明显低于男性。

表3　　2005年汉族与少数民族受教育程度结构对比图

% 文化程度	汉族		少数民族	
	男	女	男	女
未上过学	5.21	14.31	10.35	22.33
小学	36.15	39.18	44.95	44.19
初中	40.37	32.71	31.25	23.61
高中	10.00	7.04	6.57	4.54
中专	3.41	3.56	3.40	3.07
大学专科	3.08	2.23	2.32	1.49
大学本科	1.69	0.91	1.11	0.72
研究生	0.11	0.05	0.05	0.03

资料来源：参见成艾华：《少数民族人口增长与可持续发展研究》，《中南民族大学学报》2005（11）。

另外，我们从平均受教育年限的角度对民族地区劳动者的素质进行分析，平均受教育年限是评价一国或地区人口受教育水平的重要指标。考虑到各级教育受教育年限变动方面的因素，本文将研究生、大学本科、大专、高中（包括中专）、初中和小学教育分别按19年、16年、15年、12年、9年和6年计算，不识字和识字很少者则按1.5年计算，这样，根据加权平均数方法可以得到西部民族地区6岁及其以上人口平均受教育年限（见下表4）。从6岁及其以上人口平均受教育年限可见，尽管中华人民共和国成立以来尤其是1978年以来，我国教育得到了迅速发展，但从西部民族地区情况看，6岁及其以上人口平均受教育年限仍不高，2000年西部民族地区为5.86年，即只相当于初一年级的教育水平，与全国的平均水平（6.36年）还有一定的距离，并且男性平均受教育年限普遍高于女性。21世纪是高新科技特别是信息科学和生命科学飞跃发展的世纪，电脑等现代科技手段的广泛运用，要求人们至少具备大专以上的文化水平，显然西部民族地区平均受教育年限远远不能适应现代化发展的需要。

表4　2000年各地区6岁及其以上人口平均受教育年限比较　单位：年

地区＼性别	男	女	男女合计
西部民族地区	6.31	5.38	5.86
中部地区	6.97	5.97	6.84
东部发达地区	7.03	5.98	6.51
全国平均水平	6.84	5.87	6.36

资料来源：根据中国统计年鉴2000资料整理。

二、民族地区劳动者素质投资实证分析

（一）民族地区劳动者的医疗保健投资

医疗保健投资的直接结果是一国或地区医疗服务改善及卫生组织、卫生机构和卫生技术人员队伍的壮大，间接结果是带来区域内人口死亡率下降、婴儿成活率上升和平均预期寿命延长。从卫生机构设置情况来看（见表5），2000年民族地区卫生机构总数为31417个，其中医院16733个，平均每个医院负担2606人；从医院所具有的规模来看，2000年民族地区每个医院平均有床位25张，有卫生技术人员24人。目前，民族地区每位卫生技术人员平均负担的人口约为163人，说明民族地区卫生技术人员的负担较重。从平均每万人拥有医疗卫生资源来看（见表6），民族地区平均每万人拥有的卫生机构、医院床位和卫生技术人员都远低于全国平均水平。并且，民族地区1990—2000年平均每万人拥有医疗卫生资源在逐渐地减少。

表5　民族地区1996—2000年医疗卫生资源统计表

年份	机构（个）		床位（张）		卫生技术人员（人）	
		#医院、卫生院		#医院、卫生院		医生
1996	28 957	12 331	387 139	357 024	527 438	250 733
1997	15 706	12 201	370 171	349 457	455 220	209 508
1998	16 111	12 461	378 905	357 059	475 731	220 647
1999	16 724	12 859	392 67	370 449	498 720	233 290
2000	16 733	12 464	379 121	357 972	482 722	230 138

资料来源：《中国民族统计年鉴2000》。

表6　　民族地区1990—2000年平均万人拥有的医疗卫生资源

年　份	机　构（个）	床　位（张）	卫生技术人员（人）
1990	4.66	75.80	78.81
2000	2.75	69.26	69.98

资料来源：根据《中国民族统计年鉴2000》资料整理。

医疗服务设施建设必须借助医疗卫生投资来进行。从卫生经费情况来看（见表7），2000年民族地区卫生经费占地方财政支出的比重为6.87%，比1999年下降了0.64个百分点。从人均卫生经费占有情况分析，2000年民族地区人均占有卫生经费30.12元/人，比1999年增加了1.65元/人。由于卫生经费投入相对不足，2000年民族地区平均每万人拥有医疗卫生资源数量比1990年呈减少之势。这对民族地区居民医疗条件的改善和人口健康存量的增加是非常不利的。因此，尽快改善卫生经费投入相对不足的问题，增加平均每万人拥有医疗卫生资源的数量，同时提高医疗卫生服务效率，是民族地区进一步加强并要做好的工作。

表7　　民族地区卫生经费占地区财政经费的比重及人均卫生经费占有情况

年份	财政支出（亿）	卫生经费（亿）	卫生经费占财政经费的比重（%）	人均卫生经费（元/人）
1999	1506.98	113.21	7.51	28.47
2000	1873.57	128.64	6.87	30.12

资料来源：根据《中国民族统计年鉴2000》资料整理。

（二）民族地区劳动者的教育投资

改革开放以来，我国对民族地区的教育经费投入不断加大，少数民族教育事业的发展取得了巨大成就。但也必须看到，少数民族教育经费投入的现状不容乐观。由于多种因素的制约，从国家到各民族地区，教育经费投入还存在很多问题和困难。

1. 教育经费投入总量相对低下

教育经费投入总量短缺，是民族地区教育经费不足的主要表现。由于我国主要少数民族聚居地区大多分布在西部地区，当地经济发展落后，教育筹资十分困难，因此，投向教育的费用极其有限。无论是基础教育、职业教育还是高等教育，都存在投入不足的问题，这是现阶段民族地区教育投入的基本现况。据1999年的教育经费统计数据显示，全国教育经费来源和支出总数为3349.04亿元，西部5个民族自治区（西藏、新疆、宁夏、广西、内蒙古）的总数为218.47亿元，仅占全国的6.52%。1999年全国财政性教育经费总额是2287.17亿元，财政预算内教育经费是1815.75亿元，西部5个自治区这两项经费的总数是169.16亿元和128.15亿元，分别占全国的7.39%和7.05%。

2. 教育经费来源渠道狭窄

多年来，我国西部民族地区教育经费的来源主要依靠地方政府财政性支出和国家专项投入，教育经费的来源渠道狭窄，构成结构很不合理。据1999年的教育统计资料显示，西部民族地区财政性教育经费、学杂费、社会捐集资、其他教育经费、社会力量办学经费的比重分别为76.35%、9.05%、3.50%、10.31%和0.63%，东部地区这一比例结构为66.98%、12.30%、4.49%、13.89%和2.29%。可以看出，西部民族地区教育经费基本上依靠财政投入。而对于经济发展落后、财政收入状况差的民族地区来讲，教育经费多渠道筹资来源肯定不如其他地区，如1999年5个自治区的社会团体和个人办学经费、社会捐资和集资办学经费、学杂费及其他教育经费的平均数，分别仅为全国平均数的23%（不含西藏）、73%、40%、64%。

3. 每位学生平均教育事业费低于其他地区平均水平

每位学生平均教育事业费是衡量一个地区教育经费投入水平的重要指标。目前，我国民族地区中小学生人均教育事业费状况是，除西藏以外（由于国家对西藏地区的教育投入较高，以及西藏在校生数量少，因此西藏的指标水平高出很多，在一定程度上掩盖了东部地区与5个自治区之间平均水平上的差距）的其他4个自治区及少数民族聚居较为集中的西部其他省市，中小学生人均教育事业费都远远低于东部地区平均水平。据有关统计资料显示，1998年，东部地区小学生人均教育事业费支出是784.28元，西部地区是429.94元，东部是5个自治区的1.45倍。虽然东部地区初中生人均教育事业费只是5个自治区的1.03倍，但以东部地区与4个自治区（西藏除外）比较，东部地区是4个自治区的近1.8倍。东部地区高中生人均教育事业费支出是5个自治区的1.14倍。与4个自治区（除西藏外）比较，东部地区是4个自治区的1.9倍。由此可以看出，每位学生平均教育经费低是少数民族基础教育发展的最突出问题。

三、基本结论与对策建议

（一）基本结论

1. 改革开放以来，由于民族地区社会经济发展、居民生活水平提高及城乡医疗卫生条件的改善，使得民族地区人口的死亡率大幅度下降，自然增长率迅速提高。从而导致民族地区人口迅速膨胀，劳动者数量供大于求，进而造成劳动力的闲置和浪费，不利于民族地区社会的稳定。

2. 由于各民族地区的社会经济发展水平的差异以及各民族对教育重视程度的不同，各民族地区之间在受教育程度上发展也很不平衡。例如，表2中显示的新疆地区大专以上文化程度占7.95%，而广西地区大专以上文化程度的仅占3.63%，还不到新疆的一半。

3. 民族地区教育状况与全国以及汉族相比存在较大的差距。其中少数民族小学和小学以下文化程度的比例较高，而初中和初中以上文化程度的比例较低。同时，民族地区不同文化程度的男性人口比率远远高于女性人口，并且女性的文盲率是男性的2倍，女性是22.33%，男性是10.35%。

4. 民族地区劳动者医疗卫生经费投资不足，2000年民族地区卫生经费占地方财政支出的比重为6.87%，比1999年下降了0.64个百分点。劳动者人均占有医疗卫生经费也相对不足，从而影响了民族地区人均医疗卫生资源占有量的提高，导致对民族地区劳动者医疗条件的改善和人口健康存量的增加产生一系列不利的影响。

5. 我国对民族地区的教育经费投入严重不足，主要体现在以下三个方面：（1）民族地区教育经费投入总量低；（2）民族地区教育经费来源渠道狭窄；（3）民族地区每位学生平均教育事业费低于其他地区平均水平。

（二）政策建议

民族地区劳动者素质的提高既是现代社会文明进步的重要标志，又是民族地区经济可持续发展的内部推动力，根据改革开放后民族地区劳动者的素质状况，提出以下建议：

1. 贯彻落实科学发展观，进一步增强科教兴国和人才强国意识。在加快民族地区经济社会发展的过程中，必须结合民族地区的实际，进一步增强科教兴国意识和人才强国意识，充分发挥科技、教育和人才对促进民族地区经济社会发展的重要作用，注重依靠科技进步和提高劳动者素质，加快推进民族地区经济结构战略性调整，努力提高经济增长的质量和效益，坚持走科技含量高、经济效益好、资源消耗低、环境污染少、人力资源优势得到充分发挥的新型工业化发展道路。

2. 在国家扶持的基础上，充分发挥民族地区的比较优势、资源禀赋优势、民族特色优势，自力更生地发展民族地区经济，缩小各民族地区之间的差距以及西部民族地区与东部发达地区之间的差距，通过经济发展带动民族地区教育的发展，从而促进民族地区劳动者素质的提高。

3. 在民族地区大力加强基础教育的投入，提高民族地区初级教育水平，维护女性的权利，倡导男女享有平等的受教育的权利，提高女性受教育的比例，这也是我们民族地区经济发展与社会和谐的保证。增加对民族地区医疗卫生经费投入，改善医疗服务设施，增加医疗服务人员，提高人均医疗卫生资源占有量以及劳动者人均医疗卫生经费水平。开展全民健身运动，提高民族地区人口的健康素质。

4. 国家要不断加大对少数民族教育经费的支持力度，提高财政预算内教育经费占教育经费的比例。在目前民族地区经济还十分困难的情况下，需要国家对民族地区扩大支持的力度。要通过转移支付、专项资金、生活补助、对口支援等措施，切实加大对少数民族教育的投入。目前，中央应明确财政转移支付中用于教育的比例，并确定各民族地区义务教育成本标准，使教育拨款有章可循，同时完善拨款体制和程序，建立各级政府分担义务教育成本的规范化的财政转移支付制度。

参考文献

[1] 国家民委经济发展司编：《中国民族统计年鉴》，民族出版社 2000 年版，第 289 页。

[2] 国家统计局编：《中国统计年鉴》，中国统计出版社 2007 年版，第 156 页。

[3] 国家统计局编：《中国教育年鉴》，中国统计出版社 2000 年版，第 89 页。

[4] 刘永佶：《中国少数民族经济发展研究》，中央民族大学出版社 2000 年版，第 241 页。

[5] 吴兵:《荷兰的少数民族教育》,《民族教育研究》, 2002 年 (4)。

[6] 中央教科所编:《中国基础教育发展研究报告》, 教育科学出版社 2002 年版, 第 137 页。

[7] 张天路:《中国少数民族人口研究 50 年》,《民族研究》, 1999 年 (5)。

[8] 成艾华:《少数民族人口增长与可持续发展研究》,《中南民族大学学报》, 2005 年 (11)。

[9] 朱朝辉:《少数民族人口问题研究》,《民族论坛》, 2003 年 (5)。

[10] 刘新科:《西部中小学师资问题的严重性及其管理对策》,《西南教育论丛》, 2001 年 (5)。

环青海湖地区农业①可持续发展实证分析②

郭　华　李　勇

（青海民族学院　青海西宁　810007）

环青海湖地区地处高原牧区寒带，承东启西、辐射青南，具有明显的自然、经济、社会、区位特征，是一个较为完整的、代表性强的区域发展系统。环青海湖地区高寒脆弱的自然和生态环境，落后的经济发展水平，独特的文化价值观念和农牧民特殊的生产生活方式以及相对狭小的生存居住空间，客观决定了该地区地表资源利用的主体方式、民族经济发展的核心支柱仍然是农业。环青海湖地区的农业对自然条件依赖性强，“发展与保护”的矛盾十分突出。怎样才能在保护好青海湖这块湿地的前提下，使该地区农业可持续发展系统能够得到良性循环？我们认为对环青海湖地区农业可持续发展能力进行实证分析非常必要，它是政府制定相关政策不可或缺的科学依据，亦可对相关理论研究及实践过程提供借鉴。

一、环青海湖地区农业可持续发展指标体系的建立

农业可持续发展是以发展为前提，兼顾公平，依靠智力因素，以充分利用自然资源，生产量多质优的食物，不断增加农民的收入，并使自然资源得到保护，环境不退化，能够持续满足目前和今后世世代代人们需要的农业综合生产能力的发展。它不仅考虑农业当前的发展，而且重视未来长远的发

---

① 环青海湖地区包括青海省海南、海北两个藏族自治洲的共和、贵南、兴海、同德、海晏、祁连、刚察县和海西蒙古族藏族自治州的天峻县。农业是指大农业，包括种植业、畜牧业、林业、渔业以及农村非农产业。

② 本文系2007年教育部“春晖计划”合作科研项目《环青海湖地区农牧业可持续发展研究》（项目编号S2006－1－81001）的阶段性成果。同时也是中央民族大学“985工程”二期哲学社会科学创新基地项目《民族地区资源开发利用与环境经济研究》的阶段性成果。

作者简介：郭华（1957—），女，湖北襄樊人，青海民族学院经济与管理学院副院长、教授、硕士生导师，主要从事发展经济学研究。

李勇（1981—），男，山东泰安人，青海民族学院经济与管理学院硕士研究生，研究方向为可持续发展经济学。

展；不仅考虑某一部门或产业的发展，而且重视综合的发展；不仅强调农业与农村的发展，还强调农业的发展与资源环境相协调；不仅重视农产品数量的增长，而且更加重视农产品质量的提高；不仅重视经济的发展，而且特别强调社会公平。这些相互联系的丰富内涵及其所反映出的综合性、动态性特征是我们选择相关指标的依据。

根据系统性评价指标设立的一般原则，我们从资源环境、社会、经济三个方面入手构建农业可持续发展的指标体系，并根据地区实际赋予相应的内涵及目标。该指标体系分为三个层次，即目标层、约束层、指标层。

1. 目标层（A）

环青海湖地区农业可持续发展状态和能力，是本指标体系评价的目标，具体来说，就是在该地区实现生产率持续增长，生态环境持续改善，农业自然资源持续利用，以满足国民经济发展和人民生活对农产品不断增长的需求。

2. 约束层（B）

约束层包含制约和影响地区农业可持续发展的主要因素，根据环青海湖地区的特点，约束层包括三个主要因素，B1 资源环境因素；B2 社会因素；B3 经济因素。

3. 指标层（C）

约束层的每一项因素，需要通过多项具体指标来表示，根据指标体系构建原则和环青海湖地区特点，选取了 19 项指标。具体指标名称、各项指标之间的关系如下：资源环境指标（C1 耕地面积、C2 人均耕地面积、C3 草地面积占土地总面积比重、C4 有效灌溉面积、C5 化肥使用量（折纯量）、C6 农药使用量）；社会指标（C7 农业人口比重、C8 农业从业人员占乡村从业人员比、C9 农民人均住房面积、C10 农村彩电普及率、C11 农村恩格尔系数、C12 农业技术人员占专业技术人员数比重、C13 学龄儿童入学率、C14 初中升学率）；经济指标（C15 第一产业增加值占地区生产总值比重、C16 农业支出占财政预算支出比重、C17 农业贷款占各项贷款比重、C18 农村居民人均纯收入、C19 农业机械总动力）。

依照上述指标体系，根据 1997 年至 2006 年青海省统计年鉴及青海省祁连县、海晏县、刚察县、共和县、同德县、兴海县、贵南县、天峻县国民经济和社会发展统计资料，经过原始资料数据的统计和数学运算，得到环青海湖地区农业可持续发展评价指标体系总数据库表 1。

表1　环青海湖地区农业可持续发展评价指标体系总数据库

指标	年份									
	1997	1998	1999	2000	2001	2002	2003	2004	2005	2006
C1	98126	98126	98398	95680	89519	78639. 28	68338. 03	72905. 74	71214. 4	71148
C2	0. 244225	0. 236275	0. 236838	0. 230575	0. 220588	0. 170563	0. 130275	0. 1254	0. 134588	0. 130538
C3	72. 71125	75. 065	74. 16375	73. 95375	74. 18125	73. 06625	72. 695	71. 415	71. 075	70. 75875
C4	43258	43258	43296	43090	46584. 6	36347. 29	31657. 05	31473. 4	31574	31134
C5	7391	7093	8328	8537	7238	5456	4064. 26	5486	5080	5107
C6	58. 824	94. 019	123. 349	68. 41	60	57. 97	51. 64	56. 51	67	56
C7	68. 72	70. 895	70. 751429	72. 7925	73. 02625	73. 135	74. 4525	72. 36	74. 7925	73. 4875
C8	95. 51625	94. 67375	95. 21125	93. 9825	93. 295	92. 56375	91. 705	83. 95	89. 77125	89. 61125
C9	12. 45875	13. 0575	13. 595	14. 0225	14. 585	15. 52	15. 625	14. 2125	15. 25	16. 35286
C10	0	0	0	0	0	0	1. 25	8. 375	49. 17625	59. 85125
C11	63. 94125	62. 68625	61. 18	60. 5225	56. 73625	54. 965	53. 925	53. 43875	51. 27	52. 765
C12	12. 205	8. 7175	7. 6875	7. 5525	6. 0125	4. 6825	3. 6975	2. 63125	2. 431875	3. 72375
C13	86. 6225	88. 33625	88. 64	88. 09375	93. 0075	94. 04	95. 96625	96. 87375	98. 3	98. 985
C14	81. 125	73. 4425	70. 7175	75. 64625	77. 65375	78. 28125	80. 92625	83. 16375	87. 2125	85. 62125
C15	50. 92625	52. 39125	52. 725	45. 48125	39. 86	40. 62625	38. 39286	36. 47857	36. 2125	32. 6125
C16	3. 75875	4. 931125	11. 82125	6. 7875	3. 45225	3. 2175	8. 51125	7. 3525	7. 1825	5. 69125
C17	22. 1225	23. 0325	40. 91	30. 68875	37. 48875	50. 86	41. 42125	44. 95625	62. 235	70. 52
C18	1565. 1563	1621. 625	1717. 375	1679. 375	1836	2023. 2575	2139. 5	2310. 125	2524. 875	2815. 5
C19	2. 6125	2. 7875	2. 9375	3. 1875	3. 1875	3. 23	3. 44	3. 7	3. 8	4. 025

二、环青海湖地区农业可持续发展的评价方法

为了能够定量地分析与观察环青海湖地区农业可持续发展的状态，进而评价其可持续发展水平，我们依据确立的指标体系，由表1中的数据，依据主成分分析法的原理，利用统计分析软件 SPSS13. 0 采用因子分析法进行具体分析。

因子分析就是研究如何以最少的信息丢失将众多原有变量浓缩成少数几个因子，如何使因子具有一定的命名解释性。在因子分析法中，当各公共因子对原指标反映不明显时，可通过因子旋转（包括与原始变量不相关的正交旋转和与原始变量相关的斜交旋转）法，使得公共因子的贡献较分散，

即第一公共因子代表一部分变量，第二公共因子代表另一部分变量，以此类推，这样的处理使各个公共因子有明显的实际含义，有利于分析与解释。因子分析法可实现两个重要研究目的：因子分析和综合评估。

本文在运用因子分析法对环青海湖地区农业可持续发展能力进行评价时，主要采取了以下步骤：

第一步：将环青海湖地区农业可持续发展原始数据标准化，以消除量纲的影响。

第二步：建立指标间的相关系数矩阵 R，进行巴特利特球度检验和 KMO 检验考察原有变量是否适合因子分析，如表 2。

表 2　　开塞—梅耶—欧尔金和巴莱特检验表

KMO and Bartlett's Test

Kaiser – Meyer – Olkin Measure of Sampling Adequacy.		0.802
Bartlett's Test of Sphericity	Approx. Chi – Square	1, 714.065
	df	45
	Sig.	0.000

由表 2 得到 KMO 检测值为 0.802，根据 Kaiser 给出的度量标准（0.9 以上表示非常适合；0.8 表示适合；0.7 表示一般；0.6 表示不太适合；0.5 以下表示极不适合）可知原有变量适合做因子分析。

第三步：求 R 的特征值和特征向量，如表 3。

表 3　　因子解释原有变量总方差的情况

因子	特征根值	方差贡献率	累计方差贡献率
1	13.980	73.578	73.578
2	1.779	9.364	82.942
3	1.169	6.155	89.097

由于前三个特征值的累计贡献率已达到 89.097%，另在图 1 中，横坐标为因子数目，纵坐标为特征根。可以看到：第一个因子的特征根值很高，对解释原有变量的贡献最大；第四个之后的因子特征值都较小，对解释原有变量的贡献很小，已经成为可被忽略的“高山脚下的碎石”，因此提取三个因子是合适的。

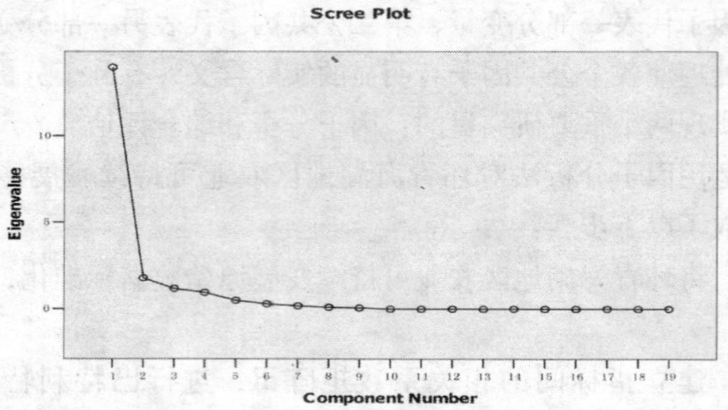

图1　因子分析的碎石图

第四步：建立因子载荷矩阵。由于前三个特征值的累积贡献率已达89.097%，故取前三个特征值建立因子载荷矩阵，并将因子载荷矩阵实行方差最大正交旋转，得正交因子表。

第五步：计算因子得分。这里，采用回归法估计因子得分系数，并输出因子得分系数。具体结果如表4因子得分系数矩阵。

表4　　因子得分系数矩阵

指标名称	因子		
	1	2	3
C1 耕地面积（公顷）	0.113	-0.033	0.043
C2 人均耕地面积（公顷/人）	0.073	0.023	-0.005
C3 草地面积占土地总面积比重%	-0.217	0.343	0.017
C4 有效灌溉面积（公顷）	-0.010	0.122	-0.048
C5 化肥使用量（折纯量）（吨）	0.096	-0.041	0.111
C6 农药使用量（吨）	0.023	-0.059	0.440
C7 农业人口比重%	-0.316	0.275	0.016
C8 农业从业人员占乡村从业人员比重%	-0.017	0.109	-0.007
C9 农民人均住房面积（m²/人）	-0.226	0.168	-0.002
C10 农村彩电普及率%	0.211	-0.350	0.111
C11 农村恩格尔系数%	0.152	-0.069	0.000
C12 农业技术人员占专业技术人员数比重%	0.223	-0.139	-0.090
C13 学龄儿童入学率%	-0.089	-0.006	0.004
C14 初中升学率%	0.185	-0.268	-0.174
C15 第一产业增加值占地区生产总值比重%	0.100	-0.035	0.112

指标名称	因子		
	1	2	3
C16 农业支出占财政预算支出比重%	-0.042	-0.066	0.506
C17 农业贷款占各项贷款比重%	-0.009	-0.117	0.140
C18 农村居民人均纯收入（元）	0.043	-0.170	0.066
C19 农业机械总动力（万千瓦）	-0.042	-0.074	0.078

三、评价结果及对策建议

SPSS13.0 同时给出因子得分系数矩阵（如表4所示），由此，可以得出前三个因子得分函数：

$$F1 = 0.113 \times c1 + 0.073 \times c2 - 0.217 \times c3 - 0.010 \times c4 + 0.096 \times c5 + 0.023 \times c6 - 0.316 \times c7 - 0.017 \times c8 - 0.226 \times c9 + 0.211 \times c10 + 0.152 \times c11 + 0.223 \times c12 - 0.089 \times c13 + 0.185 \times c14 + 0.100 \times c15 - 0.042 \times c16 - 0.009 \times c17 + 0.043 \times c18 - 0.042 \times c19$$

$$F2 = -0.003 \times c1 + 0.023 \times c2 + 0.343 \times c3 + 0.122 \times c4 - 0.041 \times c5 - 0.059 \times c6 + 0.275 \times c7 + 0.109 \times c8 + 0.168 \times c9 - 0.350 \times c10 - 0.069 \times c11 - 0.139 \times c12 - 0.006 \times c13 - 0.268 \times c14 - 0.035 \times c15 - 0.066 \times c16 - 0.117 \times c17 - 0.170 \times c18 - 0.074 \times c19$$

$$F3 = 0.043 \times c1 - 0.005 \times c2 + 0.017 \times c3 - 0.048 \times c4 + 0.111 \times c5 + 0.440 \times c6 + 0.016 \times c7 - 0.007 \times c8 - 0.002 \times c9 + 0.111 \times c10 + 0.000 \times c11 - 0.090 \times c12 + 0.004 \times c13 - 0.174 \times c14 + 0.112 \times c15 + 0.506 \times c16 + 0.140 \times c17 + 0.066 \times c18 + 0.078 \times c19$$

其中各个变量均取标准化后的值。为了对农业发展状况进行综合测评，以各个因子的方差贡献率为权重，计算农业综合发展实力，其综合评价模型公式为：

$$Z_i = 0.7358F1 + 0.09364F2 + 0.06155F3$$

Z_i 表示第 i 年农业持续发展的综合实力，Z_i 值越高，说明第 i 年农业持续发展综合实力越强；反之，则越弱。

由以上因子得分函数与综合评价函数计算环青海湖地区10年的主要因子得分及农业可持续发展综合评价得分，如表5所示。得分及其正负表示各年农业发展状况与全省平均水平的相对位置，正值说明该年农业发展高于全省平均水平，负值则表示该年农业发展水平低于全省平均值。

表5　　因子得分及综合得分系数矩阵

	F1	F2	F3	Zi
1997	2.19058	-0.48483	-1.18856	1.493273
1998	0.7708	0.82241	0.17654	0.655031
1999	0.58982	0.41349	2.46164	0.624223
2000	0.23993	0.79921	0.12613	0.259142
2001	-0.37024	1.09295	-0.82719	-0.22099
2002	-0.7866	0.68527	-0.81973	-0.56507
2003	-1.35903	0.52665	-0.13784	-0.95914
2004	-0.36648	-0.85771	-0.08891	-0.3554
2005	-0.55837	-1.27986	0.31662	-0.51121
2006	-0.35452	-1.71103	-0.02091	-0.42236

结果分析：

从上面这三个因子得分函数得分系数权重大小可知，在第一因子中草地面积占土地总面积比重、农业人口比重、农民人均住房面积、农村彩电普及率的权重较高，在整个第一因子中起主要作用。从实际情况来看，自1997年以来由于草场过牧，人们过度开垦等原因，草地面积逐年下降，生态环境现状不容乐观；农业人口比重不但没有下降，反而其比重2006年比1997年仍多出4.77%，说明该地区城镇化水平很低；农民人均住房面积近10年来有了较大增加，特别是近两年来农民人均住房面积、农村彩电普及率增加较快，说明环青海湖地区人民生活水平有了较大提高。

从第二因子中可知初中升学率、农村居民人均纯收入、农业技术人员占专业技术人员数比重、农业贷款占各项贷款比重的权重较高，在整个第二因子中起主要作用。从实际情况来看，近10年来，虽然环青海湖地区初中升学率有较大提高，但是仍然落后于青海省平均水平，更是落后于全国平均水平。农村居民人均收入由1997年的1565.2元增加到2006年2815.5元，但是平均水平仍然低于青海省平均水平。农业技术人员占专业技术人员数比重近10年呈现下降趋势，这主要源于对农业技术的不够重视，以及农业科技人员的严重不足。农业贷款占各项贷款比重已经从1997年的22.1%增加到2006年的70.5%。

从第三因子中可知农药使用量、农业支出占财政预算支出比重的权重较高，在整个第三因子中起主要作用。从实际情况来看，近10年来，农药使用量虽然1998年—2001年波动较大，但近5年来变化不大。这也表明该地区土地资源环境并没有受到较大污染。农业支出占财政预算支出比重近年来稳中有升，但是总量仍然很小。

通过分析可以看出，1997年至2003年环青海湖地区的农业可持续发展能力逐年降低，这与该地区草场退化、土地沙漠化、水土流失严重、湖泊萎缩不无关系。除自然条件原因以外，应为这一时期过分追求经济发展速度所致。2003年至2006年一些指标呈现曲线型波动，并呈上升趋势，这与近年来人们的环保意识不断提高，西部大开发项目的有效推进是分不开的。从发展过程来看呈一波三折状态，与历史相比人为因素比较明显；从发展趋势来看农业可持续发展能力有所恢复逐年提高；但总体看来环青海湖地区的农业可持续发展能力仍然处于较低的水平。

为了推动环青海湖地区农业可持续发展，建议采取以下对策：

1. 顺应自然规律，保护现有资源环境系统，充分利用自然资源，实现资源环境系统的良性循环。①继续推进退耕还林（草）、退牧还草工程，恢复草地植被，防止水土流失、土地沙漠化。②以草定畜，控制牲畜数量，防止草地退化。③采用生物措施与工程措施相结合的方法，治理土地沙漠化。④加大科技投入，大力发展生态农业。⑤建立环境动态监测网络体系、预警体系和生态环境评价体系。

2. 建设环青海湖地区特色农产品基地，加快农业产业化进程，实现农业经济系统的可持续发展。①以结构调整为主线，进一步优化农业经济结构和布局。②以产业化经营为方向，努力提高农业组织化程度。③以基础设施建设为重点，全面提高农业装备水平。④以特色农业服务体系建设为支撑，提高农业科技服务水平。

3. 改善环青海湖地区农牧民的生产生活条件，实现农村社会系统的可持续发展。①强化交通通讯、文化教育、医疗卫生等方面的基础设施建设，改善农牧民群众的人居环境。②加快小城镇建设，促进农村剩余劳动力转移，拓宽农民增收渠道。③根据社会主义新农村建设的要求，合理规划农牧区定居点。

4. 以政府出台《青海湖流域生态环境保护与综合治理规划》、《青海湖景区旅游整体策划》为契机，把环青海湖地区农业发展与旅游资源整合及青海湖流域生态环境保护和综合治理结合起来，促进资源环境与经济社会协调发展。

参考文献

［1］洪银兴：《可持续发展经济学》，商务印书馆2000年版，第100—102页。

［2］冯海发：《农业可持续发展的理论与实践》，新华出版社2006年版，第101—104页。

［3］朱启贵：《可持续发展评估》，上海财经大学出版社1999年版，第291—300页。

［4］曲福田：《可持续发展的理论与政策》，中国经济出版社2000年版，第69—71页。

［5］毛汉英：《山东省可持续发展指标体系初步研究》，《地理研究》1996年第12期。

［6］温军：《青藏高原农业可持续发展战略研究》，《中国藏学》2002年第1期。

农田水利设施与达斡尔族种植业发展[①]

——以内蒙古莫力达瓦达斡尔族自治旗哈力村为例

王玉玲[②]

水利是农业的命脉。农田水利设施既有农田灌溉、水产养殖等兴利功能，也有防洪、除涝、降渍、治碱等除害减灾功能，是提高种植业防灾抗灾能力、保障种植业稳产高产的基础。达斡尔族是我国较早从事种植业的民族，并在长期发展中积累了相关经验。种植业是现代达斡尔族从事的主要产业。本文以2008年7月在内蒙古莫力达瓦达斡尔族自治旗（以下简称“莫旗”）阿尔拉镇哈力村的调查为基础，结合相关案例分析，探讨达斡尔族种植业的发展现状，提出制约达斡尔族种植业发展的重要因素是其农田水利基础设施不足。要实现达斡尔族种植业的长足发展，应对农田水利设施细化，明确其纯公共产品或准公共产品的性质，采取不同的建设和管理模式。

一、农田水利设施对达斡尔族种植业发展具有重要意义

据2000年人口普查统计，我国达斡尔族总人口为132394人，其中，内蒙古自治区有77188人，主要聚居在莫旗、扎兰屯市达斡尔民族乡、鄂温克族自治旗巴彦塔拉达斡尔民族乡、阿荣旗音河达斡尔鄂温克民族乡。[③] 2008年3月31日，莫旗是全国唯一的达斡尔族自治旗，总人口282759人，其中，达斡尔族27828人，占达斡尔族全国总人口的21%。

哈力村是莫旗阿尔拉镇的一个典型的达斡尔族聚居村落[④]，位于莫旗西部，诺敏河东岸。哈力村地处丘陵地带，无霜期110天左右。其气候特点是

① 本文为国家社会科学基金项目“西部资源开发与民族利益关系的和谐建构研究”（项目批准号：07BMZ019）阶段性研究成果；中央民族大学“985”建设项目研究成果，项目编号：985－2－103。

② 王玉玲，河北邯郸人，博士，中央民族大学经济学院副教授，主要研究领域是民族经济。

③ 杨圣敏、丁宏编：《中国民族志》，中央民族大学出版社2004年版，第128－129页。

④ 哈力村是一个自然村，和原来的马当浅村合并为一个行政村，村名暂定为马当浅村。我们这里讨论的主要是就自然村意义上的哈力村。

春旱多风，夏热而短，秋涝多雨，冬寒漫长。1923 年，原居住于黑龙江省讷谟尔河畔的哈力村的达斡尔族人迁至现在的哈力村建村，并沿袭原来的村名，至今已有 80 余年。建村初期，哈力村只有郭姓达斡尔族十多户，50 多口人。到 2008 年，哈力村有 105 户，355 人，其中 95% 为达斡尔族。

改革开放后，和其他地区一样，哈力村开始实行家庭承包制。1982 年，哈力村开始分组，将土地和大牲畜分到组。1983 年，实行家庭承包制，按人口劳力分地，18 - 55 岁算一个劳力，一人得 6 亩土地，一个劳力再得 15 亩土地。这样，一个劳力可得 21 亩土地，家里劳力多，土地就多。土地分到户后，新开地经批准，交土地补偿使用费，使用者交税。谁开地谁投入。1982 年，哈力村的土地面积为 4000 多亩，到 1994 年，增加到 9800 亩，之后又有小幅增加。目前，哈力村共有土地 10320 亩。村中土地最多的农户有 1050 - 1200 亩地（70 - 80 垧，1 垧 =15 亩），少的有 30 - 45 亩地。还有两户没有土地，是因贫困将土地承包权转让给别人了。1998 年，哈力村推行土地二轮承包，每人 15 亩地，30 年承包期，多出来的是机动地，5 年不变，5 年内不交各种税费村里就可以转给别人。这部分机动地 2003 年到期，期满后原有土地状况维持。

在现有土地格局上，哈力村达斡尔族农户种植的主要是大豆。据对 35 户农户的抽样调查，35 户农户的土地总面积为 3648.5 亩，其中用于种植大豆的为 3566 亩，占土地总面积的 98%。除了哈力村外，莫旗西瓦尔图镇双龙堡村、阿尔拉镇阿尔拉村也以种植大豆为主。双龙堡村是一个达斡尔族聚居的民族村，至今已有 60 多年村史。曾以农为主，兼有牧业、放排业。20 世纪六七十年代，种植荞麦、稷子等传统农作物。1982 年以种谷子、玉米、小麦为主，少量种植稷子、荞麦、燕麦。1983 年，土地承包到户以后，开始转向主要种植大豆。1997 年，全村大豆种植面积占耕地总面积的 90%。阿尔拉村有 86 户，总人口 323 人，其中达斡尔族 248 人。全村东西长 1 公里，南北长 4 公里，总面积 5800 公顷，呈长方形。有林地 1500 亩，草场 3 万亩。生产基本上是以种植业为主。耕地面积为 8680 亩，人均 26.9 亩。以种大豆为主，少量种玉米、土豆等。[1] 种植业在莫旗产业结构中占有重要地位，表 1 是莫旗历年种植业产值及其占总产值的比重。

① 祁惠君、丛静：《传统与现代：达斡尔族农民的生活》，中央民族大学出版社 2006 年版，第 98—113 页。

表 1　　莫旗历年种植业产值及其占总产值的比重

年份	产值（万元）	占总产值比重（%）	年份	产值（万元）	占总产值比重（%）
1958	1100	81.2	1993	52784	90.1
1960	694.2	69.6	1994	61341	86.4
1962	846.7	62.6	1995	53401	81.3
1982	6701	67.9	1996	80613	85.7
1989	21639	72.6	2004	196708	84.3
1990	28550	55.3	2005	198359	80.3
1991	25806	59	2006	188747	73.1
1992	19489	51.8			

资料来源：1958－1996 年数据来自铁林嘎：《莫力达瓦达斡尔族自治旗志》，内蒙古人民出版社 1998 年版，第 311 页；2004－2006 年数据来自莫旗统计局：《莫力达瓦达斡尔族自治旗统计年鉴（2004、2005、2006）》。

近十几年来，莫旗自然灾害较频繁，表 2 是 2005－2007 年莫旗大豆生产受灾情况。

表 2　　莫旗大豆生产受灾情况

年份		2005	2006	2007
受灾面积（万亩）	旱灾			155
	洪涝			
	风雹		25.47	
	霜冻			
	合计			
成灾面积（万亩）	旱灾			
	洪涝		6.21	
	风雹	2.2	12.94	3
	霜冻		122.4	
	合计			
绝收面积（万亩）	旱灾			
	洪涝			
	风雹	2.35		2.53
	霜冻		7.6	
	合计			

资料来源：莫旗统计局。

哈力村的自然灾害频率较高（见表 3），自然灾害包括旱灾、早霜、洪涝、低温、冰雹等，对村民的农业生产和生活造成极大危害。近年来，旱灾极为突出，造成农业减产甚至绝产，农田水利设施建设的重要性凸显。

表3　　哈力村1998－2003年自然灾害情况一览表

年份	灾害类型
1998	水灾
1999	虫灾、轻旱灾
2000	虫灾、重旱灾
2001	重旱灾
2002	正常
2003	重旱灾

资料来源：毛艳、毅松：《达斡尔族——内蒙古莫力达瓦旗哈力村调查》，云南大学出版社2004年版，第25页。

二、达斡尔族种植业案例讨论

近十年来，大豆价格呈现增长趋势，尤其是2007年，达到4.8元/公斤，是2006年的1.85倍（见表4）。

表4　　农户出售大豆平均价格表（1998－2007）

年份	平均价格（元/公斤）	年份	平均价格（元/公斤）
1998	1.7	2003	3.1
1999	1.72	2004	2.2
2000	1.96	2005	2.4
2001	1.96	2006	2.6
2002	2.4	2007	4.8

资料来源：莫旗统计局。

但大豆价格的大幅度跃升，没有带来2007年达斡尔族农户种植业收入的相应增加。下面是我们对两个达斡尔族家庭2007年种植大豆情况的调查：

案例一：孟乌嫩，男，53岁，达斡尔族，现任哈力村村主任，家有6口人，主要从事种植业。他家有土地900亩（60垧），其中，水浇地60亩，旱地840亩。900亩土地中，855亩种植大豆，45亩种玉米。有小四轮拖拉机3台，打草机1台，播种机1台，水泵2台。养了20多匹马、7头猪。

2007年，其种植大豆的每垧地支出包括：购买种子（171、202号），每斤3.5元，每垧地需用150斤。施用化肥二氨，每袋160元，每垧地需用

2袋。喷洒农药两遍，第一遍每垧地投入100元，第二遍每垧地投入120元，每垧喷洒两遍需220元。柴油每垧地投入70斤，每斤2.92元（2007年的价格为每桶1050元，每桶可装360斤，每斤2.92元，下同），柴油主要用于小四轮拖拉机，每垧地需趟地（松土）3遍，种植1遍，洒农药2遍，割地1遍。7月中旬拔草，每垧地需用工4人，每人50元。打场每袋需支付脱粒机的费用3元，每垧地打了4袋豆子。割地（收割）每垧地需300元。2007年，孟乌嫩家每垧地收获4袋豆子（每袋180斤），每袋售价320元。上述情况列表如下（表5）：

表5　　孟乌嫩家2007年种植大豆收益表

项目	单价	数量（每垧）	总额（元）
种子	3.5元/斤	150斤	525
化肥（二氨）	160元/袋	2袋	320
农药	100元/垧（头遍） 120元/垧（二遍）	1	220
柴油	2.92元/斤	70斤	204
拔草	50元/人	4人	200
打场	3元/袋	4袋	12
割地	300元	1	300
支出合计			1781
收入	320元/袋	4袋	1280
余额			-501

可见，孟乌嫩家2007家种植大豆没有赚到钱，60垧地共亏损30060元。

案例二：郭文阳，男，38岁，达斡尔族，现任哈力村会计，妻子敖梅玲，也是达斡尔族。郭家两口人。他家有101亩（约6.73垧）土地，全部为水浇地，且全部用于种植大豆，有1台水泵，养了2头牛。

2007年，郭文阳家种植大豆的每垧地支出包括：购买种子（177、202号），每斤3.5元，每垧地需用170斤。施用化肥二氨，每袋155元，外加15.5元的赊账利息，每垧地需用2袋；施用尿素，每袋100元，每垧地需用2袋。喷洒农药两遍，第一遍每垧地投入60元，第二遍每垧地投入105元，每垧喷洒两遍需165元。柴油每垧地投入99斤（与孟乌嫩家的差异，主要在于郭文阳家给地进行了一次喷灌），每斤2.92元，柴油主要用于小四轮，每垧地需趟地（松土）3遍，种植1遍，洒农药2遍，割地1遍，喷灌1遍。7月中旬拔草，每垧地需用工3人，每人50元。打场以换工方式进行，每袋需支付脱粒机的费用3.5元，每垧地打了7袋豆子。2007年，郭文阳家每垧地收获7袋豆子，每袋售价333元。上述情况列表如下（表6）：

表6　郭文阳家2007年种植大豆收益表

项目	单价（元）	数量（每垧）	总额（元）
种子	3.5元/斤	170斤	595
化肥（二氨）	155+15.5元/袋	2袋	341
化肥（尿素）	100元/袋	2袋	200
农药	60元/垧（头遍） 105元/垧（二遍）	1	165
柴油	2.92元/斤	99斤	289
拔草	50元/人	3个工	150
打场（换工）	3.5元/每袋	7袋	24.5
支出合计			1765
收入	333元每/袋	7袋	2331
余额			566

可见，郭文阳家2007家种植大豆赚了钱，6.73垧地共赚了3809元。

除了上述支出和收入外，哈力村从2004年开始获得国家的粮食直补。2007年执行的标准是每户人均15亩以内的部分每亩补贴17元，人均15亩以外的每亩补贴14元。孟乌嫩、郭文阳两家获得的粮食直补资金可列表如下（表7）：

表7　孟乌嫩、郭文阳家获得粮食直补资金情况

	土地总面积（亩）	家庭人口（人）	人均15亩以内部分获得补贴（元）	人均15亩以外部分获得补贴（元）	共获得粮食直补（元）
孟乌嫩家	900	6	15×6×17=1530	（900-90）×14=11340	12870
郭文阳家	101	2	15×2×17=510	（101-30）×14=994	1504

此外，哈力村达斡尔族种大豆还有农业保险。2007年，莫旗被列入农业保险保费试点旗县，参保作物品种为大豆，共投保90.89万亩。保险金额及费率依据《呼伦贝尔市农业保险保费试点工作实施方案》的规定，每亩

保额170元，每亩需要缴纳保费13.66元，参保农户缴纳2%，即0.28元。2007年，莫旗受灾程度定性为重灾，损失程度约为减产70%，即三成年，受灾大豆平均亩产仅为32.7公斤。根据灾情状况，保险公司向投保户支付10.88元/亩的赔付金。哈力村在此过程中，规定每户1/3的土地可投保，这样，孟乌嫩、郭文阳家分别投保土地300亩、33亩。每亩赔付金与投保金的差额为10.6元（10.88－0.28），两家因此分别得到3180元、349.8元。

综合以上资料，孟乌嫩、郭文阳两家2007年种植大豆的收益情况为（表8）：

表8　　孟乌嫩、郭文阳家2007年种植大豆的总体收益情况（元）

	种植收益	粮食直补	农业保险	总收益
孟乌嫩家	－30060	12870	3180	－14010
郭文阳家	3809	1504	349.8	5662.8

可见，孟乌嫩家2007年种植大豆亏损14010元，郭文阳家获利5662.8元。原因在于2007年哈力村遭受旱灾，而郭文阳家的土地全部是水浇地，中间曾经给田地喷灌，保证了农作物生长，相应的，收获也多些。郭文阳家的地，每晌可以收到7袋豆子（多数农户为4袋）。2007年，像郭文阳家种大豆赚钱的达斡尔族农户，在哈力村屈指可数，绝大多数农户都亏损。我们在调查中了解到，孟乌嫩是村里的种粮大户，且是非常有经验的种粮能手，但在个体家庭经营的模式下，仍会面临因农田水利设施缺乏而导致的生产不稳定，无力扭转种植业家庭经营中的亏损。至于其他农户则更是如此。

哈力村虽然有诺敏河及其支流提供水源，但由于缺乏灌溉工程等水利设施，加上很多田地在山坡上，离水源远，引水困难。哈力村的土地以旱地为主，据对35户农户的抽样调查，35户农户共有土地总面积为3648.5亩，其中旱地2565亩，占土地总面积的70%；水浇地1083.5亩，占土地总面积的30%。水浇地比例低是2007年旱灾的情况下，村里大多数农户亏损的主要原因。哈力村种植业基础设施薄弱，缺乏基本的喷灌和排水设施，主要还是靠天吃饭。风调雨顺，则收益有保障；反之，则可能颗粒无收。例如，2002年风调雨顺，农民的种植业收入较高。2003年和2007年大旱，很多耕地颗粒无收。据哈力村党支书敖敦林介绍，哈力村2001年由于旱灾人均只有58元收入；2002年，人均收入1200元；2003年绝产，反而倒投入，每亩地前期投入损失40元左右。[1] 2007年又是大旱，三伏天没有雨，冬天没雪。2008年春旱，种地比往年晚了40天。但之后雨水较好，弥补了由于春旱而晚种大豆带来的长势不好问题。在与村民攀谈的时候，他们普遍表达了对2008年大豆高产的希望。但在我们即将离开哈力村的时候，2008年7月8日下午2：30－4：30，哈力村突降大雨和冰雹，并夹杂大风，农田、桥涵、房屋等很快开始积水，雨停后，大片大豆地一片泽国。据初步估计，减产50%，部分低洼地则可能绝产。究其原因，是排水设施的缺乏。因此，达斡尔族种植业要持续稳定发展，必须加强农田水利设施建设。

三、加强农田水利设施建设，促进达斡尔族种植业发展

达斡尔族的种植业历经百余年发展，在改革开放后步入快速发展的轨道。但从现在的情况看，农田水利基础设施的缺乏成为制约达斡尔族种植业发展的重要因素。缺乏农田水利设施，则达斡尔族种植业很难改变“种在地上，收在天上”的靠天吃饭、“雨养农业”状态。

总的看，包括哈力村在内的莫旗农田水利设施建设中存在的问题包括：①设施老化。目前仍在发挥作用的，相当多是农业集体化时期修建的，新建的很少。②已有的设施得不到应有的维护和维修。之所以出现上述问题，是因为缺乏农田水利设施建设和管理的主体。下面，我们分别就政府、村集体经济组织和农户的情况进行考察。

1. 政府

中华人民共和国成立以来，民族地区的农田水利设施从无到有，有了较大发展。“九五”期间，国家在大型灌区续建配套节水改造、节水灌溉示范项目建设、牧区水利建设和雨水集蓄工程建设方面给予支持。[2] 莫旗水资源丰富，具有水利建设的良好条件。1995－2000年，莫旗累计投入劳动力579万人（次），相继建成永安水库和嫩江干流尼尔基防洪大堤，修筑防洪堤106.88公里，开挖排灌渠道322.6公里，改造中低产田40万亩，推广节水

① 毛艳、毅松：《达斡尔族：内蒙古莫力达瓦旗哈力村调查》，云南大学出版社2004年版，第60页。

② 刘志文等：《西部大开发中生态经济与农业可持续发展》，中国环境出版社2005年版，第92－93页。

喷灌面积13.2万亩，打抗旱水源井2828眼，新增有效灌溉面积18.75万亩。[①] 2000年6月，国务院批准了《国家计委关于审批尼尔基水利枢纽工程建议书的请示》。7月3日，正式立项。尼尔基水利枢纽工程是松花江流域水资源开发利用的核心工程之一，具有防洪、工农业供水、发电、航运、环境保护等综合功能，是嫩江流域水资源开发利用、防止水患灾害控制工程，也是“北水南调”重要水源工程。一般而言，政府作为主体，其投入的主要对象是大型水利设施。在小型农田水利设施方面，难以看到政府的身影。小型农田水利设施通常是指灌溉面积1万亩、除涝面积3万亩、渠道流量$1m^3/s$以下的农田水利设施。小型农田水利可分为两大类：一类是农户自用的微型工程，如水窖、水池、浅井等；另一类是几十户、成百上千个农户共用，规模相对较大，具有农村公共工程性质的泵站、水库、引水渠等。[②] 对于哈力村而言，小型农田水利设施更具有保障种植业稳产的作用，但在此方面，政府投入明显不足。

2. 村集体经济组织

目前，哈力村基本没有村集体经济，村集体经济组织处于虚置状态，农业税及“两工”的取消，使集体经济组织对农田水利设施投入急剧减少，原来主要用于村内农田水利设施的村提留也不复存在，加剧了农田水利设施建设和管理的供需矛盾。

3. 农户

①达斡尔族种植业是以家庭承包制为基础的。家庭承包制，实际上是使个体经济又成为包括哈力村在内的广大农村的主要经济形式。在此基础上，在农村进行建立统分结合的双层经营体制的改革。但由于集体经济力量有限，统分结合中依然是分为主，统为辅。达斡尔族农户的大部分生产经营活动，如农业物资的购买，农业机械的使用，农产品的销售、储运、加工等，都还是以农户的家庭为单位进行的。这种状况，从农户个体的角度说，不利于提高效率，降低成本，减少风险。从社会总体的角度说，则不能形成规模经营。更加严重的是，在家庭承包制模式下，绝大多数达斡尔族农户只能维持简单再生产，没有扩大再生产能力，更没有能力进行农田水利设施建设和

① 吉儒木图等：《莫力达瓦达斡尔族自治旗向经济强旗迈进》，《内蒙古日报》（汉），2000年11月27日。

② 刘铁军：《新时期小型农田水利设施投资主体研究》，《水利发展研究》2004年第7期。

管理。②实行家庭联产承包责任制，农民普遍存在“公家的水、自家的地”的心理，加上农业比较效益低和农村青壮年劳动力外出打工等因素，农民的投工投劳受到很大影响，农村“一事一议”操作难度很大。[①] ③现阶段实行的家庭承包经营的农地制度，虽以30年为承包期，但相比较农田水利设施的大量投入而言，仍存在承包期限短的问题，造成投资收益期远远低于项目收益期的问题，导致农户投资欲望降低。

综上，政府方面，投入对象主要是大型水利设施，在小型农田水利设施方面，则投入不足；集体经济组织有名无实，无力成为农田水利设施的建设和管理主体；联产承包责任制下的农户，没有能力也没有意愿进行农田水利设施建设。表面上看，农田水利设施建设主要是政府组织发动并适当进行补助，农民投劳筹资兴建。事实上，政府认为是在给农民办事，农民又认为是在给政府出工，谁都没有真正把自己当做建设的主体。近年来，各地尽管进行了小型农田水利设施管理体制改革，但已改制的工程仅占工程总数的35%左右，大量以公共产品、准公共产品等形式而存在的灌溉排水渠道，由于本身经济效益低下，农民缺乏参与建设和管理的积极性，运行管理和维护责任难以落实，老化失修的趋势没有得到遏制，[②] 造成的直接后果是有效灌溉面积下降。

本文认为，农田水利设施对达斡尔族种植业发展至关重要，应对其农田水利设施细化，明确其性质，采取不同的建设和管理模式。

总体上，农田水利设施是介于纯公共产品和私人产品之间的准公共产品，因为农田水利设施既具有公共产品的效益外溢性特征，同时又具有一定程度的私人产品的排他性和竞争性。具体看，由于不同的农田水利设施存在一定差异，所以，按照其消费性质，并根据其消费的排他性和竞争性及程度，可进一步对水利设施作如下区分：一是同时具有非排他性和非竞争性的水利设施，如防洪堤防等，是纯公共产品，以防洪为主的水库、大型的排涝工程、大型的灌溉工程等也通常被认为是纯公共产品。二是具有消费的排他性但不具有竞争性的准公共产品，如农村小型水利灌溉工程等。这类小型农田水利设施多分布于田间地头，对于农业生产条件的改善具有大中型水利设

① 韩清轩：《我国农田水利设施建设存在的问题与对策——从公共产品视角进行的分析》，《山西财政税务专科学校学报》2007年第1期。

② 韩清轩：《我国农田水利设施建设存在的问题与对策——从公共产品视角进行的分析》，《山西财政税务专科学校学报》2007年第1期。

施所不可替代的直接作用。另外，大中型农田水利设施效益的发挥，也依赖于小型农田水利设施的配套，因此，小型农田水利设施在农业中的地位显得尤为重要。从小型农田水利设施的特征来看，无论服务于几个村庄或一个、几个农户，建设首先是服务于农业生产：改善农业生产条件，提高和稳定农产品产量及质量，降低农业经营风险，提高农业经济效益及农民收入等是其主要目的，直接经济效益（最主要的直接经济效益是灌溉）是主要的且较为显著；小型农田水利设施也具有一定的生态功能及社会功能，但这部分外部效益是附带或派生的。另外，由于受益范围小且受益对象稳定，难以在较大范围内形成社会公共利益，因此小型农田水利设施的经济类型可以确定为准公益型，① 这类产品为准公共产品。

对于第一种类型，即纯公共产品，应以政府为建设和管理主体，发挥政府的主导作用。各级政府应合理分工：中央政府应主要从事跨经济协作区的大江大河大湖的治理、全国性的水土保持及受益范围较广的大型骨干水利工程，省级政府则负责本省域范围内的水利设施建设和管理，县乡政府主要承担中小型农田水利设施的建设和管理。可采取专项补助的形式，以中央财政资金投入带动地方投入，但应注意配套资金要求不宜过高，否则对像莫旗这样的民族地区而言，配套负担过重，会导致项目无法运作。

对于第二种类型，即准公共产品，根据《水法》中“小型农田水利设施的投资建设由受益单位负责”的规定，这类设施的投资主体应确定为农户。中央财政给予适当补助。农户作为小型农田水利设施投资主体具有有利条件。首先，农户的经营特征降低了小型农田水利设施的经营风险，提高了收益率。农户最具有代表性的特征就是经营农地。当天气干旱时，农户利用水利设施灌溉农地提高农产品产量，增加农地经营收入，并且通过出售灌溉用水，获得设施经营收入；当降水充沛时，无需灌溉即可获得较高的农地经营收入，减少了用水成本，提高了利润率。并且农户将其他非农经济组织的外部效益（排涝功能）内部化，由于农户经营农地的经营特征，使因设施的排涝功能所耗费的生产费用得到了补偿。对农户来说，投资小型农田水利设施可以稳定年际间收入，提高综合经济效益，降低经营风险。其次，农户的居住分布特征降低了设施的管理成本。农户居住分布一般与所经营农地相距较近，与农田紧密相连的小型农田水利设施联系密切，农户可以用较少的

① 刘铁军：《新时期小型农田水利设施投资主体研究》，《水利发展研究》2004 年第 7 期。

时间和精力即可完成对设施的管理和维护，管理维护成本相对较低。①

对于农户来说，微型农田水利设施可以户为单位投入和管理。至于投资额较大的小型农田水利设施，可采取合作、合伙、多户联合的形式进行。在此过程中，可形成合作社。其前提，是农业合作化。合作化有助于农村的大规模农田水利建设。合作化的长处在于可以动员、组织劳动力，筹集资金，进行大规模的农田水利等基础设施建设。对农田水利建设的大规模投入，提高了防灾抗灾能力，为种植业的稳产高产打下良好基础。这一点对莫旗达斡尔族农户尤其具有重要意义。作为自主劳动者联合的公有制形式之一，合作制要发展，必须明确内部权利关系，这是合作制发展的前提。要吸取我国历史上曾出现过的集体制取代合作制的教训②，真正建立合作制的权利体系，其根本在于明确合作制劳动者的劳动力所有权和生产资料所有权。具体说来，合作制在建立和运行时，必须明确三个权利，一是农民对其劳动力的所有权，二是对小块土地的占有权，三是其他生产资料的所有权。这三个权利是属于农民个人的，而且是农村合作经济的基本权利。由这三项权利，派生出合作经济体的民主权利，包括行使收益权、处置权和经营权，选举或聘任经营者，监督行使占有权、经营权的负责人。③ 从长期看，农民合作社形成后，可以替代现有的村集体经济组织，作为小型农田水利设施的投入和建设主体。

① 刘铁军：《新时期小型农田水利设施投资主体研究》，《水利发展研究》2004 年第 7 期。
② 王玉玲：《新中国的农业合作化与农村工业化》，《当代中国史研究》2006 年第 2 期。
③ 刘永佶：《民主中国　法制经济》，中国经济出版社 2002 年版，第 264 页。

内蒙古草原畜牧业发展现状分析与对策研究[①]

萨如拉[②]　鬼木俊次[③]　敖特跟巴雅尔[④]

一、草原畜牧业生产系统现状分析

草原畜牧业生产系统不仅包括畜牧业自身资源，也包括其自身以外的信息、资金、市场等资源，具有一定的复杂性。我国畜牧业生产系统大体上分为放牧生产系统、农牧结合生产系统、工厂化生产系统等三类[⑤]，内蒙古草原畜牧业属于放牧生产系统。草原畜牧业的发展依靠系统内外资源的整合，其构成要素是投资、畜产品开发、畜产品生产、畜产品分配[⑥]。本文结合日本国农林水产省中日合作项目《东北亚半干旱地区可持续农业系统开发研究》在内蒙古锡林浩特市进行的入户跟踪抽样调查资料，从几个角度对内蒙古草原畜牧业生产系统进行分析，试图说明草原畜牧业发展面临的主要问题及矛盾。

（一）草地资源

草地资源是指在一定空间范围内的草地面积、类型、分布，是草原畜牧业发展的物质基础。内蒙古草地面积占全国草地面积的20%，可利用草地面积占自治区总面积的80.69%，草地资源等级为中级。锡林郭勒草原以典型草原为主，是内蒙古草原牧区的主体，也是全国重点牧区和欧亚大陆草原的重要组成部分。但是近几年草地草群数量减少，草质降低，可食牧草产量降低，生态环境劣化现象日趋严重。从表1看，从1997年到2007年的十年

---

① 本论文数据来自于根锁（中方代表）主持日本国农林水产省中日合作项目《东北亚半干旱地区可持续农牧业系统的开发研究》，项目号为A2－31312000. 2006－2011。

② 萨如拉，中央财经大学经济学院博士生、内蒙古民族高等专科学校经济管理系教授。

③ 鬼木俊次，日本国国际农林水产研究中心教授。

④ 敖特跟巴雅尔，内蒙古民族高等专科学校经济管理系主任、教授。

⑤ 邓蓉、张存根、王伟：《中国畜牧业发展研究》，中国农业出版社2005年版，第35—38页。

⑥ 李岚、李琴：《呼伦贝尔草原畜牧业竞争力研究》，《中国民族地区经济社会发展与公共管理调查报告》，中央民族大学出版社2007年3月版，第144页。

间锡林郭勒草场面积、放牧地面积、打草场面积均有所上升，同时不能放牧的沙地面积也有较大幅度的增加，从空间上说明了近十年草地退化加重的事实。再从表2看，牧草长度与十几年前相比降低一半以上，号称锡林郭勒三大草原之一的阿巴嘎旗尤其明显。参与调查的近60%以上的牧民认为近十年牧草种类严重减少，密度变得越来越稀疏，畜牧业经营自然环境条件不断恶化。草原畜牧业生产系统是较为特殊的生产环境，特别是干旱与半干旱草原，自然条件比较严酷，单位草地生物量很低，并不是通过简单投入大量的生产要素就能够大幅度提高单位面积草地生产力。而草原畜牧业是一个对自然的依附性极高、对人口的承载力较低的脆弱产业。因此草原畜牧业发展要求合理有效利用天然植被而不破坏它的生态作用，既要考虑草原的生态功能，又要获取最大化的畜牧业经济效益。但是过去草原畜牧业的发展忽略了草原畜牧业的经济效益和生态功能之间的关系，导致了资源的破坏、浪费，影响了草原畜牧业正常健康发展。

表1　**草场面积变动情况**

内　容		阿巴嘎旗	锡林浩特市	正蓝旗
草场面积（亩）	1997年	755293	622330	56596
	2007年	953365	648771	115028
放牧地平均面积（亩）	1997年	372095	331024	12185
	2007年	440828	413063	45679
不能放牧的沙地面积（亩）	1997年		16730	9280
	2007年	2633	19705	25190
打草场面积（亩）	1997年	42510	49880	8881
	2007年	54164	53985	17261
2007年借用草场面积（亩）		280560	212665	
2006年-2007年禁牧面积（亩）		99764	103500	745910

资料来源：根据课题组2007年调查资料整理。

表2　**牧草长度变化**

内　容	阿巴嘎旗	锡林浩特市	正蓝旗
1992年	37.73cm	39.72cm	32.69cm
1997年	32cm	32.38cm	25cm
2004年	9.27cm	14.79cm	23.57cm
2007年	11.45cm	12.04cm	13.68cm

资料来源：根据课题组2007年调查资料整理。

（二）牧户基本情况

从牧民劳动适龄人口年龄结构看，被调查牧民平均年龄在40—45岁之间，说明目前牧民劳动适龄人口属于年轻型，并已有平均20年以上的畜牧业经营经验，对草原畜牧业的发展是非常有利的。但从表3看，牧民文化水平很低，劳动人口近50%的人只有小学文化水平，初中文化程度的人所占比重不到30%，受过高等教育的劳动人口比重少得可怜。上述比例与内蒙古自治区2006年农牧民劳动力文化程度比例①相比有一定的差距，不利于牧民收入的提高以及牧区经济社会发展。

表3　牧户基本情况调查表

内容			阿巴嘎旗	锡林浩特市	正蓝旗
离苏木的距离（km）			25	22.7	21.7
主人平均年龄（岁）	男		43.8	45	45.5
	女		40	43.2	42.8
养畜平均年限（年）	男		26.6	28.5	26.7
	女		22.6	26.5	24.1
子女平均年龄（岁）			18.5	18.8	18.6
文化程度	无	人数（人）	15	17	2
		比率（%）	15.9	19.7	3.4
	小学	人数（人）	47	42	23
		比率（%）	50	48.8	39.7
	中学	人数（人）	27	20	30
		比率（%）	28	23.3	51.7
	中专	人数（人）	1	6	5
		比率（%）	1	7	8.6

资料来源：根据课题组2007年调查资料整理。

另外从劳动时间上看，如表4所示每户放牧劳动平均时间每天均10小时以上，说明劳动时间较长，尤其是剪羊毛、打草季节，日劳动时间会更长，劳动强度进一步增加。

① 2006年内蒙古农牧民劳动力文化程度为：小学30.30%，初中49.83%，中专1.69%。根据《内蒙古经济社会调查年鉴2007》统计数据计算。

表 4　　　　　　　　　　　　　牧户劳动时间

内　容		阿巴嘎旗	锡林浩特市	正蓝旗
放牛	户平均放牛人数（人）	1.07	1.11	1.36
	日平均放牛劳动时间	3.38 小时	4.14 小时	5.4 小时
放羊	户平均放羊人数（人）	1.07	1.12	1.33
	日平均放羊劳动时间	7.93 小时	9.17 小时	5.69 小时
打草	户平均打草人数（人）	2.71	3.16	2.14
	日平均打草劳动时间	9.33 小时	10.02 小时	7.8 小时

资料来源：根据课题组 2007 年调查资料整理。

（三）畜产品生产

在内蒙古 GDP 近 20 年的份额结构中，农林牧渔总产值绝对数都有所上升，在各个产业中畜牧业产值上升幅度是最大的，同时畜牧业产值占农业产值的比重也是不断上升的，对内蒙古经济发展起到了关键性作用。近年来，由于草原畜牧业自身发展环境以及宏观经济环境的变化，草原畜牧业生产也发生了较大的变化。第一，从家畜头数变动看，虽然家畜总头数普遍增加，但有一定的地区差距，并出现结构变动，牲畜养殖结构逐渐与牧户经济利益相结合，牧户根据市场变动调整养殖结构。在调查中发现自 1997 年以来锡林浩特市养牛数量明显下降（详见图 1），正蓝旗绵羊数量上升幅度较慢（图 2 所示），锡林浩特市和阿巴嘎旗山羊数量迅速上升，如图 3 所示。养殖结构的变动对牧民收入增长、畜牧业产业结构调整等方面起到了一定的促进作用，但是绵羊养殖规模的普遍扩大隐藏着边际效益递减的风险，山羊养殖数量的增加趋势对已退化的草原带来更大的负担，使草原退化进一步加剧。

第二，畜产品销售收入及数量基本反映了牧民收入来源状况与结构。在牲畜买卖中出售小绵羊的收入占整个牲畜销售收入的 66% 以上，其次为出售小山羊的收入占 12% 左右，出售牛的收入占 11% 左右，出售大绵羊的收入比重最低，说明目前草原畜牧业牲畜销售收入主要来源在于出售小绵羊所获，详见表 5。另外从表 6 看，在其他畜产品销售中，羊绒销售收入占 73% 以上，出售羊毛收入占 13% 以上，乳制品和牛羊皮等附加值很高的畜产品销售收入很低。因此畜产品销售收入的第二个主要来源是绒毛收入，反映了目前畜产品收入主要依靠初级产品为主的特征，没有从根本上摆脱养羊为了

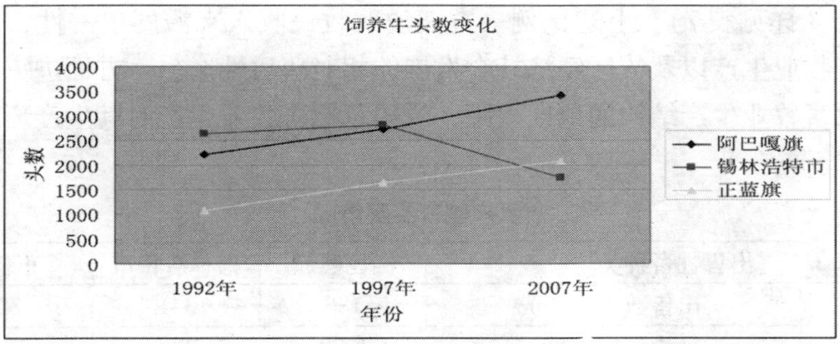

图1　牧户家畜头数变化

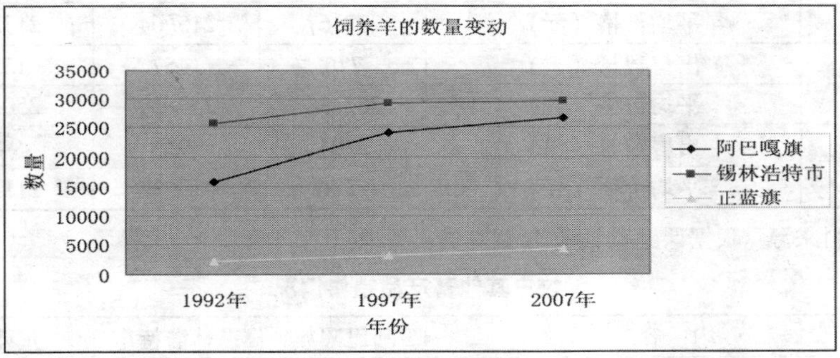

图2　牧户家畜头数变化

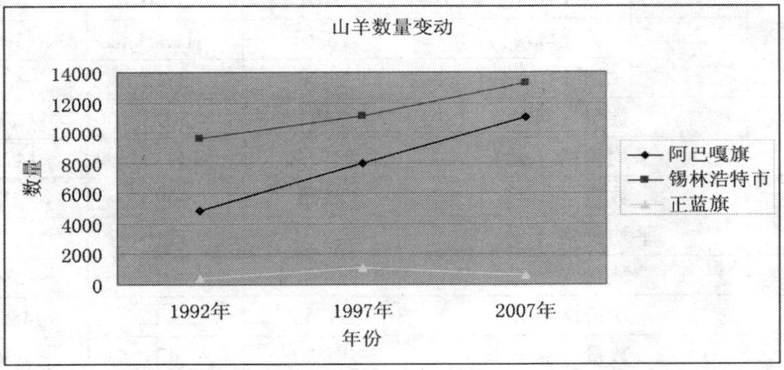

图3　牧户家畜头数变化

羊毛的传统模式。从总体上看，被调查地区的牧民收入主要来自于出售小绵羊，占总收入的56%以上，其他收入来源有一定的地区差距。如正蓝旗和锡林浩特市的羊绒收入较高，而阿巴嘎旗羊绒收入只占总收入的1.06%。锡林浩特市和正蓝旗出售牛的收入在总收入中比重较高，而阿巴嘎旗的该比重很低（详见表7）。上述比例一方面说明牧民收入来源的单一性，反映了草原畜牧业生产以及牧区经济社会发展的相对落后性。另一方面进一步反映了草原畜牧业生产结构的地区差距，说明草原畜牧业生产对其生产环境的特殊要求。

表5　　　　　　　　　牧户牲畜买卖情况

出售牲畜种类		阿巴嘎旗	锡林浩特市	正蓝旗
牛	出售数量（头）	186	341	822
	平均价格（元）	1778	1790	1580
小绵羊	出售数量（只）	10483	16475	17149
	平均价格（元）	222. 67	215. 64	213. 30
大绵羊	出售数量（只）	776	1457	1539
	平均价格（元）	262. 38	250. 36	250. 07
小山羊	出售数量（只）	3204	3936	945
	平均价格（元）	06. 87	219. 34	211. 56

资料来源：根据课题组2007年调查资料整理。

表6　　　　　　　　牧户其他畜产品销售情况

内　容			阿巴嘎旗	锡林浩特市	正蓝旗
羊毛	改良种	数量（斤）	13598	22480	18530
		平均价格（元）	3. 01	5. 46	5. 66
	土种	数量（斤）	28365	19321	3994
		平均价格（元）	3. 08	3. 12	3. 16
羊绒	数量（斤）		5681	5025	175
	平均价格（元）		138. 71	134. 94	147. 08
乳制品	数量（斤）		2275	4398	100
	平均价格（元）		8	11. 6	7
绵羊皮	数量（张）		357	510	84
	平均价格（元）		34. 65	33. 62	48. 26
牛皮	数量（张）		89	43	36
	平均价格（元）		201. 14	229. 86	215. 16

资料来源：根据课题组2007年调查资料整理。

表7　　牧户收入来源结构　　单位：元

种类 地区	出售牛收入	出售小绵羊收入	出售大绵羊收入	出售小山羊收入	出售羊毛收入	出售羊绒收入	出售乳制品	出售绵羊皮	出售牛皮
阿巴嘎旗	33708	2324229.46	203606	662811.48	128293.2	788011.51	18200	12370.05	17901.46
锡林浩特市	562060	3552669	364774.52	863558.4	183029.52	678073.5	51016	17146.2	9883.98
正蓝旗	1298760	3657881.7	38485.73	199924.2	117500.84	25739	700	4053.84	7745.76

资料来源：根据课题组2007年调查资料整理。

二、草原畜牧业盈利状况分析

草原畜牧业盈利状况不仅影响草原畜牧业发展，而且是牧民收入增长与否的关键因素之一，也是众多研究者重点关注的领域之一。草原畜牧业盈利状况可以从生产成本角度进行分析，也可以直接运用投入产出比例进行分析。畜牧业生产成本的衡量指标有物质费用、用工费用、期间费用①。在目前内蒙古草原畜牧业缺乏生产成本统计资料的情况下，本文结合调查资料对草原畜牧业投入产出现状进行如下分析。在草原畜牧业投入产出比例分析中牧户平均生产支出（详见表8）为草原畜牧业生产流动投入，而在销售收入中的小绵羊、羊绒、羊毛、小山羊、乳制品等均为当年产量，占销售收入的90%以上，因此进行适当调整之后为2007年牧户畜牧业产量，经计算得出投入产出平均比重为43.8%（详见表9），与2005年的56.5%和2006年的51.1%②相比投入产出比例分别下降25%和15%。说明草原畜牧业盈利水平有所提高，但与发达国家和地区相比投入产出比例较高，成为影响草原畜牧业发展的又一个重要因素。

① 邓蓉、张存根、王伟：《中国畜牧业发展研究》，中国农业出版社2005年版，第94页。
② 根据《内蒙古经济社会调查年鉴2007》统计数据计算得出。

表8　　2006年8月—2007年7月生产支出　　单位：元

内　容	阿巴嘎旗	锡林浩特市	正蓝旗
青贮玉米支出（每户/元）	2257.65	7721.43	369.32
甘草支出（每户/元）	9433.36	11956.67	3088.89
饲料玉米支出（每户/元）	7293.60	5100	1862.95
其他饲料支出（每户/元）	739.8	2223.4	1189.09
兽医支出（每户/元）	1983.02	1565.36	759.45
配种支出（每户/元）	268.57	511.6	506.92
棚舍修理支出（每户/元）	2664.29	5127.5	1622.14
柴油支出（每户/元）	2419.67	3012.24	1117.28
汽油支出（每户/元）	2085.71	2587.34	1092.59
总支出（每户/元）	29145.67	39805.54	11608.63

资料来源：根据课题组2007年调查资料整理。

表9　　2006—2007年投入产出比重

	每户平均流动资金投入（元）	每户平均产量（元）	比重
阿巴嘎旗	29145.67	44565.23	65.4%
锡林浩特市	39805.54	73084.97	54.5%
正蓝旗	11608.63	92255.02	12.6%

资料来源：根据课题组2007年调查资料整理。

表8　　生活消费支出

内容	阿巴嘎旗	锡林浩特市	正蓝旗
米面支出（月/元）	179.26	218.04	206.52
购买蔬菜支出（月/元）	126.22	114.72	82.98
肉类支出（月/元）	123.60	231.82	125.83
烟酒类支出（月/元）	262	362	90
电话费支出（月/元）	189.47	113.85	132.46
总支出（月/元）	880.55	1040.43	637.79

资料来源：根据课题组2007年调查资料整理。

三、草原畜牧业发展政策建议

回顾草原畜牧业发展的30年，可以发现，草原畜牧业取得了很大成就，并已进入一个新的发展阶段，由传统副业逐步上升为农业和农村经济的支柱产业。伴随着我国全面建设小康社会的发展以及工业化、城市化进程的进一步加快和农村改革的深入，城乡居民收入水平将有一个大幅度的提高，对草原畜牧业发展带来新的机遇。但从上述分析看草原畜牧业的发展还未做好应有的准备。主要表现在牧民文化程度低、畜产品附加值低、投入产出比重相对高等方面。要使草原畜牧业在新的历史发展阶段发挥更大的作用，应采取以下策略：

1. 发挥资源优势，实施优质名牌战略。伴随人民生活水平的提高，消费者对畜产品的质量要求越来越严格，高档、无残留和拥有著名品牌的畜产品备受消费者的青睐。草原畜牧业要想持续发展应将单纯追求产量增长的目标尽快转变到产量和质量并重的轨道上来，提高饲料安全性，建立完备的质量标准和严格的质量检验检测体系，力争开发名、特、优、新产品。

2. 提高草原畜牧业产业化程度，降低交易费用，实现规模效益。目前草原畜牧业产业化水平和牧户组织化程度相对滞后，其原因一方面是在产业化发展中政府职能发挥不太到位，另一方面是牧户组织自身的管理制度不够完善。因此应充分发挥政府在草原畜牧业产业化中的作用和职能，在进一步完善相关法律法规的同时，提高牧户组织管理水平，促进其民主化、科学化、法制化水平的提高。

3. 正确处理发展草原畜牧业与草原生态保护之间的关系。长期以来，草原保护与建设有多种不同的模式，并已取得一定的成绩。但是草地资源退化沙化问题还较为严重，草地植被破坏、水土流失日益严重，自然灾害频繁发生。草原地区矿产资源的开发也对草原畜牧业生态环境带来了新问题、新矛盾。因此草原生态保护应从科学发展观的角度，解决草原畜牧业发展与草原生态之间的关系，解决保护和利用之间的关系，不仅要起到保护生态的作用，也要充分考虑草原畜牧业的正常、健康发展。

恩施土家族苗族自治州农村经济改革30年回顾及展望

刘立英　黄晓波
（湖北民族学院　湖北恩施　445000）

一、改革开放30年恩施土家族苗族自治州农村发展概要

恩施土家族苗族自治州位于湖北省西南边陲，全州国土面积2.41万平方公里，2007年末全州户籍总人口391.08万人。恩施土家族苗族自治州是国家重点贫困地区，全州经济实力十分薄弱，产业结构单一，交通不便，信息闭塞，基础设施落后，人民生活水平低下。1983年经国务院批准，成立恩施土家族苗族自治州，是全国最年轻的少数民族自治州。

改革开放以来，恩施土家族苗族自治州农业在发展中走过30年极不平凡的历程，农业发展取得很大的进展，农村农民生活有了很大的改善。30年中，恩施农业逐渐从封闭走向开放，从传统迈向现代，如今的恩施农业，综合生产能力逐渐增强，经济平稳较快发展。同时，新的经营理念和市场化浪潮，不断推动着恩施农业商品化、社会化、现代化进程。

（一）农业生产稳步发展

1. 农村经济总量稳步增长。2007年农林牧渔业总产值124.9亿元，是1978年5.36亿元的23倍多。扣除价格因素，年均递增4.5%。在这30年里，从农林牧渔业总产值指数来看，除了1980年、1983年、1989年、1990年、2002年几个年份总产值略有下降之外，其他年份总产值都在平稳增长。2007年，全州农林牧渔业增加值79.36亿元，比1978年的3.85亿元增长20倍，扣除价格因素，年均递增3.9%。

2. 农产品产量稳步增加。30年来，全州粮食生产上了几个台阶。全州粮食总产量1978年以前一直徘徊在100万吨以下，1978年风调雨顺，粮食总产达到118.15万吨，比1977年增加20万吨，增长20.6%；在1978年至1993年间，稳定在120万吨左右，从1994年开始逐年增产，1999年达到历史最高产量170.69万吨，进入“十五”以来稳定在150万吨左右，2007年

为152.12万吨，比1978年增加33.97万吨；油料产量自上世纪90年代以来，一直稳定在6万吨以上，2007年为6.74万吨，比1978年的1.25万吨增长4.4倍；烟叶产量6.56万吨，比1978年的1.82万吨增长2.6倍；茶叶、水果、蔬菜等经济作物产量和畜牧产品产量大幅度增长。2007年，全州茶叶产量2.87万吨，比1978年增长近12倍；水果产量16.15万吨，比1978年的0.64万吨增长24倍；全州生猪出栏380.25万头，比1978年增长3.5倍；肉类总产量33.71万吨，比1978年增长5.6倍。

（二）农业结构调整成效显著

1. 特色农业发展优势明显

改革开放以来，全州农业结构调整立足自身特色，发展山区优势，初步形成了以烟叶、茶叶、畜牧、林果、药材、特色蔬菜为主的六大特色农业主导产业。恩施土家族苗族自治州充分利用独有的自然禀赋与资源优势，因地制宜，发展具有质量优势和显著经济效益的特色优势产业，以推动区域经济发展。通过各地的大力实施，现在创出了一批市场占有份额较高的知名品牌，并已形成比较明显的专业化、特色化、规模化格局。如鹤峰县的长友农业股份公司，是农产品加工企业，主要农产品有薇菜、食用菌、板栗、茶叶、箬叶、高山蔬菜等。

2. 畜牧业发展良好

从农、林、牧、渔业所占大农业比重来看，农业比重逐年下降，畜牧业比重逐年提高，畜牧业实现了由家庭副业向主业、由自然经济向商品经济的历史性大跨越。30年以前，畜牧业主要靠散养户，而如今，随着政府对生猪养殖的扶持，企业大规模养殖的比例越来越大。2007年，全州农业和畜牧业总产值占农林牧渔业总产值的比重分别为59.1%和37.1%，与1978年相比，农业比重下降11.6个百分点，畜牧业比重提高22.1个百分点，畜牧业已成为农业经济中的支柱产业。

3. 农业结构在调整中不断得以优化

种植业内部结构调整是在稳定发展粮食作物、保证粮食安全生产的基础上，大力发展经济作物。粮食作物、经济作物、其他作物种植面积比由1978年的92.6∶7.1∶0.3调整为2007年的62.2∶30.2∶7.6，其产值比由1978年的67.6∶11∶21.4调整为2007年的36.7∶56∶7.3。农村从事非农产业的人员比重逐年提高，2007年农村从事非农产业的劳动力占农村总劳动力的

45.6%，比1978年的7.7%提高37.9个百分点。其结构比例随着市场化的需求不断得以优化。

（三）农业基础设施建设稳步推进

改革开放以来，特别是进入新世纪以来，恩施土家族苗族自治州农村基础设施建设稳步推进，实施了病险水库除险加固、农村饮水解困、安全饮水、防洪设施建设、水土保持、节水灌溉示范、生态环境综合治理、退耕还林、天然林保护、“一池三改”、乡村道路建设、中小学危房改造、农网改造、异地扶贫搬迁等一大批项目，农村基础设施进一步完善，农民生产生活条件显著改善。截至2007年，全州有自来水的村有580个，比例为22%。通汽车的村有2325个，比例为91%。通电的村有2412个，比例为94%，通电话的村为2391个，比例为94%。

（四）扶贫开发成效显著

1986年国家开始实施大规模的扶贫开发行动，在党和国家扶贫政策的指引和上级部门的支持和帮扶下，全州贫困人口由1986年的210万人下降到2007年的51.97万人，累计解决了158.03万人的温饱问题，农村贫困发生率由67.5%下降到15.2%。

（五）农民收入显著提高，农民生活质量进一步改善

改革开放以来，特别是进入新世纪以来，随着国家财政加大对贫困地区转移支付力度，加强社会保障和救助制度建设的力度，恩施土家族苗族自治州农民得到了更多改革和发展的实惠，农民生活水平逐年提高，生活质量逐步改善。

1978年恩施土家族苗族自治州农民人均纯收入为95元，到2007年，恩施土家族苗族自治州农民人均纯收入为2143元，比1978年增加2048元，增长22.5倍。说明恩施土家族苗族自治州农民收入有了长足的进步。

2007年恩施土家族苗族自治州农村居民人平食品消费为1114.7元，占生活消费支出的比重为51.9%，恩格尔系数为51.9%，说明恩施土家族苗族自治州农村居民已经解决温饱，正在步入小康阶段。

二、30年来农民收入增长的阶段划分

农民收入的增长是农村经济发展的显著标志和重要目标，30年来，恩施土家族苗族自治州农民收入增长大致经历了以下阶段：

（一）1978—1981年为徘徊阶段

恩施土家族苗族自治州实行家庭联产承包制起步较晚，改革开放前四年还处于一个徘徊阶段，生产方式还未得到彻底改变，农民收入变化不大。1978—1981年这四年里，农民人均纯收入分别是71元、70元、55元、116元。

（二）1982—1989年为快速增长阶段

家庭联产承包责任制的普遍推行，极大地调动了农民生产积极性，促进了劳动生产率和土地产出率，恩施土家族苗族自治州农村经济在短短的几年间出现了快速增长。8年间，全州农民人均年纯收入由116元提高到379元，增长2.27倍，年均增长15.95%，是中华人民共和国成立以来增速最快的时期。农民的温饱问题基本得到解决。

（三）1990—1995年为缓慢增长阶段

1990年以来，全州经济改革和发展重心由农村转向城镇，工业经济高速增长，而农业经济增长放慢，农民收入增长速度也稍缓下来，这6年的农民收入年均增长8.1%，比前8年平均增长速度下降7.85个百分点。

（四）1996—2000年为稳定增长阶段

乡镇企业作为农村经济发展的重要支柱异军突起，农村非农业的兴起和发展，使农业总产值构成和农村劳动力结构发生了显著变化，也大大加快了农民实现共同富裕的步伐，标志着农村经济发展已由过去主要依靠单一的农业转向农工商综合经营、全面发展的轨道上来。农产品价格的提高为农民收入的稳定增长奠定了良好的基础。1996—2000年，农民收入以较稳定的速度增长，并一举突破千元大关。年均增长10.24%，成为改革开放以来稳步增长时期。

（五）2001—2007 年为持续增长阶段

进入新世纪，特别是2004 年以来，中央连续出台了减免农业税费、粮食直补、农机补贴、加大农业基础设施投入力度等一系列鼓励和扶植农业生产、增加农民收入的政策。恩施土家族苗族自治州紧紧抓住这个发展机会，加大对农业的投入，加快推进新农村建设步伐，农民种粮的信心和热情高涨，农民收入呈现持续增长。2007 年，全州农民人均纯收入达到 2109 元，平均每年增加 103.17 元，年均增长 5.96%。

三、恩施土家族苗族自治州农村经济存在的问题

改革开放以来，恩施土家族苗族自治州农业和农村经济虽然取得了显著的成绩，但也存在不少问题和困难。

（一）农村经济结构不优

在全州农村经济总收入中，三次产业的比重为 66.6∶20.4∶13.0，第二、第三产业的比重小，在农业中林业和渔业的比重较小，在畜牧业内部，草食业所占比重明显偏低，其山地所具有的特有优势未充分发挥。

（二）特色农业发展缓慢

特色农业产值只占农林牧副渔产值的 30%，恩施土家族苗族自治州为典型山区，富含硒元素，特色优势没有得到较好利用。特色农产品基地布局分散，板块化、规模化、集约化经营格局尚未形成。

（三）农产品市场竞争力不强

农产品结构不优，优质率不高，内在品质较差，部分农产品农药残留、重金属含量超标，不适应市场对农产品质量安全性的要求，尤其不适应国际市场“绿色壁垒”、“技术壁垒”等标准。

（四）农产品加工业发展滞后

全州农产品加工工业产值与农业产值之比仅 0.6∶1，若剔除烟叶加工业产值，仅为 0.3∶1 左右，远低于全省 1∶1 的水平，农产品加工业多为初级加

工，缺乏精品品牌。

（五）农村劳动力就业渠道不宽

州内非农产业吸收农村劳动力的能力有限，外出务工的保障制度不健全，体系不够完善，农村劳动力转移面不宽，农民收入缺乏新的增长点。

（六）农村基础设施薄弱

到目前为止，全州仍有60%的村没有通自来水，部分地方饮水安全性差，还有少数村不通车，一些村组公路质量差通车率不高。农村水利设施不完备，抗御自然灾害能力不强，这些都严重制约着农村经济的发展。

四、加快恩施土家族苗族自治州农村发展的对策和建议

（一）加快调整优化农业结构

1. 大力发展特色农业。恩施土家族苗族自治州发展特色农业具有三大优势：一是生物物种优势。恩施土家族苗族自治州生物物种繁多、分布广泛、野生比例大、珍稀比重大、经济利用价值高，素有“天然植物园”和“华中药库”之称。二是环境优势。恩施土家族苗族自治州属亚热带山地季风湿润气候带，具有夏少酷暑，冬少严寒，无霜期长，舒适宜人的气候特点。水土、大气等环境状况明显优于开发程度较高的省内其他地区。三是丰富廉价的劳动力优势。恩施土家族苗族自治州第一产业从业人口比重高于全省平均水平3个百分点。我们可以利用上述资源优势发展特色农业，要注意坚持和把握好市场导向原则、因地制宜原则、规模化生产原则、农民自愿原则、促进区域间经济合作原则，使资源优势迅速转变为特殊的经济优势，从而促进农民收入的提高。

2. 提高农业的科技含量。恩施土家族苗族自治州调整优化农业结构必须依靠科技进步，运用现代科技改造农业。农业科技开发重点要从大宗农产品生产技术为主转到大宗农产品生产与特色农产品生产技术并重，从生产技术领域拓展到农业产后加工、保鲜、储运等领域。要有针对性地进行不同区域的科技开发。特别需要搞好特色农产品加工、优质高效畜牧业发展以及中草药优质品种选育、生物药品开发、中成药加工等技术。要加强先进适用技

术的推广应用工作。同时，要通过多种有效形式，做好经常性农技知识培训和科技推广工作，努力提高农民的科技素质。

3. 培植壮大龙头企业。在农民独立闯市场的能力还相对脆弱的情况下，通过龙头企业在农民与市场之间架起一座桥梁，把单家独户的分散经营与健全的社会化服务结合起来，形成“订单农业”和“公司＋农户”模式，是解决农民增收的重要途径。要着力把现有的农产品加工企业培育成农业产业化“龙头”企业。要大力发展新型农产品精深加工业，提高农产品附加值。积极完善农业产业化经营体系，通过探索建立龙头企业与基地、农户之间风险共担、利益共享的利益分配机制。

4. 努力提高农产品商品率。恩施土家族苗族自治州的农村市场不发达，农产品的商品率极低，因此，一定要把加强流通体系建设、提高农产品的商品率作为促进农民增收的重要手段。要在继续抓好现有专业批发市场建设的基础上，积极发展新的批发交易市场，完善市场功能。大力发展农民经纪人，通过农民经纪人为农民架起通往市场的桥梁，把外面的信息带进来，把农民的产品卖出去。大力发展行业协会，由行业协会带动山区农民进入市场。

（二）加速农村劳动力转移

恩施土家族苗族自治州人多地少，人均农业生产资源占有量小。因此，解决农民增收问题，眼睛不仅要向“内”，更要向“外”，跳出农村、跳出农业，转移农业劳动力，拓宽农民的增收渠道，增加农民的非农业收入。

1. 加快小城镇建设步伐。小城镇是连接农村和大中城市的纽带，是工与农、城与乡的交汇点，是农村和大中城市之间的缓冲地带。要进一步加大对小城镇建设的扶持力度，提高城镇化水平。同时，要采取优惠政策措施，引导社会资金投资城镇开发，吸引拥有资金和技术的外出民工回乡创业，以活跃城乡经济，加速小城镇建设步伐。

2. 放手发展民营经济。制定适合恩施土家族苗族自治州民营经济发展的优惠政策，通过快速壮大民营经济，使民营经济成为区域经济的重要增长点和吸纳农民就业的重要渠道。

3. 切实搞好劳务输出。恩施土家族苗族自治州仍要把组织农村富余劳动力外出务工经商作为农民增收的一件大事来抓。要对农村富余劳动力进行调查摸底，登记造册，做到动态管理，掌握准确情况。要加强对农村劳动力转移中的职业技能培训，为农民提供转移就业信息，使广大农民工出得去、有活干、能赚钱。

4. 大力发展旅游业。恩施土家族苗族自治州旅游资源丰富，不仅有已经开发出来的沐抚大峡谷、土司城、利川腾龙洞、齐岳山、神农溪等自然风光和人文景观，还有丰富的土家族、苗族、侗族等少数民族文化资源，分布在广大农村，有待开发利用。要充分利用这些资源优势，采取引资开发、合作开发等方式大力发展旅游业，促进农村剩余劳动力向第二、第三产业转移，拓宽农民的增收空间。

（三）加大农业支持力度

1. 加大对农业补贴政策的落实力度，使农民从政策中得到更多的实惠。认真落实好中央“一号文件”精神，使农民真正能得到国家补贴的实惠，调动农民的积极性，使农民收入有实实在在的增加。

2. 改善农村的基础设施条件。恩施土家族苗族自治州农业基础设施条件薄弱，农民基本上是“靠天吃饭、望天增收”，要改变这种被动局面，必须加大投入，改善农业和农村的基础设施条件。把有限的资金真正用于与农民增收直接相关的项目上，帮助搞好农村水、电、路、通讯等基础设施建设，搞好良种繁育、动植物保护等工程项目建设。

3. 加大对农民创业的金融支持。一是要完善农村金融体系。逐步放宽商业银行在农村市场的准入条件，开放和发展农村资本市场，允许民间资本进入金融领域，建立多元化的农村金融服务体系。二是要尽快建立、完善农民贷款担保体系和农村中小企业贷款担保体系，大力推广农户小额信用贷款和农户取保贷款，降低农民和农业企业贷款的门槛；三是国家要尽快建立政策性农业保险公司，对风险较大的农业项目进行保险，保护生产者和投资者的利益。

4. 培养农民致富带头人。要增加农民收入要靠有良好工作作风和方法、真心实意为群众谋利益的干部队伍。为此，必须抓好恩施土家族苗族自治州农村的村、组班子建设，把那些有知识、有一定特长、有发展观念的年轻人和致富带头人培养出来，带领广大农民增收。

五、结语

恩施土家族苗族自治州具有鲜明的地方特色，有山清水秀的自然景观、自然淳朴的人文环境、丰富多彩的民族风情、渐具规模的生态农业，是名闻天下的世界硒都。恩施土家族苗族自治州应该立足武陵山区，努力发展特色和优势产业。马克思在《资本论》中指出："同一个生产部门，根据其原料的不同……把一定生产部门固定在国家一定地区的地域分工……获得了新的推动力。"① 马克思强调了"地域分工"的意义，对于恩施土家族苗族自治州特色产业建设具有直接指导作用。恩施土家族苗族自治州应重点发展以特色资源"硒"为基础的畜牧业、粮食种植业、经济作物种植业等特色农业和资源特别丰富的民族生态旅游业，打造生态特色经济与土苗风情文化结合发展的"生态农业州、土苗风情园"，这是州域农村经济发展的真正可持续的增长点。

① 马克思：《资本论》，人民出版社1975年版，第392页。

巴音图嘎草场整合中的政府作用

刘建利

巴音图嘎草场整合是在坚持家庭承包的基础上，按照依法、自愿、有偿的原则，由政府引导和支持，推动牧区草场经营权流转，使草场资源向经营能人集中，形成家庭牧场的一种草场租赁行为，以期在较大面积的草场上推行有利于草原保护的轮牧方式，同时，通过规模化经营提高牧民的收入。

作为社会主义新牧区建设的一项重要措施，草场整合不同于前些年已在牧区出现的单纯的草场经营权流转，不是牧民完全基于自身经济利益的自发行为，而是政府出于生态保护、牧民增收、畜牧业现代化、草原永续利用等综合考虑，由政府倡导和支持的行为；草场整合也不同于安徽小岗村农民秘密签订生死状的行为，而是在国家法律和政策许可的范围内，在当地政府的规范下，合法的草场经营权流转。但是，草场整合中虽然包含了政府的倡导和支持，但它绝不是1950年代的合作化运动，因此，既不能采取政治运动的形式，也不包含政府强制的成分。

在草场整合中，政府和牧民的基本关系是“牧民是主体，政府为主导”，那么，主体如何体现？主体和主导的关系怎样处理？主导怎样发挥作用？只有这些问题解决好，才能保证草场整合过程中，整合户与被整合户双赢，牧民的长远利益和眼前利益结合，草原的高效利用和永续利用兼顾。

一、草场整合中牧民主体与政府主导的关系

牧民是草场整合的主体，表现为：首先草场整合中整合户和被整合户都必须是具有当地牧区户籍、有承包草场的牧民；其次，作为一种商业租赁行为，交易必须符合双方牧民的意愿，平等交换，是牧民的自愿行为；第三，草场整合中牧民的各种正当权利必须得到保障；第四，草场整合有利于牧民主体的身份转变，从传统牧业生产方式下的牧民转变成现代畜牧业生产方式下的牧民和工业生产方式下的工商业人员。这一转变过程同时也是牧民素质得到提高，权利得以落实的过程。

政府在这一过程中的基本作用是为牧民服务，之所以称为主导，主要原

因在于：在整合户和被整合户关系处理上，被整合户是弱势群体，整合户是强势群体，草场整合特别需要政府保护被整合户，但又不能伤及整合户的权益；在当前利益和长远利益的选择上，由于目前牧民整体素质比较低，偏重于当前利益，需要政府引导；在家庭承包制的体制框架下，个体经营的牧民力量薄弱，难以抵御各种风险，需要政府扶持；在完全自发的经营权流转中，会出现无序和混乱，使牧民的权利受到损害，比如有些牧民把草场租给非牧户，获得每亩4—5元的收益，但是这些人只想短期内在租赁来的草场上获得最大收益，牲畜严重超载，到租赁期满，草场破坏严重甚至植被难以恢复，清理非牧户必须依靠政府的介入。因此，在草场整合中，需要政府制定规则，维持秩序，保护牧民利益，对其中的弱势群体提供帮助；在从传统牧民向新式牧民和工商从业者转变时，牧民缺乏必要的能力，需要政府提供智力帮助服务和一些优惠待遇。因此，政府的主导作用主要体现为规定方向、引导行为、提供扶持、政策优惠。

在处理牧民主体和政府主导的关系时经常出现两种倾向：放任自流和包办替代。1984年草原实行家庭承包后，不少党政干部认为，现在牧民是自主经营，无需政府干预，一切正当的引导、扶持和帮助都被视为计划经济的传统做法加以摈弃，倡导无为而治，乐得清闲自在。在处理和牧民的关系时，放任自流，只顾收取税费，不提供公共服务，结果干群关系越来越紧张。造成这种状况的原因，一方面是农民权利意识增强，这本来是好事，但却造成了部分基层政府和干部产生放任自流的观念；另一方面草场承包后，仍有些基层政府和干部沿用过去强制命令的老办法，瞎指挥牧民的经营，违反牧民权利使牧民遭受损失，以至于政府再出台任何项目都遭到牧民抵抗，不得不放任自流。

包办替代是计划经济时代的产物，对牧民的日常生产经营活动、经营项目等政府仍然沿用过去的老办法，无所不包办。牧民在草场承包后获得的合法权益往往因此遭到侵犯。这种情况在农区尤为典型，如在经济结构调整中，一些地方违背农民意愿大搞水果基地、蔬菜基地等，结果因为技术、成本、销售等问题造成农民损失的事情非常普遍。这些问题在牧区也不鲜见。

实际上，草场承包后处理政府和牧民的关系的难度不是减小了，而是增大了。如何在尊重牧民主体地位的基础上，为牧民提供优质的服务，引导牧民市场化、工业化和城市化行为，是政府能否发挥主导作用的关键所在。在草场整合中，放任自流的结果是：被整合户利益得不到有效保护；草场自由转包造成不能集中连片；非牧户的短期行为破坏草场生态；草场租金确定、交割完全失去调节控制，不是损害整合户利益就是损害被整合户利益；草场整合户经营成本上升；被整合户草场使用权得不到有效保护，等等。包办替代的后果是：回到集体化，牧民积极性遭到打击；政府承担巨大的整合成本；侵犯家庭承包形成的权利关系，等等。内蒙古东乌珠穆沁旗巴音图嘎嘎查在草场整合中很好地处理了牧民主体和政府主导的关系，其经验和做法值得我们认真总结。

二、草场整合中政府主导作用的发挥

巴音图嘎草场整合是通过草场经营权流转，以租赁的方式，使牧户承包的小片草场集中到少数牧业能人手中统一使用，形成合理规模的家庭牧场。从表面来看，草场整合仅仅是草场经营权的流转，但是，如果我们深入剖析，就会发现在从承包到整合的过程中，草场整合的主体——牧民，其权利、身份、生产生活方式、劳动技能、地位等都会发生相应的变化。政府必须密切关注牧民历史性发展所带来的社会问题和影响，积极发挥主导作用，使牧民在市场化、工业化和城市化道路上健康快速发展。

1. 草场整合的实质

从生产组织的角度看，家庭承包责任制是草场整合的制度前提。联产承包责任制下，分草场到户、以家庭为生产单位的“小牧经济”在20多年的运营中，初期的积极效果逐步消失，负面影响越来越严重，产生了一系列问题。承包的初衷是调动牧民的劳动积极性，造福于牧民，但在承包到户后被分割成小块儿的草场上，与草原脆弱生态环境相适应的传统游牧方式和较科学的轮牧方式都无法进行，增加收入的强烈愿望促使牧民多养牲畜，造成草场牲畜过载，退化、沙化严重，进而牲畜品种退化，畜产品质量下降，由此形成一种悖论，追求温饱的初衷在短期高效后却可能带来永久的贫困；单户小规模生产释放了集体生产中因管理低效而掩藏的巨大劳动潜力，牧民生产积极性高涨，但是小片草场上的小规模经营无法抵御黑灾、白灾、虫灾等自然风险，也无法抵御产品价格波动、市场需求变动带来的市场风险，比如当前肉产品价格稳中有升，但毛、绒、皮的价格大幅度下降，小片草场的硬性约束与牧民的生产愿望以及市场经济要求的大规模生产形成了矛盾；分草场到户后，每家都要建造围栏、打井、修棚圈，固定投资增加，但草场产出率下降，草原可承载牲畜数量不断减少，牧民经营效率降低，普遍增收困难；在社会保障机制基本未覆盖牧区的情况下，承包的草场是牧民一切保障的唯一来源，但小片草场无法承担起完善的保障功能，牧民中因经营不善、因病、因家中男孩较多、添丁不添地造成的贫困较为常见，牧民中贫富分化日益严重。

承包制在牧区推行20多年后，在草原生态保护、增加牧民收入、建设现代畜牧业等方面都产生了一定的制约作用，但是，在我国从农业社会向工业社会转变的过程中，承包对于保持农村稳定，避免产生大规模的流民和城市贫民方面仍然发挥着极其重要的作用，目前仍然构成农村社会的一项基本制度。但是承包所造成的小规模生产与现代社会化的工农业大生产方式不相适应，与发达的市场经济不相适应，因而必须有所改变，草场整合就是以适应牧民扩大生产规模，增加收入的需要，有利于保护草原生态环境为目的，抓住社会主义新牧区建设的历史机遇，通过草场租赁重新组合草场使用权，实现对草场承包的制度创新。

2. 草场整合中牧民发生的分化与转变

表1　**草场承包和草场整合中牧民的分化与转变**

<table>
<tr><th colspan="2"></th><th>身份</th><th>权利</th><th>生产方式</th><th>所需劳动技能</th></tr>
<tr><td colspan="2">草场承包时</td><td>牧民</td><td>承包草场的使用权、劳动力所有权</td><td>在承包的草场上放养或小范围轮牧</td><td>接羔、放牧等畜牧业劳动技能</td></tr>
<tr><td rowspan="2">草场整合后</td><td>整合户</td><td>牧民、佃户、雇主</td><td>承包草场的使用权、整合草场的使用权、劳动力所有权</td><td>轮牧</td><td>接羔、放牧等畜牧业劳动技能市场开拓，经营管理</td></tr>
<tr><td>被整合户</td><td>牧工、牧主、雇工、工商业业主</td><td>承包草场的使用权和出租期的租赁收益权、劳动力所有权</td><td>轮牧（牧工）、工商业生产（雇工和工商业业主）</td><td>接羔、放牧等畜牧业劳动技能（牧工）工业、服务业劳动技能（雇工）市场开拓，经营管理</td></tr>
</table>

草场承包使牧民获得了土地使用权和个人劳动力的使用权，各嘎查草场面积不同，因而人均草场面积有很大差异，加上各户人口数量不等，承包后

各户人口增减亦各有不同，这些因素造成了不同牧户家的草场面积差异很大。有些牧民家庭获得了较大面积的草场，他们可以实行划区轮牧，而对大量分得小片草场的牧民家庭，只能在小片草场上放养牲畜，规模在200只标准羊单位以下，仅能维持温饱，经营不善者即陷入贫困。承包后，牧民由集体劳动改为各家各户自己安排生产，基本从事的都是祖祖辈辈传下来的畜牧业，因此，他们的劳动技能也主要是传统的接羔、放牧等。

草场整合后，牧民整体分化成了两大群体：整合户和被整合户。整合户租赁了被整合户的草场后，可以在最低为1万亩的草场范围内通过划区轮牧的方式，在不对草场造成严重损害的前提下养更多的牲畜，草场面积的增大也增强了其规避自然灾害的能力。由于牲畜增多，多数整合户需要雇工，有些是在接羔等繁忙季节雇短工，有些是雇长工。在新的经济关系中，整合户的身份多元化，在自己承包的草场上放牧经营，他们的身份是牧民；在草场租赁关系中他们成了佃户；在雇佣劳动力为自己工作时，他们又成了雇主。他们拥有自己的劳动力使用权，自己承包的草场以及整合来的草场的使用权。除了接羔、放牧等畜牧业劳动技能，生产规模的扩大使他们面临的市场风险也相应增大，如果出现皮毛、肉类产品的大幅跌价，他们会遭受巨大的损失，同时，他们也需要更多的投资，如何进行财务管理、合理投资？怎样控制成本？如何安排生产和消费等新问题出现在他们面前，这些都要求他们不仅做精于养牲畜的牧民，还要做会经营的牧场主，因此必须学习掌握新知识和新技能。

被整合户把承包的草场租赁出去后，拥有租赁收益权。整合户由于还是为自己劳动，其劳动力所有权体现得不明显，而对于被整合户来说，由于出现了劳动力使用权的买卖，其劳动力所有权充分显现出来。草场租赁出去后，被整合户基本上有三条出路：（1）到其他牧户家做牧工；（2）在工商业领域作雇工；（3）自己经营工商业。草场整合也使被整合户的身份出现了多元化，在草场租赁关系中，他们是牧主；去其他牧户家作羊倌，他们成了牧工；到其他行业中打工，他们成为雇工；自己从事工商业经营，他们则成了业主。从现有情况来看，作牧工和雇工是被整合户的主要出路，东乌旗“2007年内要转移牧区人口500户2000人以上，其中就地转移为牧工的不能少于300户1200人"[1]。被整合户在土地租赁收益远远不能满足生活需要的情况下，无论是作牧工还是雇工，都成为劳动力出卖者。作牧工的被整合户仍然依靠畜牧业技能生存，而投入工商业的被整合户，无论作雇工还是自己经营，都需要学习工商服务业的从业技能和经营管理技能。

3. 政府针对草场整合后牧民的需求提供引导和服务

政府所提供的服务、引导和扶持必须针对草场整合所带来的变化，分别针对整合户和被整合户在草场整合后面临的困难以及需要规范的行为提供扶持和引导。

对于整合户，政府主要应在以下方面发挥作用：

（1）保障：保障整合户在租赁期内对草场的正当使用权。

（2）规范：①严格实行划区轮牧，"严格落实草畜平衡制度"，对租赁来的草场必须遵从草监局的监督和管理，防止出现对租赁草场的"竭草而牧"；②规范牧主对牧工的使用，保障牧工的合法权益。

（3）扶持：①草场整合后，整合户新建围栏、水井、棚圈等基础设施，增加基础母畜等，需要大量投资，大多数整合户现有资金不足，需要政府扶持，提供低息贷款或项目基金；②经营规模增大后，整合户从牧民转变为牧场主，需要提高经营管理能力，政府应开展面向整合户的信息提供、培训和继续教育。③整合户面临的风险增加，应引入政府、牧民和保险公司三方参与的畜牧业保险体系，帮助整合户应对市场风险和自然灾害。

（4）引导：①引导整合户合理投资，避免出现一次性投资过大，陷入"过度投资贫困"；②基于牧民现有的经营能力和承受风险的能力都比较有限，因此，整合后的家庭牧场面积基本在1—2万亩之间，当牧民的经营能力提高后，可引导牧民逐步扩大草场面积，达到5万亩的合理规模；③现在草场租赁合同期为3年，每3年在整合户和被整合户之间都要重新谈判，有些会改变租赁关系。在总结出一定经验，规范租赁双方的行为之后，为减少交易成本，使基础设施的布局更加合理，减少基础设施投资的浪费，可以调整租赁合同，适当延长租赁期限；④草场整合有多种形式，现阶段的草场租赁是其中最简单，也是最不稳定的形式，在整合双方的利益都得到妥善保护的情况下，可以引导牧民采取合作制和股份制的经营组织形式。⑤引导牧民

① 乌力吉：《把握新机遇，迎接新挑战，努力实现经济社会又好又快发展》，2007年3月18日讲话。

成立行业协会，为牧民提供市场供求、价格动态、科技咨询、订单生产等信息和服务。⑥引导牧民从事专业化养殖，提高产品附加值，提高经营效率。⑦坚持草场集中连片原则，对于优惠政策只给予那些草场转包给周围牧户的整合行为。

被整合户大多是自家草场面积小以及经营能力较差的牧民。对于生活费用很高的草原地区来说，草场租赁的收入加上政府补贴，远远不足以维持家庭生活的需要，被整合户有些去整合户或其他牧民家作牧工，有些在周边地区从事旅游等工商业活动，还有些离开草原，搬到城镇中生活，到工矿企业打工，或者在城镇从事工商业活动。对于被整合户，政府应从以下几方面提供服务：

（1）保障：①承包期内对草场的使用权，在被整合户认为需要时，可以收回草场，或者转租给其他牧户；②在租赁期内对草场的租赁收益，包括从整合户那里得到的租赁费和政府承诺的补贴；③基本生活保障，包括最低工资、养老、医疗、失业保障等；④国家给予牧民的各种优惠政策，包括子女入学等；⑤保护雇工的劳动力使用权，包括劳动力使用的期限、工作日长短、法定节假日、使用权价格、工资水平、工资的及时发放、劳动力培训以及其他社会福利。

（2）规范：①租赁对象只能为本地区拥有草场承包权的牧户，且承包草场与自家承包草场相邻；②被整合户从事工商业的经营行为。

（3）扶持：①一些被整合户转移到工商业领域打工或经营，符合国家生态移民的政策，因此，应享受生态移民的各种优惠，包括住房补贴、生活补贴、税费减免等；②对被整合户提供一定的就业岗位和就业信息；③向被整合户提供在工矿服务业就业所需要的劳动技能培训；④对从事工商业经营的被整合户提供经营技能培训、税费减免、小额贷款优惠等等。

（4）引导：引导牧工成立牧工联合会，保护自身权益不受侵犯，提高劳动技能。

三、巴音图嘎嘎查草场整合现行政策分析

巴音图嘎嘎查草场整合于2007年初开始进行，目前处于起步阶段，但是其推进相当迅速。巴音图嘎嘎查共有牧户176家，草场104万亩，可利用草场90万亩，至2007年7月20日，已经整合了22个家庭牧场，共有87

户参与到草场整合中，占牧户总数的49.3%。镇政府2008年的目标为整合50万亩草场，占可利用草场的55.6%。草场整合之所以快速推行，一方面说明这种形式符合牧民利益，受到牧民欢迎，另一方面也和东乌旗政府出台的优惠政策有关。

当前，和草场整合相关的政策主要体现在《东乌旗引导扶持牧区人口向城镇转移实施意见（试行）》这一文件中。该文件对草场流转的主体范围和合同期限进行了规定："牧户流转草场，需在本嘎查有承包草场的牧户范围内进行。""流转双方每三年签订一次流转合同。"文件中的各种优惠与扶持政策都是针对被整合户的，比较全面，包括对流转草场的补贴，转移进城的牧民在租房、买房、商业用房等方面的优惠，政府提供的就业指导、培训和工作岗位，政府在贷款以及税费方面的支持和减免，各种保险以及基本生活保障，转移进城牧户子女教育方面的优惠等等。

让被整合户吃下"定心丸"的是，该文件第十八条的规定保证了被整合户转移进城后仍然享有牧民应享有的一切权利，"牧民进城有住所的，经本人申请，由辖区公安派出所给予办理城镇居民常住户口，可享受以下优惠政策：（1）依照有关法律法规，草场承包关系不变，享受国家对牧民的各项优惠政策不变，同时享受城镇居民各项待遇。（2）牧民子女继续享受第十七条优惠政策，接受高中阶段教育，继续享受《锡林郭勒盟牧区户籍家庭子女高中（职中、中专）阶段教育补助暂行办法》中相关优惠政策。（3）牧民家庭成员月人均收入和实际社会水平低于当地城镇最低生活保障标准的，由旗政府纳入城镇最低生活保障范围。（4）牧区符合条件的老年人进入城镇敬老院和福利养老院，转移进城牧民中的特困群众和五保供养人员，由旗民政部门提供医疗救助。"草场承包权是牧民的基本权利，也是草场整合中一切权利的基础，对于转移进城的被整合户，即使他们获得了城镇户口，牧民身份转变为市民身份，仍然保持草场承包权，这对他们是最基本的保障。值得探讨的是：其一，在被整合户取得城镇户籍后，其对草场的承包权内涵似乎应有所改变，其承包权不再是对某片草场的实际使用权，而转化为在嘎查集体所有的草场中占有一定份额，对这部分草场拥有一定的收益权。其二，按照承包30年不变的基本政策，现有从1984年开始形成的承包格局将在2014年重新调整，在调整中草场可能被重新分配，则现有的草场整合也将发生较大的调整，如何减少承包调整对牧民经营连续性和经营效率的影响应该是政府提前考虑的问题。

有关整合户的政策散见于各项政策当中，缺乏专门文件，也不够完善。在整合户政策方面有一些问题值得探讨。其一，整合户租赁的草场是否可以再次转包出去呢？其二，现有的草场整合基本上是强弱联合，即草场面积大、牲畜多、经营能力强的牧户整合草场面积小、牲畜少、经营能力差的牧户。访谈中一些整合户表达了希望在有能力的情况下继续扩大规模的愿望，但是广泛整合后，“弱户”基本上都被“强户”整合了，再想继续扩大经营规模出现了困难，此时，草场整合的形式是否应当发生转变，从租赁草场的强弱联合转变为整合户之间的强强联手，此时，草场整合的主要形式将是租赁基础上的合作经营。

政府可对照上述关于整合户和被整合户在草场整合中出现的各种变化和要求，完善政策体系。这一体系应当随着草场整合的推进逐步调整，在调整过程中，根据牧民的意愿、接受程度以及素质水平，逐步推广股份制和合作制的整合形式。政府切忌追求速度，高速推进整合，使一些问题被掩盖起来，成为后续发展中的绊脚石。比如家庭牧场的适度规模到底应该有多大，这一问题显然受整合户的经济实力、租赁价格、劳动力数量、雇工人数、经营管理水平限制，同时市场状况、草场质量和牲畜结构也会对适度规模的确定产生影响。因而在不同整合户、不同草场、不同租赁价格、不同经营管理水平下，适度规模是不同的；同一个整合户在不同时期，适度的经营规模也应该有所变化。政府切不能采取“一刀切”的办法，规定一个所谓的“适度规模”，让一些条件并不具备的整合户“削足适履”。另外，草场整合是实现草原永续利用的长远目标和社会主义新牧区建设中的一个环节，因此，应把草场整合的各项政策纳入到草原生态保护和新牧区建设的政策体系中。

从牧民对草场整合的积极反应可以看出，现有政策的效应不错，这主要表现在：草场整合顺利推进，被整合户权益得到有效保护，为草原稳定打下坚实基础；推动了草原剩余劳动力转移，顺应了工业化和城市化发展的需要；降低了整合户的经营成本，调动了整合户积极性，为大规模牧场经营开辟了道路；清理非牧户和对被整合户草场权益的保护，有利于草场永续利用，有利于草原生态保护；没有触动草场承包的根本权利关系，但却成功实现了制度创新。当然，由于草场整合刚刚开展，各项政策能否落实以及长期效果尚需观察。我们必须跟踪调查，及时发现问题，及时做出调整。

影响我国西部劳动力转移因素分析

王 月 张跃平

（中南民族大学经济学院，湖北武汉 430074）

一、国内外研究综述与本文研究主题

关于农村劳动力转移，国内外学者进行了许多理论研究，其中美国发展经济学家托达罗人口迁移模型①强调城乡间预期收入的差异是决定农村劳动力转移的主要因素。该模型认为，人们做出的迁移决策的依据是“预期”的城市与农村的实际工资差额和城市成功取得就业的可能性是准备向城市转移的劳动力考虑的两个主要因素。刘易斯的二元结构理论②认为，发展中国家的经济是由两类性质不同的部门构成的，一是由传统生产方式进行生产的以农业为主的传统部门，二是采用现代生产方式的现代工业部门。他认为在传统的农业部门存在着大量的边际生产成本接近或等于零的劳动力，现代生产部门在高于农业部门维持生计的很低的固定工资水平下，就可得到无限的劳动力供给。在我国一些研究人员利用不同地区农村或农户抽样调查资料对影响农村劳动力转移或农户家庭时间配置决策的因素进行实证分析。高国力③的“经济区域不平衡发展是影响农村劳动力转移的重要因素”论认为，区域经济的发展对农村劳动力转移的影响分为经济发展水平因素和经济结构因素两个方面，它们都是研究区域间劳动力转移的重要经济变量；如蔡昉④的“相对收入差距是农村劳动力转移决策的重要影响因素”，他认为应从具有较低的务农收入的农民最有可能作出转移决策这一角度出发；高立金认为“除了预期的城乡工资差距是农村劳动力转移决策的重要影响因素外，还应

① 《托达罗模型的缺陷及其相反的政策含义——中国富余劳动力转移和就业容量扩张的思路》，《经济研究》2001 年第 3 期，第 75—82 页。

② （美）刘易斯（LewiS. W. A）：《无限劳动力：进一步说明》，《二元经济论》。

③ 高国力：《区域经济发展与劳动力迁移》，《南开经济研究》1995 年，第 2 期，第 27—32 页。

④ 蔡昉：《劳动力迁移和流动的经济学分析》，《中国经济学》1996 年第 2 期，第 32—35 页。

该有一个转移后农民生活保障基金”。

本文将在已有的文献基础上力图从西部地区的具体情况出发，分析西部各省区农村劳动力转移现状，并结合经济、自然资源、教育等方面的差异性更深入研究影响西部大开发中的农村劳动力转移因素，为建立西部农村劳动力转移模型奠定更深层次的理论基础。

二、西部地区劳动力转移因素分析

至2006年底，我国西部12省区市共有农村就业人员15394万人，2006年各省区国民经济和社会发展统计公报中，内蒙古、陕西、四川、宁夏的数据由2000—2005年数据趋势外推得到，比上年减少158万人，体现了城市化和工业化的大趋势。然而，2006年西部农村就业占全国农村总就业的比重为32.01%，较2000年的29.62%有所提高。这隐含着西部农村劳动力数量大、转移困难的特点。以下是近年来西部农村劳动力的流动现状：根据国家统计局对全国31个省区市6.8万个农村住户和近7100个行政村的抽样调查，2006年农村外出务工劳动力13212万人，比上年增长5%。其中，在农村常住户中，东部地区外出务工劳动力3484万人，增加91万人，增长2.7%；中部地区外出务工劳动力4251万人，增加257万人，增长6.4%；西部地区外出务工劳动力2833万人，增加182万人，增长6.9%。可见，西部农村劳动力转移平稳增长，以下是我们从四个方面来对影响西部劳动力转移的因素进行分析。

（一）收入差距与劳动力转移

1. 城乡居民收入差距与劳动力转移

城乡居民持续扩大的收入差距使农村劳动力产生了较高的“预期收入”，导致城市对农村劳动力产生了强大的吸引力。根据托达罗的人口流动模型，农村劳动力之所以向城市迁移就是由于对在城市工作有很高的“预期收入”。我国改革开放政策的实施带来的经济持续的高速增长，居民的收入水平也不断提高。但是，城乡居民的收入差距却在不断的扩大。我国城镇居民人均可支配收入与农村居民人均收入之比在1978年为2.57，而到2005年二者之比已经达到了3.36。持续扩大的城乡居民收入差距，使农村劳动力对在城市中从事第二、第三产业产生了强烈的愿望，致使农村劳动力向城镇流入。图 1 为 2006 年城乡居民收入差距与转移率的关系。

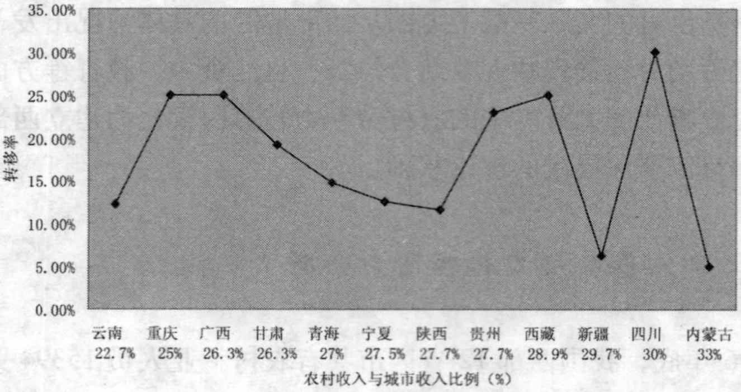

图 1　2006 年城乡居民收入差距与转移率关系

资料来源：《中国统计年鉴 2006》。

2. *西部农村人均收入与劳动力转移*

农业是西部的生存产业和基础产业，农业几乎囊括了全部的劳动力，同时，西部地区是我国贫困度最深、最大，贫困人口最多，贫困情况最为复杂的地区。而根据托达罗的人口流动理论，农民对发达地区向往的预期收入直接影响劳动力的转移规模，我们从表 1 能看出，内蒙古的农村人均 GDP 为 3341 元，转移率仅为 5%；宁夏、新疆、青海、甘肃、贵州的农村人均收入与转移率呈现出正相关关系，农村收入高的省区转移率低。四川、重庆、广西农村人均收入排名在前面，而转移率却呈现高趋势；西藏和青海农村人均收入中等的省区的转移率反而偏高，依次为 25% 和 14.7%，如图 2 所示：

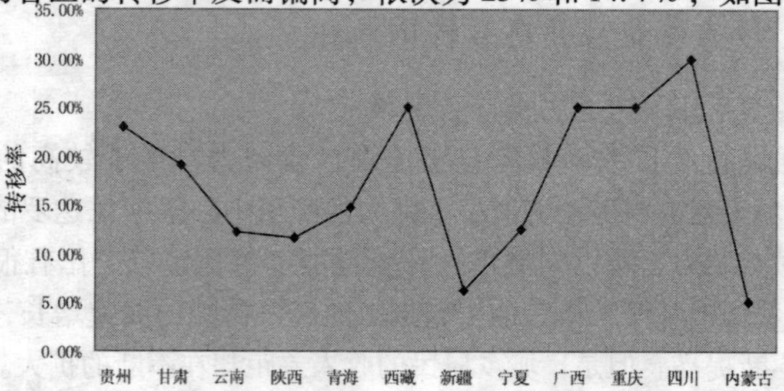

图 2　西部各省区农村人均收入与转移率关系

资料来源：《国家统计年鉴 2007》和各省区农业信息统计数据。

根据相对收入差距理论和城乡之间、不同地区之间的收入差距理论，城乡收入扩大是影响农村劳动力向城市转移的主要因素。本文图1所示，重庆、广西、甘肃、青海、宁夏、陕西、新疆、内蒙古，以上地区的转移率皆符合这一理论，随着其城乡收入差距的扩大，转移率同时呈现上升趋势。正是由于城镇、发达地区以及第二、第三产业较高劳动报酬的吸引，农民为了获得高于自身收入水平的收入，分享社会平均收入，才逐步形成了农村劳动力自发地从农村流向城市，从落后地区流向发达地区，从低效产业流向高效产业的趋势。但是，图1中云南、贵州、西藏、四川省区，由于其地理、环境等诸多因素，其城乡收入差距大转移率较低，而城乡收入差距小的省区转移率却反之较高。

从图2中我国西部地区农村人均收入与转移率这一现象得出，我国西部农村人均收入高的地区，其转移率高，而农村人均收入低的地区，转移率高，根据国家统计年鉴2006年数据显示，四川农村人均GDP在西部12省区中排在第二，为3002元，转移人口30%；重庆市农村人均GDP 2873元，转移人口25%；相对其他地区省区而言，广西、宁夏、青海农村人均GDP高，转移率反而高，而陕西、云南省农村人均GDP仅为2260元与2250元，转移人口也仅为11.6%、12.2%。我们由图2能看出，西部农村人均收入与该地区转移率呈较小关系。

因此，无论是相对收入差距理论或是地区差距理论均难以显著说明我国现阶段西部农村劳动力转移现状。因此，城乡收入差距与农村收入低不能成为影响西部劳动力转移的最主要因素。

（二）受教育因素与劳动力转移

随着生产力水平的提高，现代化的科学技术装备在生产中的应用越来越广泛，劳动也日益科学化和智能化，劳动者的智力因素及受教育程度越来越重要。农村劳动力总体技能和综合素质不高是农村剩余劳动力顺利转移的重要原因。我国农村虽然拥有丰富的劳动力资源，但人口总体科学文化素质状况不仅远远低于发达国家水平，而且也低于我国城市人口的水平。目前在中国4.8亿多农村劳动力中，高中及以上文化程度的只占12%，其中大专以上的只占到2.6%，初中及初中以下的仍占88%，在农村劳动力构成中，其主体是以小学和初中文化的人群组成的。而且近几年统计监测表明，我国外出务工农民中具有高中文化程度的仅占12%左右，接受过技能培训的比重为14%。同时，由于我国农村剩余劳动力基数大，目前已达到1.5亿人，而且每年还以600万人的速度增加。缺乏职业技能的农村劳动力主要集中在建筑、矿山、餐饮等传统行业就业，从事着简单繁重的体力劳动。我们首先从西部地区受教育程度与转移人口做简要的对比分析，见图3。

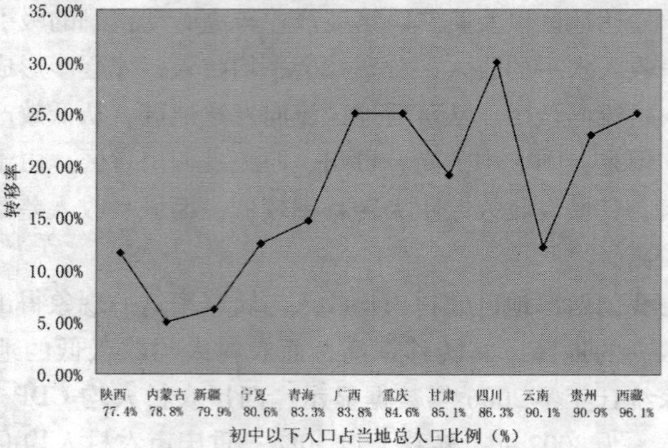

图3　2006年西部地区受教育程度人口与转移率

资料来源：《中国统计年鉴2007》。

我们由图3看出，内蒙古初中以下人口比例78.8%，转移率5%；新疆初中文化比例79.9%，转移率10%；宁夏初中以下人口为80.6%，转移率12.5%；青海、广西、重庆、贵州、西藏初中人口受教育比例各为83.3%、83.8%、84.6%、90.9%、96.1%，转移率也呈现不断上升，为14.7%、25%、25%、22.9%、25%。呈现的走势为，西部地区的受教育程度越低人群越多，转移率越大，反之，则越小。由此说明，当前西部地区农村劳动人口，正是因为在当地的就业选择受到自身受教育水平低的局限，他们不得不选择流向拥有更多就业环境、可供选择更多的发达地区。所以，受教育水平低是影响我国现阶段西部地区劳动力转移的主要因素之一。

（三）人均耕地与劳动力转移

西部地区资源的特点是山地多平地少，而大多数劳动力所获得的经济收益又与土地的人均耕地有很大的关系，根据郭熙保、宋飞等人的"地—劳比率变动学说"，当一国（或地区）农业劳动者人均耕地面积长期呈下降趋势时，认为该国（或地区）存在需要转移的农村剩余劳动力。我们先看看

2006 年西部各省区人均耕地情况：

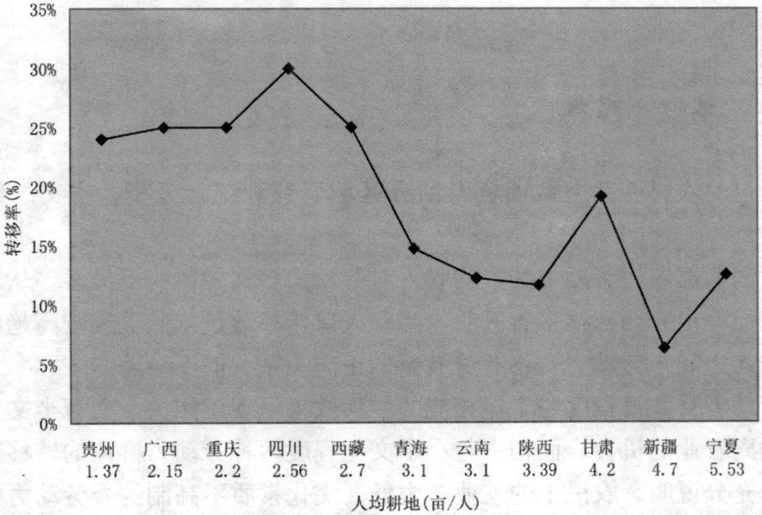

图 4　西部地区各省区人均耕地与劳动力转移

资料来源：《中国统计年鉴》和各省区农业信息网。

我们由图 4 得知，人均耕地面积最多的省区是内蒙古达到 10%，这一地区的转移人口最低仅只有 5%；新疆人均耕地 4.7，转移人口 6.3%；陕西省人均耕地 3.39，转移人口 11.6%；云南省人均耕地 3.1，转移人口 12.2%；青海省人均耕地 3.1，转移人口 14.7%；在西部十二省区中就有 10 个省区的人均耕地都与当地人口转移率呈正相关，突出表现为人均占有耕地多转移人口少，人均占有耕地少，转移率高这一规律。而只有宁夏和甘肃省呈现负相关现象，宁夏回族自治区人均耕地 5.53 亩，但转移率有 12.5%，甘肃省人均耕地 4.2 亩，而人口转移率却有 19.10%。虽然这两个省区的土地耕地面积与人口转移率关系呈负相关，但此现象只存在于少数省区中。由此可见，西部大多数地区人均耕地与劳动力转移数量有着直接、重要的联系。因为，农民占有的人均耕地少不仅限制了农民的耕地收入而且打击了他们的务农积极性，又由于土地资源的不可再生性决定了农村劳动力人口的迅速膨胀与有限耕地资源不断减少之间的矛盾日益突出。农村人均耕地面积过少的问题，在相当长时期内很难缓解，这样一来，土地资源对农村劳动力的排斥力日益显化。因此，大量的农村劳动力从土地、从农业中剩余出来是必然之势。脱离了土地与农业的劳动力何去何从，外出寻找新的就业出路就成了他们最好的选择。因此，土地人均耕地状况对农村劳动力转移起着至关重要的作用。

三、结论与建议

通过对农村劳动力截面资料的分区域研究和统计分析，本文的结论如下：

我国西部农村劳动力的人均收入对劳动力转移的影响不显著。从以上数据中我们看出，西部很多省区收入高，人口转移数量依然显现较高趋势。所以，收入之间与劳动力转移有着微量的正向关系，但不显著。

劳动者受教育程度与个体相应的转移效果呈现正相关。文盲半文盲基本丧失脱离农业的机会。而初中与小学文化程度两种劳动力群体的转移人数最多，这充分说明，农民工的就业能力低、文化素质不高制约着劳动力的转移规模和转移速度。在受教育程度相对低的人群中有着急切的转移愿望。

农村人均耕地对劳动力转移的影响最为显著，人均耕地与劳动力转移呈现出明显的正相关关系。农村劳动力土地耕地的拥有数量直接影响了农民在该地区进行农业活动的可能性，从而影响着该地区的人口转移数量。

因而，农村劳动力的转移必须在提高农民收入水平前提下，在提高农民自身素质和改善农村社会经济发展大环境的基础上，加强民族地区劳动力人文和教育宣传，走近域本土化转移之路。这就注定农村劳动力转移是一个相对漫长的过程，但随时间变化的趋势不会改变。

参考文献

［1］刘怀廉：《农村剩余劳动力转移新论》，中国经济出版社，2004年。

［2］王小鲁、樊纲主编：《中国地区差距20年变化趋势和影响因素》，经济科学出版社，2004年3月。

［3］张明梅：《我国农村富余劳动力转移的因素分析》，《调研世界》，2006年3月。

［4］孙志军、杜育红：《农村劳动力流动及其对收入的影响》，《人口与经济》，2004年4月。

［5］凌锐：《试论少数民族流动人口对城市民族关系的影响》，《中南民

族大学学报》(人文社会科学版), 2005年1月。

[6] 许颖:《西部农村剩余劳动力转移问题的研究》(硕士学位论文), 南京航空航天大学, 2005年。

[7] 赵海均:《经济中国》, 朝华出版社, 2004年。

[8] 游桂云、康旺霖:《中部地区农村劳动力转移的若干问题研究》,《乡镇经济》2006年第8期。

[9] 朱凤霞:《"反推拉"理论与西部民族地区本土化就业》,《四川行政学院学报》2006年第1期。

[10] 周红利、和荣:《中国地区间农民收入差距的实证分析》,《山西财经大学学报》2007年, 第10期。

[11] 陆迁、赵学平:《中国三大经济地带农村居民收入差距研究》,《生产力研究》2007年第10期。

浅析我国西部民族地区农户兼业化经营发展现象

——以宁夏回族自治区石嘴山市平罗县宝丰、镇关两村为例

王　鑫　2006级区域经济专业硕士研究生

随着西部大开发战略在我国广大西部地区的全面实施，近年来西部民族地区经济发展水平和速度快速提高，经济结构全面调整。西部民族地区农村经济也发生巨大转变，出现了一些新现象，呈现出一些新特点。其中，前些年在经济较发达的东南沿海地区出现的大量农民外出务工导致普遍化的农户兼业化经营现象在西部地区农村也开始出现。

一、农户兼业化经营的概念及其演进

农户兼业化经营一词最早是由日本经济学界提出，是指农户家庭的生产经营活动中，除进行日常农业生产经营活动外，又兼营其他事业的现象。

其中，日常经营的农业指的是广义的农业，不仅包括种植业，还包括林业、畜牧业、渔业等产业。兼营的其他事业指的是除了以上提到的农业产业之外的行业，如工业、服务业等，以及农业与工业相结合的农产品加工业。

农业兼业化经营的概念虽然是由日本学界最早提出，但是这种现象在我国古代农业文明时期就有所体现。由于我国封建社会在社会经济方面奉行的是重农抑商的统治思想。一方面使我国古代商品经济的发展受到严重的阻碍，许多商品交易行为或被严格制止或受到重重限制。另一方面，当时社会的农业生产方式实行以家庭为生产单位的小农经济。而农户家庭同样也是一个消费单位，但在其消费产品中，不仅包括农产品，还包括了衣、住、行等其他非农产品的消费。在这种重农抑商的经济社会中，农民只能采取家庭自给自足的生产方式，除了农业之外，还要兼营一些其他的事业来满足家庭成员的基本消费需要。因此，我国古代社会长期以来都是一个自给自足的自然经济社会。

本文论述的农业兼业化经营不同于我国古代农民家庭的多种生产经营方式，区别之处在于：在市场经济快速发展的宏观经济环境下，农民从事非农业经营的主要目的由从前的供家庭日常生活消费之用转为将生产的商品或者

劳务在各类市场上出售，用来换取收入和报酬。

家庭经营存在兼业化的农户称之为兼业农户。其中，以经营农业（包括种植业和养殖业）为主业，而以兼营其他事业为副业，并以农业收入作为主要生活来源的，称为第一类兼业农户；以经营其他事业为主业，而以经营农业为副业，并以非农业收入作为主要生活来源的，称为第二类兼业农户。

与之相对的是专业农户。专业农户是在日常的家庭生产经营活动中，基本上不经营其他事业而专门从事农业生产经营的农户。

二、我国民族地区农户兼业化经营的发展情况概述

（一）研究对象选取的根据及意义

宝丰村和镇关村均属于宁夏回族自治区石嘴山市平罗县宝丰镇辖区之内，两村中80%以上的农户均存在家庭兼业化经营现象，属兼业化经营农户①。

在兼业农户中，除少数大规模养殖户和只从事临时性短工的老年农户，家庭的主要收入来源分别为养殖和种植，属于第一类兼业农户以外，多数农户都属于以非农产业（主要为外出务工）为家庭主要收入来源的第二类兼业农户。

两村多数村民为回族（宝丰村共有人口1358人，其中回族人口1248人；镇关村共有人口1651人，全部为回民②），两村均是典型的回族聚居村。回族的起源和发展建立在经商活动之上，村中多数农户也都具有经商的经历，经济意识较强，对于市场信号的反应程度较敏感。在正处于市场经济高速发展的现阶段，向市场求生存，靠市场求发展是当前和未来经济发展的大势所趋，经济主体对于市场的反应程度决定了其生产经营行为能否符合市场的需求，进而直接决定其经济能否得到发展、收入能否提高。因此，以这两个回民村为对象研究这个西部民族地区农户兼业化经营的发展情况具有一

① 这项统计是将子女结婚成家与父母分家后按多户统计，部分家庭分家以后只有两位老人，基本上很少从事兼业经营活动。如果按一户计算，这个数字能够达到95%以上。

② 数据来自于2007年度宝丰镇各村人口数及耕地面积。

定超前性。另外，两村具有的最显著的经济特征——人多地少（宝丰村人均耕地面积为1.26亩/人，镇关村为0.7亩/人），严重制约当地农业经济和农户经营的发展。农户经营种植业的规模和收入有限，想要享有较高水平的收入只能靠发展农业以外的其他生产经营活动来实现。将其放大到全国范围来看，两村人多地少的特征也是我国多数地区农户经营整体情况的一个缩影。改革开放后，我国农村一直奉行以个体农户为基本单位的小规模经营，这种经营模式在改革初期曾经起到明显提高农民生产经营积极性的作用，但在今天已经效果甚微，并且与其相关的是农业科技无法充分利用，规模效益无法产生等问题的日益凸显，导致农业生产力水平落后，很大程度上制约西部民族地区乃至全国的农业经济水平和农民收入的提高。

因此，以这两个民族村作为研究对象具有一定的典型性和超前性。

（二）改革开放后我国民族地区农户兼业化经营的发展概况

我国的农村经济经过20世纪80年代初期的体制改革，变农村人民公社“一大二公”的大规模经营体制为一家一户的家庭联产承包的小规模经营体制，使农民获得了一定程度的生产经营自主权，从而激发了广大农民的积极性，促进了农业生产的大发展。此后，随着农村商品经济的发展和产业结构的调整，农户的多种经营和跨行业兼业经营越来越发展，特别是在一些经济比较发达的地区，主要是东南沿海一带，兼业化经营已成为广大农户的主要经营方式。从全国各地的实践活动中可以得出一个普遍的规律：多种经营特别是兼业化经营越发达越普遍的地方，农村经济的发展程度和农民的收入水平就越高。目前农户之间的收入差距，主要在于粮食种植以外的多种经营收入和兼业经营收入的差距。

西部大开发战略全面实施，推动西部民族地区商品经济的发展和产业结构调整速度的明显加快，为民族地区农户发展兼业化经营创造了良好的客观条件。在此之前，该地区农户兼业化经营只是个别现象，且多以从事个体经商、参与民族特色旅游业为主。随着西部大开发战略的逐步实施，各项经济事业的快速发展带来大量的就业机会，过去在经济较发达的东南沿海地区和部分发展较快的中部地区出现的大量农民外出务工现象在民族地区也开始出现。云南、广西等西部民族地区已经迅速跻身到发展劳务经济的重要省区行列之中。劳务输出促进了农户多种经营活动的开展，大大加快西部民族地区农户兼业化经营的发展速度。

经过几年发展，我国西部民族地区农户兼业化经营发展状况发生了明显的改变。下面结合宝丰村、镇关村两个民族村农户兼业化经营发展情况及历程对西部民族地区农户兼业化经营的发展过程和主要特征进行分析。

1. 农户兼业化发展呈现地域分布差异性。农户兼业化同经济结构和经济增长有密切关系。由于西部地区经济发展不平衡，各地自然资源、经济基础不同，随着21世纪市场经济的进一步发展，各地的不平衡将进一步加剧，因而兼业化的发展也将出现不平衡性，发达地区兼业化水平较高，落后地区兼业化水平较低，目前这一趋势已初步显示。

以宝丰村、镇关村两村为例，在两村中，镇关村地处镇中心，地理位置优越，具有良好的商业地理环境以及便利的交通条件。因此，其经济活动较宝丰村活跃，农户从事经商、打工等非农产业的现象更加普遍。另外，镇关村的人均耕地面积更小，农户经营种植规模小，更需靠发展其他生产经营活动来增加家庭生产经营收入。因此，镇关村农户家庭兼业化现象更加广泛，村中90%以上的农户都从事兼业化经营，而宝丰村农户兼业化的普及程度在75%左右。

2. 农户兼业化行业和时间发生变化。从前农户兼业化主要从事传统的个体商业、手工业等行业。宝丰村、镇关村两村中多数农户过去都从事过畜牧业以及个体小商业、小规模的建筑业等传统兼业活动的经营。

目前的农户兼业化发展以较稳定的行业为主，兼业时间变长，兼业行业以工业、商业等固定行业为主。农户兼业经营的领域近年来逐渐转到工业、建筑业等行业。

从表1关于宝丰村、镇关村2003、2004年度的工业、建筑业和批发、零售业劳动就业统计情况看，在短短一年间，镇关村从事商业经营的农民数量由184人减少到80人，减少了近60%，而工业、建筑业从业人数从64人增加到139人，增加1倍以上；宝丰村批发、零售业从业人数减少幅度较小，仅从66人减少到63人，但工业、建筑业从业人数增幅很大，从51人激增到140人，增幅接近180%。接下来的几年，两村又有许多经商的农户放弃商业经营转移到就业相对稳定、收入相对较高的工业和建筑业等行业之中。

表1　2003—2004 年度宝丰村、镇关村工业、建筑业和批发、零售业劳动就业统计表

单位：人

	镇关村		宝丰村	
	工业、建筑业从业人员	批发、零售从业人员	工业、建筑业从业人员	批发、零售从业人员
2003 年	64	184	51	66
2004 年	139	80	140	63
数量增减情况	75	-104	89	-3

数据来源：2003、2004 年度宝丰镇农村经济基本情况统计。

3. 农户兼业化程度不断深化，农户兼业化类别趋于向第二类兼业户发展的动态趋势。农民收入是农村经济发展的综合反映，从农民收入的构成情况中能够反映出农户经营活动的变化情况。下面选取两村 2004—2007 年农民人均收入及其各项构成来说明近些年民族地区农户兼业化经营的变化趋势和特点。

表2　2004—2007 各年度宝丰村、镇关村农民人均年收入及构成情况

单位：元/人

收入项目＼年份	2004 年	2005 年	2006 年	2007 年
人均总收入	3712.7	3720.8	3960.8	4238.2
种植净收入	1062	892.4	861.1	694.2
畜牧业收入	783	699	826.3	632
第二、三产业收入	619	790.9	904.3	1284
劳务经济收入	1248.7	1338.5	1369.1	1628

数据来源：2003—2007 各年度宝丰镇农村经济收益分配统计。

对两村 2004 年—2007 年的农民人均年收入和各项构成情况进行分析，能够发现近四年两村农户的收入结构正发生以下变化。

（1）第一产业收入减少，在总收入中所占的比重逐年下降。第一产业收入中，种植业收入和其占第一产业的比重每年都有不同程度的减少。从 2004 年的 1062 元减少到 2005 年的 892.4 元，再到 2006 年的 861.1 元，而且在 2007 年跌落到近 4 年的最低水平，只有 694.2 元/人。种植收入占农民人均收入的比重由 2004 的 28.6% 逐年下降到 2007 年的 16.3%，平均以每年近 19% 的速度迅速下降。

从统计中还发现，畜牧业人均年收入在 2004—2007 年四年中有增有减，占第一产业收入及人均收入的比重也有增有减，呈上下波动的趋势。其从

2004 年的 783 元，占当年人均总收入的 21. 1% 下降到 2005 年的 699 元，占总收入的 18. 7%，2006 年有所回升，为 826. 3 元，占总收入的 20. 8%，2007 年又重新下降到 632 元，占人均总收入的 14. 9%。总体来看，畜牧业收入虽然在个别年份有所增加、份额有所增大，但从近几年总的发展趋势看，畜牧业收入占农民总收入的比重以平均每年接近 11% 的速度快速下降。

（2）第二、第三产业收入和劳务经济等兼业活动的收入增加，比重增大。两村的人均年收入中，第二、第三产业和劳务经济的收入数额逐年增加，占人均总收入的比重也逐年提高。第二、第三产业收入从 2004 年的 619 元增加到 2005 年的 790. 9 元再到 2006 年的 904. 3 元，在 2007 年达到历史最高水平的 1284 元/人。占两村人均总收入的比重由 2004 的 16. 7% 逐年上升为 2007 年的 30. 3%，三年内的增长幅度高达 107%。劳务人均收入 2004 年为 1248. 7 元，占人均纯收入的 33. 6%，此后每年都有所增加，到 2007 年，劳务人均收入增长为 1628 元，占人均纯收入的比重也增加到 38. 4%。

表 3　2004—2007 年宝丰村、镇关村人均农业、非农兼业收入及兼业程度统计表

年份 / 收入项目	2004 年	2005 年	2006 年	2007 年
人均总收入（元/人）	3712. 7	3720. 8	3960. 8	4238. 2
农业收入（元/人）	1845	1591. 4	1687. 4	1326. 2
非农收入（元/人）	1867. 7	2129. 4	2273. 4	2912
兼业化程度（%）	50. 3	57. 2	57. 4	68. 7

数据来源：2003—2007 各年度宝丰镇农村经济收益分配统计。

两村农民人均收入结构的变化情况，基本上能够反映出西部民族地区农户兼业化经营发展的总体概况：兼业化程度逐年增高，并且劳务经济在农户经营活动中所处的地位越来越高。随着农户经营第一产业的收入逐年减少，从事第二、第三产业和劳务经济的收入快速增长，第二类兼业户比第一类兼业户生产效率更高，尤其是劳动生产率更高。农户为了得到更多的收入，肯定会逐步由纯农户向第一类兼业户再向第二类兼业户过渡。在今后一段时期内，农户兼业化经营程度会继续逐年加深，农户兼业化经营的类型会朝着第二类兼业户类型普遍化的趋势发展。

（三）我国民族地区农户兼业化经营发展存在的主要问题及原因分析

1. 民族地区农户兼业化经营存在的主要问题

西部民族地区农户兼业化经营的普遍化，促进了农村经济的较快发展，但是也暴露出一些问题。这些问题集中表现为农民收入持续增加的后劲不足，增长速度相对缓慢。

从宝丰村和镇关村的情况来看，近年来两村产业结构进行了一定程度的调整，两村及周边地区从事农产品加工的乡镇企业发展较快，在企业的有效带动之下，外出务工村民逐年增多，因此村民人均收入增长速度逐年加快，从2005 年增长了0.2%到2006 年的6.4%再到2007 年的7%。

另一方面，两村的人均年收入对全国平均水平的领先优势越来越小。从2004 年的高出全国水平776.7 元，接近27%，到2007 年的98.2 元，仅高于全国水平2.3%。在近几年全国农村人均收入每年都以10%以上速度快速增长的情况下，两村的人均年收入增长却十分缓慢，其中增长幅度最大的2007 年也只有7%，最小的2005 年仅有0.2%。如果考虑近年价格指数上涨因素，两村的实际人均年收入在部分年份会出现负增长。这充分说明两村经济发展持续力不足，无法保证农民收入持续地较快增长，农户经营的进一步发展也因此受到制约。

表4　2004—2007 各年度宝丰村、镇关村与全国的农民人均年收入统计表　单位：元

	2004 年	2005 年	2006 年	2007 年
宝丰村和镇关村农民人均年收入	3712.7	3720.8	3960.8	4238.2
全国农民人均年收入	2936	3255	3587	4140
相差数量	776.7	465.8	373.8	98.2

数据来源：2003—2007 各年度宝丰镇农村经济收益分配统计及中国经济统计年鉴。

总结西部民族地区农户兼业化经营存在的问题，主要有以下几点：

（1）产业结构相对落后，无法持续带动农民收入的快速增长。西部民族地区农村经济产业结构在西部大开发战略实施之后，虽然有了一定程度的调整，但仍处在较低的发展水平上。传统农业在产业结构中仍占较大比重，乡镇企业数量少且规模小；乡镇企业整体发展水平较低。一方面是由于其企业的规模较小，生产技术水平落后，产品缺乏与同类商品的竞争优势，难以长期生存和发展。另一方面由于其整体发展规模小，不能够充分实现通过其发展来有力带动农民收入渠道的增加以及农产品销售渠道的畅通的目的。

（2）缺少有效的农村经济组织，生产经营活动没有形成产业化发展。良好的组织，能够促进农业兼业化经营的发展。农村经济组织主要包括农业领域的组织和农业之外其他领域的经济组织。农业经济组织的发展，可以促进开展农业集约化经营，提高农业劳动生产率，减少交易成本，可以使更多的农村劳动力从农业生产、销售过程中解放出来，从事农业以外的兼业经营。另一方面，农业以外其他领域的经济组织，如行业从业人员协会、劳动力输出组织等，可以促进农民外出务工、就业等活动形成组织化、规模化，有利于提高农民的劳动技能，顺利就业，也有利于实现农户兼业化经营的良性发展。目前，这类农村经济组织在东部地区已经发展较成熟，然而在西部民族地区这些组织才刚刚步入起步阶段。

（3）劳动力素质低下，劳动力报酬水平较低。民族地区农村的劳动力素质普遍不高，缺乏较高水平的劳动技能。这严重影响农村劳动力向非农产业和城镇的转移，难以在城镇实现稳定就业。在跨地区进城务工的农民中，有相当数量的人员没有稳定的职业和居所。在农村劳动力中，受过专业技能培训的仅占少数。随着经济发展水平的提高和新兴产业的兴起，缺乏转岗就业技能的民族地区农村富余劳动力的就业难度越来越大。另外，劳动力素质低下，制约了农民劳务收入的水平。因劳动力素质低，西部地区农民外出务工只能从事技术含量较低的工作，其劳动力报酬水平也低，导致农户兼业化经营的收入较低。

2. 制约农户兼业化发展的主要原因

（1）教育水平低下，技能培训不足。我国少数民族大多分布在自然环境较为艰苦的高寒山区、牧区，教育发展相对落后，发展也不平衡，地区之间、城乡之间在办学条件、师资水平等方面也存在较大差距。在民族地区农村所在山区、牧区和边境地区存在大量的贫困学生。“两基”工作还处在攻坚阶段，已经“普九”的民族地区中小学基本办学条件亟待改善，巩固提高的任务十分繁重。中小学教师素质还不能完全适应素质教育的要求。经费投入不能满足事业发展的需要。民族地区发展教育的任务还很艰巨。宝丰村、镇关村所在的宝丰镇，全镇有小学、初级中学各一所。村中的适龄儿童在当地只能接受到九年义务教育，无法接受进一步中高等教育。另外，师资水平总体较低。当地的教师薪金、各项待遇较低，难以留住优秀教师和吸引其他地区的优秀教师在当地长期任教。教育水平的普遍低下造成人口整体文化素质低下，缺少高级劳动技能。

（2）西部民族地区农村组织资源的匮乏。主要表现为：第一、政府职能的缺位。取消农业税后，政府职能如何定位，在向市场化过渡中，政府组织如何转型，这个问题有待尽快解决。第二，企业组织十分弱小。西部民族地区农村发展普遍缺乏较有规模和实力的现代企业组织带动，小规模农户大都“各自为战”。原有的集体经济组织大都已经不发挥作用或很少发挥作用。第三，非政府组织（或非营利组织）在很多地方处于空白。西部地区不仅经济基础薄弱，农民合作组织、市场中介组织、自律性行业组织等非政府组织发育也十分滞缓。总而言之，西部民族地区农村组织资源匮乏，现代企业组织介入少，新型非政府组织发育缓慢，农村建设对行政组织过度依赖，而许多行政组织又存在凝聚力不强的问题。

（3）农村融资机制不畅。西部民族地区农村虽存在一定种类和数量的农村金融机构，但是针对农村中小企业和个体农户的融资机制不畅通。市场对融资活动的基础调节作用尚未充分发挥出来，以行政审批为核心的融资机制还没有根本改变。资本市场发育缓慢，融资机构、方式单一，融资中介服务体系不健全，跟不上农村经济发展的需要。在两村所在的宝丰镇，全镇只有一家农村金融机构——宝丰农村信用合作社。据村民透露，想在该信用社贷款，除了有行政审批外，否则很困难。

三、我国民族地区农户兼业化经营的特点及发展趋势

（一）民族地区农户兼业化经营的特点

1. 兼业以自营及低层次行业为主

据对宁夏宝丰村、镇关村两村的调查，兼业形式以农户自营为主，全部600余户兼业户中只有少数从事工业，多数农户自行筹集资金搞运输、商业、饮食业等个体经营以及外出务工从事建筑业、采掘业，这种兼业方式投资少、经营灵活，但是一般对地区经济发展贡献不大，而且兼业职业不稳定，受市场影响很大，发展速度也很慢。

2. 兼业的流动性和暂时性

兼业农户既要从事农业经营，又要从事第二、第三产业，基于农业生产的季节性与非农业生产的不稳定性决定了兼业的流动性，非农产业发展时就

从事非农工作，非农工作稍有波动，就退守农业。

3. 兼业时间短，区域分布以本地为主

低收入的农户，农闲外出，农忙回家，因兼业不稳定，时间短而影响收入。据对宁夏宝丰村、镇关村两村的调查，低收入的大多是季节性外出者，高收入的则是常年外出者。从兼业的区域分布来看，虽然近年大量村民外出务工，但目前仍以本县内地区为主，这是因为长期以来城乡分隔，农村经济受区域内环境影响，尤其受区域内社会合作经济影响大。随着兼业程度的提高，依次从乡村到集镇到城市逐渐转移。

4. 兼业形式以分工为主

由于西部民族地区家庭规模较大，户均劳力较多，兼业形式一般不需要一个劳力同时身兼几职，最多只是在农闲时从事非农产业，农忙时回家干农活。从不同农户规模来看，随着农户人口的增加，转入非农部门经常回家帮农的比例下降。据宝丰村、镇关村的调查，人口越多的农户家庭经常帮农的比例越低。这种兼业形式对劳动力时间要求不强。

（二）民族地区农户兼业化经营的未来发展方向

由于我国西部民族地区经济起步较晚，目前尚处于经济发展的较低阶段，还不具备通过大力发展现代化工业和高科技产业推动工业化和城市化较快发展，实现各项事业的快速发展和人均收入水平快速提高的实力。因此，其发展的突破口应该放在农业产业化方面。

尤其是西部民族地区农村，目前尚处在低水平的城镇化发展阶段，无法像经济发展水平较高的沿海地区一样，在城镇化建设过程中建设大量的工业化城镇，通过城镇的极化效应和辐射作用，实现其周边地区农民的充分就业和带动周边地区相关配套产业的发展。因此，在当前和今后一段时期内，西部民族地区农村经济发展着眼点应该主要放在发展农业产业化和劳务输出上面。

发展劳务输出可以为当地发展带来一定的资金流，在一定程度上增加当地各项事业建设的投资量，加快各项事业的发展进程。同时，还能够增强当地与发达地区的信息交流，加快当地农民经济意识的提高。

发展农业产业化，主要表现为发展农产品加工企业和特色农产品品牌化经营两方面。

发展农产品加工企业，第一，可以增加农产品附加值，提高当地经济生产总值。第二，能够增加周边农民就业，丰富农民收入渠道，提高农民收入。第三，可以增加农产品销售渠道，同时缩短农产品的交易链，既可以保证农民的劳动投入比较顺畅地转化为收入，又能够提高经营农业的收入水平。特色农产品品牌化经营可以带动农村当地的信息服务、科技服务等服务业发展，既有助于部分农户发展第三产业兼业经营活动，又可以通过信息、科技服务促进当地农业发展。

西部民族地区农村经济的发展方向在于发展农业产业化和劳务输出，农户兼业化经营也要相应的进行调整，使其能够更好地配合农村经济的发展。在城镇化发展达到较高水平之前的时期内，农户兼业化经营的发展道路在于发展劳务经济和农产品加工业。

农户兼业化规模变动趋势。农户兼业化不是造成小规模经营的主要因素。兼业经营的凝固化可能造成农业粗放经营。因此，小规模兼业经营不可取，但其变动速度主要取决于城乡分隔制度、户籍管理制度、就业制度等的变革。随着市场经济的发展，城乡经济逐渐融为一体，各种不合理制度有所松动。因此，农户兼业化规模也将由小规模向大规模经营转变，农户兼业化大规模经营对农业、农村经济的发展有着重要的意义，它也必然是农业兼业化发展的趋势。

四、相关政策建议

针对西部民族地区农户兼业化经营存在的问题、特征及其未来发展的方向，提出以下政策建议：

（一）大力发展西部民族地区农村基础教育事业

教育事业的发展水平，决定了人才的质量。对西部民族地区的农村教育事业发展的改善是该地区未来发展的重中之重。因此，当前有关部门和西部民族地区各市、县政府要进一步加大对教育事业投入力度，加强领导，制定和完善政策措施，完善规划，调整布局，在原有基础上进一步推进西部民族地区农村教育的发展。当前最迫切解决的重点问题是：要进一步提高教师队伍素质，要为农村教育提供更多的优秀人才，师范院校毕业生分配要向农村学校倾斜；为了确保农村师资水平，要适度提高农村教师的各项待遇，解决教师医疗、住房等一系列生活中的实际问题，免除其长期在当地任教的后顾之忧；解决农村中小学教师工资拖欠问题，务必确保当年不发生新的拖欠；提高农村教育的普及率，解决好农村家庭困难学生的辍学问题；各级政府要认真履行农村义务教育的职责，进一步加大农村教育的资金投入力度，对用于改善教学条件的设施建设给予必要的支持，改造部分学校的危旧校舍。

（二）加强农民工的培训

提高农民整体素质是一个长期的过程，但在劳务经济快速发展的形势之下，通过开展农民工培训能够一定程度上缓解外出务工的农民素质不高的问题。

发展农民工培训，加强农村职业教育的重点主要体现在以下几个方面：

1. 加大农民培训资金的投入。针对目前培训资金来源不足的问题，要建立农民工培训经费政府、用人单位和农民工个人共同分担的投入机制。中央和地方各级财政在财政支出中安排专项经费扶持农民工培训工作。用于补贴农民工培训的经费要专款专用，提高使用效益。

2. 加强农民工培训师资队伍建设。农民工培训师资可以由教育培训机构通过开展继续教育来解决，也可从职业学校和成人学校、科研单位、企业、技术推广部门聘请。要定期组织开展师资培训，不断提高教师业务水平。

3. 做好农民工培训的信息服务工作。定期调查并公布劳动力市场供求状况，定期对不同职业（工种）、不同等级的农民工职业供求和工资价位进行调查，根据调查分析结果调整培训项目。

广大民族地区农村地方政府要将有利于提高农民劳动力素质和实现劳动力顺利转移的具体政策有效落实，只有这样才能使富余劳动力的流动由无序逐步变为有序，才能尽快、有效地提高农民劳动力素质，实现稳定就业。

（三）加快建设、健全西部民族地区各类农村组织，提高产业化程度

解决好新农村建设中的组织问题，关键是适应新形势新任务的要求，推进农村微观组织再造，丰富农村组织资源，提高农业、农民组织化程度。

1. 加速政府职能转换，积极探索新乡村治理模式，推进政府组织尽快转型。主要通过开展农村综合改革，促进县乡政府职能转换，深化乡镇机构改革，搞好事业单位改革，完善村民自治，建立农村基层工作新机制。

2. 扶持龙头企业发展，培育农民创业带头人，促进农村第二、第三产业组织发展壮大。通过给予企业在项目、税收、补贴、费用、信贷等方面的扶持，帮助其发展。努力扩大现有龙头企业对农户的带动覆盖面，积极引导发达地区企业进入西部农业产业化领域，同时积极鼓励培育本地农民开展"全民创业行动"，走好"公司加农户"的道路。

3. 发展农民专业合作组织，支持行业协会发挥更大作用，积极培育适应新农村建设要求的各类非政府组织。重点是支持合作组织和行业协会发展，努力培育农民自己的组织。要从政策上、制度上、体制上积极创造条件营造环境，让各类非政府组织迅速成长起来，形成对农业产业化发展的有力支撑。

（四）建立健全农村金融服务体系，畅通农村融资机制

1. 发挥市场在农村融资活动的基础调节作用，变革以行政审批为核心的融资机制，确立农民和农村企业为农村金融的主要服务对象。

2. 构建适应农户兼业化经营需要的金融服务体系，建立由政策金融、商业金融、民间金融等多元化金融机构组成的，既存在合理竞争，又互相补充的农村金融服务体系。

3. 加强对农村金融机构的监管力度。彻底消除向农民设立人为贷款障碍，向农民索要贷款回扣的现象，保证农村金融服务体系合法合规运行，为农民提供优质的金融服务。

4. 政府在解决农村投入障碍方面应发挥主导作用，制定优惠政策，放宽投资限制，净化投资环境，通过政府行为激活民间投资，吸引更多的民间资本、工商资本进入农村开发性领域，切实解决农村投入不足、农民缺少发展创业资金的问题。

随着西部大开发和社会主义新农村建设重大战略的部署实施，西部民族地区的农村经济发展正迎来前所未有的机遇。相信广大西部民族地区通过大力发展农户兼业化经营可以牢牢把握住这个发展机会，实现西部民族地区农民增收和农村经济快速发展，帮助西部经济全面振兴。

参考文献

[1] 国家统计局农村社会经济统计司：《中国农村统计年鉴（2000—2007）》，中国统计出版社。

[2] 林善浪、张国：《中国农业发展问题报告》，中国发展出版社，2003年。

[3] 程风荣：《农业剩余劳动力转移的实证分析》，《新疆财经》2001年第3期。

[4] 刘斌、张兆刚、霍功：《中国“三农”问题报告》，中国发展出版社，2004年。

[5] 于亚文：《新时期中国农村劳动力流动问题》，《南通师范学院学报》（哲社版），2003年。

以人为本构建民族地区和谐社会

胡维维　2006级区域经济专业硕士研究生

一、民族地区和谐社会的内涵

和谐一词古来已有，和谐以承认差距、多样性为前提，讲究相互关系的合理调适，讲究不同个体之间、局部与整体之间的利益调适。所谓和谐社会，就是指构成社会的各个部分、各种要素处于一种相互协调的状态。按照这样的标准来衡量，社会主义和谐社会应当是各方面利益关系得到有效的协调、社会管理体制不断创新和健全、稳定有序的社会。具体说，就是一种民主法治、公平正义、诚信友爱、充满活力、安定有序、人与自然和谐相处的社会。在社会的发展过程中，劳动者是最为重要的差异性因素。因此，以科学发展观为指导，构建社会主义和谐社会首先要协调好劳动者这一要素，即坚持以人为本。坚持以人为本是构建和谐社会的重要前提和根本保证，构建和谐社会是坚持以人为本的重要目标和现实任务。

民族地区的和谐社会是中国和谐社会的重要组成部分。民族地区和谐社会的构建，既要遵循和谐社会的内涵要求，同时又具有其特殊的内涵要求。各民族的人民作为民族地区经济社会建设的主体受社会历史、经济发展等各方面的因素影响差异性更为显著。民族地区的社会和谐是对我国各民族文化、利益多样性的承认和尊重，也是对在共同利益和目标基础上各民族和睦、协调、合作等同一性的强调。构建社会主义和谐社会要以人为本，构建民族地区和谐社会也需要以这些存在差异性的各民族人民为根本，要解决好靠谁、为了谁和如何实现的问题。具体讲，就是民族地区的发展和建设要以各民族人民为历史主体；民族地区的发展和建设以实现各民族人民生存和发展的根本利益为目的；要在尊重各民族人民愿望的基础上实现民族地区经济社会又快又好的发展。以科学发展观统领经济社会发展全局，是解决我国当前经济社会发展中诸多矛盾和问题的迫切需要，也是加快少数民族和民族地区发展的关键所在和必然要求。民族地区特殊的历史、地理和经济社会发展状况，决定了民族地区必须坚持科学发展观，在以人为本的原则下，努力实现全面、协调、可持续的发展。

二、影响民族地区和谐社会构建的因素

（一）忽视主体利益

1. 民族主体的特殊性

民族地区经济社会发展的主体是各民族的人民——民族人①。作为民族的人是带有民族特色的，也是具有民族心理的。它不同于一般意义上一切以经济利益为出发点的经济人。在民族地区，一些少数民族的人民在经济发展中并不是一个完全的经济人。各民族由于所处的地理位置、区位环境存在着差异，决定了各自不同的经济生产和生活方式以及文化价值观念，产生了不同的民族心理，因此，在经济社会生活中，他们是具有独特民族心理的民族人，对经济社会的发展有着独特的理解。民族人的这种独特性在幸福感的衡量上是有很好体现的。

幸福感是用来衡量人们对社会经济发展水平的感受程度的一种客观指标。地理环境、民族习俗和信仰以及文化构成的差异是造成对幸福感理解存在差异的主要原因。民族地区的人们对于幸福感有其特殊的理解，单纯的经济收入的增长并不是民族人衡量幸福的唯一标准，丰富多彩的精神生活也是他们追求的重要目标。云南省丽江市地处云贵高原，气候宜人，旅游资源丰富，是纳西族、摩梭人、藏族等少数民族的主要聚集地之一，丰富的民族文化形成了当地人民独特的生活方式和民族思维。在对丽江古城区部分地区有关幸福感的调查中，② 调查者发现：旅游业是当地居民的主要收入来源，虽然相比当地的物价水平和消费水平而言当地居民的收入水平偏低，但是当地的纳西族人普遍对自己的生活状态感到满意，有很高的幸福感觉，而且对政府的政策以及未来的发展都充满了信心。以拉市海的一个以跑马湿地旅游为收入来源的民族村庄为例，在对当地的走访中发现，在当地纳西族居民的生活中贯穿着他们民族的各种习俗和信仰。他们受过一定的教育，热爱自己的民族，在对民族文化的传承中过着自己想要的生活。尊重自己的民族信仰，

① 王文长：《论民族视角的经济研究》，《民族研究》2005 年第 4 期。

② 引自 2007 年中央民族大学“新农村规划丽江调研小组”调研项目内容。

努力创造自己想要的生活是当地居民对幸福感的理解。

民族地区各族居民对幸福的感受反映了民族地区主体独特的主体意识，即追求符合自己民族习惯和心理的生活，这也正是民族地区经济社会发展所要面对的首要问题。以人为本要实现民族地区的和谐发展，首先要尊重民族主体的愿望，以民族主体的利益为根本出发点。

2. 缺乏合理的目标机制引导

通常情况下，我们衡量一个区域的发展状况都是以一些经济发展指标作为依据，一般而言有以下一些指标：第一，GDP 系列指标，它包括各区域的 GDP，以及它们的人均值；第二，综合发展指标体系，比较通用的包括了 7 项社会指标和 9 项经济指标；第三，人类发展指数。包括出生时的预期寿命、社会教育水平和人均收入三项指标。

在实际中，我们在衡量一个地区经济发展时，常常将经济增长放在第一位作为衡量标准，常常将单纯的经济发展指标作为一个区域发展水平的评判依据和制定区域发展目标的重要引导。这样的评价标准虽然可以在一定程度上量化该区域的大体发展状况，显示出各地区在经济发展总量上的差距，但是这种忽视了对于经济发展主体切身评价的标准是不能很确切地反映一个地区社会经济的和谐发展状况的。对于民族地区的发展来说更是如此。民族地区的主体具有更加特殊的民族心理，仅仅单纯的经济发展指标不能反映民族地区各族人民的主观意愿与经济社会发展程度的符合程度，也不是真正意义上的以民族地区人民的根本利益为目的。因此，从可持续发展的角度来看，单纯的以经济发展指标为导向的评价体系很难对民族地区社会和谐状况作出准确的评价，也缺乏引导民族地区社会和谐发展的作用。促进地区的协调发展最终也是为了促进人的协调发展，这才是构建民族地区和谐社会的最终目标。衡量指标的设置对于制定区域发展规划，引导区域发展的导向有着重要的制约作用，它的合理性对于和谐社会的构建也会产生重要的影响，因此，以人的发展为主体的发展评价机制的设置也是影响民族地区和谐社会构建的重要因素。

（二）客观存在的社会经济发展差异

1. 自然环境相对较差，生态危机较为严重。民族地区大多处于大江大河的源头，生态环境脆弱而敏感，一旦破坏，很难恢复。目前，民族地区生态环境已面临一系列问题，包括水土流失、土地荒漠化、土壤盐渍化等土地退化现象严重，森林草原大面积退化，生物多样性减少。如西北地区水资源短缺、沙尘暴发生的次数逐年增加、影响范围逐年扩大等。日趋恶化的生态环境，不仅大大降低了环境容量，而且增加了生产成本，限制了生产力的进一步发展，是制约民族地区社会进步和经济发展的重要因素，也是阻碍民族地区和谐社会建设的重要因素。

2. 收入差距不断扩大，贫困问题较为突出。缩小收入差距是构建社会主义和谐社会的重要方面，也是构建社会主义和谐社会的必然要求。对民族地区而言，收入差距问题尤为严重。民族地区贫困人口规模大，分布地域集中连片，贫困程度较深，贫困发生率大大高于全国的平均水平。据有关部门统计，至 1994 年，我国少数民族贫困地区主要分布在西部，涉及 5 个自治区、20 个自治州、49 个自治县。在全国 348 个少数民族地区县与非民族地区少数民族自治县中，有 257 个被列为国家重点扶持贫困县，占全国 592 个国家重点扶持贫困县的 43.14%。[①] 2004 年，民族地区八省区人均 GDP 相当于全国平均水平的 70%，农村居民家庭人均纯收入相当于全国平均水平的 71%。收入差距过大，贫困问题严重，会直接形成人们的心理压力，也会造成社会的不安定，进而威胁到社会的和谐发展。

3. 社会发育程度较低，人才资源匮乏。目前，民族地区存在着人才总量不足、质量不高、结构不合理、分布不均匀、人才市场体系滞后、人才环境有待优化、现有人才队伍不稳等问题，这些已经成为民族地区经济社会发展的瓶颈，严重影响了民族地区的发展后劲。少数民族受教育水平低于全国平均水平，已经难以满足经济社会发展的需求。据统计，到 2004 年，民族地区高中毛入学率仅为 30%，比全国平均水平低 17.6 个百分点。民族地区的人才资源缺乏还表现在：[②] 第一，专业人才欠缺。有统计表明，西部民族地区各类专业人才仅占全国总量的 20.4%，远低于西部人口占全国人口 28.47% 的比例，且大部分人才分布在中心城市；西部民族地区专业人才中，工程技术人员和科学研究人员仅占全国的 15.4% 和 8.8%，科学家、工程师的比重大大低于沿海发达地区；西部地区每万名劳动者拥有中等以上学历和初级以上职称的人员为 92 人，而民族自治地方则更少，还不到东部的1/10。第二，优秀人才匮乏。较之一般人才队伍的零散，民族地区的优秀人才更加

① 《中国农村扶贫开发白皮书》，《人民日报》，2001 年 1 月 16 日。

② 数据来源：http：//www. zgxjz. com/news/2008/1212/article。

稀缺，特别是博士、硕士毕业的高层次骨干人才严重匮乏。据统计，西部地区各类专业人才仅占全国总量的20.4%，高级专业技术人才只占13.6%，两院院士仅占8.3%，特别是少数民族院士更是凤毛麟角；少数民族地区专业技术人员中，工程技术人员和科学研究人员仅占15.4%和8.8%。第三，人才结构失当。从民族地区人力资源的产业配置看，从事第一产业的人力资源占就业人力资源的比重过大，第二、第三产业的从业人力资源的比重偏低。同时，人才主要集中在省会城市和少数专业，甚至过多地集中于党政领域，而基层、生产第一线、少数民族地区人才严重缺乏，民族地区优势产业和特色经济需要的科技、文化、经济管理、高新技术人才十分缺乏。

三、以人为本促进民族地区和谐社会建设

近年来，民族地区经济社会有了较快的发展，但要促进民族地区持续的健康发展，构建民族地区和谐社会还需要不断的努力。

（一）坚持和完善民族区域自治制度

民族区域自治制度是我国解决民族问题，做好民族工作，处理民族关系，化解民族矛盾的基本政治制度和基本国策，也是民族地区构建和谐社会的政治基础。实行民族区域自治，要求国家充分尊重和保障各少数民族管理本民族内部事务的权利，要求国家坚持实行各民族平等、团结和共同繁荣的原则。真正的民族区域自治确立了各民族人民作为民族地区发展主体的地位，使各民族的人民能够充分的发挥主人翁的意识，积极参与到民族地区的经济社会发展中来。以民族地区的人民为经济社会建设的主体，是民族区域自治的内涵，也是民族地区和谐社会建设的内涵。具体而言，就是要坚持和完善《民族区域自制法》，不仅在法律上保障各民族人民当家做主的权利，还可以通过增加违法追究机制来进一步确保民族地区人民行使权利的积极性，保障各民族人民的财产安全，在落实执行的过程中要切实做到设立与民族地区发展愿望相符合的经济社会发展规划和目标评价机制，尊重民族地区人民的民族信仰和民族习惯，让民族地区的人民真正以主人翁的姿态进行社会经济建设。同时，还可以通过建立与经济社会相匹配的社会保障制度来保障民族地区人民的权利。这样才是真正做到了以人为本，为民族地区和谐社会的建设提供了必要的前提。

（二）发展民族教育

教育可以为民族地区的和谐社会建设提供高素质的人才，同时教育也是提高民族地区人口素质、调动积极性和创造活力的根本途径。民族地区持续协调的发展离不开有素质的劳动者，而培养这样的劳动者离不开民族地区的教育。教育以培养人才为根本，这与构建和谐社会的内涵相一致。具体来说，发展民族教育，一方面，国家要加大对民族地区的投入力度，通过贫困地区义务教育工程、贫困学生奖助学金等项目向少数民族地区倾斜；中央财政通过转移支付对民族地区的教育事业及相关产业给予专项资助；国际组织教育贷款、海外和港澳台教育捐款的分配，重点向少数民族和西部地区倾斜。另一方面，民族地区各级人民政府要切实加强对民族地区教育工作的领导，把民族教育列入政府工作的重要议事日程；要加强民族教育立法工作，把民族教育工作纳入法制化轨道；增强依法治教意识，重视民族教育，确保民族教育投入；根据民族地区的特点，结合各地少数民族居住相对分散的实际，积极探索适合民族地区发展的办学模式；形成多层次的人才培养结构，加强专业科技人才和经济管理人才的培养；坚持科学发展观，建立长期、可持续发展的民族地区教育体系。

（三）大力发展民族地区经济

大力发展民族地区经济既是解决我国民族问题，发展民族关系的根本途径，也是落实科学发展观，构建和谐社会的重要任务。各民族实现经济的又好又快发展，必须坚持和落实科学发展观，深化民族地区各项事业的改革，不断激发民族地区积极性和创造性，解放思想，转变观念，开拓创新，勇于实践，促进经济的协调发展。具体而言包括：

1. 进一步加大对民族地区发展的投入力度

民族地区经济相对落后，财力有限，建设资金紧张，保持必要的投资拉动，对民族地区加快发展具有特殊重要的意义。除了现有的民族自治地区的相关条例中规定的优惠政策之外，国家对于特殊的地区要根据发展的要求采取特殊措施，通过财政、信贷等综合政策手段加强对少数民族地区的扶持力度。

2. 加快民族地区的基础设施建设

基础设施建设对民族地区的发展至关重要，不从根本上改善基础设施，民族地区的经济是很难发展起来的。应当继续在民族地区优先安排水利、电力、交通、环境保护和资源开发项目，进一步鼓励和吸引国内外投资者到民族地区投资和开发。还可以通过增加国家财政直接投资或者通过财政、税收、信贷等手段间接地引导资金向民族地区流动，改善和治理民族地区的生态基础设施，增加民族地区经济社会的发展潜力。

3. 加快民族地区经济结构和产业结构调整

各民族地区的经济基础、自然人文资源各不相同，发展的思路和方向也不尽相同。要立足于发挥民族地区资源优势，发展优势产业和特色经济，发挥比较优势，优化和调整经济结构，创造更好的发展条件，进一步搞好资源转化战略，促进民族地区经济和谐可持续发展。

4. 加大对少数民族贫困地区的扶贫力度

对于解决经济发展中最基本的贫困问题，要采取一些特殊的政策和措施，多渠道地增加扶贫投入，加快实施对缺乏基本生存条件的民族地区贫困群众的易地搬迁进程，改善少数民族贫困地区的生态环境和基本的生产生活条件。

参考文献

[1] 齐良书：《发展经济学》，中国发展出版社，2002 年。

[2] 徐黎丽：《试论我国民族心理研究》，《兰州大学学报》1995 年第 4 期。

[3] 王文长：《论民族视角的经济研究》，《民族研究》2005 年第 4 期。

[4] 漆玲：《和谐社会思想的由来》，天津人民出版社，2006 年。

[5] 萧新桥：《用人才战略推进民族地区科学发展》，http：//www. zgxjz. com/news/2008 年 12 月。

齐奇岭村发展传统种植业的突破性选择——合作制

王　曦　2007级政治经济学硕士研究生

近些年来，在传统种植业方面，内蒙古自治区鄂伦春自治旗齐奇岭村尽管取得了不少的成绩，但其分散、弱小的生产经营特点很难适应现代化、集约化、市场化、信息化和高效化的农业发展要求。在市场经济的进一步发展过程中，农民家庭经营暴露出越来越多的局限性和矛盾。比如说：分散农户的家庭经营与市场需求难以衔接的矛盾；单家独户所拥有的生产要素与扩大生产经营的要求不相适应的矛盾；家庭经营向商品生产转化与社会化协作机制不相适应的矛盾等。解决这些矛盾的一个有效办法就是将一家一户的粗放式、分散式生产经营组织起来，提高农民的组织化程度，即实行农村新型的集体经济组织——新型合作社。

一、齐奇岭村传统种植业的发展现状

（一）产值状况

齐奇岭村以种植土豆、大豆、芸豆[①]为主。2007年，全村在种植业方面的总收入为2415000元。但由于受气候和耕地质量等多方面因素的影响，农作物单产相对于农业发达地区而言还是比较低的，具体情况如下：

目前，齐奇岭村总计有8000亩土地用于农业种植业的发展，其中5000亩土地种植土豆，其余的2000—3000亩土地用于种植大豆和芸豆。土豆平均单产为1500斤/亩，按2007年市场价格0.25元/斤计算，土豆收益为1875000元（5000亩×1500斤/亩×0.25元/斤）。大豆和芸豆亩产量都在100斤左右，按2007年全村种植大豆和芸豆总量3000亩，市场价1.8元/斤计算，全村总收益为540000元。[②]

排除恶劣气候的影响，预计2008年土豆等农作物的亩产会翻番，即便如

① 部分芸豆出口沙特等国家。

② 有关数据根据齐奇岭村村长李书仁和书记闫传伦口述资料整理而成。

此，这样的产值与一些种植业发达的地区还是存在很大差距。目前，很多地区的土豆亩产都可以达到5000斤左右，而我国土豆单产纪录是5136公斤。①

（二）生产经营方式

当前，齐奇岭村在传统种植业中的生产经营模式和大部分中国农村地区所采取的模式相同，即一家一户的家庭承包制。基本特点是在保留集体经济必要的统一经营的同时，将土地和其他生产资料承包给农户，承包户根据承包合同规定的权限，独立作出经营决策。在无组织的情况下，单个农户根本形不成规模生产能力，即使把他们所有的产品都用来交易，也不过是小商贩式的经营规模。这种模式曾经在中国农业发展的艰难时期起到过积极的推动作用，使中国农业步入了一个新的台阶，但如今，它已成了束缚农业发展的枷锁。

二、齐奇岭村传统种植业发展中存在的具体问题

（一）农产品深加工较少，没有形成规模化经营和品牌优势

就齐奇岭村的土豆生产来看，虽然种植比较普遍，产量也可以，但只有其中一小部分加工成粉条和淀粉，而从加工形式上来看，仍是以户为单位，“作坊式”的生产，形不成规模，没有品牌优势，因为品牌产品本身就标志着比同类产品有更强的市场竞争力、更高的产品质量和附加值。由于生产能力有限，绝大部分马铃薯都以原料的形式卖给了集团企业，本来马铃薯生产的机械化程度就低，播种和收获大部分要靠人工来完成，投入的人力劳动大于其他农作物，成本过大，而农民又大都以原料的形式出售，形不成产品的附加值，导致农民收益下降。这与发达地区的农产品加工业对市场的目的性、针对性和预见性形成了鲜明的对比。

（二）生产技术落后，投入严重不足

到目前为止针对具体品种和生态区开展的栽培研究、重大病虫害测报及综合防治研究很少，并且不够深入，甚至有许多空白。科普宣传、技术培训

① 这个纪录是由陕西省榆林市靖边县高海则的布尔班克土豆品种生产基地保持的。

也因种植户层次不一，过于分散而很难收到预期效果。齐奇岭村种植业以农户小规模种植为主的局面尚未改变，由于科技文化素质偏低，生产条件、经济条件和接受能力较差，分散粗放生产和盲目经营，产量在年度间波动剧烈。此外，商品薯生产和加工能力严重脱节，产品销路也缺少明确的目标。技术落后和投入的严重不足使其抗灾能力低下，农户一直承受着巨大风险。

（三）中间商的盘剥挫伤了农民的种植积极性

在流通过程中农产品被层层盘剥，加上生产资料价格上涨导致耕种成本增加，使农民从事农业生产的经济效益得不到很好体现，从而挫伤了农民种植大豆等农作物的积极性，造成了种植面积和产量下降。

（四）村民生产的盲目性

长期以来，芸豆等食用豆类一直被视为小杂粮而不被重视，不但缺乏经费支持，而且连有效的生产信息指导也很少，以致村民在生产上的盲目性很大，主要表现在种植面积盲目扩大，农民通常是根据上一年当地的市场行情来确定自己的生产规模，但农民不仅不了解国外的生产状况，国内的生产状况也知之甚少，所以芸豆等的种植面积通常是大起大落，很可能造成“有商无货，有货无商”的状况。

三、合作制是农民发展传统种植业的最优选择

（一）合作社[①]简介

合作社以农民自愿互利为前提，以增加会员收入为目的，按照股份合作的机制，在农业生产经营的产前、产中、产后的环节上，提供资金、技术、信息、供销等服务。同时，实现农民的自我管理、自我激励、自我发展，从根本上提高农产品的市场竞争力，提高农业效益，增加农民收入。合作制是体现农民主导作用和创造性的组织方式，在这方面国外早有成功经验可借鉴，如美国、日本、韩国等国家的农协组织已存在半个多世纪。

① 合作制的存在单位是合作社。

（二）合作制是发展传统种植业的必然选择

通过上面的描述，我们发现所有问题的出现都是由于农民过于分散的生产组织形式。如若能够克服这一点的话，农业生产便会有一个质的飞跃，而通往农业发展新阶段的钥匙就是合作制。通过合作制可以使劳动者实现劳动联合，使分散的小生产联合成社会化的大生产，实现规模生产和规模效益；使分散的个体利益主体联合成利益共同体，形成“累积”效应；使分散的市场个体联合成一个群体，提高在市场中的竞争（谈判）地位。例如，在市场经济条件下，竞争日益加剧，强者生，弱者亡。作为分散、弱小的小生产者，农民在市场上经常处于竞争的被动地位，自己的命运不能由自己掌握，只能任中间商盘剥。齐奇岭村的家庭式生产也必然会导致当地的农民在销售自产农产品时面临这种问题。为了改变这种状况，农民只能自我联合起来，办起自我服务的农村合作社。分散的农民通过合作提高自己的组织化程度，有效地加强在市场上的谈判地位，由此改变自己在市场中的被动命运，加强在市场上进行交易的竞争力量。从更深的意义上讲，广大农民通过自己的合作组织不仅可以进入本地的市场，还可以涉足遥远的外地市场，甚至还能迈进国外的大市场，农民的产品于是可以到广阔的市场上去检验、销售，取得发展的动力。农民通过合作制走联合制胜之路，便会由市场竞争的弱者转变为市场竞争的强者，甚至成为市场上的“巨人”，有利于主宰自己的命运，有效维护自己的市场利益。

（三）合作制优势的具体表现

1. 农村合作社成立之后，不仅要注重信息和技术服务，在一定程度上有助于提高农产品的市场竞争力，而且还能够注重为社员提供技术服务，加强对农户的技术培训，及时提供市场信息，使得农产品能够适销对路。同时，合作组织还可以在引进农业科技成果和实用技术上多下功夫，以提高农产品的竞争力。

2. 合作制提高了农民的组织化程度，为农民进入市场创造了有利条件。农村合作经济组织按照市场需求状况，使农民有组织的进入市场，使得小农户与大市场有效对接，不仅解决了单户小农无法在市场上站稳的问题，也解决了加工企业面对众多农户不易组织货源的问题。

3. 合作社的专业化组织为村民们节约了生产成本，增加了农民收入。农村的合作经济组织可以为成员统一购销，既防止了农户之间的竞争压价，节约进入市场的费用，又在购入生产资料时批量购买，争取了优惠价格，从而降低了农户的生产成本，间接地提高了农民的收入水平。

四、发展合作社存在的问题及解决办法

（一）发展合作社存在的问题——思想意识淡薄，组织困难

发展农产品的专业合作社，将农民统一为一个经营的整体，首先要面临的就是农民如何联合起来的问题。农民意识到生产经营中的困难，由其中有组织能力、经营能力的人发起，农民自觉自愿地组织起合作社，这种方式当然是成本最小、也最符合合作社原则。但是，农民本身的文化素质和传统意识，使得合作社的运营过程会面临很多困难。正如村书记闫传伦所介绍的那样："本来合作社是个好事情，但如果某家农户急需用钱或是遇上天灾人祸，加上有些人思想不够开化，有些有私心的村民，就会使合作社的联合运营难上加难。"的确，在调研过程中我们发现一旦涉及到经济利益，农民就很难形成同盟，利益明明就放在那里，但村民就是很难组织到一起。

（二）解决办法——通过政府进行合作教育，培养领导人才

面对这种情况唯一的方法就是需要一个动力或者外力。而在可利用的外力方面，来自政府的扶植和鼓励应该成为最主要的外力，另外还需要培养大量有合作精神、能起带头作用的村民。这是合作社事业能否顺利发展的关键。从根本上说，新农村建设应该是新农民的教育问题。对农民进行合作教育，培养合作组织的领导人才，一方面是政府的工作，另一方面也需要借助于民间组织的力量。齐奇岭村应当多借鉴外地的成功经验，例如河北定县的晏阳初乡建学院，他们第一批培训的主题就是关于合作社的。很多参加培训的农民回到当地就办起了合作社，且成效显著。当然，单单靠一个乡建学院，力量也略显单薄，而且由于学院对于农民的培训都是免费的，所以也限制了其规模的扩大。如果政府能支持学院开展工作，由政府提供资金保证，学院提供师资，在齐奇岭及周边村庄办一个这样的乡建学院，将对农村合作人才及农民思想转化起到不可低估的作用，到时合作社的规范化运营也就水到渠成了。

五、齐奇岭村实行合作制的具体办法

齐奇岭村可采取股份合作的形式实行合作制。即：资金和产品都折合成

股份，实行按股分红制，并对利润按照股份计算进行二次返还。这样，农民既是社员，又是股东，对于决策就拥有平等发言权，对于利润就拥有合理分配权，农民自然就会把合作社视为自己的合作社，这才是农民真正的“民办、民管、民享”的新型合作制。具体做法如下：

以股份合作的方式，对全村耕地集中经营完成土地流转。合作社可以以一定的价格将农户的土地租过来统一耕种和经营。在生产方式上，实行统一管理，即：实行统一的技术指导、统一的种植品种、育苗专业化；在选种环节上，统一优良种植品种，选取适合本地特点的农产品为主栽品种；在育苗环节上，合作社可以拿出一定数量的土地进行大棚集中育秧；在田间管理上，专设几名技术人员，实行技术承包，技术指导工资与产量挂钩。

以整合使用的方式，最大限度地合理利用机械资源，实行农机共享。合作社拥有大量的生产机械，如大型轮式拖拉机、插秧机、旋耕机、联合收割机等，基本可以实现机械化作业。农业生产使用大型机械可以大幅降低成本。由于劳作效率较高，除满足本合作社使用机械外，还可外出代耕土地以获取收益。

以农、工、流通紧密结合的方式，取得利益并进行再分配。合作社对收割后的农产品进行集中储存，同时与加工紧密联系，实现生产和加工的对接，加工后通过信息手段让齐奇岭村的农产品进入市场环节。这样，合作社真正实现了工农贸一体化，产加销一条龙，形成了工业、农业、流通业相结合的完整共同体。

综上所述，实行合作制可以有效地增加农民收入。通过全程服务，引导农户走向市场，实现产加销一体化，形成规模化生产格局，① 有效地推进农业产业化经营。同时，合作社以盈利为目的，以服务成员为宗旨，不仅使农民获得了生产环节的利益，而且还获得了加工和流通环节的利润，延续了农民增收的链条。

参考文献

[1] 刘永佶：《中国经济矛盾论》，中国经济出版社，2004 年。

[2] 杜润生：《当代中国的农业合作制》，当代中国出版社，2002 年。

① 集约化使农产品生产产生了规模效应，提升了农产品的附加值和市场竞争力。

农业制度创新的路径选择

——以内蒙古自治区鄂伦春自治旗齐奇岭村为例

李兴媛　2007级政治经济学硕士研究生

一、农业制度及农业制度创新

学者对制度的定义和分类很多，为研究的需要，本文在新制度经济学的意义上使用制度概念。以科斯、诺思为代表的新制度经济学家从不同的角度对制度下了不同的定义。尽管他们在具体表述上有所差异，但基本含义是一致的，即都认为制度是在不同层次和不同方面的一系列规则，它们规定人们的选择空间和相互间的关系，制约人们的行为。

农业制度是一个外延很广的概念，它可以有不同层次、不同角度的规定性，可以是宏观的，也可以是微观的。例如农业生产组织制度、农业土地制度、农业耕作制度、农业技术推广制度、农业服务体系、农业管理体制、农村基层政权制度和村民自治制度，简括之可以称为与农业有关的一系列制度。

在众多的农业制度中，起基础性作用的是农业生产组织制度和农业土地使用制度。农业生产制度可以有两个方面的含义：其一是生产经营制度，这是从土地等生产资料的权属和使用方式方面来说的，包括自耕制、租佃制、雇佣制等。其二是生产组织制度，这是从生产组织方式来说的。包括家庭生产制、集体生产制和雇佣生产制。农业土地制度也可以从两个层次来考察，第一层次是土地所有制，包括国有制、私有制、集体制、股份制等。第二个层次是土地使用制度，它包括两个方面，其一与上述农业生产制度的第一方面相同，即土地使用可以分为自耕制、租佃制和雇佣制。另一方面是按土地经营的规模来考察的，可分为土地的细分制度和规模经营制度。

对于经济发展来说，制度创新的重要性已经为许多经济学家的研究成果所证实。农业制度同样如此，农业制度安排的合理与否不仅直接关系着农村经济发展的兴衰成败，而且还决定着整个社会和经济运行的激励结构。好的合理的农业制度安排无疑能起到降低农产品交易成本、为实现合作创造条件、减少外部性等功能作用。而坏的不合理的农业制度安排必然会成为农村经济发展的桎梏，阻碍和限制农村经济的发展。

二、鄂伦春自治旗齐奇岭村农业制度现状分析

通过对齐奇岭村的考察，我们看到齐奇岭村目前的农业制度呈现出一个明显的特点：即对制度的路径依赖性很强。齐奇岭村由于建村晚，所以在各项农业制度上受初始制度影响很大，带有明显的旧制度痕迹，而且由于以后的农业制度供给都是在初始改革的框架内进行，制度变迁显示出强烈的路径依赖特征，农业制度供给相对滞后，大量外部利润难以实现。村子的农业制度鲜见创新、供给不足致使村民的巨大获利潜力难以实现，具体表现在以下几个方面：

（一）农业组织制度创新不足

齐奇岭村位于内蒙古自治区阿里河镇东部，全村的主要经济收入来源于农业土地的马铃薯种植和食用菌黑木耳的种植，其中黑木耳种植收入占全村经济收入的65%，该村最大特色就是食用菌的培植，是自治旗乃至呼伦贝尔市典型的食用菌生产示范村。但是在调查中我们发现，齐奇岭村当前黑木耳生产是分散在众多农户的小规模生产经营，生产方式原始，劳动生产效率低，每户以手工生产为主，各户生产条件参差不齐，都是小而全、户户搭灶、家家冒烟，多数是“一机（装袋机），一锅（灭菌锅）、两个箱（接菌箱），养菌就是一间房”的小作坊生产。生产环境差，不符合木耳菌的生产条件。菌户在生产时没经验，你家这么做，我家也这么干，同一种弊病，例如杂菌等在同一地方时有发生。所选用的设备与生产需求不配套。机械化程度较低，除装袋为半机械生产外，其余拌料、封口、接种，均是手工操作生产，在灭菌环节上多数采用土办法，灭菌时间较长，有的灭菌不彻底，影响生产进度及质量。产品销售环节薄弱，除部分产品被当地土特产品加工厂收购外，其余被外地客商到菌户家中收购，菌户销售信息闭塞，时机把握不好，时常卖不上好价格，没有取得较好的经济效益。生产与销售脱节，菌户由于是分散型生产，菌户只管生产，坐在家里等上门收购，没有形成产、销一条龙的经营理念与方式。由于制度理念上的落后，农民的粮食作物和其他经济作物主要出售给以小商小贩为主的经纪人。价格一般随行就市，差距比

较大，先是农民对于不同收购者的报价作一个比较，然后再根据最近几天的行情走势作一个基本大致的分析，最后作出出售的决定。农民出售农产品给中间商，价格上完全是被动的，大多数农民为了避免农产品的大量积压，都是按照中间商给定的价格出售，价格的选择权非常小。

如今，在世界农业市场一体化的趋势下，这种农业组织形式的不足日益显露出来。首先，这种小户经营的农业组织和生产方式使齐奇岭村农业长期处于规模不经济状态，实现不了规模效益，难以有效参与国际竞争。其次，这种传统的、小规模的和分散的农业生产组织形式缺乏吸纳技术的动力，而且不具备采用先进技术的能力，造成农业生产技术长期停滞不前。再次，由于农民生产协会的发展滞后，现行的农业管理体制在产前、产中及产后的联系被人为地割断，束缚了农业的发展。

（二）农业土地制度创新不足

根据齐奇岭的建村情况，它的土地制度比较特殊，在土地改革以及合作制时期，这一区域都还是大兴安岭的林地，所以没有开垦土地，而且大兴安岭一带土地在当时都是国有土地，不存在集体耕作情况。之后随着大兴安岭的开发，村庄才得以建立，所以从20世纪60年代开始，随着开发大兴安岭队伍的到来，齐奇岭村的土地制度才开始了它的进程。

1984年以前，齐奇岭村的土地制度一直停留在集体制的阶段上，随着知青大队的撤销，齐奇岭村才正式建立了起来。这时村里的土地都分给了农户，只要是村民小组的人，且是农业户口，都可以分到土地。一直到1986年以前，每户农民都可以在自家的地里耕种，满足生活所需。但是，令人意想不到的是在1986和1988年，齐奇岭村连续发了两次大水，把农田都淹没了，农民们种地根本无法获得收入，从此土地大部分都被撂荒，铁道南呈现一片沼泽。一直到1991年，村里账面上还有7000多亩耕地呈现撂荒状态，其中集中在甘河以北4000多亩，甘河以南3000多亩。农民们长期不垦种，加上当时的税率是3.19，意味着有2万多元的农地税收，所以村领导没有办法，就给当时的呼伦贝尔市政府打报告，撤销了一定数量的耕地，最后剩下725亩耕地。这种撂荒的现象一直持续到1997年，政府开始筹划重新复垦土地，并鼓励谁复垦土地，土地就归谁所有。免渡河镇的村民何效林见势开始找村长商量复垦土地，当村民们看到有外村人来本村复垦土地时，自然按捺不住，纷纷开始行动。据村长介绍，当时土地达到了50%的利用率。

之后，政府下达政策“国有耕地撂荒两年以上收归国有”，村委会代表国家和农业部行使管理权，承诺谁复耕归谁。由于土地的这种来回周转，就出现了现在齐奇岭村部分农民没有耕地，但是有的城镇户口居民和外乡户口的居民却拥有土地的情况。

像齐奇岭村这样的家庭承包责任制将土地产权分为所有权和经营权，所有权仍归集体所有，经营权则由集体经济组织按户均分包给农户自主经营，集体经济组织负责承包合同履行的监督，公共设施的统一安排、使用和调度，土地调整和分配，从而形成了一套有统有分、统分结合的双层经营体制。家庭联产承包责任制的推行，纠正了长期存在的管理高度集中和经营方式过分单调的弊端，使农民在集体经济中由单纯的劳动者变成既是生产者又是经营者，从而大大调动农民的生产积极性，重新拾起撂荒的庄稼地开始实行正常的农业生产，较好地发挥了劳动力和土地的潜力。我们不能否认“联产承包责任制”在当时条件下局部的合理性，尤其像耕地面积就少，农民居住分散的山区、林区，不利于进行协作生产，采取这种个体劳动的方式是适宜的，与集体制相比，农民不仅得到了小块土地的使用权，而且使其劳动力所有权得以从集体制中“解放”出来，有了相对的生产经营自由和积极性，这也是“联产承包责任制”初行几年内农业产量得以增加的原因之一，但这种自由和积极性却不能替代协作生产——这在农业的工业化、现代化中是必要的，但它的临时性和局限性也是相当突出的。

首先，土地“三权”界定不清，不利于土地流转。土地流转才刚刚起步，各地都还没有积累很好的经验，对于土地的“三权”大部分农民还不知道为何物。近年来，对土地所有权及其主体认识模糊，在实际工作中，很难对其进一步界定和确认。在我们的调查中发现，农民分不清土地使用权和经营权的概念，对土地转包、转让存在疑虑。主要表现在转包后没有保障，想转不敢转，想让又怕让。由于三权没有彻底分离，土地流转没有进入法制化、规范化的轨道，致使土地难以流转，难以向种田能手集中，给劳动力的转移带来了困难。其次，土地划分过于分散，不利于连片作业。现在村里家家包地，户户种田，使得土地划分过于零碎。不利于连片耕作和机械化作业。如此细小分散的农田结构，耕作经营十分不便，农民无法进行大规模的投入，农业技术进步的成果无法体现出来。而且由于每户的农田分散，给日常的经营管理造成很多麻烦，浪费了很多人力。这一切都导致农业的规模经济效益根本无法在村庄农业经济的运营中显现出来。再次，家庭小块田地分散经营，不利于农业科技水平的提高。现代农业的发展以及农业的现代化离开了农业科学技术的进步是寸步难行的。现在农村里由于是家庭分散经营，每家每户分得的土地极其有限，每户的总产量不高，在当前的农产品购销政策下，主要农产品比较收益低。因此农民一方面是缺乏积累和扩大再生产的能力，难以进行更多更有效的技术改造；另一方面农民也缺乏提高农业科技水平的动力。因为每家每户土地有限，只要靠部分劳动力或劳动时间就可以耕种，不需要普遍使用机器等新技术，也不便普遍采用机械化耕种，因为小块土地分割阻碍了机械化的推广。

（三）农村社会保障制度缺乏

齐奇岭村的社会保障制度目前集中体现在合作医疗制度上，具体补偿金额如表 1 所示。

表 1 补偿金额

医院级别	起付线（元）
乡镇卫生院	40
旗级定点医疗机构	100
旗外医疗机构	200

资料来源：《内蒙古自治区人民政府办公厅关于印发自治区新型农村牧区合作医疗工作方案的通知》（内政办字［2006］366 号）。

新型农村合作医疗工作尚属于新生事物，在具体开展过程中还存在一些不容忽视的问题。首先，部分农民参加意愿不强。试点实施一年来个别乡镇的参合率增长不明显。主要原因有三点：一是农民的健康共济观念以及风险观念仍然比较淡薄。二是农民收入较低，刚性支出较大。三是报销门槛费较高，报销比例较低，客观上也影响了农民的积极性。部分群众在思想深处对合作医疗有一定的思想障碍，对能否兑现政策持怀疑态度，在认识程度上需进一步加大宣传力度。其次，缺乏配套医疗体系改革，容易产生过度医疗现象。该村依据旗政府“新农合”的设计，在一定程度上还缺乏整个医疗服务体系改革的同步支撑，以至于不得不突出对患者的约束。制度设计中虽然也引入了城镇职工医疗保险制度的起付线、封顶线以及分段按比例报销等做法，这些做法对于维持资金平衡是有益的，但是，对医疗部门的约束不强，很容易出现医疗费上涨、过度医疗现象。实际上，当前乡镇医院存在着医药费用涨价和增收其他杂费问题，相当一部分医院赚走了政府补贴的该报销给农民的钱，一些农民就医不仅没有减负，反而增加了负担。同时，对患者过分严格的约束特别是过高的患者自负比例必然会导致参保积极性的下降。再次，是药费问题与基层医疗资源问题。定点医院药价偏高，一直是广大村民关注的问题：同样的药品在不同的地方有很大的价格差。农民的医药费即使通过合作医疗报销，也不低于直接在药店买药。居高不下的医院药价，正是农民看病难中最大的障碍。农村医疗卫生资源严重不足，水平低，使得农民患病在当地难以得到有效治疗，要到外地、城市中的大医院就诊，是造成农民医疗问题的重要原因。

三、齐奇岭村农业制度创新路径选择

"所谓制度创新是指社会规范体系的选择、创造、新建和优化的通称，包括制度的调整、完善、改革和更替等。"① 新制度经济学认为，制度创新的动力在于获取外部利润，即制度变迁的诱致性因素在于行为主体期望获得最大的外部利润。农村制度创新同样如此，存在能通过变迁和创新而获取外部利润的内在需求。当某种农村制度存在着一定的缺陷，在未能有效提高土地资源配置效率的状态下，就可能被更有效的制度所替代。齐奇岭村在面临强大的农业经济竞争压力的情况下，制度路径选择创新迫在眉睫。

（一）加快农业组织制度创新，推进农业产业化生产

虽然合作社在我国的发展还处于起步阶段，并不成熟和强大，但是其积极作用正在积极地凸显，2007 年齐奇岭村首家专业木耳合作社成立，这预示着农产品走向规模化生产的日子已经到来。

农业产业化是以市场为导向，以加工企业为依托，以农户参与为基础，以科技服务为手段，把农产品的生产、加工、销售连成一体，形成有机结合的组织形式和经营机制。齐奇岭村应当把产业化经营作为农产品生产的目标，通过科学合理的利益机制，把龙头企业、专业合作社与农户的利益连接起来，成为"利益共享、风险共担"的统一体，从整体上提高农业的比较效益。产业化经营可以提高农民的组织化程度，为农民进入市场创造有利条件。开辟了在小规模家庭经营基础上，有效吸纳先进生产要素，提高农业整

① 国彦兵：《新制度经济学》，立信会计出版社 2006 年版。

体规模效益的新途径，使得小农户与大市场有效对接，不仅解决了单户小农无法在市场上站稳的问题，也解决了加工企业面对众多农户不易组织货源的问题。

（二）加快农业土地制度创新，淡化所有权，完善农地流转机制

我国政府在《国民经济和社会发展“九五”计划和2010年远景目标纲要》中指出：在完善以家庭联产承包为主的责任制和双层经营体制的基础上，鼓励土地使用权依法转让，有条件的地方逐步推进土地适度规模经营，将稳步提高土地规模经营水平作为我国今后农业发展的目标。具体思路是：“强化所有权、明确发包权、稳定承包权、放活使用权”，但笔者认为，农地制度改革，政府的引导作用固然很大，但在推进农村土地制度创新时，更应当避免土地所有权主体对承包权的过分干预，确保农民的市场主体地位。只有弱化所有权，减少农民对土地拥有成本，才能增加土地对农民的吸引力，跳出原有制度路径的依赖。农地流转方面，则应在保持既定农地制度（所有制）不变的情况下，加大市场对农地使用权配置的力度，积极培育农村土地市场，为农地使用权的市场流转创造良好的外部环境。农地流转有利于改变地块细碎化的分散经营，实现土地的规模经营，提高农业资源配置效率，从而提高农业的市场竞争力。

（三）推进齐奇岭村医疗社会保障制度建设，确保农业稳步发展

首先，旗、村的相应部门加强有关新型农村合作医疗制度的宣传，要引起广大农民对新型农村合作医疗制度这项直接关系到他们切身利益的制度的重视，让农民了解这项制度能带来切实的实惠。这样才能引导农民积极参加新型农村合作医疗。宣传的内容应该更详尽，尤其是参加合作人的权利义务、筹资标准、补偿范围、补偿办法、补偿程序等。宣传的形式可以多样化，比如利用张贴户外资料，利用广播电视等媒体，发放宣传单宣传册，甚至是组织宣传演出等，方法中最好是结合农民身边的实际事例生动展开，这样可以深入乡土。对新型农村合作医疗制度的宣传需要给予相当的重视，这将促使医疗制度与乡土生活的融合。其次，要完善大病救助制度，建立齐奇岭村大病医疗救助制度，将其作为“新农合”的重要补充。在农村，除了少数特困群众无力参加合作医疗而患大病需要救助之外，还存在很多困难群

众虽然勉力参加合作医疗但在患大病后无力负担合作医疗自费部分的情况。因此，相关旗镇部门要密切配合，除了实行农村医疗救助制度，对农村无力参合的特困群众患大病给予救助之外，建立农村大病医疗救助制度十分必要，主要针对参加合作医疗而在患大病后无力承担合作医疗自费部分的那部分农民，使其得到有效的救助。有关部门要通过财政补贴、社会募捐等形式大力增加资金筹集渠道，扩大资金规模，提高合作医疗的保障水平，以真正缓解农民因病致贫、因病返贫问题。最后，要加强基金管理和使用监督，进一步加强“新农合”基金管理，建立健全监督体系。加大对村政府“新农合”资金的筹集和管理使用方面的监督指导力度，把好资金的收缴、专户的管理、资金的报销等关键环节；不断加强培训力度，提高工作人员的素质，增强责任感。同时，要逐步形成以内部监督、财政监督、审计监督以及社会监督有机配合的“新农合”监管体系，确保“新农合”工作的顺利进行。

参考文献

[1] 道格拉斯·C·诺思著，陈郁等译：《经济史中的结构与变迁》，上海三联书店，1999 年。

[2] 国彦兵：《新制度经济学》，立信会计出版社，2006 年。

[3] 刘木君、张建斌：《我国农业制度创新的经济学分析》，《北方经济》2007 年第 4 期。

[4] 段文斌、陈国富等：《制度经济学——制度主义与经济分析》，南开大学出版社，2003 年。

[5] 戴维斯、诺思：《制度变迁的理论》，载于《财产权利与制度变迁》，上海三联书店，1994 年。

调 研 报 告

嬗变与反思：鄂伦春民族村庄变迁分析

——以鄂伦春自治旗乌鲁布铁镇猎民村为例

马　博　2008 级中国少数民族经济学博士

一、基本情况

鄂伦春自治旗成立于 1951 年 6 月 7 日，是我国最早成立的少数民族自治旗，地处呼伦贝尔市东北边缘，大兴安岭东南坡，西邻根河市、牙克石市，南连莫力达瓦达斡尔族自治旗、阿荣旗，东与黑龙江省嫩江县隔江相望，北与呼玛县以伊勒呼里山为界。乌鲁布铁镇是鄂伦春自治旗 4 个猎民乡镇中最大的一个，辖区包括 21 个行政村，1 个居委会，所辖自治旗 7 个猎民村中的 3 个猎民村，分别是乌鲁布铁猎民村、讷尔克气猎民村和朝阳猎民村，占全旗猎民村总数的 42%。由于乌鲁布铁猎民村和讷尔克气猎民村历史形成聚居的局面，在经济社会发展上一直统筹考虑，两个猎民村为一个联合党支部①，称为乌讷猎民村联合党支部，村委会为两套班子，共用一个村委会办公室。因此，乌鲁布铁和讷尔克气两个猎民村（自然村）也常常统称为乌—讷猎民村。乌—讷猎民村为自治旗 7 个猎民村中最大的一个猎民村，朝阳猎民村是甘河流域鄂伦春的发源地之一，目前也是自治旗鄂伦春族的主要聚居区之一，成为新时期猎民村社区化管理的参照标准。

表 1　　鄂伦春自治旗 7 个猎民村

猎民乡镇	乌鲁布铁镇	古里乡	托扎敏乡	诺敏镇
所辖猎民村	乌鲁布铁、讷尔克气、朝阳	古里	木奎猎民、希日特奇	诺敏

① 联合党支部是指由没有条件单独成立党支部的若干临近单位的党员所组成的党组织。正式党员不足 3 人，不能单独成立党支部的生产单位、工作单位、行政单位、战斗单位，可与邻近单位的党员组成联合党支部。

在鄂伦春语中，乌鲁布铁是“孤山”之意，讷尔克气是“山”的意思。乌—讷猎民村在大兴安岭东麓，位于乌鲁布铁镇政府南1.5公里处，北距旗政府驻地阿里河镇90公里，南距大杨树镇22公里。该村位于镇区内，交通便利，距嫩林铁路仅1.5公里，111国道从两村北侧穿过，距离仅2公里。朝阳猎民村位于大兴安岭南麓，是甘河流域鄂伦春的发源地之一，与鄂伦春自治旗经济重镇大杨树镇距离仅为4公里，距乌鲁布铁镇区25公里。朝阳猎民村辖区内有111国道和嫩林线铁路通过，是进入黑龙江大兴安岭林区和内蒙古大兴安岭林区的必经通道。乌鲁布铁镇是以鄂伦春族为主体，蒙、汉、回、达斡尔、鄂温克、满、朝鲜、锡伯等9个民族大杂居、小聚居的猎区乡镇。截至2008年6月，乌鲁布铁镇总人口18737人，少数民族人口2464人，其中鄂伦春猎民408人。三个猎民村共有175户，共计472人，其中有鄂伦春族人口400人（含团结户），是鄂伦春族极为集中的猎民村之一（具体数据详见表2）。

表2　　乌鲁布铁镇三个猎民村民族人口一览表①　　单位：户/人

	户数	人口	鄂伦春族
乌鲁布铁猎民村	43	117	107
讷尔克气猎民村	63	172	156
朝阳猎民村	69	183	137
共计	175	472	400

在国家和上级部门的支持下，三个猎民村猎民生活水平和居住环境各方面都有了显著提高。目前，猎民村已全部实现通电、电话、有线电视、无线通讯和自来水，其中电费和自来水费大部分由政府承担。在乌—讷猎民村，猎民住房为砖瓦结构，建筑面积63平方米，户型为一室一厅一橱，而朝阳猎民新村始建于2005年11月，猎民居住的是2006年建设的别墅型房屋，镇委、政府对其实行了社区化管理，并有标准化的牛舍。三个猎民村室内建有火炕或木床，房屋敞亮、卫生，大部分猎民家庭购置了桌、椅、箱、柜等木制家具，有的猎民家还有沙发和组合柜，一般猎民家庭都有电视、影碟机。一部分猎民家庭有一到两部手机，50%的家庭有固定电话，移动电话普及率达30%以上。极小一部分猎民有农机具以及摩托、汽车等交通工具，除国家和上

① 乌鲁布铁镇人民政府：《乌鲁布铁镇三个猎民村的基本情况》，2008年6月。

级投资建筑的房屋外，基本无其他生产资料。猎民 90% 以上处于贫困状态，猎民的主要生活收入来源于低保，部分收入来源于种植业和乡镇就业收入。

二、鄂伦春民族村庄变迁史

“民族是人们在统一政治组织和相应制度框架内，在共同地域内由统一文化形态主导从事经济活动的具有共同语言的长期稳定的社会存在方式。”① 没有人生活的土地，仅仅称之为蛮荒之地，而生活在乌鲁布铁镇这一共同地域范围内的鄂伦春族，成为鄂伦春民族村庄形成与发展进程中的重要主体。“30 年来，中国农村改革是整个国家改革的最活跃的部分。所谓农村本来首先是指村庄；‘农村’一语所指涉的人口、土地、组织与文化，在中国首先是与村庄单元联系在一起的。即，农民大部分还被组织在村庄之中；农业主要发生在村庄所属的土地上；村庄的文化对于农村人口最具有可分享性和纽带作用。因此，在一般意义上说，农村、农业、农民的变迁，首先会表现为村庄的变迁。”② 三个猎民村的形成与发展过程，自中华人民共和国成立前夕至 2007 年，主要经历了以下三个阶段。而在猎民村变迁的三个阶段中，根据猎民住宅的改进，大致细化为三个时间段（具体见图 1）。

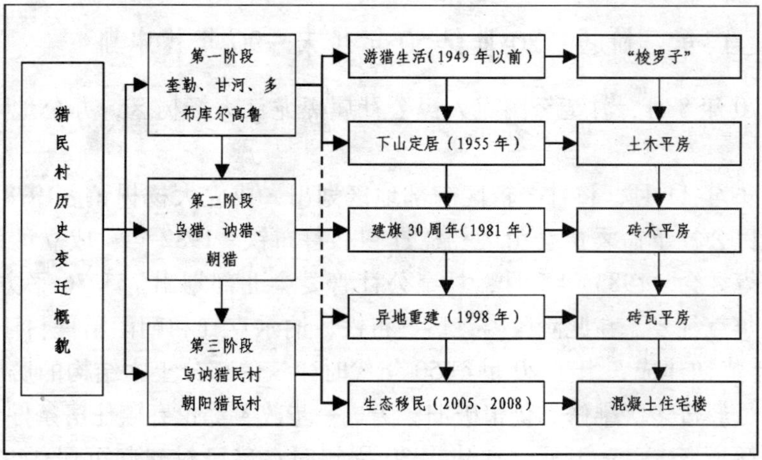

图 1　乌鲁布铁镇猎民村历史变迁概貌图

① 刘永佶主编：《民族经济学》，中国经济出版社 2007 年版，第 43 页。
② 毛丹：《村庄大转型》，《浙江社会科学》2008 年第 10 期。

（一）第一阶段：中华人民共和国成立前夕—1958年

鄂伦春自治旗及乌鲁布铁镇的建制过程，给我们展现了三个猎民村的形成过程与历史沿革的第一条线路。1948年初，中央巴彦旗工委派巴彦旗旗长——白斯古郎深入到猎区开展工作，1949年7月，白斯古郎召集甘河、古里河、多布库尔河、奎勒河流域的鄂伦春族猎民举行会议，会议决定成立鄂伦春努图克，驻地朝阳，隶属巴彦旗，当时总人口仅480人，其中鄂伦春族479人、鄂温克族1人。这是中国共产党建立的第一个鄂伦春族当家做主的乡镇级民主政权。1950年，鄂伦春努图克改称甘奎努图克。1951年，鄂伦春自治旗成立后，鄂伦春族告别了游猎生活，下山开始定居。1954年初，中共鄂伦春自治旗工作委员会决定成立中共甘奎努图克工作委员会，并从1954年开始建房，到1958年全部定居，这一时期国家共拨款9.4万元，建筑土木结构房屋213间，使鄂伦春族在6个猎民新村全部定居下来。鄂伦春自治旗猎民村定居的具体地点分别是：诺敏高鲁[①]定居在龙头（后迁斯木科，再迁现住址西日特奇）；1957年讷门高鲁和托河高鲁在木奎。其中，1955年奎勒高鲁定居在乌鲁布铁；甘河高鲁定居在讷尔克气（后因铁路占用该地，迁至乌鲁布铁）；1957年多布库尔高鲁定居在朝阳。

（二）第二阶段：20世纪50年代末—90年代中期

1970年8月，甘奎努图克人民公社属黑龙江大杨树区，办公地点在大杨树。

1976年11月，将甘奎辖区南部地区划出，成立大杨树镇。1978年秋，甘奎人民公社革命委员会由大杨树迁到乌鲁布铁。1982年，成立讷尔克气努图克筹委会。1983年5月，甘奎公社管委会北部划出755.76平方公里，成立讷尔克气乡。在此阶段内，乌鲁布铁、讷尔克气和朝阳猎民村于20世纪70年代初建成，由于20世纪50年代时建筑的部分土木结构的房屋比较简陋，虽经过多次维修，仍很破旧。为进一步改善鄂伦春族住房条件，自治旗又先后投资122.9万元，在建旗30周年时在猎民村建起可居住93户猎民、总面积达5421平方米的砖木结构房屋，使大部分猎民乔迁新居。

① 高鲁，译为河流域，猎区行政单位相当于村。

（三）第三阶段：20世纪90年代中期—2007年

1995年7月1日经自治区人民政府民政厅批准撤乡设镇，乌鲁布铁镇设立。2002年，根据自治旗机构改革工作需要，讷尔克气乡撤并入乌鲁布铁镇。其中，讷尔克气村自讷尔克气乡并入乌鲁布铁镇后，讷尔克气村与乌鲁布铁村形成了目前的乌—讷猎民村。从1998年至今，乌—讷猎民村和朝阳猎民村形成了乌鲁布铁镇现所辖猎民村规模，也逐渐发展成为目前的鄂伦春民族村庄形态。需要说明的是，乌—讷猎民村猎民住宅于2006年经历过一次较大规模的翻修。目前，乌鲁布铁镇根据自治旗的"生态移民"工程，投资1060万元，建设规模5000平方米，能入住98户猎民的乌—讷猎民村住宅楼工程将于2008年年底竣工，这将进一步改善乌—讷猎民村猎民生活和居住条件。而朝阳猎民新村始建于2005年11月，是在2005年实施生态移民和易地扶贫移民工程，投资847.09万元建成的［中央专项资金（国债）400万元，其余地方配套和自筹］。占地6万平方米，分为生活区和生产区，生产区有牛舍1500多平方米，青贮窖1000立方米。

三、鄂伦春民族村庄变迁诱因分析

民族是历史形成的人类社会存在方式。地域、经济、政治、文化、语言是民族的必要因素。[①] 乌鲁布铁和讷尔克气两个自然村构成的乌—讷猎民村，有着鲜明的以鄂伦春民族为主体的"大杂居，小聚居"的民族村庄特点。而始建于70年代末的朝阳猎民村，由于交通闭塞，信息不畅，部分房屋已成危房，在生态移民和易地扶贫移民工程扶持下，猎民已于2006年入住。基于乌鲁布铁镇三个猎民村历史变迁的轨迹和特征，本文将鄂伦春民族村庄变迁的诱因归纳为四个方面，从历史演进发展来看，内生变量和外生变量的相互交融、相互作用和相互影响，使得鄂伦春民族村庄不断演进和发展。

（一）鄂伦春民族村庄沿其社会演进而变迁

一般意义上，民族是由氏族、氏族联合体、部落和部落联盟演化、扩张

① 刘永佶主编：《民族经济学》，中国经济出版社2007年版，第42页。

而形成。纵观近代以前的鄂伦春族社会变迁史，可以看到其社会经历了原始游群、血缘家庭、母权制氏族社会、父权制氏族社会和家庭公社五个时期。可以说，中华人民共和国成立前的鄂伦春族仍处在落后的生产期，过着传统的狩猎生活，其经济发展大致经历了由集体经济、家庭经济、混合经济三个阶段，而在每一个阶段，其经济形态和社会组织结构也在不断演进。

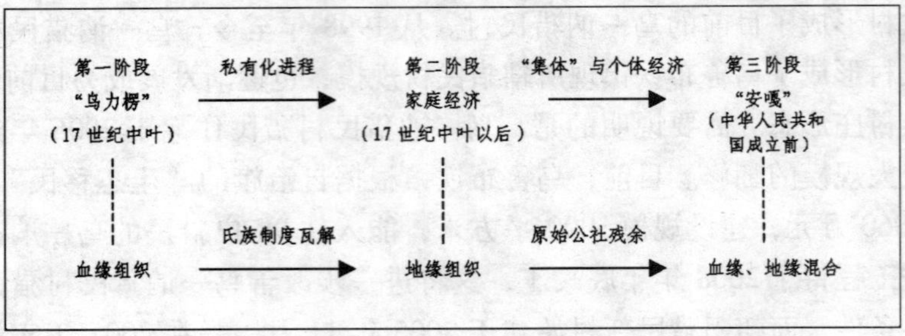

图2　中华人民共和国成立前鄂伦春族社会经济发展图

从清朝统治者统治鄂伦春族以来到中华人民共和国成立为止，整整经历了三个世纪，在此期间，鄂伦春社会经历了由“穆昆”到“嘎辛”再到“高鲁”的历史时期。而猎民村在这段历史进程中，鄂伦春族一直都居住在具有部落及部落联盟性质的“梭罗子”里，按照村庄发展进程来说，可以归纳为村落形态。直到中华人民共和国成立，鄂伦春族由原始社会形态跨入了社会主义社会，完成了伟大的历史跨越。

国家先于民族形成，但在不同历史时期内，民族村庄的演进因国家对民族实施的政策不同而形成和发展。鄂伦春族村庄的形成和发展在鄂伦春族三次历史跨越中实现。在第一次历史性跨越时期（以1958下山定居为标志），从1954年开始建房到1958年，猎民村猎民逐渐迁移定居后，最初的村落形态得以形成；在第二次历史性跨越时期（1988年之前以“转变传统的生产方式，发展多种经营”为标志），在这一过程中，特别是自治旗建旗30周年机遇下，猎民村得以进一步发展；在第三次历史性跨越时期（以1996年“禁猎转产”为标志）特定历史条件下，鄂伦春民族村庄的发展不依行政建制变革而改变地域。乌一讷猎民村在1995年以前，随着甘奎乡和讷尔克气乡的发展而发展，虽然经过了一系列的行政区划变动，但作为鄂伦春族村庄及其鄂伦春族猎民，随着不同地域、不同流域的各少数民族和外来人口的不断迁徙流动，与之汇流交融，繁衍生息。

正式步入现代社会，则是中华人民共和国成立后，整个民族在中央“弃猎归农”政策要求下，抛弃游猎生活方式，转入农耕的定居生活。这段时期内，在同一地域范围内的固定生产和生活，致使猎民村形成了“初村庄形态”，即或界定为村庄形成的初期。随着社会变迁、转型的不断加快，村庄的规模和结构均发生着巨大变化，传统的鄂伦春族自然村庄的萎缩乃至消失将成为历史的必然，特别是乌—讷猎民村的演进过程更能说明这一切。因此，从鄂伦春族社会的历史变迁来看，三个猎民村正是在鄂伦春社会的演进过程中逐步形成与发展起来的。

（二）鄂伦春民族村庄随其经济转型而变迁

一般来讲，每一个地理意义上的自然村庄就是一个村庄社区单位。在鄂伦春族经济发展进程中，鄂伦春民族从狩猎转向农牧业，以个体劳动转向集体劳作方式，同时以血缘关系为维系纽带，成为一个相对稳定、封闭的社会组织。

经济转型是改变制度基础的过程，要通过完全的制度替换和建立新型的经济关系来废除以前的制度。在我国经济转型背景下，因国家在鄂伦春族地区推行的相关经济政策，引起了鄂伦春民族社会在经济制度、经济体制、生产方式、生产关系等方面的演进。

猎民村自 1970 年建村以来，鄂伦春族一方面从传统的狩猎经济到合作经济，再从集体经济发展到家庭联产承包责任制，从转型的概念上来说，鄂伦春族已经完成了经济转型。但从改革的意义上来说，鄂伦春民族经济仍然处于转型期，特别是禁猎转产后，猎民村从“以农业为主，发展多种经营生产方式”转变为现在的“以农业为主，牧业为辅”的生产方式，可以说在实现鄂伦春族经济转型过程中摸索前进，期间经历过许多失败与痛楚。

改革开放以来，鄂伦春族在我国经济转型的宏观调控下，猎民生活水平显著提高，经济社会发展取得了长足进步。特别是自 1996 年“禁猎转产”以后，鄂伦春民族经济出现过一个短暂的繁荣时期。但进入 21 世纪以后，以农牧业为主的乌—讷猎民村经济发展缓慢，猎民生活水平依然很低，朝阳猎民村 2007 年发展起来的民俗旅游业可以说是一个亮点，但对于整个鄂伦春族地区来说，其经济发展和猎民生活水平都相对较低。

（三）鄂伦春民族村庄随其文化渐进而变迁

《中国大百科全书》中将文化变迁定义为："文化内容或结构的变化，包括因文化的积累、传播、融合与冲突而引起的新的文化的增长和旧的文化的改变。"文化的变迁有着自然演进和强制变迁的特点，民族经济以民族文化为内涵，民族经济与民族文化又是以民族社会为基础。与鄂伦春社会变迁和经济转型相对应的文化变迁，是鄂伦春民族社会和经济的反映和发展要求，同时又是随鄂伦春社会和经济的变迁共同演进的。需要说明的是，对于国家在鄂伦春地区逐渐推行的民族政策，使得鄂伦春族传统的社会文化和经济文化具有"渐进性"特点。

鄂伦春族作为中国北方狩猎民族之一，在中华人民共和国成立以前，始终过着"因猎而迁，依河而居"的游猎生活，鄂伦春族猎民在狩猎与迁徙过程中形成的高鲁，大部分都与河流山川有关，这也形成了鄂伦春语中鄂伦春族村庄"依山傍水、因地得名"的特点，同时也包含着厚重的鄂伦春民族文化。目前乌鲁布铁镇所辖三个猎民村的鄂伦春族猎民，在历史发展进程中逐步定居下来，游猎于多布库尔河及其支流翠风、大杨气、小杨气、十八站以西等地者，定居在朝阳；过去阿里、多布库尔路的鄂伦春族，游猎于奎勒河及其支流库都奇、小奎勒河、沃勒河、查巴奇等处者，定居在乌鲁布铁；甘河及其支流克一河、吉文河、英阿河以南、莫力格、奇格拉尼等地者，定居在讷尔克气。猎民村大部分鄂伦春族猎民，构成了三个猎民村目前的人口基础。

鄂伦春民族村落形成之始，其民族传统文化相对明显。在长期的狩猎经济基础上，鄂伦春民族创造了独特的民族传统文化——狩猎文化，具有社会性、传承性、民族性、地域性、差异性等特征。并完整地保留了兽皮文化和桦树皮文化，不仅表现在经济文化、音乐艺术、口头文学、宗教信仰方面，还更多地表现在他们的衣食住行、传统服饰、传统工艺、节日岁时、婚姻制度等各方面。一系列的文化表现形式和载体，反映在鄂伦春民族从个体到村落中，并在相对封闭的社区中继续传承。鄂伦春民族创造享用并在群体中流行的文化现象，将随着社会的发展、自然环境和生活条件的改变而不断变化。

（四）鄂伦春民族村庄因生态环境变迁而演进

“马克思、恩格斯的确是认为自然环境和社会文化环境的改变才是文化变迁的根本原因”①，鄂伦春民族村庄的变迁又与该地区生态环境的变迁有关。主要体现在三个方面：

第一，人为因素加速了生态环境的恶化。由于该地区长期以来不合理的经济社会活动和对森林资源的过度开发，导致产生了诸如野生动植物减少、水土流失严重、沙尘暴肆虐、自然灾害不断发生等一系列问题，致使猎民村自然生态系统功能退化。以鄂伦春族的过度狩猎为例，狩猎经济是一种攫取经济，它处在“以采取现成的天然产物为主的一个时期”②，过去狩猎工具较差，野兽多，但猎取的少；狩猎工具改进后，由于大量猎取，兽源大为减少（详见表3）。

表3　　一个上等猎人年猎获量估算表

时间	工具	鹿	犴	狍
清末年间	火枪	20只	30只	80只
民国年间	快枪	30只	40只	100只
中华人民共和国成立前夕	快枪	10只	20只	50只

第二，环境恶化致使自然灾害频发，其中，1998的自然灾害对于乌一讷猎民村的形成，可谓“因祸得福”。1998年，由于洪水灾害，乌一讷猎民村猎民住宅部分受损严重，乌鲁布铁镇曾向自治旗民政局递交过一份《关于重建猎民新村的报告》，在自治旗和乌鲁布铁镇的扶持下，按照小康标准式住宅涉及50户3150平方米，重建了乌一讷猎民村。

第三，生态移民工程和异地扶贫工程。随着自治旗“生态移民工程”和“易地扶贫移民工程”的实施，同时为彻底解决猎民居住分散、就医难、上学难、就业难、部分新婚猎民无住房等问题，朝阳猎民村的别墅区已于2006年竣工，乌一讷猎民村的住宅楼也于2008年底竣工。

综上所述，就鄂伦春民族村庄的演进过程来看，乌鲁布铁镇所辖三个猎

① 石奕龙：《试论文化变迁的根本原因：马恩的表述》，《文化理论与族群研究》，黄山书社2004年版，第65页。

② 恩格斯著：《家庭、私有制和国家的起源》，《马克思恩格斯选集》第4卷，商务印书馆1979年版，第18页。

民村将形成“点、线、面”为特征的鄂伦春民族村庄区域特征。受鄂伦春民族“狩猎游居”特点的影响，中华人民共和国成立前，猎民村最原始的地域范围主要以分散的“梭罗子”为分布特征。1954 年国家开始建房，鄂伦春猎民逐渐下山定居后，形成了以单数、个别鄂伦春族狩猎家庭户为单位的“点状”分布特征，猎民成为目前猎民村所剩不多的“原住民”。之后经历了 1981 年的翻新和 1998 年的新建，此外，由于“撤乡并镇”，讷尔克气猎民村与乌鲁布铁猎民村形成了界限模糊的“两点一线”的村庄社区化初态。经过国家政策引导，以及外来人口的流动，逐渐辐射形成了鄂伦春族村庄的“面”状特征。在自治旗“生态移民工程”和“易地扶贫移民工程”的实施背景下，朝阳猎民村猎民别墅区与乌—讷猎民村猎民住宅楼，将形成“立体居住生活、平面生产劳动、区域协作发展”的村庄区域新形态，对于鄂伦春民族经济社会实现第四次历史性跨越，将具有重要的作用。

四、鄂伦春民族村庄发展问题及成因分析

2000 年 7 月举行的世界城市大会，把城镇化定义为：城镇化是以农村人口向城镇转移和集中为特征的一种历史过程，表现在人的地理位置的转移和职业的变化，以及由此引起的生产和生活方式的转变，既有看得见的实体变化，也有精神文化方面的无形转变。[①] 我国的城镇化战略始于 20 世纪 80 年代，但在这一战略全面推进并对我国工业化和城市化产生巨大影响之时，城镇化进程中的失误和弊端也频频暴露了出来。村庄的资源浪费、生态破坏、经济发展缓慢、人均收入增长缓慢、文化遗失、可持续发展遇到挑战等。鄂伦春民族村庄的变迁，不仅和中国城镇化进程一致，而且在快速推进过程中出现一些有别于其他村庄的问题。

（一）转型失衡：“一刀切”的土地流转

鄂伦春民族猎民村目前大部分猎民耕地一户仅 10 亩或没有耕地，集体所有耕地也相对较少，大部分耕地为少数猎民家庭农场所有。据调查，猎民家庭最初所拥有耕地来源分为三个时期：第一，自五、六十年代开始的拓荒开垦而个人占有；第二，自 80 年代施行家庭联产承包责任制后，根据鄂伦

① 郑长德、钟海燕：《现代西方城市经济理论》，经济日报出版社 2007 年版，第 227—250 页。

春族猎区特殊情况，国家分配给猎民一部分土地；第三，自1996年禁猎转产后，国家为了鼓励猎民发展农业生产，进行了第二次土地分配，大约每户猎民家庭能分配到20亩左右的耕地。与中国大部分农村土地流转相同的一个特点是，虽然土地流转形式多样化，包括转包、转让、互换、入股、租赁（包括反租倒包）等形式，但家庭自发流转构成了土地使用权流转主体。而鄂伦春族猎民生产方式由狩猎转为农牧过程中，是一种“自上而下”的制度安排，从一个民族社会演进的时间来看，这种经济转型的速度和力度具有“爆炸性”和“激进性”特点。在国家拥有所有权的家庭承包制度框架下，除了个别家庭土地流转以租赁、抵押等形式外，鄂伦春族猎民村家庭土地的产权结构以承包权的一次性永久性转让为特点，承包权的丧失，也就意味着经营权（使用权）的永久性丧失，由于没有土地使用权流转的市场定价，猎民往往用一瓶酒、几包烟就转让了土地，猎区土地要比中国其他地方农村土地流转的价格低得多，这也形成了目前猎民村的土地状况。

（二）恶性循环：“双刃剑”的猎民收入

从历史发展的进程来看，鄂伦春民族经济的进步程度是显而易见的，特别是从中华人民共和国成立至下山定居、“文革”结束至禁猎转产前的两个阶段。但在鄂伦春族民族地区，从禁猎到转产之间出现了一个空白地带，主要体现在劳动者素质技能转产培训方面的缺失，造成了目前猎民村经济的发展仍然离不开“集体经济的力量”。作为“公共品”的集体经济，就依然存在着“吃大锅饭、平均主义”的传统诟病，没有土地的猎民就过分依赖于集体项目的打工收入，而有地的分散猎民家庭和拥有大量土地的少数家庭，对于猎民村的经济贡献度基本上可以忽略不计。由于生产方式的转变和村庄的变迁，鄂伦春民族从传统的狩猎中得到的自主意识和社会认同感逐渐消失，随之而来的是个人主义与集体利益在集体经济中“较量”，久而久之，个人对于集体经济的贡献程度仍然较低，集体经济发展始终缓慢又制约了猎民的收入增长。鄂伦春族猎民村仅仅依靠集体经济的项目带动，是远远不足使猎民村加速发展的，鄂伦春族猎民，对于国家低保和城镇低保的依赖性，可以说等同于靠天吃饭、旱涝保收的传统种植收入。而国家对于鄂伦春猎民的特殊扶持，在一定程度上补偿了猎民自禁猎转产后“不会种地、不会养殖”的损失，但从长远来看，对于整个鄂伦春民族和中国大部分贫困人群来说，并不利于中国少数民族地区村庄的总体发展。

（三）文化沉淀：“挣扎”的鄂伦春族

鄂伦春族村庄的变迁，使得鄂伦春族传统文化逐渐沉淀，鄂伦春族的精神也“挣扎”在存在与虚无之间，鄂伦春民族的人生观、价值观逐渐被“文化无意识”（布迪厄，《一种艺术的方法》，1965）所解构。猎民村还是依靠基层组织治理，由于猎民村经济发展缓慢和猎民收入较低，同时由于村庄基础设施落后、社区娱乐活动缺少，使得这种传统的村庄治理方式仍然以政治管理和经济发展为重要内容，村民自治和村庄文化的缺失对于鄂伦春族整体发展造成了一定影响。鄂伦春族传统的文化随着老猎人的逝世也入土尘封，但不安的仍是猎民的空虚和寂寞孤独。自从1996年弃猎从耕后，猎民村开始从事农牧业生产。其中，40岁以上的猎民对原来的狩猎技术掌握得较好，青少年没从事过狩猎活动，猎民教育水平不等。大部分猎民的生活内容及其单调和乏味，除了看电视和喝大酒外，别无他求。鄂伦春村庄的变迁，使鄂伦春族猎民的生活水平得到了明显改善，但由于疾病、生活习俗、饮食习惯等各个方面的原因，鄂伦春妇女大多都有疾病在身，劳动能力极低或者没有劳动能力，鄂伦春妇女一部分在家吃低保，其地位却相对较高。主要有两个原因：其一，随着传统狩猎经济的隐退，鄂伦春男子的地位不再那么高，鄂伦春族传统的父系氏族统治地位也随着降低，隐性的母系氏族地位重新占据主导；其二，随着人口流动和婚姻制度的变迁，猎民村的团结户中，相对于异族男子而言，进入一个鄂伦春族家庭或者村庄，要想树立威信和拥有较高的地位，是很困难的，即使在社会文明高度发达的今天，中国少数民族地区根深蒂固的民族传统思想仍然留有遗存。

（四）村庄迷失：“逆向性”的城镇化

自20世纪80年代开始的城镇化，从中国的城市到农村蔓延开来，不仅体现在城镇体系的空间组合趋于合理；在功能上表现为形成相互渗透、相互补充的城乡格局；在人口上反映出农村人口向城镇人口迁徙和增加的特点；在劳动分工上体现出劳动者从第一产业向第二、第三产业流动的分工趋势。但从鄂伦春族猎民村的变迁来看，其城镇化的进程是一种由“自上而下”的“推力”来推动和完成的，而对城镇化带来的影响却微乎其微，主要包含以下几个方面的内容：第一，猎民村的形成是基于政府“自上而下”的“撤乡并镇”，这种靠行政区划的变动引起乌鲁布铁镇人口的增加及其经济总量上的相对增加，并非真正意义上的“农转非”；第二，由于猎民村外出打工的人数较少（三个猎民村 2007 年外出到大连打工人数共计 15 人），劳动力转移仅仅是同一区域内，不同村庄之间或者不同村庄、不同产业的流动，中国城乡二元结构的户籍限制对于鄂伦春民族村庄基本没有影响；第三，城镇化打出的口号是“加快工业化进程，大力发展非农经济”，而三个猎民村所在的乌鲁布铁镇却没有工业发展，或者说工业化才刚刚起步，从事第二、第三产业的猎民少之又少，这种既没有工业支撑项目，也没有发展工业基础的猎区乡镇，还要提倡走“城镇工业化道路”的空想不由得让我们更加的怀疑。总的来说，城镇化大潮下的鄂伦春民族村庄，其发展方向和发展轨迹都与之前的城镇化设定有较大偏离。在一定程度上，城镇化在一个相对封闭的社区内，形成了一种单线程的“逆向性”城镇化色彩，也可以界定为“城镇逆向性”。

五、鄂伦春民族村庄的未来

党的“十七大”报告指出：“走中国特色城镇化道路，按照统筹城乡、布局合理、节约土地、功能完善、以大带小的原则，促进大中小城市和小城镇协调发展。以增强综合承载能力为重点，以特大城市为依托，形成辐射作用大的城市群，培育新的经济增长极”。城镇化作为当代经济发展的核心增长极，尤其是作为促进欠发达地区经济发展的主要手段，已经得到世界各国的普遍认可。新时期鄂伦春民族村庄发展的成功与否，主要取决于村庄发展模式的选择。一方面要重新定位城镇化进程中民族村庄的发展方向和发展目标，另一方面必须坚持“因地制宜、循序渐进、突出特色、跨越发展”的发展原则，以此探索社会主义新农村建设在鄂伦春民族村庄的发展新模式。

（一）坚持生态经济发展方向，实现生态、村庄、经济的耦合

绿色经济、循环经济和生态经济都是 20 世纪后半期产生的新的经济思想，是人类面对资源危机、环境污染、生态破坏日益严重等问题自我反省与改进，是对人类和自然关系的重新认识和总结。但就目前鄂伦春民族村庄的经济发展和生态环境保护技术等方面的制约因素来看，绿色经济是短期方向，循环经济是中长期方向，生态经济是长远方向，实现生态环境、村庄与经济发展的耦合，是鄂伦春民族村庄社会经济可持续发展的最优选择。鄂伦春民族村庄既需要快速推进城镇化进程，又要最大限度地节约资源和保护环

境，可持续发展是城镇化发展的方向，发展生态经济是实现鄂伦春民族村庄美好未来的根本途径。对于乌鲁布铁镇及其所辖猎民村而言，工业项目的缺乏，可以说是鄂伦春民族村庄的“大幸”，要实现社会主义新农村、新猎村，朝着小康社会目标前进，构建和谐社会的重要基础就是经济的可持续发展。近几年来，乌鲁布铁镇自然灾害频发，生态环境恶化，给猎民村经济发展和猎民生活带来了一定影响。以生态经济为发展方向，就是贫困落后的鄂伦春民族村庄跨越式发展的根本途径。一方面要依托当地生态资源优势，加快当地绿色经济建设步伐，建设以循环经济为核心的生态经济体系。发展生态农业，培育无公害、绿色、有机食品等新兴特色农业，坚持农业的生态化发展的基础地位；另一方面，猎民村要利用当地生态环境和资源优势，依托现有特色产业和集体经济项目，开拓生态消费市场，打响“绿色、健康、安全、放心”的生态品牌，为当地经济的可持续发展提供必要的保障。

（二）树立“大村庄”发展目标，实现村庄经济共同体转型

随着社会变迁、转型的不断加快，村庄的规模和结构均发生着巨大变化，传统的鄂伦春族自然村庄的萎缩乃至消失将成为历史的必然，因此，树立“大村庄”的发展目标，实现村庄经济共同体转型是鄂伦春族猎民村社会经济发展的必要条件。特别是乌鲁布铁猎民村和讷尔克气猎民村的合并更能说明这一切，将于2008年年底建成的乌—讷猎民住宅楼，附属设施包括500平方米的民族手工业加工厂以及100平方米的民族文化展厅。乌—讷猎民村合并后修建的猎民小区，一方面有条件集中精力完善基础设施配套，在腾出来的空闲土地上发展和引进新项目；另一方面也有利于提高猎民村规模化和专业化经营，土地的集约利用率显著提高。同时，相对集中的猎民住宅楼，更有利于实现猎民村管理，消除城乡二元结构。鄂伦春民族有着丰富的民族文化资源，桦树皮制品因原料采集受限而趋于衰退，而兽皮制品的开发将有助于拉动猎民村新的产业发展。乌—讷猎民村有部分猎民精通传统手工艺，而朝阳猎民村目前正大力发展狍子、鹿业、野猪等特色养殖业，通过资金、资源、技术和人力的优势互补和优势整合，三个猎民村大力发展民族传统手工业，通过与朝阳猎民村民俗旅游业的深度结合而形成新的供求关系，将有利于形成传统手工艺的产业化、规模化、市场化发展模式，加快猎民村不同产业之间劳动力流动，共同促进三个猎民村及该地区经济社会的协调发展。此外，要做好均衡性规划和合理布局，利用乌—讷猎民村在乌鲁布铁镇

镇区的区位优势以及朝阳猎民村经济发展优势，确立中心猎民村庄或次中心猎民村地位，完善镇区辐射梯次带动功能，在基础设施上共享，职能上合理分工，发展目标上各有侧重，从而构成乌鲁布铁镇区建设的基本网络。

（三）推进村庄秩序与文化重建，推行社区生态化管理模式

与中国的农村相比，少数民族地区村庄的特征深深地植根于该地区主体民族的经济、社会和法制形态中，而文化作为民族实体以及个体最明显的特质，其演进和变迁要远远滞后于少数民族经济、社会和法制的转型进度。可以说，鄂伦春民族村庄正处于“村庄作为农民社区的转型——从传统农业社区开始转向城乡社区衔接带的弱质端。”① 但就目前鄂伦春民族村庄经济社会发展进程来看，主要以发展经济和增加猎民收入为主要内容。从长远来看，与高速发展的城市经济和农村经济相比，猎民村经济、社会发展的速度和规模仍将十分有限。在猎民村长期相对落后的前提下，要注重重建和培育猎民村社会的内源性活力，而不是任由其慢性衰败，以至于出现新的城乡结构型社会断裂。基于此，鄂伦春民族村庄“必须依靠稳定而有活力的村庄秩序，在经济发展的同时，重视村庄的社会和谐与文化建设”②，从居住环境、人际和谐、邻里互助、社会风俗、精神文明等方面，重塑鄂伦春民族在狩猎中形成的“自然和谐、英勇无畏”的精神风貌。同时，在社区生活中开展和发动猎民参与、体验式活动，寻求到生活的意义、生命的价值，形成村庄社区归属感、村庄文化认同感。实行社区生态化管理，是实现鄂伦春民族村庄经济社会可持续发展的重要保障。要依靠生态移民工程和易地扶贫工程的发展契机，借助即将竣工的猎民住宅楼，不仅要做好村庄绿化基础设施建设，还要提倡社区生态化管理模式，培养从基层组织到猎民社区，从基层领导到猎民群众的生态意识、节俭意识和理性管理方式，推动鄂伦春民族村庄由猎民自治迈入“社区化管理”，构建社会主义新猎村，为实现生态与经济的耦合发展提供有力保障。

① 毛丹：《村庄大转型》，《浙江社会科学》2008 年第 10 期。

② 谭同学：《村庄秩序、文化重建与现代化类型》，《东岳论丛》2006 年 3 月第 27 卷第 2 期。

六、小结

鄂伦春民族村庄的嬗变，仅仅是中国一个少数民族村庄的演进与变迁，和中国农村的改革一样，鄂伦春民族村庄的社会、经济、文化也品尝过幸福和苦涩，但却在中国30年的农村改革大潮中渐渐趋同和沉寂。即将到来的2009年，和中国其他少数民族村庄一样，共同要面对来自以美国为首的资本主义金融危机的冲击，但却充满了更大的机遇与挑战。历史的脚步依然前行，中国转型背景下的教育、法制、民主、医疗、社会保障等各方面的不断完善，会依然惠顾于鄂伦春民族地区，鄂伦春族猎民的社会地位和素质技能会提高更快，鄂伦春民族村庄的未来会更加充满期待。

克什克腾旗生态旅游可持续发展研究

杜广琴　高　云　梁　杰　任丽华　段　娅　何　成

随着经济的增长、科学技术的发展和社会的进步，在人们生活水平日益提高的同时，人们的生活环境和生活质量却面临下降的威胁，广大旅游者对回归大自然、欣赏大自然美景、享受原野风光和自然地域文化的需求与日俱增；而另一方面，却面临着许多旅游区不同程度地遭受到污染和破坏的被动局面，有些旅游区的环境和生态污染十分严重，影响了旅游业的进一步发展。如何使旅游业的增长与环境保护协调发展，既发展旅游业，又保护好自然生态环境，既开发旅游资源，又保证可持续利用，诸如此类的问题迫切需要寻求新的解决方法和应对措施。

为此，杜广琴、梁杰等5名同学组成的调研队，到具有丰富生态资源的克什克腾旗调研该旗发展生态旅游的政策、措施及在开发中存在的问题，经过6天的调研，通过与政府官员座谈、走访景区游客与居民等多种形式搜集资料，以期为克什克腾旗生态旅游发展提供一些思路。

一、克什克腾旗生态旅游资源简述

克什克腾旗地处内蒙古高原与大兴安岭南端山地好燕山余脉七老图山的交汇地带，其自然生态旅游资源十分丰富。独特的自然资源集草原、森林、湖泊、温泉、石林、岩臼、沙地、湿地为一体，类型多样，组合性强，使克什克腾旗素有“塞上金三角”、“内蒙古缩影”、“内蒙古百宝箱”之美誉。现有国家级自然保护区2处（达里诺尔和白音敖包沙地云杉）、国家级森林公园2处（黄岗梁和桦木沟）、世界级地质公园1处（8大园区：阿斯哈图石林、青山岩臼、黄岗梁四纪冰川遗迹、西拉沐沦大峡谷、热水温泉、达里诺尔火山群、浑善达克沙地）、国家风景名胜区2处（乌兰布统和阿斯哈图石林）、国际狩猎场1处（黄岗梁）。

不仅如此，克什克腾旗还具有原生态的民族文化和丰富厚重的历史文化资源。在夏与前商时期克什克腾旗就是商族先民的聚居地，先后有东胡、乌桓、鲜卑、契丹、蒙古、汉等民族居住在这块土地上繁衍生息，共同创造了北方发达的古代文明。考古发掘的出土文物多属“红山文化”与“夏家店文化”。“克什克腾”即“亲兵”、“卫队”之意，顺治九年（1652 年）建置，迄今已有350 年历史。克什克腾旗拥有国家重点文物保护单位2 处（应昌路和金边堡）。

目前克什克腾旗著名的贡格尔草原、达里诺尔湖、沙地云杉、黄岗梁林海、热水温泉、阿斯哈图石林、大青山冰臼群、百岔岩画、乌兰布统古战场和淳朴的民族风情及珍贵的名胜古迹，构成了独具特色的草原生态、地质旅游景观。

二、克什克腾旗生态旅游现状及经营管理情况

（一）生态旅游的概念

“生态旅游”这一术语，最早由世界自然保护联盟（IUCN）于1983 年提出。1993 年国际生态旅游协会将其定义为：具有保护自然环境和维护当地人民生活双重责任的旅游活动。生态旅游的内涵重点强调的是对自然景观的保护，是可持续发展的旅游。“生态旅游”不仅是指在旅游过程中欣赏美丽的景色，更强调的是一种行为和思维方式，即保护性的旅游。不破坏生态、认识生态、保护生态、达到永久的和谐，是一种层次性的渐进行为。生态旅游以旅游促进生态保护，以生态保护促进旅游，准确点说就是有目的地前往自然地区了解环境的文化和自然历史，它不会破坏自然，还会使当地从保护自然资源中得到经济收益。生态旅游是绿色旅游，以保护自然环境和生物的多样性，维持资源利用的可持续发展为目标。它强调以一颗平常心尊崇自然的异质性，把自然作为有个性的独立生命来看待。参加生态旅游的人们在欣赏自然美色的同时，要注意不以个人一己意志强加于自然和其他生命，如见到野兽不要去打扰，更不可去捕捉，学会静观默察、敬天惜物，认真听取周围的天籁之声，并通过摄影、写生、观鸟、自然探究等活动，充分感悟和审美自然。

“生态旅游”概念一经提出之后，世界上很多组织和研究者都从不同的角度对生态旅游进行了界定，至今尚未有一个统一认可的定义，对生态旅游的内涵也众说纷纭。虽然，2002 年被世界旅游组织定义为生态旅游年，并要求各会员组织相关的生态旅游活动，但只是一个口号，并没有在普通旅游

人群中获得认可。不过，随着政府《全国生态保护“十一五”规划》的发布，关于生态旅游的目标已得到了党中央、国务院和各部委基本的认同：生态旅游应该保护自然资源和生物的多样性，维持资源利用的可持续性，实现旅游业的可持续发展。为了更好地实现这一目标，生态旅游应该促进地方经济的发展，唯有经济发展之后才能真正切实地重视和保护自然；同时，生态旅游还应该突出对旅游者的环境教育意义，生态旅游的经营管理者也更应该重视和保护自然。

在召开的世界生态旅游峰会上，世界旅游组织秘书长弗朗加利在致词中指出：“生态旅游及其可持续发展肩负着三个方面的迫在眉睫的使命：经济方面要刺激经济活力、减少贫困；社会方面要为最弱势人群创造就业岗位；环境方面要为保护自然和文化资源提供必要的财力。生态旅游的所有参与者都必须为这三个重要的目标齐心协力的工作。”因此，全国各地以自己独特的自然生态资源禀赋，争先发展生态旅游，克什克腾旗也不失时机地利用区内丰富的原生态资源，大力开发生态旅游，努力打造新的经济增长点。

（二）克什克腾旗生态旅游开发现状

克什克腾旗生态旅游业起步于21世纪初，近年来克什克腾旗把旅游业作为优势主导产业，根据区内的生态资源特点，坚持发展特色旅游战略，主打草原生态、世界地质公园、民族传统文化三大旅游品牌。景区建设形成一定规模，已建成以达里湖为中心的贡格尔草原风情旅游、以热水塘为中心的温泉康乐疗养度假旅游、以乌兰布统古战场为中心的草原生态旅游、以青山岩臼园区为中心的古地质遗迹和历史文化旅游、以经棚为中心的西拉沐沦旅游五大旅游景区，形成以世界地质公园地质地貌、沙地云杉、达里湖、黄岗梁国家森林公园及国际狩猎场、贡格尔草原、乌兰布统坝上草原、西拉沐沦河、桦木沟森林风光、热水塘神泉、蒙古族游牧文化等12大景观，现有A级景区3家；旅游公路网络化格局基本建成，修通连接十大景区的旅游公路500多公里。饭店、旅行社等接待服务设施初具规模，拥有涉外宾馆6家，其中星级宾馆3家，旅游企业130多家，接待床位达到14000张。2000年以来，游客数量和收入以每年20%以上的速度增长，旅游业占第三产业的比重已经超过了50%。旅游业在扩大克什克腾旗知名度、促进就业、增加群众收入、促进第三产业发展方面，起到了不可替代的作用。

（三）克什克腾旗生态旅游业经营管理现状

1. 旅游行政管理

在旅游行政管理方面，克什克腾旗政府全盘规划，统筹安排，成立了旅游事业管理委员会。该委员会是综合性的旅游管理协调机构，其职能是加强对旅游工作的指导，组织研究和制定有关旅游业发展的方针政策，审核发展规划，并对重大的旅游发展问题进行协调。旗旅游事业管理委员会下设办公室，具体组织落实旅游事业管理委员会的各项任务。

旗旅游局是旗旅游行政主管部门，履行行业管理职责，负责全旗旅游行业管理工作。根据国家、内蒙古自治区有关法律法规，加强依法行政，建立旅游执法队伍，强化旅游质量监督管理职能，加强行业管理，拓展旅游市场，为保障旅游企业和旅游消费者的合法权益提供服务，推动旅游业健康发展。根据《克什克腾旗旅游管理办法》（2005.6.24）的规定，旅游行政主管部门还具有以下一些职责：一是对全旗旅游景区（点）、旅游宾馆（饭店）、旅行社、旅游商品生产厂家及旅游纪念品商店等旅游企业每年按一定比例收取旅游发展基金，旅游发展基金主要用于对克什克腾旗旅游资源的普查、旅游产品促销、旅游咨询及公益性旅游基础设施建设等，树立克什克腾旗旅游品牌；二是拟定国际、国内旅游市场开发战略并指导实施，组织和协调整体旅游形象的对外宣传、重大促销活动和大型旅游活动，向国内外旅游者和旅游经营者提供相关信息、咨询和服务指南，推荐精选旅游线路，组织和指导重要旅游产品开发；三是组织和指导旅游教育、培训工作，不断提高旅游从业人员的素质，督促和指导旅游经营者改善服务设施和游览条件，提高服务质量；四是会同有关管理部门，按照总体规划所确定的布局原则，编制旅游业发展规划，报旗人民政府批准后组织实施；五是审核新建、改（扩）建宾馆（饭店）、旅游景区（点）、大型游乐场等旅游项目的旅游建设规划，报旗里由管理委员会审批，颁发《旅游经营许可证》；六是会同有关管理部门，对旅游资源进行普查和评估，建立旅游资源档案，指导重点旅游区域的资源保护和开发建设。旗旅游局根据自身职责或受上级旅游行政部门授权，负责检查全旗旅游行业各项制度的落实情况，并对检查结果做出相应的处理决定。

2. 景区经营管理体制——以达里湖景区为例

（1）景区基本情况

达里湖景区原为渔场，是国有企业，后在1986年设立了达里诺尔自然保护区，1996年晋升为自治区级自然保护区，1997年12月，经国务院批准晋升为国家级自然保护区，设有管理局，克什克腾旗直管，为准处级事业单位。人员编制为20人，属全额财政拨款。设有办公室、资源保护科、公安派出所等职能部门。另外保护区还下设达里诺尔渔场、生态旅游公司。

达里诺尔自然保护区地处内蒙古高原，是一个以保护珍稀鸟类及其赖以生存的湖泊、河流、沼泽型湿地、草原、林地等多样的生态系统和火山遗迹为主的综合性自然保护区。保护区总面积为119413公顷，其中核心区有5个，面积为1414公顷；3个缓冲区，面积为6508公顷；实验区的面积为111491公顷。

达里诺尔旅游业起步于1996年。现在保护区内已有旅游景点7处，旅游从业人员500余人，有床位1000多张，年接待15万人次，已具备一定的旅游接待能力。2000年成立了达里诺尔生态旅游公司，它是由渔场职工发起成立的股份制公司，负责开展餐饮、住宿、海上游乐等诸多项目。2006年达里诺尔生态旅游区被水利部评定为国家级水利风景区，被国家旅游局晋评为AAA级景区。

（2）经营管理体制

在景区行政管理体制上，达里诺尔自然保护区管理委员会是最高的权力机构，授权统一管理保护区内的各项事务。达里渔场、生态旅游公司是保护区管理处管辖的下属企业，企业的开发和经营活动必须服从于保护区的整体规划和要求。

在旅游行业管理方面，保护区管理局负责旅游业的管理，内设专门的生态旅游公司。保护区管理局机构设置如下：局长1人，副局长2人；办公室3人，负责财务人事后勤工作。综合管理科3人，负责计划、宣传教育等。科研监测4人，负责科研、生态监测。公安派出所5人，负责治安保卫。生态旅游公司20人，10名管理人员，10名导游人员。同时分别成立了卫生、消防、安全、客房、餐饮、娱乐等领导小组，小组成员由保护区内工作人员兼职。

在旅游市场管理方面，旅游区建立了专职旅游市场管理队伍，制定旅游市场管理规章制度和岗位责任制。如达里诺尔景区投诉处理制度、旅游安全管理暂行办法实施细则、旅游公司工作制度、旅游突发事件应急预案等。在旅游质量与旅游投诉管理方面，设有面向公众的旅游咨询和投诉电话，专人值守。

在资源及环境管理方面，首先是对保护区进行分级，根据保护区的生态环境现状，将保护区划分为三级。一级保护区：主要是达里湖、岗更湖、多伦湖及周边湿地、沙地范围及天鹅湖生态观光区。保护措施：一切建设活动都应小心谨慎，禁止修建有损于自然环境和对鱼类、鸟类生存构成威胁的人工设施。观鸟等活动的组织一律由地上转入地下。二级保护区：包括旅游接待服务区、沙地疏林自助探险区，岗更湖高端别墅区、应昌路元文化遗址、曼陀山水上休闲娱乐区及周边。保护措施：禁止修建与景区无直接关系的设施，严禁破坏草原、植被、自然地貌和地形，保护水系、植被和视线范围内的天际轮廓线。区内车辆及娱乐设施应严格控制对空气污染。三级保护区：在一级和二级保护区外围延伸 1000—2000 的区域范围。保护措施：对本区域的生态环境进行培育和保护，实行局部地域封原育草，不许出现影响景区的建筑、设施，不许有污水、噪音、异味等污染。

三、生态旅游对当地发展的影响

（一）生态旅游发展的经济效应

克什克腾旗素有“物华天宝、人杰地灵、草原明珠”之誉，矿产资源丰富，其中已探明较大矿藏有三处。目前已发现金属和非金属矿 38 种，矿床、矿点、矿化点 210 余处。多年来，克什克腾旗一直是以矿产能源工业为旗财政收入的主要来源，产业结构单一，后劲不足。自 1997 年旗政府提出“旅游活旗”发展战略以来，旅游资源开发迅速，拉动了第三产业的蓬勃发展。2000 年以来，游客数量以 20% 的数量增长，旅游业占第三产业的比重已经达到 50% 以上。旅游业快速发展在促进就业、增加群众收入、加快经济结构转型方面，起到了不可替代的作用。2003—2007 年克什克腾旗生态旅游接待人次和旅游收入统计见下表：

表 1　　2003—2007 年克什克腾旗生态旅游接待人次、旅游收入

年度	2003	2004	2005	2006	2007
旅游人次（万人）	67.6	85.2	105.8	129.6	135.8
旅游收入（亿元）	1.9	2.51	3.17	3.8	4.2

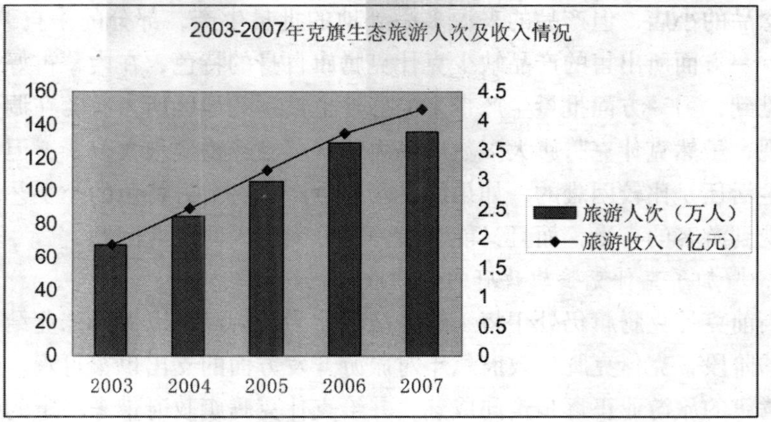

图 1　生态旅游人次及收入情况

由表 1、图 1 可见，2003 至 2007 年间来克什克腾旗旅游的人次和旅游的收入呈直线上升趋势，今后随着旅游规划的不断完善及开发银行旅游贷款的到位，克什克腾旗生态旅游势必不断完善和发展，在增加财政收入、提高当地居民生活水平及推动第三产业发展方面起到重要作用。

1. 促进第三产业发展，推动经济可持续增长

生态旅游业属于产业结构中的第三产业也即服务业的内容，当前全国第三产业的平均比重为 46%，而克什克腾旗 2006 年三次产业结构比为 25∶50∶25，2007 年为 19∶62∶19。这样的产业结构不利于经济的可持续发展，因为近年来克什克腾旗以矿业为主的工业产业逐步得到开发，这样的产业结构一方面具有普遍性，另一方面也会影响地区经济的可持续发展，因为矿产资源是有限的，只有充分利用克什克腾旗得天独厚的旅游资源，并将旅游资源转化为旅游产品才能实现生态和经济的可持续发展。而发展生态旅游业可以从住宿餐饮、商贸物流、交通运输、通讯等多方面推动第三产业的发展。以住宿为例，克什克腾旗现有的接待能力已经超过了每日 14000 人次，普通三星级宾馆标间的价格在 220 元左右，这个水平大大超过了全国其他县级城市的平均水平。旅游业的发展成了宾馆业发展的动力，而且随着克什克腾旗生态旅游开发的逐步完善，克什克腾旗的宾馆业在服务质量和档次上也会逐步提高。

生态旅游的发展不仅可以促进传统第三产业的相关行业的发展，还会不断促使当地服务项目的发展。举例来讲，现在克什克腾旗也有不少出售手工

艺纪念品的小店，但产品的来源多是外地的批量生产，部分的来自蒙古国。这样，一方面所出售的产品缺少克什克腾旗自身的特色，在内蒙古好多地方都能见到，另一方面批量生产带来的好处也被别的地区所占有。在调研中我们发现，虽然克什克腾旗大多数居民生活状况已经得到很大改善，但部分居民的生活还是比较困难的，如果能在当地生产具有地方特色的小工艺品，不仅会受到游客的喜爱，而且又能解决一部分当地人的就业问题。

2. 增加了克什克腾旗政府的财政收入

当前克什克腾旗仍处于将工业经济转化为旅游经济以促进产业结构升级转化的阶段，克什克腾旗政府每年对旅游开发方面的支出也很可观。但是克什克腾旗的旅游业正逐步走向成熟，并给克什克腾旗政府带来一定的财政收入。2007 年克什克腾旗旅游税收入库资金 1200 万元，按现有发展水平测算到 2015—2020 年旅游综合收入达到 30 亿元，旅游业税收达 8850 万元，旅游收入占财政收入的比例可以达到 1.71%。

3. 提高了旅游区农牧民的收入

目前，克什克腾旗几乎每个旅游区都有牧民家经营的项目。在乌兰布统小红山子村的调研结果显示，该村几乎所有的人家都在经营牧家乐项目，虽然规模不一，但几乎家家都有客人。有些已经初具规模，每天可容纳上百人住宿，同时，牧家乐以具有当地特色的餐饮和民族歌舞以及篝火晚会吸引了大量游客。在这些牧家乐的经营者中，有些家庭每年收入可以高达 50 万以上。牧民发展农家乐、牧家乐、林家乐、牵马、射箭等娱乐项目的创收，使他们的生活水平、生活质量得到改善和提高。快速发展的旅游业，为当地农牧民带来无限商机。据当地有关部门统计，全旗已有农牧民投资的旅游企业、旅游点近 60 家。乌兰布统开发区的负责人介绍说，“开发区的农牧民仅在旅游季节出租马匹的收入人均就在 4000—8000 元之间。旅游业的发展不仅扩大了克什克腾旗的知名度，也成了农牧民增收的有效途径。此外，在旅游区开发建设的过程中，也为很多当地的居民解决了就业问题。旅游业的发展，起到了真正的“富民”作用。

（二）生态旅游发展的社会效应

1. 加快了本地居民的思想观念的更新

生态旅游本身就是一种强调欣赏美丽的景色，了解当地历史文化，同时保护本地原生态自然与人文环境的一种行为和思维方式。克什克腾旗旅游资源丰富，处处是美景，著名旅游学专家魏小安考察完克什克腾旗后曾说：克什克腾旗本身就是一个大景区，在克什克腾旗“游即走，走即游”。因此政府进行生态旅游的开发、外地游客的纷至沓来，打开了当地人闭塞的眼界，促进了居民思想观念的变化，提高了人们的开放意识及文明程度，尤其是对于居住于偏远地区的人们更是如此。

2. 促进了本地居民就业方式的转变

克什克腾旗一直以来是一个畜牧业大旗，上世纪90年代以前80%人口从事农牧业，乡村劳动力大量过剩，90年代各种矿产工业的发展吸收了部分劳动力，90年代末，在旗政府大力发展生态旅游的战略下为本地居民创造了大量的就业机会。据统计，2000年，克什克腾旗总人口为24.7万，农牧从业人口194870人，占全旗人口的77.7%，而随着近两年旅游及相关产业的迅猛发展，创造了大量的就业机会，截止到2007年，克什克腾旗生态旅游业直接和间接从业人员累计达到3万人，有利地吸纳了农村剩余劳动力。发展生态旅游通过拓宽本地居民的就业渠道，不仅使乡村居民收入大幅增长，缩小了城乡收入差距，而且为经济结构的转型，为社会主义新农村及城市化的发展奠定了有利条件。

（三）生态旅游发展的文化效应

1. 增进了本民族传统文化的继承与发扬

风光秀美、物产丰饶的克什克腾旗，有着悠久的历史和灿烂的文化。夏与前商时期是商族先民的聚居地，先后有东胡、乌桓、鲜卑、契丹、蒙古、汉等民族居住在这块土地上，繁衍生息，共同创造了北方发达的古代文明。而今，克什克腾旗辖区现有人口24.7万人，是一个以蒙古族为主体，汉族居多数，回、满、壮、朝鲜、达斡尔等多民族聚居的地区。蒙古民族是一个历史悠久的民族，广阔的大草原赋予了蒙古民族奇迹般的历史舞台和多姿多彩的草原游牧文化。在近千年的历史进程中，勤劳智慧的蒙古族人民遗留下丰富的民族文化遗产。因此，在生态旅游开发中，草原文化旅游、古代战场游等品牌都是很珍贵的资源。旗政府在旅游资源开发中，重视文化品牌的打造，先后开发了古战场游（康熙大战葛尔丹的地点）、金长城（现存的唯一一段金代建筑的长城）、金边堡、草原歌舞风情等多种民族文化品牌。历史文化遗迹、民族文化品牌的开发不仅可以保护传统的民族历史，同时也有助于发扬本民族优秀的文化传统。

2. 加快了现代新文化理念的吸纳

外地游客的旅游观光，带来了新的文化理念和习惯。大量外来游客在旅游过程中不断与当地居民接触，逐渐以其文化理念影响着本地人；游客的不同生活习惯也要求在旅游开发中注意大众文化项目的开发，不仅应大打民族特色品牌，同时也应该开发当今现代流行的文化旅游品牌。克什克腾旗在这方面也积极准备，因地制宜大力发展现代化的休闲旅游品种。例如，发展森林、温泉生态休闲旅游品牌，依托两个国家级森林公园和丰富的温泉资源优势，以休闲度假和温泉疗养为重点，规划建设森林和温泉休闲场所，形成克什克腾旗独具特色的休闲度假旅游品牌。生态旅游的开发带来了外面先进的文化理念，促进了本地社会文化的发展。

（四）生态旅游的环境资源保护效应

1. 加快了旅游资源开发中的环境保护

克什克腾旗生态旅游资源丰富，且多为原生态的自然生态资源，独特的自然资源及草原、森林、湖泊、温泉、石林、岩臼、沙地、湿地为一体，类型多样，组合性强，克什克腾旗的旅游资源种类之全，在内蒙古，甚至是全国都不多见。由于该旗的特殊地理位置、气候条件、地质结构等，决定了克什克腾的生态环境的脆弱性，一旦破坏极难恢复。在旅游开发过程中，不论是道路的修建还是各种景区配套设施的建设都有破坏生态环境的可能性，这就要求政府在开发旅游的过程中，要开发与保护并重，通过合理的规划，科学的施工，保护自然环境。为此，克什克腾旗政府采取各种各样的措施来建设、保护生态环境。首先，克什克腾旗自从1998年确立“生态立旗”发展战略以来，根据地区实际，制定出台了《全旗生态保护与建设规划》等一系列的政策法规，将全旗划分为高寒漫甸区、沙区、山丘区和草原区四个生态类型区。按照条块结合、分区治理、重点攻坚的思路，大范围地展开了生态环境的保护与建设。其次，利用国家政策投资创新生态建设机制，加快生态建设步伐。抓住西部大开发的有利时机，加强京津风沙治理、退耕还林、禁牧舍饲等生态建设项目的实施和管理，把生态建设项目和资金适当向经济效益较高的治理区和建设区倾斜。再次，治理与保护并重，生态与经济并举，走可持续发展之旅。对公益林采取封禁措施；水土流失严重的石质山区以封山育林育草为主；退化、沙化草原，采取围牧、轮牧、人工种草等措施。通过加强对自然资源的保护，避免在旅游资源开发中对生态环境产生负面影响。

2. 提高了旅游经营中对环境保护的意识

环境是生态旅游发展的基础，一旦环境遭到破坏，生态旅游的基础也就没有了，发展的优势就丧失了。随着旅游的开发，大量游客的到来，必然会对当地的生态产生一定的压力。我们在调研中通过调查问卷分别调查了当地居民和游客的环保意识及对景区的保护态度，结果显示，80% 游客的环保意识很强，在旅游中注意自己的行为，时时刻刻注意保持景观的生态环境；而相对于当地居民只有 45% 的人有这种意识；草原人们的保护意识相对高，有 78%；而其他一些生态景观居民则低些，仅有 55%。因此，当地居民，尤其是在涉及旅游相关产业中的居民的环保意识对原生态环境保护的影响最大。受传统观念影响，农牧民在旅游经营中主要是看经济收入，生态意识不是太高。有些地方生态遭受严重破坏，禁止放牧，需要村民搬迁，以恢复生态。但是很多农牧民都不愿意搬迁，不愿离开自己的土地。因此，政府应积极引导本地居民，增强环境保护意识，实现生态旅游的可持续发展。

四、当前制约克什克腾旗生态旅游发展的因素

（一）生态资源环境的退化

近年来，由于持续干旱、管护难、无序开发与草畜矛盾突出等原因，旅游资源尤其是草原生态资源遭到了破坏，在我们去调查的达里湖、乌兰布统等重点景区都面临着严重的生态问题。由于持续干旱和农牧业生产的影响，达里诺尔自然保护区内 80% 的草牧场出现了不同程度的退化现象。达里湖水面渐趋萎缩，含盐量增加到 0.527%，PH 值升高到 9.41，已对湖中水生生物构成严重威胁。达里湖最大的一条补给河——贡格尔河，2002 年以来已连续多年出现季节性断

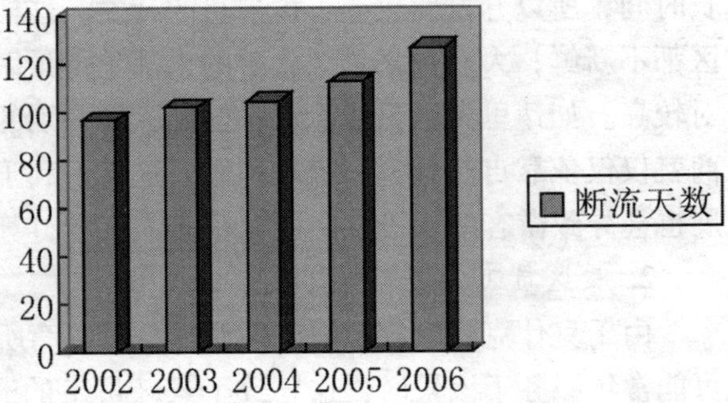

图 2　2002 – 2007 年贡格尔河断流天数

流，2007年断流天数最多，达127天。浑善达克沙地为达里湖地下水的主要补给水源，但由于气候干旱，地下水位平均下降了2—3米，造成湖水补水量明显减少。另外，随着降雨量减少、草原退化、林灌木面积减少、湿地面积锐减和地表覆盖度降低等，克什克腾旗境内各级河流的流量逐年减少，有些河流已成为洪水河道和季节性河道，流域整体环境破坏严重，许多水利工程报废，水资源形势不容乐观。西拉沐沦河、滦河、内陆河三大水系源头湿地面积严重萎缩，水源供给不足，导致全旗水资源的可持续发展形势严峻。这些都对克什克腾旗生态旅游业的可持续发展构成严重挑战。

（二）季节性对当地生态旅游的制约

季节性对生态旅游的制约主要体现在两方面：一是投资商资金投入不积极，从而导致旅游产品的初级化，景区项目单调。二是由于旅游的季节性导致景区员工的短期性，不利于景区管理的规范化发展和服务质量的提高。

1. 资金投入不积极，景区项目单调

目前克什克腾旗旅游业的开发仍以初级产品为主，主要有观光、骑马等初级项目，所面临的市场也都是周边市场。旅游人群以内蒙古、河北、北京为主，相应的收入以门票收入为主。因为每年只有三个月的旅游旺季，所以不管是招商引资的企业还是股份制企业都不想在产品开发上支出经费。以大青山为例，原本开发商想在大青山建造一个世界最大的祭坛，项目施工后发现还要投入几千万，而以大青山每年5万人的客流量，收回这笔投资需要很长时间，所以开发商放弃了该项目的开发。这样的情况在克什克腾旗的各景区都不新鲜，大多数来景区旅游的人都觉得景区娱乐项目单一，门票收入相对较高。如达里湖区只能看水，坐船，没有别的水上项目。久而久之，投资商就仅仅依靠自然景观来赚取利润，这既不利于环境保护和生态的可持续发展也会导致游客的积极性降低，很多人表示打算再次来旅游的可能性不大。

2. 景区员工的短期性

由于克什克腾旗旅游季节性明显，投资商所聘用的景区内的工作人员不可能常年服务于该景区，这导致了景区员工的流动性很大。为了节约成本，很多景区内的导游也都是现用现招现培训，在这种情况下导游对该景区的文化历史并不是很了解，对有些问题的讲解也不能让游客满意。员工的短期性不利于景区管理的规范化发展，从而导致服务质量跟不上。

（三）道路交通对旅游业发展的影响

1. 可进入性不强

虽然在赤峰与克什克腾旗之间，以及克什克腾旗内部已经形成了比较完整的公路交通网，但是对于想来克什克腾旗的游客来说，仍面临着很多道路交通方面的问题。实际上，克什克腾旗生态旅游是有一定的区位优势的，克什克腾旗的乌兰布统景区是距离北京最近的大草原，但是，我们发现从北京来克什克腾旗却不是很方便。经棚镇距离赤峰300公里，只有赤峰有火车站，从赤峰返回北京的车票一是买起来不方便——整个克什克腾旗没有一家火车票售票点，克什克腾旗与赤峰火车站尚未形成联网售票。另一个很重要的因素是从赤峰到北京的火车票少得可怜，即使你从300公里外的克什克腾旗赶到赤峰也很难买到车票。如果采取公路交通，克什克腾旗也没有直达北京的大巴，必须绕道经过赤峰倒车才能到北京。尤其如果游客想从乌兰布统大草原返回北京，就要先向北到克什克腾旗，再从克什克腾旗到赤峰，然后才能坐上回北京的车，这样绕远的距离，已经超过了直接从乌兰布统回北京的距离，大大增加了交通时间和交通成本。有的游客听说去克什克腾旗旅游很麻烦就放弃了去的愿望，转而去了其他交通更便利的旅游区。

2. 各景点之间距离远，途中缺乏休息娱乐项目

克什克腾旗各景区之间的距离很远，少则100公里，多则200多公里。沿途走下来，中间几乎没有休息和娱乐的设施。虽然内蒙古大草原的辽阔会给游客带来新鲜感，但是几天下来游客也会非常疲乏。比如从经棚镇到达里湖区，有100多公里路，一路走下来到了那里已经相当疲惫了，到了北岸还是没有什么娱乐项目和设施，只是单纯的看水，再到南岸，如果选择公路交通又有30公里路要走，走到南岸看看南岸的芦苇荡，坐坐船，一天的时间就快结束了，这样游客就不能真正体会到旅游的乐趣。

（四）管理体制不顺畅

尽管成立了旗旅游事业管理委员会综合管理全旗旅游事业工作，但资源管理职能交叉，涉及土地、农牧业、草原监督、苏木乡镇等多个部门。行政管理多头，涉及地质公园管理委员会、旅游局和质量、卫生、工商等多个执法部门。如乌兰布统景区内由于涉及开发区政府、军马场、各类投资业主、农牧民等多种利益群体，造成了管理体制的不顺畅，景区生态、建设和管理

面临着很多问题。

（五）项目招商与当地牧民增收之间存在矛盾

目前克什克腾旗旅游项目的开发主要采取的是招商引资的方式进行的，招商引资方面克什克腾旗也仍然是粗放型的，在商业模式涉及方面还有待于提高。以乌兰布统的将军泡子为例，风景很美。但是整个景区显得比较乱，马棚不整洁，而且牵马人的休息区也相当简陋。另外还有一排出售礼品的小店和通往泡子的高台和栅栏，所有的设施就这么多。据当地居民介绍，投资商把这块地圈定后对在该景区内经营的当地居民收取的租金并不低。该景区的投资商来自四川，在这样的情况下，投资商并没有考虑对该地区的生态保护，仅仅从当地所有的自然资源中索取价值，这不利于资源环境的可持续发展，同样也不利于经济的可持续发展。对于当地牧民而言，也不能真正得到生态旅游带来的好处，不利于他们生态保护意识的增强和发展特色旅游产品积极性的发挥。

五、发展生态旅游的建议

（一）保护生态环境为先，开发利用第二

突出生态环境保护的重要性，树立大生态的理念。克什克腾旗旅游资源的丰富性、分散性和脆弱性，使其成为全旗整个生态环境系统中的重要组成部分，离开了全旗这个大的生态环境谈发展旅游业，是不现实的，也是片面的。应将全旗整个生态环境保护作为发展生态旅游业的基础。将旅游资源开发与保护作为生态旅游业的关键环节。克什克腾旗发展旅游业关键是解决好资源开发这一重要问题。资源开发的理念和模式直接关系到生态旅游业发展的基础和根本。无节制的、不合理的开发，不仅会使旅游业难以实现“生态”的发展目标，还会丧失可持续发展的基础。实现有序开发，就要高水平规划、高档次建设，避免无序开发和低档次建设对资源造成的破坏和基础设施的重复建设，减少后续拆迁补偿、生态治理等高昂代价。

以达里湖和乌兰布统景区为例，可以尝试通过以下途径解决保护与开发的问题。

达里湖景区应该在自然保护区的范围内对草原生态进一步实施有效保

护，尤其是面对达里湖水位日渐退缩的现实，需要从源头保护、区域治理等方面研究论证治理措施。由于达里自然保护区与达日罕乌拉苏木、达里镇在行政区划上有交叉隶属关系，而上述两个地区的农牧民草牧场人均占有量又相对较少，现阶段看，在保护区内实现全部禁牧的难度较大。建议对保护区内生态比较脆弱、最迫切需要保护的三个地区实行禁牧，一是岗更湖四、五号核心区及缓冲区，面积为2470公顷，此区域为珍稀鸟类繁殖区和亚洲重要湿地。二是浑善达克沙地，位于达日罕乌拉苏木境内，面积3044公顷。三是达里湖北岸靠近湖边水域，面积约为1万公顷。同时按照生活区适度集中原则，建议将达里湖北岸作为主生活区。南岸可充实娱乐项目，但应避免建设生活区。南岸距北岸陆路大约20公里，距曼陀山大约5公里，距离都不太远，建议将南岸生活区集中布局在北岸或曼陀山。

乌兰布统景区是以草牧场资源为基础的观光旅游区，应列入禁止开发的范围内。一是以乌兰布统开发区政府所在地作为游客集散中心和主生活区，景区内不设生活区；二是对景区内正在开发的项目，重新进行生态风险评估。对生态环境极易造成破坏的项目，能终止合同的要终止合同，不能终止合同的也要限制开发规模和提高生态保护标准，防止出现严重的生态后果；三是在该地区彻底实施禁牧闭耕措施。现在看，由于管护上的困难，休牧、轮牧、禁牧等措施都不能使该地区的草原生态得到彻底而有效的保护，反而呈现出进一步恶化的趋势。乌兰布统地区的草场性质为国有，这使禁牧闭耕成为可能。乌兰布统地区现有总人口5136人，其中常住人口4520人。有农牧民4400人，其中青壮年劳动力2850人。近年来，已有1800个农牧业人口季节性从事旅游业，人均年收入是4860元。随着该地区旅游业的快速发展，通过劳务输出、产业转移和给予生活补助，分阶段、分地域实现禁牧闭耕是可行的；四是调整乌兰布统旅游区的设卡收费的门票收费方式。从短期看这种收费方式增加了地方财政收入，但从长远看，却阻碍了旅游相关产业的发展。其中受影响最大的是餐饮服务业，宾馆入住率普遍不高，收入增长缓慢，制约了该地区相关产业的联动发展。建议取消统一收费制，改为景区小门票制。如果现在不改变这种收费方式，乌达线开通后，将阻碍河北地区的游客向克什克腾旗内深入。

加强行业管理，规范旅游经营户的行为。“农家乐”、“牧家乐”、“林家乐”等小旅游景点是农牧民参与旅游业发展、增加收入的重要途径之一。但现在小旅游景点呈“遍地开花”之势，不利于规范管理，对生态起到了很大的破坏作用。建议对此类景点分区集中规划，提高准入门槛，严格履行审批手续，合理布局。

（二）开发冬季旅游项目，延长克什克腾旗旅游期

当前克什克腾旗旅游产品以初级观光产品为主，观光旅游为粗放型的产业模式，链条短，消费层次低，结构不完善，形成了现阶段的“百日游”。要改变这种格局，就要开发冬季旅游项目，延长旅游时间，提高旅游收入。克什克腾旗并不缺乏冬季看点，比如热水镇的温泉，可以开发冬季温泉娱乐项目，再结合当地的蒙药，打造养生福地的品牌。目前北京周边也有很多温泉项目，热水镇的温泉资源比北京的好，但是开发不够，娱乐性不强。投资商应该加大这方面的投入，把水上娱乐和养生结合起来，打造既适合中老年人又适合年轻人的水上项目，让冬季的克什克腾旗有旅游的看点和玩点。另外，达里湖在冬季也可以开发冰上娱乐项目，结合当地的祭捕等传统民俗文化，开发冬季捕捞观光参与项目。游人可以自己体验在冰上捕鱼的乐趣，同时体验大规模冬季捕捞带来的震撼。此外，在乌兰布统还可以发展冬季狩猎项目，在特定区域内，放养一些自己养殖的小动物，再结合当地丰富的动物资源比如狍子、马鹿等。还有黄岗梁滑雪、蒸汽机摄影等冬季项目，都可以给游客带来丰富多彩的体验，从而使淡季不淡，实现延长旅游季节的目的。

此外，旅游产品应该向复合化方向发展，培育观光、休闲、度假、生态、商务、社会等多种旅游产品，以适合不同的人群。休闲类旅游产品对应周边人士，度假类旅游产品针对远程人士，他们来这里待的时间比较长，特种产品如攀岩、漂流等针对年轻人等。针对不同的人群开发不同的旅游产品，以使克什克腾旗的旅游市场不断走向成熟。

（三）完善交通，加强旅游经济合作

克什克腾旗一方面可以利用周围的机场和火车站，另一方面应该考虑开通直达北京、河北等某些地区的旅游专线，使其可进入性增强。在游客进入克什克腾旗以后，让人体会到克什克腾旗就是一个大的旅游区，多设置一些路边设施和休息区，体现真正的旅游强县的气氛，这样在克什克腾旗旅游即使不到旅游资源聚集的景区也能感受不同地方文化和景色，使游客乐在“途”中。此外，克什克腾旗可以利用自己的区位优势，与周边的承德、锡林郭勒盟等区域旅游地区合作，打破行政区划，整合旅游市场，实现三个地

区间旅游精品线路的串接，以充分利用交通基础设施，起到扩大宣传，增加客流量的目的。

（四）理顺管理体制

为实现旅游业的可持续发展，应建立政府主导型的产业开发模式和旅游管理体制，突出政府和旅游行业主管部门在资源开发、政策扶持、监督管理和资金投向等方面的主导作用。要突出政府对资源开发的垄断和主导作用，使政府尽可能地将资源开发权掌握在自己手里，这有利于实现生态保护的目标。同时在做好规划和论证的基础上，对适宜需要大资金投入的景区，也可以通过招商引资的形式进行，但相关部门对项目的监管措施要到位。在旅游管理体制上，建立权力相对集中的“大旅游”行政管理体制。旗旅游开发管委会为最高决策机构，旗旅游行业主管部门为决策执行和行业监管机构，在旅游管委会的领导下，协调各部门、地质公园管理局和地方政府部门之间的行政管理和利益关系，对景区和旅游企业实施监管。

（五）规范管理，提高招商质量

为实现旅游业的可持续发展，应建立政府主导型的产业开发模式和旅游管理体制，突出政府和旅游业主管部门在资源开发、政策扶持、监督管理和资金投向等方面的主导作用，政府应该掌握资源的开发权，这有利于实现生态保护的目标。对资金投入较大的景区也可以通过招商引资的方式来进行，但对其监管措施要到位。克什克腾旗的招商不应该仅仅停留在项目的多少上，也应该体现在项目的质量上。项目的开发、项目的规划都应该清楚，项目的招商给政府带来什么，给当地牧民带来什么都应该做到心中有数。不然，片面追求项目数量的做法会浪费掉克什克腾旗大好的资源，而且也不能为百姓带来切实的好处。另外，建设方面，要注重软开发，提高活动能力，比如举办蒸汽机观赏文化节等。景区内要首先做好环境的景观设计，这样才能摆脱传统的商业模式，体现生态旅游的特点，创造出新型产业。

（六）开发民族文化产业

克什克腾旗应当充分利用自身原生态的民族文化来构建生态旅游产业。克什克腾旗拥有丰富的蒙古族文化和清朝民族文化底蕴，应着力打造，成为包装和开发旅游产品、休闲娱乐产业和民族工艺品的优势资源。建议选择在经棚镇、热水和巴彦查干地区建设几处蒙古民族风情体验区，在乌兰布统建设一处清朝文化和乌兰布统战役为内容的主体公园，增加游客的娱乐和文化消费。在城镇建设上要体现蒙古族的风格，建设蒙古族风情一条街等，在建筑风格和布局上体现蒙古特色，并且为游客提供具有民族特色的工艺品、餐饮、娱乐等。

六、小结

克什克腾旗以丰富的生态资源为基础，大力发展独具特色的生态旅游，对本地发展产生了积极影响。生态旅游的发展，提高了本地居民的收入，增加了地方财政的来源，促进了本地经济的快速发展；生态旅游的发展，打开了本地居民的眼界，促进了人们思想观念的转变，拓宽了人们择业的渠道，为新农村发展和城镇化建设奠定了有利条件；生态旅游的发展，促进了本地历史文化的继承和发展，同时也有利于吸纳新的文化观念；生态旅游的开发和发展，引起了人们对生态保护的关注，为生态旅游的可持续发展创造了条件。但由于克什克腾旗的地理位置、气候环境使其具有很多制约因素，因此只有加大对生态环境保护的投入、理顺管理体制、加大改善克什克腾旗交通的可进入性、开发民族特色的旅游产品，才能实现克什克腾旗生态旅游的可持续发展。

参考文献

[1]［美］David A. Fennell 著，张凌云译：《生态旅游》，旅游教育出版社，2004 年。

[2] 李俊清、石金莲、刘金福编著：《生态旅游学》，中国林业出版社，2004 年。

[3] 苏海峰：《克什克腾旗“旅游活旗”富百姓》，《内蒙古日报》(汉)，2005 年 6 月 26 日 (2)。

[4] 支军：《旅游业成为克什克腾旗支柱产业的条件和开发战略》，《内蒙古煤炭经济》2007 年第 2 期。

[5] 周春义：《克什克腾旗第十五届人民代表大会第二次会议政府工作报告》，2008 年 3 月。

[6]《克什克腾旗在内蒙古的地位》，克什克腾旗政府网。

云南省玉溪市峨山彝族自治县小街镇大棚租村问卷调查数据分析报告

陈慕春　2007级区域经济专业硕士研究生

一、基本情况

峨山，是云南省玉溪地区的一个峰峦叠翠、气候温和、土地肥美、资源丰富的彝族自治县，成立于1951年5月12日，是中华人民共和国诞生后建立的第一个彝族自治县，也是云南省第一个实行民族区域自治的自治县。

峨山彝族自治县地处滇中，位于东经101°52′—102°37′，北纬24°21′—24°32′之间，东接玉溪市，东南与通海县交界，南与石屏县接壤，西南与新平县山水相连，西北与双柏县隔江相望，北与易门县相通，东北与晋宁县毗邻。自治县人民政府驻双江镇，距玉溪市人民政府驻地红塔区州城镇24.7公里，距省会昆明市110公里。全县幅员1972平方公里，土地面积295.8万亩，耕地面积165429亩，人均1.33亩。县辖五镇三乡，76个村（居）委员会，586个村（居）民小组。全县总人口150333人，少数民族占64%，人口密度为每平方公里76.23人。

峨山县小街镇总面积145.54平方公里。辖小街、石邑、兴旺、由义、文明、永昌、舍郎、牛百甸、棚租、大维堵10个办事处，57个自然村，59个农业社。地势东南高，西北低，西北部为小街坝子，东南部则多为高山峻岭。年均气温16—17℃，最高六、七月份平均气温21℃，最低一月份平均气温8.5℃，年均降水量838.8毫米。2007年小街全镇共有土地面积241.13平方公里；年末耕地面积31317亩，其中：田17620亩，地13697亩，人均占有耕地1.25亩，水利有效灌溉面积24900亩，水利化程度79.51%。全年农作物总播种面积56663亩，复种指数180.93%。全年粮食作物面积30251亩，总产1229.53万公斤，农民人均产粮517公斤；其中：小春粮食作物面积5382亩，总产143.13万公斤；油菜种植面积为6160亩，总产112.19万公斤；烤烟种植面积为12000亩，总产173.06万公斤，交售量为158万公斤，交售平均单价13.1元，上等烟比例79.12%。年末大牲畜存栏2976头，出栏5117头，其中牛存栏2472头，出栏5107头。肥猪出栏36220头，羊出栏4509只，家禽出栏995624只。2007年末有乡镇企业1815个，营业收入78394万元，实交税金总额2151万元。全镇农村社会总产值（现价）87122.58万元，农村经济总收入14209万元，农民人均所得3510元，比上年增加414元，增加13.37%。2007年全镇实现地方财政收入1456万元，比上年增长17.8%；财政支出958万元，比上年减少36%。年末各项存款余额11740万元，比上年增长31%；人均储蓄存款4669.7元，比上年增长28.8%；实现地方生产总值（GDP）26385万元，比上年增长9.4%；人均10563万元，比上年增长7.6%。

小街镇棚租村委会是一个彝族聚居的高寒山区，位于峨山县南面，东与本镇雨来救村委会相连，南与石屏县旦气村、发达村山水相连，西与本镇大维堵村委会接壤，北与本镇舍郎村委会相连。距峨山县城20公里，距小街镇政府所在地17公里，“峨石”公路贯穿而过，海拔1807米，土地总面积34.94平方公里。全村辖4个村民小组（大棚租、小棚租、大雨来救和双龙），532户，2173人，其中彝族占95%。全村耕地总面积4112亩，其中田1556亩，地2556亩，人均占用耕地1.89亩，主要以种植烤烟、萝卜、油菜和养殖为主。

大棚租村是棚租行政村的一个自然村，在棚租村委会办事处小棚租西北面1公里处。大棚租的建立，据碑文推算至2008年已有274年的历史，但年纪大的村民说村子还能往前推到元朝，有700多年的历史。最早大棚租村仅有坝、钱、禹、方四个姓氏12户人家，这里青龙潭出水量大，四周青山环抱，枝繁叶茂，土地肥沃可以垦殖，人们便立足于此，繁衍生息，经历700多年的历程，如今有禹、方、李、钱、龙、普、巴、周八大姓氏，分别属于不同的宗族。2007年末户数统计为205户，780人，其中彝族755人，占99.4%，汉族5人。

2007年全村农作物总播种面积1972亩，复种指数为150.6；粮食作物合计1308亩，粮食单产为346公斤，总产量为45.54万公斤；水果总产量为5745公斤，其中梨1870公斤，桃1300公斤，柿1475公斤；蔬菜种植面积305亩，产量38.8万公斤；油料作物种植100亩，单产140公斤，总产1.4万公斤。大棚租村民的经济收入来源主要是烤烟种植。全村共205户，其中在2005年就有162户种植烤烟。2007年大棚租村烤烟种植面积650亩，全村烤烟收入5000000元，占棚租村委会烤烟收入的14.2%，人均收入为

2233元。大棚租主要林产品有核桃、板栗、除虫菊和桉树，养殖的家畜品种较多，有猪、水牛、黄牛、黑山羊和禽类。2007年猪存栏559头，黄牛存栏139头，水牛存栏10头，黑山羊存栏271头，鸡3628只，鸭50只，禽蛋产量180公斤。2007年全村拥有汽车5辆，拖拉机24台，摩托车9辆，外出打工有37人，外出打工主要在省内，出省的相当少。

二、问卷调查基本情况

本次调查问卷，是中央民族大学经济学院老师和研究生于2008年暑假完成的，根据中央民族大学“985工程”基地在全国各地的分布，选取了一些比较有典型意义的少数民族村寨进行调研。根据经济发展水平等指标对各基地进行抽样选取，首先计算了样本规模，再分解到各个基地，根据收集到的村的信息，确定进行调研的村寨，最终在云南省选取了峨山彝族自治县小街镇大棚租村和红河哈尼族自治县人民的生活生产等基本情况进行入户调查，从而确保问卷调查的覆盖面和代表性。以下分析均以本次调查的峨山彝族自治县小街镇大棚租村数据为基础。本次调查在大棚租村发放问卷50份，问卷入户率24.39%，收回有效问卷46份，合格率92%。

（一）被调查者基本情况

46名被调查者中，男性为41名，占89.1%；女性为5名，占10.9%，男性远多于女性。

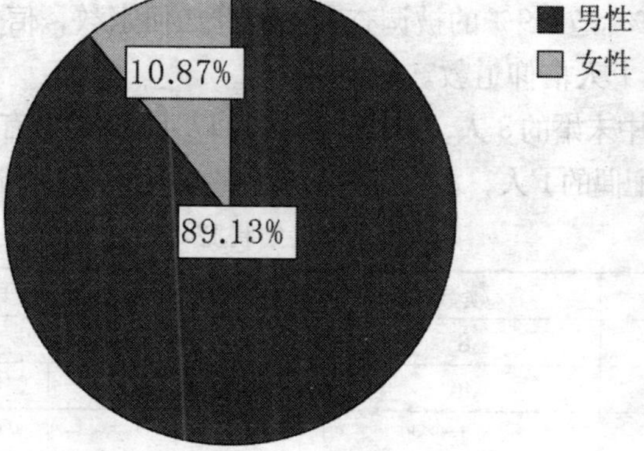

图1　被调查者性别分布

被调查者中最大年龄 80 岁，最小年龄 10 岁，平均年龄为 38.57 岁，标准差 13.179。

表 1　　被调查者年龄情况

	年龄
总数	46
最小值	10
最大值	80
均值	38.57
标准差	13.179

46 名被调查者中仅读过小学的有 20 人，占 43.5%，初中学历的 22 人，占 47.8%，高中（中专）和大专及以上学历者各 2 人，占 8.7%，初中及以下学历占 91.3%，教育水平偏低。

表 2　　被调查者文化程度分布

	频数	百分比（%）	累积百分比（%）
大专及以上	2	4.3	4.3
高中（中专）	2	4.3	8.7
初中	22	47.8	56.5
小学	20	43.5	100.0
总计	46	100.0	100.0

46 名被调查者中彝族为 43 名，占到样本总量的 93.5%，汉族 3 人，占样本总量的 6.5%。73.9% 的被调查者不信仰任何宗教，信仰佛教的人有 11 人，占 23.9%，1 人信仰道教。

被调查对象中未婚的 8 人，占样本总数的 17.4%，初婚有配偶的 36 人，占 78.3%，再婚有配偶的 1 人，占 2.25%，离婚的 1 人，占 2.2%，婚姻状况正常。

表 3　　被调查者婚姻状况

	频数	百分比（%）	累积百分比（%）
未婚	8	17.4	17.4
初婚有配偶	36	78.3	95.7
再婚有配偶	1	2.2	97.8
离婚	1	2.2	100.0
总计	46	100.0	100.0

据数据反映46个被调查者的家庭中有15个家庭在2007年有家人曾患过大病，住进了医院。46个被调查者的家庭中，在2007年户籍人口和外来半年以上人口数为3人的有3个家庭，占6.5%，4人的有17个家庭，占总数的37%，5人的有12个家庭，占总数的26.1%，6人的有12个家庭，占总数的26.1%，7人的有2个家庭，占总数的4.3%。平均每个家庭4.85人。

表4　　被调查者家庭户籍人口和外来半年以上人口情况

人口	家庭数	百分比（%）	累积百分比（%）
3	3	6.5	6.5
4	17	37.0	43.5
5	12	26.1	69.6
6	12	26.1	95.7
7	2	4.3	100.0
总计	46	100.0	100.0

三、分类指标分析

本指标分析根据问卷问题设置大致分为收入类、支出类、生产类、生活类和政府管理与政策类共五大类，其下细分若干小项，从而达到对大棚租村经济社会基本情况了解的目的。

（一）收入类

1. 农民人均收入偏低

调查问卷显示，46个被调查者的家庭2007年收入平均数为9092.4091元，最大值达到35000元，最小值1000元，标准差为7658.81。家庭人口平均数为4.85人，家庭人均收入为1874.720元，这与2007年全国农民家庭人均收入4140元相比，相距甚远；比云南省2007年农民人均收入也略微偏低，只相当于当年全省农民人均收入的71.17%（云南省2007农民人均纯收入2634.1元），说明大棚租农民人均收入在云南省内处于较低水平。

表5　　被调查者家庭2007年收入情况

	收入（元）
最小值	1000.00
最大值	35000.00
平均每户	9092.4
标准差	7658.81
平均每人	1874.72

2. 种植业仍是村民收入的主要来源，工资性收入是农民增收的亮点

据对大棚租村村民2007年全年收入的问卷调查分析，显示村民的收入结构和水平如下：

表6　　被调查者家庭2007年收入结构和收入水平

收入项目	收入值（元）	平均每户收入（元）	占总收入百分比（%）
种植业	139200	3163.6364	34.79
渔业	2000	45.4545	0.50
家庭手工业	1000	22.7273	0.25
畜牧业	26300	597.7273	6.57
养殖业	49400	1122.7273	12.35
本乡镇工资	106000	2409.0909	26.50
外出打工	41600	945.4545	10.40
运输业	15000	340.9091	3.75
补贴救济	1766	40.1364	0.44
其他收入	17800	404.5455	4.45
总收入	400066	9092.4091	100

从表7我们可以看出，在大棚租村，种植业仍是村民收入的主要来源，这主要得益于烤烟在大棚租村的广泛种植，烤烟作为一种经济作物，对村民的增收起到了很大的作用，46户被调查家庭总种植77亩，占调查家庭总种植面积的17.05%，水稻和玉米作为两种主要的粮食作物，种植面积最广，其中水稻种植126.2亩，占总种植面积的27.95%，玉米种植171.7亩，占总种植面积的38.03%。

表7　　被调查者2007年种植业情况

种植种类	亩数	占总亩数
玉米	171.70	0.3803
麦类	27.00	0.0598
薯类	0.10	0.0002
蔬菜	2.65	0.0059
水稻	126.20	0.2795
大豆	19.40	0.0430
烟草	77.00	0.1705
油料	27.00	0.0598
小计	451.05	1

工资性收入是农民收入的亮点。2007年，所有被调查者家庭工资性收入147600元，户均3355元，占总收入的36.9%，其中本乡镇工资收入106000元，农民户均收入2409元，占总收入的26.5%，外出打工工资全村共41600元，户均945.5元，占总收入的10.4%。这主要得益于县政府、镇政府和村委会对村民外出务工的安排与培训以及本地乡镇企业对村民的吸收。

表8　　被调查者家庭2007年畜牧业情况

养殖种类	头数（只）
羊	37
牛	73
马	0
驴	0
猪	119
禽类	259

畜牧业和养殖业对村民的增收也起到了很大的作用，从表6可以看出，畜牧业和养殖业75700元，占总收入的18.9%，其中畜牧业收入26300元，户均597.7元，占总收入的6.57%，养殖业收入49400元，户均2409元，占总收入的12.35%。牲畜品种主要有猪、牛、羊和禽类。对村民的调查中，得知畜牧和养殖的收入只包括已出栏的牲畜，而打算下一年继续饲养的牲畜则没有包括在当年的收入中。

3. 制约家庭收入增长的最主要原因是缺少资金技术信息和缺少劳动力

此次问卷调查考查了村民认为制约其家庭收入增长的原因，结果显示

“缺少劳动力”和“缺少资金技术信息”这两项在制约家庭收入增长的各因素中占据较大比重，有20%的被调查人选择了缺少劳动力；有22.2%的被调查人选择了缺少资金技术信息；其次是“市场（销路、价格）”和“土地少”，各有15.6%的家庭认为这一原因制约了其家庭收入的增长。

表9　　制约家庭收入增长的不同原因比重

项目		个数	比重
制约农副业增长的原因	自然灾害	6	13.30%
	市场（销路、价格）	7	15.60%
	政策	2	4.40%
	缺少劳动力	9	20.00%
	土地少	7	15.60%
	缺少资金技术信息等	10	22.20%
	缺少项目	3	6.70%
	不存在	1	2.20%
总计		45	100.00%

4. 政府补贴覆盖面较广

2007年以来，46个被调查者的家庭中共有26个家庭接受了政府补贴，占被调查家庭总数的56.52%。补贴总额达5602元，家庭平均接受补贴金额121.78元，占家庭平均收入的1.34%；，家庭平均每人补贴金额25.11元。综上可知，政府、社会补贴覆盖面较广，但补贴绝对数较小，对改善家庭收入状况的作用较小。同时还可以看到，政府补贴最大金额为1772.00元，结合问卷其他项情况可知，对于生活绝对困难或有重大突发事项的家庭，政府补贴资金落实到位，补贴数额较大。

表10　　被调查者家庭2007接受政府救济情况

	收入（元）
最小值	0.00
最大值	1772.00
总额	5602
平均每户	121.78
标准差	533.77
平均每人	25.11

（二）支出类

农民家庭作为一个消费单位，其消费所需的生活资料，可以分为以下三个部分：一部分是生存资料，这是农民及其家庭成员延续生命所需的生活资料；一部分是发展资料，这是农民及其子女发展德育、智育所需的生活资料；一部分是享受资料，这是农民提高生活水平、满足享乐需要的消费资料。在这三部分生活资料中，生存资料属于基础性层次，其消费需求的弹性最小，农民只有获得这一层次的满足之后，其消费需求才会向其他部分延伸和发展。消费层次由生存资料向发展和享受资料扩展的过程，就是农民消费结构升级的过程。农民的生活资料消费主要包括食物、衣着及住房等。以下是被调查者2007年的支出情况：

表11　　被调查者家庭2007年支出情况

支出项目	支出值	户均（元）	占总支出比重
衣服	19020.00	594.38	0.09
食品	37330.00	1166.56	0.18
住房	25450.00	795.31	0.12
生存资料小计	81800.00	2556.25	0.39
看病	23520.00	735.00	0.11
教育	15310.00	478.44	0.07
娱乐	2650.00	82.81	0.01
红白喜事	20150.00	629.69	0.10
交通	12700.00	396.88	0.06
通讯	10940.00	341.88	0.05
发展和享受资料小计	85270.00	2664.69	0.40
生产性	44000.00	1375.00	0.21
总支出	211070.00	6595.94	1.00

表11反映了大棚租村村民消费的一般情形，根据此表我们可以得出以下几点结论：

1. 生存资料比重下降，发展和享受资料比重上升

食物、衣着和住房是农户维持生存最基础的生活资料，也即生存资料，其他生活消费则可视作发展和享受资料。据国家统计局1954年对全国23个省15432户农户调查显示，当时户均生存资料占全部生活资料的74.03%，

而发展和享受资料仅占25.97%。在农民生活消费中，生存资料占有绝大比重，而发展和享受资料所占比重甚小，反映了当时中国农民一种温饱型的消费水平。而表11中数据显示，大棚租村村民的生存资料占全部生活消费的39%，发展和享受资料占40%。

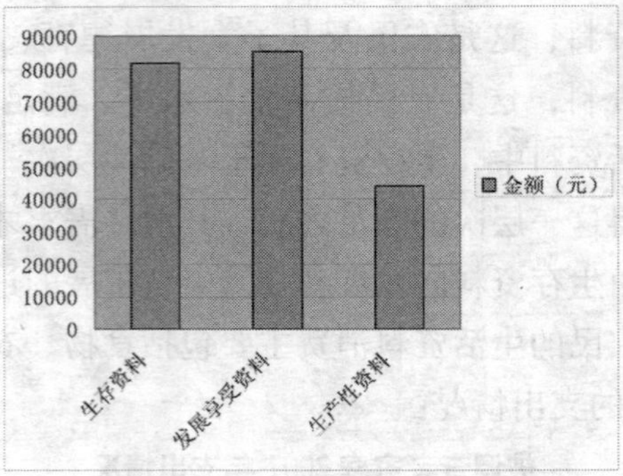

图2　生存、发展享受和生产性资料支出情况

在农民生活消费中，生存资料与发展和享受资料所占比重相差无几，它反映了大棚租村村民的生活状况在很大程度上已经超过了温饱型水平，生活状况有了很大的改善。一般说来，生活程度越高，生存资料在农户生活消费中所占比重就应越低，因为农民除了满足基本的生存之外，还应有一部分收入，能用到发展和享受方面，这方面的比重越高，则反映农户的收入水平越高，生活越宽裕。

2. 副食品、衣着、住房占较大比重

食品支出，在农民的消费支出中占有重要地位，占总支出的18%，在各单项中，除生产性支出外，食品支出所占比重最大。在大棚租村，村民大面积种植水稻和玉米，粮食对于大部分村民来说是自给性消费品，不包含在食品支出中，食品支出主要是指副食方面的支出，这也是当地农民消费支出结构的一个显著特点。对于农民来说，副食数量支出的提高，正是农民生活质量提升的一个反映。从表11来看，食物支出在农户的现金购买支出中所占的比重相对较高。衣着、住房费用约占全部消费支出的21%。这部分支出，在农户的全部生活消费支出中所占比重也比较大，反映了农民的购买力正在增强，生活逐步改善。

3. 消费结构良性变动

除掉上述生存资料以外，发展和享受性支出占总支出的40%，这里面包括农民医疗卫生、生活改进、文化教育等发展和享受资料。一般来讲，随着生产力的发展和社会进步，人民的消费结构会发生良性变动：生存资料在生活消费支出中的比重会逐步下降，发展资料和享受资料所占的比重会逐步上升；食物支出的比重会逐步下降，衣服、用品、住房等支出的比重会逐步上升；甚至服务性支出、精神消费支出的比重也会上升，物质消费支出的比重会下降等。从表11可以看出，发展和享受资料所占比重比生存资料所占比重稍大，衣服住房的支出也超过了食品方面的支出，这也反映了大棚租村村民的生活质量的提高，消费结构正在发生良性的变动，发展和享受资料正在增加。

（三）生产类

1. 承包的旱地和良田最多

表12　被调查者家庭承包各类型土地情况

	最小值	最大值	户均	标准差
承包土地总面积	0.00	40.00	5.3565	6.69320
水浇地	0.00	7.00	0.8652	1.69250
旱地	0.00	12.00	2.0783	2.53867
良田	0.00	4.60	1.6304	1.33064
荒地	0.00	1.00	0.0435	0.20618

46户被调查者家庭平均承包土地5.3565亩，人均土地1.1044亩，承包土地最多的一家达到40亩。由于大棚租村在大黑山山麓，海拔高，村中土地类型中旱地居多，从表12也可以看出，户均承包的旱地达到了2.0783亩，其次是良田，户均1.6304亩。

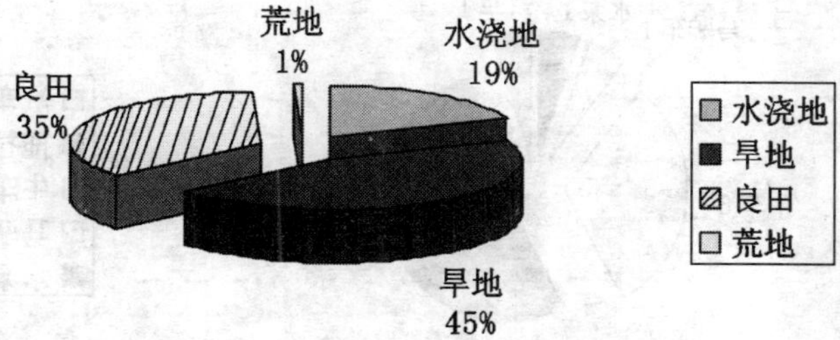

图3　承包各类型土地百分比

2. 农业用水主要靠降水

调查数据显示60.9%的土地“靠天吃饭”，农业用水靠降水，34.8%的土地农业用水依靠河流湖泊水，其实也是靠雨水，可见当地农业的脆弱性相当明显，一旦出现“雨不顺”的情况，农业收成就会受到很大影响。

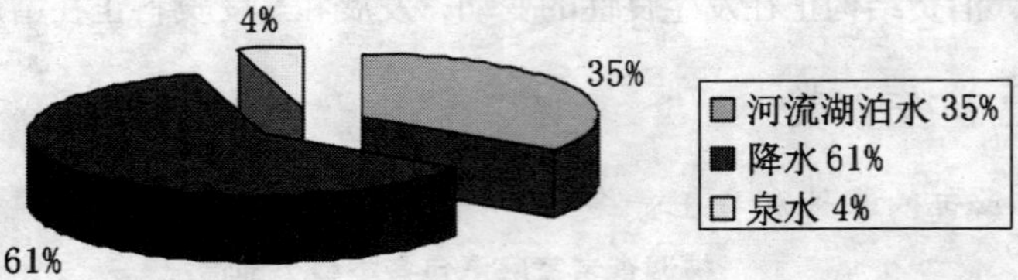

图4　农业用水情况

3. 生产性固定资产主要是拖拉机

被访者家庭拥有的生产性固定资产主要是拖拉机，46户被调查家庭中有10户拥有拖拉机，其次是牛车，有6户拥有，汽车、水泵、马驴车各有一个家庭拥有。

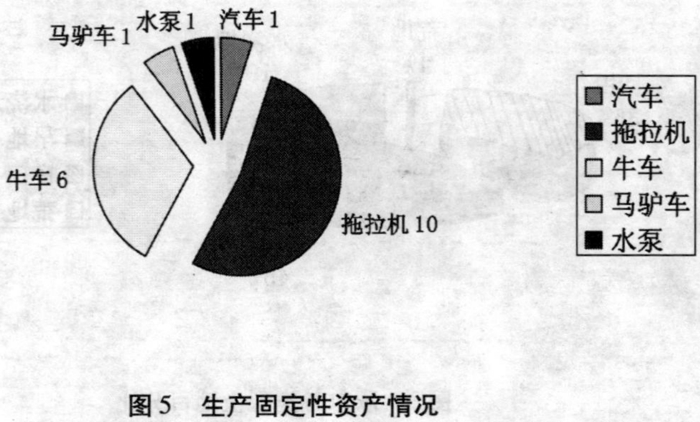

图5　生产固定性资产情况

4. 外出打工升温

表 13　　2007 年外出打工情况

	频数	比重（%）
有外出打工者家庭数	15	32.61
无外出打工者家庭数	31	67.93
男性打工者	13	86.7
女性打工者	2	13.3

46 户被调查家庭中，有家人外出打工的有 15 户，占总被调查家庭数的 32.61%，无外出打工的家庭数占 67.93%，外出打工者主要是男性，女性比较少，男女比例为 13：2，年龄分布所有外出打工者都在 18—44 岁之间，外出地主要在峨山县内，15 个外出打工者中，有 12 个外出距离在 50 公里以内，占到总外出人数的 80%，50—150 公里内的有 2 个，有 1 个在广东打工。

（四）生活类

1. 住房情况

大棚租村在住房结构上，较前几年有较大的提升，在村子里，彝族传统的“土掌房”已难觅踪影，传统的土坯房也越来越少，砖石瓦房和钢筋水泥房已经成为主要趋势。在 46 户被调查家庭中，传统的土坯房只有 13 户，占 28.3%，砖石房和钢筋水泥房 32 户，占 69.6%。

表 14　　房屋类型

		频数	百分比（%）
房屋类型	砖石瓦房	28	60.9
	窑洞	1	2.2
	土坯房	13	28.3
	钢筋水泥房	4	8.7
	总计	46	100.0

在住房建筑面积上，46 户被调查家庭中住房最小面积为 82.5 平方米，最大面积为 250 平方米，平均值为 142.5543 平方米，标准差为 33.2543 平方米。

在住房取暖设施方面，炉子和火坑是最普遍的，在 46 个被调查家庭中，选炉子的有 16 人，占总被调查家庭的 34.8%，选火炉的有 17 人，占 37.0%。

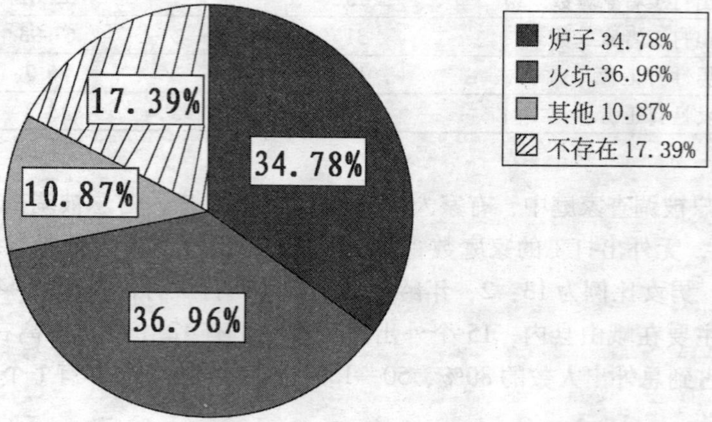

图 6 住房取暖设施情况

在饮用水方面，在大棚租村，政府已基本上解决了自来水问题，在 46 户被调查家庭中，使用自来水的有 42 户，占所有被调查家庭的 91.3%，使用河湖水的有 4 户，占 8.7%。在大棚租村，饮水安全已经可以得到保障。

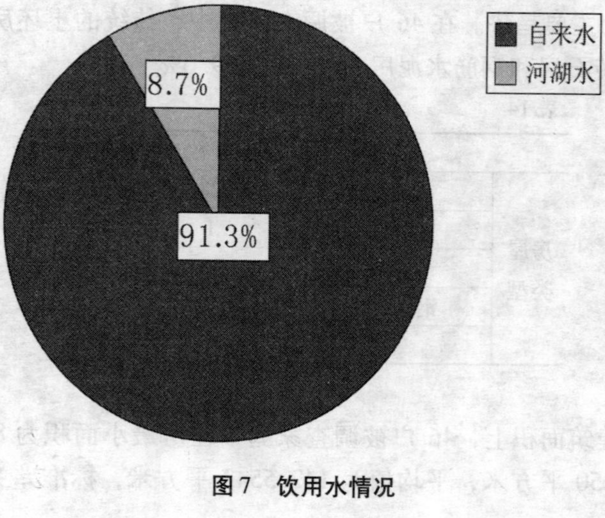

图 7 饮用水情况

在做饭燃料方面，基本上以木柴为主，在 46 户被调查家庭中，有 39 户做饭使用木柴，占总调查家庭的84.8%，使用煤炭的有4户，占8.7%，使用煤气液化气和电的均只有1户，占2.2%。

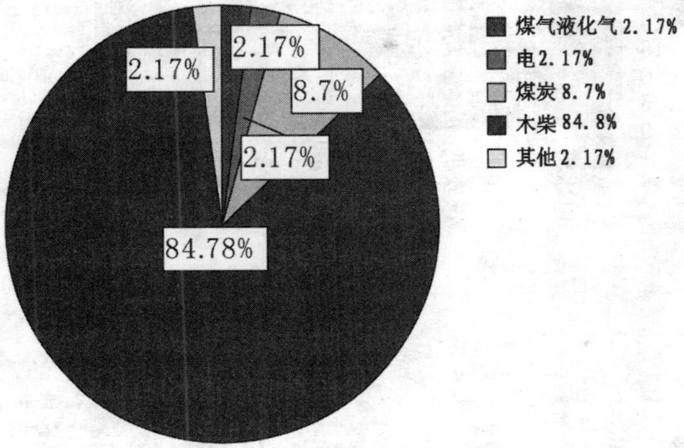

图8　做饭主要燃料

2. 耐用消费品以电视和手机最多

随着生活水平的提高，农村中的耐用消费品的品种也越来越多，主要包括电视、电冰箱、洗衣机、照相机、影碟机、组合音响、摩托车、农用车、电话、手机、自行车等，以前在农村中难得一见的奢侈品如小轿车等，现在在农村中也不乏身影。图9是对大棚租村46户村民家庭耐用消费品的调查情况。

从图9可见，目前在大棚租村，最多的耐用消费品是电视和手机，电视的普及率达到了91.3%。随着农村卫星信号的接收和通讯设施的建设，农民对信息的需求也快速增加，通讯在日常生活中也越发重要。现在的农村已不是以前那种闭塞的村寨了，不仅在日常生活中需要信息，在农产品种植和国家、地区政策的传递方面，电话、手机所起的作用也越来越重要。

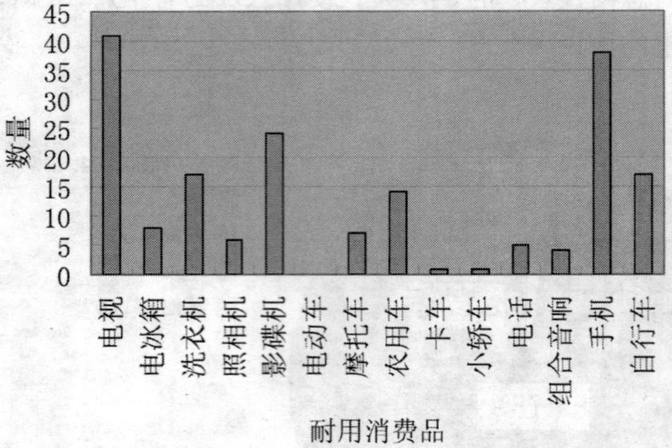

图9　耐用消费品情况

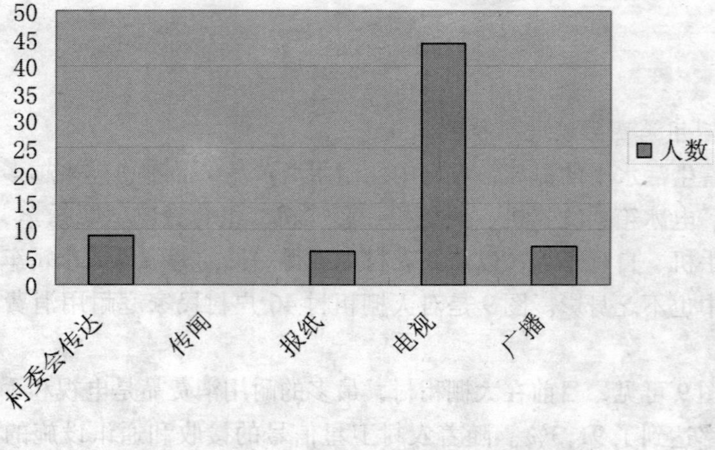

图10　村民了解国家方针政策的途径

从图10可以看出，在村民回答如何了解国家的方针政策时，46名被调查者中有44人选择了电视。可见现在在农村，电视已经普及，已经成为农民获得信息的最重要的途径。随着生活水平的提高，以前在农村不多见的一些耐用消费品如洗衣机、电冰箱等也越来越多。

3. 家庭贫困的主要原因是劳动力少，缺少资金是最迫切需要解决的问题劳动力少、自然条件差和教育费用是家庭贫困的主要原因。在46户调查家庭中，由于劳动力少而导致家庭贫困的有15户，占总调查家庭的26%，由于自然条件差而导致家庭贫困的有11户，占19%，因教育费用而导致家庭贫困的有8户，占14%。另外，疾病和工伤、文化水平低、建房或结婚负债也是导致家庭贫困的原因。

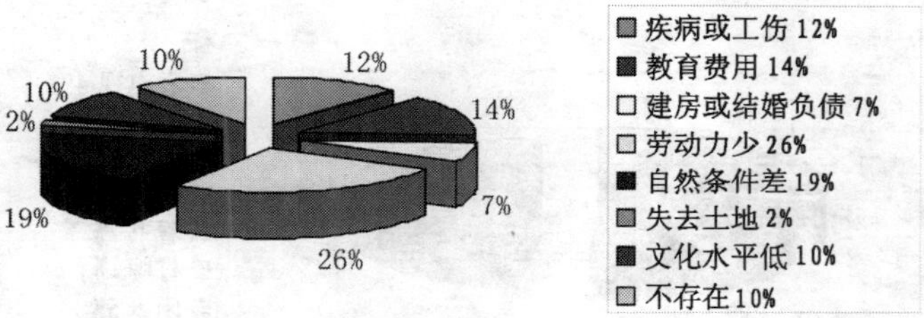

图11　导致家庭贫困的原因

劳动力少导致农业生产资金缺乏，在大棚租村，农业生产资金缺乏是很多家庭最迫切需要解决的问题，在46户被调查家庭中，家庭迫切需要解决的问题选择资金的有23户，占所有被调查家庭的31%，孩子就业、文化知识缺乏、科学技术缺乏和治病也是很多家庭迫切需要解决的问题，分别占到所有被调查家庭的21%、18%、12%和7%。

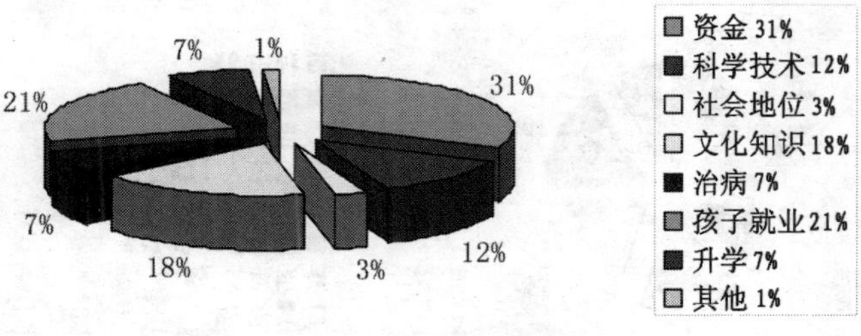

图12　家庭迫切需要解决的问题

4. 闲暇娱乐以看电视为主

在村民闲暇娱乐项目上，看电视是比较大众化的娱乐项目，2007年电视在大棚租的普及率达到了91.3%，随着电视在大棚租村普及率的提高，越来越多的村民选择了在闲暇时收看电视节目，在46名被调查者中，有35人选择了收看电视，占总调查人数的49%，另外，和村民聊天、看书也是主要的闲暇娱乐项目，分别占到了22%和7%。

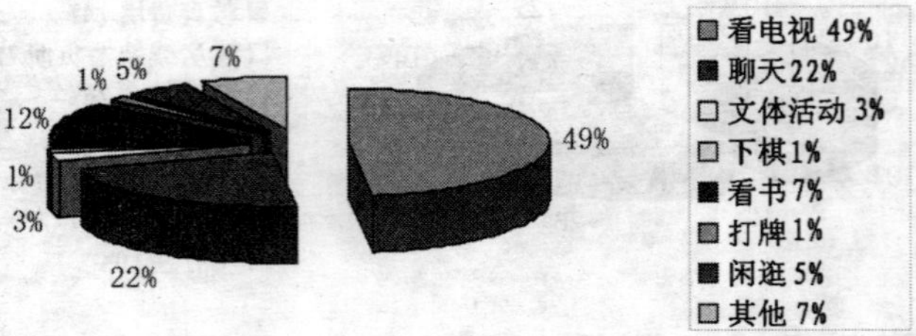

图13 闲暇娱乐项目

5. 从事经商，当干部、工人和企业老板是很多村民的愿望

在最想从事的职业上，经商是村民的首选，当干部、工人和企业老板也是很多村民的愿望。在46名被调查者中，有9人最想从事经商，占总调查人数的19%，最想当干部、工人和企业老板的均有8人，各占17%，另外只有5人选择想当教师，占11%，选择继续种田的有4人，占9%。

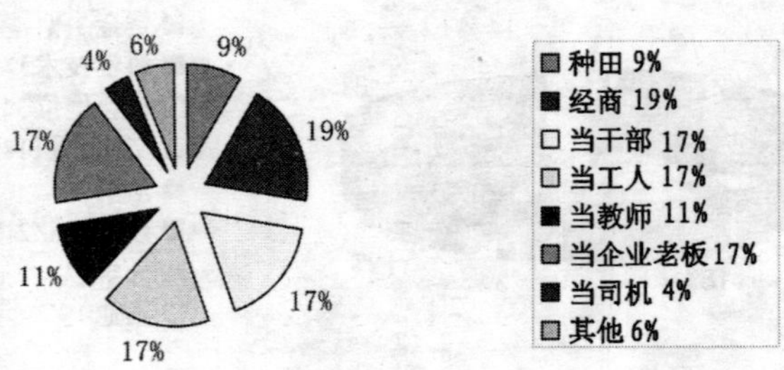

图14 最想从事的职业

6. 和亲戚、朋友日常交往最多

表 15　　日常交往问题

问题	亲戚	朋友	族人	自己	其他
(Q1) 日常打交道最多的人	40.9	36.4	18.2	0	4.5
(Q2) 家办婚嫁大事，与谁商量	65.9	0	2.3	22.7	9.1
(Q3) 生意上遇到重大问题，与谁商量	54.8	28.6	2.4	7.7	7.1
(Q4) 需借钱解决燃眉之急，首先向谁借钱	84.1	13.6	0	0	2.3
(Q5) 当有人办婚丧喜事时，通常给谁送人情	65.1	25.6	0	2.3	7.0
(Q6) 如果做生意，会找谁一起做	30	55.00	0	12.5	2.5
(Q7) 觉得信用最好、办事最可靠的人	48.8	24.4	0	19.5	7.3

在日常交往方面，亲戚和朋友是村民日常交往最多的选择。在回答日常打交道最多的人这个问题时，有 40.9% 的被调查者选择了亲戚，36.4% 选择了朋友；在回答家办婚嫁大事与谁商量时，有 65.9% 的被调查者选择了亲戚，而此时没人选择朋友，22.7% 选择了自己；在回答生意上遇到重大问题，与谁一起商量时，有 54.8% 的被调查者选择了亲戚，28.6% 选择了朋友；在回答需借钱解决燃眉之急，首先向谁借钱时，有 84.1% 的被调查者选择了亲戚，13.6% 选择了朋友；在回答当有人办婚丧喜事时，通常给谁送人情时，有 65.1% 的被调查者选择了亲戚，25.6% 选择了朋友；在回答如果做生意，会找谁一起做时，有 30% 的被调查者选择了亲戚，55% 选择了朋友；在回答觉得信用最好、办事最可靠的人这个问题时，有 48.8% 的被调查者选择了亲戚，24.4% 选择了朋友。

7. 村庄整体环境得到改善，村民生活状况有了提高

46 名被调查者在回答感觉村庄整体自然和人文环境如何时，选择整体环境一般的占 85%，认为很好的有 11%，而选择较差的只有 4%，这说明，在大棚租村，基础设施方面如道路、水、电等已有了很大的改善。

在回答对自己当前的生活状况是否满意时，46 名被调查者中认为比较满意的占了 37%，选择一般的有 43%，很满意的占 7%，对自己目前生活不满意的有 13%. 村民的生活水平在自我认可方面已有了很大的提高。

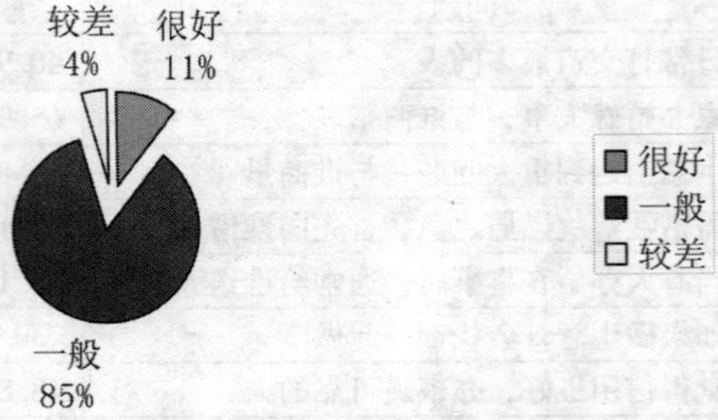

图 15　村庄整体自然和人文环境

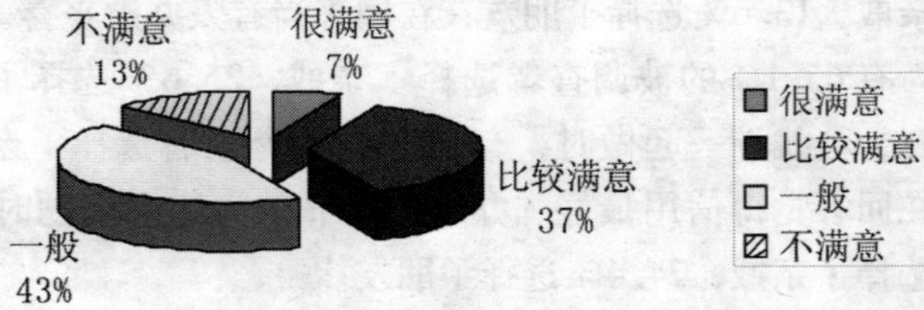

图 16　对当前生活状况满意程度

(五) 政府管理与政策类

1. 新型合作医疗的接受程度比养老保险高，农村养老保险需加大宣传

随着新型合作医疗制度和养老保险在农村的推广，合作医疗制度和养老保险已慢慢地被村民接受。但总体上看，村民出于自身利益的考虑，加之合作医疗制度收效比养老保险快，合作医疗制度的接受程度比养老保险要高近

六成。

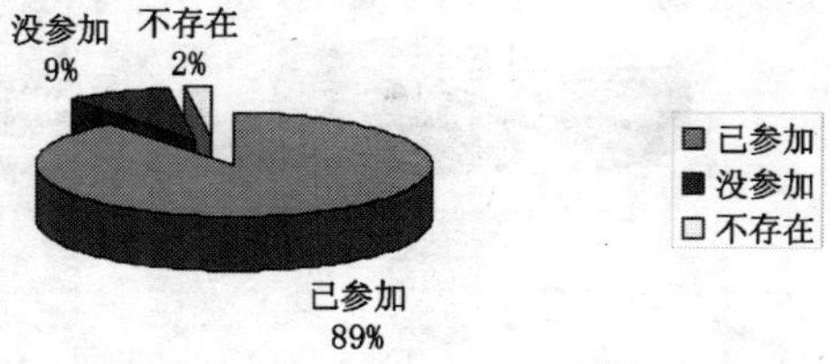

图 17　参加新型合作医疗制度情况

在46个被调查家庭中，有89%的家庭中已经有人参加了新型合作医疗制度，没参加和对新型合作医疗不了解，认为不存在的只有11%。由于养老保险收益慢，每月需要缴纳一定的费用，在农村，接受度不高，在46个被调查家庭中，只有28%的家庭有人参加了社会养老保险，没参加和对养老保险不熟悉，认为不存在的占70%。

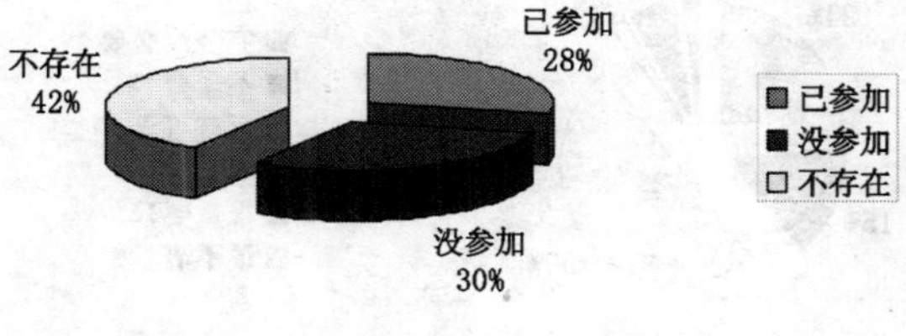

图 18　参加社会养老保险情况

2. 土地使用权观念有所改变，集体经济作用明显

联产承包制在农村推广以来，土地分配到户的理念已被农民广泛接受，在46名被调查者中，对于土地使用权的问题，认为平均分配到户最好的占59%。由于家庭式作业效率低，在农村，越来越多的人已在思考如何提高农业生产效率这个问题，组建发展规模专业户就是一个非常好的途径，有17%的被调查者选择了组建发展规模专业户。

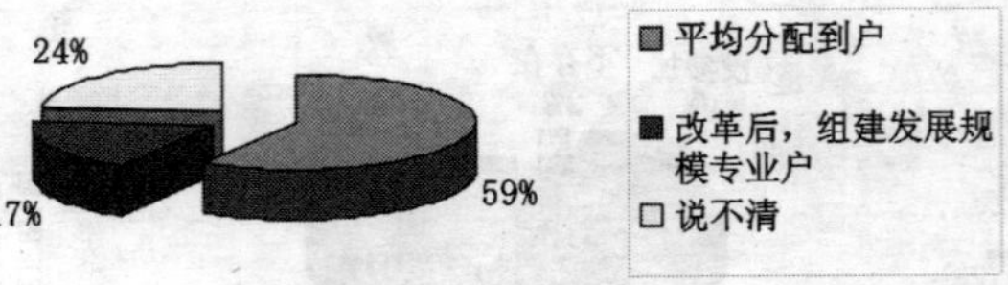

图 19　土地使用权问题

在彝族自治的大棚租村，村集体在村子里有无法替代的作用，村集体在组织村民发展各类特色种植，改善农村集体设施，丰富村民的日常文化生活等方面发挥着很重要的作用。在大棚租村，特色经济种植如烤烟、核桃、板栗等，村集体都帮村民落实到户，组织农技下村，对农民收入的增加很关键。在回答集体经济是否重要时，有一半的被调查者选择了重要，认为很重要的占了 15%。

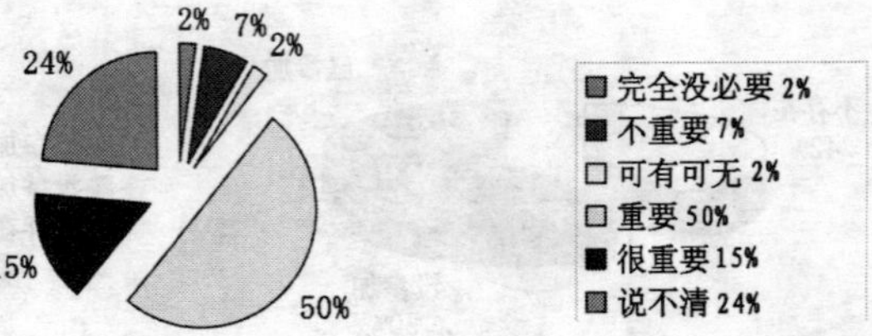

图 20　集体经济重要程度

3. 村内道路问题已经得到解决

随着村集体在大棚租作用的增强，村集体经济实力和动员能力的提高，村集体在农村基础设施建设方面的投入也越来越多。在大棚租村，村内的主要道路已经铺上了水泥，卫星电视的接受也得到了解决，但村庄通往最近的小街镇的道路的路况不好。在回答村集体已经解决的具体问题时，有 35% 的被调查者选择了道路，选择电和通讯的各占 19%，选择水的占 17%，选择交通的最少，只有10%。

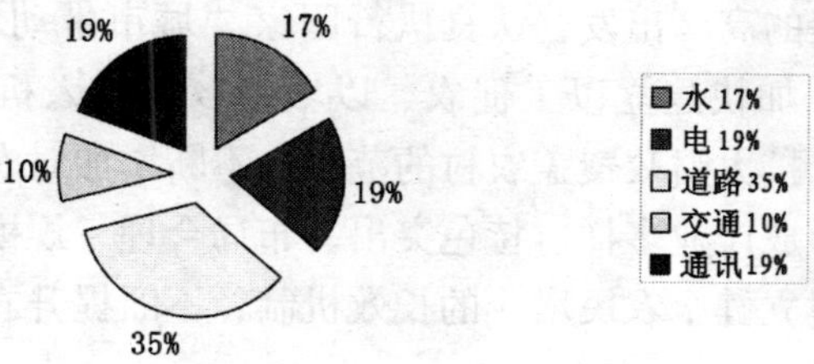

图21　村集体已经解决的具体问题

4. 绝大多数村民生活乐观，愿意为村庄的发展出谋划策

随着生活水平的提高，村民对村庄的发展也越来越关注，很多村民都认为自己的生活与村庄的整体情况关系非常密切，81%的被调查者都非常乐意为村庄的发展出谋划策。

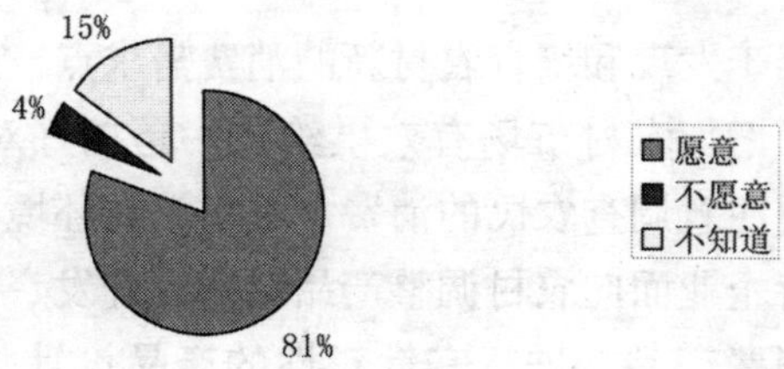

图22　是否愿意为村庄发展出谋划策

四、大棚租发展的建议

（一）切实增加农民收入

消费是收入的函数，收入水平决定了消费水平。农业收入面临价格低和自然灾害的双重风险，比较效益偏低，在大棚租村，由于道路交通条件的限

制，农副产品卖出难的问题没有得到有效的解决，影响了农民的收入和积累。农民实物收入比重大，使自给性消费比重高。农村消费有效需求不足的关键在于农民收入较低，启动农村消费市场，必须解决农民增收问题。政府应从统筹城乡发展的高度出发，认真执行国家“城市带动农村”、“工业反哺农业”的政策，加快建立以工促农、以城带乡的投入机制，彻底打破城乡二元发展格局，扩大财政覆盖农村的范围，不断增加对农业基础建设、农村发展的投入，形成产业多样、特色突出、布局合理、规模适度的农业发展良性格局，逐步建立健全农民增收的长效机制，不断提升农民的收入水平。

（二）完善农村社会保障体系

建立健全与农村经济发展水平相适应的社会保障体系，是解决困扰农民养老、医疗、教育等问题的关键所在，进一步完善社会保障体系已势在必行。在大棚租村，一是建立农村最低生活保障制度，确保生活困难的农民最低生活有保障。二是大力宣传社会保险的重大意义，鼓励农民参加养老保险、大病保险和医疗保险，逐步提升农民参保意识。三是政府及相关部门应对家庭贫困的村民住房改造医疗保险等给予一定的政策倾斜与资金支持。

（三）有效开发农村市场，提高农民消费能力

政府应善于发现和培育农村新的消费需求点，鼓励生产企业面向农村调整产品结构，增加农村市场有效供给。一是搞好对农村市场调查和市场预测，特别是要注意调查农民的消费水平、消费环境、消费倾向和要求等。二是鼓励和支持企业面向农村调整产品结构，开发、生产满足不同地区、不同层次需求的消费产品，进行有针对性的产品设计，做到简单实用、操作方便、价格低廉，专供农村市场消费。三是把向农民提供商品和提供服务结合起来，鼓励生产流通企业在农村设立售后服务网点，对设立的维修网点给予税收等优惠扶持政策。

（四）加大资金投入，夯实农村公路路网建设

目前大棚租村到小街镇的公路，在日常管理和日常养护上，都不容乐观，从道路的现状可以看出，日常养护做得相当差，坑洼有的位于道路中央，深的有半米多，面积大的有一平方米左右，下雨积水，导致路面松软，车轮很容易陷进去，造成下雨就不能通车；有的路段即使是晴天，由于道路

两侧的路沟排水不畅，路面也有积水。农村公路网建设是农村客运的基础和前提，农村公路网建设必须服务和服从于社会主义新农村建设的总体部署，政府应加大投入，加大力度，适应建设新农村的新要求。新时期的农村公路不仅要建设好，而且要管理好，养护好，在加快农村公路建设的同时，要切实加强农村公路管理和养护，提高公路保障水平，开创农村公路建、管、养并重的新局面。

（五）加强规划设计，重视农村客运市场建设

峨山县过去农村公路重在建设，发展主要立足于“通路”。像大棚租村，一直到现在，路是通了，但还没有日常的往返于小街镇和村里的客车。适应建设新农村的要求，农村交通建设不仅要实现“通路”，更要求实现通车。要通车就必须高度重视站场建设，坚持“路、站、运”协调发展的原则，统筹规划，精心设计。把农村客运站建设与农村公路建设有机结合起来，做到“统一规划、统一施工、统一目标任务、资金同步到位”，做到路通站成，彻底改变农村客运站场相对滞后的面貌。在农村客运站场建设中，可遵循“谁投资、谁建设、谁受益”的原则，加大资金筹措力度，广泛吸收社会资金，采取公建公营、公建民营、公建民助、民建民助等多种方式，确保农村客运站场规划得以实施。同时，积极争取地方政府的支持，落实和完善在土地征用、配套资金、税费征缴等方面的支持政策，广泛调动社会各界投资的积极性，建立符合市场经济发展规律的运行机制。

努力解决农村客运主体“小、散、乱”问题，鼓励和引导大中型客运企业发展农村客运。在发展农村客运过程中，大中型客运企业具有得天独厚的优势。一是品牌优势。在向市场经济迈进的过程中，这些客运企业都创立了自己的服务品牌，且这些品牌具有浓厚的地域性，在当地产生了一定的影响力。这些客运企业进入农村客运市场，通过品牌宣传，很快使乡村居民产生认同感，有效地提升农村客运服务质量和服务水平。二是网络优势。旅客运输对网络性的要求很高，而这些客运企业经过多年的发展，基本形成了较健全的站点布局和客运经营网络，并且其与农村客运市场有着紧密的联系。有着较强的对外辐射力。三是人才和管理优势。这些企业汇集了较多的客运管理人才，有着较丰富的客运管理经验，有较为严格的管理制度和风险防范措施，有着较强的抵御风险能力。因此，要大胆探索，鼓励和引导大中型客运企业通过联合、收购、兼并、重组等形式，吸纳农运车辆，进行多种形式

的公司化改造，不断提高农村客运发展质量。

（六）大力拓展农村消费信贷市场

对基层金融机构来说，支持“三农”发展的信贷品种主要是农业生产性贷款，即播种所需的种子、化肥、农药等小额信贷需求，以及养殖户、种植户、农副产品加工户、购置农机具等数额较大的信贷项目。而对于农户提出的因子女升学、就医、婚嫁等借款申请，需提供有固定收入的担保人或财产抵（质）押等较高的资信凭证，致使大多数农户只能向亲戚朋友举债，有的甚至不得不从民间借贷渠道取得资金。为缓解农村消费信贷的窘境，农村金融部门应加大对新农村建设的信贷投入，在有效控制风险的前提下，降低信贷门槛，进一步拓展农村消费信贷市场，不断创新面向广大农户的消费信贷业务品种，尽可能地满足农民超前消费信贷需求。

鄂伦春民族村庄变迁调研报告

——以内蒙古鄂伦春自治旗乌—讷猎民村为例

刘　毅　2007 级区域经济专业硕士研究生

鄂伦春族是一个勤劳勇敢、淳朴善良的民族，素以能骑善射著称于世，被世人冠以“兴安岭上的猎神”之美誉。它是全国 22 个人口较少民族之一，据 2000 年第五次人口普查数据，全国当时有鄂伦春族人口 8196 人，其中鄂伦春自治旗辖内有 2050 人，占全国鄂伦春族总人口的 25%，目前主要居住在鄂伦春自治旗诺敏镇、乌鲁布铁镇、托扎敏镇和古里乡 4 个猎民乡镇所辖的 7 个猎民村。

结合区域经济学科学习研究范围与项目安排，我们对内蒙古鄂伦春自治旗乌—讷猎民村进行了实地走访与调研，就其民族村庄变迁状况进行了分析，试将其作为反映鄂伦春民族发展状况的典型缩影。

一、鄂伦春民族历史演进概述

鄂伦春族自古就生息繁衍在我国东北地区，但“鄂伦春”的称呼始见于文献记载则是清朝初年的事。“鄂伦春”是鄂伦春民族的自称，有“山岭上的人”之意，也有另一解释为“使用驯鹿的人”。目前，鄂伦春人大部分生活在我国黑龙江、内蒙古地区。有人把鄂伦春族称为“马背上的民族”，他们世世代代在大、小兴安岭的森林里以狩猎为生。一直以来，他们居无定所，过着游猎生活。

1949 年中华人民共和国成立后，党和国家对鄂伦春人民非常关爱，1951 年经国务院批准建立了鄂伦春自治旗，使鄂伦春民族从原始社会直接跨越到社会主义社会，实现了鄂伦春民族发展史上的第一次飞跃；自治旗成立后，上级政府以及旗委、旗政府做了大量细致的工作，1958 年，世代游猎在森林里的鄂伦春猎民下山定居，实现了鄂伦春民族发展史上的第二次飞跃；1996 年 1 月 23 日，旗委、旗政府从保护生态环境、实施可持续发展的战略高度出发，在全旗境内实施禁猎，使鄂伦春猎民告别了游猎的生产方式，进入一个依靠科技求民族强盛的崭新时代，实现了鄂伦春民族发展史上的第三次飞跃。

鄂伦春族是中华人民共和国成立后我国11个从原始社会末期直接进入社会主义社会的少数民族之一，纵观乌—讷猎民村村庄变迁，其历史演进深嵌在鄂伦春民族整体漫长的发展历程之中。

二、乌—讷猎民村村情概述

鄂伦春自治旗境内的鄂伦春族，定居时间开始于1954年，1958年全部实现定居。1954年开始在乌鲁布铁高鲁（高鲁，鄂伦春语，流域之意）开展定居试点工作，当年盖了18间房子，但质量较差，1955年重新维修，基本保证了房子的质量，当年他们搬进了新居；讷尔克气高鲁，1955年春政府贷款，共盖房24间，每间造价350元，当年秋天搬进新房。当时该村共81口人，18户。讷尔克气土地肥沃，西有讷尔克气河，背依连绵起伏的山峦，十分适宜狩猎、捕鱼和农业的发展。1965年，为照顾国家修建铁路，老讷尔克气村的24户搬迁至其西南40公里处的乌鲁布铁，与定居在那里的原乌鲁布铁猎民村毗邻，该村原来位于现在乌鲁布铁镇政府后面，中间有一片松树林相隔。20世纪80年代，政府为乌—讷猎民村建造新居，建在距原址2华里的南部，即位于乌鲁布铁镇区内的现址。

乌—讷猎民村是乌鲁布铁猎民村和讷尔克气猎民村的合称。鄂伦春语中，“乌鲁布铁”是“孤山”之意，而“讷尔克气”是“山”的意思。自古以来，这里就是猎民们的生活游猎区域。乌—讷村历史上形成聚居局面，在经济社会发展上一直统筹考虑。乌—讷猎民村是以鄂伦春族为主体聚居形成的民族村，位于自治旗东南部，本村位于镇区内，交通便利，111国道从村北侧穿过，距离2公里；嫩林铁路也由北侧经过，距离1.5公里。目前，该村内均为20世纪80年代政府统一修建的住房，面积、格局基本一致。通往镇区的道路为柏油马路，村内道路为砂石土路，特色种植大棚、农田位于村居四周。乌—讷猎民村共有集体耕地4500亩，个人耕地7626亩。主要农作物为大豆、小麦，其他作物有玉米、马铃薯等。截至2008年1月，乌—讷猎民村共有106户，计320人，其中有鄂伦春族人口259人。该村学生全部就读于乌鲁布铁小学和乌鲁布铁中学。①

① 资料来源于调研过程中对鄂伦春自治旗统计局所提供资料的整理成果。

三、乌—讷猎民村村庄变迁概述

鄂伦春民族作为狩猎民族，有着“因猎而迁，因河而居”的狩猎习惯。乌—讷村林草并茂、河流纵横，甘河流经该村，其西南有奎勒河，北部有多布库尔河。由于特殊的地理位置和历史原因，乌—讷猎民村成为自治旗7个猎民村中最大的一个。我们在实地调研过程中，对其有文字记载和口述的村庄变迁史进行了整理，大致勾画出了这个猎民村庄的发展历程。

（一）乌—讷猎民村变迁史

自中华人民共和国成立前夕至今，乌—讷猎民村的形成与发展主要经历了以下三个阶段：

1. 第一阶段：中华人民共和国成立前夕——1958年

这一阶段，鄂伦春族完成了本民族历史上具有相当意义的一次跨越，社会制度发生了根本变革，由原始社会末期一步跨入社会主义。1948年初，巴彦旗工委派巴彦旗旗长——白斯古郎深入到猎区开展工作。1949年7月，白斯古郎召集甘河、古里河、多布库尔河、奎勒河流域的鄂伦春族猎民举行会议，会议决定成立鄂伦春努图克，驻地朝阳，隶属巴彦旗，当时人口仅480人，其中鄂伦春族479人、鄂温克族1人。这是中国共产党建立的第一个鄂伦春族当家做主的乡镇级民主政权。1950年，鄂伦春努图克改称甘奎努图克。1951年，鄂伦春自治旗成立后，鄂伦春族告别了游猎生活，开始下山定居。1954年初，中共鄂伦春自治旗工作委员会决定成立中共甘奎努图克工作委员会，并从1954年开始建房，到1958年全部定居，这一时期国家共拨款9.4万元，建筑土木结构房屋213间，使鄂伦春族在6个猎民新村全部定居下来。定居的具体地点是：诺敏高鲁定居在龙头（后迁斯木科，再迁现住址希日特奇）；1957年多布库尔高鲁在朝阳；讷门高鲁和托河高鲁在木奎。其中，乌—讷猎民村情况为：1955年奎勒高鲁定居在乌鲁布铁；甘河高鲁在讷尔克气（后因修建铁路占用该地，迁至乌鲁布铁）。

2. 第二阶段：1958年——1996年

这个阶段，鄂伦春族在发展道路上继续大步向前，结合当时本民族发展的实际状况，鄂伦春族完成了由游猎生活到定居生活的转变。在调研过程中我们了解到，乌—讷猎民村在20世纪50年代时建筑的土木结构房屋比较简陋，虽经过多次维修，仍很破旧。党和政府在建旗30周年时为定居猎民全部新盖了砖木结构房屋。1970年8月，甘奎努图克人民公社划属黑龙江大杨树区，办公地点在大杨树。1976年11月，将甘奎辖区南部地区划出，成立大杨树镇。1978年秋，甘奎人民公社革命委员会由大杨树迁到乌鲁布铁。1982年，成立讷尔克气努图克筹委会。1983年5月，甘奎公社管委会北部划出755.76平方公里土地，成立讷尔克气乡。在此阶段，乌—讷猎民村于20世纪70年代中后期建成，为进一步改善鄂伦春族住房条件，自治旗又先后投资122.9万元，在猎民村建起可居住93户猎民、总面积达5421平方米的猎民住宅，使大部分猎民乔迁新居。

3. 第三阶段：1996年至今

这一阶段，在党和政府的领导下，鄂伦春民族审时度势，完成了“禁猎转产”的历史性选择。由此，鄂伦春民族踏上了现代化发展的快车道。与此生产方式的转变对应，乌—讷村也经历了一系列变化。1995年7月1日经自治区人民政府民政厅批准，乌鲁布铁镇设立。2002年，根据自治旗机构改革工作需要，讷尔克气乡撤并入乌鲁布铁镇，在原讷尔克气乡成立讷尔克气办事处。自讷尔克气乡并入乌鲁布铁镇后，讷尔克气村与乌鲁布铁村形成了目前的乌—讷猎民村。至此，乌—讷猎民村逐渐发展形成了目前的村庄形态。目前，镇级政府根据自治旗“生态移民”工程规划建新的住宅楼计划于2008年年底竣工，这将有利于进一步改善乌—讷猎民村猎民的生活、居住条件。

（二）乌—讷猎民村村庄变迁特征分析

民族是历史形成的人类社会存在方式。地域、经济、政治、文化、语言是民族的必要因素。乌—讷猎民村有着鲜明的以鄂伦春民族为主体的“大杂居，小聚居”的民族村庄特点。同时，在乌—讷猎民村历史变迁轨迹中，又主要体现出两个特点：一是中华人民共和国成立前民族村庄沿着鄂伦春社会历史变迁而演进；二是中华人民共和国成立后因国家对民族实施的政策不同而演进。

1. 民族村庄沿着民族社会的历史变迁而演进

民族是由氏族、民族联合体、部落和部落联盟演化、扩张而形成的。最初，鄂伦春族社会从远古时代的原始游群发展到血缘家庭①；17 世纪中叶后，由于新生产工具特别是铁器的使用带来了生产力的飞跃，从而导致氏族血缘纽带关系解体，伴随个体家庭出现了私有制，从血缘家庭中形成由母权制发展到父权制的氏族社会。

从社会形态上看，鄂伦春族在清朝初年以前一直都是原始社会，因为清朝开始对鄂伦春族实施正式而有效的统治，鄂伦春族与中央王朝及其他民族日益频繁的交往也促使自给自足的原始公社制被新的社会关系所取代，但总体社会性质的转变在辛亥革命前都未彻底完成。一直到民国时期，家庭公社基本解体，个体小家庭成为主导的生产和生活单位后，鄂伦春族才基本走出原始社会。需要说明的是，即使出现了私有制，鄂伦春族整个社会尚未形成阶级分化，仍处在原始氏族公社末期发展阶段。

就群体组织形式来看，清朝时期对于鄂伦春族来说的外在力量——“路”、“佐”制加速了“穆昆”制的消亡。从清朝统治者统治鄂伦春族人以来到中华人民共和国成立为止，整整三个世纪的时间，鄂伦春社会经历了由“穆昆”到“嘎辛”，由“嘎辛”到“高鲁”的历史时期。而乌—讷猎民村在这段历史进程中，因为鄂伦春族一直都居住在具有部落及部落联盟性质的“梭罗子”里，因此笔者认为还没有形成真正意义上的村庄，与现代意义上的村庄相比，仅仅只能以“前村庄”形态界定。直到中华人民共和国成立，鄂伦春族才由原始社会形态跨入社会主义社会，完成了伟大的历史跨越。正式步入现代社会，则是中华人民共和国成立后，整个民族在政府“弃猎归农”政策要求下，抛弃游猎生活方式，转入农耕的定居生活。在这段时期内，乌—讷猎民村可以称之为“初村庄形态”，即或界定为村庄形成的初期。因此，从鄂伦春族社会的历史变迁来看，乌—讷猎民村正是在鄂伦春社会的演进过程中逐步形成与发展起来的。

2. 民族村庄因国家对民族实施的政策不同而演进

国家先于民族形成，但在不同历史时期内，民族村庄的演进因国家对民族实施的政策不同而形成和发展。从乌—讷猎民村的形成和发展过程来看，主要有以下几个特点：

（1）村庄形成之始，鄂伦春民族狩猎文化明显。由于鄂伦春族作为中国狩猎民族之一，在中华人民共和国成立以前，始终过着“因猎而迁，依

① 鄂伦春族的家庭公社叫“乌力楞”，“乌力楞”内的小家庭由血缘纽带而联系。

河而居”的游猎生活，鄂伦春族猎民在狩猎与迁徙过程中形成的高鲁，大部分都与河流山川有关，这也形成了鄂伦春语中鄂伦春族村庄“依山傍水、因地得名”的特点，同时也包含着深深的鄂伦春民族的狩猎文化。

(2) 特定历史条件下，民族村庄的发展不依行政建制变革而改变地域。乌—讷猎民村在1995年以前，随着甘奎乡和讷尔克气乡的发展而发展，虽然经过了一系列的行政区划变动，但对于鄂伦春族猎民来说，他们依旧生活在村庄里，并随着不同流域的各少数民族迁徙流动，与之汇流交融，繁衍生息。

(3) 乌—讷猎民村的形成和发展在鄂伦春族三次历史跨越中实现。乌—讷猎民村的形成，与鄂伦春族三次跨越中的第二次历史性跨越有着直接必然的联系。从1954年开始建房到1958年，乌—讷猎民村猎民逐渐定居后，乌—讷猎民村最初的村落形态得以形成。

(4) 形成“点、线、面”为特征的乌—讷猎民村现状。受鄂伦春民族“狩猎游居”的特点，中华人民共和国成立前，乌—讷猎民村最原始的地域范围主要以“梭罗子”分散分布。1954年国家开始建房，鄂伦春猎民逐渐下山定居后，形成了以单数、个别鄂伦春族狩猎家庭户为单位的“点状”分布特征，猎民成为目前乌—讷猎民村所剩不多的“原住民”。此后，由于讷尔克气乡并入乌鲁布铁镇，讷尔克气村与乌鲁布铁村形成了“两点一线”的村庄初态。经过国家政策引导，随着猎民生态搬迁工程的实施和人口流动，辐射形成了目前乌—讷猎民村的“面”状特征。

四、通过调研发现乌—讷猎民村变迁发展至今存在的问题

(一) 生产方式转变所带来的经济活动模式问题

此问题也可以称为“经济活动模式转轨型贫困”，这是一种在经济活动方式转换过程中的不适应而引发的贫困问题。在长期的生存、发展过程中，鄂伦春族在适应当地生态环境的条件下形成了独特的狩猎经济活动模式，1996年的“禁猎转产”政策，使他们的经济活动从原来所擅长的狩猎经济向不熟悉的农牧业等经济活动模式转变。丢弃延续了千百年的传统生产方式，适应新的经济活动模式，不仅意味着生产方式、劳动工具、生产经验、劳动习惯等方面的转换，还表现为居住方式、饮食文化、服饰文化等生活方

式和心理情感方面的变化。与渐进式自我变迁相比，这种来自外部推动的突发式经济文化变迁容易伴生技术、观念等方面的“梗阻”性不适应和群体性的心理“阵痛”。当然，这种突发式经济文化变迁的副作用大小还受到族群内在素质、政府工作方式等方面的影响。① 从对乌—讷村的调研情况看，鄂伦春族传统生产方式的转变存在着一些问题：（1）农牧业生产过程中表现出的猎民生产技能滞后和劳动经验缺乏。（2）从狩猎到种植、养殖的转换基本属于同一产业系统内的平行调整，而不是转向更高级的经济活动类型，因而不利于增加农民收入，影响了群众对于生产方式转变的积极性。（3）“弃猎归农”过程中存在着政策措施不配套、工作方式简单、科学技术服务滞后等现象，从而降低了生产方式转变的经济社会效益。（4）生产方式转变引发了不同程度的社会、文化、心理失调现象。（5）在经济活动模式转轨过程中，政府部门突出了“输血”，这对于鄂伦春等弱小族群度过转轨初期难关产生了积极作用，但也在一定程度上影响了其自我发展能力的培养。

（二）现代化条件下民族特性消亡与文化的传承问题

定居后环境的根本改变，导致鄂伦春族传统文化生长基础的丧失，外部文化的广泛传播，文化交流全面展开，传统文化演化过程基本断裂，从而拉开了鄂伦春族如何适应环境的急剧变化以求生存发展的帷幕。

定居使鄂伦春人真正开始了与其他民族杂居的历史。在相异民族人口中，汉族人口占绝对优势。由于与汉族的接触越来越频繁，特别是以汉语、汉文教育为核心的学校教育的兴起，鄂伦春语的应用范围越来越小，鄂伦春语的流失十分严重。同时，铁、铝、塑料制品大量传入，布匹等服装面料也很快地传入。桦树皮、兽皮制品等传统用品、手工艺品急剧走向衰落。而现代交通工具的出现则逐渐代替了桦皮船、滑雪板等传统交通工具。

通过调研过程中我们对乌—讷村民族文化存续状况的调查，以狩猎文化为代表的鄂伦春民族文化中的艺术、技术、组织等方面绝大部分因子已经衰落殆尽，而对现代社会物质文化的一些方面则显示出旺盛的生命力，如电视机、手机、汽车等现代化物品，被猎民们所广泛认可。从与外界的交流情况看，猎民的社会交往活动范围很有限，对外界认识较少，比较、思考较少。而年青一代接受现代观念比较充分，有较强的进取心。

① 吴海鹰、马夫：《我国人口较少民族的贫困与扶贫开发》，《云南社会科学》2005年第1期。

（三）社会组织形式改变而带来的民族习惯法问题

定居生活改变了鄂伦春族过去人口散居的特点，由原来分散在各河汊变为集中到各个居民点上。定居后形成的“村”，不同于原来的“乌力楞”，人口在空间上相对密集。过去那种仍然以血缘、亲戚关系为主的“乌力楞”已不复存在。实际上，定居后的猎民村已开始向人口族属结构多民族杂居的社区发展。[①] 因此，原有的社会结构失去了存在的基础，形成了以村屯为基础的社区，在新的社区内，人们形成了新的社会关系，原有的社会关系已不能适应新的社会结构。在血缘及后来地缘“乌力楞”阶段，人们的行为仍然主要由习惯法来规范。定居以后，习惯法逐渐失去了原有的作用，新的社会关系准则和国家法律取代了习惯法规范人们的行为。

（四）生产方式转变所带来的猎民思想观念问题

小民族面对的环境变化，主要是以工业化为代表的现代化的扩张、对小民族地区的资源开发，小民族传统生存环境发生巨大改变；市场经济观念、商业化习俗等等，导致小民族传统社会经济基础的动摇以及在社会、政治、心理等广阔领域出现的问题，从而引出小民族民众心理和思想观念变化的问题。

乌—讷村中确实存在着一定数量抱有“等、靠、要”思想的家庭或个体成员，他们通常把自己的生活希望寄托在政府救济、社会扶助等外部因素方面，这类家庭和个体在心理上意志消沉、缺乏自尊自立意识和进取精神；在生产方面懒于劳作，不愿接受新的经验和技术，经营管理粗放；在生活方式方面缺乏计划，政府救济多少吃多少，无进取思想和长期生活规划。

生产方式转变后，鄂伦春族主要经营农牧业，除少数家庭有独立经营能力外，总体上是出租土地，原来的猎民自己并没有亲自务农，也不掌握农业生产技能。在这种条件下，向农业生产转换过程中，鄂伦春猎民与外界很大程度的依附性关系是意料之中的。[②] 这种依附性表现在对周围其他民族人力、技术、资金的依赖，对政府各项生产生活优惠政策的依赖，由此带来了

① 何群：《环境与小民族生存》，中央民族大学出版社2004年版。

② 何群：《人口较少民族生存发展问题探索》，《内蒙古工业大学学报》（社会科学版），2002年第11卷第2期。

一种消极风气。

（五）其他方面的问题

1. 村庄组织管理方面

村“两委”班子人员与结构方面存在一些问题：一是班子成员中大部分文化程度偏低，而且年龄偏高，面对不断变化的新形势和新问题，没有新招数和新措施，素质亟待提高；二是村干部待遇低、工资落实难，直接影响村干部的工作积极性，也影响村“两委”各项工作的有效开展。

2. 村庄财务状况方面

外欠债务是困扰猎民村经济发展的最大问题。这个问题在鄂伦春自治旗农村广泛存在，乌—讷猎民村也不例外。改善猎民生活、建立肥牛饲育基地、上马滑子菇养殖基地等项目给这个原本就不富裕的村庄添上了更加沉重的村债压力。纠集起来，外债形成的主要原因有为发展猎民的农业以及其他产业生产的贷款、借款和修路、修学校、修房屋等基础设施的建设费用。

3. 村民社会保障方面

进入21世纪以前，村民在失业、养老、医疗等生活保障方面，几乎一片空白。2005年，自治旗启动了鄂伦春族猎（居）民医疗保险工作，猎（居）民全部参加了医疗保险。但由于猎区医疗设施落后，许多患病猎民得不到有效救治。此外，大部分猎民由于土地少，种植品种单一，再加上当地无霜期短，气候恶劣，亩产过低，村民生产成果在瞬息万变的市场经济面前显得弱不禁风，缺乏抗风险的能力，村民的收入也只能是维持日常生活，如遇天灾人祸等突发性事件，无力招架，导致贫困户增多。

4. 村庄基础设施建设方面

（1）道路问题

村屯道路都是自然形成的土路，由于没有资金进行投入，多年失修，如遇阴雨天难以出行，特别是在雨季，农资运不进来而误农时，即使有了好收成，不能及时运出，也卖不上好价钱。

（2）文化设施落后，医疗卫生条件差

该村文化设施建设落后，几乎空白，不能满足村民群众文化生活的需要；两村只有一所邻近的乌鲁布铁卫生院，只能提供普通医疗服务，村民如遇大病，需转上级医院治疗。

5. 村民教育工作方面

在撤乡并镇后，上级撤并了许多村办小学，这使村里的小学生必须集中到镇中心小学读书，农民供养子女上学的费用比原来增加了1/3（主要有住宿费、交通费、伙食费），在给农猎民增加经济负担的同时也影响了部分适龄儿童的入学；同时，猎民享受教育资源明显低于城镇居民。现在现有的各种各类学校主要集中在城镇，农村子女要到城镇学校完成义务教育存在诸多障碍，农村学校的校舍、设施设备以及教学水平明显低于城镇，师资力量不强，有的甚至无专业教师，无法开课。

6. 村庄农业产业化方面

（1）种植业品种单一，耕作不善

由于受历史和自然条件的影响，大部分猎民只种他们所熟悉的传统农作物，对科技种田和调整产业结构认识不深，从而导致广种薄收，管理上粗放经营。

（2）农牧业服务体系不健全

缺少农技推广专业技术人员，无实验田基地，科技成果转化率不高，助农增收乏力，不能及时解决猎民在农牧业生产中出现的问题。

五、针对乌—讷村发展变迁过程中存在问题提出的对策建议

通过调研，我们对乌—讷村村庄变迁过程进行了分析与研究，也对调研中发现的实际问题进行了深入思考。在此基础上，结合乌—讷村现实情况和鄂伦春民族变迁这一背景，提出了解决乌—讷村乃至整个鄂伦春族猎民村发展变迁问题的若干对策建议：

（一）以科学发展观为指导，推进鄂伦春族新猎村建设

坚持全面发展原则是由鄂伦春族作为人口较少民族的实际状况所决定的。由于历史和自然环境等多方面的原因，鄂伦春族的贫困问题除了具有一般性内涵和特征外，还存在着一些更深层的致贫因素，如耻于经商的观念、原始平均主义的分配方式、零积累的消费观念、对新的生产方式的不适应性、不平等的社会性别观念等。发展是经济、社会、文化和政治的全面进程，其目的是在全体人民和所有个人积极、自由和有意义地参与发展及其带来的利益公平分配的基础上，不断改善全体人民和所有个人的福利。坚持全面发展原则就是要在设法解决各种表层贫困问题的同时，注意优化鄂伦春族

深层的社会文化结构，培育民族群体的自我发展能力。由于对民族发展道路自我选择权利的欠缺和对生产方式转变的消极态度等原因，鄂伦春民族自我发展能力至今还没有培养起来，若从猎民年人均收入中减去政府的补贴和各种免税优惠，从这一标准来看他们依然处于贫困状态。这就要求我们用科学发展观指导鄂伦春民族地区的扶贫开发。

（二）注重民族文化的存续与传承，保持民族特性

民族作为人类社会一种重要的群体构造形式，通常以独特的文化个性彰显其存在。任何一个民族的文化都具有其独创性和充分的价值，都是在长期的历史过程中形成并与其经济条件相适应的。在调研过程中我们更深地认识到，一切文化的价值都是相对的，文化谈不上进步与落后。历史上，鄂伦春族长期居住、生活在相对封闭的地理环境中，从而较好地保存和延续了本民族文化。但这种在封闭环境中成长起来的文化相当脆弱，一旦遇到开放的环境和强势文化，很容易被融合，导致传统文化的丧失。在社会发展中首先要做到保护民族传统文化，要合理评价和尊重弱势文化，相信本民族在与特定自然环境互动过程中所做出的理性选择；其次通过设立鄂伦春民族文化保护区、举办民族艺术文化培训班、建立民族文化博物馆等方式，一方面为鄂伦春族文化生存和代际传承营造一种相对稳定的人文生态环境，另一方面要尽可能把那些即将丢失的民族文化收藏和发扬起来。此外，尊重历史传统，在合理的范围内将当代道德、法制与民族传统习惯法结合起来，共同作为鄂伦春民族成员的行事原则。

（三）探索适合鄂伦春民族的经济发展模式，优化产业结构

乌—讷村经济虽然在定居以来有了长足的进步，但由于鄂伦春族与其他民族之间思维差异等因素的存在，以及遗留的原始生产生活方式和环境的束缚，导致现有的产业结构明显处于落后和不合理局面。产业结构能否得到及时、合理、成功的调整，直接关系到今后乌—讷村经济发展的成败，应高度重视。乌—讷村产业结构调整应着眼于发挥自己的有利条件，探索适合当地实际情况的经济发展模式。

1. 建立野生及其他特种动物养殖基地

乌—讷村的自然资源条件和气候非常适合黑熊、马鹿、梅花鹿、驯鹿、狍子、野猪、野鸡、乌鸡、树鸡等野生动物的生存、繁衍。因此，建立这些

动物的现代化养殖基地和进行保护性开发的条件较好。这些动物对房舍、饲料等条件要求不高，便于就地取材，技术易于掌握，而且加工出的熊胆、鹿胆、鹿茸、鹿胎膏等产品极其名贵，在国内、国际市场深受欢迎，其他地区无条件进行开发，市场前景十分看好。

2. 大力发展民族特色食品生产、加工、销售业

绝大多数的鄂伦春族传统食品都是大自然提供的绿色食品，也深得其他民族人民的喜爱。在人民消费水平日益提高、绿色食品备受青睐的现代社会，给民族风味食品的生产、加工销售业的发展提供了良机。老山芹、狍爪菜、蕨菜、蘑菜、山菠菜等20余种山野菜是人们餐桌上十分难得的山珍。深入研制、开发这类产品更是打开民族地区致富之门的一把金钥匙。

3. 利用环境资源和鄂伦春族丰富的人文资源发展民俗旅游业

乌—讷村山清水秀、风景秀美，可开发为人们旅游、度假、避暑、探寻民族传统文化的宝地。同时，乌—讷村区位优势明显，铁路、公路交通便利，也为乌—讷村民族文化旅游业发展提供了便利。

4. 对传统农业、畜牧业格局进行改造

在增加科技含量基础上扩大畜牧、养殖业规模，搞好养殖基地建设以推动粮食、饲料及其他农副产品加工业，实现农业转化增值；合理调整种植结构，适当扩大油菜、饲草、特种蔬菜等种植面积；丰富农产品种类，以适应粮食市场变化给种植业带来的巨大压力，发展与之配套的产品加工销售业；推广适合当地生产条件的优良作物品种，依靠科技进步改进种植方法；依托丰富的草场、粮食资源，引进优良畜种，推广先进技术及管理经验，发展规模型、技术型、高效优质的畜牧、养殖业，提高产品精深加工能力。①

（四）坚持可持续发展原则

乌—讷村所处地区资源丰富、生态环境条件较好，但当地自然环境系统较为脆弱，部分地区已经在开发过程中遭到破坏。更重要的是，以乌—讷村为代表的小民族聚居区大多分布在生态环境系统的上游，所以这些地区的生态环境状况不仅对本区域内的民族生存和发展有直接影响，而且对中、下游生态环境状况也有着重要影响。因此，要针对乌—讷村设计出以生态环境保护、资源可持续利用为前提的扶贫开发模式，把是否对生态环境有破坏性、

① 张广禄、周玉红：《为新生鄂伦春民族乡再设计一个未来》，《民族团结》2000年第6期。

破坏程度大小等作为项目设计和实施的首要依据。

（五）完善村庄组织管理，提高猎民生活水平

1. 加强村庄组织管理建设

把懂得法律法规，具有较高文化知识，并愿意在农村工作的青年猎民选进领导班子，充分发挥其带头作用；制定农村经济发展总体规划，通过发展壮大集体经济，增加村积累，及时兑现并逐步增加村干部的工资待遇，进一步调动村干部在建设社会主义新农村、新猎区中的积极性；建立健全各项规章制度，加大村务公开的工作透明度，让猎民真正行使他们的知情权、决策权等民主权利，加强对村干部各项工作的有效监督。

2. 有效解决村债问题

要充分利用国家、自治区和自治旗的有关政策，及时清理不良债务，通过不断发展壮大农村集体经济，增加村集体的收入，同时利用本地区的农产品、特色产业及自然资源的优势，与外界建立广泛联系，形成产业链，不断增加经济总量，逐步偿还债务。

3. 建立健全各项保障制度

各有关部门要大力宣传实施农民最低生活保障、养老保险和农村合作医疗等项制度的重大意义，不断提高广大猎民的思想认识，逐步建立健全各项保障制度，确保农猎民安心农业生产。村干部要在农业生产及多种经营等方面起带头作用，多用实例使广大农猎民转变传统的种植理念，不断提高适应市场经济需求的能力。

4. 加强对猎民思想观念和实用技术等方面的培训，在培养新型农猎民上下工夫

农猎民是建设新农村、新猎区的主体，关键是要培育一批有文化、懂技术、会经营的新型农猎民，争取建立农猎民培训组织，定期举办农猎民理论知识和实用技术培训班，逐步改变他们固有的传统生产和种植观念，不断提高广大农猎民的整体素质和劳动就业、创业的能力，充分发挥农猎民在新农村、新猎区建设中的主体作用。

5. 加大对农村基础设施建设的投入

要抓住国家西部大开发和支持少数民族地区加快发展政策的机遇，充分利用国家的优惠政策，抓项目、要政策、找资金，争取上级对农村猎区工作给予更多的支持。采取国家投资、农民集资、企业入股等形式，加快农村基

础设施建设的进程，保证村屯公路的畅通，彻底解决农产品运输难和出行难的问题，进一步加强农村文化和医疗等基础设施的建设。按照乡风文明、村容整洁的目标要求，结合本地实际逐步健全农民群众的文化设施，大力倡导讲文明、树新风的社会主义新风尚，积极开展群众性精神文明创建活动，在农村猎区形成一个健康和谐、文明向上的社会风貌。

6. 解决村庄教育工作中存在的问题

建立健全农村义务教育经费的保障机制，普及和巩固农村九年制义务教育；根据本村的实际情况，建议上级合理调整农村小学的布局；在实施九年义务教育和“两免一补”的基础上，建立贫困生助学金制度，对家庭贫困的学生提供一定的资金扶助，避免出现新的辍学现象。

7. 推进农牧业产业化进程

(1) 调整产业结构，加快农业产业结构的战略性调整，是发展高产、优质、特色农业，提高综合效益，增加农民收入的客观要求。一方面要大力发展农村猎区畜牧业，提高畜牧业在第一产业中的比重；另一方面，要加快种植业内部结构的调整步伐，逐步转变农业增长方式，提高农业综合生产能力。

(2) 狠抓农业基地建设和培育龙头企业。按照规模化、标准化、专业化生产的要求，围绕自治旗目前开展的畜牧业“双百万工程”和乳、肉、豆、薯、药、菌、麻七大主导产业建设目标，在做大、做强上下工夫。同时，加强地方与企业合作，支持农垦、林业大企业培育绿色食品品牌，努力把基地做优做强，形成规模效应。同时，培育一批有规模、有技术含量、有竞争力、有牵动力的农畜产品加工和流通企业，提高农副产品附加值。

(3) 加快工业反哺农业进程。加快发展特色产业，培育支柱产业，做大做强能源重化工、绿色农副产品加工、森林工业加工“三大产业集群”，为工业反哺农业奠定基础。

(4) 实现体制创新，探索适应农村经济特点的新的经济组织形式，积极发展中介组织和行业协会，壮大农村猎区经纪人队伍，鼓励农猎民用土地、草牧场、劳动力、技术等生产要素入股组建经济组织，激发农村猎区经济发展的活力。

六、对以鄂伦春族为代表的小民族村庄变迁发展的相关思考

法国著名社会学家孟德拉斯在他的经典著作《农民的终结》一书中这样说："20亿农民站在工业文明的入口处，这就是20世纪下半叶当今世界向社会科学提出的主要问题。"今天，中国恰好处于这样一个转型期。30年的改革开放，工业文明越来越发达，城市化进程不断加快，越来越多的农民被纳入城市体系之中。加快城市化步伐是我国的一项重要战略，城市是现代文明的标志，集中体现了一个国家的综合国力。联合国环境规划署指出：城市的成功就是国家的成功。在进入21世纪时，诺贝尔经济学奖获得者斯蒂格利茨曾提到，在21世纪中国有三大挑战，其中居于首位的就是城市化。

在现代化大潮滚滚而来的全新时代，除了要适应农业生产方式和现代生活方式的转变，鄂伦春民族村庄还面临着一个重大历史任务，那就是尽快融入城市化的发展趋势之中。要完成这一任务，以居住环境、组织结构、社区管理等为代表的村庄变迁便必不可少。在经历了定居、禁猎、发展农业生产等一系列直接影响鄂伦春族人民生活的历史性事件之后，面对城市化浪潮，村民们也感受到了扑面而来的变化之风。从猎村有了基层党组织和行政建制、20世纪80年代政府统一新建住房、猎村有了火车站，到如今的新型猎户住宅楼即将竣工，猎民们逐渐体会到了城市化的进程一点点推进。与之相随的，村庄组织结构、具体管理形式等也随着村庄形态的变迁有了不小变化。

中华人民共和国成立以来，农村的最基层组织经历了由自然村至生产队再到村民小组的变迁过程。生产队体制的建立并非村落社区自然发展的需要，而是为了适应国家工业化的需求，依靠国家政权超经济强制的结果。在这样的背景下，农业一步步走向集体化，而传统的自然村落社区逐渐被政治权力切割并重新整合到了大的社区。付出了一定代价之后，国家逻辑与农民逻辑实现了妥协，即在农村基层完善并稳定了生产队体制，同时生产队也逐渐取代了传统家庭与社区的功能，甚至也承担起了本应由国家机关承担的政治和社会管理功能。超经济的强制和不断的教育运动并不能掩盖生产队体制的效率低下和社员对单家独户经营的渴望，最终生产队走向了终结，取而代之的是村民小组的建立。相比起生产队，村民小组在村庄中的作用和功能已大大弱化，以致引起是否要废除村民小组的争论。村民小组赖以存在的基础

是承袭生产队时期的集体土地所有制，当前的法律制度对农民集体的规定含糊不清，这种情况造成土地集体所有权的虚化，村民小组作为事实上的集体土地所有权的主体却不具备诉讼关系主体的法律资格。更为重要的是，土地集体所有权明确了村民小组之间的界限，极不利于社区重新整合。

乌—讷猎民村集体化之前，自然村是一个完整的村落社区，虽经历了集体化和市场化的冲击，但是像鄂伦春猎民村这样的传统村落，村民的社区意识依然存在，社区传统并未消失。改革以后，乌—讷猎民村有过一段时期的短暂繁荣，随后又逐渐衰落了，农村的衰落并不是农村没有发展，而是农村的发展远远落后于城市化的进程。由于一段时期内农村行政体制对自然村落社区的切割，村庄的经济发展却没有带来集体收入的提高。因此，重建社区组织，以在自然村基础上建立的行政村为单位开展农村社区建设，以此发展集体经济、改善猎民生活应该是鄂伦春猎村发展的可行之举。而在乌鲁布铁镇的朝阳猎民新村，这种新型社区化组织和管理已经在发展猎民村经济等方面初显成效。

审视历史不难发现，人类文明类型丰富而多彩，多样性是人类生存的必要条件。小民族的文化是人类文明的重要组成部分，在历史上，他们大多与自然维持着和谐共生关系，并对天地万物怀有敬畏之心；对他人的交往中，保持着澄明的心境，深切的关怀；对物质需求简单而易于满足；对群体，则拥有与生俱来的献身精神；对大自然具有极强的适应能力而非破坏或改造。在目前世界一体化的进程中，小民族的前途问题更加彰显。他们世代所依托的自然环境被破坏，传统谋生手段被禁止，民族生活习惯被打乱。人们总是一厢情愿地将他们带入“现代化”，使之成为“现代化”的牺牲品，而不曾倾听小民族成员的心声。包括鄂伦春族在内的生活在世界各地的小民族，其民族的社会状态是适应历史上和现代其周围的自然环境和社会文化环境的产物。面对现代化进程的推进，自然与社会环境的急剧变化，一方面其民族传统文明的简单性束缚了小民族适应新环境的能力；而另一方面，其民族传统文明的合理性又给现代化和城市化进程提供了遏止破坏甚至毁灭人类自身家园的精神资源。因此，小民族生存和发展问题，本质上就是传统文明与飞速变化的自然与社会环境之间的关系问题。

19 世纪末至 20 世纪初以来，在现代化潮流的强力冲击下，分布于世界各地的不少小民族的传统文化和生活方式被浸润、消解，甚至屡屡出现整个群体消失的情况。造成如此结果的原因何在？小民族的前景如何？这是学术界多年来一直普遍关注并着力探索的领域。而鄂伦春族的社会变迁，无疑是其中一个具有典型性和代表性的研究方面。

鄂伦春族是一个人口万人的小民族，但鄂伦春人所面对的，却是现代世界的一个具有普遍意义的典型问题。对其村庄乃至民族变迁过程的研究对于全球同类小民族的发展道路问题而言，具有借鉴意义。有一点是毋庸置疑的，在党和政府的正确领导下，随着鄂伦春人民的辛勤努力，鄂伦春族将和我国其他各民族一起，共同向和谐的小康社会迈进。

鄂伦春族人口发展调研报告

——以鄂伦春自治旗乌—讷猎民村为例

李慧娟　2007 级区域经济专业硕士研究生

鄂伦春民族世代游猎于大兴安岭，被世人誉为“兴安岭上的猎神”。自1958 年定居后，鄂伦春民族的生产生活方式发生了翻天覆地的变化，结束了单一的游猎经济，形成了农业、畜牧业、养殖业“多业并举、多种生产经营方式”的经济发展格局。同时，在国家政策扶持和指导下，鄂伦春族猎民的成功定居，不仅促进了该民族的经济繁荣与人口发展，也使得鄂伦春族整体生活水平和健康状况有了很大提高。50 年来，鄂伦春族人口已由中华人民共和国成立前濒临灭绝的负增长转变为持续稳定的增长，但进入 21 世纪以来，受政治、经济、社会、文化和环境各个方面不同程度的影响，鄂伦春族人口素质等问题日益突出，严重影响了鄂伦春民族的发展。

作为中央民族大学“985 工程”中国少数民族村庄经济调查项目组成员，笔者于 2008 年 7 月对内蒙古自治区鄂伦春自治旗乌鲁布铁—讷尔克气猎民村（简称乌—讷猎民村）进行了调查。本文利用实地调查资料对乌—讷猎民村鄂伦春族的人口结构、人口素质及人口发展中存在的问题进行了深入分析，提出提高鄂伦春民族素质技能和社会地位的建议，以期借此探寻我国人口较少民族可持续发展之路。

一、乌—讷猎民村概况

乌—讷猎民村地处内蒙古鄂伦春自治旗东南部，位于乌鲁布铁镇政府南 1.5 公里处，北距旗政府驻地阿里河镇 90 公里，南距大杨树镇 22 公里。该村位于镇区内，交通便利，距嫩林铁路仅 1.5 公里，111 国道从村北侧穿过，距离仅 2 公里。

在鄂伦春语中，乌鲁布铁是“孤山”之意，讷尔克气是“山”的意思。自古以来，这个地区就是猎民们的生活游猎区，从 1958 年实现下山定居以来，猎民们在祖祖辈辈曾经游猎的地方过上了安稳、和谐的新生活，古老的土地焕发出了新的光辉。

二、乌—讷猎民村鄂伦春族人口状况

据乌—讷猎民村党支部书记介绍，最初鄂伦春族在这里定居时，即在1956年到1958年间，整个猎民村只有七八户人家，而截至2007年底，乌—讷猎民村人口已经发展到106户，307人（含外出打工者18人），其中鄂伦春族人口244人。由此可见，50多年来，鄂伦春族不仅实现了定居、禁猎转产为农牧经济，人口也不断增长。截至此次调研的2008年6月底，乌—讷猎民村共有人口106户，321人（含外出打工者15人），其中鄂伦春族为263人，占整个猎民村总人口的81.9%。可以说，乌—讷猎民村中绝大多数人口都是鄂伦春族的猎民。

（一）人口结构分析

乌—讷猎民村的鄂伦春族定居后，伴随着生产生活方式的转变，其人口结构也发生了较大变化，具体表现在年龄结构、性别结构、出生死亡结构以及鄂伦春族人口的变化几个方面（具体数据见表1）。

表1　　2007年乌—讷猎民村鄂伦春族人口结构统计表

	年龄结构（人）			性别结构（人）		出生死亡结构（‰）	
	18周岁以下	18—60岁	60岁以上	男性	女性	出生率	死亡率
乌—讷猎民村	64	174	6	125	119	20.5‰	8.2‰

资料来源：根据2007年乌鲁布铁镇统计年鉴及调研采访整理。

1. 年龄结构

人口年龄结构是指各个年龄组人口在总人口中所占的百分比。

由表1可知，乌—讷猎民村鄂伦春族中18周岁以下人口占总人口的26.2%，18周岁到60岁人口占总人口的71.3%，60岁以上的老人占总人口的2.5%。根据国际通用划分人口年龄构成的标准（见表2），人口年龄结构可以分为年轻型、成年型和老年型三种，相应的反映了不同人口在生产系统的增长、静止和缩减性特征。一般来讲，年轻型的人口再生产系统未来育龄人群比重更大、出生率高、死亡率低、人口自然增长速度必然加快。相反，老年型人口在生产系统的育龄人群比重小，且逐渐缩减，出生率相对较低，而死亡率又相对较高，于是人口自然增长速度递减或速度递减更替水平，或出现负增长。成年型人口由结构状态介于年轻型和老年型之间，即各年龄组人数及差距较小，人口自然增长缓慢。

表2　　　　国际通用划分人口年龄构成标准

类型结构 各项指标	计算方法	年轻型	成年型	老年型
老年人口系数（%）	65岁以上人口/总人口	5%以下	5%—7%	7%以上
少年儿童系数（%）	14岁以下人口/总人口	40%以上	30%—40%	30%以下
老年人和少年儿童之比（%）	65岁以上人口/15岁以下人口	15%以下	15%—30%	30%以上

虽然在年龄划分标准上有些差异，但结合表1和表2，可以发现，从老年人口系数方面来看，乌—讷猎民村鄂伦春族的年龄结构属于年轻型；从少年儿童系数方面看，乌—讷猎民村鄂伦春族的年龄结构基本属于老年型；而从老年人和少年儿童之比方面来看，乌—讷猎民村鄂伦春族的年龄结构基本属于年轻型。

通过各项指标的计算，结合年轻型、成年型及老年型人口年龄结构的特点综合来看，乌—讷猎民村的人口年龄结构应属于年轻型，但处于正在向成年型过渡的阶段。

2. 性别结构

性别结构是人口自然结构中一个重要组成方面。

分析表1发现，乌—讷猎民村鄂伦春族的男女比例基本持平，为105：100，这与乌鲁布铁镇男女比例不同。乌鲁布铁镇男女比例相差一直较为悬殊，1966年高达134.33：100，直到2007年才下降至106.04：100（具体数据见表3），可见，乌—讷猎民村鄂伦春族男女比例低于该镇的平均水平。

表3　　　　典型年份乌鲁布铁镇性别比例一览表

	1966年	2004年	2005年	2006年	2007年
男女比例	134.33:100	108.81:100	107.69:100	107:100	106.04:100

资料来源：根据相应年份鄂伦春自治旗统计年鉴整理。

同时，我们在调研中了解到，1990年后出生即18周岁以下的鄂伦春族男女比例基本平衡，甚至在新生儿中女性人数略多于男性。可见，当代的鄂伦春族人已经不再有重男轻女的思想。而猎民村中30—45岁之间的人口，男性明显多于女性，这主要是由于以前鄂伦春族过的是游猎生活，男性外出打猎是家庭生活的主要支柱，在这个年龄阶段的猎民是鄂伦春族刚刚定居后出生的一代人，人们的思想观念还没有转变过来；但随着年龄的增长，女性的生存优势明显表现出来，乌一讷猎民村中几位高龄的老人中，女性所占的比例明显高于男性。

3. 出生死亡结构

在人口统计学中，出生率的定义是每年、每一千人当中的新生人口数；死亡率是用来衡量一部分人口中、一定规模的人口大小、每单位时间的死亡数目（整体或归因于指定因素），而出生率与死亡率的差值就是人口的自然增长率。

定居后，乌一讷猎民村的鄂伦春人的生活稳定下来，生活质量不断提高，人口出生率的增长和死亡率的降低使人口增长幅度有了较大变化，特别是20世纪80年代中期到90年代初，这一阶段的新出生人口较多，达到了人口出生的高峰期。据调查，近10年来，乌一讷猎民村的新出生人口变动幅度不大，只有2000年新出生婴儿稍多，共有9名鄂伦春族新出生婴儿，通过表1数据可知，2007年，乌一讷猎民村鄂伦春族的出生率为20.5‰，死亡率为8.2‰，而2007年，乌鲁布铁镇人口出生率为18.2‰，死亡率仅为1.7‰，可见，乌一讷猎民村鄂伦春族的出生率和死亡率均高于乌鲁布铁镇的平均水平，同时也高于全国平均水平。

虽然乌一讷猎民村的鄂伦春族的出生率保持在一个相对高的水平，但近年来，其鄂伦春族人口是一个低增长的状态，这主要是由于近年来计划生育政策的普及，鄂伦春族的生育观念发生了较大变化。

鄂伦春族是我国的人口较少民族，国家对鄂伦春族的生育基本不采取政策性限制。虽然政府不强制控制鄂伦春族人民的生育数量，但乌一讷猎民村的鄂伦春族妇女对计划生育政策都很了解也很配合，从我们对猎民村妇女的调查了解中得知，村里的大多数鄂伦春族妇女都知道并了解计划生育政策，而在这些人中，愿意或同意子女执行计划生育政策的也占到了68%之多，有个别妇女不愿意上环，但也都采用了其他避孕方式。其实，历史上的鄂伦春族的生育观念同其他民族一样受传统习俗的影响，重男轻女，祈求神灵保佑，多生男孩繁衍后代。同时，由于鄂伦春族受生存环境的限制，许多人死于疾病，人口发展很慢，因此，鄂伦春族家庭早婚、早育现象十分普遍，生育愿望强烈。而现在乌一讷猎民村的鄂伦春族已经改变了原本的生育观，多数家庭只有一个孩子。

4. 鄂伦春族人口变化

中华人民共和国成立前，鄂伦春族因为狩猎文化自身特点，只能维持较少的人口数量，而疾病及动荡不安的社会环境又使鄂伦春族人口急速走向衰落，即使是鄂伦春族在乌—讷猎民村定居之初，也只有少数猎民户，50 多年来，乌—讷猎民村的鄂伦春族人口不断增长。

表 4　　1998 年和 2007 年乌—讷猎民村鄂伦春族人口变化一览表　　单位：人

	1998 年	2007 年
乌鲁布铁猎民村	47	93
讷尔克气猎民村	75	151
乌—讷猎民村	122	244

资料来源：相应年份乌鲁布铁镇统计年鉴。

就近 10 年来乌—讷猎民村鄂伦春族人口的变化趋势来看（具体数据见表 4），可以发现，自 1998 年到 2007 年近 10 年的时间里，乌—讷猎民村的鄂伦春族人口有较快的增长。1998 年，乌—讷猎民村共有鄂伦春族 41 户，122 人。截至 2007 年底，乌—讷猎民村共有鄂伦春族人口为 244 人，占整个猎民村总人口的 79. 4%。自 1998 年到 2007 年底，乌—讷猎民村的鄂伦春族人口翻了一番。

通过自 1998 年来乌—讷猎民村鄂伦春族人口规模的变化不难发现，乌—讷猎民村鄂伦春族人口总数是不断增加的，总体呈现出人口数不断增长的趋势。鄂伦春族人口不断增长，除了受其生活条件改善、医疗条件不断完善、饮食结构改变等所导致的健康状况明显好转等因素影响外，现阶段，其人口数不断增加的一个重要原因就是国家政策优惠的倾斜。

鄂伦春族是我国 22 个人口较少民族之一，人口稀少，分布相对集中，因此国家对于鄂伦春族的生育基本采取不做政策性的限制。也就是说，鄂伦春族猎民不受计划生育政策的限制，这是保证鄂伦春族人口出生率的前提，同时也促进了鄂伦春族人口的增长。同时，国家对鄂伦春族这样的人口较少民族有很多的优惠政策，如人口较少民族能够同时享受城镇居民最低生活保障（城镇低保每月 120 元）和农村低保，但其他民族只能享受农村低保；团结户①按每月低保金到位的实际数，按类别分别享受 50—80 元不等的低保金额；人口较少民族的孩子上学统一免缴学费等。鄂伦春族定居后，乌鲁布铁镇及乌—讷猎民村的团结户不断增多，而根据有关规定，只要父母有一方为鄂伦春族，其子女就可以登记为鄂伦春族。

① 男女其中一方为鄂伦春族的家庭被称为团结户。

(二) 人口素质现状分析

人口素质主要包括身体素质、文化素质和思想素质三个方面。其中身体素质是人口素质的自然条件和基础；文化素质是人口素质的核心，是人口素质高低的主要标志，文化素质不仅决定着人口发展，同时也影响着经济的发展；而思想素质是人口素质的重要表现。鄂伦春族人口素质现状也将从以上三个方面进行分析。

1. 身体素质

身体素质包括众多的指标，以最基本的身高和体重两项指标为例，根据乌—讷猎民村提供的资料显示（见表5），2004年①，乌—讷猎民村鄂伦春族成年男性和女性的身高、体重两项指标均低于全国平均水平，同时还低于同样为人口较少民族的鄂温克族的平均水平。

表5　鄂伦春族成年男子、女子身高、体重指标与鄂温克族、全国指标对比一览表

	成年男子		成年女子	
	身高	体重	身高	体重
鄂伦春族	167.08厘米	63.63千克	155.25厘米	54.63千克
鄂温克族	169.91厘米	70.31千克	157.78厘米	58.92千克
全国	169.2厘米	66.5千克	158.6厘米	56.8千克

资料来源：乌鲁布铁镇政府办公室提供。

从各项指标汇总后而得到的体质水平评定结果来看（见表6），2004年，乌—讷猎民村鄂伦春族成年男性和女性的体质达标率也同样低于全国及鄂温克族的平均水平。总体来看，鄂伦春族人口达到合格级以上标准的仅为59.8%（男62.4%，女57.3%），大大低于全国71.4%水平。

① 乌鲁布铁镇政府在2004年对乌—讷猎民村进行的人口体质检查是截至2008年6月的最新统计结果。

表6　　鄂伦春族成年男子、女子达标率与鄂温克族、全国达标率对比一览表

单位:%

		优秀	良好	合格	不合格
成年男子	鄂伦春族	8.0	23.2	31.2	37.6
	鄂温克族	12.7	23.2	35.9	28.3
	全国	11.6	25.1	34.4	28.8
成年女子	鄂伦春族	2.3	16.0	38.9	42.8
	鄂温克族	12.1	21.5	26.2	40.2
	全国	12.7	26.7	32.3	28.3

资料来源：乌鲁布铁镇政府办公室提供。

综上所述，鄂伦春族的身体素质状况不容乐观。虽然自鄂伦春族定居以来，其身体素质有了较大改善，但由于受种族、遗传、生活水平以及疾病等因素的影响，其身体素质状况仍低于全国平均水平。

2. 文化素质

人口受教育状况是人口文化素质的重要方面，它不仅反映出人口所受的福利情况，而且反映出一个民族发展潜力的大小。可以说，鄂伦春族人口的文化教育状况直接影响到其人口的发展，影响到优生优育的普及，影响到人口增长的快慢，也影响到这个民族的繁荣。所以，国家十分重视鄂伦春族的文化教育，采取多项优惠政策来提高鄂伦春族人口的文化素质，进入20世纪90年代后，更加大了扶持力度，使鄂伦春族的人口文化素质得到了重大发展。

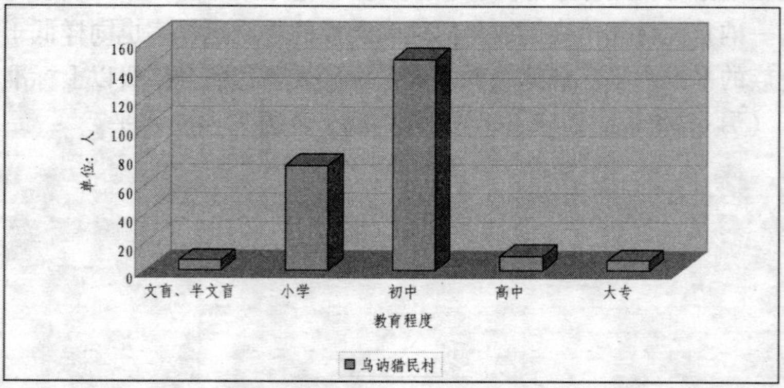

图1　2007年乌一讷猎民村村民接受教育情况

根据乌—讷猎民村有关部门提供的数据，我们发现，乌—讷猎民村鄂伦春族的教育状况呈现两大特点。首先，乌—讷猎民村鄂伦春族接受高等教育的人口的比例较高。虽然2007年鄂伦春族只有7人接受过高等教育，其比例为2.9%，这相当于每百人中就有3名鄂伦春族接受高等教育，由于乌—讷猎民村鄂伦春族自身的人口基数小，因此，相对来讲，鄂伦春族中接受高等教育人数虽然不多，但其所占人口的比例还是较高的，这一点在我们调研过程中就可以深刻地感受到。如我们采访的原乌鲁布铁猎民村村妇女主任、村长内淑梅老人家，她的11个孩子里就出了2名大学生，其中一名是在内蒙古呼伦贝尔学院中文系毕业的，现在在乌—讷猎民村的食用菌基地工作。其次，乌—讷猎民村鄂伦春族的文盲、半文盲率低于全国农村平均水平，拥有小学、初中文化水平的人口占绝大多数，其比例占乌—讷猎民村常住人口的90.2%。在我们走访的很多家庭中都没有文盲、半文盲，大多数40岁以上的鄂伦春族猎民都拥有小学文化水平，而年龄小一些的，在20岁到35岁之间的大多数鄂伦春族都有初中文化水平，基本的读书识字、与人交流都没有障碍。

之所以会出现上述两个特点，主要是鄂伦春族学生上学一直享受国家的特殊教育政策。如，在义务教育阶段免交学杂费，小学生每年享受100元助学金，中学生每年享受140元助学金。九年义务教育的普及和优厚的教育政策使鄂伦春族的平均文化水平较高。同时，鄂伦春族这种以小学、初中所占比例较高的文化结构还说明了一个问题：乌—讷猎民村鄂伦春族学生选择直接上高中、考大学的人不多，由于担心学习成绩，惧怕高考，更多的人选择了初中毕业后就回到家中从事农耕生产或出外打工。

3. 思想素质

鄂伦春族的人口思想素质主要体现在传统观念的改变。定居50多年来，鄂伦春族在党的民族政策指导下，在兄弟民族的帮助下，跨越了几个社会发展阶段，一跃成为社会主义民族，其传统观念也发生了变化。比如，随着历史的发展，乌—讷猎民村鄂伦春族一直遵循的严格的氏族外通婚、特定姓氏之间不通婚、同姓不通婚和不同辈不通婚等传统的婚俗已逐渐被克服，自20世纪70、80年代以后，鄂伦春族与汉族等其他少数民族通婚也日益增加。同时，传统习惯中很多不合理的地方也逐渐被抛弃，以传统观念对鄂伦春族妇女的生育禁忌为例，传统习俗中，认为妇女生育是不干净的，当孕妇妊娠时，无论春夏秋冬，都必须搬到临时搭建的“斜仁柱”里，这种临时搭盖的产房十分简陋，四面透风。而孩子生下来，就用冷水清洗，因此，很多婴儿在出生后就即刻死亡，导致鄂伦春族新生婴儿死亡率居高不下。现在，乌—讷猎民村的鄂伦春族已经没有这样的错误思想，新生婴儿死亡率也随之大幅降低。

三、乌—讷猎民村鄂伦春族人口发展中存在的问题及原因分析

50多年前，鄂伦春族告别了世代游猎的历史，实现了下山定居。下山定居对鄂伦春族人口结构和人口素质的改善起到了关键作用，促进了该民族人口的健康发展。但在调研过程中，我们发现，目前乌—讷猎民村鄂伦春族的人口状况仍存在一些有待解决的问题。

（一）人口发展中存在的问题

1. 鄂伦春族人口平均寿命下降

我国人口平均期望寿命已从改革开放之初的68岁提高到目前的73岁，相对于66岁的世界人口平均寿命，我国人口平均寿命已达到中等发达国家的水平①。但据不完全统计，乌—讷猎民村近10年来已去世的鄂伦春族猎民，平均寿命是53岁，远低于全国及世界平均寿命水平。

我们在采访原乌鲁布铁猎民村妇女主任内淑梅老人时，她向我们介绍，过去，鄂伦春族老年人普遍长寿，她年幼时曾经见过的甘河部落中的16位老人，年龄最大的110岁，最小的83岁，105岁的老太太还能做针线活、采木耳等，身体特别健康，有的老头还能起早摸黑打猎，培养青少年射箭，枪法还特别准。而截至2007年底，乌—讷猎民村中60岁以上的鄂伦春族老人仅有6人，村民们普遍感觉老年人越来越少，人口的平均寿命较低。

2. 鄂伦春族人口的非正常死亡率偏高

在调研中，据乌—讷猎民村村民介绍，自从1996年全面禁猎后，鄂伦春族人口的非正常死亡率一直很高，每年猎民村中都会有因酒精中毒死亡，或因醉酒引发的冻伤死、烧死、淹死等非正常死亡事件。

值得注意的是，在鄂伦春族的非正常死亡人口中，男性占有很高比例，

① 中国发展门户网：《中国人口平均寿命73岁达到中等发达国家水平》，http：//cn. china-gate. com. cn，2008年10月23日。

2004年，乌—讷猎民村鄂伦春族男性死亡人口占该民族死亡人口总数的63.6%，2006年这一比例达到100%。

鄂伦春族猎民家庭成员的非正常死亡使家庭成为残缺家庭，而残缺家庭容易带来进一步的社会问题，因此，鄂伦春族人口的非正常死亡问题应予以重视。

3. 鄂伦春族猎民家庭贫困问题突出

1996年实行全面禁猎后，绝大多数鄂伦春族家庭失去主要收入来源，家庭生活水平普遍有所下降，加之鄂伦春族人对农耕等技能的欠缺，很多家庭陷入贫困。近年来，国家专门制订了《2005—2010年扶持人口较少民族发展规划》，并特别出台了很多扶持鄂伦春族发展的优惠政策，意在帮助鄂伦春族彻底摆脱贫困，走上富裕道路。但根据2006年的资料来看，在整个猎民村的106户家庭中，共有37户贫困家庭，其中大部分为鄂伦春族家庭或团结户。鄂伦春族困难户家庭较多，而造成贫困的原因也各有不同，具体可以分为以下两类：

（1）家庭负担重，主要依靠低保生活

乌—讷猎民村有相当一部分猎民没有土地或将土地出租出去，他们多数都没有稳定的工作，主要依靠国家发放的城镇低保和农村低保为生。通过调研走访一些困难户家庭，我们发现，乌鲁布铁猎民村中最困难户为内淑梅家，共有5口人，内淑梅老人现在已经64岁，不能再进行生产性劳动，家里有300亩地，由于这300亩地的地理位置不好，交通不便，每亩地的承包费用仅40元，但仍有很多地未能承包出去，因此，内淑梅家主要依靠低保生活。目前，内淑梅老人的两个儿子正在乌—讷猎民村的食用菌基地工作，家庭收入有了一定保障。在讷尔克气猎民村中，最困难的家庭为乌雪红家，共5口人，没有耕地，仅靠低保为生。

（2）猎民家庭“因病致贫、因病返贫”现象严重

乌—讷猎民村中的猎民家庭不同程度地存在“因病致贫、因病返贫”的问题。乌—讷猎民村是肺结核病的高发区，据统计，2005年乌—讷猎民村共有肺结核病患者17人，2006年为8人，2007年为8人。为此，在鄂伦春自治旗卫生防疫站的帮助下，乌鲁布铁镇卫生院专门对乌—讷猎民村的肺结核病进行监测与治疗。由于猎民在医疗保健实施过程中还存在着一些问题，比如在消灭肺结核病的过程中不按时服药、不及时就医、医疗知识匮乏等原因，造成猎民健康问题的恶性循环，还有少部分鄂伦春族长期受疾病困

扰，很难从根本上完全治愈。比如，我们走访的刘玉敏家也属于较贫困的家庭。刘玉敏是汉族，从外地嫁到乌—讷猎民村，她的丈夫是鄂伦春族，能够领取城镇低保和农村低保，但由于刘玉敏的丈夫身体有残疾，平时只能打些零工，这很大程度上影响了家庭的收入，2007 年刘玉敏的女儿又得了严重的糖尿病，使得家庭更加贫困。

（二）存在问题的原因分析

自定居以来，鄂伦春族跨越了几个历史发展阶段，但不是民族自身发展的结果，而是在强大外力影响下实现的飞跃。这种飞跃，使鄂伦春族的人口发展过程中出现了对现代生产生活方式及文化等方面的不适应性，以致产生了以上问题。具体分析其产生的原因可以归结为以下几点：

第一，鄂伦春族老人对禁猎后生产生活方式的不适应是鄂伦春族平均寿命下降的第一诱因。

实现定居以前，鄂伦春老人常年在户外活动，养成了勤劳的生活习惯和无忧无虑的好心情。由于老年人的生产生活经验丰富，因而在组织生产、分配、搬迁等集体活动中，指挥得当，善于管理，具有很高的社会威望。而老年人的这种地位，也决定了他们的责任感和义务感，但凡发生内部纠纷，均由老年人出面处理矛盾。不停地活动、动脑筋，加之部族氛围团结和谐，使得鄂伦春老人精气盎然，天天有事做，不怠惰，不慵懒，这是鄂伦春老人长寿的原因所在。而现阶段，鄂伦春人的生产、生活方式都发生了较大变化，特别是 1996 年禁猎后，鄂伦春族老人已不必再组织生产、分配、搬迁等集体活动，也没有体力从事农耕生产，多数鄂伦春族老人无事可做，生活空虚，这成为鄂伦春族人口平均寿命下降的一大诱因。

另外，乌—讷猎民村鄂伦春族定居后，饮食仍以肉类为主，缺少蔬菜和水果类食品，致使欠缺营养，而且对一些野果、野菜也不进行消毒。这种单一的饮食结构和不良的饮食习惯导致鄂伦春人整体身体素质较差，平均寿命不高。现阶段，导致鄂伦春族人口平均寿命不高的主要疾病是肺结核和一些心脑血管类疾病。

第二，鄂伦春猎民对于民族文化转型的不适应和无奈是鄂伦春人非正常死亡率居高不下的主要原因。

在对待现代化与民族传统文化问题上，乌—讷猎民村鄂伦春族内部存在不同的倾向。一种是对现代化与民族生存发展的意义有足够的认识，积极吸收、适应现代化带来的事物和变化，例如乌—讷猎民村的种粮大户何排山。而更多的鄂伦春猎民更倾向于另一种心理。他们在一定程度排斥民族文化转型，表现出封闭、消极、悲观的心态，而猎民中的许多人因为与外界接触相对较少，对现代化带给的各种安排与变化，多持一种无奈、被动的态度。

特别是1996年全面禁猎政策的施行，深深地影响了鄂伦春族猎民的感情和心理。鄂伦春人热爱狩猎生活，对大自然有着深厚的感情，过去行猎一天即使空手而归，但精神也是愉快的，狩猎本身就是一种享受的过程。禁猎后，猎民的生产生活方式被彻底改变，不懂农业生产技术，不会经商，传统奉行的有福同享、有难同当的道德观念也受到了冲击，相当一部分猎民认为，禁猎会丢掉传统的民族文化，放下猎枪等于背叛民族。因此，对于世代以狩猎为生的鄂伦春族猎民来讲，全面禁猎这一举措从心理上是难以接受的。对现实生活不适应，对农耕生产不感兴趣，整日烦闷抑郁、无所事事，使得原本就有饮酒习惯的鄂伦春猎民由狩猎时期借酒取暖变为借酒消愁。这样一个发展过程，也是我国很多少数民族"酒文化"形成的一个演变过程和特点。

第三，狩猎时期男女性别分工不同，从而显示出男女适应水平的不同，是鄂伦春族男性非正常死亡率偏高的原因。

狩猎时期的鄂伦春男女分工十分明确，男性所进行的是季节性的狩猎和其他劳动以及家庭内的分工，而妇女实际上是在不停地进行劳动，比如对儿童和家畜的照顾，为全家人熟皮子和做衣服等这类的家务活，这些都是非常有秩序的劳动。这样分工的结果，使男子更专心于与狩猎相关的事物，而妇女进行采集等群体行动使得合作、学习精神的建立更有可能，因而，更容易适应新的社会环境。相反，狩猎时拥有崇高社会威望的好猎手，则在新的生存环境里显得英雄无用武之地。

四、乌—讷猎民村鄂伦春族人口发展对策建议

人是社会、经济生活的主体，也是资源环境可持续发展的主体。人口素质的优良与否，直接对鄂伦春族的发展及繁荣起着积极或消极的作用。

要解决乌—讷猎民村目前存在的人口问题，使鄂伦春族能够更快更好发展，首先要做的是使猎民的身心得到健康的发展，同时通过提高鄂伦春族劳动者的劳动素质技能和社会地位，实现鄂伦春人口素质的全面提升。

(一) 发展医疗卫生事业，增强猎民身体素质

在医疗卫生方面，尽管鄂伦春地区是一个传染病和心脑疾病多发的地区，但鄂伦春族猎民，大部分由于缺乏基本的医疗卫生常识，不能够对疾病进行有效的预防和识别，一定程度上拖延了就医的效果。同时，酒精、单一的饮食结构、缺乏科学营养的饮食习惯、不良的生活习惯等等原因，造成了猎民身体素质的迅速下降。因此，在国家农村医疗制度逐渐完善的保障下，要做好几个方面的工作：第一，进一步加强猎民生活卫生、营养饮食等方面知识的普及和宣传教育，培养科学合理的生活方式。第二，鄂伦春民族社会的发展，主体是鄂伦春劳动者，而劳动者的身体素质，不仅仅依赖于强健的体魄，还有赖于身体素质的持久性。因而，要依靠乌一讷猎民村的经济发展来提高生活水平，增强鄂伦春族人口的身体素质。

(二) 传承狩猎文化，加强猎民心理健康教育

社会发展是文化的积累过程，文化是一个民族、一个地区存在和发展的支柱。鄂伦春族创造的独特的狩猎文化不单单是如何打猎，如何吃肉，如何唱民歌，如何跳斗熊舞，更体现了鄂伦春族千百年来的创造，体现了鄂伦春族的生存能力。禁猎虽然使鄂伦春族传统的狩猎文化受到了冲击，对猎民的心理健康造成了很大的影响，但是，可以利用其他形式的活动来纪念和弘扬这种文化，让鄂伦春猎民在活动体验和场景模拟中，重新找回曾经在大兴安岭茫茫林海中的狩猎乐趣。具体可以在鄂伦春自治旗、乌鲁布铁镇的筹划和指导下，根据猎民村的实际情况和文化特点，以村或者社区为单位，组织开展各种形式的文体活动，通过提高鄂伦春族文化、教育和科技发展水平，开展多种形式的文化、体育和趣味活动，不仅能促进鄂伦春民族传统文化的保护和传承，也能够培养鄂伦春族乐观向上的精神品格、豁达开朗的性格品质，有利于鄂伦春族人口的身心健康，使鄂伦春族人口和谐发展。

(三) 加强技术教育培训，提高鄂伦春猎民劳动技能

由于社会、历史等多方面的原因，造成了在现阶段一定时期内，鄂伦春猎民普遍缺乏劳动技能，没有经商头脑，对现代化科学技术的掌握和应用更是欠缺。对于鄂伦春族青壮年劳动力，科学文化知识的教育是基础，而加强职业技术教育培训力度，则是实现鄂伦春猎民技能飞跃的重要途径之一。目

前，乌—讷猎民村猎民能够获得劳动技能提升的途径主要有两个方面：一是外出打工者基于原有技能基础上的知识再学习过程；二是滑子菇基地中劳动者在生产中通过工作实践和技术培训获得。而科教培训对象主要集中在当地经济发展的领导阶层，这就使得作为直接劳动者的猎民知识技能获得时间和周期相对较长，一定程度上不仅延缓了经济发展速度，久而久之也使得劳动者逐渐在劳动中养成了不思进取、消极劳动、混日子、吃“大锅饭”的思想，从根本上难以实现鄂伦春族劳动者的地位提升。为此，在保障国家九年义务教育，做好鄂伦春族下一代教育工作的同时，对于鄂伦春青壮年猎民，应由相关部门组织科教人员定期到猎民村进行劳动技能培训和知识普及，特别是农耕生产技能及食用菌培养技术，这对于提高猎民村的经济社会发展水平有较大的帮助。此外，对于鄂伦春中老年具有传统手工艺者及民间艺人，根据当地传统手工业的发展规划，进行相关生产和技术人员的知识培训。虽然在一定程度上会耗费很多的人力、物力、财力，但从长远来看，科教文卫相关知识的教育培训与普及，对于整个鄂伦春民族的发展将发挥重要的现实意义。

（四）鼓励鄂伦春妇女就业，提高鄂伦春族整体素质

德国教育家罗倍尔曾说：“国民的命运，与其说是操纵在掌权者手中，倒不如说是握在母亲手中，因此，我们必须去努力启发母亲——人类的教育者”。罗倍尔的这段论述充分肯定了妇女在推动社会发展中的伟大作用。这也就使我们认识到，重视发挥妇女的作用，充分调动广大鄂伦春妇女参加劳动的积极性，鼓励鄂伦春妇女再就业，对于促进乌—讷猎民村鄂伦春族整体素质的提高具有重要意义。一般来说，妇女素质的提高将直接影响其全民素质的提高。由于中国封建历史文化的沉淀及现实条件的制约，造成许多鄂伦春妇女自立、自强的心理素质低。调研过程中我们发现，乌—讷猎民村的鄂伦春族妇女，由于体弱多病，没有劳动技能，缺乏积极向上的劳动观念，大部分中年妇女都“常年在村，终日在家”，除了做一些家务活或者闲暇外，基本都很少参加工作。而鄂伦春族妇女要发展，就必须努力提高自己的文化素质、心理素质和身体素质，努力培养自信、自立和自强的个性，这样才能拥有健康的心态和积极向上的人生观、价值观。21 世纪，就业是妇女解放的先决条件，而平等和自由又是妇女地位得以升华的必要条件。随着新时期生产方式的改变，传统的采集、纺织等家庭劳动已经不能满足鄂伦春族家庭

的经济开支和需要。而随着狩猎经济的隐退，妇女从属和依附于鄂伦春男子的历史条件和环境也随之淡化。鄂伦春妇女要获得社会地位的提高，就必须广泛就业，积极参加社会生产劳动，争得经济的主导地位，从而改变目前一部分鄂伦春妇女消极的生活方式，从根本上改变整个鄂伦春民族的整体素质。

五、思考

人口较少民族的生存发展问题是世界各国都十分重视的问题，在世界各国的现代化过程中，许多人口较少民族都受到主体民族社会的同化，有的甚至又面临灭族的危险。追溯他们走向衰亡的原因，既有政府民族政策的作用，也有这些民族自身的问题；既有现代化带来的不可避免的同化，也有这些民族不适应现代化而遭同化的问题。

我们可以看到，随着社会的发展，鄂伦春人正在逐渐适应禁猎后的生活，禁猎对猎民心理的影响也在逐渐减小，特别是年青一代，他们没有经历过狩猎的年代，禁猎对他们心理健康的影响已经很小了。鄂伦春族在长期的狩猎过程中形成了自己独特的狩猎文化，这是鄂伦春族宝贵的文化遗产，禁猎无疑对这一文化财富产生了巨大的冲击，如何推动鄂伦春族社会的快速发展，促进鄂伦春族人口健康与传统文化的和谐发展问题亟待解决。以此类推，我国人口较少民族怎样确立自己的发展前途，政府应该采取怎样的政策保证人口较少民族的生存与可持续发展是一个迫切需要研究的问题。

事实上，纵观世界各国可以发现，各民族传统文化的转型是难以避免的。从根本上讲，一定民族的文化就是保证一定民族、族群得以持续生存的系统。对一定民族文化的最终检验，就是看这种文化适应新环境（文化转型）的能力。除去其他重要意义，同时为了提高文化转型的自主能力，取得决定适应新环境文化选择的自主地位，费孝通先生提出了“文化自觉”理论，他指出：“首先要认识自己的文化，理解所接触到的多种文化，才有条件在这个已经在形成中的多元文化的世界里确立自己的位置。”① 这个思想，应该成为支持包括鄂伦春族在内的所有人口较少民族实现可持续发展的

① 费孝通：《反思·对话·文化自觉》，《人类学与民俗研究通讯》1997 年第 3 期，第 34—35 页。

现代意识。

参考文献

[1] 刘永佶主编：《民族经济学》，中国经济出版社，2007 年。

[2] 赵复兴：《鄂伦春族游猎文化》，内蒙古人民出版社，1991 年。

[3] 逯广斌：《鄂伦春族 40 年》，中央民族大学出版社，1994 年。

[4] 何群：《狩猎民族与发展——鄂伦春族社会调查研究》，内蒙古人民出版社，2002 年。

[5] 孟松林：《鄂伦春民族价值观的变化》，《民族团结》2000 年第 2 期。

[6] 乌鲁布铁镇政府：《乌鲁布铁镇肺结核病人管理方案》，2006 年。

[7] 乌鲁布铁镇政府办公室：《乌鲁布铁镇鄂伦春族有关情况》，2007 年。

[8] 乌鲁布铁镇政府：《乌鲁布铁镇 2008 年度健康教育工作计划》，2008 年。

[9] 乌鲁布铁镇政府办公室：《乌鲁布铁镇 1998 年年鉴》，1999 年。

[10] 乌鲁布铁镇政府办公室：《乌鲁布铁镇 2007 年年鉴》，2008 年。

广西凌云县逻楼镇新寨村林业经济调研报告

郭　力　2007 级区域经济专业硕士研究生

一、新寨村林业生产现状

广西壮族自治区凌云县逻楼镇新寨村位于广西壮族自治区西北部，云贵高原东南边缘，属热带季风气候，四季温暖，阳光充足，雨水充沛，土地肥沃，为发展林业经济提供了得天独厚的条件，非常适宜八角、油茶、杉木、水果等经济林木的生长。然而，如果将时钟调回到 20 年之前，谁会想到有着如此优越条件的新寨村村民竟然是靠耕种石窝窝里少得可怜的苞谷地过日子，经常是“忙活了一年，吃不了半年，还有半年，外出打工赚钱”。不过，近年来，凌云县委、县政府根据全县山多地少的实际，一改以农业种植为主的经济发展模式，制定了“以林为主”的发展方针。在这一方针的指导和各级政府及村民的共同努力下，经过十几年的发展，新寨村经济已成功实现了由以种植业为主的模式向以林业为主的模式的转变，林业经济在村寨经济中已占据主导地位，村民林业收入在总收入中所占比重也随之大大提高。

（一）新寨村主要林木生产现状

如前所述，新寨村属热带季风气候，为发展林业经济提供了得天独厚的条件，非常适宜茶叶、八角、水果、油茶、油桐等经济林木的种植。西部大开发战略实施以来，新寨村以退耕还林政策的实施为契机，大力发展林业，大面积种植了八角、杉木等经济林木。目前，八角、杉木、油茶等已初具规模，实现了一定的经济效益。

据新寨村村民介绍，全村现有土地（包含荒山）约 4000 亩，其中宅基地总面积约 50 亩左右，耕地面积约 350 亩，林地面积约 3000 亩，其他均为未开垦的荒山。在林地当中，土山约 2700 亩，占林地面积的 90%，石山面积（包含荒山）近千亩。在各类林木当中，适于在土山上生长的树木有八角、油茶、油桐等，适于在石山上生长的树木有川木瓜、朱心李、青梅等，两类山都适于生长的林木有杉木、板栗、马尾松、酸梅、核桃等。在以上所提树木中，八角、油茶、杉木、川木瓜、朱心李、青梅、酸梅等是经济林木。另据村民们介绍，新寨村的主要经济林木包括八角、杉木、油茶和朱心李，其中八角的经济效益最好。村民留作自用的经济林木主要有八角、油茶和杉木。

表 1　**新寨村主要树种种植面积一览表**　**单位：亩**

树种	八角	杉木	油茶	任木	酸枣
面积	1500	500	500	350	250

资料来源：根据村民口述整理。

表 2　**新寨村主要年份林业产品产量一览表**　**单位：吨**

年份	油茶籽	油桐籽	八角	茴油	板栗
2005	15.4	1	56	1	0
2006	17	1	50	1	0
2007	18	2.4	27.1	1	0.1

资料来源：根据广西凌云县逻楼镇统计站资料整理。

从表 1 和表 2 不难看出，新寨村的主要经济林木品种为八角、杉木和油茶，其中，八角种植面积占到整个村庄林木面积的 50%，八角产量平均每年基本在 50 吨上下，茴油的产量也基本保持在 1 吨左右的水平，可以说八角是新寨村主要的经济支柱之一；杉木属于用材林的范畴，村民们一部分留作自用，其余的卖给木材商，也是新寨村重要经济来源之一；油茶籽年均产量在 15—20 吨之间，也是村民主要收入来源之一，在新寨村林业经济中也发挥着十分重要的作用。另外，板栗、马尾松、酸枣、核桃、川木瓜、朱心李、青梅、酸梅、桉树等也有零星分布。

各类林木都有其相应的经济价值。例如：八角的经济价值主要体现在八角茴香油可作为调香香料，是制造甜香酒、啤酒以及食品工业等重要原料，还具有药用价值；杉木因生长快，材质好，杉木木材纹理通直，结构均匀，不翘不裂，材质轻韧，强度适中，质量高，具香味等特点而被广泛用于建筑、家具、器具、造船等各方面；油茶的种子可榨油（茶油）供食用，也可作为润滑油、防锈油用于工业，茶饼既是农药，又是肥料，可提高农田蓄水能力和防治稻田害虫，果皮是提制栲胶的原料，木材可供村民制作小型农具，等等。正是由于经济林木所具有的功能和价值，才使得它们被新寨村村民选为重点种植的对象，才支撑起了新寨村林业经济发展和村民生活水平的提高。然而，在调研过程中我们发现，具有广泛经济价值的林木被用于村民自给自足的部分所占的比重相当高，用于市场交换的部分却很少。关于这一问题，我们将下文进一步阐述和分析。

（二）新寨村林业经济地位分析

新寨村村落较小，村域经济受客观的气候和自然条件的影响较大。村落耕作区地势落差大，土地贫瘠，低劣，面积十分有限，且没有任何水利灌溉设施，无法抗拒旱涝灾害，农业发展相当落后。20 世纪 80 年代后期，在凌云县政府“以林为主”方针的指导下，新寨村林业经济开始起步并逐渐得到发展。与此同时，20 世纪 80 年代后期实行的封山育林政策和 2002 年开始实施的退耕还林政策也大大促进了新寨村林业经济的发展。目前，林业经济在新寨村已占据重要地位。

首先，从林业产值在整个村庄经济总产值的比重来看。新寨村每年八角产量约在 45—55 万公斤之间，按当地平均收购价格 1 元/公斤计算，整个村庄一年八角毛收入约为 50 万元。据村民估计，每公斤八角的生产成本约为 0.4 元，扣除成本，新寨村只八角一项每年的净收入就可达到 30 万元。新寨村每年商品材采伐量在 1000—2000 立方米之间，如果按当地平均收购价格 300 元/立方米来计算的话，全村每年木材销售收入也在 40 万元以上。两项收入加起来将近 70 万元，再加上油茶收入，新寨村每年林业人均收入在 2000 元以上，占到整个村庄农业收入（不包含村民外出打工收入）的 70% 以上。由此可见，林业经济在整个村庄经济中处于支配地位。

其次，从林业生产对农业生产的影响来看。大面积林木的种植，有利于涵养水源、避免水土流失，防止山体滑坡、泥石流等自然灾害的发生，这在一定程度上降低了农作物在生长期遭受自然灾害侵袭的风险。从这一点也足以说明林业对于新寨村村民生产生活的重要性。

再次，从林木及其副产品对于村民自给需求满足程度来看。由于新寨村位于半山腰上，交通不便，因而与外界的经济联系不多。尽管目前村里已经开通了通往镇上的路，但由于距离较远，而且路面状况极差，坐车到镇上都要半个多小时，更不用说步行了。所以，除生产方面与外界联系较紧密外，新寨村村民的生活物品很多还要靠自给来满足。比方说，村民家里的床、桌子、板凳等家具以及建房用的木材基本都是靠自家的林木来满足，新寨村平均每个家庭每年自用材的数量为 2—3 立方米可以证明这一点。另外，村民们食用油茶油也是提炼自油茶树上结的果实，八角一部分留作自用，酸枣基本不外卖，供自家食用。这些都说明林木及其副产品在村民生活中具有十分重要的作用。

最后，林业在新寨村的地位还体现在其环境影响方面。村民们向我们调研组讲述了封山育林前后村庄周围环境的变化。有一位姓盘的村民说："封山之前，周围的山一眼望去都是光秃秃的，一片荒凉，人的心情都会有些失落；封山育林之后，山慢慢绿起来了，鸟儿也渐渐地多了，人的心情也比以前好了很多……"村里大面积种植了八角之后，沼气的原料有了保证，村里纷纷建起了沼气池，以前的牛粪、猪粪、鸡粪也都派上了用场，不再躺在圈里无人问津了，村民们的家居环境也随之改观了许多。

二、新寨村林业经济发展因素分析

祖祖辈辈沿袭着"刀耕火种，靠山吃饭"生产方式的新寨村瑶族居民通过发展林业经济，大多数家庭基本走上了小康的道路。之所以发生这样的变化，是与改革开放以来当地政府认真贯彻中央和自治区各项林业政策、努力因地制宜实施各项措施密不可分的。在本次调研过程中，我们通过与村民们的交流了解到新寨村林业经济能够取得迅速发展并在村庄经济中占据主导地位的原因主要有三个方面：一是有效率的林权制度安排对于林农生产积极性的调动；二是重视林业技术对于林业经济增长的带动作用；三是护林协管员的有效协助。

（一）有效率的林权制度安排对于林业经济发展的作用

林权指森林、林木、林地的所有权和使用权，是森林资源财产权在法律上的具体体现。目前，新寨村林地承包采取在生产队内部家庭承包的方式，不宜采取家庭承包方式的荒山林地，采取谁先申请并得到批准谁享有使用权的方式承包。林农承包后享有的林权包括：林地使用权、在有使用权的林地上所植林木的所有权（可派生出采伐权、使用权、处分权和收益权等）以及所承包林地的流转权。另外，在这次调研过程中我们还了解到，林权证是森林、林木、林地唯一合法权属凭证，是维护经营单位和林农合法权利的主要依据。承包、流转等环节都会伴随着林权证的转移。林权的实施主要通过林权证来控制。

林权制度有着极其广泛的内容，限于篇幅，我们不能展开讨论，对于有效率的林权制度安排对林业经济发展的作用可通过分析不同时期所实施的造林政策与同期造林成果的关系来证明。由于新寨村迁村到新址时间不长，历史统计数据不存在，调研过程中只获得关于整个凌云县不同历史时期的造林数据，这些数据对于说明问题同样是有效的。

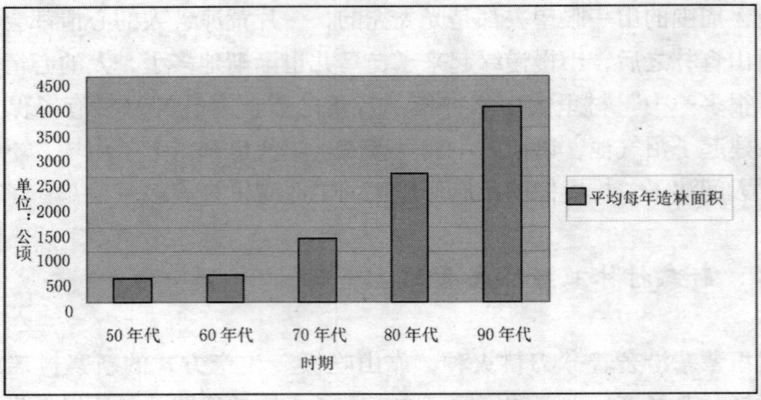

图1　凌云县20世纪后半叶分时期平均每年造林面积变动趋势图

图表来源：通过整理《凌云县志》中数据生成。

从图1中不难看出，20世纪50—60年代平均每年造林面积约为500公顷左右，20世纪70年代较之这一时期平均每年造林面积翻了一番，80年代较之70年代又翻了一番，90年代与80年代相比也有较大幅度的增长。从绝对量上来看，80年代平均每年造林面积是50—60年代的6倍还要多，不同时期在造林成果方面差距甚大主要是由各个时期所实施的林业承包方式和造林政策不同所致。

中华人民共和国成立初期，凌云县人民政府强调用材林、经济林并重，造林、营林、封山育林并举的营林方针，营林生产形式由个体农户造林到社队林场专业队造林，同时政府实行以粮食为物质奖励鼓励群众造林，但只造不管，成活率低。由于这一时期实施的是完全公有化的林业政策，吃大锅饭，没能有效调动广大林农造林的积极性，因而造林成果不佳；20世纪60—70年代实行以粮食现金作为补助鼓励集体和个人造林、护林，并大办社队林场，由于没有采取个人承包的方式，林农的积极性没有得到充分调动，造林成果虽有起色，但仍不理想；20世纪80年代初农村体制改革后又由林业个体户承包造林发展到联合承包、股份合作造林。这样一种制度安排较之前一个时期提供了较为有效的激励，林农的积极性被提升，所以造林成果有了一定的改观；80年代后期实行贷款造林政策，以多种形式，通过多种渠道鼓励群众造林、护林、封山育林，同时出现联户办林场或林业生产专业户、个体户承包原社队林场造林，这一时期所实施的奖励措施和家庭联产承包责任制极大地调动了林农的植树积极性，因而20世纪80年代后期和90年代造林成果颇丰。由此可以看出，政策和制度安排能否有效调动林农植树造林的积极性是林业能否取得快速发展的一个关键因素，希望政府在今后的工作当中对此给予足够的重视。

关于林权证当中的林木采伐证需要说明的是，政府通过林木采伐证对林木采伐数量进行控制对林业经济效益的提高既有积极作用又有不利影响。采伐控制可以防止乱砍滥伐、早伐、过度采伐等现象，在价格高的年份多采伐，价格低的年份少采伐，类似这样的举措可以提高林业经济效益。然而，如果采伐证发放不及时导致林农不能在有利价格处将木材采伐卖出，或者由于采伐控制导致“寻租”现象发生就会给林业生产带来损失，关于这一问题，将在下文中作进一步的讨论。

（二）新寨村林业技术状况及其对林业经济发展的作用

据新寨村村民介绍，各类林木的成材一般都会经过育苗、栽培、病虫害防治、采伐（摘）等环节。另外，在林业生产过程中，村民们也要做一些辅助性的工作，如森林防火、防旱等。尽管这些工作也属于林业生产管理的范畴，但由于这些工作相对林业技术来说并不是特别重要，故略去。

1. 新寨村林业技术获取渠道及其推广

这里所说的林业技术主要包括各类林木的育苗、栽培、病虫害防治、林木的采伐和果实的采摘等。由于本次调研的核心任务是民族村寨经济调查，因此，我们更关心村寨林业技术的获取渠道、推广及其对林业经济发展的意义和作用，而较少关注林业技术的具体细节，也就是说，我们更多地关注技术的经济性特征，而很少关注技术的操作程序本身。

凌云县是个林业大县，相关部门特别重视林业技术获取及其推广工作。自从凌云确立“以林为主”的发展方针以来，县委县政府积极通过各种渠道引进林业技术，包括积极向自治区林业厅反映当地林农对林业技术的需求和问题，并多次从自治区林业厅聘请专家到林场进行技术指导，组织林业干部和技术人员到发达地区林场进行学习考察等。通过这些途径和方式造就了一大批林业技术专家，引进了很多林业技术，比如八角管理技术、杉木播种与管理、油茶育苗和油茶果的采摘、任木育苗及造林技术、桉树的育苗等等。

在获取相关技术后，县林业部门接下来所做的工作就是积极推广这些技术——新寨村林农所掌握的林业技术主要来自这些技术。具体做法有：组织基层林业技术人员进行集中培训，然后由他们将学习到的技术传播给林农；组织科技下乡活动进行技术指导和实地演练；积极与广电部门开展合作，定期在广播和电视上进行林木管理、科学防治病虫害知识宣传和用药指导等。正是有了这样的技术获取和推广渠道，新寨村林农才逐步掌握了相关林业生产技术，才真正发挥了林业技术对林业经济发展的带动作用。

2. 技术进步对于新寨村林业经济发展的意义和作用

对于经济学有所了解的人都知道西方经济学界流行着这样一个观点，技术进步是经济增长的源泉之一。通过这次调研实践活动，我们发现这一论断同样适用于新寨村林业经济发展的事实。也就是说，技术的引进和推广给新寨村林业发展注入相当大的活力，大大促进了新寨村林业经济的发展。具体可通过以下几个方面的事实加以说明。

首先，由于技术上的改进，新寨村林农育苗成活率、林木的管理水平（包括修剪、用药、施肥等方面）都大为提高，由此，各类林木的成材率、果树所结果实的数量和质量也大大提高，在相关产品市场价格不变的条件下，林农的收入必然随之上升，收入增加对林农来说就是最大的效益。

其次，这些技术用在封山育林、退耕还林方面，能显著提高它们的效率，比方说，有效的病虫害防治措施能使山林更加的茂盛：一方面能涵养水源，使山区居民的饮用水问题迎刃而解；另一方面能净化环境，环境的改善无疑会提高居民的整体福利水平。

再次，技术上的改进能大大节约林农花在林木管理上的时间，使他们能够在同样的时间完成更多的工作，时间的节约无疑是效率提高的表现。这一点也可以从受访林农的言论中得到证实。一位林农这样描述技术引进前后的情形："没有技术的时候，我们大多按照老办法按部就班地进行林木管理，有时候突发奇想一个办法，进行试验，失败了，前面的功夫就白费了；引进的一些技术虽然一开始学的时候有些难度，但熟练了以后就省事多了，不光省力，而且省时。"

最后，根据经济学原理，技术具有很强的外溢性特征，一项技术一旦被引入一个地区，它就会很快地在这个地区扩散开来，再加上农村又是一个熟人社会，扩散速度会更快。“一开始，县里让我一个人去参加培训，我学会了，回来之后给大家讲解，用不了一个月的时间大家就学会了。”新寨村一位技术人员这样告诉我们。技术外溢性特征和农村熟人社会的结合就决定了技术对于林业经济效益的提高具有无可替代的作用。

（三）护林协管员在新寨村林业经济管理中的作用

护林协管员简称护林员，护林员在林业经济管理中扮演着十分重要的角色。护林员既是监督员，又是宣传员，有时还是“辅导员”。

所谓监督员是指，护林员协助政府严厉打击毁坏封山育林区森林资源的违法犯罪行为，协助林业站监督检查退耕还林的完成情况，协助下发采伐证，严格执行采伐限额，巡护森林，制止破坏森林资源的行为。对造成森林资源破坏的，护林员有权要求当地有关部门处理，发现森林火情、病虫害时及时通报有关部门。

所谓宣传员是指，护林员要宣讲国家有关森林资源保护的各项政策，协助开展科技下乡活动，协助发放各种护林防火宣传材料等，使群众认识到保护生态、构建人与自然和谐发展、改善环境的重要性，提高群众的防火意识。

所谓“辅导员”是指，护林员先接受和掌握林业相关技术，然后利用业余时间对林农进行技术指导，提高护林员所辖林区林农的技术水平。

正是有护林员的协助，才保证了林区的安全生产；正是有护林员的努力，才使得林业技术能够得到有效推广；正是有护林员的积极宣传和干预，才保证了封山育林和退耕还林的顺利实施；正是有了护林员认真负责的工作，才有了新寨村良好的林业生产秩序，新寨村的林业经济才能有今天的发展成果。

三、新寨村林业经济发展中存在的问题

任何事物都包含着“两面”，新寨村的林业经济发展也不例外。新寨村林业经济发展既有以上所提到的有利因素的促进，也受到一些不利因素的制约。换句话说，新寨村林业经济发展在取得良好成绩的同时，也出现了一些

问题，例如，上文中提到的林业产品市场化程度低的问题，木材采伐限制可能带来资源配置效率低下的问题等等。这些问题如果处理不好，可能会给林业经济的长远发展造成不利影响。

（一）新寨村林业产品市场化程度较低问题及其原因分析

上面提到，新寨村林业产品用于自给自足的部分占相当大的比例，这说明新寨村林业产品的市场化程度较低。具体情况是：新寨村大多数农户加工茴香油的目的多是自用，大部分八角籽都不加工，而是直接销售给前来采购的商人，村民基本不能获得八角加工的附加价值；多数农户有一半以上的杉木都留作自用，用杉木制作家具、农具等；油茶基本是自用，基本没有什么销路，市场尚未被开发；村民将酸枣用于自给消费的比例较高，而拿到市场上去交换其他物品的比例很低。

林业产品的市场化程度较低，销路自然也不好，林业产品也就不能实现其应有的社会价值，新寨村林业经济效益也就随之大打折扣，那么导致新寨村市场化程度较低的原因在什么地方呢？根据调研中与村民的交流，其原因可以归结为以下几点：

第一，村民的收入较低，没有钱去购买市场上相对于自家产品更贵的商品。由于收入较低，村民们一有产品首先想到的就是如何用于自用，“面对自已的劳动产品不用，何必到市场上舍近求远呢?”一位村民如是说。

第二，尽管村里近年来有不少劳动力外出打工了，但由于农业生产具有很强的季节性，赶上农闲时期，闲置的劳动力就用自家的木材做些家具，这也就免去了去市场上购买家具的麻烦。

第三，新寨村距离镇上有十几公里的土山路，交通十分不便，很少有客商愿意到村里来采购产品。即使村民赶十几公里的山路将产品运到圩镇上，一般遇到的都是小宗的采购者，很少能正巧碰到大的采购商，卖剩的产品还要原路运回，交通的不便利在很大程度上降低了林农将产品外销的积极性。

我们认为，除了以上原因之外，还存在以下制约新寨村林业产品市场化程度提高的因素：

首先，新寨村仍然处在农业社会阶段，自给自足的小农经济依然占统治地位，在这种状态下生活的人们的商品观念、市场意识淡薄，有的村民甚至不好意思将自己的产品拿到市场上去交换。小农经济的统治地位必然阻碍商品经济的发展。

其次，由于当地市场化程度低，市场交易制度很不完善，市场环境也不是特别理想，这就必然增加市场参与者的交易成本，使得村民们生产两种产品比专业化生产一种产品然后再用其交换另一种商品的成本要低，因而，村民宁愿选择村民之间合作用自家的木材生产家具而不愿意用木材去交换市场所提供的家具，因为在那样的市场环境和交易成本下，村民认为自己生产的成本更低。

总之，村民的收入水平偏低、农村大量剩余劳动力的存在、交通不便、小农经济统治地位所导致的商品观念淡薄、市场交易环境欠佳等是制约新寨村林业产品市场化程度不高的几个因素。在这些因素当中，村民收入普遍偏低，购买力较弱可能是最主要、最根本的因素，要通过提高林业产品市场化程度来提高林业经济效益，必须从提高林农收入着手。

（二）新寨村木材限额采伐控制带来的问题

在调研过程中我们了解到，新寨村平均每个家庭每年需要自用材2—3立方米，每年全村自用材的采伐量大约在200—300立方米之间。除了自用材采伐之外，村民还要靠采伐一定量的木材卖给木材加工厂，以便获得一定的收入，这类木材被称作商品材。新寨村平均每年商品材的采伐量在1000—2000立方米之间。不管是自用材，还是商品材，采伐前都必须依法向林业站申请办理林木采伐许可证，按采伐许可证规定的数量进行采伐，否则一律按滥伐行为予以追究责任。木材配额采伐控制能有效地制止乱砍滥伐现象，巩固封山育林、退耕还林的成果，保护森林资源的可持续利用和发展，规范木材市场秩序，助推林业经济发展。但是，对林木采伐进行数量控制会产生两类问题：第一类是价格信号与采伐限制之间的矛盾；第二类是“采伐寻租”问题，两类问题都会导致价格扭曲和资源配置效率的低下。下面分别加以分析。

1. 价格信号与采伐限制之间的矛盾问题

众所周知，木材无论是作为再生产其他商品的原料还是作为最终使用的商品，其价格不是恒定不变的，而是随着供求关系变化而变化的，正是有价格的变化，木材生产者才会根据价格变动的预期调整其木材生产量，以获取最大利润。价格调整木材供给量的这种功能可以称之为“价格信号”。如果木材生产者能够自由决定木材生产量，价格能够充分发挥其信号功能；如果对木材采伐进行数量控制，木材生产者就不能自由决定其所提供的木材数量，而是要按照采伐限额规定进行生产，这必然给木材生产者造成福利损失。比方说，某年木材价格大涨，及时采伐并出售就能获得比往年要高得多的收益，但是，如果采伐数量固定的话，因受限制不能采伐的木材就不能获得其应有的经济效益。因此，木材采伐限制会影响到林农收益最大化的实现，影响林木资源的配置效率。

2. “采伐寻租”问题

政府利用林木采伐证是为了弥补市场机制的不足，提高森林覆盖率，保证森林木材类产品和生态环境类产品的可持续利用。要实现这一目标，必须对每年的林木采伐进行数量控制，通过采伐证对木材采伐权进行配置。在这种情况下，采伐权这种资源对于林农来说就是稀缺的，采伐权就会有价格，它的价格就是获得采伐权需要交纳的租金。

采伐证的发放由政府控制，那么这种稀缺的资源如何配置就由政府说了算，权力创造租金，有了利益的驱动，森林采伐管理者可能就会以牺牲非寻租者的利益为代价来增加寻租者的采伐指标，使寻租者获益，非寻租者受损，从而影响林农之间的公平竞争。这一现象在新寨村所属逻楼镇不同村庄之间林木采伐证的配置上就有所体现。据新寨村林农介绍：“有的村庄能比别的村庄获得更多的采伐证，在同一个村庄内部来说，也存在类似问题。”

这两类问题虽然不会严重到影响林业正常生产秩序，但一有发生就会降低林业资源的配置效率，必须想办法尽可能避免这两类问题的出现。

四、结论及政策建议

总括本次广西凌云县逻楼镇新寨村林业经济调研经历，可以得出以下几点结论：

第一，新寨村是一个林业经济占主导地位的村庄，林农所种植的八角、杉木、油茶等林木具有较高的经济价值，但由于林农收入普遍偏低、交通不便、小农经济和小农意识的统治地位和市场环境欠佳等原因导致林业产品的市场化程度不高，影响林业产品经济价值的实现。

第二，能够提供有效激励的林权制度安排和政策措施有利于调动林农生产积极性，特别是时值农村已启动新一轮改革的背景下，这一结论对于指导当前农村改革实践具有更为深刻的现实意义，希望政府能以在新的历史条件下如何更加有效地调动农民积极性作为改革的出发点和落脚点，设计出相应的体制机制，施行合理的改革措施。

第三，林业技术的获取及推广在新寨村林业经济发展当中发挥着十分重要的作用，因此，政府部门应充分重视技术对于经济增长的作用，努力引进技术，激励相关部门发明、改进相关技术，同时还要注重技术推广工作，只有这样才能充分发挥技术进步对经济增长的带动作用。

关于林业产品市场化程度低的问题：首先，必须从提高林农收入着手。只要林农的收入提高了，有了足够的消费能力，林农自然会更多地选择通过市场交换来满足自身的需求；其次，要重视交通通讯条件在沟通村民与外界联系，降低交易成本方面的作用，大力推进农村基础设施建设，为农村居民更好地融入市场经济提供更为便利的条件；再次，要规范农村市场参与者的交易行为，净化市场环境，加强市场监管，加大打击不法分子的行为，使偏远地区的村民能购买到货真价实的商品；最后，由于小农经济在欠发达的农村地区依然处于统治地位，因而对欠发达地区居民商品意识和商品观念的培育也就显得格外重要，希望相关部门能在这个方面给予足够的重视。

关于木材采伐证限额所带来的两类问题，其解决办法并不复杂：对于价格信号与采伐限制之间的矛盾问题，只要根据木材市场价格状况对木材采伐指标进行灵活浮动就行了，即在价格高的年份多下达指标，在价格低的年份少下发指标，每年平均的木材采伐指标依然可以保持一个稳定水平上，这样既能有效保护森林资源，又能最大化林农的收入，可谓一举两得；对于“采伐寻租”问题，只要政府能制定一个公平合理的采伐额度分配标准，将采伐配额“透明化”并自觉接受群众的监督，就能加以避免。

参考文献

[1] 凌云县县志办：《凌云县志》，1994 年。

[2] 许旭：《试论我国农村市场化程度及农村市场体系建设》，《安徽农学通报》2008 年第 2 期。

[3] 江华、胡品平等：《森林限额采伐制度的经济学分析》，《林业经济问题》2007 年第 6 期。

[4] 张致胜：《我省山区林业经济调研报告》，《安徽林业》2006 年第 4 期。

云南省玉溪市峨山彝族自治县大棚租村种植业调查研究

王岳含　2007级区域经济专业硕士研究生

自西部大开发以来，民族地区的经济发展状况一直受到政府与专家学者的广泛关注，而种植业在西部农民收入中又占据着举足轻重的地位，这既与民族地区的经济发展史有关，又与民族地区自然、人文和区位条件相关。2000年的人口普查资料显示，在人口的行业分布中，汉族62.99%的人口从事种植、林、牧、渔业，少数民族78.85%人口从事种植、林、牧、渔业。[①] 因此研究民族地区的种植业发展对于民族地区经济发展、劳动力转移、产业结构调整等方面都具有非常重要的现实意义。目前对于种植业发展的研究大多数集中于种植业主产区，对于非主产区的研究相对滞后，为此中央民族大学"985"村寨调查课题组特地将一个研究对象选在了位于海拔1800多米的云南省玉溪市峨山彝族自治县大棚租村，以期通过实地调研，对该村种植业进行全面的研究，为民族地区山区种植业的发展找到一条切实可行的道路。

一、调查方法

在调研过程中，通过查阅当地相关历史资料、2007年统计数据、发放调查问卷（共发放问卷50份，问卷入户率24.39%，收回有效问卷46份，合格率92%。）、走访当地百姓、在田间进行样本采集、与相关部门进行访谈等多种调查形式，深入大棚租村，对该区的自然环境、人文素养、种植传统、作物生长状况、品种选育、机械化程度、产量产值、种植结构、农民生活水平等方面进行了全面的调研。通过对该区现状和数据的分析，提出了一些值得思考的问题和可资借鉴的经验。

① 资料来源：国家统计局人口和社会科技统计司、国家民族事务委员会经济发展司编：《2000年人口普查中国民族人口资料》，民族出版社2003年9月版，第218页。

二、基本情况

(一) 区位及人文环境

峨山彝族自治县地处云南省玉溪市，位于东经101°52′—102°37′，北纬24°21′—24°32′之间，东接玉溪市，东南与通海县交界，南与石屏县接壤，西南与新平县山水相连，西北与双柏县隔江相望，北与易门县相通，东北与晋宁县毗邻，是我国第一个彝族自治县。

小街镇位于峨山县东南角，总面积145.54平方公里。棚租村委会是小街镇一个彝族聚居的高寒山区，位于峨山县南面，大棚租村是棚租行政村的一个自然村，在棚租村委会办事处小棚租西北面1公里处。该村共有居民205户，780人，按民族划分，汉族仅有5人，彝族755人，占总人数的99.4%；按年龄构成划分，全村劳动力402人，占总人数的51.54%；按性别构成划分，全村共有男性408人，女性372人；按从事行业划分，农业①369人，占劳动力总人数的91.79%，工业25人，交通运输业3人，零售批发业5人。在住房结构上，彝族传统的“土掌房”已难觅踪影，传统的土坯房也越来越少，砖石瓦房和钢筋水泥房已经成为主要趋势。根据调查问卷显示，在46户被调查家庭中，传统的土坯房只有13户，占28.3%，砖石房和钢筋水泥房32户，占69.6%。

表1　被调查家庭房屋类型　单位:%

房屋类型	频数	百分比
砖石瓦房	28	60.9
窑洞	1	2.2
土坯房	13	28.3
钢筋水泥房	4	8.7
总计	46	100.0

大棚租村村民收入主要依靠农业，2007年全村各种收入合计245.2万元，其中农业收入237.84万元，占总收入的97%。而在农业收入中，仅种

① 本文中农业这一概念是指由种植业、林业、畜牧业、渔业和副业所共同构成的广义农业。

植业收入就达124.66万元，占农业收入的52.4%，是农民收入的主要来源。根据调查问卷显示（见表2），46个被调查家庭2007年收入平均数为9092.4091元，最大值达到35000元，最小值1000元，标准差为7658.81。家庭人口平均数为4.85人，家庭人均收入仅为1874.720元，这与2007年全国农民家庭人均收入4140元相比，相距甚远；比云南省2007年农民人均收入也略微偏低，只相当于当年全省农民人均收入①的71.17%（云南省2007农民人均纯收入2634.1元），这说明大棚租农民人均收入在云南省内处于较低水平。

表2　被调查者家庭2007年收入情况　单位：元

	收入
最小值	1000.00
最大值	35000.00
平均每户	9092.4091
标准差	7658.8063
平均每人	1874.720

根据调查（见表3），造成村民贫困的主要原因是劳动力少、自然条件差和教育费用不足等三个方面。在46户调查家庭中，由于劳动力少而导致家庭贫困的有12户，占总调查家庭的26%，由于自然条件差而导致家庭贫困的有9户，占19.57%，因教育费用而导致家庭贫困的有6户，占13.04%。另外，疾病和工伤、文化水平低、建房或结婚负债也是导致家庭贫困的原因。

表3　导致被调查家庭贫困的原因　单位:%

原因	致病或工伤	教育费用	建房或结婚负债	劳动力少	自然条件差	失去土地	文化水平低	不存在
户数	5	6	3	12	9	1	5	5
比例	10.87	13.04	6.52	26.09	19.57	2.17	10.87	10.87

（二）自然环境

1. 地形气候条件

① 2007年云南省农民人均纯收入为2634.1元。

大棚租村海拔1810米，处于著名的曲江断裂带上，这里地壳运动剧烈，历史上地震活动频繁。近百余年来，破坏性的大地震发生过三次，最近一次发生于1970年1月5日1时零分34秒，震级达里氏7.7级，全村的人民生命财产遭受严重损失，因此抗震减灾一直是发展该区农业的重要任务。该村不仅地质条件不好，地形条件也较差，是典型的山区，只有一条崎岖的山路通往小街镇，虽经多次修缮，道路情况得到了一定的改善，但交通仍十分不便，村民出行存在一定的困难，这在一定程度上限制了大棚租村农业和商业贸易的发展。

该村处于中亚热带、半湿润凉冬高原季风气候区，气候温和，日照充足，年降水量适中。由于地势起伏，相对高差大，山川走向纵横交错，形成多种气候条件，适宜农作物和经济作物的生长。这里冬春受热带大陆性气团影响，夏秋被西南暖湿气流控制，总的气候特点是夏无酷暑，冬无严寒，温差立体分布，年均气温15.8℃。

由于整个峨山县内地形复杂，对各种气候因素起着不同程度的再分配作用，地域性的小气候差异较大。因此大棚租村的春旱、冰雹、霜冻、倒春寒、八月低温等自然灾害时有发生。在原来耕作技术落后的情况下，村民大多靠天吃饭，每年收成受天气影响很大，但随着抗灾救灾工作的大力开展、农用技术的推广普及和农作物品种的不断改良，这种情况得到了明显的改善，粮食产量大幅上升。

2. 水资源条件

大棚租村的水系属山区型，中、小河流储水能力较弱，工农业用水的供需矛盾很突出。该村的降水主要来源于西南暖湿气流，10月盛行的西南季风条件下形成雨季，11月至次年4月大陆干暖空气控制成为干季。多年平均降雨量在1000—1100毫米，雨季（5—10月）降雨量占全年总量的82.8%；旱季（11月—次年4月）降雨量占全年总量的17.2%。年际降雨变化明显，以年降雨量850—1000毫米为正常年，中华人民共和国成立60年来，丰水年有19年，正常年有8年，不足年有13年，其中有5年为干旱年，年降雨量不足750毫米。在住房饮用水方面，已基本解决了全村的自来水问题，根据对46户家庭饮用水来源的调查显示（见图1），使用自来水的有42户，占被调查家庭的91.3%，使用河湖水的有4户，占8.7%。在大棚租村，饮水安全已经可以得到保障。但在农业用水方面由于水库修建滞后，农业主要依靠降水，可见当地农业的脆弱性相当明显，一旦出现“雨不顺”的情况，农业收成就会受到很大影响。

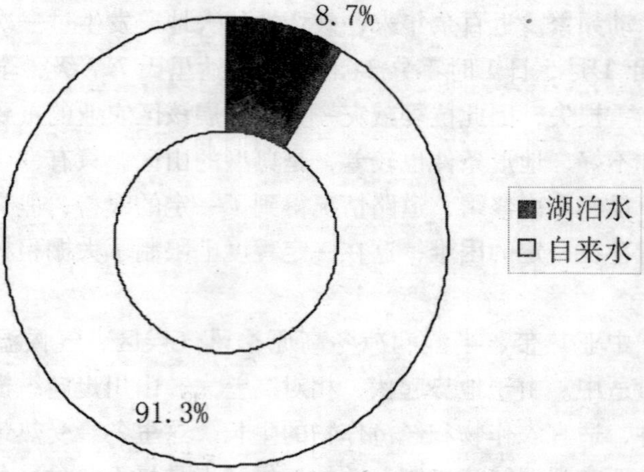

图1　被调查家庭饮用水来源

2004 年以来，为了改善年降水不均、储水较少的状况，上级政府积极辅助、引导村民修建水库、水渠及小水窖等水利设施，仅 2004 年一年全村就新建小水窖 23 口，这为整个村庄的农业发展提供了良好的基础保障，在一定程度上改善了村民吃水用水难的困境。

（三）耕作条件

大棚租村的土壤类型主要为红壤和紫色土，红壤分布于干湿季变化明显的地区，适宜种植玉米、小麦、水稻、烤烟、杂豆等农作物，主要植被为云南松、华山松、灌木和茅草。紫色土主要以适宜林业和畜牧业发展的石灰性紫色土为主，有机质含量 1.0% 左右，呈中性至微碱性反应。紫色土矿质养分丰富，其农业利用价值很高。主要植被为云南松、常绿阔叶林、灌木及茅草。整个村庄土壤条件较好，适宜粮食作物、经济作物的生长和林业、畜牧业等多种农业经济的发展。

大棚租村不仅土质条件较好，耕地面积也较多，2007 年全村耕地总面积达 1309 亩，按耕地类型可划分为田地和旱地，其中田 609 亩，占总耕地的 46.52%，旱地 700 亩，占耕地总面积的 53.48%。人均耕地 1.68 亩，比小街镇人均耕地 1.25 亩高出了 34.4%。但稳产高产农田只有 500 亩，占总耕地面积的 38.2%，与整个小街镇稳产高产农田的比例相比低了 35.45%，因此在发展农业方面应该抓住该村有利的土壤条件和耕地条件，因地制宜地选择适合的农作物品种，大力提高稳产高产田面积。

由于气候的影响，大棚租村的农作物分为大春和小春两季种植，大春为每年的5月至10月，这段时间温度较高，水资源相对丰富，日照时间长，因此以种植需水量较大的水稻、玉米、烤烟为主，小春为每年的11月至次年4月，期间温度较低，降水偏少，日照时间短，因此以种植小麦、蚕豆和油菜为主。田地尤其是水田以种植水稻为主，旱地则以种植相对耐旱的玉米、小麦和蚕豆等作物为主。

三、种植业发展历程及现状

种植业是大棚租村村民的主要经济来源，其在总收入中的比重曾一度占到了90%以上，根据46户被调查家庭的问卷显示（见表4），2007年种植业收入在总收入中的比重为34.79%，是所有收入来源中所占比重最大的一项，因此整个种业发展的状况从某种程度上直接反映了该村的经济发展状况。

表4　被调查家庭2007年收入结构和收入水平　单位：元，%

收入项目	收入值	平均每户收入	占总收入百分比
种植业收入	139200	3163.6364	34.79
渔业	2000	45.4545	0.50
家庭手工业	1000	22.7273	0.25
畜牧业	26300	597.7273	6.57
养殖业	49400	1122.7273	12.35
本乡镇工资	106000	2409.0909	26.50
外出打工	41600	945.4545	10.40
运输业	15000	340.9091	3.75
补贴救济	1766	40.1364	0.44
其他收入	17800	404.5455	4.45
总收入	400066	9092.4091	100.00

1. 中华人民共和国成立以前的种植业概况（1949年以前）

历史上，该村的祖祖辈辈为了生存，在山顶的红土地上开荒种作物，自耕自食。由于村寨离水源较远，无力修筑较大规模的水利设施，使资源的利用率很低。往往形成“雨季多用不完，旱季水库吃水难”的状况。该村的田地绝大多数靠自然灌溉，加之长期以来采取刀耕火种、粗放经营、广种薄收的方式，因而农作物产量很低，农作物单产约在60—80公斤左右，若遇大旱之年，单产仅为20—30公斤，甚至颗粒无收。由于生产条件差，地越种越瘦，粮食越来越少，“种一山坡，收一箩箩”的民谣反映了中华人民共和国成立初期彝族山区的生产水平。村民日子越过越穷，吃的是包谷加苦荞，一年只有半年的粮食。

2. 合作社时期的种植业概况（1950年—1979年）

农业实行合作化时期，县、区、乡人民政府切实加强领导扶持发展农业生产，依靠集体的力量，组织农民兴修水利，开荒造田修建仓库；国家每年发放耕牛、农具等贷款和困难补助；派出干部及农技、畜牧、种子等科技干部深入农村组织生产，总结推广老农的生产经验，组织选种换种，推广新式农具，使用农药防治病虫害；鼓励社员养猪积肥。1952年—1957年整个大棚租村在固定耕地、改良土壤、增施农家肥、推广使用化肥、农药、促进粮食增产丰收等方面取得了一定的成绩。1957年大棚租村农作物总播种面积824.73亩，其中：粮食作物面积达599.36亩，占总播种面积的72.68%，经济作物面积162.11亩，占19.66%，其他作物63.13亩，占7.67%；全年粮食总产量达292686.95公斤，农业总产值为20306.5元，人均纯收入达到84.96元，可以说农民的生活条件与中华人民共和国成立初期相比有了较大的发展。

表5　　1957年大棚租村的耕地面积及作物组成　　单位：亩，%

	粮食作物	经济作物	其他作物
耕地面积	599.36	162.11	63.13
所占比例	72.68	19.66	7.66

1962年至1966年，该村在认真总结过去几年经验教训的基础上，根据国家要求，及时调整经济政策，在坚持搞好集体生产的同时，下放自留地，允许社员经营家庭副业，建立各种生产责任制，极大地调动了农民的生产积极性。在生产措施和农业技术方面，继续开展农田水利建设，扩大双季稻和小春作物播种面积，推广良种，内换外引把籼稻逐步改为粳稻，农业生产得到了恢复和发展。1966年全村粮食总产量达到167161.5公斤，人均占有粮食430.83公斤，比1962年分别增长了79.69%和79.68%；全村农业总产

值为 36762 元，比 1962 年增长了 59.9%，农民人均纯收入 94.7 元，比 1962 年增长了 1.6 倍。

表 6　　1962 年与 1966 年粮食产量及收入比较　　单位：元、公斤

类别 年份	粮食产量				农业收入			
	总产量	比 1962 年增加	人均产量	比 1962 年增加	总收入	比 1962 年增加	人均收入	比 1962 年增加
1962	93027.7		239.78		22990.6		36.42	
1966	167161.5	79.69%	430.83	79.68%	36762	59.9%	94.7	160%
1977	212204	128%	471.57	96.67%	49474.19	115%	110	202%

1967 年至 1976 年，全国开展"文化大革命"，在这期间，整个大棚租村和全国各地一样，农业生产和农村经济长期处于徘徊状态。在这期间，该村又遭遇了 1970 年 7.7 级的强烈地震，人民群众的生命财产受到极大的损失。直到 70 年代中期，该村的农业生产才得以全面恢复和发展。在农作物栽培方面，扩大了良种面积，尤其是墨西哥小麦的引进推广，提高了小麦单位面积产量；化肥农药不断普及，使用量增加。由于生产条件的改善和一些科学技术的应用推广，农业生产和农村经济在徘徊中有了一定程度的增长。1977 年全村粮食总产量 212204 公斤，比 1966 年增长了 26.95%，人均占有粮食 471.57 公斤，由于人口增长过快只比 1966 年增长了 0.23%，农业总产值为 49474.19 元，农民人均纯收入为 110 元，比 1966 年分别增长了 34.58% 和 16.16%。

3. 家庭联产承包责任制时期的种植业概况（1978 年—2005 年）

1979 年起为贯彻执行中共十一届三中全会把党的工作重点转移到经济建设上来的决定，全面拨乱反正，纠正长期以来"左"倾错误，该村放宽政策，进行农村经济体制改革。1982 年大棚租村全面实行了以家庭联产承包责任制为主，统分结合的双层经营体制，充分调动了农民的生产积极性。据统计 1983 年全村种植业播种面积为 1130 亩，总产量为 314349.5 公斤，比 1977 年增长了 48%，粮食获得较大增长，大多数农民达到温饱水平。

进入 20 世纪 90 年代后，为了使生产计划、措施得到落实，峨山县对主要农作物采取层层办样板，以点带面的指导方法，继续实行科技联产承包，加大科技含量，搞好农业技术培训，参加培训的人员占总农户的 80% 以上，由于各级领导的重视，专业科技人员深入生产第一线进行实际指导，广大农民的科技意识和技能得到了提高，各项科技措施得到了广泛应用。县委、县人民政府紧紧围绕中央“抓住机遇，深化改革，扩大开放，促进发展，保持稳定”的大局，加大农村产业结构调整力度，积极发展以烤烟生产为重点的经济作物。在山区林果生产上，着手实施五万亩干果（4 万亩板栗，1 万亩核桃），二万亩水果（1 万亩芒果、5 千亩苹果、5 千亩优质梨），二万亩竹子的“五二二”工程。在一系列政策指引下，大棚租村的农业得到了良好的发展，截止到 2004 年，该村稳产高产田达 420 亩，总耕地面积达 1255 亩，粮食总产量达到 47. 19 万公斤，比 1998 年增长了 27. 44%，平均单产达到 376 公斤。主要经济作物烤烟总产 3. 18 万公斤，比 1998 年增长了 62 倍；油料作物总产量为 2. 18 万公斤，比 1998 年增长了 26. 6%；蔬菜总产量达 32. 695 万公斤，比 1998 年增长了 123%；水果总产量达 1. 07 万公斤。全村种植业总收入为 87. 99 万元，人均种植业收入达 1156 元，为历史最高年。

可以说在中央政府家庭联产承包责任制的政策指引下，整个峨山县大力发展农业，积极改进种植技术，引进了大量的优良作物品种和大型牲畜品种，重点支持农业科技人员的培养和技术推广，在发展传统种植业的同时，着重调整农业内部结构，使主要经济作物烤烟的生产大规模上升，极大地提高了农民的收入，整个村庄农业经济得到了巨大的发展。

4. 取消农业税后的种植业概况（2006 年以后）

2006 年全面取消农业税之后，峨山县以为农民、农业、农村服务，切实减轻农民负担，促进农村经济发展和社会稳定为宗旨，认真贯彻上级有关减轻农民负担和农村税费改革配套政策，全面做好减轻农民负担工作。协助税务、财政等部门做好全免除烤烟外农特税、农业税及附加工作，持续保证农民无农业税赋。在努力实现粮食稳定增产的同时，围绕烤烟结构，合理调整作物搭配。切实加强农业综合生产能力建设，大力培育以加工为主的农业龙头企业，搞好社会化服务体系、市场信息体系、良种繁育体系、质量安全体系建设，促进农业和农村经济持续发展。

在上级政府的政策指引下，大棚租村自 2006 年以来在种植业发展的各个方面都取得了一定成绩。在水稻种植方面从 2006 年开始计划在第十一个五年规划内将继续做好优质、抗病、高产杂交新品种的引入试验与示范，争取将所选出的新品种推广到适宜种植面积的70%以上，使合系39[①]种植面积降到总稻面积的10—20%以下或全部代替。在后续种植业的发展中，峨山县提出了全县栽种十万亩优质核桃、十万亩竹子、三万亩魔芋和三万亩除虫菊的计划，统称为农业发展的“二一三三工程”。大棚租村积极推广除虫菊、魔芋、楠竹和核桃等经济作物的种植，不断推进作物品种的更新和新作物品种的引进，增加农民的农业收入。

表7　　1953—2007年大棚租村粮食作物产量与增加比例　　单位：公斤

	总产量	比1953年增加	每亩单产	比1953年增加
1953年	90269		143.5	
1957年	151537	67.86%	152.3	6.13%
1966年	167161.5	85.18%	180.5	25.78%
1976年	249810	176.74%	195	35.89%
1983年	314349.5	238.24%	278	93.73%
1998年	370300	310.22%	322	124.39%
2005年	393200	335.59%	370.24	158.00%
2007年	455400	404.49%	348	142.51%

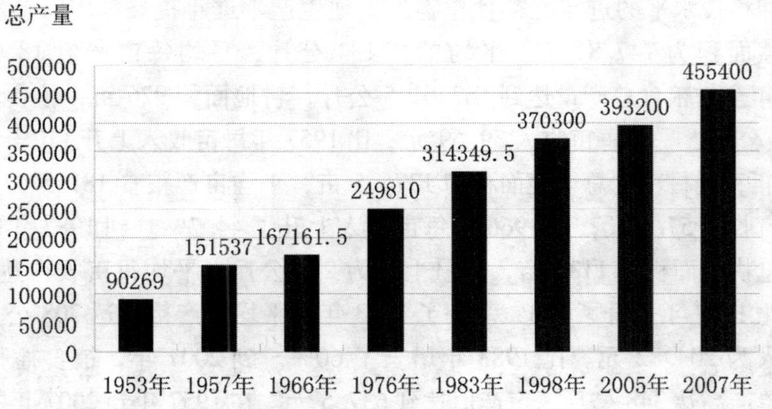

图2　1953—2007年大棚租村粮食作物总产量　　单位：公斤

① 目前大棚租村种植的水稻品种主要是合系39号，但它的抗病性差、产量低，不适应产业结构调整的需要，峨山县计划从2006年开始到第十一个五年规划内引入试验与示范优质、抗病、高产的杂交新品种，计划做40—50组试验，从中选出1—2个产量高于现目前种植的合系39，但食味与合系39相当或超过合系39的新品种，在全县进行推广。

截止到2007年，该村的稳产高产田达500亩，总耕地面积达1309亩，粮食总产量达到45.54万公斤，比2005年增加15.82%。全村种植业总产值为136.66万元，人均种植业收入达1752元，比2005年增加了10%。全村农民农业总收入比2005年增加了6.32%，人均总收入增加了9.19%，可以说农业税的取消为大棚租村农民收入尤其是种植业收入的增加带来了明显的利益。

四、种植业的经济效益分析

由于该村经济作物和蔬果作物的统计数据不完全，因此在对种植业进行经济效益分析时，主要以占种植业收入主要地位的粮食作物为代表，进行说明。

1. 土地生产率

粮食作物作为大棚租村的主要种植品种，在每年的农户收入中占有很大的比重，从1957年以来，粮食作物的经济效益随着每年的物价指数和产量情况呈波动变化的趋势。自1957年到2007年这50年间，由于生产条件的改善和科技水平的进步，粮食作物的土地生产率逐年提高。1957年全村粮食种植面积为747.81亩，平均单产134公斤，平均每亩产值18.9元[①]；1966年全村粮食总产量达到167161.5公斤，耕地面积926亩，粮食单产为180.5公斤，平均每亩收入39.69元，比1957年每亩收入上升110%。到了1977年，全村粮食总耕地面积为1376.5亩，平均亩产粮食181.5公斤，平均每亩收入57.5元，比1966年每亩收入上升了44.7%。到1983年时全村粮食总耕地面积为1130亩，产量上升为278公斤，平均每亩收入达到128元。比1977年上升了123%。到了1993年，平均亩产粮食达308公斤，每亩收入为204.82元。比1983年增长了60%。到2007年，粮食播种1308亩，单产高达348公斤，亩产值达到637.5元。在1957年到2007年的这50年间，粮食播种面积共增加了560.19亩，增长74.9%；亩产量增长214公斤，比1957年增加了159%，平均年增产5.19%；种植业亩产值增加了618.6元，比1953年增加了32.73倍，平均每年亩产值增幅达到6.5%。可以说50年来大棚租村的土地生产率得到了根本性的提高，粮食种植技术水

① 由当时峨山县具体物价计算所得，以下产值数据均由相应年份的物价计算所得。

平的提升取得了可喜的成绩。

表 8　　　　1957 年—2007 年大棚租村土地生产率　　单位：亩、公斤、元

项目 年份	总耕地面积	每亩产量	比 1957 年增加比例	每亩收入	比 1957 年增加比例
1957 年	747.81	134		18.9	
1966 年	926	180.5	34.70%	36.69	110%
1976 年	1376.5	181.5	35.45%	57.5	204.23%
1983 年	1130	278	107.46%	128	577.25%
1993 年		308	129.85%	124.82	560.42%
2007 年	1308	348	159.70%	637.5	32.73%

从横向上来比较，大棚租村的粮食单产一直处于上升趋势（见图 3），1994 年，低于全国水平 13.77%，低于小街镇 61.55%，但经过十多年的发展，2006 年该村的粮食产量已经超出全国平均水平 13.09%，并且差距有逐渐拉大的趋势。但与小街镇的平均水平相比，虽然差距一直在缩小，但仍然低了 12.92%。下一步该村在粮食单产上应该继续加大力度，向小街镇其他村庄学习先进的耕种经验，争取赶上甚至超过小街镇的平均粮食单产。

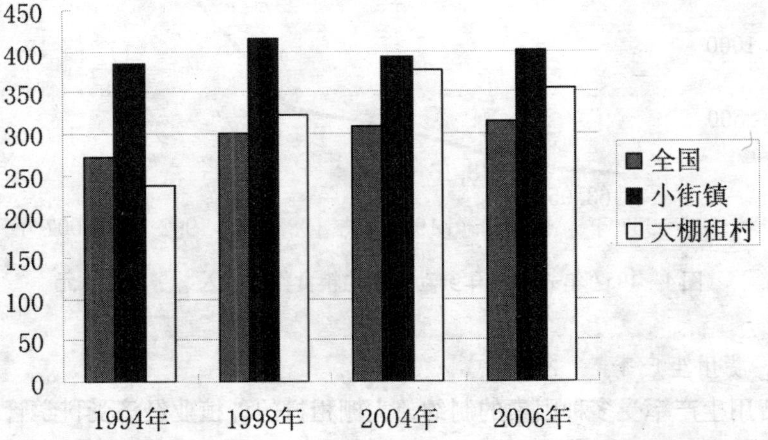

图 3　分年度全国、小街镇和大棚租村粮食单产比较　　单位：公斤/亩

2. 劳动生产率

中华人民共和国成立初期大棚租村的劳动生产率较低，根据调查资料显示（见图 4），1957 年全村共有劳动力 221 人，全年粮食作物收入 14133.6

元，平均每个劳动力的劳动收入为63.95元。到1966年全村共有劳动力231人，全年粮食作物收入34224.96元，平均每个劳动力的劳动收入为148.16元，比1957年增加了131%。1977年全村共有劳动力210人，粮食作物总收入为79149元，平均每个劳动力的劳动收入为376.9元，比1966年上升了154%。到1983年，全村共有劳动力280人，粮食作物总收入为114640元，平均每个劳动力的劳动收入为516.57元，比1966年上升了37%。1992年，平均每个劳动力的劳动收入1410.38元，是1983年的2.73倍。2007年全村共有劳动力402人，粮食作物总收入809128.8元，平均每个劳动力的劳动收入为2012.75元，比1992年增加了42.7%。自1957年到2007年50年间，每个劳动力的劳动收入增加了1948.8元，是1957年的31.47倍，平均每年增加6.3%。劳动生产率水平的提高既表明劳动者素质技能的提高和科技水平的进步，也表明农民收入取得了较大幅度的增加。

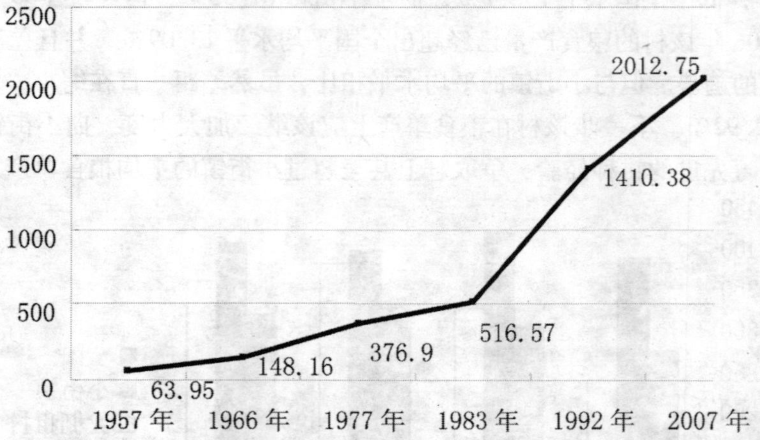

图4 1957年—2007年劳动力平均粮食作物收入　　单位：元

3. 费用生产率

费用生产率受多种因素的制约，大棚租村的种植业经济受科学管理、生产资料价格的上升和产业结构变化的影响，费用生产率逐年下降。1952年每投入100元的物资费用可得到671元的收入，而到1966年，投入100元物资费用所取得的收入下降到450元；到20世纪80年代的费用生产率为300余元；至1993年，每100元物资费用只能得到182元收入，而2007年，每投入100元物资费用得到的收入只有123.44元。

4. 粮食作物在农民收入增加中所占的比重

粮食作物作为大棚租村主要的种植品种，其在农户收入中一直占有很大的比重（见图 5）。1962 年全村粮食种植收入 19187. 3 元，农业收入为 36559 元，总收入为 47141 元，粮食种植收入占总收入的比重为 40. 7%。到 1972 年，全村总收入为 61397 元，粮食作物收入为 24988. 5 元，其在总收入中所占的比例为 49. 4%。1972 年比 1962 年共增加总收入 14256 元，其中粮食作物产值增加 5801. 3 元，占总增加收入的 40. 69%。1982 年全村总收入为 82038 元，粮食作物收入为 66387 元，其在总收入中所占的比例为 80. 9%。1982 年比 1972 年共增加总收入 20641 元，其中粮食作物产值增加 41398. 5 元，占总增加收入的 200%。可以说在 20 世纪 90 年代以前，粮食作物作为大棚租村的主要经济来源，在收入总值中，粮食作物的增加值一直排在第一位。在增加农民收入的比重中占到了非常重要的地位，且随着种植技术的增加，增收逐渐明显。

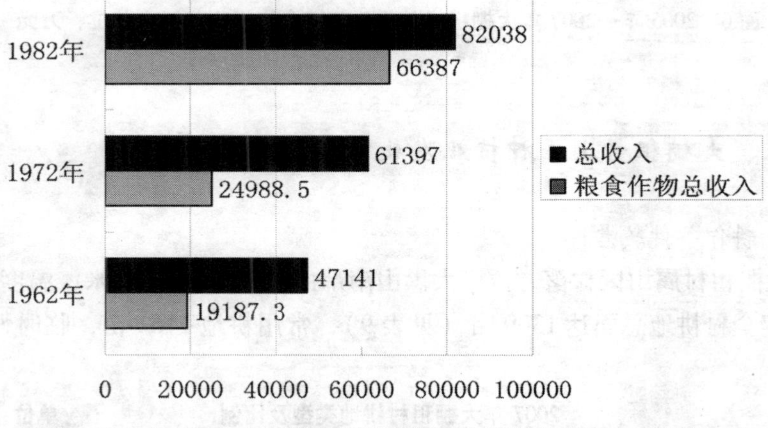

图 5 1962 年—1982 年大棚租村总收入与粮食作物收入　　单位：元

2005 年全村总收入为 234. 85 万元，粮食作物的收入为 53. 7 万元，占总收入的 22. 86%。2006 年全村总收入为 243. 2 万元，粮食作物的收入为 66. 59 万元，占总收入的 27. 4%。2006 年比 2005 年共增加总收入 8. 35 万元，其中粮食作物产值增加 12. 89 万元，占总增加收入的 154%。2007 年全村总收入为 245. 2 万元，粮食作物的收入为 71. 4 万元，占总收入的 29. 1%。2007 年比 2006 年共增加总收入 2 万元，其中粮食作物产值增加 4. 81 万元，占总增加收入的 241%。可见近三年来在粮食作物价格上升、取消农业税、政府加大种粮补贴、农业科技进步等一系列因素的影响下，粮食作物在整个棚租村的产业发展中占据了越来越重要的位置，并且在农民增收中起到了最为重要的作用，成为农民增收的主要手段。

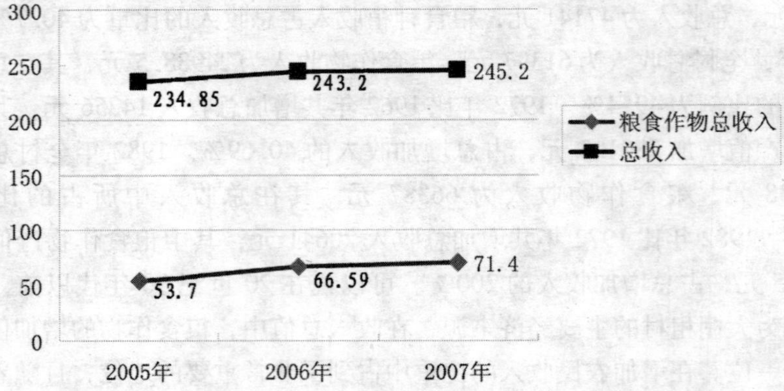

图 6　2005 年—2007 年大棚租村总收入与粮食作物收入　　单位：万元

五、大棚租村山区种植业发展中存在的问题

1. 耕作条件较差

大棚租村属山区村落，位于大黑山南部山岭，海拔 1810 米，温度适宜。2007 年全村耕地总面达 1309 亩（见表 9），常用耕地 1162 亩，临时性耕地 147 亩。

表 9　　2007 年大棚租村耕地类型及比例　　单位：亩,%

<table>
<tr><td rowspan="3">分 类
总计</td><td colspan="2">按使用频率分</td><td colspan="4">按耕地类型分</td><td colspan="2">按产量分</td></tr>
<tr><td rowspan="2">常用耕地</td><td rowspan="2">临时性耕地</td><td colspan="2">田</td><td colspan="2">地</td><td colspan="2">稳产高产田</td></tr>
<tr><td>水田</td><td>普通田</td><td>水浇地</td><td>普通地</td><td>500 公斤以上</td><td>499 公斤以下</td></tr>
<tr><td>面积</td><td>1169</td><td>147</td><td>500</td><td>109</td><td>400</td><td>300</td><td>350</td><td>150</td></tr>
<tr><td>所占比例</td><td>88.77</td><td>11.23</td><td colspan="2">46.52</td><td colspan="2">53.48</td><td colspan="2">38.2</td></tr>
</table>

该村的耕地可分为田地和旱地两种，其中田 609 亩，占总耕地的 46.52%，在田地中水田 500 亩，占田地面积的 82.1%；旱地 700 亩，占耕

地总面积的53.48%，水浇地400亩，占旱地面积的57.14%。虽然该村的耕地面积比较多，但由于位于山区，耕地质量并不很高。根据调查问卷的分析结果显示（表10），在46户被调查家庭中平均每户承包土地5.36亩，承包最多的土地类型是旱地，户均承包的旱地达到了2.08亩，而最适宜农作物生长的水浇地和田则相对较少。

表10　　被调查家庭承包各类型土地情况　　单位：亩

	最小值	最大值	户均	标准差
承包土地总面积	0.00	40.00	5.3565	6.69320
水浇地	0.00	7.00	0.8652	1.69250
旱地	0.00	12.00	2.0783	2.53867
田	0.00	4.60	1.6304	1.33064
荒地	0.00	1.00	0.0435	0.20618

全村稳产高产田共500亩，只占总耕地面积的38.2%，其中亩产500公斤—749公斤的耕地有350亩，占稳产高产田的70%，整个小街镇的稳产高产田有15990亩，占总耕地面积的51.06%，大棚租村稳产高产田的比例远远落后于平均水平，在整个小街镇位列中下。并且稳产高产田的质量也不理想，小街镇亩产750公斤以上的田地面积在总耕地面积中的比例达到了31.33%，而大棚租村田地的亩产均在750公斤以下，这与全镇的平均水平相去甚远。

表11　　2007年小街镇各村稳产高产田面积　　单位：亩

单位	合计	亩产1000公斤以上	750－999公斤以上	500－749公斤以上	400－499公斤以上
合计	15990	1646	3364	6037	4943
由义	1699			1699	
兴旺	1293	373	393	262	265
石邑	1232			586	646
小街	1724	349	1018	245	112
文明	837		160	500	177
永昌	759	104	474	135	46
舍郎	1561			717	844
大棚租	500			350	150
大维堵	655		160	239	256

单位	合计	亩产 1000 公斤以上	750 – 999 公斤以上	500 – 749 公斤以上	400 – 499 公斤以上
牛白甸	1436	440	460	267	269
雨来救	502		4	113	385
乐德旧	946		443	273	230
水车田	1084	380	252	251	201
大海洽	1062				1062

2. 道路交通不便

大棚租村的道路交通非常不便，由峨山县城至石屏的峨石公路，是棚租村对外联系的主要干道。但该公路基本上为四级路，盘大黑山而上，由海拔不到 1000 米上升到海拔 1800 多米，弯多路险，道路坎坷不平，多坑，下雨时积水，且日常缺乏养护，很容易造成晴通雨阻。在村子里，2005 年以前主要的路段都是土路，下雨时泥泞不堪，给村民的日常生活带来了很大的不便。2005 年，由政府出资，村民参与建设施工的村中水泥路开始施工，当年竣工，大大地方便了村民的日常出行。村中的水泥路宽 3.5 米，厚度为 60 厘米，但没有铺设钢筋，用的材料都是水泥、石、沙，这种路在承重上缺乏优势，容易断裂。由于交通不便，直接限制了村里与外界的农产品交换。

3. 水利设施较差

由于大棚租村位于山区，农田灌溉一直依靠自然降水，而当地降水不规律，相对干旱，直接限制了水稻等对水资源依赖较强的农作物的发展。46 户被调查家庭的问卷显示（见图 7），有 28 户占 60.9% 的土地“靠天吃饭”，农业用水依靠降水，16 户 34.8% 的土地农业用水依靠河流湖泊水，其也来自于降水，可见当地农业对自然降水的依赖性非常高，一旦出现干旱，农业收成就会受到很大影响。

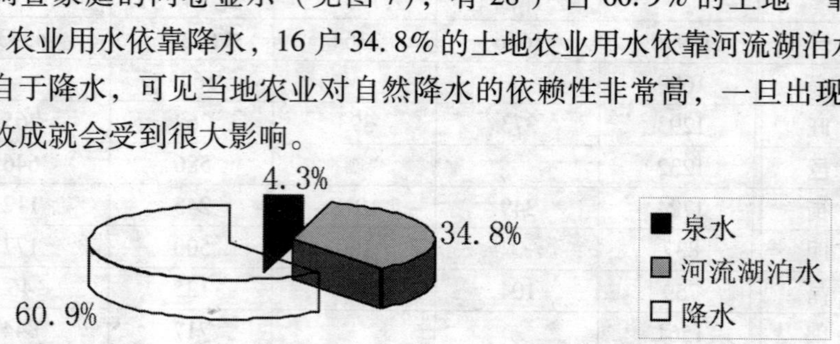

图 7　被调查家庭农业用水来源

截止到2008年大棚租村只有一座水库，由于其修建于50年代，虽经过多次修缮但灌溉能力仍然不强，因此在很大程度上制约了整个村庄粮食作物的灌溉和产量。

4. 物质投入降低

种植业的生产依靠一定的物质资料投入，而在大棚租村农民的生产性支出则相对较少，根据家庭支出调查的结果显示（见表12），在46户被调查家庭中，生产性支出仅占总支出的21%，远远少于生存资料支出和发展、享受资料的支出。

表12　　被调查家庭2007年支出情况　　单位：元，%

支出项目	支出值	户均	占总支出比重
衣服	19020.00	594.38	9
食品	37330.00	1166.56	18
住房	25450.00	795.31	12
生存资料小计	81800.00	2556.25	39
看病	23520.00	735.00	11
教育	15310.00	478.44	7
娱乐	2650.00	82.81	1
红白喜事	20150.00	629.69	10
交通	12700.00	396.88	6
通讯	10940.00	341.88	5
发展和享受资料小计	85270.00	2664.69	40
生产性	44000.00	1375.00	21
总支出	211070.00	6595.94	100

2005—2007年大棚租村对于与种植业生产有着非常密切关系的农药、化肥和地膜等物质的投入，呈逐年降低趋势。2005年全村共投入化肥89吨，但2007年化肥投入仅85吨，下降了4.7%；地膜覆盖面积从2005年的437亩减少到2007年的370亩，下降了18%。山区气候条件较差且供水不足，地膜的广泛使用可以缓解这些问题，提高种植业产量，但地膜覆盖面积的下降直接影响了粮食作物的产出。

5. 种植作物产出能力较弱

表 13　　2006、2007 年小街镇分村粮食产量

单位：亩、万公斤、公斤

单　位	2007 年			2006 年		
	面积	总产	单产	面积	总产	单产
合　计	30251	1229.53	406.44	27014	1084.65	401.51
由　义	2737	109.39	399.67	2731	109.57	399.67
兴　旺	983	41.99	427.16	856	38.22	446.5
石　邑	2065	99.66	482.61	1507	69.01	457.93
小　街	2240	121.17	540.94	2147	118.26	550.82
文　明	1143	60.46	528.96	1147	60.74	529.56
永　昌	959	47.91	499.58	901	46.74	518.76
舍　郎	2101	92.65	440.55	1593	68.13	427.68
大棚租	1308	45.55	348	1177	41.78	355
大维堵	1532	49.74	32.47	1284	38.32	298.44
牛白甸	2610	114.30	437.93	2412	102.62	425.46
雨来救	2834	83.51	294.67	1914	54.31	283.75
乐德救	2343	89.43	381.69	2365	78.55	332.14
水车田	2143	85.50	398.97	1750	68.51	391.49
大海洽	2455	97.61	397.6	2261	93.66	414.24

虽然大棚租村的粮食单产连年上升，到 2007 年已经达到亩产 348 公斤（见表 13），创历史最高值，但与整个小街镇的粮食单产 406 公斤相比，仍然具有一定的差距，在全镇粮食单产中排在中下水平。稳产高产田中亩产均在 750 公斤以下，产量较低。该村的烤烟产出能力业相对较弱，虽然近年来在一系列科技措施的实施下，烤烟产出率逐年提高，亩产达到 114 公斤，但与全镇烤烟单产 144.2 公斤相比仍有较大的差距。产出率低与该村位于山区，地理环境不利于粮食作物的生长有一定的关系，这也一直是普遍困扰山区种植业的主要问题。

6. 政府对于山区种植业的扶持力度小于主产区

在峨山县，由于坝区土地肥沃，水利设施齐全，交通便利，利于机耕机种，一直是种植业发展状况较好的地区，产出率高且品质好。为确保烤烟产量的进一步提高，峨山县于 2008 年建立市级烤烟科技联产联质承包中心示范区，以加强坝区烟草种植的机械化程度，统一管理，明确详细的分工计划，集体种植烤烟，并给予示范区一系列优惠措施，对整个示范区内的烟

田、地，实行整体的机械化操作，并由红塔集团提供化肥、地膜、农药等种植必需品，政府给予一定的补助，集体喷洒农药，以提高种植效率和种植质量。由于大棚租村位于山区，不在示范区范围之内，因此享受不到这些优惠措施。

另外政府对于烟田的补助，山区和坝区也有所不同：田烟每亩补助保险费36元，地烟每亩补助27元；计划机耕面积10000亩，每亩补助70元；漂浮育苗每亩补助50元，用于基质、小棚、种子、育苗肥、消毒液等育苗物资和每群不少于20个小棚的集中育苗占地及配套设施补助；现代烟草农业示范村建设，每亩补助600元，不再享受县级常规产前投入。由于大棚租村的烟田大多数为地烟，且不在示范村建设范围之内，以上这些补助基本享受不到。对于本来种植基础薄弱、基础设施较差的山区来说，政府应该加大扶持补贴力度，但为了大幅度提高产出率，体现农业的现代化程度和示范作用，政府往往在扶持对象的选择上偏重于基础较好的主产区，使得山区与主产区的差距进一步被人为的拉大了。

六、大棚租村发展山区种植业的经验启示

1. 以科技为先导，大力推广优良品种

由于受自然地理条件的限制，大棚租村的种植业产量历史上在整个小街镇一直处于中下水平，曾一度低于全国平均水平。为全面改善种植业产量低下的问题，全村大力种植县农技部门推广的优良品种，积极选派人员参加县农业科技培训，第一时间掌握先进的种植技术和新种苗的种植管理技能。这些村科技人员对村民进行分户指导，及时解决种植过程中出现的技术问题，实时监测病虫害发生情况，与县农业科技部门建立了良好了信息反馈和传递机制。通过提高种植品种的科技含量，推广先进的种植技术，使得大棚租村的种植业产量连年上升，极大地弥补了山区自然环境的不足。

2. 积极提高农业机械化程度

大棚租村的种植方式一直比较落后，机械化程度较低，近年来，该村下大力气发展农业机械化作业，在国家机耕机种补贴政策的指引下，积极宣传机械化耕种的优点。对于县上推广的新型农用机械，该村通过实际操作、科技宣传、农机培训等方式令种植户切实感受到其提高耕作效率的优点。并针对种植户对于农机维修和保养知识缺乏的情况，专门选派机耕科技人员参加

县农机部门进行的科技培训，全面掌握农用机械的日常维护和简单修理，为种植户解决后顾之忧。农用机械的施用使得该村的农作物种植效率和农副产品加工效率大大提高，既提高了农民收入又解放了大量的劳动力，使种植户可以大力发展农副产业和外出务工，为提高农民收入做出了一定的贡献。

3. 大力发展特色种植品种

近年来，大棚租村在该村农业带头人的带领下，根据本村土壤环境和自然条件，选取日本萝卜为本村蔬果的特色种植品种，其亩产价值超出粮食作物56.9%，经济效益非常可观。由于萝卜丝的市场价格呈连年上升趋势，村民还积极进行萝卜的出口加工，以获得更大的收入。除了日本萝卜这一特色品种外，该村还积极参与峨山县推出的“二一三三工程”，即在全县推广栽种十万亩优质核桃、十万亩竹子、三万亩魔芋和三万亩除虫菊，并首先选取除虫菊进行试种。在县补贴政策和科技扶助政策的帮助下，预计仅除虫菊一项就可使农民每亩增收1000—2000元。可以说特色种植品种的选取对弥补山区恶劣的种植条件、提高农民收入具有非常明显的效果。

4. 全面促进支柱种植品种品牌的形成

对于山区种植业的发展，一定要选择好一两个具有成熟种植技术和一定种植规模的支柱品种，充分发挥自身优势，形成本村的种植品牌。在大棚租村，烤烟作为大春最主要的经济作物，已经成为该村的优势品牌，是农民最大的经济收入项目之一。1964年全村总收入为34176元，其中烤烟收入仅为264元，占总收入的0.77%。到1982年全村总收入为82038元，其中烤烟收入为13799.75元，在全村总收入中占到了16.8%。到2007年全村共收入245万元，其中烤烟收入38.55万元，占总收入的15.7%。

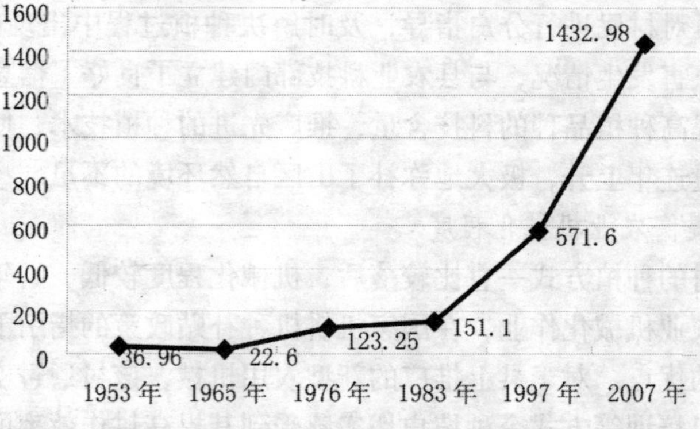

图8　1953年—2007年大棚租村烤烟每亩产值　　单位：元

在增加农民收入方面烤烟表现得非常突出，从1964年到1982年全村总收入共增长了47862元，其中烤烟收入增长13535.75元，占总增加收入的28.3%。在1982年到2007年全村收入共增加236.8万元，其中烤烟收入增长了15.7%。因此在农民总收入增加中烤烟收入的增加占到了一定的比重，为农民收入的增加做出了较大的贡献。

七、大棚租村发展种植业的对策建议

1. 提高基本农田的产出能力

充分挖掘种植业生产的面积潜力，确保种植业种植面积稳中有升。要千方百计杜绝耕地抛荒，加强秋冬农业开发，压缩冬闲田地。增强农田的质量，提高稳产高产田面积，改良中、低产田。加大对粮食作物的种植补贴，提高农民种粮的积极性。

2. 提高基础设施的抗灾能力

坚持不懈地开展农田水利基本建设，加强病险水库除险加固、渠系配套和工程改造，提高耕地旱涝保收能力。加强山水林田路综合治理，坚持工程措施、生物措施、科技措施的组装配套，发展具有山区特色的抗旱节水农业。坚持发展设施农业，全面提高种植业生产的综合抗灾能力。

3. 提高种植作物的科技支撑能力

坚持科技创新，继续实施地膜种植技术的推广，加强基层农技队伍建设，把公益性服务和经营性服务分开。对从事公益性技术推广人员实行定编、定员、定任务，并纳入全额财政拨款；对从事经营性农技人员要进一步放开。加大实用技术的整合推广，大力开展农民技术培训，提高劳动者素质。

4. 提高种植生产的物资投入和机械化生产力度

对种植作物生产所必需的化肥、农药和地膜等生产物资应适当加大投入力度和补贴力度，大力推广优质复合肥料的应用。继续坚持对各种农用机械的补贴力度，全面提高机耕机耙的面积，提高劳动生产率。

5. 树立品牌意识，加强商品化处理

种植作物生产和其他商品生产一样，应该重视品牌意识，开拓国内国际市场。目前该村的农作物种植处于产品质量差、没有自己的独特品牌、商品化处理程度低的状态。因此在农作物产业发展中应选取一两个具有代表性的作物，加大产品的品牌效应，创出自己的作物品牌，增加出口外销的渠道和数量。逐渐加强其他农作物的商品化处理，提高外观质量，树立品牌意识，增强市场竞争能力，用品牌和质量带动整个村庄经济效益的增加。

参考文献

［1］重庆市农业综合开发办公室：《实施农业综合开发促进农业规模经营》，《新重庆》2008 年第 1 期，第 21—23 页。

［2］峨山彝族自治县农牧局：《峨山彝族自治县农牧志》，云南民族出版社，1995 年。

［3］峨山彝族自治县人民政府：《新中国的第一个彝族自治县》，云南民族出版社，1991 年。

［4］峨山彝族自治县人民政府：《峨山彝族志》，云南民族出版社，2001 年。

［5］峨山彝族自治县科学技术委员会、峨山彝族自治县科学技术协会：《峨山彝族自治县科技志》，云南民族出版社，1995 年。

宝丰村劳务经济发展调查

段 娅 2007级区域经济专业硕士研究生

我国是一个农村劳动力资源丰富的国家，在当前9亿多农村人口中，劳动力近5亿。改革开放30年来，在党和政府积极推动以及农民自身努力下，1亿多农民已经离开土地外出务工、经商，促进了农村经济社会和区域城乡协调发展，但仍有大量的富余劳动力滞留在农村。我国目前还有农村剩余劳动力1.7—2.1亿人，且未来10年内还将以每年约200万人的速度递增。[①]而土地资源属于稀缺资源，在短时期内数量是固定不变的，因此农民的人均耕地面积很少，从农业上获得的收入很低，很难将剩余劳动力固定在土地上。如此庞大的农村富余劳动力滞留在农村，对于统筹城乡经济社会发展，全面建设小康社会显然是极为不利的。因此，发展农村劳务经济是今后一段时期内我国特定国情下推进新农村建设、加快城镇化进程和发展农村经济、促进农村人力资源得到优化配置的必然趋势。

一、劳务经济概述

根据我国社会经济发展实际，“劳务”是指住户家庭成员为本户以外的单位或个人提供的劳动活动的总称。而农村的剩余劳动力数量众多，且素质不高，一般从事体力劳务活动的较多。由此可以把劳务经济定义为：农村住户家庭成员为本户以外的单位或个人提供劳动力服务而直接获取的收入。实质上劳务经济就是农民靠出卖劳动直接获取的工资收入，这种劳动包括生产物质产品的服务活动，也包括生产非物质产品的服务活动。

劳务经济的发展是改革开放以来农民追求更高的比较利益和自身发展机会与市场经济的发展和社会需求增长相作用的结果。大力发展农村劳务经济，促进农村地区的扶贫开发，是近几年来我国中西部地区积极开发劳动力资源，将人口压力转化为人才优势，有效解决贫困地区脱贫致富的一种战略

① 吴雨才、陶应虎、叶依广：《农村劳务产业发展的经济学分析》，《农村经济》2007年第1期。

选择，也是贫困地区广大农民在缺乏资金投入的情况下，依靠自身的人力资本增加经济收入的一种现实选择。

二、宝丰村产业结构和特点

宝丰村位于宁夏回族自治区石嘴山市平罗县宝丰镇的东北边，隶属于宝丰镇，镇政府所在地也在宝丰村辖区内。宝丰村农业发达，主要有种植业和养殖业。种植业方面主要有粮食和蔬菜种植。因为耕地面积少，粮食种植仅够满足村民日常生活以及养殖所需的饲料。蔬菜种植尽管风险较大，但依靠脱水蔬菜加工厂的订单收购，蔬菜收益得到一定保障。由于回族饮食习惯特点，宝丰村主要养殖牛、羊，供应清真屠宰。

由于宝丰村人多地少，尽管采取复种、套种、倒茬等耕种方式提高单位面积耕地的作物产量，但受制于种植规模，种植业能够为农民带来的收入很少。随着市场经济的深入，农户一方面依靠农业维持日常生计，另一方面发扬宝丰村经商的传统，积极发展商业，或者外出打工谋求致富。

（一）种植业

截止2007年8月30日统计，宝丰村人口总数为1294人，共计375户，其中回族人口1189人，占总人口的91.9%。全村共有6个村民小组，其中2个小组全为汉族，剩下的4个小组属于回汉杂居。宝丰村人多地少，土地总面积达2765亩，人均土地面积仅为2.14亩，耕地面积1715亩，人均耕地面积1.33亩。

由于人口多，耕地面积少，宝丰村农户用于从事种植业的人均耕地面积较小。2004年以来，村民们开始从农业生产中退出而选择外出打工，但多数家庭仍然坚持农业种植。少部分农民家庭彻底放弃了种植业，举家迁移到外地工作、生活、居住。这样，居住在村中的一部分农户依靠亲戚关系或者邻里交情，通过土地流转、代种等方式取得闲置土地的经营权，扩大耕种的土地面积，一般可以达到8亩，多的可以达到十几亩。不过，能取得流转土地的农户毕竟只是很少的一部分，多数农户基本上维持着极小规模条件下的种植业，每户平均耕地面积都在5亩左右。收得的粮食作物除了用作自家食用外，还有少部分可供销售换取一定的现金收入。

1. 种植结构

在种植作物的种类结构上，宝丰村主要是种植小麦和玉米，除了用于自家食用的粮食作物之外，还允许种植一些经济效益较高的经济作物，用来出售换取收入。除了向日葵外，部分土地种植了番茄、韭葱、白菜等蔬菜类作物。

近年来，由于生产、销售等方面的原因，宝丰村种植结构也在慢慢地发生变化。首先，蔬菜的种植面积较从前明显增加。与回民善于经商、养殖相比，汉民在种植方面更为擅长，因此汉民较多的宝丰村四组和六组用于蔬菜种植的面积较多。从2001年开始，宝丰镇和周边的惠农县等地区的脱水蔬菜产业发展十分迅猛，对作为生产原材料的蔬菜需求量很大，这些企业采取直接与农户签订种植和收购合同的方式，解决了农户种植后销售困难的问题，带动宝丰村的农户开始较大规模地种植脱水蔬菜。2004年镇政府在宝丰村四组建立了脱水蔬菜园区，种植面积达120亩，参与农户58户。园区由农技人员规范种植模式、田间管理及病虫害的防治等，农户可以自愿选择种植品种，因此种植业收入有所提高。

从2007年下半年开始，宝丰村农户种植蔬菜的利润开始减少。以前种植一亩脱水蔬菜能净收入2000元，现在每亩平均只能收入700—800元钱。究其原因，在成本方面是因为化肥价格上涨，农户种植蔬菜投入的成本增加。每亩蔬菜需要三四百斤化肥，化肥价格上涨后，仅化肥成本一项每户就增加了近千元。在销售方面，由于脱水蔬菜厂生产的产品主要销往欧美国家和地区，2007年下半年人民币汇率开始升值，我国的贸易出口因此受到了阻碍，脱水蔬菜的销售也受到了很大影响。负责收购宝丰村农户种植蔬菜的脱水蔬菜厂减少了生产规模，而且在收购蔬菜的过程中，筛选、收购标准变得很苛刻，许多蔬菜被浪费，并且还压低了收购价格。农民因为自身法律意识水平较低、缺少组织保护等原因，在和脱水蔬菜厂签订收购合同时，处于弱势地位。在缺少其他有效销售渠道的情况下，菜农们在卖菜时不得不接受脱水厂的苛刻要求，如打白条拖欠收购款、对蔬菜过于严格的筛选、不全部收购等。从各项成本和收益来看，宝丰村农民种植脱水蔬菜的投入增加，而收益减少，农民种植蔬菜的积极性开始减弱。

此次我们也对部分农户2007年的种植情况进行了调查。结果显示在粮食作物上农民还是以小麦套种玉米为主或者采取小麦套种油葵的粮油套种模式，此外少量种植蔬菜。例如宝丰村村民张世光一家主要从事种植业，2007年共种植作物8.5亩，其中小麦套种玉米5亩，番茄2亩，菠菜1.5亩。套种占总播种面积的59%。2007年种植业总收入为1万元。村民黄振银一家2007年共种植农作物7亩，其中小麦套种玉米3.4亩，单种小麦2.9亩，土豆0.7亩。套种占作物播种总面积的48%。但户主告诉我们种植粮食基本上就是维持家里的口粮和日常开支，2007年他家的收入主要来自外出务工。宝丰村村民何万斌共种植作物15亩，其中小麦5亩，玉米5亩，蔬菜5亩。2007年全家从事种植业净收入7000多元，其余的收入来自养殖业。我们调查了解到虽然套种比以前单种的粮食产量有所提高，每亩收入也有所增加，但粮食产量继续提高的空间不大。农民们普遍反映耕地面积少，种植业生产性成本高是制约收入提高的主要因素。虽然现在粮价上涨了，但柴油、化肥、农药等价格的涨幅远远超过粮食价格的涨幅，农民收入并没有实质性的增加。大部分村民仅靠种植业提供基本的口粮和日常开支，收入的增加主要靠做小买卖和外出打工。

2. *种植业劳动力情况*

在调研期间，我们还发现这样的现象。在宝丰村，从事农业生产劳动的青壮年男性劳动力较少，主要是妇女和中老年男性。在村子里走访时，甚至可以看见超过60岁的老年人在田间地头从事农活的场景。

据了解，这种农业劳动力女性化、老龄化的现象是近几年才开始出现的。从中华人民共和国成立后一直到1980年宝丰村实行家庭联产承包责任制之间的30年左右的时间，这里的农户家庭经营全部以种植业为主。宝丰村的人均土地面积一直比较少，但因体制的原因，所有的村民都被牢牢地束缚在这有限的土地上，与之相应的是严重存在的劳动力过剩问题。

1980年家庭联产承包责任制开始施行，农村经济体制逐渐放开。由于具有人多地少的特点，村上的每户农户分到的耕地面积较少，种植业只是作为能够提供自家食用和喂养牲畜的粮食来源，并不能为家庭获得较多收入。耕地面积少，因此只需要较少的劳动力就能够完成日常的农活，宝丰村的农户大多开始重新经营规模不等的个体商业，并以此作为其家庭收入的主要来源。但这些个体商户一般经营地点都在宝丰镇、平罗县或者宝丰镇周边的惠农、庙台地区，并没有远离本土，在春耕秋收需要较多劳动力的时期，这部分从事商业活动的劳动力便可以回到宝丰村，暂时投入到短期的种植业生产活动中。这个时候，宝丰村种植业的劳动力便开始出现女性化、老龄化的苗头，但因为商户也可以及时回到家中帮助从事农活，这些问题并没有充分暴露。

进入21世纪后，一方面宝丰村周边的其他地区，如灵沙、礼和的商业经济快速发展，市场竞争力越来越强，宝丰村的商业活动开始出现萎缩的势头。宝丰村主要的羊绒贸易生意处于崩溃的边缘，许多商户为此损失了大量的资金，还背负了债务，并且波及整个宝丰村的个体商业开始全面萎缩，很多村民从个体商业中退出。商业的萎缩使得农户失去了重要的收入来源，而仅仅依靠种地能够获得的收入很少，无法使自己的生活得到明显改善。从2004 年开始，村民们开始大量外出务工，即这部分人群放弃了商业和农业生产，开始以外出务工的形式从事一些工业活动。

从表 1 中宝丰村劳动力统计的数字可以发现，宝丰村从事种植业、商业的人数明显减少，而工业从业人员数量明显增加。村民大量外出打工的原因主要是因为种地能够取得的收入太少，所以与工业从业人员大量增加对应的是种植业从业人员大量减少。

表 1　宝丰村从业人员统计

内容 / 年度	宝丰村		
	种植业从业人员	工业从业人员	商业从业人员
2003 年	308	51	66
2004 年	256	140	63
数量增减情况	−52	89	−3

村民外出务工可以实现从种植业中退出劳动力的顺利转移，使得宝丰村农民充分就业，增加农户的家庭收入。但我们也要看到问题的另一个方面，村民们的大量外出务工也造成了村中常住人口的减少和农业劳动力的大量外流，最重要的是大大加速了宝丰村农业劳动力女性化和老龄化的进程。

在我们进行入户调查时，很多农户只有一名中年妇女在家，还有的家庭除了一名妇女之外，家里就剩 70 多岁的老人和 10 岁以下的儿童。像这样的家庭，青壮年男性劳动力都到邻近或较远的地方打工或者从事其他的个体经营。而留在家中的农妇除了要操持基本的日常家务、伺候老人、孩子外，还要负责自家田地的农活。

由于宝丰村回民居多，而回族的宗教习惯和饮食习惯都有助于长寿，所以宝丰村人均寿命较长。在宝丰村，经常可以看到骑自行车的 60 岁以上的老人；在农田里，也可以看到不少老人辛勤耕作、收割的景象。我们采访到一位 2008 年已经 70 多岁的老人，家里儿女都外出打工，目前家中种地的农活都由他来从事，由此可见宝丰村农业劳动力老龄化的趋势十分严重。

宝丰村农业劳动力情况经历了劳动力过剩、劳动力过剩的相对改善、劳动力女性化和老龄化的发展过程。然而，当前宝丰村农业劳动力面临的最大问题还不在于此，最为严峻的是宝丰村将面临农业后续劳动力缺失、未来土地无人耕种的潜在危机。在走访的过程中，不少村里人都表示对宝丰村未来农业发展的前途感到担忧。他们认为现在村上外出务工的年轻人与过去的人相比，乡土观念相对淡薄，如果在外务工的收入尚可，都不愿回到宝丰村从事农业生产。村中接受高等教育的年轻人，不论从其本人的意愿，还是他的父母对其的希望来看，他们都不大可能在将来学成毕业后回到自己所在的村里从事农业生产活动。这样就出现了农业后备劳动力断档的局面。照这种情况发展下去，十几年后，也就是现在这些从事农业劳动的妇女和老人失去劳动能力的时候，宝丰村农业将会出现劳动力严重不足的情况。用一位在当地很有影响力的老人的话讲，“我们这里的农业现在存在很多的问题，其中最主要的就是面临着 10 年之后地由谁来种的问题”。从目前的情形来看，这种对宝丰农业未来前景的担心是很有道理的。

（二）养殖业

宝丰村是回民聚居区，回族的养殖业有悠久的历史传统，加之多居于河边、滩边，有便利的放牧草场。中华人民共和国成立以前饲养骆驼、牛、羊者较多。小户一般养羊 20—30 只，骆驼 3—5 峰不等，大户养羊千只以上，骆驼百余峰者也不少。中华人民共和国成立后，农户养殖的主要是羊，少数专职养殖户养殖 100 多只羊用来育肥，这种“买瘦卖肥”的方式对买卖双方都有利。牛的养殖规模很小，而且也不普遍。宝丰村大多是回民，只是在四组、六组分布着少数的汉族人口，并且这部分汉民多在回民居住地区分散居住，与附近回民关系相处得十分融洽。自 20 世纪 80 年代以来，宝丰村的养殖业有了喜人的发展，成为农户家庭主要的生产经营活动之一，并且还出现了从来没有过的养鱼专业户。

宝丰村人多地少，专门从事种植业村民生活水平不会提高很快。因此镇政府在各村实行农业产业改革，种植、养殖、加工业三结合，在种好粮食作物的前提下，大力号召和鼓励农民搞养殖业。从 2001 年起在宝丰镇政府支持和区市县各有关部门的扶持下，宝丰村建立了标准化集中养殖园区。2003 年由张洪恩投资 1200 万元，建成宁夏金福来羊产业有限公司，年加工清真羊肉 30000 吨。镇政府引进蒙牛乳业（集团）股份有限公司投资 85 万元，建设了一座占地面积1600平方米的机械化挤奶站，有效地解决了养殖户销售鲜奶的问题。同时宝丰镇又建立了羊产业协会、奶产业协会、畜产品流通协会，有力地促进了宝丰村养殖业的发展。在群众发展的基础上，近年来县乡各级政府采取优惠政策（养殖户贷款优先、圈舍用地优先审批、减免集体劳动用工），从资金、技术、生产基地等方面扶持和鼓励养殖大户进行规模经营，促进了养殖业生产的发展。为实现养殖业的规模化经营，宝丰村建立了一个标准化奶牛养殖园区。该园区于2005年4月开工建设，参与农户30户，其中引进惠农区养殖大户8户。该园区的特点是政府引导并协调贷款、协调用电、招商引资，采取大户带动、小户参与、农户自筹自建的方式，按照统一征地、统一规划、统一标准、分户施工的办法建设。园区总占地面积40000平方米，户均占地1100平方米，户均3间住房、8间圈舍、48平方米青贮池。园区设计长450米、宽10米的主巷道水泥硬化路1条；设计长450米、宽8米的石子硬化生产巷道2条。园区以科技为先导，实施科学喂养、程序化防疫、饲草料调制、青贮、霉贮相结合等技术，实现乳业高产、农民增收的目的。整个园区建成后成为一个集养殖、居住为一体的高标准集中奶牛养殖园区，极大地提高了宝丰村养殖专业户的收入。

宝丰村养殖的羊品种主要有滩羊、山羊、绒山羊和绵羊。滩羊是当地的新品种，本地滩羊繁殖多为单胎，个别有双胎。滩羊肉质嫩，无腥膻味，脂肪分布均匀，是上等肉食品；所产二毛裘皮，有美丽的花絮，光泽悦目呈白玉色，具有轻便、保暖、毛穗互不毡结等特点，享誉国内外，为名贵产品。山羊为蒙古阿左齐山羊后代，四肢结实，蹄壳坚硬，善爬高攀附，产绒多，肉食鲜美，具有很高的饲养价值。绒山羊除了可以用作肉用、提供皮张之外，其身上的绒毛质地柔软而且纤长，是制作绒产品比较理想的原材料。绵羊最主要的用途在于肉用和羊皮。养羊最主要的经济效益还是在于出产羊肉上，绵羊与山羊相比体态较大，产肉量较高，从宝丰村养殖羊的种类数量上来看，绵羊在数量上要远远多于山羊。从2004年度宝丰村的牲畜养殖情况的相关统计资料来看，宝丰村年末山羊存栏数为339只，绵羊存栏数为2409只，当年出栏山羊数量2884只，出栏绵羊4428只。

（三）商业

宝丰村的商业基本上依托其所在的宝丰镇集市贸易的发展。银北地区集市贸易最早活跃的首推宝丰镇的集市，即使在大割资本主义尾巴的“文革”

期间，宝丰镇的集市也没有终止过。然而上世纪50年代后期开始，宝丰村农贸市场极度萧条，居民生活极度贫困，吃粮靠返销，花钱靠救济，生产靠贷款。自80年代放宽政策以来，善经商的宝丰镇回民积极投入商贸活动，搞活了集市，招徕四面八方的赶集人和商贩，在宝丰、黄渠桥、姚伏和马家湾4镇集市中规模最大的仍莫过于宝丰集市。宝丰镇集市占地3.6万平方米，已经成为平罗县北部牛羊、粮食、毛皮集散地。每逢2、5、8集日，镇上车水马龙，人头攒动，贸易兴隆。集市从上午9、10点钟开始，午后13时许散集。每集前来经营赶集的人，一般在15000人左右，最高达2万多人。购销两旺，每集成交额在8—10万元左右。商品种类繁多，有家畜、家禽、皮毛、粮油、农副产品、服装、布匹、日杂等。服务业有饭馆、理发和各种加工业、修理业。日趋繁荣的集市，不仅吸引了市属各县的人们前来赶集，而且也招来了内蒙古、甘肃、河南、河北和浙江等20多个省区的客商推销商品。

宝丰村是回族聚居地区，居民素有养畜、经商的传统习惯，在以农业为主的前提下，在以宝丰镇集市为依托的基础上，逐渐涌现出了家禽家畜饲养、粮油加工、服装加工、食品加工、饭馆、照相、理发、家具制作、家电维修、贩卖粮油、皮毛、牛羊、开办商店、收购旧货等个体工商户。在宝丰镇集市繁荣之时，宝丰村村民几乎家家都有人在宝丰市场赶集做牛羊绒生意，此外还兼做其他一些小生意，比如开饭馆、小卖部或其他常见的服装、机电生意，那时宝丰市场外的店铺都是村民们自己出钱建的，目的就是为了借集市的繁华多赚些钱。而现在的宝丰村随着宝丰镇集市的萧条，几乎没有人再做牛羊绒生意了，市场外的店铺生意稀少，许多店铺常年关门。宝丰村现有约3户村民在宝丰镇集市周边有自己的固定店铺做生意，主要以开小卖部、开饭馆为主。全村有约10户以赶集的形式经营商业，商品以服装、日用杂货为主。

（四）劳务产业

对于今天的宝丰村绝大多数农户家庭来说，家庭日常经营生产活动居于最重要的地位和家庭最主要的经济来源的生产经营活动就是外出打工。

外出打工在村中成为一种普遍性现象发生在近几年，在2004年之前，宝丰村的农户多以商业、养殖业为主要收入来源，只有一少部分家庭中存在部分成员从事工业生产活动。村民开始大规模外出打工的热潮发生在2004、

2005两年，主要是因为宝丰镇的商业状况整体滑坡，大多数商户的生意无法经营下去，从而放弃经营商业，选择转行到收入相对较高的工业生产部门中去。由于宝丰镇属于传统农业区，镇上的企业、工厂数量较少，规模较小，对员工数量的要求较少。另外，这些工厂、企业多是以农产品为原材料的食品加工业，农产品加工业的生产季节性较强，一年之中的生产高峰期只有很短的一段时期，在非生产高峰时期，这些工厂只是维持小规模生产，或者干脆停产，对员工数量的需求量并不稳定。这种本地工厂对员工需求数量少、且需求不稳定的特点，无力吸引大量的本地村民就业、打工。所以，在宝丰村的农户中，其家庭成员多半都选择到镇外的其他地区去打工赚钱。现在村中已经很少能够见到20—30岁的青、壮年农民。

三、2007年宝丰村农民收入分析

宝丰村全村有6个村民小组，农户375户，人口1294人，劳动力773人，耕地1715亩，荒地1050亩，2007年全村农民人均纯收入3980元。我们入户抽样调查了40户，占总户数的12.5%。关于宝丰村农民生活方面的调查，调查问卷主要涉及农村家庭的收入来源和消费支出，收入分为农业生产收入和打工经商收入，消费分为生产性消费、生活性消费。下面就调查情况做一个说明。

农民收入是农村经济发展的综合反映，寻找农民收入变化特点及原因，对进一步指导农民增收，调整农民收入结构具有重要意义。2007年初宝丰镇党委政府下大力气调整产业结构，转移农村剩余劳动力，宝丰村农民增收效果十分显著。对2007年宝丰村经济收益分配情况进行统计、核算，分析2007年宝丰村农民收入状况如下：宝丰村经济总收入达到515.01万元，比上年同期增加了22.04万元，增长率为4.47%；农民人均纯收入3980元，比上年同期增加225.28元，增长率为6.0%。现将2007年宝丰村农民经济收益情况作如下详细分析：

（一）农民产业人均纯收入变化情况

宝丰村家庭经营收入的内部构成表现出正朝着第一产业收入减少，劳务产业收入增加的良性方向发展。2007年宝丰村农民人均纯收入的构成比例：

种植业：人均纯收入861.1元，占人均纯收入的21.6%，同比减少

3.5%；

畜牧业：人均纯收入826.3元，占人均纯收入的20.9%，同比增长4.45%；

商业：人均纯收入904.3元，占人均纯收入的22.8%，同比增长1.21%；

劳务经济：人均纯收入1369.1元，占人均纯收入的34.6%，同比增长5.4%。

（二）农民人均纯收入变化原因分析

1. 种植业：一是粮食受灾减产3.3%，影响了收入；二是蔬菜受灾的影响，产量减少，对收入的影响较大。调查资料显示：2007年宝丰村农民出售蔬菜的现金收入人均400元，比上年减少91.39元，影响人均减收32.7元；三是2007年农民用于第一产业的资金投入较大，化肥、农药、种子饲料饲草的涨价，生产成本增加，效益未能显现。2007年宝丰村农民用于第一产业的投入195.56万元，人均投入1511.29元，比上年增加110.22元，增长率7.2%。这是近年来少有的投资热潮，充分说明了农民渴望通过投资发家致富的强烈愿望。

从农业收入看，夏粮亩产243公斤，总产量为28.05万公斤，夏粮收入35.06万元；秋粮亩产301公斤，总产量51.53万公斤，秋粮收入42.77万元；菜产业方面，2007年蔬菜的平均价格每公斤比2006年同期减少0.1—0.3元，种菜面积达560亩，种菜亩均收入600元，总收入达33.6万元，面积比2006年减少100亩，收入亩均比2006年减少200元。通过对小麦、玉米、蔬菜收入费用的分析，农业收益减少幅度十分明显，农业收入总计111.43万元，比2006年同比减少115.8万元，农业总费用52.77万元，农业净收入58.66万元，农业人均收入861.1元，占人均纯收入的21.6%，人均同比减少55.79元，减少率3.5%。

2. 畜牧业：宝丰村畜牧业发展势头比2006年有所增长。全村羊只饲养达1.1万只，出栏数达8360只，每只平均50元，收入为41.8万元；牛饲养量达588头，存栏108头，出栏数达480头，每头净收入500元，收入24万元；奶牛存栏73头，挤奶的牛共54头，每头牛每年产奶量3000公斤（10公斤/天、头），每公斤价格1.64元，出售奶收入26.6万元；牛的收入共计50.6万元。家禽及特种养殖饲养量达到1.7万只，毛收入14.5万元；

牧业总收入为106.9万元，人均纯收入826.3元，占人均纯收入的20.9%，同比增长4.45%。

3. 商业：以家庭经营为主的小商业总收入117万元，人均纯收入904.3元，占人均纯收入的22.8%，同比增长1.21%。商业收入小幅增加的主要原因是：一是以农副产品为主体的粮食、蔬菜加工业以及农村建筑业继续保持好的发展势头；二是牧业产销形势看好，带动了流通贩运、屠宰及运输业的快速发展，宝丰村涌现出了一批以此为主体的农户，促进了农民收入的增加。

4. 劳务经济：宝丰村劳务经济发展迅猛，促进了农民纯收入的快速增长。宝丰镇党委非常重视劳务输出工作，专项安排人员抓此项工作，自上而下成立农村劳务输出网络，开展多种形式的技能培训，成功地举办人才交流及劳动力供需洽谈会，积极与外地用工单位和私营企业签订劳务输出合同，定期发布劳务输出信息，使农村富余劳动力的流动由无序逐步变为有序。2007年全村劳务收入177.2万元，人均收入1369.1元，占人均纯收入的34.6%。

劳务收入增长的主要原因：一是近年来，农业比较效益下滑，在相当一部分农民的思想观念中，特别是青壮年农民中有一技之长的农民感觉目前种地收入增加慢，不甘束缚在土地上，因此他们积极寻找门路，外出务工获取收入。据调查宝丰村大约有300多人全家外出，随着规模经营的发展，还有一些季节性帮工。宝丰村还有部分妇女在附近的脱水蔬菜厂工作，一些农民被雇用于经营大户和农田帮工，从事季节性帮工获取收入。其次是公路建设、小城镇建设、乡镇企业及个体私营企业的发展，均吸纳了一部分农村剩余劳动力。男劳动力多数在建筑队、流通服务等行业，女劳动力多数在脱水蔬菜厂、大型种植园区打工。99.8%的外出务工人员能够遵纪守法，吃苦能干，同时也取得了可观的劳务收入。

四、宝丰村劳务输出的三种家庭类型

对于今天宝丰村的绝大多数农户家庭来说，家庭最主要的经济来源就是出外打工。按照家庭成员存在出外打工人口的农户中家庭成员的年龄结构状况的不同可以将其分为以下三种务工农户家庭：

第一种类型：家庭年龄结构比较年轻的务工农户家庭，这类家庭中的户主[①]的年龄在40岁以下，外出打工农户群体多为青、壮年劳动力，其群体特征为年轻力壮，文化水平素质较高，接受新鲜事物能力较强。在家庭构成方面，这类家庭在经济方面都不再依靠自己的父母生活了，已经具有完全的独立性。

此类家庭中夫妻二人的父母年纪多在五六十岁左右，年纪不大，身体也还比较健康，能够独立地从事一些简单的农业生产经营活动解决基本的温饱问题。他们的孩子多处在16—17岁以下，正在接受教育的年龄。家庭中既没有年纪很大，需要照顾的父母，家庭成员也具有相对较高的素质，能够符合多数行业对其从业人员在身体、文化素质上的要求，因此，各方面条件都可以允许其到距离宝丰镇较远的地区去打工。

这类出外打工的农户家庭一般选择全家迁移到打工所在地居住、生活。因此，经济发展水平较发达、就业比较容易、工资水平较高的大、中城市和地区（如平罗县城、石嘴山市区、银川市，甚至外省区的许多大城市）是这类出外务工的农户家庭选择全家迁移的首选之地。这类出外打工农户家庭中务工人员的工作性质属于常年性地在外从事非农业生产的第二、第三产业的工作。这部分出外打工的村民就是所谓的“离土又离乡”型的农民。

第二种类型：家庭中户主的年龄在40岁至60岁的务工农户家庭，目前居住在宝丰村的农户家庭多属于这一种类型。在亲属关系上，这类家庭的成员一般由一对中年夫妻、处于青年或者壮年的子女、有的家中还有年纪较大的父母、未成年的孙辈构成。这类家庭成员中劳动力较多。

家庭中的子女因为上面提到过的原因，都选择去经济水平比较发达的大、中城市和地区务工。子女结婚成家后属于上面第一类的外出务工农户家庭中的类型，在经济上已经独立。未婚的子女也多选择自己或者和亲戚、朋友一道出外打工，但在经济上还是属于这个家庭中的一分子，其常住地已经迁到务工所在地点，也已经不在村子里的家中了。这样，该种类型的家庭中主要劳动力就只有一对中年夫妻两个人了。

年纪相对年轻一些的农户家庭，夫妻二人其身体状况都比较好，可以从事一些比较辛苦的活计。这样的家庭一般都由家中的男性外出打工，多到周边地区的煤矿、冶炼工厂等企业去打工。一般他们的工作性质也都具有相对的长期性，但由于打工所在地距家不远，多数人平日里能够经常回家，放假

① 即主要操持、决定家庭日常生活、经营活动中的最重要事物的家庭成员。

休息或者农忙的时节一定会回到自己的家中。留在家中的女主人除了要照顾丈夫的父母、自己的孙辈、操持日常家务以外，还要耕种家里的土地、照看家中喂养的牲畜，家中里里外外的活计基本上都是由她一个人打理。在村中这样的家庭很多，家庭中的日常生活靠中年女人一人来操持，她们是很辛苦的。

另一部分年纪稍长一些的农户家庭，由于自己的年龄也已经快要步入老年阶段，身体已经开始出现衰老的迹象，一般不能再从事对体力要求比较高的工作了。这样的家庭一般都是通常夫妻二人共同在家，由两个人共同从事耕种土地、养殖牛羊等生产活动和照顾父母、孙辈小孩、操持日常家务等家庭活动。但在一年的某段时期，政府为了完成某项工程，或者镇上和周边的农产品加工厂、农场等企业加大生产，需要大量的劳动力的时候，由于这些工作都带有一定的季节性和对体力的要求不是很高，且工作地点距离宝丰镇比较近，这类家庭中夫妻二人会去这些企业或为政府打工。

这类外出务工的家庭带有明显的短期性和季节性，一年中靠打工一项赚到的收入也有限。为了增加收入，这样的农户家庭还要耕种土地、养殖牲畜以补充家用。所以这种类型的农户家庭中，有的农户家中虽然一部分成员常年不耕种土地，只从事非农业生产活动，属于“离土不离乡”的农民，但从其所在的农户家庭总体来看，这部分务工农户家庭并没有放弃农业生产，也没有改换居住地离开家乡。所以这类务工型农户家庭属于“既不离土也不离乡”型的农户。

第三种类型：家庭中户主的年龄在60岁以上的务工农户家庭。这种家庭在两个村子中有很少的一部分，且多属于经济上比较困难的家庭。

这类家庭中只有已经上了年纪的老人，并且至少一人身体健康，具有一定的劳动能力。他们的子女都已经独自成家与他们在经济上分家，并且生活水平也都不太好，父母不想在生活上、经济上依赖自己的子女，给本已经生活困难的子女增添过重的负担。如果说前两种类型的农户家庭选择外出打工的主要目的是为了增加收入、改善生活的话，这种类型的家庭外出务工的目的更多的是想要极力挣脱当前困难生活的束缚。

这类家庭的耕地面积也很少，依靠耕地只能取得很少的收入。这里的最低生活保障水平很低，加上低保生活也很难维持。只要在身体状况允许的情况下，老人们只能选择外出从事一些自己力所能及的工作来补贴家用。

在宝丰村走访的过程中，可以强烈地感受到不论是上述哪一种出外打工的农户都是因为从今天的宝丰村发展状况中看不到多少能够发展的希望了。这里人多地少，种地基本只能够解决吃饭问题。从短时期来看，外出打工提高了宝丰村农民的家庭纯收入，但对于宝丰村来说，它正在失去曾经商业繁荣的活力，它的居民正在陆陆续续地离它而去、从它的土地上消失。

五、宝丰村继续发展劳务经济的对策

宝丰村人口多，耕地少，人均耕地仅 1.33 亩，低于全国人均水平 1.4 亩。富余劳动力数量相对较多，根据当前生产力水平，仍有一部分富余劳动力需要就业。所以发展劳务经济就成为解决农村富余劳动力就业的重要途径之一。

（一）宝丰村发展劳务经济取得的成效

1. 外出劳务输出增加了农民收入，提升了农民生活质量和水平

近几年由于农产品价格较低，农业比较效益下降，农业收入减少。农民收入的增加，生活水平的提高和生活质量的改善，主要得益于劳务收入的增长，劳务经济已成为农民致富增收的主要渠道之一。据统计，2007 年宝丰村劳务收入 177.2 万元，人均收入 1369.1 元，占人均纯收入的 34.6%。

2. 外出劳动力对整个产业结构调整起到了重要的促进作用

据有关部门测算，改革开放以来，约有 15%—20% 的经济增长是劳动力部门转移的贡献，农村劳动力功不可没。宝丰村大量的农村劳动力从第一产业转移到第二、第三产业，有利于资源合理配置，改善劳动力与其他生产要素结合的比例关系，促进经济结构的调整。农村劳动力在城市从事的大多数是脏、累、苦等城市人不愿意从事的工作，既满足了城市用工的需要，又有利于城镇建设。

3. 外出劳务输出推动了区域经济的发展

劳务收入促进了城镇建设，推动了农村的发展和进步。一批有一技之长的宝丰村村民在城镇有了稳定职业和收入，并购房落户，示范带动更多的村民入城安家置业。在农村人口逐渐向城镇迁移过程中，降低了农村人口的比例，加快了我国城市化的进程。一些打工者经受市场经济、城市工业文明的熏陶，转变了观念，在积累了资金、技术、管理经验后返回宝丰村，开始投资创办各种实体，带动了一方农村脱贫致富，成为当地农村经济发展的一支

新生力量。

4. 外出劳务输出有利于农民自身素质的提高和观念的更新

外出劳动力受到输入地的技术经营管理的培训，其技术素质、市场经济意识、创业意识、竞争意识、风险意识和法律意识都得到很大提高，其中一部分实现了务工成才。而且外出务工的宝丰村村民一般都举家外迁到石嘴山市甚至更远的务工地，他们的后代因此也能获得比在宝丰村更好的学校教育。

（二）宝丰村发展劳务经济的对策

人口多、劳动力多，是中国的国情。有了人，就要劳动，于是，劳务经济登上了发展舞台。劳务经济不是简单的劳务输出，更不是无序的“民工流”。劳务经济的内涵是：输出劳务，引回人才；输出劳动力，引回创业者；输出生产者，引回经营者；输出打工仔，引回管理者。劳务输出，可谓是广大农民培养“才能与见识”的大学校。外出打工者大多数是吃苦耐劳、敢闯敢干的青壮年，是农村人口中最具创造力的群体，他们的文化水平、技术能力和整体素质，普遍高于农村平均水平。以这些人为基础，实施政府引导、市场向导，健康有序地通过输出人员体力、智力综合运用而创造财富的产业，就是劳务产业，而劳务产业的大而化之就成了劳务经济。

劳务经济是劳务产业的升级。其基本含义至少包括：

首先，输出的是有创业素质的劳务，是通过“市场引导培训，培养促进就业”机制起作用的劳务输出，是经过劳动力市场有序组织、合理分流的输出，它与原来自发的、单纯出卖体力为主的输出有着本质的区别。

其次，是建立了外出务工和返乡创业双向流动机制的输出。输出目的是为了返乡创业。做法是，改善投资环境，改革投资体制，为输出劳务提供返乡创业的项目信息。

再次，面对的是两个市场，即：输出市场，创业市场；利用的是两种资源：劳动力资源，创业者资源。两者的“结合点”是在“出”与“进”的融合中找到的，是以增长才干、创造财富为“潜台词”的。

第四，所起的作用是“一人创业带动一批人就业”的“滚雪球”效应。就是说，抓好一个输出劳务，一段时期后，在他返乡创业时，可以带动群体就业。

第五，是以自强自立为特点的，政府促进就业、市场引导就业、劳动者自主择业，走的是通过劳动者诚实劳动完成资本原始积累，再凭此积累自求发展的自主创业、竞争就业之路。①

宝丰村目前的劳务经济发展仅停留在无组织的、个人零散进行的外出务工阶段，虽然宝丰村有了村企合作项目，但仍然有很多村民选择在外安家落户，宝丰村人口正逐步减少，老龄化的趋势也越来越严峻。那么，如何让宝丰村的劳务经济健康有序发展下去，这是一个比较现实的问题。这里给出自己的几点对策建议：

1. 由政府组织，有规模地发展劳务经济，改变由个人零散进行外出务工的现象

转变输出方式“不活”的现状，拓展劳务经济的发展空间，积极发展劳务输出。近年来，农村劳务输出方式比较单一，长期停留在零散外出打工、自发外出打工的状态。要改变这种状况，政府就要加强组织，大力培养能人，发展经纪人，创建“劳务输出基地”，形成“政府组织、市场运作、全民参与”的劳务输出格局，争取政府组织输出一批，职介机构介绍输出一批，能人带动输出一批，经纪人联系输出一批，基地与企业协作输出一批，实现农村剩余劳动力的充分转移就业。

2. 进行培训，提高务工农民的素质和技术水平

加强农村劳动力培训，提高劳动者素质，是进一步发展农村劳务经济的前提条件。目前，我国农村劳动力普遍受教育水平低，接受技能培训的比例较低，这就导致了缺乏市场适应能力，只能在有限的范围内就业，使农村劳动力难以实现多层次、宽领域的输出。由于农村劳动力平均受教育程度低，技能型人才相当少，导致农村劳动力转移中体能打工的多，技能打工的少，劳务输出质量亟待提高。因此要高度重视农村劳动力培训，提高其文化素质和技术素质，逐步培养出有文化、懂技术、会经营的新型农民。首先，应广泛动员社会各类教育培训资源，积极参与农民工的培训，建立多层次的农民工培训体系及培训基地，多渠道筹措培训经费，逐步扩大培训规模和人数。培训的内容主要包括文化知识、实用技术、法律知识等，切实提高农民工的整体素质和转岗就业技能，逐步实现转移劳动力由体力型向智力型转变。除此之外还要逐步普及义务教育，在农村发展职业教育，从根本上提高农村劳动力的文化素质。

① 冯金兰：《劳务输出、劳务产业、劳务经济》，《调查与思考》2004年2月。

3. 培育一部分乡镇企业，吸引外出务工人员回来，为家乡服务

大力发展乡镇企业仍是促进农村劳务经济稳定发展的重要渠道。改革开放以来，乡镇企业的发展对于吸纳农村剩余劳动力就业，发展农村劳务经济，做出了巨大贡献。在新的经济环境下，乡镇企业要适应国内和国际市场竞争的要求，因地制宜对产业结构进行战略性调整，积极发展农产品深加工业、第三产业，发展一些投资小、见效快、无污染、劳动密集型产业，这样使丰富的农产品资源和充足的农村劳动力得到充分利用和发挥，既分流了富余劳动力，又启动了农村市场。

根据平罗县"以工补农、以企带村、村企合作、互利共赢"的村队企业化试点工作要求，宝丰村积极寻求村企合作项目。2007 年与平罗县宏宝蔬菜脱水有限公司签订了为期 30 年的宁夏平罗宏宝蔬菜脱水有限公司技改扩建及脱水蔬菜基地建设项目协议书。由企业出资金、技术进行技改扩建，村上以荒地入股、建设脱水蔬菜种植基地的方式进行合作。技改扩建投资 420 余万元，新建厂房 3000 平方米，新上烘干设备 50 台、清洁流水线 2 条、挑选台 50 个、毛发机 1 台、杀菌机 1 台。宝丰村建设集中连片 306 亩脱水蔬菜园区 1 个，动员全村种植脱水蔬菜达 2500 亩，全部签订定单。技改扩建后，公司占地面积达 30 亩，建筑面积 20 亩，注册资金 550 万元，年生产加工能力达到 2500 吨，可带动 1500 户农户种植脱水蔬菜 6000 余亩，解决农村富余劳动力 700 余人。村集体实现收入 1.5 万元。目前该项目已正式投产运营，实现农民劳务输出增收 250 多万元。通过村企合作，宝丰村不仅解决了蔬菜的销路问题，而且实现了部分农村劳动力的就地转移，增加了村集体的收入。

4. 继续发展第二、第三产业，为劳务输出服务

劳动力向非农业转移，是经济发展的必然途径。在我国目前发展阶段，第三产业在解决农村剩余劳动力就业方面有着十分重要的作用。大力发展第三产业，有利于增加就业，有利于吸纳农村剩余劳动力，缓解就业矛盾，实现社会长治久安。改革开放以来，我国在传统体制下形成的第三产业发展严重滞后的局面有所改观，与人民生活关系较密切的商业、运输业、饮食服务业有了较快的发展，但高质量的服务业的规模和质量有待于扩大和提高，应当采取措施加快发展。

宝丰村有着悠久的商业历史，而且有着廉价的土地和剩余劳动力，为招商引资提供了良好的要素市场，宝丰村的水、电、交通、通讯等条件日益得

到改善，因此，宝丰村完全可以积极发展商业，向大型集贸市场转变。同时应特别重视对农产品加工企业的引进，因为这类企业既可以将农产品转化为工业产品，解决农产品的规模生产和销售问题，又可以大量吸收农村剩余劳动力，进而增加农民收入。政府应加大对招商引资工作中引进农产品加工项目的考核力度，制定优惠政策，给予鼓励和支持。

5. 大力实施“回归工程”，发展工业园区促进农村富余劳动力的转移

鼓励回乡创业，放大劳务输出效应。农村劳务输出若只停留在打工上，永远只是一个打工经济，对当地经济的拉动作用有限。因此，要通过组织农民外出打工，帮助农民增长见识、提高能力，造就一批有思想、有文化、懂经营的新型农民；更要通过鼓励其回乡创业，造就一批具有创业能力的农民企业家，从而极大地放大农村劳务输出的经济和社会效应。

中国劳动力资源丰富，劳动密集型产业也相对较多。这就决定了中国的劳务经济大有潜力，大有可为。随着农村剩余劳动力的与日俱增，以劳动输出为基础的劳务经济就有了生存、发展的根基。而要使劳务输出变为劳务经济，一个重要的基础性工作就是提高劳务素质，使输出劳务有相应的素质保障，以适应用工单位基本需求。经过劳务——高素质劳务——输出劳务的基础性工程，再经过打工——积累经验——积累财富的积累过程，然后再通过返乡——选项——创业的历程，劳务经济的“过程性工作”就完成了。这是一次“人本”战略质的飞跃，许多打工者经过三年五载的打工挣钱，不仅学会了一门技术和一些经营管理知识，而且吸纳了有利于生产力发展的新的价值观念和思维方式，找到了自我创业的新路子，成为沟通城乡、沟通沿海与内地的桥梁和纽带。从大批劳务返乡创业、推动各类企业向小城镇聚集、推动农村城镇化进程的趋势看，劳务产业、劳务经济又是农村自发冲出传统农业束缚，向着新生活、新文明的一次前所未有的探索和冲刺。今天是外出务工者，明天是建设家乡的中坚力量。这就是劳务输出——劳务产业——劳务经济演变与发展的目的。①

参考文献

［1］李生俊主编：石嘴山市民族宗教志上篇民族篇第四章民族经济，石嘴山市民族宗教事务所编纂，1999 年 7 月。

① 冯金兰：《劳务输出、劳务产业、劳务经济》，《调查与思考》2004 年 2 月。

[2] 石嘴山市志编纂委员会编：《石嘴山市志》，宁夏人民出版社，2001年11月。

[3] 温铁军：《土地制度改革与农民利益问题》，《广东经济》2008年6月。

[4]《宝丰镇镇志》。

绿色兴农　科技致富

——莫力达瓦达斡尔族自治旗哈力村经济发展问题初探

呼　和　2007级区域经济专业硕士研究生

2008年7月1日我荣幸地参加了为期半个月的达斡尔族农村社会经济状况调查，这次我们调查的目的地是莫力达瓦达斡尔族自治旗，隶属于内蒙古自治区呼伦贝尔市。我们选取的调研村庄是莫力达瓦达斡尔族自治旗阿尔拉镇哈力村，只因该村达斡尔族所占比例较高，更具有达斡尔族农村现状的代表性，而且中华人民共和国成立后于上个世纪50年代进行的民族调查选取的调查点就是哈力村，2001年云南大学进行的少数民族社会调查也是选取该村。我们的调研旨在反映达斡尔族农村社会以时间为维度发生的纵向变化，特别是党的新农村政策和中共中央连续三年的“一号文件”涉及农村和农业发展问题之后，我国少数民族边疆地区农村的生产生活风貌以及农民生活状况的具体变化。

一、达斡尔族农村经济历史

达斡尔族有文献记载的历史可以追溯到成吉思汗统一蒙古草原时期。当时成吉思汗统一了分散的蒙古部落，建立了强大的军事帝国，随之而来的就是对于北方各民族的征服，不仅仅是北方的游牧民族，还包括像达斡尔族这样久居森林地带的“林中百姓”，这也使得世人得以了解达斡尔族生产生活的历史。这种被征服的过程虽然给达斡尔族百姓带来了战争的灾难，但也加速了达斡尔族融入中国文明的过程。

达斡尔族的生产生活并没有伴随着被征服而发生较大的改变，他们依然居住在黑龙江的北岸，依然以打猎和捕鱼为生，基本上处于社会历史进程中的原始社会氏族公社阶段，每个部落的百姓集体劳作，集体分配食物。强壮而勇敢的男性成员负责打猎和捕鱼，而女性成员则负责照顾小孩和后勤服务，基本上是男人负责生产，女人负责生活。肥沃的黑土地是对达斡尔人勤劳勇敢的赏赐，与凶猛的野兽和恶劣的严寒斗争更体现着达斡尔人性格的坚毅。达斡尔族人民在这片辽阔的土地上繁衍生息，过着祥和宁静的生活。清朝时期，中原文明的农业生产方式对于达斡尔族传统的狩猎生产方式的冲击是历代王朝中最大的，生产方式的改变对于社会上层建筑的改变是显著的，农业文明催生出封建地主阶级，因此达斡尔族经济的历史也就开始了封建化的进程，存在了几百年的达斡尔族传统的氏族公社阶段渐渐地在历史的舞台上落下了帷幕。

直至中华人民共和国的成立，随着党的民族政策的一项项具体落实，达斡尔族同胞日夜期盼的祥和生活终于到来了。随着土地改革的进行，旧社会封建统治的残余被打破，农民分到了土地，劳动的积极性得到充分的提高。在集体经济占据统治地位的年代，在“人民公社”时期，达斡尔族人民的生产生活如火如荼地进行，仿佛让我们依稀看到早年达斡尔族先人们在乌苏里江和黑龙江上捕鱼，在大兴安岭狩猎的情景。开发东北黑土地的拓荒进程更是激发起了全国人民建设美好的社会主义新中国的热情，达斡尔族同胞与来自全国各地的各民族兄弟姐妹一起在建设家乡的进程中贡献着全部的力量。

随着改革开放的推进和随之而来的农业生产方式的广泛传播，达斡尔族的生产方式开始向农业生产方式全方位转型。党的“十六大”以来，国家出台了一系列旨在促进农村发展的各项举措，从免征农业税到加强农村地区基础设施建设再到种植粮食补贴的及时发放，使得农民的切身利益得到了保障，农村生产生活井然有序，农作物的连年增收也用事实证明了国家支农政策的正确性。

根据我们调查的情况，自从党的“十六大”以来，随着国家各种支农惠农政策的出台实施，达斡尔族农村发生了很大的变化，农民的生产积极性有了较大的提高，及时发放粮食种植补贴充分激发了农民种粮的积极性。在新农村建设中，达斡尔族同胞在国家的支援下，住进了宽敞明亮的新居，终于解决了“冬天漏风，夏天漏雨”的茅草房居住困境。

二、莫力达瓦旗哈力村经济现状分析

（一）种植结构单一，产业结构存在缺陷

我们在调研的过程中发现达斡尔族农民的收入普遍不高，村里几乎每家每户都住进了新房，虽然由政府帮助给每家每户补贴 2 万元，但是如果进行

房屋的内部装修和增加住房面积，几乎每家都有一部分欠款。说明达斡尔族农民的生活水平还不是很高，那么制约达斡尔族农村发展的原因究竟是什么呢?

经过仔细的调查我们发现，达斡尔族农村基本上以农业种植为主，没有或者很少有养殖业和农副产品加工业。由于种植技术的限制，达斡尔族农民基本上种植的是大豆，虽然松嫩平原的黑土地异常肥沃，是我国主要的大豆等油料作物产区，但是种植结构的过分单一使得农民抵御市场价格波动的能力相当弱，一旦发生大豆病虫害，就会大面积传播，造成大范围的减产甚至绝产。当我们问及为何不进行其他作物种植的尝试，当地农民的回答让我们感到很惊讶，他们的答案是大豆是农作物中最容易种植的，不用精耕细作，由于固定的种植模式，大豆收购商每年都会来村子里面收购，他们只需要在家里等就行了。这种计划经济下不善于利用市场经济规律的守旧思想仍然是制约达斡尔族农村经济发展的重要原因。

总结达斡尔族农民不愿意寻求多元化种植结构的原因，一是缺乏有效的种植其他作物的经验和技术，其次是不善于运用市场经济规律，依旧是等待市场的出现。

当然，当地并不是没有突破大豆这一单一种植结构的举措。陪同我们调研的邵显忠师傅就承包了一大片土地，进行药材的种植，走出了自己的创收道路。虽然在那次暴雨中损失也是相当严重，但是他的脸上写满了乐观。从这样一位农民身上我们看到的是信心和希望，这种简单的尝试在我们看来是如此平凡，但是对于落后观念主导的当地农民来讲，却不亚于安徽省小岗村那场轰轰烈烈的土地改革。我们在看到这种积极改变的同时，也看到了达斡尔族农村经济腾飞的希望。

(二) 丰富的自然资源

当我们刚刚到达所要调研的哈力村时，看到的是一片透彻的绿。我想当时用任何华丽的辞藻修饰那里的自然天成，都会使得那里的纯净失色。我们面对的是郁郁葱葱的大兴安岭南麓，嫩江的支流——诺敏河的东岸，这里不仅拥有蓝蓝的天空，郁郁的草甸，而且拥有极具经济价值的作物，像节节草、马粪包等都是医用的好药材，而像柳蒿牙就是清热去火的优等食品，达斡尔族的特色菜就是肉炖柳蒿牙，夏天吃起来具有清热去火的功能，还有野生的山樱桃和苏子等，相比于增加了无数添加剂的现代工业化产品而言，真算得上是极品。当地的自然资源数不胜数，在现在社会拥有这样一片宝库是我们的幸运，我们真的感谢达斡尔族的先人为我们保留着这样一片人间净土。

（三）丰富的劳动力资源和亟待提高的人力资源

调研中我们发现，哈力村农村剩余劳动力现象十分严重，造成这种现象的原因是多方面的。一是由于少数民族生育政策使得大多数家庭人丁兴旺，二是当地人均占有土地相当丰富，是人口集中地区的数倍，因此农忙时节单单凭借人力并不能满足生产需要，家家户户都配备了小型农用机械。正是因为用机器代替人的劳动，所以太多的劳动力对于机械化程度较高的农业生产地区绝对是一种浪费。由于当地主要以农业为主，并无多少加工业，剩余劳动力资源不是赋闲在家就是外出打工。

三、哈力村经济发展道路初探

尽管达斡尔族农村历经百年沧桑，但随着中华人民共和国的成立和改革开放，达斡尔族农村正前进在追寻时代节拍的正确道路上。如何才能使这种步伐提速应该是当前经济工作的重点。

（一）政策扶持、有效引导

在哈力村当地政府和党委的领导下，达斡尔族同胞正在探索一条适合本地经济发展的特色道路。如果想要实现达斡尔族农村地区的快速发展，需要更进一步提升政府规划经济发展、引导经济发展的能力，在科学发展观的指导下，在政策的实施过程中，体现出政府政策的导向作用。

（二）科技助推、优化结构

当前，哈力村应当把实施科教兴农战略和推广应用农作物新品种、新技术作为调整优化农业种植结构的重要途径，加大农业生产的科技投入。各级农业农机部门应当采取多种措施提高农业科技含量，包括举办各类农技培训班、印发科技资料、举办科技大集、开展广播电视讲座、实行科技承包、组织科技人员下基层、送科技下乡、送科技到村屯、送科技到农户、送科技到田间地头等多种举措。

（三）和谐发展、绿色兴农

当前，实现循环经济是农业发展的根本，也是农业可持续发展的必然选择。尽管达斡尔族农村地区拥有丰富的自然和劳动力资源，但我们应该走发展和治理并重的路子。循环经济本质上虽是生态经济，但它们各有两个层面：生态经济对生态资源既强调保护又强调建设，循环经济既把人类经济活动对自然资源的影响和消耗降到最低，又需要人类不断提高对自然资源、能源的利用水平。

可喜的是，我们看到了这种有益的尝试，虽然达斡尔族当地政府的规划没有正式出台，但是新近上马的项目审批中增加了对于环境污染的审查。我们调研的一家新近成立的天然纯净水工厂就是按照这一标准成立的。

自然资源是财富，但绝不是取之不尽用之不竭的宝藏，更不是背在达斡尔族农民身上的负担。经济发展只有关注人的发展，切实提高农民的生活水平才是真正的经济发展。面对激烈的经济竞争，科技因素是决定性的，提高达斡尔族农民的受教育水平，用科学的力量帮助达斡尔族农村实现快速发展，才是达斡尔族农村地区经济发展取之不尽用之不竭的原动力。

参考文献

［1］满都尔图：《达斡尔族百科辞典》，内蒙古文化出版社，2007 年。

［2］珠荣嘎、满都尔图：《达斡尔族社会历史调查》，内蒙古人民出版社，1986 年。

［3］王芳：《提升西部贫困地区农业发展科技支撑力的政策调整》，《安徽农业科学》2006 年第 4 期。

［4］刘云峰：《农村产业集团化——“三农”问题的突破口》，《甘肃农业》2005 年第 10 期。

［5］叶长卫、王雅鹏：《西部特色农业发展的思考》，《长江流域资源与环境》2007 年第 2 期。

鄂伦春自治旗经济发展现状调查

林　新　2007级区域经济专业硕士研究生

近百年来，鄂伦春民族繁衍生息在大小兴安岭深山密林地区，依靠简单的狩猎，辅之以采集、捕鱼为生。中华人民共和国成立之后，鄂伦春人民从古老的原始社会一跃进入社会主义社会，并经历了三次大的飞跃，过上了定居的生活。在社会主义建设中，鄂伦春族经历了农村经济体制改革，调整了土地经营方式以及产业经营方针，并开始从事多种经营，为本民族的生活带来了新的活力。如今，鄂伦春自治旗采取了一系列政策措施，保证和促进自治旗经济社会更好更快地向前发展。

一、鄂伦春自治旗经济发展状况

鄂伦春自治旗具有得天独厚的林业、农业资源。改革开放以来，在考察了周边环境的基础上，根据自治旗自身情况，旗委、旗政府确定了“农林为主、工贸并举、多元多业、全面发展”的生产建设方针，大力推进农业产业化进程。其中，乡镇企业也依托鄂伦春自治旗的资源优势，迅速发展起来，为自治旗经济作出了重要贡献。鄂伦春自治旗的居民生活水平有了很大的提高。鄂伦春自治旗经济发展主要表现在以下两个方面：

（一）走上了合作化道路

鄂伦春族由于受历史等条件限制，整个民族长期处于很低的生产力水平，没有过多的剩余产品，而且经济发展也很缓慢，加之国内外反动统治阶级盘剥勒索和奸商的巧取豪夺，到中华人民共和国成立前夕，鄂伦春族的经济一直处于停滞状态。1956年随着农业合作化运动高潮的到来，他们在常年互助组的基础上建立了高级农业生产合作社，实现了由个体经济向集体经济的彻底转化，生产关系发生了深刻的变化，生产力也得到了相应的提高，促使民族经济有了长足的发展，合作社的集体收入逐年增加。随着集体经济的发展，鄂伦春族人民对国家的贡献逐年增加，为兄弟社支援了鄂伦春猎马、马鹿、梅花鹿，交售了珍贵的鹿茸，向国家提供了各种皮毛上万张、野生动物肉几十万斤，其中的飞龙、熊掌、犴鼻子都是国宴和出口的珍品。

鄂伦春族从原始的狩猎经济过渡到合作化集体经济，标志着这个民族“一马一枪一猎”单一个体游猎经济的解体，进入了一个以农业、林业为主体，牧业、猎业、工业全面发展的社会主义集体经济时期。由学习马拉弯钩犁起步到互助合作化，鄂伦春族经济结构和经济体制都发生了根本变化。从吃粮靠国家救济到实现粮食部分自给乃至对国家有所贡献，鄂伦春民族在史无前例的经济体制变革中走上了富裕之路。

（二）经济快速增长

鄂伦春自治旗成立之初，除传统的单一猎业生产外，其他各业如同一张白纸。50 多年来，全旗国内生产总值、财政收入大幅度增长。

1. 优先发展农业

鄂伦春自治旗大力推进农业产业化进程，围绕“建基地、铸龙头、拓市场”三个环节，确定了“南粮北菜”的生产格局；在南部农业区重点建设商品粮基地，在北部林区先后建立绿色食品基地、草坪基地、畜牧业基地，积极引导农猎民从事农业生产和多种经营，大力推广农业实用技术，开辟了一条发挥农业优势、富民富旗之路。农业生产迅速发展，科技含量不断提高，播种面积不断增加，农业已成为自治旗最重要的基础产业。

表 1　　鄂伦春自治旗农作物播种面积　　单位：公顷

项目	1999 年	2000 年	2001 年	2002 年	2003 年	2004 年	2005 年	2006 年	2007 年
粮食作物	90626	95777	110560	110113	117791	184760	184039	180162	182279
小麦	15604	7635	3050	1490	821	3620	2958	3986	7245
玉米	622	326	478	732	838	889	5212	5892	10042
大豆	69273	78124	92051	78844	106656	172954	164590	148834	135816
经济作物	1426	3005	3224	3849	3034	5565	4602	917	2008
油料	1420	2904	1998	1557	1627	2460	1199	796	493
甜菜	6		691	771	552	1168	1311	121	1515
其他作物	346	286	31	34	12	341	3150	2226	3215

资料来源：根据相关年份鄂伦春自治旗统计局资料手册整理而得。

表 1 就是鄂伦春自治旗从 1999 年到 2007 年的农作物播种面积情况。依据此表，我们发现，从 1999 年到 2007 年，鄂伦春自治旗在农作物种植方面，粮食作物占据了绝大部分：无论是在种植总面积上，还是在所占的比重上，粮食作物都处于绝对的领先位置。虽然在中间年份，粮食作物在种植面

积上有所减少，但总体趋势仍是增加的。从1999年的90626公顷到2007年的182279公顷，粮食作物在种植面积上增加了91653公顷，翻了一倍还要多，而这个增加值比其他农作物的总和还要多许多。同一期间，在粮食作物种植面积增加的同时，鄂伦春自治旗也增加了经济作物的种植。然而由于各种原因，经济作物的种植始终处于一种不稳定的状态，有的年份种植面积多一些，有的年份又减少一些。综观其总趋势，鄂伦春自治旗经济作物的种植面积仍是增加的，虽然没有粮食作物种植面积增加得那么明显。

通过上面的分析，我们不难得出这种结论：鄂伦春自治旗的农作物种植一直都是以粮食作物为主。虽然经济作物以及其他农作物的种植有了一定程度的增加，但仍处于一种从属的地位。也就是说鄂伦春自治旗从1999年至2007年，其农作物种植结构并没有得到优化。这是与其较低的经济发展水平直接相关的。

2. 重点扶持工业

鄂伦春自治旗工业经济迅速发展，已经具备快速发展的基础。为了实现工业经济超常规、跨越式发展，体现工业经济在国民经济中的主导作用，根据鄂伦春自治旗的资源状况，鄂伦春自治旗紧密依托水业、农畜产品加工业、资源转换业、绿色产业这四个工业体系，强力推进工业化进程，实现工业强旗、工业富旗。

①水业

以毕拉河水利枢纽工程项目为依托，加快开发和利用丰富的水利资源。毕拉河水利枢纽项目受国家发改委委托，已经通过中国国际工程咨询公司的现场评估，报国家发改委立项，即将进入实施阶段。同时对一些具有开发优势的水电项目（靠山屯水电站、神指峡水电站）加紧前期工作步伐。

以夏日矿泉水资产盘活为契机，加快开发矿泉水资源。夏日矿泉水于1994年获得绿标认证，在市场上具有一定的知名度。由于经营不善，企业依法破产，后被大兴安岭农场局收购。该企业现在维持小规模生产，同时加快了与国内大企业集团的合作步伐，实现年产20万吨水的规模，做大产业。在加快夏日矿泉水招商步伐的同时，开发利用阿里河氡泉水、古里矿泉水等项目。

②农畜产品加工业

随着自治旗农牧业产业化的深入实施及畜牧业“双百万”工程的启动，加快推进农畜产品加工业的发展。重点依托大兴安岭农场局30万吨大豆产业化项目、大杨树肉类加工项目、大杨树淀粉加工项目、大杨树双娃乳业项目、北药开发项目、亚麻加工项目，使农畜产品加工业快速发展。

③资源转换业

以乌鲁布铁铅锌矿项目、宜里硅石矿项目的勘探开发为重点，加快开发步伐，将矿产资源优势转化为经济优势；积极扶持吉文水泥厂扩建项目，对现有生产线进行扩能改造，达到年产水泥30万吨的生产规模。

④绿色产业

依托克一河林业局食用菌开发中心取得绿标认证的“诺敏山”这一品牌，重点扶持其做大做强，同时带动托扎敏山野菜加工等一批项目的启动，使自治旗天然的山野菜、食用菌产品加工业尽快成为自治旗具有特色和比较优势的产业。

3. 加快发展第三产业

2007年，地区内生产总值20.03亿元，其中：第一产业8.46亿元，第二产业值1.93亿元，第三产业9.63亿元。具体情况见表2：

表2　**鄂伦春自治旗三大产业生产总值情况（2006－2007）**　单位：万元

项目	2006年	2007年	增长率%
地区总产值	181525	200266	－1.3
第一产业	80695	84600	－11.7
第二产业	23334	19342	－27.2
第三产业	77496	96342	18.8

资料来源：根据相关年份鄂伦春自治旗统计局资料手册整理而得。

为了更详细地分析鄂伦春自治旗三大产业的分布情况，现在将其1999年—2007年三大产业的生产值列成下表：

表3　**鄂伦春自治旗三大产业生产情况**　单位：万元

项目	1999年	2000年	2001年	2002年	2003年	2004年	2005年	2006年	2007年
第一产业	28024	30761	37730	44834	32428	74338	91300	80695	84600
第二产业	27832	22772	19176	20767	16098	20392	25037	23334	19342
第三产业	28291	30990	33880	36179	40312	46417	53358	77496	96342

资料来源：根据相关年份鄂伦春自治旗统计局资料手册整理而得。

由表3，我们可以得到鄂伦春自治旗各产业所占比重的情况，如表4所示：

表 4　　鄂伦春自治旗各产业所占比重情况　　单位:%

项　目	1999 年	2000 年	2001 年	2002 年	2003 年	2004 年	2005 年	2006 年	2007 年
第一产业比重	33. 30	36. 39	41. 56	44. 05	36. 50	52. 67	53. 81	44. 45	42. 24
第二产业比重	33. 08	26. 95	21. 12	20. 40	18. 12	14. 45	14. 75	12. 86	9. 66
第三产业比重	33. 62	36. 66	37. 32	35. 55	45. 38	32. 88	31. 44	42. 69	48. 10

资料来源：根据相关年份鄂伦春自治旗统计局资料手册整理并计算而得。

通过表 4，我们可以清楚地看到鄂伦春自治旗 1999—2007 年间各产业的情况。从 1999 年到 2007 年，鄂伦春自治旗第三产业比重呈增加的趋势，其中 1999 年第三产业所占比重为 33. 62%，而到 2007 年，第三产业所占比重为 48. 10%。虽然在 2004 年（比重为 32. 89%）与 2005 年（比重为 31. 44%）有所下降，但整体趋势是上升的。这说明在鄂伦春自治旗第三产业得到了广泛的重视，并取得了良好的发展。另外，其第一产业在这几年间虽然有些起伏，但总体上还是在稳步中有所发展的，从 1999 年的 33. 30% 增加到 2007 年的 42. 24%，也就是说农业在鄂伦春自治旗也得到了很好的发展。值得一提的是，在这几年间，鄂伦春自治旗的第二产业一直处于下降的趋势。究其原因，主要是因为这个地区经济发展水平比较低，工业生产主要集中于初级产品。

二、鄂伦春自治旗经济发展中存在的问题及原因分析

（一）自治旗经济发展中存在的问题

鄂伦春自治旗建旗 50 多年来，经济和社会事业从无到有，从小到大，逐步发展壮大起来。城乡面貌发生了翻天覆地的变化，全旗到处呈现出经济繁荣、社会安定、人民安居乐业的喜人景象。然而，鄂伦春自治旗经济发展过程中也存在着一些问题。

1. 基础设施问题

主要体现在以下两个方面：

①交通条件差

建旗以前，自治旗境内只有几条自然山路，没有铁路和公路，1958年，随着大兴安岭林区的开发，公路建设开始起步，目前全旗国省干线仅完成油路建设165.8公里，县乡公路没有一条等级公路，通村公路仅建成80公里。全旗公路网雏形虽已基本形成，但大部分公路都是林业防火、运材简易路和自然山路，因缺乏养护资金，年久失修，路况极差。全旗道路硬化率仅为9%，3个猎区乡镇没有水泥混凝土路。其他乡镇道路也较差，雨天道路泥泞，晴天尘土飞扬，影响了镇容镇貌，也制约当地经济发展。

②电力网络设施落后

自治旗电力设施建设始于20世纪60年代初，是随着大兴安岭林区开发引进的根河电力资源。70年代，大兴安岭农管局成立后，利用当地煤炭资源建起火力发电厂。由于历史及电力体制原因，形成了多头供电、多家管电的状况。到2007年，现有电网已经陈旧，加之转供电造成价格过高，电价不一，加重了城乡居民的负担。

2. 资源问题

鄂伦春自治旗的经济是“资源依赖型”经济，即经济的发展是靠资源的开发和政策来支撑的。这种资源型经济一旦资源出现枯竭或国家经济政策发生变化，经济的发展就会面临前所未有的困难。我们都知道，鄂伦春自治旗的经济发展是伴随着大兴安岭的开发和森林采伐而发展起来的。这就形成了鄂伦春自治旗的“独木支撑”的经济，即经济的发展基本是靠森林采伐和卖大木头来维持的。现在，经过40多年的森林采伐，大兴安岭地区的可采森林资源已经不多了。同时，国家的经济政策发生了重大的变化。“天然林保护工程”的实施，大兴安岭地区被国家确定为限制开发的地区，2008年5月又被国家环境保护部命名为国家生态示范区。这些政策的出台在一定程度上限制了自治旗经济的发展。1997年末，自治旗财政收入首次突破亿元大关。但由于国家天然林保护工程的实施和减免农业税的政策，到2007年财政收入仅为7874万元，而自治旗财政供养人口仅工资一项就需要1.2亿多元。

3. 人才缺乏问题

鄂伦春自治旗无论是硬环境还是软环境都比不上发达地区，吸引人才的条件无法与大城市抗衡。鄂伦春族地区最缺乏的就是技术人才和管理人才。鄂伦春人是当地经济建设的主体，提高民族人口素质的整体水平是其经济发展的关键。而鄂伦春人技术水平不高，专业知识缺乏，严重地制约了鄂伦春自治旗的经济发展。

（二）原因分析

通过上面的描述，我们知道在经济发展上，鄂伦春自治旗仍存在着一系列的问题。究其原因，主要有以下几个方面：

1. 历史条件和社会条件的制约

鄂伦春民族一直繁衍生息在兴安岭深山密林地区，在中华人民共和国成立之前仍处于原始社会阶段，生产力极为落后，生产方式单一，主要以狩猎为主，辅之以采集、捕鱼。落后的生产力使得鄂伦春民族遇到极大的发展障碍，再加上对农业耕种技术、经验的缺乏，鄂伦春民族在中华人民共和国成立之后虽然跨入了社会主义社会，但并没有及时也没能很好地完成由狩猎业到农业的转变。长期形成的狩猎民族的生产生活方式和风俗习惯也不适应农业经济的发展。

2. 区位因素

鄂伦春自治旗由于受社会、历史条件制约，开发较晚。除此之外，鄂伦春自治旗地处偏远，位于呼伦贝尔市东北部，大兴安岭南麓，嫩江西岸，北与黑龙江省呼玛县以伊勒呼里山为界，东与黑龙江省嫩江县隔江相望，南与莫力达瓦达斡尔族自治旗、阿荣旗接壤，西与根河市、牙克石市为邻。由于地域的制约，鄂伦春自治旗开发得较晚，基础差，底子薄，抵御自然灾害、市场风险等方面能力弱，使自治旗仍处于比较落后的发展状态。鄂伦春自治旗的4个猎区乡镇中，只有乌鲁布铁镇通火车，其他各乡镇仅乡镇政府所在地通简易砂石路，且路途远，交通不便。除交通外，还普遍存在能源、农牧业生产设施较差等问题。

3. 产业转型的限制

鄂伦春自治旗经济发展的困难是转型期的困难，是发展中的困难。这主要表现在两个方面：一是产业转型的困难。自治旗靠天然林采伐来维持的经济已经走到了尽头，但接续产业没有发展起来。二是所有制转型。自治旗在20世纪60年代开发大兴安岭时，进入的都是国有企业，当时根本没有个体私营经济。因此，造成目前自治旗的国有经济比重大，非国有经济总量小。到2007年末非国有经济占全旗GDP的比重仅为26.7%。

三、鄂伦春自治旗经济发展的比较优势

（一）政策优势

鄂伦春自治旗经济发展具有得天独厚的政策优势。自治旗境内林业企业享受着国家“天然林保护”的优惠政策。自治旗享受国家扶持22个人口较少少数民族的优惠政策，享受着西部大开发的优惠政策，享受着振兴东北老工业基地的优惠政策。这些优惠政策为自治旗经济发展提供了优厚的政策保障。现在国家已把大兴安岭森林生态功能区列入限制开发区，这意味着国家将进一步加大对鄂伦春自治旗的转移支付力度，逐步达到社会服务和公共财力均等化。内蒙古自治区2008年确定21个重要厅局对自治旗实行区域帮扶，这将使自治旗得到国家和自治区更多的支持，给鄂伦春自治旗经济创造更大的发展空间。

（二）资源优势

第一，鄂伦春自治旗地域辽阔，由于开发晚，没有受污染，是一个有巨大开发潜力的绿色宝地。自治旗西北部森林茂密，是我国木材生产基地之一；东南部浅山丘陵，土地肥沃，适合农作物生长。鄂伦春自治旗现有耕地280万亩，有丰富的草场资源。自治旗林间隙地、灌木丛中，生产着300多种中草药材和百余种山野菜及菌类，绿色资源丰富，大豆、夏日矿泉水、黑木耳等产品都获得了国家绿色产品标识。

第二，鄂伦春自治旗矿产资源丰富，现已发现金属、非金属矿藏20余种，具有开采价值的达10多种。

第三，水资源尤为丰富，全旗流域面积超过100平方公里的河流有138条，其中流域面积超过500平方公里的河流有5条，地表水资源总量96.5亿立方米，占呼伦贝尔市的36%，水能资源理论蕴藏量达16.38亿千瓦时，装机容量61.56万千瓦，建设梯级水电站具有得天独厚的条件。

第四，鄂伦春自治旗旅游资源丰富，可概括为森林生态、鲜卑历史、鄂伦春民俗三大特色。既有大兴安岭群山峻岭的山丘、森林、河流、火山岩、湿地等山岭林区地形地貌，又有草场、湖泊、耕地等广阔平原的自然景观；既有鄂伦春古朴神秘的民族文化，又有30万各族人民创造的各民族融合的

地域文化；既有远古历史遗迹鲜卑旧墟石室，又有逐步开发的风格各异的景区景点。嘎仙洞是国家重点保护文物，达尔滨湖森林公园是国家级森林公园，兴安杜鹃植物园的吊桥、山水独具特色，民族博物馆内展现鲜卑历史。

四、促进鄂伦春自治旗经济发展的措施

鄂伦春族是我国22个人口较少民族之一，由于历史、自然条件等方面的原因，鄂伦春族经济发展比较缓慢。2002年中央针对人口较少民族发展问题出台了《扶持人口较少民族发展规划》，2005年和2007年国家民委、国家发展改革委员会、国务院扶贫办又相继联合出台了《扶持人口较少民族发展规划（2005—1010年）》、《少数民族工作“十一五”规划》、《支边富民“十一五”规划》，国家大力支持和帮扶少数民族特别是人口较少民族的发展，由此，人口较少民族迎来了一个良好的历史发展机遇。鄂伦春族能否把握住这一大好时机，加快发展步伐是一件关系到该民族前途的大事，也是关系到我国民族团结进步事业、共同富裕和构建社会主义和谐社会的大事。在全面发展自治旗经济的大方针下，旗委、旗政府也采取了一系列措施，促进自治旗经济发展。

（一）加强基础设施建设

经过多年的建设，鄂伦春旗各乡镇的基础设施和经济基础有了很大的改善，4个猎区乡镇基础设施不断得到完善。但猎区的交通条件、农牧业基础设施以及电力、通讯条件均需要得到大力完善和加强。当前最需要解决的问题是诺敏镇和古里乡的公路交通问题。这两条路况很差的砂石路，已严重制约两个乡镇与外界的联系，影响了经济发展和猎民生产生活水平的进一步提高。只有基础设施条件得到改善，鄂伦春自治旗经济发展才有可能。

（二）大力推进产业化进程

1. 实施基地带动战略，推进农牧业产业化进程

农业按照“以项目促进基地建设，以基地建设拉动产业化进程”的思路，突出畜牧业的主导地位，大力发展农区畜牧业，稳定发展林区畜牧业；突出种植业的基础地位，大力发展优质、专用、绿色、高效农作物的生产；突出加工业的核心地位，大力发展农畜牧产品精深加工，坚持非均衡发展，

开发大杨树神泉山夏日矿泉水、嘎仙洞氡矿泉水、古里矿泉水项目。

3. 以产业化经营为载体，大力发展旅游业

以旅游市场为导向，以特色旅游资源为基础，以与加格达奇区域旅游合作和“呼伦贝尔—中国北方原生态旅游胜地”为依托，坚持政府主导，部门联动，社会参与，注重特色的原则，加快旅游基础设施和旅游景区建设，强化旅游业和其他产业的关联度，调动全社会力量把鄂伦春自治旗旅游业培育成支柱产业。加快旅游网络建设，在保障“三通”的前提下，打造生态旅游黄金线路，对接阿里河至克一河杜鹃植物园、阿里河至达尔滨湖国家森林公园两条旅游热线，着力搞好旅游公路及景区内基础设施建设。深层次、新创意开发重点景区嘎仙洞，以市场化方式把嘎仙洞建成融森林生态、鄂伦春民俗、鲜卑历史为一体，代表民族地区旅游形象的品牌景区。强化项目载体的精品意识，努力使狩猎场、达尔滨湖国家森林公园、相思谷原始森林景区、兴安森林公园、布苏里度假山庄在保留景区特点的前提下，丰富延伸景区娱乐、欣赏、消费等旅游功能。

（三）发展教育事业，努力提高鄂伦春民族科学文化素质和劳动技能

1. 加强基础教育

加强基础教育的投入，努力提高鄂伦春民族科学文化素质。教育要从娃娃抓起，对鄂伦春族的下一代教育问题，各级政府和社会各界要不断加大投入力度，改善中小学及幼儿园的办学条件，提高教师队伍综合素质。同时对科学文化素质相对低的成年居民要采取集中办培训班、夜校、民兵组织等形式加强对居民的文化素质、思想、身体素质的训练。

2. 加强职业技术教育

经济社会腾飞的关键取决于人才的培养。鄂伦春自治旗经济的发展，鄂伦春人民劳动技能的提高是关键，各级政府和社会各界今后对鄂伦春民族的扶持和帮助，应改变从前那种帮钱、帮物的简单做法。应通过各种形式，帮助他们提高劳动技能。具体做法有：一是通过举办各类科技培训班提高他们的科学文化素养。有关部门应为他们举办种植、养殖、修理、管理等技术知识的培训班；二是对于有培养前途的年轻人要送出去进行培训，使他们逐渐成为某个行业的技术能手或行业专家；三是各级党委、政府和社会各界要为居民居住区的思想文化建设提供必要的帮助，以改善其学习娱乐环境。

党的“十六大”把“社会更加和谐”作为全面建设小康社会的目标之一提出来，很重要的一点就是要注重社会的协调发展。而协调发展就是要统筹城乡发展、统筹区域发展、统筹经济社会发展、统筹人与自然和谐发展、统筹国内发展和对外开放，推进生产力和生产关系、经济基础和上层建筑相协调，推进经济、政治、文化建设的各个环节、各个方面相协调，简单说就是“五个统筹”。统筹城乡发展就是要更加注重农村的发展，解决好“三农”问题，坚决贯彻工业反哺农业、城市支持农村的方针，逐步改变城乡二元经济结构，逐步缩小城乡发展差距，实现农村经济社会全面发展，实行以城带乡，以工促农，城乡互动，协调发展。只有这样，鄂伦春自治旗才能在新的经济浪潮中获得更快更好的发展，和谐社会才能实现。

参考文献

［1］鄂伦春自治旗史志编纂委员会：《鄂伦春自治旗旗志》（1989—1999），内蒙古人民出版社，2001 年。

［2］鄂伦春自治旗信息中心、鄂伦春自治旗政务网［W］．http：//www. elc. gov. cn，2008 年 8 月 10 日。

［3］何群：《环境与小民族生存——鄂伦春文化的变迁》，社会科学文献出版社，2006 年。

［4］刘晓春：《鄂伦春乡村笔记》，中国社会出版社，2007 年。

［5］石传刚：《中国农业产业化经营与家庭联产承包责任制》，《中共贵州省委党校学报》2007 年第 2 期。

［6］葛长海：《略论鄂伦春民族知识分子在发展市场经济中的地位和作用》，《黑河学刊》2003 年第 5 期。

［7］吴敏：《关于加快内蒙古鄂伦春自治旗经济发展的思考》，《内蒙古财经学院学报》2008 年第 6 卷第 1 期。

［8］《鄂伦春自治旗国民经济和社会发展“十一五”规划纲要》。

恩施土家族苗族自治州农村剩余劳动力转移问题浅析

邹　蜜　2006级民族经济专业硕士研究生

一、恩施土家族苗族自治州基本概况

恩施土家族苗族自治州位于湖北省的西南部，东连荆楚，南接潇湘，西邻渝黔，北靠神农架，是长江中下游唯一的少数民族自治州，也是湖北省唯一享受国家西部大开发政策的地区。恩施土家族苗族自治州自古以来是我国中部与西部地区政治、经济、文化交流的桥头堡。恩施土家族苗族自治州是国家级贫困县市集中的区域，是少数民族聚居的地区，同时也是国家三峡移民库区。全州现辖恩施、利川二市和建始、巴东、宣恩、咸丰、来凤、鹤峰六县，均被国务院定为扶贫开发工作重点县，共有88个乡、镇、办事处，2453个村，22832个村民小组。国土面积2.4万平方公里，其中耕地面积379万亩（水田107万亩）。2006年末全州总人口387.90万人。其中，城镇人口48.27万人，占全州总人口的12.47%，乡村人口339.63万人，占全州总人口的87.53%。年末全州常住人口349.00万人，比2005年末减少3.20万人。全社会就业人员215.98万人，其中城镇就业人员35.10万人，乡村就业人员180.88万人。全年城镇新增就业人员3.78万人，年末城镇登记失业率为4.2%。

恩施土家族苗族自治州人口自然增长率约为4.71‰，由此估算，每年将新增劳动力18.27万人，其中绝大多数来自农村。如此丰富的农村劳动力资源，恩施土家族苗族自治州将如何适应市场经济要求，合理、有序地转移农村剩余劳动力，变资源优势为经济优势？本文根据恩施土家族苗族自治州农村劳动力现状，通过对数据的调查取样，找出农村剩余劳动力转移存在的问题和瓶颈，探寻转移农村劳动力和增加农民收入的有益经验，探讨如何进一步促进恩施土家族苗族自治州农村剩余劳动力转移、解决“三农”问题的基本思路。

二、国内关于农村劳动力转移方面的研究成果

我国对农村劳动力转移问题的研究起步较晚，对该问题的研究是在农村经济体制改革实施后才得到广泛重视。以孙峰华、王春艳、刘甲朋等学者为代表把国外关于劳动力转移的理论模型引入国内，也有学者从事区域劳动力转移问题的研究。

由于农村剩余劳动力是中国20世纪80年代之后人口迁移的主体，因此，其流动的原因成为研究重点。学者们一致认为，寻找就业机会、寻求较高期望收入是中国20世纪80年代后期人口迁移的主要原因。李培林等人认为，农村剩余劳动力主要通过农村社会关系网络流动，并且，这种流动产生的累积效应使得有的地区、有的职业具有更强的迁移倾向，形成迁移链。①

进入20世纪90年代以来，人口学界从关注迁移和流动人口的流向、年龄、性别、文化程度、行业分布、职业状况、婚姻、家庭等一些静态的人口学特征，逐步深入到对迁移人口更深层次的关注。如，流动的过程、在流入地的收入与消费状况、行为方式的变化、社会冲突与整合等社会经济动态特性以及劳动力外流对流出地的资金、信息、技术回馈，乃至对流出地的社会经济影响。

由于担心"外来人口"影响本地劳动力就业，一些地区特别是特大城市纷纷出台限制外来人口就业的政策法规。丁金宏②、赵敏等人分析了外来人口就业及其对城市劳动力市场的影响，认为外来劳动力对本地劳动力就业的影响是有限的。

关于人口城市化的路径选择上主要有两种观点：一种是农村剩余劳动力转移从农村到小城镇再到城市的梯度转移模式，且以小城镇为农村剩余劳动力转移的主要据点。关于如何建立小城镇，大多数学者都同意要以农村工业化为依托发展小城镇。但是，如何开展农村工业化，则存在两种思路：其一认为，要大力发展乡镇企业，在大力发展乡镇企业的基础上大力发展小城镇。其二认为，农村工业化的发展既可以提倡以政府为主导的苏南模式，也可以提倡以私营经济为主的温州模式。人口城市化路径选择的另一种观点是

① 李培林：《流动民工的社会网络和社会地位》，《社会学研究》，1996年。
② 丁金宏：《中国人口省际迁移的原析》，《人口研究》1994年第1期。

农村剩余劳动力从农村直接到城市的模式。有学者认为，大城市具有小城市及小城镇不可比拟的规模效益。农村剩余劳动力向大城市的集聚不仅可以节省小城镇的建设成本，而且还可以推动大城市的人口城市化规模，扩大城市对周边地区的辐射能力。

三、恩施土家族苗族自治州农村劳动力现状

（一）恩施土家族苗族自治州农村人口与劳动力规模及分布状况

恩施土家族苗族自治州农村存在着大量的剩余劳动力。2006 年末全州户籍总人口 387. 90 万人，比 2005 年末增加 3. 17 万人。其中，乡村人口 339. 63 万人，占 87. 53%。2006 年末全州常住人口 349. 00 万人，比 2005 年末减少 3. 20 万人。农村劳动力转移就业 12. 98 万人，其中劳动保障部门组织 5. 61 万人。但由于人口基数大，劳动力供给数量仍然很高，特别是农村人口众多，城镇化水平低。资料显示，2006 年，恩施全州实有耕地面积 38. 4 千公顷，人均耕地面积仅 0. 099 亩，许多农村劳动力处于隐性剩余状态。从 2005 年的数据看，恩施土家族苗族自治州农村总人口 329. 56 万人，农村从业人员数为 179. 51 万人。表 1 是 1978 年以来恩施土家族苗族自治州劳动力基本状况。

表 1　恩施土家族苗族自治州各年农村人口和就业人口占全州总人口和就业人口比重的变化比较

	1978	1980	1985	1990	1995	2000	2001	2003	2004	2005
P	94. 54	93. 68	92. 29	91. 91	89. 73	88. 31	88. 16	87. 93	79. 88	85. 70
Q	90. 34	88. 14	85. 84	88. 61	87. 13	86. 74	74. 44	70. 94	72. 41	84. 82

注：P 表示农村人口占全州总人口比重，Q 表示农村从业人员占社会总从业人员比重，单位为%。

从各年的情况来看，恩施土家族苗族自治州农村人口占全州总人口的比重和农村从业人员占社会总从业人员的比重都呈先降后升的趋势，特别是在 2004 年后有所回升。与 1978 年相比，2005 年恩施土家族苗族自治州农村人口比重下降 8. 84%，而农村就业比重降幅为 5. 52%。2004 年，在劳动力资源方面，恩施土家族苗族自治州农村劳动力资源总数为 187. 72 万人，占农

村总人口的55.22%。①

（二）对恩施土家族苗族自治州农村剩余劳动力的估算

1. 农村实际劳动力的估算

根据普查统计的数据，按固定时期测算法，用18岁至60岁人口总数减去在校学生和丧失劳动能力者，得到总劳动人口，算出总劳动人口占总人口比重，再利用该比重就可以算出农村人口中的劳动人口数量。

2006年，恩施土家族苗族自治州人口总数387.90万人，其中，乡村人口339.63万人，占87.53%。18—60岁人口246.26万人。当年在校学生61.23万人，丧失劳动力能力者约为1.3万人，则：

劳动人口比例＝劳动人口/总人口

＝［18～60岁人口－（在校学生＋丧失劳动力能力者）］/总人口

＝［2462600－（612300＋13000）］/3879000

＝0.4434

农村劳动人口＝农村总人口＊劳动人口比例

＝3396300＊0.4434

＝1505919（人）

2. 农业劳动力需求量的估算

刘洪在《湖北农村剩余劳动力转移的实证分析》② 一文中，假定2030年湖北省达到农业初步集约化水平，届时劳均耕地面积M将达到0.67公顷。用1952年劳动力充分利用作为固定时期（当时的劳均耕地面积为0.3933公顷），并假设由于技术等原因使劳均耕地面积每年增加速率为r，利用公式Mt＝0.3933＊（1＋r）t－1952求得劳均耕地面积。由M2030为0.67算得r＝0.005，因此，2006年的劳均耕地面积M2006为0.515公顷。

2006年，恩施土家族苗族自治州农作物总播种面积582.75千公顷，这里就以湖北省的劳均耕地面积作为恩施土家族苗族自治州当年的耕作水平，则：

① 恩施土家族苗族自治州统计信息网，http：//www.esz.gov.cn/historydata/rkpc/index.htm。

② 刘洪：《湖北农村剩余劳动力转移的实证分析》，《中南财经政法大学学报》2003年第6期，第73页。

恩施土家族苗族自治州农业劳动力需求量＝农作物播种面积/M2000，

＝582750/0.515

＝1131553（人）

即，恩施土家族苗族自治州2006年农业需要劳动力数量为1131553人。

3. 农村剩余劳动力数量的估算

由以上计算得知，2006年恩施土家族苗族自治州农村实有劳动力数量为1505919人，而全州农业劳动力需求量为1131553人，因此农业剩余劳动力数量为374366人，占农村实有劳动力的11.02%。根据以上分析，可见恩施土家族苗族自治州农村剩余劳动力的现象比较严重。

四、恩施土家族苗族自治州农村劳动力转移中存在的问题

（一）转移的农村劳动力综合素质不高

主要表现在：

1. 文化素质相对低下，大多数只接受过初中教育，有的还是半文盲。

2. 接受职业技能培训的劳动力有限。资料显示，从未参加过职业技能培训的劳动力超过50%，即使参加过培训的劳动力，由于技能培训与工种岗位不相符，也难以适应工作要求，必然导致劳动力转移就业层次和规模较低。

（二）区域经济发展相对滞后与剩余劳动力转移矛盾较为突出

由于恩施土家族苗族自治州所处地理位置，经济发展水平相对滞后，且第一、第二、第三产业发展也较为缓慢，乡镇企业规模不大，民营企业发展有限，吸纳劳动力的能力不强。因此，大多数剩余劳动力外出务工。据不完全统计，恩施土家族苗族自治州近100万剩余劳动力中本州务工约占20%，外出务工约占80%。2008年国际金融风暴后，返乡农民工达20万人，占外出务工人员的25%，无疑更加增加了本州剩余劳动力转移的压力。

（三）农村劳动力服务体系不够健全，组织化程度不高

由于户籍制度等方面的原因，外出务工人员与城镇居民无论在教育、劳动保障、保险等方面不能享受平等待遇。主要表现在：

1. 外出务工人员子女读书难。带上子女夫妻双双外出务工人员，其子女读书较为困难，有的地方按户口就近入学的规定使农民工子女由于无户口不能就近入学。

2. 劳动保障程度低。一是有的企业违反《劳动合同法》规定，不签订劳动合同；二是劳动条件差，工作时间长，福利待遇低，拖欠农民工工资现象普遍存在。

3. 非正式组织外出务工成为主流。虽然政府相关职能部门做了大量工作，但大多数外出务工人员仍然依托中介机构或原务工人员的引导外出务工，所以，遇事主要求救于初级群体帮助，其权益保障难以实现。

（四）遗留问题难以解决

外出务工后，随之带来如农业生产、社会治安、留守儿童、新农村建设等矛盾，主要表现在：

1. 家庭问题突出。由于长年外出务工，情感缺失，观念冲击，使一些农村家庭结构发生变化，导致“空巢户”、“老人村”、留守儿童现象的发生在所难免。

2. 土地荒置现象较为严重。由于主要劳动力外出务工，留下的老人及儿童无力从事农业生产，致使土地搁荒问题日趋严重。

五、对策分析

根据恩施土家族苗族自治州目前农村劳动力转移过程中存在的问题和新出台的政策，结合本地区区情，并借鉴国际国内经验，应在以下几个方面进行改进，以促进农村剩余劳动力的加速转移。

（一）深化劳动力转移制度改革，消除各种制度性障碍

消除制度因素对劳动力转移的阻滞作用，加快各项制度建设，建立城乡统一的劳动力市场，不仅是加快农村劳动力转移的需要，也是经济发展的客观要求。目前，必须着手的工作有：

1. 改革户籍管理制度，消除农村劳动力转移障碍。改革以户籍管理为主的制度，建立城乡统一管理户籍制度，消除地区间的城乡户口区别，形成以居民身份证管理为基础的人口管理制度。这样才能发扬农村劳动力的主人

翁精神，增强他们对社会主义建设的使命感和责任感，为城乡统筹建设作出更大贡献。

2. 改革农村土地制度，解决农村土地搁置问题。建立土地流转平台，没有再经营土地的农民可以将自己拥有的土地使用权流转给其他个人，或由政府进行统一回收，政府对转让或放弃土地承包使用权者进行合理经济补偿。在建立补偿机制的同时，还要加强农村社会保障制度建设。

3. 健全社会保障制度，消除转移劳动力的后顾之忧。要逐步扩大城市社会保障覆盖面，建立面向所有非农产业就业人员的养老保险、失业保险和医疗保险，将进城的农民及异地转移劳动力纳入社会保险的范围，对于依法转让承包土地的农民，与其他城镇居民同等对待，实行最低生活保障，建立城市包括下岗职工和进城农民在内的就业困难群体扶助体系和制度。

（二）加强地方政府职能，用好用活优惠政策

农村劳动力转移尚处在自发流动阶段，波动性大，不易管理，劳动力市场对供求的反应时滞较长。政府要加强劳动力市场体系的宏观调控，发挥社会指导作用，引导农村剩余劳动力合理、有序地流动。恩施土家族苗族自治州可以从以下几方面加强劳动力市场体系和宏观调控体系建设：

1. 加快劳动力市场规则的建设，发挥舆论监督作用，防止市场垄断、歧视、非公正交易及侵犯自主交易权和人身权利、契约权利等不正当行为，建立外出农民法律保障组织，加强对农民工的法律援助工作，维护农民工的合法权益。

2. 加大基础设施建设的力度，尤其是提高铁路公路的运输条件。基础设施建设不仅本身可以吸纳一部分劳动力就业，而且可以降低农村劳动力转移的成本，而交通运输业的发展对农村劳动力转移体系的形成有反哺作用。

3. 充分运用优惠政策。作为湖北省唯一的少数民族自治州，恩施土家族苗族自治州享有政策上的优惠政策。1995 年，省委省政府下发了《支持恩施土家族苗族自治州经济社会发展的若干意见（38 条）》，给予恩施土家族苗族自治州很多实质性的优惠政策。另外，湖北省对扶持恩施的发展实施了“616”工程，即由一个省级领导带队，省直 6 个部门联合帮助一个县，每年为帮扶县办 6 件实事。

2007 年初，恩施土家族苗族自治州州委、州政府下发了《关于切实做好 2007 年全州农村劳动力转移培训工作的意见》，要求各级各有关部门明

确培训任务，狠抓责任落实，进一步加强农村劳动力转移培训，加快农民转移就业。全州农村劳动力转移培训年度目标任务为7万人。其中，“阳光工程”培训2.28万人，“技能就业计划”培训3.7万人，“雨露计划”培训0.76万人。《意见》要求，有关部门还要积极组织实施“职业教育贫困生补助”、“星火科技富民工程”、“青春富康行动”等培训项目，努力扩大培训覆盖面。各县市和有关部门要结合自身实际，认真做好培训任务的分解落实，确保年度培训任务顺利完成。

从几年来的发展看，恩施土家族苗族自治州借助这些优惠条件在各个方面得到了大力支持和长足的发展，但运用政策的深度和灵活性还不够。恩施土家族苗族自治州要借用好这一发展契机，促进社会协调发展，大力发展第二、三产业以吸纳农村剩余劳动力。

（三）大力发展特色经济，实现农村劳动力的内部转移

恩施土家族苗族自治州是个地理位置优点和缺点都很突出的地区。在重山包围的恩施境内，有很多有待进一步开发的自然资源。把优势资源转化为产业资源，可以说是恩施土家族苗族自治州实现跨越式发展的捷径。

1. 恩施土家族苗族自治州富硒生物资源丰富，具有分布广、储量大、埋藏浅的特点，拥有迄今世界上发现的唯一独立硒矿床，是一个独特的富硒生物圈，域内粮食、油料、中草药以及矿泉水的硒含量极为丰富，被誉为“世界硒都”。但是，优越的生物资源没有给恩施带来应有的经济效益，没有打开外部市场获得消费者的广泛认可。因此，富硒食品生产行业必须首先在产品宣传上下大工夫，在扩大知名度的同时对产品质量严格把关，以求扩大固定消费群体，从而带动整个富硒产业的成长，吸纳大量的农村闲置劳动力。

2. 恩施优越的地理位置条件和浓郁的少数民族风情十分适合发展旅游业。但是，由于没有引入足够的竞争机制，恩施旅游业的发展缓慢，市场化竞争格局还没有完全形成。到2007年，旅游业总收入对恩施的GDP贡献仅在5%左右，远低于其他具有旅游资源优势的地区。现存的一些旅游公司规模不大，经营机制也不够健全，所以很难与整个国家的旅游行业接轨。如此，恩施土家族苗族自治州旅游业的旗号虽然响亮，但实际上对社会经济发展的贡献十分有限。若能首先发展好旅游产业，吸引大量外来旅游者前来消费，无疑会给其他行业（特别是服务业）的发展带来更多发展机会。因此

笔者认为，恩施土家族苗族自治州着力发展旅游业是解决剩余劳动力就业的良好途径，通过它的连带作用促进其他产业的快速发展，以达到促进经济发展和剩余劳动力内部转移的双重目的。

3. 把发展特色农副产品加工业放在经济建设的重要位置。恩施土家族苗族自治州地处鄂西武陵山区，平均海拔1000多米，高山农业土地资源十分丰富，气候适宜多种农作物的生长，病虫害发生量小，农产品质量上乘，境内的茶叶、山野菜、中药材在外部市场有较大需求量。因此，恩施土家族苗族自治州应着力培育特色农副产品经营大户。推进农产品流通，切实加强对经营大户的引导，引导经营大户投资农副产品加工业的最薄弱环节，推进农副产品加工业的产业化经营。从效益优先原则出发，鼓励一些有经济实力、有经营头脑的大户去投资兴办风险较高、回报也比较高的农副产品项目。积极引导经营大户和农民结成利益共同体，自觉地调整同农民的利益关系，支持经营大户实行订单采购、保护价收购，甚至将经营利润的一部分返还给农民。要为经营大户成长创造良好的环境，积极为他们牵线搭桥，支持他们大胆利用信贷资金，大胆利用股份制、股份合作制等形式融筹资金，将特色农副产品的生产、加工、流通等环节联结起来，形成完整的产工贸一条龙的产业体系。

（四）优先发展教育，提高劳动力素质

农村人口和劳动力素质的高低，直接关系着农村经济的发展，关系着农村剩余劳动力转移的规模和速度。随着经济增长方式的转变和产业结构的优化升级，对劳动力综合素质的要求也越来越高。根据恩施土家族苗族自治州近几年的人口普查数据，6岁以上未接受九年义务教育的人数为321312人，占6岁以上人口总数的9.15%，高于全国平均水平。因此，加大教育投资力度，是提高劳动力素质的根本保障。托达罗指出，由于过分地将教育水平与就业机会挂钩，使得发展中国家普遍存在“教育过度”问题。教育体制中的高等教育畸形发展，而更能满足经济发展所需的专业教育、职业教育和中等教育却被忽视。这种教育倒挂所形成的就业人口的知识结构倒挂，无法满足发展中国家的发展需要。因此，恩施土家族苗族自治州在普及九年义务教育的同时，应改变教育结构，大力发展职业教育。

总之，恩施土家族苗族自治州在农村剩余劳动力的转移问题上，必须根据本地区的实际情况，因地制宜地进行改革，从根本上解除束缚农村剩余劳

动力转移的各种瓶颈，以期农村剩余劳动力的安全、顺畅的转移。

参考文献

[1] 武国定：《我国农村剩余劳动力转移的分析》，http：//www. investchina. com. cn/chinese/zhuanti/xxsb/1087267. htm.

[2] 孙峰华：《农村剩余劳动力转移的理论研究与实践探索》，《地理科学进展》1999 年第 6 期，第 111—117 页。

[3] 李骏阳：《刘易斯人口流动思想述评——兼论我国农业劳动力的转移》，《西北人口》1998 年第 2 期，第 47—52 页。

[4] 敖嫩：《农村劳动力转移几种理论模式的比较》，《前沿》2001 年第 11 期，第 95—97 页。

[5] 恩施土家族苗族自治州统计信息网，http：//www. esz. gov. cn/historydata/rkpc/index. htm。

[6] 刘洪：《湖北农村剩余劳动力转移的实证分析》，《中南财经政法大学学报》2003 年第 6 期，第 73 页。

[7] 宋金平：《中国农村剩余劳动力迁移的特点、机制与调控研究》，《经济地理》1996 年第 3 期，第 46 页。

浅谈宁夏回族村的经济特点

——以宁夏石嘴山市平罗县宝丰回族村为例

梁　妍　2007级区域经济专业硕士研究生

宁夏回族自治区地处我国西部地区，是具有典型少数民族特色的自治区之一。近年来，在民族区域自治政策的引导下，宁夏回族自治区在经济、文化等各个领域都取得了令人瞩目的成绩。2008年恰逢宁夏回族自治区成立50周年，经历了50年的风雨历程，这颗“塞上明珠”依然屹立在我国的西部，见证着曾经辉煌的同时也期盼着更加灿烂的明天。本文试从地处自治区境内的石嘴山市平罗县辖内的宝丰回族村出发，揭示宁夏回族村经济发展的特点，展示新农村新农民的精神面貌。

一、宁夏回族村经济发展概况

宁夏经历了50年的风风雨雨，已经从当初破败不堪的旧农村蜕变成国家引以为豪的“塞上明珠”。在宁夏发展的50年中，绝大部分地区的农村在国家民族区域自治政策的引导下，走上了“发展新经济，建设新农村”的道路，在经济上取得了突飞猛进的成绩。

（一）乡镇企业发展迅速

近年来，随着我国市场经济的发展和改革开放的不断深入，宁夏回族自治区的乡镇企业在50年中也发生了翻天覆地的变化。2002年，宁夏回族自治区的乡镇企业发展势头强劲，它打破了以往经济徘徊不前的局面，全年乡镇企业几项主要指标增幅都在15%以上，其中增加值增幅达到17%以上，固定资产投资增幅高达460%。自治区党委、政府也于2002年出台了《宁夏乡镇企业“二次创业”的决定》，决定实施乡镇企业“2321”行动计划，并且将今后乡镇企业发展的主攻方向放到农产品加工上。所谓“2321”行动计划是指，到2005年，力争通过5年时间，自治区财政每年拿出1000万元专项扶持资金，培植20个产值过5亿元的乡镇企业工业园区、30个产值过5000万元的重点骨干乡镇企业、20个产值过5亿元的强乡镇和100个第

二、第三产业专业村。按照“2321”行动计划实施方案的要求，2007 年自治区农牧厅乡镇企业局联合财政厅，对全区 140 多个申报的项目进行了认真的考察、筛选和评估论证，最终确定重点扶持 8 个工业园区、16 个农产品加工重点骨干企业、14 个强乡镇和 32 个第二、第三产业专业村。

通过一年的实施，2008 年全区乡镇企业中出口企业增加到 115 家，完成出口交易值 89900 万元，比 2007 年增长了 27%。全年乡镇企业固定资产投资额达到 107705 万元，比 2007 年增长了 460%。企业规模不断壮大，营业收入在 500 万元以上的企业达到 188 家。这些企业虽只占全区企业总数的近百分之一，营业收入却占到全区乡镇企业总体营业收入的 41%。涌现出了像金凤区二建、香山酒业集团、夏进乳品公司、秦毅集团、瀛海集团和伊品集团这样的亿元企业。工业小区通过高起点规划、高质量建设、高标准引项、合理化布局、集约化发展，已构筑了宁夏乡镇企业新的经济发展平台。全区 16 个县级以上乡镇企业工业小区，进区企业 5108 家，从业人员 37196 人，小区内企业完成产值 25 亿元，实现利税 17170 万元，园区内累计固定资产投资额达 27 亿元。①

可见，整个宁夏回族自治区的乡镇企业在区党委和政府的密切关注和领导下取得了令人欣喜的成绩，虽然其中还存在着一些问题，但从总体来看，自治区的乡镇企业在市场经济中已经拥有了一席之地并逐渐发挥着重要的作用。

（二）特色产业带动商贸业的快速发展

提到宁夏就不能不提羊绒业的发展，羊绒产业的发展，为宁夏的发展、知名度的提高、竞争力的增强和就业率的提高起到了十分重要的作用。由于宁夏的无毛绒品质优良，资源十分丰富，以优质羊绒为原料的羊绒产业在宁夏得以快速发展起来，如今已成为宁夏的大宗骨干出口商品，羊绒产业在宁夏的主导地位也已经日益明显。现如今在国内外的羊绒行业中，已经逐步形成了“世界羊绒看中国，精品羊绒在宁夏”的共识，羊绒产业已经成为宁夏的一大特色产业。就目前而言，宁夏的同心、灵武两地已发展成为中国羊绒的主要流通集散地，年收购原绒量可达 6000 多吨，占世界羊绒产量的 40% 左右，掌握了中国将近 60% 的羊绒资源；每年的分梳无毛绒产量可达

① 数据来源于 2008 年 3 月 6 日的银川晚报。

2500 吨，占全球产量的 60%。

此外，商贸业的发展也是宁夏回族村经济的一大特点。在宁夏耕地资源相对短缺，村民大多不以耕地为生，包产到家的土地，农民们多数用来种植玉米、大豆、葵花等作物，除了用作自家口粮之外，几乎没有剩余拿去出售，因此，当地村民开始探寻多种经营之路，起初多是经营一些家庭式的小本买卖，大部分村民也是靠经营羊绒生意为主，逐渐村民开始意识到自主经营给他们带来的收益，各家各户纷纷开始以此作为发家致富之路，越来越多的村民开始经营自己的小生意，类型也从最初单一的羊绒生意发展到木匠、铁匠、泥瓦匠、裁缝等多种类型。而且随着商贸业的兴旺和自治区政府倡导的“走出去”战略，越来越多的宁夏人开始到宁夏以外的地区打工，经营家庭生意的农户也开始将生意的经营范围向外延伸，逐渐从“自家门口”向县城，甚至向市区发展，生意的规模越来越大，效益也越来越好，纯朴善良的宁夏人又将赚回的钱用于建设新宁夏，因此宁夏当地涌现出一批土生土长的宁夏企业家，在他们的带动下，越来越多的乡镇建立起特色企业，如清真牛羊肉食品加工厂、脱水蔬菜厂等等，这不仅带动了当地经济的发展，解决了当地的就业问题，也为整个宁夏经济的发展做出了重大的贡献。

（三）劳务经济为当地经济注入新活力

如今的宁夏，在乡镇企业和商贸业蓬勃发展的同时，还积极寻求其他致富途径，村委会及村干部积极组织开展各项专业技能培训，为转移农村劳动力做好基础准备工作。2007 年国家安排给宁夏回族自治区的阳光工程培训任务 5 万人，此项工作列入了自治区政府 2008 年为民办的 30 件实事之一。在认真总结以往工作经验的基础上，2008 年宁夏回族自治区农村劳动力转移培训阳光工程继续坚持“政府推动、学校主办、部门监管、农民受益”的原则，精心组织实施，为促进农村剩余劳动力向非农产业和城镇转移，提高农民工素质和就业技能水平，实现农民工稳定就业，增加农民收入，推动城乡经济协调发展，加快建设社会主义新农村的步伐起到了重要作用。几年来已经培训近 20 万人，涉及建筑装饰、驾驶与维修、（电）焊工、加工类、餐饮服务业、家政服务、商业营销等 20 多个工种，转移就业率达 80% 以上。各市、县依托当地特色产业发展，拓展培训渠道和市场，着力打造劳务品牌。在培训方式上，灵活多样，采取订单培训，坚持就近、就地、方便农民的原则，采取多种办学形式，即校乡结合、校村结合，降低培训成本，确保培训质量。在培训特点上，坚持从本地实际出发，依据特色抓培训。如电工、电焊工、砖瓦建筑工、工程机械操作工等，在注重理论学习的同时，更注重技能操作实践训练，严格按照培训班规定的课时和项目进行教学，使受训农民学到了真本领，也对宁夏回族自治区劳动力的转移起到了重要的推动作用。

二、宝丰回族村经济发展的特点

宝丰村位于宁夏石嘴山市平罗县东北部，距平罗县城仅25公里。东靠惠农县礼和乡，南邻灵沙乡，西与黄渠桥镇毗邻，北和惠农县庙台乡接壤。宝丰村是一个典型的回族聚居地，长期以来在宝丰村，都可以看到回汉两族人民融洽相处、共同发展的和谐景象。

（一）政府支持，大力发展乡镇企业

宝丰村社队副业十分发达，社队副业既是传统家庭副业的继续，又是乡镇企业的前身。在互助合作化时期，社队就曾组织木匠、铁匠、泥瓦匠等手工业者，从事铁制、木制农具的制造、建筑、短途运输等副业生产。1958年人民公社化后，实行了“政社合一”、“农工商学兵”五位一体，公社接管了高级社、全部副业生产和手工业等全部合作企业，到1959年全公社办起了农具修配厂、造纸厂、煤矿等，当年工副业的收入就达到了362297.81元（包括惠农县庙台、礼和、东永固）。20世纪70年代，按照“一种二壮三加工四上山”的社队企业发展方针，公社大队先后开展了采煤、采石、制砖瓦、搞编制等工副业门路，在1973年宝丰公社就在机耕队的基础上，在县政府及主管部门的积极扶持下，办起了宝丰公社农机修配厂。到1976年全公社有社队企业11个，从业人员228个，总产值419443.58元，占全公社农村社会总产值的22.8%，纯利润157863元，固定资产达到25万元。党的十一届三中全会以后，社队企业得到了进一步的发展。20世纪80年代先后改造和建成了宝丰镇建筑工程公司、宝丰面粉加工厂等一批骨干企业，形成了一定规模的固定资产，锻炼培养了一支懂技术、会管理的职工队伍，为乡镇企业的继续发展打下了坚实的基础。截止到2005年，宝丰又相继成立了宏宝蔬菜脱水厂、清真牛羊肉批发市场、金福来产业有限公司等企业，

这些都为农村产业结构调整和区域经济发展打下了牢固的基础。①

（二）村民致富，亦农亦商的光荣传统

1. 独领风骚的宝丰集贸业

宝丰村回族人口占84%，近百年商贸活动比较活跃，是银北地区有名的商贸中心，年成交额在400万元以上，形成了皮毛、牲畜、布料等几大专业市场，商贸历史由来已久。在宝丰、黄渠桥、姚伏和马家湾这四个镇的集市中规模最大的仍然是宝丰集市。宝丰集市按行业可以分为六个市场：首先是皮毛市场。每集成交皮张约2000张，毛约1000多公斤，羊绒200多公斤。从事皮毛生意者大约有一百余户300多人。其中经营大户就有30家，每家流动资金约10万元；其次是牲畜市场。货源来自四面八方，主要是内蒙古，一般每集成交牛30多头，最高一二百头，羊成交最高达2000只，骡马等达百头；第三是布匹、服装市场。常年加工服装的有30多家，摆摊设点者有几百人，其中80%为外地人，可见宝丰的集市吸引了很多客商，名声很大；第四是日用百货市场。商品种类繁多，有帽子、鞋袜、塑料制品、搪瓷制品、锅碗刀筷等200多种，琳琅满目，让人目不暇接；第五是木材市场。每集上市木材约有几百立方，主要来自于内蒙古和东北地区；第六是农副产品市场。上市的主要有食油、大米、白面和杂粮，年成交量多达百万斤以上。各具特色的六大市场构成了繁荣的宝丰集市贸易。宝丰集市贸易的繁荣大大促进了第二、第三产业的发展，1990年全镇从事第二、第三产业的有1700人，约占该镇劳动力的40%，连妇女也冲破传统观念的束缚，走出家门活跃在商品经济活动之中。全镇有600多名妇女都学会了一种或多种生产、经营技能，在致富道路上开始大显身手。②

2. 风靡一时的羊绒业

宝丰村羊绒业的发展势头十分迅猛，每二、五、八的集市是羊绒流通集散的主要交易场所，为宝丰带来了大量的经济收益，宝丰人大量收购羊绒，逐渐形成规模，为宁夏羊绒产业的发展，做出了突出的贡献。此外他们还利用地域优势，建立起了以宁夏为基地，同国内产绒区以及蒙古、阿富汗、伊朗、哈萨克斯坦等国的羊绒连接成收购网络。整个宁夏从事羊绒收购、贩运

① 材料引自宝丰镇志全书。

② 李生俊主编：《石嘴山市民族宗教志》，石嘴山市民族宗教事务局编纂，1999年7月。

的人员就达到1.5万余人，年购销羊绒量达6000吨左右，占全国羊绒年产量的2/3，世界羊绒产量的3/5，形成了全国最大的羊绒集散地。这些都足以证明羊绒产业的发展对于推动宁夏整体经济的发展和提高宁夏的国际知名度，起到了不可忽视的作用。

（三）官民合力，积极倡导走兼业化经营道路

在宝丰村乡镇企业和商贸业大力发展的同时，宝丰村的干部和村民还积极探索其他的致富道路和方式。现如今的宝丰农民除了务农和到乡镇企业打工来维持生计之外，为了更好地发家致富，大部分村民还进行其他经营，有的村民除了种地还兼营小买卖，从事小本经营，开始自己当老板为自己打工。有些村民除了种地和经营自家生意之外，利用农闲的时间外出打工，如有些村民延续以前老宝丰人到内蒙古鄂尔多斯拉肥料的做法，在农闲时继续来往于宝丰和内蒙古之间跑运输，同时大部分人还到内蒙古去收购羊绒、收购粮食，靠经商来赚取利润。外出打工逐渐成为宝丰人主要的务工途径，而这也恰好实现了西部劳动力的转移。

三、宝丰回族村经济发展的不足及应对策略

首先，宝丰村的乡镇企业之所以发展得比较顺利，与其独有的地理位置优势密不可分。宝丰村位于宝丰镇的中心位置，也是镇政府的所在地，这是宝丰村区别于宝丰镇其他村落的重要特点之一，所以在一些政策的实施上宝丰村可以及时地享受到适当的优惠，这对于整个宝丰村经济的发展是大有好处的。镇政府积极开办乡镇企业不仅使得宝丰村乃至整个宝丰镇的经济发展势头迅猛，而且在一定程度上解决了很多在经济发展中遇到的问题。如：大力发展乡镇企业，一方面可以解决剩余劳动力的转移问题，降低失业率；另一方面还可以实现农民自身的增产增收，充分调动农民的积极性，可谓一举两得。但在大力发展乡镇企业的同时，又暴露出农民耕地和粮食安全都受到一定威胁的问题。还应该意识到要保证农民耕地和粮食的安全，一方面在开办新型企业需要占用农民耕地时，要给予农民适当的资金补偿或一些优惠政策，要确实使农民自身的利益得到有效的保障，这样的发展才是得民心的发展，才能够得到更广大民众的支持，才能将企业办起来；另一方面要保障粮食安全，在开发、开办新型企业的同时，必须严格审查、认真规划，避免滥

用耕地、减产减收的现象发生。在保证经济发展和人民生活基本用粮有保障的基础之上，大力开办企业走适宜宝丰镇发展的小城镇发展路子，才能更快地带动全镇经济的发展和人民生活的富裕。

其次，宝丰人善于经商的特点是众所周知的，这与它自身的文化渊源有着重要的联系。宝丰村是回族聚居地，回族自古就是一个乐于且善于经商的民族，最早将伊斯兰教传入宁夏的阿拉伯人也是依靠经商这个途径进入宁夏的，因此也把经商的“传统”传入了宁夏。所以宝丰村的回民，除了在家务农以外，会利用大量的农闲时间发展副业，而小本经营是他们的首选，而且绝大多数回民都很有经商之道，很守诚信，仅凭这一点也使他们拥有了很高的信誉度，生意自然就更加红火。但是随着经济的进一步发展，有些产业的繁荣景象已经大不如前，甚至还出现了衰退的趋势，最著名的羊绒产业就是其中一例，随着市场经济的发展，利益逐渐成为商家经商的首要目标，过去的宁夏主要是羊绒业的集散地，大部分商户到外地大量收购羊绒，经过加工集中到宁夏来卖，商家凭借着对宁夏羊绒的盛名和信誉慕名而来，因此羊绒业兴旺发达。现在很多商家开始做“黑心”生意，他们不再讲究诚信，有些商家为了自身的利益，在羊绒中掺入沙子等等，结果导致羊绒的质量大大下降，很多买家也因此渐渐对宁夏羊绒失去信心，导致宁夏羊绒信誉的丢失和销量的下降。随着河北青河一带羊绒业的蓬勃发展，很多宁夏经营商把羊绒大批运往青河，再由当地的经销商出售。然而事与愿违，青河的经销商在最初是以赊账的方式经销宁夏商户运来的羊绒，慢慢地开始由赊账转为欠款不给，这就导致大量的宁夏羊绒商发出货而收不到应得款，大大滞后了羊绒业的进一步发展。随着周边经济的发展，越来越多的地区开始开发和发展起羊绒业，行业竞争加剧，而诚信度逐渐下降的宁夏羊绒业在市场化竞争中面临着严峻挑战，加之其自身经营模式的单一化，不能很好地适应市场经济的发展，因此在充满竞争的市场化经济大潮中，必将逐渐处在劣势，所有的这些原因叠加在一起，形成了连环式的效应，造成了宁夏羊绒业发展的日趋衰落。因此必须大力提高商户的诚信意识，尽力维护宁夏固有品牌的信誉，这样才能在竞争中获得市场优势。与此同时要尽快转变自身的经营模式，以便更好地适应市场经济的要求，这样才能在与周边地区的竞争中获得更多的机会。总而言之，要不断依靠科学技术提高管理者自身素质，确保品牌优势带来的市场商机，同时积极转变单一化的经营模式，适应经济形势转变的需求，为宁夏商贸业的发展奠定更加牢固的基础。

最后，宝丰村大部分村民选择的兼业化经营模式，在为他们带来巨大收益的同时，也暴露出了一些问题。如：家中的青壮年劳动力多数外出打工，家里的农活基本交由妇女和老人等弱势群体来承担，这就使得农业发展的可持续性比较差，严重的甚至会耽误农耕。而且留守在家从事耕作的人群大多数都比较保守，眼界不开阔，接受新生事物的能力有限，因此依靠他们根本无法实现农业创新，一些先进的农业技术和设备也就无法顺利应用，这对于农业的发展或多或少都有所影响。此外外出打工人数越来越多也会造成城市人口拥挤、贫富差距加大等社会矛盾。因此，对于政府在对留守弱势群体的照顾政策方面，要充分体现出人文关怀，如适当地增加补贴，开展农业技术学习班，培训在家务农人员尽快地掌握先进的农业技术，实现农业单纯依靠人力向依靠技术方向的转变。同时，对于外出打工人员，也要采取集中培训或与周边地区建立“一对一”定点单位，这样既可以提高外出务工人员的整体素质，又可以解决好农民就业问题。如：2004 年初，宝丰村隶属的平罗县劳动就业服务局在全县 13 个乡镇组织开展了转变观念专项培训 32 期，培训 3074 人。还联合几家技工学校在宝丰镇、陶乐镇先后举办了三期城乡富余劳动力电焊工培训班，培训了 104 人，并将培训后的务工人员分别输送到北京、深圳等地就业，不仅受到用人单位的青睐，而且工资待遇也较高。因此如何更好地实现农民兼业化经营和农业的可持续发展，还需要继续探索。

参考文献

1. 杨青光、徐占海、田希明、贾长安编著：《古今石嘴山》，宁新出管字【2003】第 029 号，2002 年 11 月。

3. 石嘴山市志编纂委员会：《石嘴山市志（上册）》，宁夏人民出版社，2001 年 11 月。

4. 网络杂志：http：//www. 99sj. com/News/64900. htm 北京松际信息技术。

5. 《宁夏日报》，2005 -02 -13。

6. 《宝丰镇志全书》，宝丰镇政府提供。

7. 《银川晚报》，2008 -3 -6。

8. 中国农产品加工网，2008 -1 -17。